自然资源治理译丛

译丛主编　魏铁军　胡德胜

能源与自然资源中的财产和法律

Property and the Law in Energy and Natural Resources

〔英〕艾琳·麦克哈格　〔新西兰〕巴里·巴顿
〔澳〕阿德里安·布拉德布鲁克　〔澳〕李·戈登　主编

胡德胜　魏铁军　等译
胡德胜　校

北京大学出版社
PEKING UNIVERSITY PRESS

著作权合同登记号 图字:01-2013-6259
图书在版编目(CIP)数据

能源与自然资源中的财产和法律/(英)麦克哈格(Mcharg,A.)等主编;胡德胜,魏铁军等译.—北京:北京大学出版社,2014.3
(自然资源治理译丛)
ISBN 978-7-301-23732-8

Ⅰ.①能… Ⅱ.①麦… ②胡… ③魏… Ⅲ.①能源-物权法-研究 ②自然资源-物权法-研究 Ⅳ.①D913.04

中国版本图书馆 CIP 数据核字(2014)第 007971 号

Copyright ⓒ International Bar Association,2010
"Property and the Law in Energy and Natural Resources, First Edition" was originally published in English in 2010. This translation is published by arrangement with Oxford University Press.
"能源与自然资源中的财产和法律,第一版"原初于 2010 年以英文出版。此中译本由牛津大学出版社授权出版。

书　　　　名:	能源与自然资源中的财产和法律
著作责任者:	[英]艾琳·麦克哈格　[新西兰]巴里·巴顿　[澳]阿德里安·布拉德布鲁克　[澳]李·戈登　主编 胡德胜　魏铁军　等译　胡德胜　校
责 任 编 辑:	郭瑞洁
标 准 书 号:	ISBN 978-7-301-23732-8/D·3504
出 版 发 行:	北京大学出版社
地　　　　址:	北京市海淀区成府路 205 号　100871
网　　　　址:	http://www.pup.cn
新 浪 微 博:	@北京大学出版社　@北大出版社法律图书
电 子 信 箱:	law@pup.pku.edu.cn
电　　　　话:	邮购部 62752015　发行部 62750672　编辑部 62752027 出版部 62754962
印 　刷 　者:	三河市北燕印装有限公司
经 　销 　者:	新华书店
	965mm×1300mm　16 开本　40.25 印张　504 千字 2014 年 3 月第 1 版　2014 年 3 月第 1 次印刷
定　　　　价:	79.00 元

未经许可,不得以任何方式复制或抄袭本书之部分或全部内容。
版权所有,侵权必究
举报电话:010-62752024　电子信箱:fd@pup.pku.edu.cn

译丛总序

　　人类的任何活动都是直接或者间接地利用自然资源的活动。对自然资源的勘探、开发、利用以及自然资源初级产品(国内和对外)销售的活动进行管理,事关一国社会经济发展的物质基础,涉及国家的政治安全和经济安全。近些年来,自然资源对国家政治和经济安全的致命影响凸现,各国领导或者政府极其重视,相关治理的理论和实务在国际范围内日渐成为关注和研究的重大课题。

　　世贸组织争端解决机构刚刚于2012年2月22日通过上诉机构和专家组关于美国、欧盟和墨西哥诉中国原材料出口限制措施案的裁决报告,美国、欧盟和日本就于次月13日就中国稀土等材料出口措施向世贸组织争端解决机构起诉中国。我国在前案中总体上的败诉,不仅预示着在后案中的形势不容乐观,更表明我国迫切需要立足于全球化的视野、善于运用市场经济的方法,创新自然资源治理机制,从而有效地可持续性利用自然资源(特别是战略性或者稀缺性自然资源)和切实保护资源富集地的自然环境。

　　从国际和国外来看,以国家政治和经济安全为中心的自然资源治理研究势头正猛。但是,就国内而言,研究基础较差、起步较晚。在以WTO机制为核心的市场经济全球化条件下,我国理论界和实务界人士对于市场经济发达国家的情况,以及如何以符合市场经济规律和WTO规则的路径、方法和措施管理涉及自然资源的活动,在理论上缺乏认识、理解和运用。例如,有位国内知名学者声称:"在发达的资本主义国家,土地都是私有的。"其实,在美国领陆中约30%的土地属于美国联邦政府所有,而领海底土、专属经济区和大陆架基本上全部由联邦政府基于人民的信托进行管理。特别是,目的正确就意味着方法正确的"目的决定论"思潮,在目前的国内似乎占据主流。不过,在原材料出口限制措施案的裁决报告作出后,中国就致函世贸组织,表示将修改有关规定和措施,使中国的做法符合裁决。这表明,"目的决定论"是行不通的。只有在确定了目标以后,通过程序上正当而适当的方法、方式、措施和手段来实现目标,才是实践上可行、经济上有效以及政治上得分的最佳选择。

我们处于一个全球化的时代。经济的市场化和全球化是一个现实,环境保护的国际化是一个现实,市场经济发达国家争夺自然资源是一个现实,国内和国际自然资源保育、开发和利用的制度化是一项时代要求。我国是一个处于从计划经济向市场经济过渡的转型国家,而主要的发达市场经济国家出于解决市场失灵、维护国家经济安全的需要,应对环境保护全球化挑战的需要,正在加强对自然资源的管理、进行着有关自然资源有偿使用的制度改革或者创新。

我国的自然资源管理制度是改革开放初期借鉴国外的相关做法而建立。一方面由于我国当时刚开始从计划经济向市场经济转变,另一方面由于对国外自然资源管理制度的考察并不全面,因此在制度设计上存在许多计划经济的痕迹,忽视市场手段和市场方法的运用。随着国民经济的快速发展,我国自然资源原料和产品的供需矛盾日益突出,现有自然资源治理机制不仅造成了自然资源的大量浪费,产生了严重的生态环境问题,致使公共的国家自然资源财富惊人流失,而且引发了诸多国际贸易争端。

尽管每个国家都有权走一条不同于其他国家的、符合自己国情的发展道路,但是都不能置经济的市场化和全球化的现实以及环境保护的国际化的现实于不顾,为所欲为。况先哲有云:

"三人行,必有我师焉。择其善者而从之,其不善者而改之。"(《论语·述而》)客观现实、时代要求和科学理性决定了我国不可能像市场经济发达国家一样,走完全自由市场经济的路径。然而,通过借鉴市场经济国家自然资源治理的经验、吸取其教训,以可持续发展为基本理念,完善我国自然资源治理,不仅在宏观上是发展有中国特色的社会主义市场经济的客观要求,而且在微观上是促进我国资源的市场优化配置、提高资源利用率、降低经济发展对资源的过度依赖和消耗、保护和改善生态环境、确保经济又好又快发展的重要路径。

译丛选择一些在国际上颇具影响的关于自然资源治理的学术性著作,予以翻译,以求促进国内在这一领域的研究,为我国相关法律和政策的制定和完善提供理论和实践上的借鉴资料。

魏铁军　胡德胜
2013年1月

译者前言

诚如译丛总序所言:"人类的任何活动都是直接或者间接地利用自然资源的活动。"在市场经济条件下,需要对自然资源及其勘探开发、产品在一定乃至很大程度上予以商品化,至少应该符合市场的基本规律以及合理利用市场机制的力量。商品化必然涉及财产和财产权问题。这正是国内和国际法律以及法学、经济学(特别是制度经济学)和管理学(特别是行政管理学)学界关注自然资源特别是能源资源及其勘探开发、产品的财产和财产问题的重要原因。尽管一国可以根据自然资源永久主权的国际法原则自由决定本国管辖范围内的自然资源及其勘探开发、产品的财产制度,但是,经济全球化的客观现实要求其国内有关法律制度应该顺应国际市场的规律和运行机理,必须符合其缔结或者参加的国际条约的规定和要求。

我国不仅是一个能源消费大国,而且是世界能源第一进口大国、温室气体排放第一大国。我国既是自然资源(特别是一些世界范围内的战略性、稀缺性自然资源)产品的出口大国,也是自然资源(主要是基础性自然资源,如铁矿石、煤炭等)产品的进口大国。在世界范围内,我国既是自然资源勘探开发领域的投资目的地国,也是该领域的投资国。因此,了解、学习和借鉴其他国家或者地区关于能源与自然资源的财产和法律制度,既是吸引和鼓励外国企业或者个人来华投资的需要,也是促进和鼓励我国企业或者公民对外投资的需要,还是确保我国的有关法律和制度符合对我国有效的国际法的需要。

自然资源(包括能源资源)及其勘探开发、产品等环节涉及能源生产、应对气候变化以及资源管理和节约等诸多方面,我国"十二五"规划在第 11 章(推动能源生产和利用方式变革)、第 21 章(加强资源节约和管理)、第 22 章(积极应对全球气候变化)对此作出了战略性部署。法律手段在实现规划的目标方面应该而且能够发挥巨大的作用。然而,在涉外方面,我国由于有关法律和制度未能体现市场的规律、忽视市场机制的力量,一方面出现了我国自然资源的不可持续开发、自然资源产品遭贱卖、在国际司法裁判中败诉的现象;另一方面发生了我国高价进口他国自然资源产品、对外投资屡遭挫折或者失败的问题。

借鉴国外经验和吸取他国教训,有助于我国根据具体国情构建一套既具有中国特色又符合市场经济全球化要求的能源与自然资源的财产和法律制度。艾琳·麦克哈格等人主编的《能源与自然资源中的财产和法律》一书,运用不同的主题性方法,讨论和研究了世界上主要地区不同法域关于能源与自然资源中的财产和法律制度,涉及它们的历史、背景、实施、效果、经验或者教训。尽管它是一本论文集性质的著作,但是,其中的绝大多数论文都是高水准的,它们构成一个有机的、系统的整体,是该领域一部权威性的比较法专著。无论是对于从事研究的人员,还是对于立法、行政管理和企业管理工作者以及律师,都具有重大的研究和参考价值。

在体例方面,中文版在尊重原书体例的原则下,照顾中文读者的阅读习惯,进行了一些必要的技术性调整。(1) 将注释由章后注释修改为页下注释,并对有关内容进行了非实质性删减。(2) 对于需要在中文版中予以解释或者说明的内容,以页下注释的方式予以解释或者说明,并标注"译者注"。(3) 省略了索引部分。

本书的翻译分工是:胡德胜(序言,第 1、2、3、4、5、11、12、13 和 16 章);魏铁军(第 6 章);魏铁军、胡德胜(第 7 章);张青(第 8、14 和 15 章);胡雪玥(第 9 和 10 章);许胜晴、韩石磊(第 17

章);韩石磊(第18章);许胜晴(第19、20、21和22章)。经互相校对译稿后,全书由胡德胜校对和定稿。

本书中文版本的翻译和出版得到了牛津大学出版社的许可。在出版过程中,得到了北京大学出版社的支持,特别感谢杨立范副总编的大力支持以及白丽丽编辑的组织协调工作、郭瑞洁编辑的辛勤而卓越的编辑工作。感谢西安交通大学法学院博士研究生欧俊同学和硕士研究生张强同学作为本书出版前的读者基于通读书稿而提出的一些有价值的修改或者润色建议。本书的翻译和出版得到了陕西煤业化工集团有限责任公司的资助,谨此表示感谢。

由于译者翻译水平有限,不当或者错误之处在所难免,敬请读者批评和指正。

胡德胜
2013年9月30日

序　言

　　本书是国际律师协会之能源环境自然资源和基础设施法律事务部学术顾问团的一项集体研究成果的结晶。学术顾问团成立于 25 年前,是一个由来自世界不同地方的学者组成的学术小组,在能源和自然资源法律领域富有专长。它在国际律师协会的组织框架内作为一个国际研究网络而运转,阐释法学学者和法律实务人员之间密切联系的价值。一段时间以来,它每两年完成一轮主题学术研究并出版相应成果,将学术顾问团成员以及能够将知识和感悟贡献给该轮研究的其他人员的研究成果进行汇编。学术顾问团的前四轮研究成果已经由牛津大学出版社出版。它们涵盖了下列主题:自然资源开发中的人权、能源安全、变化中的能源和资源监管方式,以及我们不得不越过碳经济而产生的法律影响。

　　一段时间以来,我们已经清楚的是,我们应该将我们的注意力转向财产的概念,因为财产概念在能源与自然资源领域发挥着作用。在关于排放交易机制、渔业配额、投资安全以及受监管产业的财产权利主张的内容经常成为重要新闻的标题的背景下——事实确实如此,这样做似乎是正确的。在任何这类问题上,通过对一般原则问题的强调,无论是与功能性效率有关还是与分配公平相连,财产问题时常成为基础性的问题。

　　我们感谢国际律师协会及其能源环境自然资源和基础设施法律事务部长期以来对从事能源和自然资源法律研究的学者的工作所给予的组织上的支持。在本轮研究期间,能源环境自然资源和基础设施法律事务部理事会的先后两任主席艾伦·邓洛普(Alan Dunlop)和亨特·塔尔梅奇(Hunt Talmage)给予了热情支持;我们对他们表示诚挚的感谢。在2009年5月的中期会议期间,关于本研究项目,进行了很多富有价值的讨论和辩论;我们的同仁因卡·奥莫罗格贝女士(尼日利亚国家石油公司现任秘书兼法律顾问)邀请我们到尼日利亚首都阿布贾。我们非常感谢她的款待。穆蒂尤·松莫努(Mutiu Sunmonu)先生(壳牌石油开发公司尼日利亚有限公司执行总裁)和穆罕默德·塞纳斯·巴尔金都(Mohammed Sanusi Barkindo)先生(尼日利亚国家石油公司总裁)为阿布贾会议提供了慷慨的资金支持,我们深表感谢;他们的协助为本项研究作出了重要贡献。本书的匿名评议专家们为本书提出了富有见地的建议,我们对他们表达敬意。对于牛津大学出版社的梅里尔·阿尔斯蒂因(Merel Alstein)和她的同事们在使本项目完结方面的专业工作以及对时间紧迫性的理解,我们表示感谢。

艾琳·麦克哈格
巴里·巴顿
阿德里安·布拉德布鲁克
李·戈登
2009年9月

目 录

第1章 绪论 (1)
  一、导言:界定财产范围 (2)
  二、能源和自然资源中的财产:形成中的问题 (4)
  三、能源和自然资源中的财产:主题的研究方法 (6)
  四、总结 (21)

第2章 大教堂的不同景观:财产法的理论文献 (23)
  一、什么是财产? (27)
  二、(私有)财产的正当性 (60)
  三、结论 (76)

第3章 自然资源的公权和私权及其保护上的差异 (79)
  一、导论 (79)
  二、财产权的概念、保护和监管 (81)
  三、自然资源财产权 (85)
  四、许可制度 (91)
  五、国家参与 (92)
  六、利益平衡中的新型工具 (94)
  七、开发权的保护 (96)
  八、结论 (104)

第4章 普通法法域中制定法创设的财产权 (106)
  一、制定法的内容 (110)
  二、澳大利亚判例 (112)
  三、索尔尼尔诉加拿大皇家银行(*Saulnier v Royal Bank of Canada*)一案 (116)

四、雷凯尔特提炼有限公司(*Re Celtic Extraction Ltd*)
一案 (118)
五、阿姆斯特朗诉公共信托(*Armstrong v Public Trust*)
一案 (120)
六、决定一项许可证是否是财产所有权的标准 (121)
七、立法机关和法院之间的相互作用 (127)
八、形式主义 (128)
九、对设立新类型财产权的限制 (131)
十、结论 (134)

第5章 国际法中的财产法渊源和类比 (136)
一、导言 (136)
二、国际法中的财产规定 (137)
三、国际法对国内财产法的参数设定作用 (146)
四、国际化领域内的财产 (149)
五、结论 (152)

第6章 国家所有权制度下的石油和天然气财产权 (154)
一、导言 (154)
二、所有权的概念 (156)
三、与石油和天然气有关的所有权理论 (158)
四、权利的配置 (167)
五、尼日利亚等国的紧要问题 (181)
六、结论 (185)

第7章 捕获规则:对石油和天然气而言并非最差的
财产规则 (187)
一、捕获规则 (188)
二、两项困惑 (195)
三、石油财产权的国有化 (206)
四、改变的时机? (209)

第8章 挪威大陆架的国家所有权模式 (215)

一、导言 (215)

二、海底油藏的国家所有权 (216)

三、许可证制度中的国家参与 (217)

四、佩特罗公司管理的国家直接财政利益模式 (222)

五、结语 (226)

第9章 天然气的开发与土地利用：法律权利的冲突和协调 (227)

一、导言 (227)

二、现行法律中的有关规定概述 (228)

三、土地利用与天然气勘探、开采和运输之间的冲突 (231)

四、土地利用与天然气勘探、开采与运输之间冲突的协调 (236)

五、结语 (247)

第10章 争取权利 Vs 决意出售：智利和阿根廷的土著土地权利 (248)

一、导语 (249)

二、土著财产权与自然资源开发问题 (249)

三、有关国际法 (251)

四、智利 (255)

五、阿根廷 (268)

六、这对开发者意味着什么？ (279)

七、结论 (281)

第11章 墨西哥烃类能源国家财产原则的范围和局限性 (283)

一、导言 (283)

二、地下自然资源的财产模式 (284)

三、1917年《墨西哥宪法》下的烃类能源资源财产制度 (286)

四、烃类能源的国有化进程 (288)

五、次级立法对烃类产业进行的再次私有化 (291)

六、墨西哥现行宪法财产制度和烃类能源资源的开采 (292)

七、关于国家财产原则的新解释　　　　　　　　　　(294)
　　八、作为国家财产原则的一项必要补充的
　　　　社会投资原则　　　　　　　　　　　　　　　(296)
　　九、结语　　　　　　　　　　　　　　　　　　　(298)
第12章　巴西法中的石油和天然气所有权法律模式　　　(299)
　　一、导论　　　　　　　　　　　　　　　　　　　(300)
　　二、巴西石油产业历史中的私人企业　　　　　　　(301)
　　三、盐层下巨大储藏和新法律结构的寻找　　　　　(312)
　　四、结论　　　　　　　　　　　　　　　　　　　(316)
第13章　谁拥有经济？财产权、私有化和《印尼宪法》：
　　　　以《电力法》为例　　　　　　　　　　　　　(318)
　　一、导论　　　　　　　　　　　　　　　　　　　(319)
　　二、第33条：人民经济　　　　　　　　　　　　　(323)
　　三、宪法法院　　　　　　　　　　　　　　　　　(329)
　　四、宪法法院在《电力法》一案中的裁判　　　　　(330)
　　五、结论：磨合期的问题？　　　　　　　　　　　(343)
第14章　水服务的所有权模式：对监管的影响　　　　　(346)
　　一、导论　　　　　　　　　　　　　　　　　　　(347)
　　二、竞争和垂直一体化　　　　　　　　　　　　　(351)
　　三、水服务的提供模式　　　　　　　　　　　　　(352)
　　四、水服务中的"善治"　　　　　　　　　　　　　(360)
　　五、英国模式　　　　　　　　　　　　　　　　　(367)
　　六、水务办公室的经济监管　　　　　　　　　　　(369)
　　七、苏格兰之水："安全、清洁、可负担、公共"　　(370)
　　八、较大职责和社会监管　　　　　　　　　　　　(373)
　　九、结论　　　　　　　　　　　　　　　　　　　(376)
第15章　国家最高支配权和监管变化　　　　　　　　　(378)
　　一、自然资源所有权：起源相同的两个竞争者
　　　　和租约概念　　　　　　　　　　　　　　　　(379)

二、阿根廷烃类能源的开发历史 （387）
三、能源作为财富再分配的一项平衡因素 （392）
四、政治选择及其后果 （406）
五、阿根廷监管的未来以及如何吸引新的投资 （407）
六、政策制定、政治智慧和路径选择 （408）
七、期待改变和冲突：投资保护和国家利益 （410）
八、自然资源主权：无碍践行国际法和国际承诺 （415）

第16章 基于国家安全考虑的能源部门外国投资限制：以日本为例 （418）

一、导言 （419）
二、限制外国投资的国际规则 （420）
三、限制外国投资的日本法律 （423）
四、停止对日本电力公司继续投资的日本政府指令 （425）
五、日本电力公司事例之分析：为了能源部门的外国投资 （430）
六、结语 （435）
七、附录 （436）

第17章 欧盟能源部门的所有权拆分和财产权 （438）

一、导论 （439）
二、欧盟能源自由化进程 （441）
三、拆分和欧盟能源法 （444）
四、欧盟财产权和所有权拆分 （453）
五、德国和德国宪法财产权保护中的拆分 （461）
六、荷兰的所有权拆分 （467）
七、结论 （478）

第18章 英国和欧盟的所有权社会义务与能源公用事业监管 （481）

一、导论：财产权和监管 （482）
二、所有权社会义务和英国能源监管 （486）

三、所有权社会义务和欧盟能源监管　　　　　　(505)
四、英国和欧盟的所有权社会义务：评估　　　　(517)

第19章　普通法在促进财产领域可持续能源发展中的作用　　(520)
一、导论　　　　　　　　　　　　　　　　　　(520)
二、可持续发展的要素　　　　　　　　　　　　(522)
三、可持续能源发展中的不动产问题　　　　　　(524)
四、法院的作用　　　　　　　　　　　　　　　(546)
五、结论　　　　　　　　　　　　　　　　　　(548)

第20章　治理公共资源：水资源中的环境市场和财产　　(550)
一、作为公共资源治理的财产权　　　　　　　　(551)
二、财产权：改变着环境和自然资源管理的模式　(552)
三、市场工具：作为公共池资源的水资源中的交易　(564)
四、澳大利亚的市场机制和水交易　　　　　　　(567)
五、墨累—达令流域的水市场　　　　　　　　　(568)
六、总量控制和交易制度的启示　　　　　　　　(579)

第21章　财产权在生物固碳中的重要性　　(582)
一、导言　　　　　　　　　　　　　　　　　　(582)
二、生物固碳—碳抵消制度　　　　　　　　　　(584)
三、财产权　　　　　　　　　　　　　　　　　(587)
四、所有权的不确定性——处置的事例　　　　　(598)
五、结语　　　　　　　　　　　　　　　　　　(601)

第22章　印度森林部门的社群财产权和资源保育　　(603)
一、丛林之法　　　　　　　　　　　　　　　　(604)
二、2006年《森林权法》：承认权利和管理民主化　(613)
三、结语　　　　　　　　　　　　　　　　　　(624)

第 1 章

绪 论

艾琳·麦克哈格　巴里·巴顿
阿德里安·布拉德布鲁克　李·戈登[*]

摘要：本书是一本论文集性的专著。在广泛的国内以及超国家和国际法律背景下，它探讨财产法同能源和自然资源之间的关系问题。本书涵盖了关于财产在多种能源及自然资源情境中所起作用的不同观点。这些不同情境包括大陆法系和英美法系；市场规则、习惯法和土著社区；公法和私法。本章简要讨论本书中所涉及的不同主题，包括对私人权利和共同财产情形的讨论，以及对土地使用及自然资源的竞争性利用的讨论。

关键词：财产法，能源，自然资源

---

[*] 艾琳·麦克哈格（Aileen McHarg），格拉斯哥大学（英国）法学院公法高级讲师。巴里·巴顿（Barry Barton），怀卡托大学（新西兰）法学院教授。阿德里安·布拉德布鲁克（Adrian Bradbrook），阿德莱德大学（澳大利亚）法学院波尼森讲座教授。李·戈登（Lee Godden），墨尔本大学（澳大利亚）墨尔本法学院教授。

对于国际律师协会之能源环境自然资源和基础设施法律事务部为从事构成本章基础之研究所提供的资金资助，谨致谢忱。

一、导言:界定财产范围

能源和自然资源法一直十分关注财产,并将之作为组成部分之一。在能源和自然资源治理中,从控制权和获取权的界定到资源开发和保育的体制结构,财产法一直对核心法律原则的发展具有强势影响。在西方国家,能源和自然资源法的历史一直深深根植于将个人对自然资源进行使用和保护的权利作为财产性权利之中。在其他法律体系中,自然资源的财产权要灵活一些,可以涵盖范围广泛的集体性的和个体性的自然资源利用类型。

随着时间的推移,在大多数法域的法律制度中,国家在自然资源管理中的作用越来越大,但是与私有财产权制度并存,通常并没有取代它。即使是在寻求某种自然资源和能源国家所有制以及自然资源禀赋地所有制的国家,国家也通常会以授予法律证书和权利的方式对自然资源进行开发,而法律证书和权利往往被认为具有财产权的特征。在国家管辖范围内的其他组织或者团体,基于对自然资源的习惯性使用和长期实际使用以及文化联系,也可能会对自然资源和能源主张权利。

在能源产业中,用于为消费者或/和向消费者生产、输送以及供应电力、天然气、石油以及其他形式能源的设备和基础设施,时常可以在公有和私有之间进行转换。通常认为,各种不同的监管措施常常是针对受监管的能源和自然资源产业的财产权人所享有的特权而设定的。关于投资确定性或安全性的主张,往往是以保护财产性权利的重要性为理由而提出。在诸如供水这类公用事业私有化的时候,财产权概念就会有一种新的发展和意义;进而,在与自然资源、能源以及可持续发展有关的方面出现新的需求时,也是如此。

所以,虽然财产法可能具有古老的起源,但是事实却证明,它具有高度的弹性,能够适应各种不同的能源和自然资源状况。因而,编写本集著的目的,在于从多个层面探讨当代财产法同能源和自然资源法之间的关系。编写本书的时代背景是对能源和自然资源财产的全球性关注的再次不断增强,以及这类财产利益在全球不同法律制度中的表现方式。国际律师协会的能源环境自然资源和设施法律事务部学术顾问团主要负责研究能源和自然资源法领域中出现的新趋势。在组成学术顾问团的律师们看来,无论在实践上还是在理论上,这些问题都是重大问题。

在广泛的国内以及超国家和国际法律背景下,本书的不同章节探讨财产法同能源和自然资源之间的关系问题。本书涵盖了关于财产权在多种能源及自然资源情境中所起作用的不同观点。这些不同情境包括大陆法系和英美法系,市场规则,习惯法和土著社区,公法和私法。本章简要讨论本书涉及的不同主题,包括对私人权利和共同财产情形的讨论,以及对土地使用及自然资源的竞争性利用的讨论。由于涵盖主题如此之广,本书同下列广泛的读者群有关,即,对日益成为能源和自然资源法一个重要方面的财产的法律层面感兴趣的读者群。

当社会寻求通过能源和自然资源的法律框架来正式认可某种特别的"选择"时,法律和财产之间总是存在一定的关系。在讨论前段所述内容的同时,本书承认这种关系的存在。基于此,本书探讨有关财产法如何融入我们的法律、经济和社会关系之中的许多根本性问题。[1] 因此,本书的分析形成了构建一般财产法研究成果的一幅独特的"大教堂景观"。[2] 就此而言,本书试图对法律文献库作出贡献,无论是在财产法领域还是在能源和自然资源法领域。虽然在每一个问题上都有非常好的研究成

---

[1] F. von Benda-Beckman, K. von Benda-Beckman, and M. G. Wiber (eds), *Changing Properties of Property* (2006).

[2] See J. Watson Hamilton and N. Bankes, "Different Views of the Cathedral: The Literature on Property Law Theory", in this volume.

果——而且,无论是财产法领域还是能源和自然资源法领域,最近几年对这些问题的兴趣的确在不断增加,但是,把两个领域进行结合而进行比较研究的成果却凤毛麟角。[3] 相应地,对于能源和自然资源法领域中新出现的一系列问题,本书把财产法直接引入到能源和自然资源领域中来,并且基于学术顾问团此前的合作研究成果而进行。着眼于此,在讨论自然资源和能源问题时,本书从国际法和比较法的视角研究社会所理解财产的许多关键"选择"。这正如巴恩斯(R. Barnes)对自然资源的如下观点;这一观点同样适用于能源:

> 自然资源监管产生了在社会中如何分配财富和权力的一些重要问题。我们出于什么目的以及为了谁的利益而监管这些资源?谁能够拥有这些资源,以及以何种形式拥有?为保护其他社会价值,是否可以、是否应该对资源的使用加以限制?这类问题正是国际法和国内法都涉及的领域。[4]

二、能源和自然资源中的财产:形成中的问题

需要研究的正在出现的关键问题包括:化石燃料、矿藏和水资源的控制以及获取;能源和供水设施的公共和私人所有权各自的相对优点;宪法和国际法在主张能源和自然资源主权中的作用;相对应的,宪法和国际法在保护个人财产权中的作用;对于文化和族裔群体获取权的反对主张;以及,所有这些对形成有关能源和自然资源的监管制度和所有权模式选择已经产生的巨大影响。此外,财产问题还涉及对与自然资源开发以及(尤其是

---

[3] 尽管晚近的学者还有斯科特(A. Scott)和巴恩斯(R. Barnes)。See A. Scott, *The Evolution of Resource Property Rights* (2008) and R. Barnes, *Property Rights and Natural Resources* (2009).

[4] Barnes, ibid at 10.

对城镇人口的)能源供应和提供供水服务相关的土地使用、规划以及广泛社会影响的考量。与此类服务的提供相关,具有重大意义的监管发展趋势(例如竞争政策)已经形成了涉及财产的组织和体制结构的新的含义。

对油气以及矿产资源领域内经久不衰的财产和法律问题的兴趣本来正在消失,其再现肇始于国家对此类能源和自然资源权利主张的政治现实。这种兴趣的再现表明,政府、国际组织以及商业和社会团体成员对这些问题的关注又上升到了一个新的水平。从全球化到私有化,从气候变化到能源安全,以及从经济自由化到不断扩散的经济衰退,这些变化趋势的融合导致人们认识到能源与自然资源对于人类未来及其安全和福祉的重要性。而且,随着化石燃料储量的价值越来越高,以及相对应的,包括水和未受污染的空气在内的自然资源变得越来越稀缺,自然资源的控制和获取问题变得前所未有的重要。这些趋势已经促使许多国家重新考虑其自然资源的所有权制度,也引发了关于新"发现"种类的自然资源的所有权问题。关于如何对石油和天然气进行最有效的治理和使用这些持续话题,目前仍然争论不休。然而,随着气候变化和能源安全影响的不断扩大,这些问题促使人们重新评估自然资源和能源的需求和使用。在自然资源和可用技术(诸如碳回收技术)方面出现的新型财产权形式中,许多正在变化的能源需求得到了法律回应。能源和自然资源的长期可持续性以及财产和法律可能在实现此类目标中发挥的作用,成为诸多问题中最棘手的问题。

因此,不断变化的法律和政策环境为财产同能源和自然资源法之间的交互作用提供了新的空间。但是,同时也产生了有待解决的全新的理念上的问题。例如,正在变化的自然资源所有权制度产生了这样的新问题,即,有关权利的确切性质和界限。燃气和电力市场的自由化也引起了对不同所有权形式的新的兴趣;在自由化情形下,有效竞争对利益分散以及多元主体的需求可能会同下列目标发生冲突,即,创造理想投资环境、保护国家垄断或者财产权的法律保护。财产权本身可能成为法律监管的一种工具,也可能成为监管的"对象"。对原居民土地权利的不断增强的承认不仅可能导致获取自然资源问题的复杂化,还可能引起对自然资源中财产含义的不同文化解读。同样地,还出现了对因财产而产生的责任的更新了的利益,无论这些利益是涉及促进和/或减轻竞争影响的义务,还是涉及支持能源及其他自然资源开发或者保育中的责任。

三、能源和自然资源中的财产:主题的研究方法

由于存在多种可以用来探讨能源和自然资源财产和法律的方法,本书并不试图进行一种穷尽性的讨论。作为一种选择,本书分为四个部分,以反映作者们所要研究的主要问题。第一部分探讨理论性和概念性的方法,包括对财产法理论的概述,对自然资源公有和私有权利的审视,制定法中对财产权的设定,以及国际法中关于财产的规定。第二部分举例研究存在于一些具体国家的不同种类的自然资源法律制度,旨在强调这些制度中关于规范财产路径的多样性。第三部分着重论述能源和资源中的财产及其与市场和监管的相互作用。最后一部分探讨自然资源领域中正在形成的财产制度以及考察新兴的财产形式(如碳封存)。

尽管每一章以及不同章节的着重点并不相同,但是本书的一个有趣方面是,许多主题都被不同作者视为共同要素进行了分析,这就打破了本书章节与章节之间的界线。总而言之,这些主题都为财产法的发展指明了方向,从而展现了在不久的将来能源和自然资源领域财产法的可能相关问题。

所有关键问题都与财产的概念性观点和工具性观点之间的

区别密切相关。[5] 为了回答"什么是财产"这一问题,概念性观点试图界定最本质的或者最基础的一系列特征。[6] 在西方所有法律制度中,这些概念通常来自罗马法上的分类,强调财产法的至高无上地位,将财产法视为体现了对抗世人的最强有力的可以执行的法律权利,而且财产法通常赋予特权(如排他权)。[7] 工具性观点,也称功能性观点或者实用性观点,则更加关注确定财产作为一种社会工具所发挥的作用,以及财产可以促进实现的政治和经济目标。[8] 这些围绕财产性质的本质特征(即,什么是财产,以及财产的基本特点,关于财产法的功能性作用)所进行的讨论,对于下列主题具有明显影响。在接下来的部分中,对每一个主题都有进一步的解释,而且在具体章节中会得到更为具体的讨论。

(一) 财产的目的

正如沃森·汉密尔顿(Watson Hamilton)和奈杰尔·班克斯(Nigel Bankes)所说,"工具主义者并不大关注什么是财产;他们想知道财产制度可以服务于什么目的。"虽然汉密尔顿和班克斯关注的是财产作为一种制度被人们认为其可能实现的一般功能,不过本书的其他作者关注的却是具体财产规则的功能性特征,而且特别关注在不同时间和环境下,对财产规则的不断变化的工具性需求。因此,以特伦斯·丹提斯(Terence Daintith)关于捕获规则的讨论为例,其讨论明显是功能性的。尽管对捕获规

---

[5] Watson Hamilton and Bankes (above n 2) at 22.
[6] 有关早期的讨论,请参见下列文献:F. Cohen, "Dialogue on Private Property" (1954) 9 Rutgers L R 357。
[7] A. Bell and G. Parchomovsky, "A Theory of Property" (2004—2005) 90 Cornell L Rev 532 at 535.
[8] Watson Hamilton and Bankes (above n 2) at 28. 这种方法在边沁的功利主义哲学中有历史渊源。这种哲学认为,财产应该用于促进最大多数人的最大幸福。

则存在广泛的批评,但是丹提斯认为:"对于像石油和天然气这类游移不定的物质来说,捕获规则是糟糕程度最低的财产规则;只要在一种对开发给予激励的环境下一直运行,这一规则的副作用就能得到有效控制。"

在中国的天然气利用方面,针对具体法律规则的功利效益与其负面影响之间的平衡问题,王明远也表示了一种类似的担忧。他说:"目前,天然气资源既具有战略价值也具有生态上的重要性。权衡开发与收益是一个亟须解决的问题。"冈萨雷斯(González)所撰写的第11章从大陆法系的角度,研究了国家财产概念在墨西哥的发展历史和功能以及这样一种具体作用,即,这类概念在协调私人投资利益同公共石油垄断之间的作用。

作为对历史上的殖民化类型的一项回应,有几章论述了国家政治和文化进程对财产的当代社会功能的影响。在对印度尼西亚能源公用设施的分析中,西蒙·巴特(Simon Butt)和蒂姆·林赛(Tim Lindsey)认为,"印度尼西亚社会主义"所产生的关于财产权的视角包含了这样一种观点,即,财产和自然资源在消除贫困方面具有一种社会功能。相反,对于在南美洲不承认和不执行习惯上的土著财产权在延续土著群体的贫困中所起到的重大作用,莉拉·巴雷拉—埃尔南德斯(Lila Barrera-Hernández)进行了讨论。有关财产和贫困之间关系的经典问题已经出现了几个世纪,它可以与当代的争论形成明显对比。如今,在环境监管的背景下,财产规则的工具性特征最为明显。近年来环境政策中一个明显趋势是,运用以市场为基础的监管措施来应对环境危害。这类措施在根本上取决于可交易财产权的设定。这可能会涉及我们的"公共"自然资源(如空气、水以及森林区)的"财产化"。或者,这可能会涉及针对新的富有价值的自然资源(如固碳能力)创设新的所有权形式。在关于加拿大碳抵消交易方案的分析中,阿拉斯泰尔·卢卡斯(Alastair Lucas)赞成运用一种功能性的路径来创设一种适当的财产权制度。他主张,这将需要立法的介入,而不是单纯地依赖普通法上关于所涉及权利的分类。

然而,虽然工具主义者关于财产权的思考方式非常具有启发性,但是巴顿在其所著第4章中反对用单纯的工具性术语来对待财产,因为这些术语非常容易受决策者目的的支配。至少在普通法系国家的制度下,巴顿认为,对于作为一个具有自身内在逻辑的自治法律部门的私法,它的形式主义思想的影响可以产生立法者并不想要的后果。法院可能更愿意求助于所有权概念来解决纠纷,而不是采用立法机关的意图方式。这一点似乎还有可能适用于大陆法系国家的制度;在大陆法系国家,正如麦克哈格所认为的,公法和私法之间的区别甚至更加根深蒂固。戈登关于水和大气排放交易方案的研究印证了这一结论。她指出,虽然市场环境主义为共同自然资源治理提供了创新性的方法,但是引入财产概念却同时产生了与之并存的一个长期存在且具有争议的历史,而这因此可能会造成同其所解决问题一样多的问题。

(二) 财产的适应能力

然而,贯穿于本书的最引人瞩目的主题也许是,财产法原则满足21世纪能源和自然资源部门需求的持续相关性和明显适应能力。传统的财产律师将会张开双臂,欢迎这一发展;这是因为他们的同仁主张财产概念已经过时,与现代的社会和经济问题毫不相关。在普通法中,批评者把财产恒继法作为例子,指出其中诸如"健硕的八九十岁老人"之类的荒唐之处。[9]

更令人不安的是法律界要人已经发表的观点;这些观点认为,在普通法中,财产法可能不具备继续发展的能力。其中最为人熟知的这种陈词之一竟然出自丹宁勋爵这样一位改革家。他

---

[9] *Jee v Audley* (1787) 1 Cox Eq 324; 29 ER 1186; Re Dawson (1888) 9 Ch D 155.

在菲普斯诉皮尔斯(*Phipps v Pears*)一案[10]中认为,不应该再有新的消极地役权,而且地役权的等级已不复存在。[11] 然而,布拉德布鲁克却认为,为地役权(例如,促进新的太阳能技术的地役权)划分等级能够产生某种意义重大的社会效益。尽管在许多法域的现有财产法中,甚至是在现代立法背景下[12],确认这种不合时宜的观点是可能的,但是并没有理论上的理由来对此进行解释,即,为什么财产法不能像私法的其他方面一样具有动态发展的特性。

事实上,本书的许多章节都举例论证了财产法原则在为能源和自然资源部门构建一种动态的现代法律制度中实际和潜在的适应能力。丹提斯研究了捕获规则对于地下石油资源何以在许多法域中成为决定财产权的盛行法律的基础。尽管此项规则原本是为适用于野生动物而制定的,根本没有考虑应用到自然资源领域的可能性。巴顿指出,由制定法所创设的许可(证)以及其他权利可能有时候需要联系传统的物权法权利和原则来加以分析;卢卡斯有关碳回收权利的研究佐证了这一观点。拉梵雅·拉贾马尼(Lavanya Rajamani)从印度的角度讨论了古代的习惯森林权利如何与当代这一最紧迫的问题之一密切相关,即,通过生物回收来减少温室气体排放。

麦克哈格探讨了支撑财产适应能力的理论基础。他指出,绝大多数的理论工作者都接受这样的观点,即,财产权不应当被视作对监管的一种限制,而应该视为一项社会制度,其创设在于实现有价值的公共功能。

在财产可能会如何决定能源和自然资源法的未来发展方面,一个相关的而且可能令人惊讶的议题是,财产的后果或者影

---

[10] [1965] 1 QB 76.
[11] ibid at 82-3.
[12] 例如,根据澳大利亚南澳大利亚州和昆士兰州的现行土地权利立法,限制性合同不能直接在一项土地权利上登记。See A. Bradbrook, S. MacCallum and A. Moore, *Australian Real Property Law* (3rd edn, 2002) 758.

响能够因立法者或者法院的无意,有时是偶然而造成。当立法者试图界定新权利的时候,或者当法院通过适用法律的某种新的适应性而解释一个实际存在的案件的时候,这类情况就可能发生。例如,布拉德布鲁克的分析表明,在促进可持续的能源问题解决方案方面,财产法是一项有用的机制。其有用性涵盖了从推动在建筑部门采取提高能效的措施,到利用限制性合同或者私害法来保护获取太阳能以增加太阳能的生产。在地役权方面,他的理由是,尽管社会上出现了很多关于为能源使用目的而获取太阳能的问题,那么采光地役权能够成为一种适当的财产权,因为为了保证获得充足光线的目的,在中世纪就产生了采光地役权,而在为能源目的获得阳光的任何事宜之前,获得光线就已经成为与社会有关的利用阳光的方法。同样的问题适用于获得风能的地役权;获得风能的地役权以古代的空气地役权为基础,不过创设空气地役权是为了空气流通的目的,而非出于能源生产的任何考虑。

尽管法律具有通过司法进行扩张的能力,但是一些研究表明,传统的财产概念本身并不丰富得足以解决所有问题。例如,在丹麦,安妮塔·罗尼(Anita Rønne)讨论了这样一种新的制定法机制,即,用于解决相邻土地所有者之间有关风能设施有害影响的冲突问题的机制,该机制取代了对妨害法的依赖。

(三) 市场、私有化和全球化

国际性、公用事业以及环境领域对以市场为基础工具的依赖性的不断增强,还说明了另外的一个主题;这一主题显明地体现于本书的各章讨论之中。这就是新自由经济理论不断产生的全球性影响;新自由经济理论强调,对于过去通过国家所有权和分等级监管方式解决的问题,以私有权和竞争作为解决方案更具优点。一个事例是戈登所讨论的事例,是在水和温室气体排放交易机制中,从中央集权的、以国家为基础的监管转变为分散的、主要针对私有财产的监管。另外一个事例是广泛实行的对能源和自然资源产业的私有化和自由化；这些产业直到最近还具有强烈的受国家控制和垄断的特征。本书的许多章节论证了私有化和自由化政策的影响；涉及的国家或地区包括英国（萨拉·亨德里, Sarah Hendry, 麦克哈格）；欧盟（伊尼戈·德尔瓜伊, Iñigo del Guayo, 玛莎·罗根坎普, Martha Roggenkamp 和冈瑟·屈内, Gunther Kühne）；拉丁美洲（巴雷拉—埃尔南德斯；冈萨雷斯；扬科·马修斯·德阿伦卡尔·泽维尔, Yanko Marcius de Alencar Xavier；路易斯·艾丽兹, Luis Erize）；印度尼西亚（巴特和林赛）；以及日本（中谷和彦, Kazuhiro Nakatani）。

　　例如，由艾丽兹，冈萨雷斯和德阿伦卡尔撰写的三章分别讨论了阿根廷、墨西哥和巴西三个国家。这三章描述了一种相似的趋势，即，尽管宪法将地下资源的所有权赋予中央政府或地方政府，但是私人部门在石油和天然气领域的介入却不断增加。关于阿根廷，艾丽兹这样描述："为解决20世纪80年代的能源危机而在20世纪90年代出现的根本性的私有化趋势，不仅导致石油和天然气产业，还导致电力产业作为一个整体都被托付给私人部门。"关于墨西哥，冈萨雷斯给予了类似的评述："为了在石油及其他烃类能源领域有一种更为灵活的关于绝对公共支配的模式，墨西哥前三任总统都已经试图修改宪法。"至于巴西，德阿伦卡尔讨论了巴西1995年宪法修正案；该修正案允许私人在国家石油产业中有更大的参与；他将该修正案归因于对增加投资的需求和20世纪90年代全球市场自由化浪潮的影响这两种因素的结合。

　　甚至在国家所有权仍然很重要的国家（如挪威），新自由主义思想的影响也十分明显。因此，乌尔夫·哈默（Ulf Hammer）描述了所有权与监管功能在挪威石油部门是如何已经分离的，石油资源所有者——挪威国家石油公司——现在必须像其他私有公司一样，为了自身的商业利益而有效地节制其行为，而把广泛的资源管理和社会经济业务交由一个独立的机构即佩特罗公司（Petoro）负责。这种现象验证了罗尼关于在欧洲其他国家（包括丹麦）国有公司的作用已经降低的观察结果。她阐述了欧共体法在这方面的影响。正如麦克哈格所解释的那样，这就将公有和私有企业置于相同的以市场为基础的规则之下，因而要求通过明确的监管规则而不是通过所有权控制来实现非市场性的目标。

然而，本书所分析事例的一个显著特征是，新自由主义模式需要面对很多来自其他财产权理论的反对。例如，在关于阿根廷和智利的讨论中，巴雷拉—埃尔南德斯揭示了新自由理论所假设的排他性的和可交易的财产权是如何与土著社区所主张的对土地和自然资源所享有的共同且不可剥夺的权利发生直接冲突的。关于印度尼西亚，巴特和林赛阐释了《印度尼西亚宪法》中所包含的财产权概念是如何成为国际货币基金组织推动私有化和自由化政策实施（特别是在电力部门）的障碍，因为这一财产权概念已经被解释为，为了使全体人民受益，必须要求对自然资源和基础产业实行广泛的国家控制。同样地，尽管在拉丁美洲存在私有化趋势（前已讨论），但是对自然资源实行国家控制具有重要意义的思想仍然在政治上和法律上颇有影响。因此，无论是在巴西（德阿伦卡尔）还是在墨西哥（冈萨雷斯），最近都出现了某种程度的对石油部门中私人参与的强烈抵制，促进了运用对资本投资需求和确保社会大众从自然资源开发中受益两者进行平衡的新方法的实验。因此，根据冈萨雷斯的论述，墨西哥出现的反对私人参与并不是基于对私有财产的蛮横反对，而是"更多地由于这一观念，即，私有化主要让外国公司受益"。

然而，即使是在自由的财产权模式更为根深蒂固的某些法域，将私有财产权应用到能源和自然资源部门也仍然存在着反对性的阻碍。例如，在私有化和自由化政策都处在前沿水平的英国，亨德里认为，水仍然被广泛视为一种"公共"物品，不应该按照单纯的商业原则对其进行管理。所有权的社会责任概念既可以在普通法系也可以在大陆法系中找到,它与绝对主义和自由主义的所有权概念都存在冲突。同样地,麦克哈格探讨了所有权的社会责任概念是如何影响英国和欧盟能源公用设施的法律监管的。

在日本,中谷和彦解释了日本政府如何在如下两者之间寻求平衡,即,市场自由化趋势和推动国内投资流动,为了国家利益而限制外国投资的规则。这促使日本政府颁布了一项法令,防止对日本任何一家重要能源公用设施公司的外国投资增加到这样一种程度,即,外国投资者可能能够对该公司进行实际上的控制。尽管中谷和彦强调日本政府针对这种情况颁布的这一法令被认为是一种例外,但是该法令却提出了国家能源安全要求对私人财产利益的影响这一棘手问题;这一问题在本书的其他许多章节中得到了佐证。

(四) 私权和公共利益

尽管不同法域在能源和自然资源领域提供给私有财产权的保护有着很大的不同,但是一直存在着当政府监管侵犯私有财产利益时解决征收和赔偿问题的一种法律规则体系。的确,正如巴顿所指出的那样,"私有财产权一旦创设,在环境和自然资源法中就会有一种危险的力量。"换句话说,财产权可能为其所有者提供一种强有力的依据,用以反对减损这些权利价值或者范围的甚至将其完全消灭的未来监管。正如汉密尔顿和班克斯所论述的那样,存在一种宽泛的理论化体系,规定在什么情形下、根据什么条件,这类对财产的"拿走"或者征收是合法的。他们认为,这一问题在能源和自然资源领域具有特别的重要性;这一观点为本书的许多章节所证实。在一些情况下,使用财产权作为反对监管干预的一种保护伞仅仅在政治辩论的层次上运用。然而,在许多法域,正如罗尼所讨论的,私有财产权确实获得了宪法上的保护。国际法,正如凯瑟琳·雷德格韦尔(Catherine Redgwell)、艾丽兹和中谷和彦所论述的,或通过人权法,或通过规定保护外国投资的习惯规则和以条约为基础的规则,也可能为以财产权为基础的主张提供支持。

在能源和自然资源部门,当政府已经试图限制私人参与时,此类主张往往会出现,例如,艾丽兹所讨论的涉及阿根廷的事例。他注意到了由于对能源产业空前严格的政府控制所导致的紧张局势。"该产业很不情愿地诉诸法院或者仲裁,同时还要受到来自公权力的严厉批评以及进一步报复威胁。这些措施的综合效应等同于缓慢的征收:在这条路的尽头,是对财产权的剥夺。"显然,在对能源和自然资源的政府合法监管与对私有财产的不当干预之间的界线,仍然和以前一样令人担忧。

然而,在关于国家征收讨论的有趣解读中,德尔瓜伊、罗根坎普和屈内所共同撰写的第 8 章表明,在执政当局确实正在试图扩大市场原则适用的条件下,也可能出现遭受干预财产权的指控。正如他们所研究发现的,在许多欧盟成员国中援引了宪法保护的财产权,用以抵制对垂直一体化能源公司的拆分。这类公司已被确认为是建立一个有效的欧洲能源市场的重大障碍。德尔瓜伊、罗根坎普和屈内的结论是,无论是在欧共体法律中还是在成员国宪法制度中,当面对公众利益(例如促进有效竞争的需求)高于一切的理由时,对财产权的保护显得相对弱小。这一发现在罗尼有关丹麦宪法和《欧洲人权公约》的研究中得到了佐证,虽然在其他法律制度中,如日本(中谷和彦),可能提供更强有力的保护。这可能表明,反对干预财产权的宪法保护,与其法律价值相比,往往有更大的象征性意义。尽管如此,正如德尔瓜伊、罗根坎普和屈内的研究所表明的,求助于财产权并将之作为一个明显的主牌,仍然可以对政策的制定具有实际影响。他们因此认为,在面临来自某些方面的以财产权神圣为基础的理由时,欧盟委员会弱化了全面的"所有权分拆"计划,允许其成员国选择不那么极端的措施。

（五）财产和国内制度的国际化

财产法原则的国际化还产生了关于财产利益的国家作用问题。雷德格韦尔注意到了国内法律制度中的财产与国际公法下的主权的衔接问题。由于近海石油和天然气的勘探和开发,在能源和自然资源部门,这两个概念的衔接已经非常重要;而且,由于该部门的新近发展(例如,近海碳捕获和储存、海上风力发电的发展以及波浪能源的开发)的结果,这一衔接在未来几年很可能变得更加重要。

另一个比较点是与国家的主权权利进行比较。正如雷德格韦尔所阐释的,在国际法上,一个外国国民的财产和投资受到保护,但是应当由每一个国家来决定在其法律制度下能够享有什么财产权利。因卡·奥莫罗格贝(Yinka Omorogbe)和彼得·奥涅莫拉(Peter Oniemola)详细地研究了东道国与跨国石油天然气公司之间的紧张关系。这种紧张关系或者竞争是能源和自然资源法的主要议题之一:投资确定性和立法者的主权权利之间的紧张关系;或者,租用权安全与监管灵活性之间的紧张关系。为了建立法律机制以解决这种紧张关系或者竞争,已经作出了很多努力。事实上,财产规则在解决冲突中发挥着重要作用。奥莫罗格贝和奥涅莫拉还对联合国大会《关于自然资源的永久主权决议》进行了阐释。他们对这一转变趋势进行了解释,即,从投资者对自然资源的财产权这一传统观念向东道国据其自然资源所有权而享有主权利益的观念转变趋势。

（六）财产作为解决冲突性主张的一种机制

很多关于财产的讨论都局限于财产权,而不涉及义务。因此,对财产的研究变成对竞争性主张的研究也就不足为奇了。能源和自然资源法中一种非常普遍的竞争是存在于自然资源的使用者同其他财产权的拥有者之间的竞争。王明远对这样一个事例进行了详细研究,即,中国的天然气管道运营商与那些对土地拥有不同种类权利的个人或者单位之间的关系。他得出的结论是:把土地和矿产资源分开的所有权制度安排有利于国家的规划和行政管理,有利于减少天然气的开发成本;但是,这种安排却为天然气开发和土地权利之间产生冲突埋下了祸根。在考察美国法和法国法之后,他的结论是:为了解决这种竞争性主张,需要一种更系统化的法律框架。如前所述,罗尼在丹麦有关风力发电与对周围土地所有者的影响两者之间的关系上,研究了平衡冲突性利益的新方法。

在冲突性主张和财产来源问题上,拉贾马尼从另外一个视角进行了研究:

> 那些依赖自然资源的社区,由于国家或者其他人对社区所依赖的这些自然资源可能拥有合法的权利,它们很容易失去自己的土地、对自然资源的利用机会以及生活来源。以社区为基础的财产权通常涵盖若干权利,包括所有权、使用权和转让权。这些权利的效力来源于它们起源和运行的当地社区。

竞争还出现在对同一资源的权利主张之间。奥莫罗格贝和奥涅莫拉所撰写的第 6 章论述了关于石油和天然气资源"所有权"的不同模式。然而,他们的研究重点是在一些像尼日利亚一样的国家的情况。在这些国家存在占绝对优势的制度,而且烃类能源资源的所有权赋予了享有主权的国家。然而,即使在这样一个国家所有权的"绝对"模式下,作者还需要研究在联邦制治理结构之下联邦、州和地方政府所持的不同立场,阐释与必然出现的私人利益之间的协调。

另外一种关于"利益相关者"利益的观点是由捕获规则所揭示的。捕获规则是关于从一个共同资源库中开采石油和天然气的多家公司之间竞争的一项财产权规则。丹提斯论述了捕获规则的起源和现状。这一规则不可避免地与关于井距及开发利用的政府监管关联。他得出的结论是,捕获规则具有可以抵消被普遍提及的不良影响的优点。现代石油和天然气制度倾向于融入捕获规则功能的许多替代性安排。

个人与集体之间存在着不同形式的竞争。对私有财产的注重意味着一种将财产权视为个人主义的以及与社会目标相竞争的倾向。麦克哈格注意到了这一点。但是她也指出,可以将私有财产和共有财产视为它们自身都必不可少的具有一种社会性质的义务。这种所有权的义务在德国法中得到了明确规定。在法国法中,它的同等概念是公共服务理论,这一理论对是否是公共所有权或者是否是垄断都具有一定的影响。正如巴顿所注意到的,此种竞争的一个不同方面是,对个人财产权给予更加清晰的界定并不是没有成本的,而且往往要牺牲公共的、集体的或者社区享有的权利或利益。

(七) 财产作为事物价值变化的一种动态反映

正如前文所强调的,在能源和自然资源领域,财产的情况处于动态变化之中。尽管财产被一再宣告为权利而不是有关事物的本身,但是值得注意的是,什么被承认为与"事物"有关的财产并赋予价值,也在随着技术、社会和经济的变化的推动而不断变化。而这反过来又会影响对其进行财产主张的强度。尽管传统的自然资源(石油、矿产和森林)并没有失去价值,但是更大的价值目前已经归属于其他自然资源和价值。布拉德布鲁克研究了必须归属于可持续能源开发的这样一种新的价值。他指出在承认这一价值时,存在一个在立法机关和法院之间进行制度选择的问题。

可以归属于共同财产资源、公共资源或者只要根本上还没有成为财产权主张对象的资源,都正在成为新形式财产权的客体。其中原因并不难寻;这就是日益增长的人口和财富创造着需求,导致曾经并不存在资源短缺的地方出现了资源稀缺。就此而言,渔业资源和水资源是最重要的事例。我们正见证着此类自然资源的广泛商品化或者"财产化"。例如,针对渔业资源的个体可交易配额(ITQ)形式的以及针对水资源的可交易权利形式的以市场为基础的制度。财产理念是这类制度的基本组件。决定把某些环境因素纳入具体化了的财产权,从政策层面上来看,是一项影响深远的决定,对法律制度来说也同样具有深远的影响。然而,关于财产的旧观念却根深蒂固。巴顿所分析的事例表明,就财产而言,自然资源纠纷处于更为突出的地位。法律界人士承担着将财产观念运用于资源领域的责任,甚至是在立法并没有就此作出规定的情形下。

排放交易制度已经出现,而且对于许多国家以及国家间组织来说已经成为减少温室气体排放的主要措施之一。在《京都议定书》签订后的12年里,碳交易已经从几个专家的未来展望转变为一种重大的商业力量。排放单位或者碳信用额度的财产权特征以及它们的法律特征目前已经成为大型商业交易中一项不可或缺的因素。卢卡斯对这一方式进行了认真研究,即,一种新的财产权能够据之而在功能主义的意义上得以构建,并以此作为一种支撑一项可市场化的碳补偿权的工具。

戈登提出了一个重要观点,即,财产权并非一种灵丹妙药,财产概念凭其本身并不能解决公共资源使用管理中存在的根深蒂固的问题。这类经济观点在研究财产权配置方面可能是有用的,但是在探讨能源和自然资源法中的财产分配后果方面,它却并非卓有成效。

(八)分配:公平和正义

任何一种个人财产权制度都会涉及财产权分配中的公平问题。汉密尔顿和班克斯注意到,几乎没有任何一种财产制度能够保障财富得以平均分配,因而,一些人将会比其他人更为富有。他们参考了关于分配正义的大量文献资料。财产制度理论上的正当性多数都与公平有关。无论是自然法还是实证主义关于财产的正当理由都必须努力设法解决这一问题。

尽管公平和正义是法律思维必须斟酌的事情,但令人奇怪的是,政策讨论总是完全在工具性的效率意义上进行——无论是能源和自然资源政策领域还是在任何其他诸多争议领域,实现公平并非易事。[13] 因此,在自然资源领域引入一种新的财产权制度时,大量的注意力将会放在交易制度的效率方面,放在初始配置方面的注意力则非常之少。尽管一些经济学派认为初始配置并不重要,但其他人则似乎认为初始配置非常重要。巴顿认为,与立法机关相比,法院更有可能采用一种纯粹的工具性方法,而且在决定当事人之间在自然资源争端中的责任时,更愿意考虑公平。

本书的一些章节研究了不同法律机制中所暗含的不同的分配问题。巴雷拉—埃尔南德斯和拉贾马尼就土著居民与自然资源开发之间的关系问题进行了研究。关于阿根廷和智利,巴雷拉—埃尔南德斯发现财产权和私有化是分配失败的关键因素:

> 对于分配正义,市场调节这只手是视而不见的。财富,这一由特别设计的财产来保护的事物,却成了赤裸裸的不公平的一种抽象的保护伞。一种把财产和治理结合起来的制度,或许能够更好地填补西方式的发展与尊重本土文化及生活方式之间的差距。

关于印度情况的研究,拉贾马尼所发现的恰恰是同一个问题。对于传统的森林居民来说,以社区为基础的财产权是新立法的核心。她注意到,这所代表的基础理念上的转变产生了在实践中如何实施的问题。

关于分配的关切事项,与重要自然资源和能源产业领域内

---

[13] L. Raymond, *Property Rights in Public Resources* (2003).

有关公共和私人所有权的政策争论的中心问题密切相关。正如前文所述,《印度尼西亚宪法》第 33 条授权国家对自然资源和重要产业进行控制,巴特和林赛阐释了该条是如何旨在使人民特别是贫穷人民受益的。关于巴西,德阿伦卡尔讨论了最近关于石油部门改革的建议,这项建议将包括涉及建立一项基于广受推崇的挪威模式的社会基金。这项基金将会收到因开发新的石油和天然气储备而产生的部分收入,而且其目标中将包括减少贫困和环境的可持续性。在涉水公用事业或设施的所有权方面,亨德里还注意到,相对于时常考虑的水事业的经济效率而言,尽管水资源的所有权显得并不重要,但是对于社会性监管,包括为了消费者和环境目的的监管,以及当试图管理社会政治议程和改进治理时,所有权却会成为一个意义重大的变量。公共所有权可以使解决冲突性利益变得更为容易。例如,亨德里认为,在服务仍由公共部门提供的情况下,只要涨价能够被服务的改善证明为正当,只要在决策过程中在提供信息和公众参与方面存在足够的透明机制,因改善环境而必要的涨价就可能遇到较小的阻力。

尽管如此,和许多其他章节一样,对于能源和自然资源的国家监管法律制度与财产权的私法结构之间的可感知的二分法,亨德里所撰写的第 14 章还提出了疑问。关于财产的法律结构和社会目标的旧的界限和空间已经发生了变化;公法和私法的划分不再是关键的(或者至少不是唯一的)社会结果的决定性因素。其他因素,例如市场化和公司化对公法和私法两种制度的影响,有助于更加深入细致地理解财产法在能源和自然资源部门中的运作。

四、总结

尽管本章在前面对数项主题进行了讨论,但是很显然,这些主题之间存在很多交叉和重叠之处。例如,财产的工具性用途还涉及适应概念以及自然资源和能源领域不断变化的社会和社区价值。从更广泛的角度来讲,正如本书所揭示的,在涉及其与能源和自然资源法的复杂相互关系时,财产有无数的定义、制度性表述以及法律形式。因此,关于财产和法律在能源和自然资源领域如何实际运行的任何理解,都将需要一项富有条理的分析;其中,长期存在的关于财产作用的假设可能需要受到质疑。考虑到全球范围内对能源和自然资源不断增强的关注,针对管理能源和自然资源的方式所作出的多种选择,即使是"不经意"的选择,如果财产提供了法律上的表达,那么,本书将有助于建立一种对于财产权的长期重要性及其发展变化动态性的理解。

第2章

大教堂的不同景观：财产法的理论文献

詹尼特·沃森·汉密尔顿　奈杰尔·班克斯[*]

摘要：本章梳理财产法理论和相关文献，旨在揭示一般财产理论的发展如何可能会与能源和自然资源有关。本章着重阐述自由主义的西方对于财产的理解，主要是普通法传统中的理解。本章的结构安排如下：第一部分全面梳理那些研究"什么是财产？"问题的文献，以及因之而产生的相关议题。本部分探讨关于财产定义问题的若干概念性和工具性方法，简要回顾商品化问题，并且研究有关财产类别的文献。本部分以对物权法定原则的讨论作为结尾。第二部分探讨财产的正当性问题，或者至少是私有财产的正当性问题。本部分首先对众多解释进行了梳理，将它们划分为四类：劳动力、无主物、先占（或占有）以及经济理论；人格理论；以自由为基础的理论；以及，多元主义理论。接着对财产从一种类型转化为另一种类型的阐释进行了研究。最后在第二部分研究对（私有）财产进行征收的正当性问题。

关键词：财产法，普通法，商品化，物权法定原则，私有财产，

---

[*] 詹尼特·沃森·汉密尔顿（Jonnette Watson Hamilton），卡尔加里大学（加拿大）法律学院副教授；email:jwhamilt@ucalgary.ca。奈杰尔·班克斯（Nigel Bankes），卡尔加里大学（加拿大）法律学院教授、自然资源学科带头人；email:ndbankes@ucalgary.ca。
中文译文对一些注释的内容做了简化处理。——译者注。

征收

在过去 25 年里,有关财产法理论的文献不断推陈出新。原因可能是,财产概念在 1980 年被宣告死亡或者至少被宣告解体[1],从而重新引起了学术上的争论。[2] 最近,信息财产权的新形式的增加以及诸如虚拟财产的新观念的出现——这些观念导致财产概念的界限发生了变化,似乎鼓励了人们重新思考。也有人认为,苏联及东欧社会主义制度的崩溃在重新激发人们对私有财产基本原理的兴趣上发挥了一定作用。[3]

最近的著述已经对财产法理论中的大多数重要问题进行了探讨。其中,包括两个最基本的问题,即,"什么是财产?"以及"(私有)财产的正当性是什么?"涉及公物*的议题,20 世纪 90 年代之前的著述颇丰,但并非法律界学者所写;然而,它目前却是法律理论中一个蓬勃发展的领域。而且,物权法定原则近来也一直备受关注。然而,研究文献却在这一方面存在空档。例如,除了将其与私有财产进行对比研究外,几乎没有关于公共财产的著述。[4] 相对于"什么是财产"问题的研究,关于"私有财产正当性"的著述近来较少。这可能是因为,最近大多数关于正

---

[1] T. C. Grey, "The Disintegration of Property" in *Property*: *Nomos XII* (J. R. Pennock and J. W. Chapman, eds, 1980) 69 at 74.

[2] R. A. Epstein, "Property as a Fundamental Civil Right" (1992) 29 California Western L Rev 187 at 187; L. C. Becker, "Too Much Property" (1992) 21 Philosophy & Public Affairs 196 at 197. cf T. W. Merrill and H. E. Smith, "What Happened to Property in Law and Economics?" (2001) 111 Yale LJ 357.

[3] C. M. Rose, "Property as a Keystone Right?" (1996) 71 Notre Dame L Rev 329 at 329. Heller 关于反公地的第一篇文章至少部分受到了这些事件的启发;See M. A. Heller, "The Tragedy of the Anticommons: Property in Transition from Marx to Markets" (1998) 111 Harv L Rev 621.

* 原文中使用"common"一词,包括了罗马法上的共用物、公有物和公法人物;译者将之译为"公物"。——译者注

[4] L. Raymond, "Sovereignty without Property: Recent Books in Public Lands Scholarship" (2003) 43 Natural Resources J 313 at 315.

当性问题的著述着重研究私有财产的局限性,关注的是分配正义和环境问题。此外,尽管经济学家对自然资源权利的形成和权利束感兴趣[5],但是,除了在自由获取资源方面以及关于国家授予的公共资源权利法律特征性质的研究方面有大量文献外,法学界人士在这一领域的理论性著述屈指可数。[6] 我们可以推测出现这种情形的原因。历史上,在威廉·布莱克斯通和其他学者看来,自然资源法显然是财产法的一个分支,而且这一传统观点持续了数个世纪。但是,目前许多法域中自然资源公共所有权的主导地位和作用,导致与这些资源使用和控制有关的问题讨论成为行政法问题而非财产法问题。[7]

本章梳理财产法理论和相关文献,旨在展示一般财产理论的发展如何可能与能源和自然资源法有关。鉴于本章的目的和篇幅,我们无意面面俱到。例如,这里对于知识财产权理论方面的大量文献涉及很少。我们也不讨论分配正义,只是附带而过。毫无疑问,这些文献同私有财产的正当性和局限性有关,甚至出现在财产理论的不少著名研究成果中。[8] 然而,人们通常并不认为这些文献是财产法理论的组成部分,并且在本章有限的篇幅中也没有可能对之进行深入研究。同样,对于有关环境伦理准则和理论的大量文献,也不可能进行深入讨论。

由于诸多原因,我们着重阐述自由主义的西方对于财产的

---

[5] See, in particular, A. Scott, *The Evolution of Resources Property Rights* (2008). See also G. Liebcap, *The Evolution of Private Mineral Rights: Nevada's Comstock Lode* (1978).

[6] 最近的一个例外是巴恩斯的《财产权和自然资源》(2009 年),书中研究的是国际法,尽管前几章更多的是关于财产理论的一般讨论。

[7] R. L. Fischman, "What Is Natural Resources Law?" (2007) 78 U Colorado L Rev 717 at 718.

[8] eg, F. I. Michelman, "Property, Utility, and Fairness: Comments on the Ethical Foundations of 'Just Compensation' Law" (1967) 80 Harv L Rev 1165; S. R. Munzer, *A Theory of Property* (1990); J. Waldron, "Property, Honesty, and Normative Resilience", in *New Essays in the Legal and Political Theory of Property* (S. Munzer, ed, 2001) 10.

理解，主要是普通法传统中的理解。首先，绝大多数的英文理论性著述都是以此为视角，或者至少把它作为研究的起点。其次，在世界范围内，这些视角特别具有影响力，并且由于全球的资本主义化而不断增强。[9] 财产法理论当前最有趣的发展之一是，国内法律制度中财产权的界定正在日益受到跨国因素的影响。通过双边和多边投资及条约（如《能源宪章条约》和《北美自由贸易协议》），"受规制的征收"法律在发展；非政府组织对财产和资源管理提出了概念和实施标准。两者都印证了这种影响的存在。

本章把财产理论文献探讨的问题分为上文已经提到的两类基本问题。其中，一个是客体问题：什么是财产？以及，什么不是？另外一个是有关财产的正当性和局限性问题。当然，这两类宽泛的类别都属于人为区分。30年前，麦克弗森（C. B. Macpherson）就指出，正当性或者批评意见与财产的概念密不可分，"建立或者仅仅接受一个特定的财产概念，就是要为一种现存财产制度进行辩护或者对其进行批评。"[10] 事实上，我们对文献的梳理表明，他的这一观点是正确的。

本章第一部分全面梳理那些研究"什么是财产？"问题的文献，以及因之而产生的相关议题。我们探讨关于财产定义问题的若干概念性和工具性方法，简要回顾商品化问题，并且研究有关财产类别的文献。本部分以对物权法定原则的讨论作为结尾。第二部分探讨财产的正当性问题，或者至少是私有财产的

---

[9] A. Lehavi, "The Universal Law of the Land" available at ⟨http://ssrn.com/abstract=1260366⟩; E. Meidinger, "Property Law for Development Policy and Institutional Theory: Problems of Structure, Choice, and Change" in *The Mystery of Capital and the Construction of Social Reality* (B. Smith, D. M. Mark, and I. Ehrlich, eds, 2008).

[10] C. B. Macpherson, *Property: Mainstream and Critical Positions* (1978) at 12. See also A. Clarke and P. Kohler, *Property: Commentary and Materials* (2005) at 372.

正当性问题。我们首先对众多阐释进行了梳理,将它们划分为四类:劳动力、无主物、先占(或占有)以及经济理论;人格理论;以自由为基础的理论;以及,多元主义理论。接着,我们对财产从一种类型转化为另一种类型的阐释,包括"公地悲剧"的阐释以及将一种公开获取公物转化为私有财产或者国家(公有)财产的一般经济正当性进行了研究。第二部分最后研究了对(私有)财产进行征收的正当性问题。

一、什么是财产?

关于财产本质的一些十分基本性的问题仍然充满争议。这一领域的学者在使用"财产"这一术语时,并不都表达同样的意思。财产是作为一个明确清晰的法律范畴而存在呢?还是为了获得"财产"的标签,它只不过是必须提出的一个或者多个的法律一般权利的集合或总体或者权利束?它有其自身的任何价值吗?或者,对于一种经济制度,它只具有工具性用途吗?[11]

已有文献用许多不同的方法回答了"什么是财产"这一问题。我们以考察两种不同的理解财产的方法作为本章这一部分的开始,即,概念主义和工具主义。对于一些人来说,财产就其本身而言就是一个值得分析和解读的范畴(概念主义);而对另外一些人来说,它仅仅是一种实现一定目的(如经济效率)的工具(工具主义)。接着,我们转而简要讨论商品化方面的文献,商品化是对"什么是财产?"这一问题的一种不同类型的回答。商品化讨论什么可以、什么不可以成为财产的客体。接下来,我们讨论关于下列不同种类财产的文献:自由获取型公物、社群型公物、私有财产以及国有财产。财产的形式非常重要,即使仅仅

---

[11] C. B. Macpherson, "Property as Means or End?" in *Theories of Property Aristotle to the Present* (A. Parel and T. Flanagan, eds, 1979) 3.

因为宣称研究"财产"问题的大量文献实际上却只是针对私有财产进行讨论。在本部分的最后,我们考察有关物权法定原则的文献;该原则的观念是,只有数量有限的财产利益应当或者应该在法律上得到承认。

(一)概念主义者和工具主义者的方法

概念主义者往往会依赖源自罗马法的概念,坚持对物权的至高无上性(权利足以对抗世人)并且时常给予其某些优先性的特权(如排他权)。[12] 工具主义者则并不是这样关注什么是财产;他们想知道财产制度所规定的需要服务的目的是什么。在本章的第一部分,我们首先检视了概念主义者研究财产的诸多路径。这些路径包括把作为"物"的财产与作为权利束的财产权的比较,以及作为排他性权利的财产与作为获取权和使用权的财产的对比。不过,关于概念主义路径的讨论,我们以这一观点作为结束,即,试图赋予财产概念以意义是居心叵测的。接着,从财产就是法律所保护之事物这一概念(它关注实施事宜)开始,回顾工具主义者研究这一问题的一些替代路径。另外,还讨论作为交流的财产、作为权力的财产、作为国家主权的财产以及作为经济上预期的财产等概念。

1. 概念主义

所要掌握的最简单和最容易的财产概念是财产作为"物"的观念。

例如,布莱克斯通关于财产的描述是最著名的描述之一。他的描述既关注财产的"事物性",也注重排他权:"没有任何事物比财产权更能激发人们的想象力,更能赢得人们的喜爱;或者,财产具有这样一种唯一的和独占的支配地位,即,一个人得以对世界上的外部事物提出权利主张并行使,而完全排除世界

---

[12] A. Bell and G. Parchomovsky, "A Theory of Property" (2004—2005) 90 Cornell L Rev 532 at 535.

上任何其他个人的权利。"[13]尽管自由主义学者,如理查德·爱泼斯坦(Richard Epstein)[14]可能仍然赞美这种财产观点,但是大部分学者认为对这段话的过分强调是对普通法的一种曲解。戴维·肖尔(David Schorr)[15]和卡罗尔·罗斯(Carol Rose)[16]坚持认为,如果一个人从整体上研究《英格兰法释义》,就会发现布莱克斯通自己并不持这种财产观点。布莱克斯通关于财产的多数讨论集中于对土地上共存的竞争性利益(包括各种采摘权和收获权)的考量上;这表明,在布莱克斯通所处时代,关于财产的唯一和独占支配地位的想象并不是事实,而这在今天同样也是不确切的、是无益的。

对于财产仅仅是有体物这一观点,尽管大家相信外行人都会持这一观点,但是几乎没有人支持这一观点。[17] 在我们所说的信息时代,大多数有价值的财产常常都是无体物。现在大多数关于财产的理论著述都空洞无物。几乎没有主流学者关注财产的时间和物理空间维度。[18] 甚至"物"这一词汇也被"资源"这一词汇所取代,并为后者工具性价值的含义所取代。尽管如此,最近仍有相当多的关于财产作为"物"的观点的讨论,这部分是因为虚拟财产、信息公物之类的挑战。在许多女权主义

---

[13] W. Blackstone, *Blackstone's Commentaries on the Laws of England* (1765—69), Book II, c. I, available at ⟨http://www.yale.edu/lawweb/avalon/blackstone/blacksto.htm⟩.

[14] eg, R. Epstein, *Takings: Private Property and the Power of Eminent Domain* (1985) at 66.

[15] D. Schorr, "How Blackstone became a Blackstonian" (2008) 10 Theoretical Inquiries in Law 103.

[16] C. M. Rose, "Canons of Property Talk, or, Blackstone's Anxiety" (1998) 108 Yale LJ 601.

[17] eg, B. Ackerman, *Private Property and the Constitution* (1977) at 26—31, 97—103.

[18] 不过,请参见贝尔(Bell)和帕克莫维斯基(Parchomovsky)前注[12]文。他们从所有者的数量、支配的范围以及财产设计规模三个方面讨论了财产。

者[19]、环保主义者[20]和原住民学者[21]的著述中,物质条件占有重要地位。一些研究财产的女权主义者坚持一种实践和渗透的策略。[22] 这些女权主义的法学学者希望把法律的重心转向那些与土地有关的妇女状况的有形的以及(特别是)物质性方面的有形实践性。同样,无论是在一种女权主义者的传统内[23],或是在一种原住民法律制度的传统内[24],亦或在其他的社群传统中[25],财产的人格理论往往强调人与具体财产之间的关系,反对财产的商品化和同质化。对于那些从一种生态角度研究财产法的学者来说,也同样如此。[26] 另外再举一个民法上关于"人"和"物"之间的基本划分的物之方面的事例,最近的见解包括那些限制罗马法上称之为有体物的财产种类的学者的著述。所谓"有体物",是指存在于时间和空间之中并且能够被感知的自然的和人造的物体,而其他一切则属于权利和义务之列。[27] 一个人如何看待"物"的种类的再物质化会影响他如何描绘动物和新的生殖技术(如克隆技术)的特征。

---

[19] eg, H. Lim and A. Bottomley, *Feminist Perspectives on Land Law* (2007).

[20] eg, A. Leopold, *A Sand County Almanac and Sketches from Here and There* (1949); E. T. Freyfogle, *The Land We Share: Private Property and the Common Good* (2003); and E. Freyfogle, "Ownership and Ecology" (1993) 43 Case Western Reserve L Rev 1269.

[21] eg, F. Rose, *The Traditional Mode of Production of the Australian Aborigines* (1987); J. Y. Henderson, M. L. Benson, and I. M. Findlay, *Aboriginal Tenure in the Constitution of Canada* (2000); K. A. Carpenter, "Real Property and Peoplehood" (2008) 27 Stanford Environmental L J 313.

[22] eg, H. Lim and A. Bottomley, "Feminist Perambulations: Taking the Law for a Walk in Land" in *Feminist Perspectives on Land Law*, above n 19 at 9.

[23] M. J. Radin, "The Liberal Conception of Property: Crosscurrents in the Jurisprudence of Takings" in *Reinterpreting Property* (M. J. Radin, ed, 1993) 120.

[24] Carpenter, above n 21.

[25] N. Blomley, "Landscapes of Property" in *The Legal Geographies Reader* (N. Blomley, D. Delaney, and R. Ford, eds, 2001) 118.

[26] Freyfogle, "Ownership and Ecology," above n 20.

[27] J.-R. Trahan, "The Distinction between Persons and Things: An Historical Perspective" (2008) 1 J Civil Law Studies 9 at 17.

第 2 章 大教堂的不同景观:财产法的理论文献

尽管财产是一种物的概念可能在学术界和专业界之外很盛行,并且从批判的视角来看可能具有一种作用,但是财产是权利束的观点却是法律方面概念主义者的流行观点。例如,在 1960 年发表的著名论文"社会成本问题"(它是产权经济学领域大多数现代研究的起点)中,罗伯特·科斯(Robert Coase)对财产的理解似乎源自权利束的概念。[28] 基于韦斯利·霍菲尔德(Wesley Hohfeld)的基础性法律概念,普通法上把财产理解为一系列独立的人与人关系颇为常见。[29] 霍菲尔德对法律关系作出了一种解释,而这一解释对于转变英美学术界对财产权的理解产生了很大影响。今天,他主要因其法律对立和相互关系理论而闻名。在这一理论中,权利、特权、权力和豁免权同无权利、义务、无能力以及责任相互依存。霍菲尔德并没有使用"权利束"这一表述来描述财产,但是他的法律关系理论以及他在弱化对物的权利而强化对人的权利方面所作出的努力为这一表述提供了支撑。[30]

在权利束这一表述中,每一项权利、权力、特权、豁免权或者义务在整体权利束中都是构成某一财产权利关系的一部分。对于从权利束中移除一部分还是多个部分后,是否意味着剩余部分不再属于"财产"范畴,目前尚无定论。通过对财产所有权"内容事项"的列举,奥诺雷(A. M. Honoré)助力了权利束这一表述的大众化:

> 所有权包括占有权、使用权、处分权、收益权、投资权、安全权、可转让的权利或内容事项和有无期限、禁止有害使用、行使权利的责任以及其他内容事项。它们组成了十一

---

[28] 科斯写道:"我们可以说一个人拥有并使用土地,将土地作为一项生产因素;但是,土地所有者事实上所拥有的是实现一个受到限制的活动清单的权利"。R. H. Coase, "The Problem of Social Cost" (1960) 3 JL & Econ 1 at 44.

[29] W. N. Hohfeld, "Some Fundamental Legal Conceptions as Applied in Judicial Reasoning" (1913) 23 Yale LJ 16.

[30] 霍菲尔德认为,对人权和对物权由完全相同的权利类型组成,区别仅仅在于不确定性以及法律关系所规定的人数。See Merrill and Smith, above n 2 at 364-5.

项主要内容事项。[31]

尽管不同学者所列举的内容事项有所不同,对于不同内容事项的相对重要性也存在不同看法,但是,霍诺尔列举的上述内容事项确实产生了巨大影响。[32] 然而,为了给任一具体权利束贴上"财产"的标签,在对于必须具备何种因素缺乏一致意见的情形下,这一概念极易发生变化。[33] 批评者认为,这种观点可能盲从于唯名论[34],甚至自相矛盾。[35]

非常有趣的是,尽管许多人认为排他权是财产的必备要素,但是它却并不在奥诺雷所列的财产内容事项之列。排他性被认为必不可少,关于财产权的对物权理解更是如此,因为它通过禁止未经同意的取得者和使用者而保护对财产的稳定占有。例如,费利克斯·科恩(Felix Cohen)认为,私有财产描述的是人们之间的这样一种关系,即,赋予财产所有者以国家支持为后盾,排除或者允许他人从事与其财产有关的某些行为的权利。[36] 托马斯·梅里尔(Thomas Merrill)和亨利·E·史密斯(Henry E. Smith)基于如下事实对合同权利和财产权进行了区分:合同权利是指特定人之间的非常具体的安排,而财产权则是指与整个

---

[31] A. M. Honoré, "Ownership" in *Oxford Essays in Jurisprudence* (A. G. Guest, ed,1961) 107 at 113.

[32] eg, H. Dagan, "The Craft of Property" (2003) 91 Cal L Rev 1517 at 1532; C. A. Arnold, "The Reconstitution of Property: Property as a Web of Interests" (2002) 26 Harv Envtl L Rev 281 at 285 n 20; L. A. Fennell, "Adjusting Alienability" (2008—2009) 122 Harv L Rev 1403. See also Scott, above n 5.

[33] 在关于财产理论的比较研究情境中,概念化问题是一个特别亟须解决的问题。为了评估不同制度中的异同,"财产"必须是一个具有一定含义的术语。See O. L. Reed and F. A. Stamm, "The Connection between a Property-Based Legal System and National Prosperity: Example from a Divided Germany Reunified" (2004—2005) 33 Ga J Int'l & Comp L 573 at 575.

[34] A. Mossoff, "What is Property? Putting the Pieces Back Together" (2003) 45 Ariz L Rev 371 at 372.

[35] K. Gray, "Property in Thin Air" (1991) 50 Cambridge L J 252.

[36] F. Cohen, "Dialogue on Private Property" (1954) 9 Rutgers L Rev 357 at 373.

世界相对应的非常普遍的权利。[37] 最近,梅里尔还提出了这样一种概念性观点,即,财产主要是由一种"排他权"构成。[38] 秘鲁经济学家赫尔南多·德索托(Hernando DeSoto)的名作把排他权置于至高无上的地位,他认为以国家为基础的法律制度应该认可和涵盖城镇及乡村居民的非正式形式的财产,并且听取民众的意见。[39] 民众的意见对权利进行捍卫,使其不受侵犯。拟议中的财产权是那些所有者有权排除或者允许他人得以行使的权利。[40]

一般而言,以排他权为特征的财产通常被称为私有财产,而那些以允许他人行使权利为特征的财产则被称作公共财产或者公物。一些财产法学者把这种视条件而定的财产权性质予以极端化了。因此,以麦克弗森(C. B. Macpherson)为例,他认为,没有任何事情可以阻止人们将财产重新界定为将会存在的权利。[41] 然而,许多关于分配正义的更为温和的观点以将会存在的个人和集体权利的观念为基础,这一观点并非新的观点。一

---

[37] T. W. Merrill and H. E. Smith, "The Property/Contract Interface" (2001) 101 Columbia L Rev 773.

[38] T. W. Merrill, "Property and the Right to Exclude" (1998) 77 Nebraska LJ 730 at 748; T. W. Merrill and H. E. Smith, *Property: Principles and Policies* (2007) at v. See also T. W. Merrill and H. E. Smith, "The Morality of Property" (2007) 48 William & Mary L Rev 1849 at 1850; S. Balganesh, "Demystifying the Right to Exclude: Of Property, Inviolability, and Automatic Injunctions" (2008) 31 Harvard J L & Public Policy 593.

[39] H. DeSoto, *The Mystery of Capital: Why Capitalism Triumphs in the West and Fails Everywhere Else* (2000) at 163, 179.

[40] C. M. Rose, "Invasions, Innovation, Environment" Arizona Legal Studies Discussion Paper No 09—14, available at 〈http://ssrn.com/abstract=1371856〉. 有趣的是,斯科特在关于自然资源权利演变情境下的著述中,使用了"排他性"(exclusivity)这一术语而非"排除"(exclusion)一词。斯科特在大脑中所想的是,一项资源权利的持有者可以在何种程度上,自由地行使这一权利而不听凭他人或者不受他人妨碍,包括邻居的(因权利滥用)或者国家的(通过监管)。Scott, above n 5.

[41] C. B. Macpherson, "Liberal Democracy and Property" in *Property: Mainstream and Critical Positions*, above n 10, 199. See also H. Dagan, "Exclusion and Inclusion in Property", available at http://ssrn.com/abstract=1416580.

些传统的财产法据此而构建。例如,河岸法对一定范围的土地所有者群体,基于其临近水源,或者更具体地说,基于其对河岸土地的所有权,赋予其对水的获取权和使用权。

"排他权"概念的另一种表述(或许是一个阐释)是,它是一种排他性的使用权的观点。一些学者认为,排他性并不是从"物"上排除了非所有者,而是从与"物"相联系的"使用者的支配地位或者无限权利或者处置"中排除了非所有者。[42] 然而,其他学者强调一个人自由使用其所有之物的重要性,并将之与排他权予以分开和区分。那些注重使用和获取资源的学者往往是那些对传统的财产理解持一种更为批判性态度的学者。[43] 例如,那些批评习惯性土地权利形成的文献,通过创设以市场为导向的政策,赋予获取权以至高无上的地位。[44]

尽管一些学者强调排他权而另外一些学者强调使用权,但是许多环保主义者却强调权利的对立面,即,在权利束中构成财产概念的责任。[45] 奥诺雷甚至在他的财产内容事项清单中承

[42] E. Claeys, "Property 101: Is Property a Thing or a Bundle?" (2009) 32 Seattle U. L. Rev. 617.

[43] eg, J. Waldron, "Homelessness and the Issue of Freedom" (1991) 39 UCLA L Rev 295 at 296-9; M. Demian, "'Land doesn't come from your mother, she didn't make it with her hands': challenging matriliny in Papua New Guinea" in Feminist Perspectives on Land Law, above n 19, 155; G. Cederlöf, Landscapes and the Law: Environmental Politics, Regional Histories and Contests over Nature (2008). 但是,为了使范围更广的角色能够从自然资源中受益,里波特(Ribot)和佩卢索(Peluso)提出了一种获取概念,将之与财产予以区别;J. C. Ribot and N. L. Peluso, "A Theory of Access" (2003) 68(2) Rural Sociology 153。

[44] eg, J.-P. Chauveau et al, Changes in Land Access, Institutions and Markets in West Africa (2006); T. Sikora and T. Q. Nguyen, "Why May Forest Devolution Not Benefit the Rural Poor? Forest Entitlements in Vietnam's Central Highlands" (2007) 35 World Development 2010; J. C. Franco, "Making Land Rights Accessible: Social Movements and Political-Legal Innovation in the Rural Philippines" (2008) 44(7) J. Development Studies 991.

[45] eg, J. W. Singer, Entitlement: The Paradoxes of Property (2000); L. S. Underkuffler, ed, The Idea of Property: Its Meaning and Power (2003).

认"禁止有害使用"。[46] 他认为,所有者的对财产客体的使用权和享用权受固有的社会和环境义务的限制。[47]

以上简要回顾表明,对财产进行概念化的不同尝试都遇到了一些问题。不同的概念奉行不同的、无从比较的价值。[48] 就"什么是财产"达成共识,似乎是不可能的。界定财产的尝试还似乎构成循环定义。通常很难说是法律保护财产,还是"财产"是对法律保护对象所赋予的名称。[49] 一些学者认为,"财产"作为一个整体并不是一种法律建构,因此,概念主义者的表述存在先天不足。该论点的最知名陈述之一是凯文·格雷(Kevin Gray)的陈述,他这样写道:财产是一个"空洞的概念……十分奇怪,就像稀薄的大气。"[50] 格雷的观点是:财产是一种幻想,一个渴望实现的目标;为了实现目标,我们被"诱导,相信自己已经找到了包含我们直觉和需求的客观现实"。[51] 不过,说它是一个幻想,并非意味着它并不存在。正如玛格丽特·戴维斯(Margaret Davies)在她关于财产本体论的评述中所指出的:它意味着财产是一项具有重大社会意义和法律影响的建构。[52] 工具主义者关注这些社会和法律影响,这正是我们现在要转而讨论的。下文探讨其中的一些主要观点,包括作为强制制度的财产、作为交流的财产、作为权力的财产、作为国家主权的财产以及作为经济上预期的财产。

[46] Honoré, above n 31 at 113.
[47] M. Raff, "Environmental Obligations and the Western Liberal Property Concept" (1998) 22 Melb U L Rev 657; C. Circo, "Does Sustainability Require a New Theory of Property Rights?", available at ⟨http://papers.ssrn.com/⟩.
[48] G. S. Alexander et al, "A Statement of Progressive Property" (2009) 94 Cornell L Rev 743.
[49] S. Waddams, *Dimensions of Private Law: Categories and Concepts in Anglo-American Legal Reasoning* (2003) at 173.
[50] Gray, above n 35 at 252. See also A. Pottage's "Instituting Property" (1998) 18 Oxford J Legal Stud 331.
[51] ibid.
[52] M. Davies, *Property: Meanings, Histories, Theories* (2007) at 18.

2. 工具主义

经济学家时常把财产仅仅视为这样一种制度或者规则体系,即,保护人们与控制资源有关的权利。任何关于财产权实施的讨论都必须以广为引用的吉多·卡拉布雷西(Guido Calabresi)和道格拉斯·梅拉米德(A. Douglas Melamed)的论文作为开始,该文题名"财产规则、责任规则以及不可让渡性:大教堂景观之一",发表于1972年。[53] 这两位作者建立了一种权利框架,研究了法律制度如何通过不同种类的规则来保护这些权利;这些不同种类的规则包括财产规则、责任规则和受不可让渡性规则所保护的权利。受一项不可让渡性规则所保护的权利不得转让。那些受一项财产规则所保护的权利只有经所有者同意并按所有者设定或者同意的一个价格,才可以转让,而且,权利持有者一般有权获得禁令救济。受一项责任规则所保护的权利可能为他人以支付一个由第三方决定的价格作为对价而取得(例如,因一个制造污染的烟囱而作出的损害赔偿判决)。

大多数财产权通过基于协商同意的授权得以实现。[54] 然而,不动产的侵害者面临禁令,偷窃是一种犯罪行为,如此等等。不过,在一些情况下,财产通过责任规则比较脆弱地得到实施。征收是最明显的事例。但是,责任规则还会在其他情况下发挥作用。例如,在土地权利登记制度中,由于登记官的错误而可能导致所有者丧失权利的情形;在妨害案例中,案件结果是一项损害赔偿判决而不是一项禁令的情形。在财产与财产规则之间,并不存在一一对应的关系,尽管它们之间的相似之处足以导致

---

[53] (1972) 85 Harv L Rev 1089.
[54] R. A. Epstein, "A Clear View of the Cathedral: The Dominance of Property Rules" (1997) 106 Yale LJ 2091; H. E. Smith, "Property and Property Rules" (2004) 79 New York University L Rev 1719.

某些分析上的混乱。[55]

卡拉布雷西和梅拉米德的论文发表以来,研究文献已经扩大了两者所建框架的范围和应用性。关于"大教堂景观"的阐释论文已经在法律和经济学方面创建形成了最大的文献库之一。[56] 此外,还有许多关于该论文的广泛述评也受到了该最初"大教堂景观"论文的影响。[57]

如果财产是视条件而定的并且是社会化建构的,就好像它确实必须如此,那么内容、符号、故事和图片对理解财产都很关键。可以将大部分财产理解为权利要求的信号以及对这些信号的回应。[58] 把财产作为交流工具,注重在某些事物贴上"财产"标签的功效。卡罗尔·罗斯是一位殚精竭虑对财产进行了彻底研究的学者。[59] 例如,她发展了一种叙说理论,并据以解释占

---

[55] 的确,根据作为一种协调一致权利的这种形式的权利,可能会不太令人混淆;它具有这样的优点,即,让我们能够询问何时能够通过一项协商一致权利而使财产受到保护,以及何时能够根据一项追责权利而避免更多的同义反复赘述,"何时财产得以根据一项财产权而受保护"。

[56] 为了纪念该文发表25周年,举行了一次研讨会。论文集以"财产权,责任规则和可转让性:25年之回顾"发表于《耶鲁法律评论》(1997年)第106卷。

[57] eg, L. Kaplow and S. Shavell, "Property Rules Versus Liability Rules" (1996) 109 Harv L Rev 713; J. L. Schroeder, "Three's a Crowd: A Feminist Critique of Calabresi and Melamed's: One View of the Cathedral" (1999) 84 Cornell L Rev 394; I. Ayres, *Optional Law: The Structure of Legal Entitlements* (2005).

[58] C. M. Rose, "Introduction: Property and Language, or, the Ghost of the Fifth Panel" (2006) 18 Yale J L & Humanities 1, available at ⟨http://ssrn.com/abstract=934655⟩. 戴维森(Davidson)最近认为,财产方面沟通交流的最为重要和广为人知的信息是关于财产相对地位的信息;Nestor Davidson, "Property and Relative Status" (2009) 107 Mich. L. Rev. 757。他的这一分析同戴维斯著述中的观点类似。为了"适当性",戴维斯基于雅克·德里达(Jacques Derrida)在语言和知识领域中关于"适当性"的论证,将财产作为一种拟制而进行了分析,也就是说,财产概念反映并强化社会和政治领域的礼仪或者适当的等级秩序;M. Davies, "The Proper: Discourses of Purity" (1998) 9 Law & Critique 147。拉扎克(Razack)探讨了财产、适当地点和礼仪之间的关系;S. H. Razack, ed, *Race, Space and the Law: Unmapping a White Settler Society* (2002)

[59] eg, *Property and Persuasion: Essays on the History, Theory and Rhetoric of Ownership* (1994).

有在财产法上的核心地位。[60] 罗斯这样阐释:为了有效运转,财产法必须考虑目标受众以及具有象征意义的环境。以一种类似的方式,史密斯认为财产法偏爱财产的占有者,因为占有者向第三方有效地传递了信息。这不仅对于减少发现在财产转让前所有权的成本非常重要,而且对于减少一旦因所有权而起纠纷的证据性成本也很重要。[61] 财产的交流价值还成为梅里尔和史密斯研究财产物权法定原则的路径[62];对此,本部分稍后予以讨论。

有时,财产传递的信息是一种权力。一些学者把财产视为"一种对有价值的社会资源行使的数量不多的社会许可权利的简略证明"。[63] 在最近关于财产作为权力社会关系的最有影响的阐释中,约瑟夫·威廉·辛格(Joseph William Singer)的阐释当属其中。[64] "财产"这一标签传递有关所有者某些权力形式的信息,这取决于谁能够拥有、他们能够拥有什么以及他们能

---

[60] C. M. Rose, "Possession as the Origin of Property" (1985) 52 U Chi L Rev 73 at 85.

[61] H. E. Smith, "The Language of Property: Form, Context, and Audience" (2003) 55 Stan L Rev 1105 at 1115—25.

[62] T. W. Merrill and H. E. Smith, "Optimal Standardization in the Law of Property: The *Numerus Clausus* Principle" (2000—2001) 110 Yale LJ 1.

[63] K. Gray and S. F. Gray, "Private Property and Public Propriety," in *Property and the Constitution* (J. McLean, ed, 1999) 11 at 12. See also K. R. Minogue, "The Concept of Property and its Contemporary Significance", in *Property: Nomos XXII* (J. R. Pennock and J. W. Chapman, eds, 1980) 3 at 5.

[64] eg, J. W. Singer, "The Reliance Interest in Property" (1988) 40 Stan L Rev 611; J. W. Singer and J. M. Beerman, "The Social Origins of Property" (1993) 6 Can J L & Juris 217. 芒泽(Munzer)就从社会关系路径研究财产进行了考察;S. Munzer, "Property as Social Relations" in *New Essays in the Legal and Political Theory of Property*, above n 8, 36. 在政治学者中,类似观点得到了采纳,请参见下列文献:C. B. Macpherson, "The Meaning of Property" in *Property: Mainstream and Critical Positions*, above n 10, 1; J. Nedelsky, "Law, Boundaries, and the Bounded Self" (1990) 30 Representations 162; J. Nedelsky, "Property in Potential Life? A Relational Approach to Choosing Legal Categories" (1993) 6 Can. J L & Jurisprudence 343。

够如何拥有。例如,拥有能力是一项法律人格方面的内容事项,而且,许多世纪以来,能够拥有财产的阶层已经扩大,最显著的是妇女具有了法律人格。[65] 在奴隶制废除之前,被拥有的责任以及成为一种财产客体的责任都与种族联系在一起,而且,如今与性别、年龄和贫穷联系在一起,尽管这为国际法所禁止。[66]

在基于把财产理解为权力的几乎所有关于财产的讨论中,一个反复出现的话题是这样一种观点,即,财产概念从公共角度勾画私有范围,而且在这样做的过程中,对财产的政治权力进行私有化并因此予以隐藏。[67] 像罗马法一样,西方的自由主义财产概念坚持对政治权力和私有权力予以区分。然而,长期以来,这种区分受到了质疑。很早以前,莫里斯·科恩(Morris Cohen)就主张:"我们必须不能忽视这一事实,即,对'物'私人支配权还是对其他人的政治统治权。"[68]

作为权力的财产的观点与作为主权的财产的观点紧密相关。格劳秀斯将主权视为财产:"在主权是一种完整财产权的国家,它包括对土地和人民的所有权以及任意处分它们的权利。"[69] 这里强调的是改变财产关系的国家主权。但是,由此并不能得出这样的结论:一项主权变动自动影响财产关系的变化。

---

[65] 例如,1882年《已婚妇女财产权法》第75条明显地修改了英格兰法关于已婚妇女财产权的规定,允许她们拥有和控制她们自己的财产。See A. L. Erickson, *Women and Property in Early Modern England* (1993).

[66] Davies, above n 52 at 77—80.

[67] ibid at 10—12.

[68] M. R. Cohen, "Property and Sovereignty" (1927) 13 Cornell L Rev 8 at 13.

[69] Quoted in C. E. Merriam Jr. *History of the Theory of Sovereignty Since Rousseau* (2001) at 12. See also H. Grotius, *De Jure Belli Ac Pacis Libri Tres*, bk 2, c 8, para 1, at 295 (F. W. Kelsey trans, 1925); S. Pufendorf, *De Jure Naturae et Gentium Libri Octo*, bk 4, c 4, para 14 (Oldfather trans, 1934).

在土著人民及其传统领地的情境下,这一点至关重要。[70]

然而,那些把财产视为国家的一种创设物的人,将财产和主权之间的关系进行了倒置。[71] 财产被认为是主权者一种授权或者委托,而"财产成为法律的一个缩影,财产所有权人则成为一个微型立法机关"。[72] 莫里斯·科恩注意到,财产能够代表富人对穷人的一种形式的私人主权,一定程度的个人控制(这种控制是能够与任何政府的最强制权力相媲美的)。[73] 在对这一观点创新性的发展中,卡伦·梅里尔(Karen Merill)把科恩的观点运用于公共土地的主权内容事项。[74] 对于财产权和主权声索之间的关系,可以将之视为对公共土地权力的任何转变中的一种关键关系。[75] 然而,这两种概念之间的联系似乎在财产上还没有得到理论化。

对自然资源与能源法更为基本的是财产的经济学观点。在过去的一个世纪里,经济学家所发展的主流工具主义者的观点

---

[70] 关于财产权和领土权利之间关系的不同视角,请参见下列文献:C. Nine, "A Lockean Theory of Territory" (2008) 56 Political Studies 148; A. Buchanan, *Justice, Legitimacy, and Self-Determination*: *Moral Foundations for International Law* (2004); L. Brilmayer, "Consent, Contract and Territory" (1989) 74 Minnesota L Rev 1。关于原住民财产制度的延续性,Ederington 基于财产权先于政府而存在的观念,分析了对于无主物的私有财产的承认,主权变更后财产的保有,以及在军事占领期间财产权的保护;L. B. Ederington, "Property as a Natural Institution: The Separation of Property from Sovereignty in International Law" (1997—1998) 13 Am U Int'l L Rev 263。

[71] N. Blomley, "Remember Property" (2005) 29 Progress in Human Geography 125.

[72] Davies, above n 52 at 33, 109. See also K. Vandevelde, "The New Property of the Nineteenth Century: The Development of the Modern Concept of Property" (1980) 29 Buffalo L Rev 325 at 328; K. Aoki, "(Intellectual) Property and Sovereignty: Notes Towards a Cultural Geography of Authorship" (1996) 48 Stanford L Rev 1293 at 1311—15.

[73] Cohen, above n 68.

[74] K. R. Merrill, *Public Lands and Political Meaning*: *Ranchers, the Government, and the Property Between Them* (2002).

[75] Raymond, above n 4 at 315.

是这样一种观念,即,财产是从一种有价值的资源中获得一种收益的一种法律权利。这是一种工具性方法,它建立在这样一种观点之上,即,财产是一种独特的有资格保护效用或者福祉的机制。在这种观点看来,财产机制的作用包括涉及如下内容事项的规则的建立,即,所有者、使用者以及其他人能够期望从源自某种特定资源中的有关利益中得到什么。构成这种财产理解基础的观念是期望。例如,阿门·阿尔奇安(Armen Alchian)和威廉·艾伦(William Allen)这样界定财产:"一个人所拥有的这样一种期望,即,他关于使用某些资源的决定将是有效的。"[76]这并不是新观点。在边沁的《立法理论》一书中,"论财产"一章以这一观点开篇:"财产只不过是某一特定期望的根据,也就是说,从某一被认为我们已经占有的物中,以我们与该物所处的关系作为理由,据以产生某些利益的期望。"[77]

在这一部分,我们讨论了一些不同的理解财产的路径。研究文献中的重要观点包括作为权利束的财产(特别是排他权),以及相当于主权的私有财产。后者根据共同同意的权利而不是一种责任权利而受到保护和实施。这些议题在能源和自然资源部门引起了共鸣。[78] 在该部门中,无论是对于国家还是经营者,权利束中各项权利的分离都至关重要。尽管经营者想要坚持对某一特定地理地区的所有资源享有排他权,但是国家却通常想将权利限定于某一特定资源或者某类特定资源(如油气资源、硬岩矿产或煤炭),而且权利通常会表述为一种无形形式的提取权或者收获权和归结为占有权,而不是以所有权代之。权

---

[76] A. A. Alchian and W. R. Allen, *Exchange and Production: Theory in Use* (1969) at 158.

[77] J. Bentham, *Theory of Legislation*, vol 1 (1914) at 145. 接着,边沁主要对财产先于政府而存在的观点进行了批驳。他的著名论断是:"财产和法律一起诞生,而且也将会一起消亡。在法律诞生之前,财产并不存在;让法律走开的话,财产将什么也不是。"

[78] See generally Scott, above n 5.

利束中对经营者至关重要的另一权利是利益的可转让性,特别是这一问题,即,利益的转让是否需要获得政府的批准。在许多事例中,同样重要的将会是资源权利中非工作(和非占有)利益(如特许权使用费利益及类似利益,像净利润利益)的财产权地位。显然,这种利益的所有者将会偏爱能够主张对物权,具有约束世人的能力资格。

(二) 商业化

在这一部分,我们将不讨论财产的主体问题,而是研究财产的客体问题。什么可以成为财产?什么类型的物或者非物可以成为财产?这是一个最近受到关注的理论化领域,特别是在涉及政府收益、身体及身体器官、宗教遗址、某些自然资源和知识产权的情形下。问题是,这些物或者非物是否应该以及能够在多大程度上予以商业化?世界上几乎所有有价值的物品和服务都已经变成可让渡的商品。理查德·波斯纳(Richard Posner)是普遍商品化的一位拥护者。在《法律的经济分析》一书中,他这样总结自己拥护普遍商品化立场的理由:

> 如果任何有价值的(意指既稀缺又有需求的)资源为某人所有(普遍性),如果所有权意味着排除任何他人使用该资源的绝对权力(排他性)和该人使用该资源的绝对权力,而且,如果所有权是可以自由转让的或者如法律界人士所说是可以让渡的(可转让性),那么,资源的价值将会得到最大化。[79]

资本主义需要商品化,而全球化则以不断增长的商品化为基础。如果所有的物品能够被定价,那么,所有的价格就能够进行比较,而所有的价值则都是适当的。标有交换价值的物品促使替代品的生产有必要运用成本—收益分析。商品化让我们关

---

[79] R. Posner, *The Economic Analysis of Law* (5th edn, 1998) at 34.

注用于销售的物品的工具性价值,导致我们低估或者忽视其内在价值。在人和自然资源是用于销售的物品的情形下,这种忽视涉及道德问题。[80]

　　罗斯已经强调指出,对商品化的反对在很大程度上是对财产权的一个特别特征——可让渡性——的反对,特别是对通过销售而产生的可让渡性的反对。[81] 就关于这一议题的大量文献来说,这似乎是真实的。然而,在最著名的关于什么能够成为财产客体的学术论著中,有一个并没有涉及可让渡性。在45年前出版的一篇颇具影响的文章中,查尔斯·赖克(Charles Reich)探讨了福利性支付以及其他的政府创制利益的类似于财产的特征。[82] 他认为参与国家财富之声索权(claims to participate in state wealth)这一"新财产"所服务的目的同财产所有权在传统上所服务的目的是相同的,即,确保个人自治免受国家干预。他的文章开创了关于"新财产"[83]的研究先河。但是,正如45年以来的情况所表明的,总体趋势是认为正式的政府利益之声索权已经变得不是更像财产而是更不像财产。

　　关于社会应该在允许人们购买和销售物品和服务方面走多远,玛格丽特·简·雷丁(Margaret Jane Radin)的《有争议的商

---

[80] N. Smith. , "Commodification in Law: Ideologies, Intractabilities, and Hyperboles" (2009) 42 Continental Philosophy Review 1 at 4, available at ⟨http:// ssrn. com/abstract = 1350369⟩.

[81] C. M. Rose, "The Moral Subject of Property" (2007) 48 William & Mary Law Review 1897, available at ⟨http://ssrn. com/abstract = 926082⟩.

[82] C. A. Reich, "The New Property" (1964) 73 Yale LJ 733.

[83] eg, M. A. Glendon, "The New Family and the New Property" (1978) 53 Tul L Rev 697; K. J. Vandervelde, "The New Property of the Nineteenth Century: The Development of the Modern Concept of Property" (1980) 29 Buffalo L Rev 325; R. H. Nelson, "Private Rights to Government Actions: How Modern Property Rights Evolve" (1986) U Ill L Rev 361.

品》是另外一部著名论著。[84] 对于诸如婴儿、身体器官、性和友情之类的事物,是否应该能够像商品一样可以在自由市场上交易?雷丁赞成非完全商品化观念,在这一观念下,某些有争议的事物能够买卖,但是必须在审慎监管的环境下进行。

商品化问题还是知识产权学术领域的一个重大问题。大多数法律制度都始于这一基本假设,即,在一般情况下,没有人能够"拥有"知识。相反,存在知识供所有人免费自由使用的默认规则。当然,同所有其他默认规则一样,它也存在一些例外。知识产权(如专利权和版权)就属于根据政策考量而判定的这些例外之一,其中包括运用劳动应得理论的"奖赏创造性"版本来判断财产的正当性。[85] 在各种概念性或者工具性框架内从事研究的大多数学者,他们已经得出的结论是,法律创制的知识产权确实有资格作为财产[86],但是这类财产有时是根据责任规则而非财产规则受到保护。当然,知识商品化具有极大的争议性。一些学者对知识产品私有化和圈地运动(把公地用栅栏圈起来,而后把圈起来的土地变为私有财产)进行了对比。例如,詹姆斯·玻意耳(James Boyle)认为,"我们正处于第二次圈地运动……'圈起无形的公用思想'……的中期。再一次,那些之前被认为是公用财产或者不可商品化的事物,正在被列为新的或

---

[84] M. J. Radin, *Contested Commodities* (1996). See also M. Ertman and J. Williams, eds, *Rethinking Commodification: Cases and Readings in Law and Culture* (2005); S. Wilkinson, *Bodies for Sale: Ethics and Exploitation in the Human Body Trade* (2003).

[85] J. T. Cross, "Justifying Property Rights in Native American Traditional Knowledge", available at: ⟨http://ssrn.com/abstract = 1328473⟩ (examining why legal systems choose to grant property rights in the products of the mind). See Part II. A. 1. below.

[86] M. Carrier, "Cabining Intellectual Property through a Property Paradigm" (2004—2005) 54 Duke LJ 1 at 12; B. M. Hoffstadt, "Dispossession, Intellectual Property, and the Sin of Theoretical Homogeneity" (2006—2007) 80 S Cal L Rev 909 at 917.

第 2 章 大教堂的不同景观：财产法的理论文献

者新扩展的财产权。"[87]

不仅知识产权轻而易举地引发了商品化问题，而且我们可以看到在关于水的广泛研究领域中也存在相似争论。[88] 约瑟夫·萨克斯(Joseph Sax)认为水的独特性得到了普遍认可：

> 私有财产的根茎从来没有达到这样的深度，即，赋予用水户一种可以获得赔偿的减损湖泊和河流或者毁损海洋生物的权利。水与手表或者家具不同，对于后者，所有权人可以毁坏而免受惩罚。对于水的使用权，无论其存续了多长时间，永远都不应该将其同更个体化的、更完全个人所有的财产相混淆。[89]

排放权交易和碳信用方案的不断增加，关于其所涉及权利的性质和范围，引起了新的问题。[90] 例如，一项碳权利可能是一种新形式的财产利益；对于一片林地因碳汇而产生的无形利益，这种形式赋予权利持有者以一项权利。一些法域已经制定了创新性立法，试图把碳汇的无形利益与源于土地所有权的传统权利予以区分。[91] 基于对财产和所有权的不同理解而提出

---

[87] J. Boyle, "Second Enclosure Movement and the Construction of the Public Domain" (2003) 66 Law & Contemporary Problems 33 at 37.

[88] eg, C. M. Rose, "The Comedy of the Commons: Custom, Commerce, and Inherently Public Property" in *Property and Persuasion*, above n 59, 105; E. T. Freyfogle, "Water Rights and the Common Wealth" (1996) 26 Envtl L 27.

[89] J. L. Sax, "The Limits of Private Rights in Public Waters" (1989) 19 Envtl L 473 at 482.

[90] eg, E. Meidinger, "On Explaining the Development of 'Emissions Trading' in U.S. Air Pollution Regulation" (1985) 7 Law and Policy 447。瑟吉安科(Sergienko)认为，由于其传统上关注有体物，在承认对于运动的空气、水和光子的权利方面，财产法进展缓慢，而这阻滞了诸如河道内水能等的动力资源的开发；G. Sergienko, "Property Law and Climate Change" (2007—2008) 22 Natural Resources & Env't 25。

[91] See, eg, the legislation reviewed in S. Kennett, A. Kwasniak, and A. R. Lucas, "Property Rights and the Legal Framework for Carbon Sequestration on Agricultural Land" (2006) 37 Ottawa L Rev 171.

的对原居民土地和资源的权利可能会引起更为根本性的挑战,即,在国际和国内法律制度内,质疑将财产作为商品的主流观点。[92]

(三)财产的种类

对于财产法理论文献来说,基本问题之一是对众多类别的财产进行分类,并将财产在分类之间进行调整。财产的种类或者形式研究"什么是财产?"这一问题,而关于财产在这些种类之间调整的文献通常是论证私有财产正当性的文献。对于后者,将在本章第二部分进行讨论。大的分类通常是可以免费自由获取共用物、社群公有物、私有财产和国家财产。[93] 有些学者还加入一些其他种类,包括反公地(anticommons)[94]、半公地(semicommons)[95]和自由公地(liberal commons)。[96]

那么,相关文献是如何使用这些术语的呢?[97] 免费自由获

---

[92] eg, B. Bryan, "Property as Ontology: On Aboriginal and English Understandings of Ownership" (2000) 13 Can J L & Jur 3; J. E. Anderson, *Law, Knowledge, Culture: The Production of Indigenous Knowledge in Intellectual Property Law* (2009); L. Brunner, "The Rise of Peoples' Rights in the Americas: The Saramaka People Decision of the Inter-American Court of Human Rights" (2008) 7 Chinese J Int'l L 699.

[93] 在免费自由获取共用物之外,社会主义宪法通常承认三种类型的财产:国家财产、集体财产和个人财产。其中,个人财产限于消费性财产,不包括生产性财产。See K. Malfliet, "The Hungarian Quest for a Valid Theory of 'Socialist' Property: Still a Long Way to Go" (1987) 13 Rev Socialist Law 241 at 241, 256.

[94] Heller, above n 3.

[95] H. E Smith, "Semicommon property rights and scattering in the open fields" (2000) 29 J Legal Studies 131.

[96] H. Dagan and M. A. Heller, "The Liberal Commons" (2000—2001) 110 Yale LJ 549.

[97] For useful discussions, see S. Munzer, "The Commons and the Anticommons in the Law and Theory of Property" in *The Blackwell Guide to the Philosophy of Law and Legal Theory* (M. P. Golding and W. A. Edmundson, eds, 2008) 148, and O. R. Young, "Rights, Rules and Common Pools: Solving Problems Arising in Human/Environment Relations" (2007) 47 Natural Resources J 1.

取共用物是指一种所有人都享有获取和使用自由的资源。这样的一种共用物基本上处于无政府状态或称"霍布斯世界"。[98] 这类共用物例如国家管辖范围以外的大气和公海渔业。根据定义,由于无权排除他人使用一种免费自由获取共用物以及获得其收益,所以最好不要将之视为财产。[99] 共用物(如公海渔业)容易产生"哈丁悲剧"。[100] 这是因为,每个使用者都享有捕获额外鱼量的全部边际效益,但却只需承担一小部分边际成本(边际成本是由所有捕鱼者和其他以该渔业资源为依赖的人共同承担的)。这样,每个使用者都具有这样一种驱动,即,在缺乏来自他人的相互限制的情况下,尽可能多地使用该资源。博弈论和(特别是)囚徒困境显示了相似的悲剧结果。因为,在缺乏协作和强制履行承诺的一种路径的情况下,每个参与博弈的人都很可能实施自我钻营行为。[101] 李·安妮·芬内尔(Lee Anne Fennell)已经指出,公地悲剧问题的产生不仅源于免费自由获取的存在,而且源于共用物与私人对其所拥有的占有之间的混合(亦即,个人占有者确实结束了对追逐收益的拥有)。[102] 这表明,在寻求公地悲剧问题的解决方案时,我们需要考虑这两个或其中一个

[98] C. M. Rose, "Property as Storytelling: Perspectives from Game Theory, Narrative Theory, Feminist Theory" (1990) 2 Yale J Law & Humanities 37 at 38; F. I. Michelman, "Ethics, Economics, and the Law of Property" in *NOMOS XXIV*: *Ethics, Economics, and the Law* (J. R. Pennock & J. W. Chapman, eds, 1982) 1 at 5.

[99] 或许,最好还是称之为"anti-property"。不过,贝尔和帕克莫维斯基已经用之来描述一种由禁止开发的地役权所承担的公共空间;A. Bell and G. Parchomovsky, "Of Property and Antiproperty" (2003—2004) 102 Mich L Rev 1。玻意耳使用"outside of property"或者"opposite of property"的术语;J. Boyle, "Foreword: The Opposite of Property" (2003) 66 Law and Contemporary Problems 1。

[100] G. Hardin, "The Tragedy of the Commons" (1968) 162 Science 1243.

[101] Rose, above n 98.

[102] L. A. Fennell, "Commons, Anticommons Semicommons" in *Research Handbook on the Economics of Property Law* (K. Ayotte and H. Smith, eds, 2011).

变量的变化。例如，油气资源统一生产的焦点是产品所有权分配，而不改变基本资产的所有权结构，即，对于来自统一生产区内的任何产品，无论其生产井位于何处，每一生产利益单元的所有者继续拥有自己的租约或者租约份额。在租约份额的情形下，所有者只拥有一定比例的利益，这是一种参与的实际情况。

第二种形式的公地财产是社群公有物。社群公有物是指某一特定团体或者社区的全体成员都有权使用的资源。它不可分割，成员也不是共同所有者，而且一般情况下，对于公有物甚至没有一个抽象的份额。[103] 成员之间都享有使用该资源的自由，而且享有排除非成员使用或者获取公有物的权利。非成员既没有使用这一资源的权利，也没有使用的自由。从局外人的角度来看，社群公有物特别像私有财产。某一社群可能是被正式而有意地构建成为一个所谓的哈特派信徒殖民地或者其他宗教社群公有物[104]，或者一个习惯性公有物，诸如哈丁在《公地悲剧》中所确实探讨过的庄园类型的公有地。其他社群可能更加不正式。由于资源的使用仅限于社群的成员，这些成员将很有可能制定（正式或非正式的）管理、监督和使用规则，防止资源退化为哈丁所描述的（可公开获取）的事物的悲剧。这些规则可能包含定额规则（stinting rules），或者限制成员能够在公地上放牧动物的数量，或者限制成员能够占用的资源数量或能够使用的设备数量。奥斯特罗姆（Ostrom）提供了重要的经验性证据用以支持这些种类公有物的可持续性，并强调悲剧的发生是可以避免的。[105]

---

[103] 这也是社会主义制度下真实的集体财产类型。集体财产是团体的财产，将自我管理使用、集体组织生产以及需要的配置或满足结合起来。See Malfliet, above n 93.

[104] eg, A. Lehavi, "How Property Can Create, Maintain, or Destroy Community" (2008) 10 Theoretical Inquiries in Law 43.

[105] E. Ostrom, *Governing the Commons: The Evolution of Institutions for Collective Action* (1990).

第2章 大教堂的不同景观:财产法的理论文献　49

传统的社区公有物是不对外界开放的,并且以社区参与活动为标志,很少发生转让和交易。[106] 一系列研究成果表明,在传统和现代法律制度之间存在着根本性的不相容性,而且如果将传统关系移植于现代制度之中将会使两者都发生改变。[107] 也有一系列批评性文献,它们探讨了在一个移民社会的规则范畴内承认原居民所有权背景下的移植问题。[108]

免费自由获取共用物和社群公有物这两种形式的物品都和公共物品有别。前两者,无论是在免费自由获取共用物情形下的共用物,还是在社群公有物情形下的公有物,都具有非排他性的特质。这是因为它们都是"可减损的",亦即,一个人对该资源的使用会减少该资源可供其他人使用的数量或者质量。[109] 从另一个方面来说,公共产品(如国防和天气预报)却不具有竞争性。[110] 将某一资源视为免费自由获取共用物还是公共产品

---

[106] Rose, above n 40.
[107] eg, T. Kelley, "Unintended Consequences of Legal Westernization in Niger: Harming Contemporary Slaves by Reconceptualizing Property" (2008) 56 Am J Comp L 999; B. Maragia, "The Indigenous Sustainability Paradox and the Quest for Sustainability in Post-Colonial Societies: Is Indigenous Knowledge All That Is Needed?" (2006) 18 Geo Int'l Envtl L Rev 197; C. Zerner, ed, *Culture and the Question of Rights: Forests, Coasts, and Seas in Southeast Asia* (2003).
[108] 在殖民者社会中,存在与承认土著财产利益相联系的许多挑战,有关讨论,参见: S. Hepburn, "Feudal Tenure and Native Title: Revising an Enduring Fiction" (2005) 27 Sydney Law Review 49。涉及这种挑战的著述还包括: J. Webber, "The Jurisprudence of Regret: The Search for Standards of Justice in Mabo" (1995) 17 Sydney L Rev 5; S. Motha "Encountering the Epistemic Limit of the Recognition of 'Difference'" (1998) 7 Griffith L Rev 79; B. Slattery, "The Metamorphosis of Aboriginal Title" (2006) 85 Canadian Bar Rev 255。
[109] 关于这一问题的另外一种方法是,所有公共物品将是免费自由获取。但是,并不是所有免费自由获取公用物都是公共物品,这是因为不可分免费自由获取公用物的特点所致。
[110] see Bell and Parchomovsky, above n 99 at 9—11; Young, above n 97. 知识产权也不具有竞争性。尽管进行了比较,但是在公共物品和免费自由获取公用物之间进行比较是有问题的。这是因为它们都具有非排他性的特点。See Boyle, above n 99 at 8.

的特征,可能依赖于我们对该资源的理解。因此,我们在历史上可能已经把大气视为一种公共产品,但是气候变化科学的研究表明,我们需要转变我们的思维,(重新)定义大气或者至少(重新)定义大气吸收二氧化碳的能力。因为作为一种免费自由获取共用物,大气属于因过度使用而可能退化的事物。

史密斯已经尝试通过创造"半公物"一词进一步厘清某些社群公有物的性质。[111] 该词暗示了针对某一公有物所可能制定的规范和规则的复杂性。史密斯这样回顾:社区成员/农民出于种植诸如蔬菜、谷物甚或干草之类植物的目的,对于某些地块拥有排他性权利,但是在每年的某些特定时间内,这些公有地应当对集体开放放牧,这曾是英格兰开放土地制度的一个特征。基于混合农耕实践的假设,该半公有形式曾被认为是合理有效的。这是因为它既允许将土地作为私有土地而彻底使用,但同时也允许与集体放牧相关的规模效益。这一规则结构中还建立了一些机制,以消除对自我钻营行为的激励。其中一项机制是将这种地块"分散"给可能享有排他性权利的当事人。这就消除了任何当事人可能往往会在一个区域内用更长时间放牧的激励性。

国有财产或者公共财产是指这样的财产,即,其权利被赋予国家或者国家的其他机构(如城镇的政府)的财产。国有财产是一种很大而且其中的财产多种多样的类别。[112] 国有财产不同于免费自由获取共用物,这是因为,公民可能并不享有使用国有财产或者获取国有资源的普遍权利或者自由。例如,对于一般公众来说,或者更具体地,对于公民来说,他们并没有使用国有建筑或者设施的权利或者自由。同样,在许多法域,丰富多样

---

[111] Smith, above n 95.
[112] 对于罗马法中的不同公共财产或者国家财产,罗斯进行了探讨;Carol M. Rose in "Romans, Roads, and Romantic Creators: Traditions of Public Property in the Information Age" (2003) 66 Law & Contemp Problems 89.

的资源利益(如矿产、水、石油和天然气、地热资源)可能属于国家所有,公众或者公民并不享有从这些资源中获益的普遍自由,尽管存在一些资源并不属于国有的明显例外(例如,存在于许多法域的捕鱼方面的公众权利或者自由)。因此,通过上述分析可以发现,这类财产同私有财产非常相似。然而许多情况下,在这类公有财产的管理方面,其所有者会是制定法和行政的额外规则和责任的监管对象,而额外规则和责任通常并不适用于私有财产的所有者。而且,在选择将对这些资源的权利处置给其他人的方式(例如免费准入制度、投标制度等)时,在有些方面(如权利束的内容和期间等),国家作为所有者会受到政治和游说的影响。[113]

正如在第一部分(一)1中所讨论的,私有财产一般以权利束为特征,所有者用以对抗陌生人或者世界上的其他人。[114] 当然,私有财产可以以共同所有权的形式而被分享和拥有;在自然资源部门,共同所有权特别普遍,油气租约以及其他类似的权利会以某种形式的不可分割共同所有权(如生产利益单元)被持有,例如普通法传统中的对于共用物或者公有物的租赁。通常,在单一所有者所有的土地与以某种形式的共同所有权所有的土地之间,学者们并不作出一清二楚的区分。然而,对于与共同所有权相联系的潜在的权利碎片化风险,相关文献进行了一些讨论[115],同时还就可以用于减少权利的碎片化风险或者扭转这种风险的学理技艺进行了探讨。这方面的融合包括继承法中的长子继承遗产规则,共同租赁法中的生者对死者名下财产的享有权理念,以及分割权。文献中讨论的另外一个议题是,在一个特定法域,默认规则调整共同所有者之间关系的"厚度";或者换

---

[113] See generally Scott, above n 5.

[114] B. Rudden, "Economic Theory v. Property Law: The Numerus Clausus Problem" in *Oxford Essays in Jurisprudence*, Third Series (J. Eekelaar and J. Bell, eds, 1987) 239.

[115] eg, Heller, above n 3 at 685—7.

句话来说,这种关系在多大程度上由合同(这是罕见的默认规则)或者由财产法(关于共同所有权关系的实体内容,更常见的是时效)予以调整。[116]

理应关注一下私人所有权中的权利碎片化问题,它可以成为反对共用物或公有物即"反公地"(anticommon)观念的一个有用的切入点。赫勒(Heller)所创造的"反公地"这一术语,很明显受到了弗兰克·米歇尔曼(Frank Michelman)此前一篇文章的启发[117],该术语指的是一种状况,即,"多个所有者中的每一个都被授予竞争性地使用某一稀缺资源的权利,而且任何人都不享有一种事实上的使用特权。"[118]在这样一种情形下,对于试图将财产进行一种替代性以及或许更为有效率的使用,每个所有者都享有否决权,"该资源不容易得到充分利用,这就是一种'反公地悲剧'"。[119]

如果存在分解了的或者碎片化的权利而不是由一个所有者享有的"有条理的"权利束,反公地就会出现。赫勒的文章主要探讨了由马克思主义经济向以市场为基础的经济转型的社会,而且赫勒认为,在转型过程中,政府能够创造出"非常多的财产权和非常多的能够阻挡资源使用的决策者"。[120] 不过,赫勒还提供了其他事例,包括在美国印第安人居留地的个人土地份额的事例。由于不是遗嘱继承,这些份额随着时间的推移而遭进一步分割,以至于作出关于这些土地的决定在实际上变得几乎不可能。[121]

赫勒和其他学者认为,一块反公地一旦形成,要找出一种使

---

[116] H. Hansmann and R. Kraakman, "The Essential Role of Organizational Law" (2000—2001) 110 Yale LJ 387.

[117] Heller, above n 3 at 624, n 9, referring to Michelman, above n 98 at 9.

[118] Heller, ibid at 624.

[119] ibid (emphasis in original).

[120] ibid at 625.

[121] ibid at 684—7 (providing a further example of property laws in Kobe, Japan).

财产重新聚合的方法是相当困难的。正如赫勒所指出的,碎片化是"一个单向棘轮"[122],而且,芬内尔认为,归根究底,所有反公地问题都是综合症。[123] 由于反对等原因,由一个单个的所有者予以购买的这样一种解决方案可能很难取得成功。而且,在一个反公地的财产集合由国家创设的情形下,如赫勒所举的国家财产被私有化这样一个主要事例,由多个当事人来发展形成这样一种习惯规则可能是困难的,即,像在奥斯特罗姆所研究的公地内[124],允许当事人避免得不到充分利用或者缺乏效率利用的悲剧的发生,而创造一个可持续性的反公地。[125]

在自然资源领域,有可能看到反公地问题正在一些针对气候变化的社会回应中形成。例如,在那些存在私有的碎片化权利的法域内,要整合出足够大的地下孔隙空间区域来容纳盐性含水层的碳捕获和储存项目可能是十分困难的。[126] 而且在提供维持生物封存的可靠承诺方面,也可能存在类似问题,尽管这里的问题可能并不是多个否决权的存在,而是多个使用权的存在。多个使用权的存在导致就维持某种特定方式的土地使用或者植被覆盖的承诺变得困难。[127] 但是,针对反公地问题而发展形成制度性回应,从而得以解决否决权则是可能的。油气部门中的一个事例是强制性集中观念,以之作为克服否决权问题的一种方式。在该部门,否决权因地理上的分开与油气储存空间

---

[122] M. A. Heller, "The Boundaries of Private Property" (1999) 108 Yale LJ 1163 at 1165.

[123] Fennell, above n 102 at 10.

[124] Ostrom, above n 105.

[125] Heller, above n 3 at 674.

[126] eg, A. B. Klass and E. J. Wilson, "Climate Change, Carbon Sequestration and Property Rights" 2010 U. ILL. L. REV. 363.

[127] S. Kennett, "Carbon Sinks and the Kyoto Protocol: Legal and Policy Mechanisms for Domestic Implementation" (2003) 21 J Energy & Natural Resources Law 252; Kennett, Kwasniak and Lucas, above n 91.

规律的结合而产生。[128]

如果权利碎片化充满问题而且很难逆转,那么,学者们列举出许多理论上的措施例证来防止碎片化或者让碎片化程度最小或者最小化赫勒所说的"极端碎片化"也就不足为奇了。赫勒的例证包括[129]:缺乏有关土地利益的新形式(也称为物权法定规则,下文将进一步讨论);用于废除仅由某类特定继承人才可以继承的遗产形式(如指定继承人继承的不动产)的规则;用于处理过分限制性条件的规则;无继承人时的遗产没收规则,或者关于规定因未支付财产税而将财产收归政府的类似规则;以及,继承法中的反财产恒继规则。帕里西(Parisi)认为,其他用来减少权利碎片化和促进重新统一的技艺或规则包括处理限制性合同解除的规则以及或许与不披露原则相关的合同订立规则;后者允许不披露代理人,可能会在未遇棘手问题的情况下,使重新整合必要的地理性和其他的权利束方面更为容易。[130]

尽管赫勒认为多个否决权的存在是棘手问题,但是贝尔(Bell)和帕克莫维斯基(Parchomovsky)[131]却已指出,用我们提供以及特别是维护绿色空间(如公园)的方式,使用反财产概念(以及特别是反对财产役权的发展)来纠正市场的缺陷,或许是可能的。这两位学者认为,市场会倾向于缩减绿色空间,因为绿色空间作为公共物品或者自由获取公用(有)物提供服务。而且,一旦创设了绿色空间,对于城镇管理者和选举产生的官员们来说,为了发展的目的而重新规划土地,要抵住经济和政治压力将会十分困难。他们这样阐释,与那些将会试图维持绿色空间的人相比,开发者在推动发展进程方面将会具有一种明显的优势。这些优势包括,所有那些受益于公园和试图组织维持公园

---

[128] N. D. Bankes, "Compulsory Pooling under the Oil and Gas Conservation Act of Alberta" (1997) 35 Alta L Rev 945.

[129] Heller, above n 3 at 664—5.

[130] F. Parisi, "Entropy in Property" (2002) 50 Am J Comp Law 595 at 617—18.

[131] Bell and Parchomovsky, above n 99.

第 2 章 大教堂的不同景观:财产法的理论文献 **55**

地位将会面临组织上的和搭便车产生的挑战,因为他们要反对的是开发者集中性有组织的和寻租的行为。[132] 贝尔和帕克莫维斯基所建议的一种可能解决方案是:利用相邻财产所有者的自身利益(这些所有者因其临近公园而受益,但不是以一种排他性的方式而受益)并且赋予其每一个体这样一种权利——反对开发的财产役权这样一种形式的否决权,来阻止对公园的开发。现在,如果开发要继续进行,开发者面临巨大的交易成本以及实现财产利益所产生的抵制问题。[133] 在注意到非政府环保组织可能故意使用权利碎片化作为反对开发的一种策略时,帕里西得出了一个类似观点。[134]

构成反公地基础的否决权观念在文献中似乎与过度的财产碎片化以及物权法定原则的讨论有着密切的关系。接下来,我们就讨论物权法定原则。

(四) 物权法定

现在,许多学者强调法律制度一般都不情愿认可新的财产利益,这通常是从普通法系和大陆法系两者中得出的涉及范围广泛且非常肯定的观点。[135] 即使不是所有法律制度却也是大多数法律制度小心地守护着其愿意认可的财产利益的数量和形式。财产制度的这一特征一般是指物权法定原则。什么可以解释这一惯常做法? 伯纳德·鲁登(Bernard Rudden)[136] 在他关于

---

[132] ibid at 11—18 and 20—31.
[133] ibid at 31—42.
[134] Parisi, above n 130 at 612; M. A. Heller, "The Tragedy of the Anticommons: Property in Transition from Marx to Markets" (1998) 111 Harv L Rev 621 at 682—4. cf E. Meidinger, "Property Law for Development Policy and Institutional Theory: Problems of Structure, Choice, and Change" in *The Mystery of Capital and the Construction of Social Reality* (B. Smith, D. M. Mark, and I. Ehrlich, eds, 2008), available at ⟨http://ssrn.com/abstract=876467⟩ at 25.
[135] Rudden, above n 114 at 239.
[136] ibid at 239—63.

这一主题的经典文章中，论述了三类主要原因，即，法律原因、哲学原因和经济原因。

在法律原因的标题下，鲁登的总结是："现有的许可财产利益/物权清单涵盖了一个人能够凭想象所想要的……"这一观点[137]；对于其他人可能主张的财产利益，土地购买者不应该承担义务或者受到出其不意诉讼的通知和诉讼问题；协商一致以及每个人不应该承担积极性义务观念的重要性；随着时间的推移，存在于同一财产上的竞争性利益的优先顺序确定或者结构确定问题。我们完全可以想到，在这些权益具有永久性的情形下，这是一个备受关注的议题，而且没有废除这些利益的简单方法。

在哲学原因的标题下，鲁登深信康德和奥斯汀的这一观点，即，因为物权具有对世性所以个人不应该具有创设任何财产利益的能力，这种创设应该由某一立法行为为之；他赞成黑格尔的这一观点，即，考虑到封建制度和财产之间的关系，对于反对为财产设障，我们必须捍卫，因为"只有在我们的财产是（相对）自由的情形下，我们才是完全自由的"[138]。就此，鲁登引用了霍菲尔德的观点[139]。他赞同霍非尔德的这一观点，即，新的财产权的创设会限制其他人而非仅交易当事人的自由。

最后，在经济原因的标题下，鲁登注意到了下列观点：新的"想象物"（Fancies）[140]可能降低财产的市场性；财产利益的标准化会降低交易成本以及，特别是买方在进行审查（"我能够购买这项权利吗？"）和适合性（"这一具体权利适合我的需要吗？"）这两个方面的信息成本；土地的使用或者过度使用；持久性（尽管合同最后会终止，但是财产却会持久存在）；以及，在交易成本

---

[137] ibid at 245.
[138] ibid at 250.
[139] Hohfeld, above n 29.
[140] "Fancies"是为特质性财产权而创造的术语；*Keppel v Bailey* (1834) 2 My & K 517, 39 ER 1042.

方面,终止想象物的费用支出。

自鲁登 1987 年的探讨之后,出现了大量关于物权法定原则问题以及权利碎片化和反公地有关问题的研究文献。[141] 许多文献从经济视角审视了这一议题,并且尝试解释对有限数量的财产权的偏好以及在信息成本方面对想象物的厌恶。鲁登的这些思想与梅里尔和史密斯的许多独自的和共同的研究成果密切相关。[142] 在其关于这一议题的经典文章中[143],梅里尔和史密斯认为财产权不仅对交易当事人及其直接的权利继承人而且对其他人,都产生了信息成本。这是源于财产权的对物性质,或者,用更为浅显易懂的语言来说,财产权具有对抗整个世界的能力,或者,相对于那些原始交易的当事人(霍菲尔德)为之创设有期限的多个权利的群体而言,对抗至少是某些范围更大以及更加不确定群体的能力。[144]

梅里尔和史密斯认为,创设一项财产利益的某一双边交易不能够而且没有使所有信息成本内部化。其他人将仍需要进行咨询,避免侵犯所有者的假定的排他性权利。只要双方当事人使用为数不多的、人人理解的、具有人所周知特征的财产利益形式(而且,如果他们充分利用记录系统和类似系统),这就不可能成为问题。但是,如果个人有权创设"有特性的财产权"(即想象物),那么,对其他人施加的信息成本将会上升。[145] 另一方面,标准化则降低信息成本,发挥一种信息交流的功能。因此,

---

[141] 学者们开始探讨将物权法定原则适用于虚拟财产(如 e-mail 账户和域名)以及产生于日益大众化网络环境中的权利(如第二生命)。J. A. T. Fairfield, "Virtual Property" (2005) 85 BUL Rev 1047.

[142] H. E. Smith, "Community and Custom in Property" (2008) 10 Theoretical Inquiries in Law 5 and Smith, above n 95.

[143] Merrill and Smith, above n 62. See also Merrill and Smith, above n 2 and Merrill and Smith, above n 37.

[144] See in particular P. Eleftheriadis, "The Analysis of Property Rights" (1996) 16 Oxford J Legal Stud 31 at 42—3.

[145] Merrill and Smith, above n 62 at 32.

梅里尔和史密斯将物权法定原则作为一种最优标准化的框架。在标准化和灵活性之间,我们如何找到正确的平衡,在什么时候,我们应该顺从当事人的意图;在什么时候,我们应该坚持强制性规则?[146] 无论如何回答,这些个问题的答案在财产法和合同法之间绘制了一条默认界限。

在一些学者看来,物权法定原则问题还引起了体制的选择问题。关于承认新的财产利益的决定,是应该由法院作出还是由立法机关作出梅里尔和史密斯认为,经济学家倾向于由法院而非立法机关作出决定,因为公共选择的学者关注的是这样的实情,即,立法机关将会不可避免地以狭隘的分配目标来对各种利益进行回应。但是,其他因素表明立法机关比法院判决更具优势。就此而论,立法机关关于财产的决定可能更为清晰、统一、全面、稳定和可预期[147],而且可以提供更大的民主责任制。但是,这很难成为一个"二选一"的问题,因为许多此类问题都在法庭上以关于制定法制度安排的解释问题而出现[148],而且这些解释性回应将不可避免地"创造"或者拒绝承认新的财产利益,而不管法官们是通过类推作为理由,还是以一种更为功能性的或者工具性的方式作为理由。就类推而言,因为新的财产利益的方方面面都像财产,因此它必须是财产。就功能性的或者工具性的方式而言,因为新的利益将会满足一个或者多个关于财产的判断标准(这将在本章第二部分讨论)因此它应该被视为财产。[149]

梅里尔和史密斯承认,对于物权法定原则,存在一些哲学上

---

[146] ibid at 38; DeSoto, above n 39.
[147] Merrill and Smith, above n 62.
[148] 例如,一项商业性捕鱼许可财产是破产立法或者证券立法目的上的财产权吗? See *Saulnier v Royal Bank of Canada* 2008 SCC 58.
[149] 关于新财产形式"提供者"的选择是斯科特研究的一项关键问题;Scott, above n 5. 在其著述中,他还强调了习惯在提供新财产形式或者改变现有财产权利束这方面的历史和当代作用。

的反对理由。例如,自由论者至少可能偏爱尊重当事人的意愿,除非当事人损害了他人。但是,梅里尔和史密斯的部分观点已经表明,由于想象物导致第三人增加了信息成本,以至于这些奇特的财产权确实损害了他人。[150]

在自然资源法的许多不同领域都存在有关物权法定原则争论的踪迹。资源产业以巨大的资金投入为特征,投资者因而寻求尽可能多的安全保障。然而,资源产业也是一个其中的资源权利经常从国家获得的产业,而且资源权利可能采用十分新颖的制定法权利的形式。此外,资源产业还是一个往往会产生不同利益的产业。例如,特许税费利益,对于特殊物质(诸如天然气而非石油)的利益,分割出来的不动产以及对于特殊构成物的利益。存在这样一种重要的判例法和学说体系,即,按照财产或者其他自成体系的利益形式来处理这些利益的法律特征。[151]

或许,可以由此总结出两点经验。第一,物权法定原则理论仍然占据着绝对的主导地位,尽管存在着这些新型利益。这反映在有时这样令人费解的努力中,即硬把创新型利益归入现有的一类财产之中。例如,认可一种特许税费利益是或者特别像是一种租金[152],或者,国家授予的一种资源权利看起来像是普通法上的一种用益权。[153] 第二,国家创设的资源权利可能只是代表一种对于普遍不情愿创设创新型利益的例外。尽管这可能与有关信息成本研究文献所提出的经验相反,但是信息成本在这里的重要性可能是有限的。例如,在许多情况下,国家可能是

---

[150] cf M. W. Carroll, "One for All: The Problem of Uniformity Cost in Intellectual Property Law" (2006) 55 Am U L Rev 845.

[151] eg, *Guaranty Trust v Hetherington* (1987) 50 Alta LR (2d) 193, varied (1989) 67 Alta LR (2d) 290; but see A. Quesnel, "Modernizing the Property Laws That Bind Us: Challenging Traditional Property Law Concepts Unsuited to the Realities of the Oil and Gas Industry" (2003—2004) 41 Alberta L Rev 159.

[152] *Guaranty Trust*, ibid. See also G. Davies, "The Legal Characterization of Overiding Royalty Interests in Oil and Gas" (1972) 10 Alberta L Rev 232.

[153] *Saulnier v Royal Bank of Canada*, above n 148.

资源的一个垄断性供应者,而且在国家和利益持有者之间会是一种直接的合同关系。允许行政部门创设利益的制定法框架还可以用来就创新利益的界限进行沟通,而且作为所有者的政府采用标准形式租赁文件的情形并不常见。这些措施都服务于信息成本最小化,否则信息成本将可能与新的制定法利益形式的创设相联系。而且,感兴趣的社群(特定产业)可能是非常有限的。第三,争取投资的国际竞争将会成为对于创新利益的普遍制约,从而促使畸形制度对其条件予以标准化。[154]

二、(私有)财产的正当性

由于对财产观念的核心内容缺乏任何协商一致,从而导致学者们经常对财产的政治—哲学正当性进行探讨,并以此作为一种替代。但是,即使对于观念主义者来说,财产(或者说至少私有财产)一直都需要正当性。任何一种财产制度几乎都不能保证财富的平等分配,一些人将会比另外一些人富有。财富积累对分配的正义和民主的政治进程提出了问题。[155] 另外,与财产有关的不平等性在分布上并不是任意的,而是按照身份维度的不同(如性别和种族)而有着系统地分布。联合国的最近一份报告显示,世界上成人人口中最富有的1%拥有世界总净资产的大约40%,而世界人口中贫穷的一半仅拥有1%多一点儿。[156] 通常认为,关于财富分配不平等是否具有道德上的正当性的问题,在分配正义理论看来通常是重要问题,在财产法理论

---

[154] Scott, above n 5.
[155] J. Riedinger, "Property Rights and Democracy: Philosophical and Economic Considerations" (1993) 22 Cap U L Rev 893.
[156] J. B. Davies, S. Sandström, A. Shorrocks, and E. N. Wolff, *The World Distribution of Household Wealth* (2008).

看来却并不是。[157] 讨论财产正当性的文献往往是只论证一种财产即私有财产的正当性。然而,如果只是讨论排除他人使用的权利,这样一种对资源所有权居于核心重要地位的权利,它们就不可避免地要探讨正当性问题。

本部分将首先非常简要地探讨(私有)财产的标准正当理由。这些正当理由分成三大类。一是经济上的,二是以人格为导向的,三是政治上的。几乎所有经济上的私有财产正当理由都把财产视为使用权本质上的一种分配。财产权在激励投资和配置稀缺资源方面具有基础性作用,因而对于商业和这样一种私有秩序至关重要,即,从最大和最好利用某一特定资源的交易中产生效果。财产权主要通过赋予作为自由交易基础的排他性权利(如合同)而发挥这一作用。[158] 人格理论认为财产权对个人身份十分重要。财产理论的一个重要方面是强调"人的自由和物的自由"(黑格尔语)之间的交集。[159] 一些依赖于政治秩序的理论同某些类型的个人自由相关。[160] 然而,其他着重探讨政治秩序的理论却把财产视作相互义务的载体,承认从财产与社会关系不可分割的联系中所产生的期望。[161] 对这三大类每一种的主要变化,下文将做简要探讨。此外,还会对一个多元化理论的事例作简要讨论。

前文对(私有)财产的正当性进行了讨论,接下来我们着重探讨不同种类财产之间的变动。这里,我们再次重温一下"公地

---

[157] But see Munzer, above n 8. See also R. Nozick, *Anarchy, State, and Utopia* (1974). 正如下文所讨论的,分配问题在洛克著名财产理论的前提条件中明显未得到合理关注。

[158] H. Demsetz, "Toward a Theory of Property Rights" (1967) 57 Am Econ Rev 347.

[159] M. J. Radin, "Property and Personhood" (1982) 34 Stan L Rev 957.

[160] J. Locke, *Second Treatise of Government*, c 5, Project Gutenberg eBook, available at 〈http://www.gutenberg.org/dirs/etext05/trgov10h.htm〉; R. Pipes, *Property and Freedom* (1999).

[161] Singer, above n 45.

悲剧"的比喻。对于从自由获取公物转变为无论是私人财产还是国家财产的"发展"进程,它是主要的经济学上的正当理由。因此,"公地悲剧"被用于证明后两种财产的正当性。随后,我们简要讨论关于财产在不同种类之间变动的其他文献;在变动中,从非私有财产种类转变为私有财产种类往往是压倒性的变动。最后,我们讨论征收法,展现各种不同的理论是如何以及为什么要证明私有财产内容事项的正当性,并以此作为本部分的结尾。

(一) 各种理论(The standard repertoire)[162]

1. 劳动力、无主物、先占和经济理论

约翰·洛克著名的劳动财产理论(labour theory of property)是一种自然权利理论。对于洛克来说,财产权先于政府而出现,这在理论上使得财产权不太容易受政府权力的影响。国家并没有创造财产权;相反,是为了保护个人财产权而创造了国家。他的理论关系到如何创设财产权以及财产权属于谁。他的理论以这样一个观点作为开始,即,"无论是自然理性……还是就上帝的启示来说……很明显,是上帝……把地球给了人类之子,给了整个人类。"[163]因此,每个人享有"对地球及其自然产物的一种平等权利"。[164] 那么,这些公物是如何变为私有财产的呢?洛克给出了如下著名回答:

> 土地和一切低等动物为一切人所共有。但是,每个人对他自己的人身享有一种所有权,除他以外任何人都没有这种权利。他的身体所从事的劳动和他的双手所进行的工作,我们可以说,是正当地属于他的。所以,只要他使任何东西脱离自然所提供的和那个东西所处的状态,他就已经

---

[162] 这里使用"the standard repertoire"的表述,是借鉴劳伦斯·贝克尔(Lawrence Becker)关于正义观点的类型划分;Becker, above n 2 at 198。

[163] Locke, above n 160 at s 25.

[164] ibid at s 26.

掺进了他的劳动,在这上面掺加了他自己所有的某些东西,因而使它成为他的财产。既然是由他来使这件东西脱离自然所安排给它的一般状态,那么在这上面就由他的劳动加上了一些东西,从而排斥了其他人的共同权利。因为,既然劳动是劳动者的无可争议的所有物,那么对于这一有所增益的东西,除他以外就没有人能够享有权利,至少在还留有足够多的同样好的东西给其他人所共有的情况下,事情就是如此。[165]

最后一句话所做的结论就是所谓的"洛克但书",它是洛克财产理论的根基,为洛克经常引用。它的目的在于确保:占有一件未被任何人所有的物品并不导致其他人的境况恶化。洛克还认为,财产权本身具有一种帮助那些需要的人的慈善义务。

对于洛克来说,劳动的添加价值如此巨大、如此与被添加物不可分割,因此,添加价值和被添加物品本身价值的财产权都应该属于提供劳动力的人。尽管这一解释在适用于个人劳动产品时可能具有直观的吸引力,但是与土地及其他自然资源相联系时,它的解释力引起了争论。[166] 罗伯特·诺齐克(Robert Nozick)提出了相当著名的质疑:

> 为什么使一个人的劳动与某物结合,就使这个人成为该物品的所有者呢?也许是因为一个人对自己的劳动有所

---

[165] ibid at s 27.
[166] 最近关于洛克观点的评述包括:J. Dunn, *The Political Thought of John Locke: An Historical Account of the Argument of the "Two Treatises of Government"* (1969); R. Tuck, *Natural Rights Theories: Their Origin and Development* (1979); J. Tully, *A Discourse on Property: John Locke and his Adversaries* (1980); J. Waldron, *The Right to Private Property* (1988); J. Waldron, *God, Locke and Equality: Christian Foundations in Locke's Political Thought* (2001); G. Sreenivsan, *The Limits of Lockean Rights in Property* (1995); M. H. Kramer, *John Locke and the Origins of Private Property: Philosophical Explorations in Individualism, Community, and Equality* (1997).

有权,所以他就对一个原先无主的,但是现在渗透了他的劳动的某物有所有权。所有权扩大了其他事物。但是,为什么不把我有所有权的事物和我没有所有权的事物相结合——与其以一种得到我没有的事物的方式,不如以一种丧失我拥有的事物的方式去进行这一结合呢?……为什么一个人的权利应该扩展到整个物品而不仅仅是一个人的劳动所创造的添加价值呢?[167]

劳动应该赋予产品(包括所添加的价值)以权利,这似乎公平而合理。劳动应该赋予土地本身以权利——这是洛克的核心观点,这在一些人看来过于夸张。[168] 例如,让-雅克·卢梭承认,土地占有者很可能以劳动为根据,对他们已经占用的土地主张权利,先是对其劳动产品,而后是对土地本身提出权利。但是,在卢梭看来,尽管"还不清楚为了占有这些事物,人们还能把除自己劳动以外的什么东西添加到那些不是他创造的事物上"……"不管他们是如何粉饰自己的强取豪夺行为,他们的行为还是强取豪夺"。[169]

不同的劳动应得理论是劳动创造财产权的不同表达形式,也与经济上的正当理由有关。正如贝克尔在发展形成自己的劳动应得理论中所指出的:永恒的判断是,人们为自己的行为应该受到道德上的惩罚或者赞扬;这是这样一种概念,即,人们为自己的行为"值得"受到奖励或者惩罚。[170] 贝克尔提出了运用劳动应得理论来判断财产权正当性的三个条件:行为必须是道德上允许的,必须是道德上禁止之外的,必须为他人的生活增添价值。奖励应该与添加的价值相称,利益类型必须与劳动类型相

---

[167] Nozick, above n 157 at 174.
[168] P. Garnsey, *Thinking About Property: From Antiquity to the Age of Revolution* (2007) at 145—6.
[169] *Discourse on the Origin of Inequality*, Part II, 24, 30.
[170] L. C. Becker, *Property Rights: Philosophical Foundations* (1981).

配。因此,贝克尔的理论比洛克的理论更为严格,但是,二者都因下列原因遭到批评,即,二者都没有为土地的财产权建立基础,因为土地并不是劳动产品。

其他学者使用先占用(就土地而言)和先占有(就动产而言)作为财产的一种正当理由。[171] 二者都与劳动和劳动应得理论有关。劳动是捕获,进而归结为占有。先占的作用由发现者规则、石油和天然气以及地下水资源法中的捕获规则[172]以及矿产法中的自由进入规则[173]所证明。

同劳动及劳动所得理论的情况一样,先占这一财产权的正当理由还在于,以及甚或更具说服力的是,把财产分配给特定的人。[174] 先占规则说明为什么甲应该保留他所捕获的狐狸或者石油并归其占有,但是还要把狐狸或者石油配置给甲。就其本身而言,先占并不能证明私有财产的正当性。对此,存在争议。[175] 例如,作为对这样某些事物业已存在财产权的一项正当理由时,人们认为先占才具有意义,即,"不为任何人所有,但是所有人都可以平等获取。"[176] 还存在基于分配正义考虑的其他观点。一项把每一事物都给予第一个占有者的原则,如果其他人陷入贫困,这一原则能是公平的吗?皮埃尔·约瑟夫·普鲁东(Pierre Joseph Proudhon)在其19世纪早期最著名的著述中继而写道:财产就是偷窃。[177] 他是一位印刷工人,第一个标榜自

---

[171] 关于更具广度的有关占有在判断财产权正当性方面作用的讨论,请参见下列文献:Rose, above n 60。See also J. G. Sprankling, "Owning the Centre of the Earth" (2008) 55 UCLA L Rev 979.

[172] 关于讨论捕获规则的一部论文集,可见《环境法》第35卷(2005年)《"捕获规则及其影响"研讨会论文集》。

[173] See generally Scott, above n 5.

[174] Becker, above n 170 at 23.

[175] J. Wolff, *An Introduction to Political Philosophy* (1996) at 158; Garnsey, above n 168 at 175.

[176] Pufendorf, above n 69.

[177] *What is Property?: An Inquiry into the Principle of Right and of Government*, B. Tucker, trans., available at ⟨http://www.mondopolitico.com⟩.

己为无政府主义者的人。

劳动、劳动应得理论以及先占用/先占有理论都可以被视为经济上正当理由的一部分。促进效率是经济学的目标,因而不断有学者提出经济效率是私有财产的一项正当理由。这些明显同期望及财产的价值概念密切相关。私有财产的经济正当性大都通常是以讲述"公地悲剧"这一故事而论证;对这一故事,我们在本章本部分的第二小部分进行了讨论。

2. 人格理论

在洛克的理论中,人们通过参与外部世界的活动,自己创造财产,在对人进行界定之后,就出现了财产。而在黑格尔看来,人格理论的通常起点是,在对人进行界定之前,财产就出现了。在黑格尔眼中,人是在占用外部事物的过程中,占用或者构成了"他自己"或者"她自己",财产帮助他们造就自己。

一些当代学者发展黑格尔关于所有权正当性的理论。关于黑格尔的人—财产关系观点,它的最知名支持者是女权主义法学家雷丁。[178] 在人格财产与互换财产之间,雷丁提出了一个重要区别。[179] 如果一项财产损失产生了痛苦,而痛苦又不能被其替代物所消除,那么该财产就属于"人格财产"的范畴。人格财产构成了其本身。如果一项财产能够用同等市场价值的其他财产替代,那么该财产就属于互换财产。

杰里米·沃尔德伦(Jeremy Waldron)是另外一位发展了黑格尔关于财产权产生于人格这一基本观点的学者。[180] 沃尔德

---

[178] Radin, *Reinterpreting Property*, above n 23. 珍妮·施罗德(Jeanne Schroeder)的著述提出了一种具有挑战性的黑格尔—拉康式的关于财产理论的解读以及作为自我构建的财产的精神层面。See J. L. Schroeder, "Chix Nix Bundle-O-Stix: A Feminist Critique of the Disaggregation of Property" (1994) 93 Mich L Rev 239; J. L. Schroeder, "Unnatural Rights: Hegel and Intellectual Property" (2005—06) 60 U Miami L Rev 453.

[179] Radin, above n 159 at 959—60.

[180] Waldron, *The Right to Private* Property, above n 166.

伦对黑格尔的观点作出了如下总结：

> 通常认为，拥有财产对于人类之个人非常重要，因为只有通过拥有和控制财产，他才能把自己的意志融入外部事物之中，才能开始超越其自身转瞬即逝的存在之主观性。在生产一件物品、使用它以及控制它的过程中，一个人才能够使自己的意志实现稳定和成熟（否则，这将是不可能的），从而使他自己在这种意志的理想社会中能够确立自己的位置。当然，他绝不能一直只关注所有者地位，在道德发展形成的过程中，他还有别的任务需要承担和完成。但是，黑格尔坚持认为，财产是不可或缺的，除非一个人能够将自己确立为一个所有者，否则，他在道德生活其他领域中个人的发展将会存在严重风险。[181]

如果黑格尔启发的诸多观点为作为一种人类产品的私有财产的重要性提供了一种令人信服的解释，那么，人格的发展将会与分配正义的平等主义者的解释相关。至少，任何人都不应该被剥夺获得私有财产的机会，或者至少获得某类私有财产的机会。接受这种财产观点的结果将会是产生广泛的影响。[182] 人们通过使财产成为其自我意识或者身份的组成部分的方式，把他们的灵感和精力投注于物质世界之中。例如，在物质世界的这部分领域，赋予财产权以特殊的重要性将会影响国家获得财产的能力，对此，本章结论部分将会讨论。

3. 自由理论

论证财产具有提升自由的正当性的视角有多种。如果目标是增加消极性自由（即让权利人自己决定是否行使），承认私有财产应该是一种方法。[183] 赖克始终认为，财产的一项功能"是

---

[181] ibid at 377—8.

[182] 关于沃尔德伦研究项目的简要阐释及其影响，请参见下列文献：Becker, above n 2 at 201—6。See also Carpenter, above n 21。

[183] eg, Pipes, above n 160.

在公私权利之间划出一条界线。"[184] 在界线之内,所有者享有比在界线之外更大的自由。同样,爱泼斯坦看来,"一种强调个人自治的私有财产制度"任由个人发展自己的全部潜力。[185]

关于以自由为基础的私有财产的正当性,经济学家阿玛蒂亚·森(Amartya Sen)提出了一种与众不同的观点。他认为,市场成功的真正试金石是自由的提升程度:"财富的有用性存在于允许我们去做的事物之中,是实体性自由帮助我们来实现这一点)。"[186] 赖克也讨论了私有财产可以提供的决定个人自己命运的自由。私有财产可以在多大程度上提升自由,在很大程度上取决于所有权的存在广度。

4. 多元主义理论

最近关于财产正当性的一些解释是多元化的。例如,斯蒂芬·芒泽(Stephen Munzer)基于三个不同的理由论证了私有财产的一种正当性:效用和效率;正义和平等;劳动和应得。[187] 他拒绝把其中任何一个作为财产的首要正当理由。同样,尽管他讨论了不同观点以及它们之间的矛盾,但是他并没有提出任何一项能够一体化的或解决优先权问题的原则。

对于多元解释的常见问题,贝克尔进行了简洁而很好的归纳。[188] 多元主义财产的学者需要证明,对于私有财产来说,存在多个独立的正当理由。多元主义者必须能够证明,他们所讨论的诸多观点都不能充分地根据或者从其他观点得到界定。多元主义者需要面临的第二个问题是条理性。运用一项原则得出一个结论,而运用另一原则会得出另一个不同的结论吗?

---

[184] Reich, above n 82 at 771.
[185] Epstein, above n 14 at 138.
[186] A. Sen, *Development as Freedom* (1999) at 14.
[187] Munzer, above n 8.
[188] Becker, above n 2.

(二) 财产种类之间的转变

与一般意义上的财产相比,私有财产的主要正当理由之一是这样一种理论,即,财产为什么应该从另一种类转变为私有财产种类。哈丁的公地悲剧理论[189]就我们为什么可以将财产从一种类型转变为另一种类型提供了一种解释。哈丁主张,如果公地能够私有化或者进入权和使用权能够得到监管,我们或许就可以避免出现"公地自由给所有人带来灾难"的结果。[190] 哈丁认为,除非公物被转变成私有财产或者针对使用和使用者的政府监管得到制定和实行,那么,资源退化就是不可避免的。哈丁的这一说辞得到了广泛引用。

但是,公地悲剧并不是唯一的关于向私有财产转变的理由。基于罗纳德·科斯(Ronald Coase)提出的私有财产演变理论[191],哈罗德·德姆塞茨(Harold Demsetz)提出一种不同的研究成果。[192] 德姆塞茨的研究出发点是洛克假设的自然状态,财产在这种状态下属于公物。德姆塞茨认为,只要内在化产生的收益大于在建立财产权和保护该权利的法律制度中的交易成本,就应该出现私有财产。[193] 正如罗斯所指出的,德姆塞茨研究成果的演变特征是财产权理论中经久不衰的话题:"财产权进行演变以满足资源管理的不断变化的需求。"[194]

对于加拿大拉布拉多/魁北克的昂加瓦半岛上的蒙特内斯

---

[189] D. Feeny, F. Berkes, B. J. McCay, and J. M. Acheson, "The Tragedy of the Commons: Twenty-Two Years Later" (1990) 18 Human Ecology 1 at 2.

[190] Hardin, above n 100 at 1244.

[191] Coase, above n 28.

[192] Demsetz, above n 158 at 350.

[193] Demsetz, above n 158.

[194] C. M. Rose, "Servitudes", Arizona Legal Studies Discussion Paper No. 09—13, available at ⟨http://ssrn.com/abstract = 1371251⟩.

(Montagnes)"财产权的出现",德姆塞茨提供了一种解释。[195]他认为,私有财产的出现是对皮毛交易的一种回应。在皮毛交易之前,狩猎区域属于公物。这就产生了外部性,因为一位猎人的一次成功狩猎活动会对后来的猎人产生成本上的影响。"但是这些外部效应在过去是如此微不足道,因此没有引起任何人的注意并对此效应予以考虑。"[196]皮毛交易的出现至少产生了两个影响。它提升了皮毛对印第安人的价值,导致了狩猎活动的增加。二者都"显著地增加了与自由狩猎相联系的外部性的重要性"。这就导致了针对特定狩猎区域的权利的形成[197],也使德姆塞茨得出了这一一般命题,即,"当那些受外部性影响的人对收益和成本内部化而变得具有经济性时,(私有)财产权就出现了。"[198]在这一简洁陈述中,财产制度的选择受效率因素的驱使。新私有财产制度带来的收益将包括收获眼前成果(或者将收获推迟到未来)的排他权,而成本将包括诸如监管、实施、划界以及为提高收成而采取的措施。其他学者强调指出,这种转变是从对一大块区域的不同功能权利(重叠的和非排他性的权利,如狩猎权)转变为空间结构权利(即排他性的和全部权利束)。[199]

尽管这一观点被接受为一项重要的解释,然而也存在批评。一项普遍的批评意见认为,德姆塞茨的解释还不够完善,因为他从未告诉我们所有这些是如何发生的。蒙特内斯是如何发生这一转变的?这个过程是集体智慧的杰作还是充满了血腥?谁耗

---

[195] Demsetz, above n 158. 德姆塞茨使用财产权的"出现"(emergence)这一术语表明,在他看来,免费公开获取和社群公物并不能真正地"构成"财产。

[196] ibid at 351—2.

[197] 对于赋予谁这些地区性权利,德姆塞茨的讨论是令人惊讶的含糊不清。无论是他还是他所引用的文献都指向了不同的部落、氏族和家庭;而且,对于后者是广义还是狭义上使用,从未明确指出。

[198] Demsetz, above n 158 at 354.

[199] S. Banner, "Transitions between Property Regimes" (2002) 31 J Legal Stud 359.

费了时间和精力来进行这些改变？在任何一种情况下，而且不管是政府行为（如圈地运动立法）还是通过更为非正式和合作的方式实施，"一项财产权的产生必定是一项集体努力的结果"。[200] 因为一个人不可能创设一个新的财产制度。这在于强调，财产制度的转变是一个重要的集体行为问题。[201]

斯图尔特·班纳（Stuart Banner）讨论了在殖民地遭遇和圈地运动背景下的这一集体行为问题；德姆塞茨所举的蒙特内斯事例是殖民地遭遇中的一例。班纳强调，在这两种情况中，转变都具有重大的分配性后果，而且发生在等级性的政治（和权力）结构之中。这种结构分别导致了在殖民地遭遇背景下是殖民者因土著居民受损而获益，在圈地运动背景上是土地所有者因其他人受损而获益的后果。[202] 在促使我们将一项公物转变为私有财产的有关确立规则是全体一致或共同同意通过，而不是由绝大多数人或法令决定的情形下，分配问题将特别难以解决。例如，怀曼（Wyman）对美国从自由获取渔业制度向个人可转让配额渔业的转变进行了一项分析，试图解读为什么两种制度之间的演变为何如此缓慢。[203] 怀曼认为，缓慢可以归结于这样一个事实，即，利益团体拥有许多能够用于推迟变化速度的否决权（这就是反公地问题），而且还因为对于不断增加的可交易权利可期望获得的租金在分配上存在冲突。[204]

---

[200]　ibid at 358. See also Michelman, above n 98 at 31.

[201]　请见本章第一部分中关于谁"提供"了财产制度的讨论，以及斯科特的有关著述（Scott, above n 5）。

[202]　Banner, above n 199.

[203]　K. Wyman, "From Fur to Fish: Reconsidering the Evolution of Private Property" (2005) 80 New York University Law Review 117.

[204]　See also L. A. Fennell, "Slices and Lumps" University of Chicago Law & Economics, Olin Working Paper No. 395 (March 1, 2008), available at 〈http://papers.ssrn.com/〉. 斯科特还注意到了与从公开自由获取物向许可获取转变相联系的分配问题；Scott, above n 5 at 164, 171, 176, 181。

罗斯对于构成德姆塞茨解释基础的假设的一致性提出了质疑。[205] 她指出,如果从一项公物制度向私有财产制度转变的前提是效率理由以及我们都是理性的效用最大化者,那么就存在一个问题。问题之所以出现,是因为"一项财产制度,如果视为一个完整的制度,通常具有同一项公物相同的结构。"[206] 果真如此的话,我们一定会发现这样的个体,即,他们准备好以一种无私的方式行动、把时间和精力投入到新制度的建立中来,而不是把自己所有的精力投入到自己收益的活动中来。或者,用另外一种方式(和用更为现代的术语)来说,一些人必须准备好投入时间和精力,游说立法机构或者到法院起诉,以求转变财产权利的性质。[207]

最后,如果如德姆塞茨所说,科技变化可能推动我们从一种公物制度转变为私有财产制度,那么,在监管和实施私有财产的成本超过源于内部化其他成本的收益的情形下,相反的情况也有可能发生。贝尔和帕克莫维斯基已经建议,我们还可以通过调整财产的其他方面而不是基本的制度特征来回应科技变化。[208] 他们鼓励我们从三个方面来思考财产:所有者的数量、支配的范围以及财产设计。例如,对于由文件共享技术发展而对音乐作品版权所有者提出的挑战,一个可能的应对措施是,从一张有一组很好内容的光碟中或者从一张有很长播放时间的唱片中,通过某种软件(如 iTunes)来重新配置个性化品味的个人选择。[209] 自然资源部门中的类似措施包括矿产区块的最大和最小范围[210]以及石油和天然气部门的公池和利用安排。例如,

---

[205] Rose, above n 98. See also Rose, above n 16.
[206] Rose, above n 98 at 37. Elsewhere Rose refers to this conceptualization of property regimes as a "meta property": Rose, above n 59 at 5.
[207] See Scott, above n 5.
[208] A Bell and G. Parchomovsky, "Reconfiguring Property in Three Dimensions" (2008) 75 U Chi L Rev 1015.
[209] ibid at 1029—30.
[210] See Scott, above n 5 at 264—70.

公池既可能受到交叉转让的影响也可能受到一个更为严格的行政管理安排的影响。交叉转让会改变资产规模和所有者数量,因为在整个池单位的统一体中,每一区块的所有者都变成了承租人。在一个更为严格的行政管理安排中,区块所有者同意为某些目的而合作,如,一项用井许可证申请,分担成本和共享产出。[211]

(三) 私有财产和"征用"法的正当性

本章这一部分的目的是就如下问题提供一个事例,即,对私有财产的不同正当理由的理论化如何可以成为与法律界人士实践中所运用的论证[212]有关;实践包括为私人客户提供建议或者为政府制定公共政策提供建议。我们决定选择征用法(又称征收法)作为事例,因为这一领域拥有特别丰富的研究文献。这些文献中的大多数都与美国关于财产权的宪法保护相关,但是近些年来,在双边投资协议和多边合作伙伴(如《北美自由贸易协议》和《能源宪章条约》)背景下出现的投资者—国家仲裁已经使这一争论国际化。[213] 我们选择这一事例还在于,间接征收问题通常是那些在自然资源和能源领域进行工作的人的关注对象。[214]

---

[211] eg, Bankes, above n 128.

[212] C. R. Sunstein, "Practical Reason and Incompletely Theorized Agreements" in *Current Legal Problems 1998* (M. D. A. Freeman, ed, 1999) 267.

[213] eg, C. McLachlan, L. Shore, and M. Weiniger, *International Investment Arbitration: Substantive Principles* (2007) esp. c. 8; C. Ribeiro, ed, *Investment Arbitration and the Energy Charter Treaty* (2006), c. 3 "The Concept of Expropriation under the ECT and other Investment Protection Treaties"; B. H. Weston, "'Constructive Takings' under International Law: A Modest Foray into the Problem of 'Creeping Expropriation'" (1975) 16 Virginia J Int'l L 103.

[214] eg, J. M. Wagner, "International Investment, Expropriation and Environmental Protection" (1999) 29 Golden Gate Univ L Rev 465; K. Tienhaara, "Mineral Investment and the Regulation of the Environment in Developing Countries: Lessons from Ghana" (2006) 6 International Environmental Agreements: Politics, Law and Economics 371.

米歇尔曼在 1967 年发表了一篇题名"财产、效用和公平：关于'公正补偿'法伦理基础的述评"的经典文章。该文可以成为本部分讨论的一个良好开始。[215] 米歇尔曼在文章中研究了两大问题。第一个问题是，社会什么情况下从个人处"征收"财产是合法的？第二个问题是，如果是永久征收，那么，什么情况下"征收"这一财产而不对那些遭受损失的人进行补偿是合法的？

在米歇尔曼看来，第一个问题大体上是，但并不完全是一项因市场失灵引起的集体行动挑战。因此，与协议取得相对，在市场失灵或者抵制市场的情形下，以及在社会净收益将会超过私人损失（即征收具有效率）的情况下，征收将是允许的。这一问题并不总是市场失灵的问题，因为可能存在实施一项"征收"的其他合法理由，最显著的莫过于一项为了确保一项实体平等目标利益而进行的再分配性征收（如累进所得税）。但是，即使一种征收能够因其有效率而被证明为正当（因为社会不能接受低效率的征收），我们仍然需要处理社会是否应该予以补偿的问题。赔偿问题的出现，部分是由于我们使用效率这一概念的两种不同方式，即帕累托效率和卡尔多—希克斯效率。帕累托效率这一概念与协商一致、财产权利以及合同相联系，而且必然包含这样的观点，即，除非所有人都能从再分配中获益，否则资源再分配将不会发生。在一项协商一致的安排下，这将意味着那个（些）放弃其在财产中利益的人将会确实而充分地为其损失得到赔偿。[216] 相对而言，卡尔多—希克斯效率却仅仅包含这样的观点，即，由于征收的收益超过了那些受损者所发生的成本，因此，那些获益者原则上能够补偿受损者。然而问题在于，在一项征收被确信为具有效率之前，卡尔多—希克斯效率并不要求

---

[215] Michelman, above n 8.

[216] 有大量研究文献认为，使用市场价值基础进行赔偿的征用制定法往往对所有者的赔偿金额较低；因为所有者在许多情况下将会具有一个较高的主观财产价值。J. L. Knetsch and T. E. Borcherding, "Expropriation of Private Property and the Basis for Compensation" (1979) 29 U Toronto LJ 237.

第 2 章　大教堂的不同景观：财产法的理论文献　　**75**

向所有那些遭受损失者进行实际赔偿。

现在，也许有人认为，社会总应该为一项集体行为的征收进行补偿，这是因为要求个人为一项归属于全社会的利益（无论是以一座桥梁，一条高速公路，还是一座公园的形式）而买单是不正义的。但是，财产权所有者因一项征收而遭受多种多样的损害，这些损害从其所拥有财产直接物质所得，到那些现在生活在一条新的高速公路或者机场跑道附近的人所遭受的更多间接损失。这些人都必须得到补偿吗？如果这样，与查找和补偿这些个人有关的交易成本可能会彻底花光有关工程的有效所得，从而，一项具有财富收益和净社会收益的值得做的项目就可能无法得以实施。那么，社会在什么情况下应该补偿，财产理论在处理这一问题上必须做些什么呢？

米歇尔曼的回应是，现有的美国"征收"法理并没有提供一个圆满的答案，因而有必要以这一点为基础探寻财产存在的理论上的正当理由，即，关于财产的观点无论如何必须证明或决定"分配永久性的某种程度"。[217] 他的调查范围广泛，最后决定采纳罗尔斯的正义观点[218]和功利主义观点。米歇尔曼根据功利主义观点提出建议，只有当道德成本超过解决问题的成本时（当然，假设这些成本没有超过效率收益），国家才需要进行补偿。[219] 根据罗尔斯的观点，他认为，在"解决问题的成本低"的情况下（例如，在受到影响的那些所有者容易归类如在一项有体物征收的情况下），"在效益性所得不易确定的时候"（不得不支

---

[217]　Michelman, above n 8 at 1203.
[218]　J. Rawls, *A Theory of Justice* (1971). 如果注意时间上的情况，可以发现，米歇尔曼实际上是根据罗尔斯早期著述而得出的结论；这些早期著述构成了罗尔斯名著《正义论》的基础。See, for example, J. Rawls, "Justice as Fairness" (1958) 67 Philosophical Review 164; J. Rawls, "Justice as Fairness" in *Philosophy, Politics and Society*, 2d Series (P. Laslett and W. G. Runciman, eds, 1962) 132.
[219]　Michelman, above n 8 at 1215。如果解决问题的成本超过了效率所得，那么米歇尔曼将会当然地认为那将是不存在征收的。

付补偿的规则标准是用于保护个人的自由权益),以及"在集中于一个个人承担的损害不寻常巨大的情况下",补偿通常就应该是正当的。[220] 不过,罗尔斯的观点还建议,我们不应该把注意力用于寻找最后每一个可能由于公共项目已经遭受损害的个人。这是因为,如果我们这样做,交易成本可能会使一项公共项目无法完成。也就是说,在利害相同的情况下,应该实施一项可能为社会上那些贫困人口作出更多贡献的工程。

其他学者还使用了财产理论来阐释征收规则。例如,雷丁运用人格和人类繁衍观点来佐证一些(但不是所有)形式的财产需要得到特殊的保护。[221] 因此,在雷丁看来,使用财产作为住宅"是对人格最为密切的保护",因而至少为一些形式的权利所保护,"而不是为了一个人的工厂将财产作为垃圾来使用"。[222] 相反的,理查德·爱泼斯坦根据以自由为基础的财产正当理由,主张限制国家征收权力[223],创造和提倡强有力的和广泛的补偿权。因而,在爱泼斯坦看来,"财产概念包括排他性的占有权、使用权和处分权"[224];他认为,限制任何这些权利的政府行为,包括累进税和福利转移支付,初步都可以认定为需要补偿的征收。[225]

三、结 论

在什么是财产以及私有财产的正当性这两个主标题下,本

---

[220] ibid at 1223. 另外,达甘(Dagan)就美国征收法如何能够兼顾社会责任和平等价值的问题进行了讨论;H. Dagan, "Takings and Distributive Justice" (1999) 85 Virginia L Rev 741。

[221] Radin, above n 23.

[222] ibid at 139—40.

[223] Epstein, above n 14, ch12.

[224] ibid at 304.

[225] ibid, especially chs 18 and 19.

章对有关财产法理论的文献,就其主要方面的一部分进行了探讨。对于这些文献对能源和自然资源法的可能影响,我们还尝试着进行了认真思考。

在大多数情况下,一般财产权法律理论中已经出现的争论也在能源和资源法更为具体的领域产生了共鸣。例如,能源和资源法领域的学者和律师非常乐于接受这一财产概念,即,财产是一个功能强大的权利束。他们发展了一些创新方法,不仅用来分割财产和资源利益,还用来把这些利益再次结合起来。相反,那些从环境视角探讨财产的学者,如弗雷福格(Freyfogle),特别怀疑研究财产的分割方法,偏爱既抓住具体土地的根源性的和以位置为基础的联系,又抓住具体财产与生态系统及土地景观之间的相互联系。

尽管自然资源和能源法与财产理论的主流(经济)观点非常契合,但是很难将环境价值融入到分配正义的观念之中。确实,尽管一些财产理论学者(如沃尔德伦和芒泽)明确探讨了分配正义问题,但是大多数学者(尽管他们的研究着重于经济方面)只是考虑了现有分配体制。同样,尽管一些财产理论学者(特别是罗斯)关注环境价值,而且另外一些环境方面的法律界人士(特别是弗雷福格)却关注财产制度,但是对于大多数学者来说,环境和财产制度是两个不同的领域。因此,财产法理论已经趋向于朝着孤立的、传统的和经济的方向发展。然而,对于财产法制度以及作为相应结果的财产法理论,要求变革的压力似乎呈上升趋势。

过去25年中,关于财产法的研究文献蓬勃发展。我们以对它们的考察作为本章的开始。似乎可以确定地预测,在许多经济因素的驱使下,这一发展趋势将会继续。经济因素包括全球化,商品化,对国际投资的保护,以及,为了实现特定的环境目标(因为这类机制不可避免地要以自由利用的公物换取财产一样的权利)[226]以及当然还有应对对许多资源日益增长的需求和许多资源日益增强的稀缺的残酷现实,对以市场为基础的措施(如限额和交易机制)而非命令和管制措施的增加了的信赖。但是,我们认为其他因素也将确保对财产法理论的一种持续兴趣,这些因素包括对原住民土地及资源权利的增长了的全球承认。相互联系和相互依赖都是全球化和已经增强了的资源稀缺的必然结果。这种发展类型与相互联系和相互依赖一起,将会刺激在作为财产权理论一部分的分配正义和环境观念中的新增利益。业已增强的资源权利之间的相互联系和相互依赖还可以在地方层面的多重使用权形式(如森林、石油和天然气、碳封存以及休闲活动)上观察到,因为所有这些都存在于同一地理区域。[227]我们预计,这些资源权利之间的冲突以及它们的解决方案和兼容将会继续同样地向理论和实践工作者提出挑战。

---

[226] C. Rose, "Expanding the Choices for the Global Commons: Comparing Newfangled Tradable Allowance Schemes to Old-Fashioned Common-Property Regimes" (1999) 10 Duke Envtl L & Policy Forum 45.

[227] Scott, above n 5.

第3章

自然资源的公权和私权及其保护上的差异

安妮塔·罗尼[*]

摘要：本章探讨对自然资源的不同权利以及国家所有权在多大程度上，与不存在国家所有权的情形相比，意味着一种不同的或者不太完全的监管。本章着重讨论针对使用权转让的主要监管手段，并力求发现在保护这些权利上的差异以及，如果有的话，进行讨论。其中，将运用民法中的不同事例对议题予以论证。本章的分析将限于三组自然资源：(1) 石油和天然气；(2) 沙、石材和砾石；以及(3) 风和波浪。

关键词：自然资源，财产权，国家所有权，使用权，民法，石油，天然气，沙，石材，砾石

一、导论

本章将探讨对自然资源的不同权利以及国家所有权在多大程度上，与不存在国家所有权的情形相比，意味着一种不同的或者不太完全的监管。本章将着重讨论针对使用权转让的主要监管手段，并力求发现在保护这些权利上的差异以及，如果有的

---

[*] 安妮塔·罗尼（Anita Rønne），哥本哈根大学（丹麦）法学院能源法副教授；email: anita.ronne@jur.ku.dk。

话，进行讨论。其中，将运用民法中的不同事例对议题予以论证。本章的分析将限于三组自然资源：（1）石油和天然气；（2）沙、石材和砾石；以及（3）风和波浪。这意味着金属、鱼类、森林和水等自然资源不属于本章的讨论范围。

这里，对自然资源中财产权的研究路径从这样一个问题开始，即，与对自然资源的不同权利的创设和背景有关的一个问题。为什么一些自然资源为国家"所有"，而一些资源为土地所有者"所有"？为什么有时赋予国家对其他自然资源进行开发的排他性"获取权"而不是所有权，而在另外一些情形下，对任何人而言，获取权却是普遍的和自由的？

这里举例说明。对于在1936年丹麦第一部《地下资源法》通过之前尚未开发的自然资源，丹麦《地下资源法》将其所有权授予国家。自然资源的范围包括石油、天然气、盐和地热能，起初仅指陆地上的，但是在1963年扩大了地域范围，还包括大陆架。它包括国家有权颁发许可证给其他当事人以及允许他们开发和生产资源。从1981年开始，许可证制度发生了变化，规定了一种国家参与许可证权。对于其他的、在1936年之前已经成为私人开发对象的自然资源（例如沙、石材、砾石和白垩石），则根据其位置状况，要么继续由土地所有者所有，要么可以自由获取。然而，在1972年，根据通过的第一部《原材料法》，这些其他的自然资源成为一般监管的对象。后来，根据设立的许可证制度，该法已经逐渐得到强化。最近成为监管对象的自然资源是为了能源目的而利用的近海风能资源和波浪能资源。1998年的《电力法》修正案表明，在专属经济区内使用风能或者波浪能资源的权利仅属于国家。这些排他性权利还同许可证制度的建立相结合，而且从2008年起，还规定了关于生产设施所有权的条件以及对受影响的土地所有者的赔偿计划。对于这些发展变化，将在下文讨论。

国家通过一般立法或者通过设定更为严格的开发许可条

件,不断强化自然资源制度。这导致在土地所有者或者许可权人同国家之间产生了许多矛盾或纠纷。因此,许多政府还经历了已经发生的涉及征收的诉讼,而不仅仅是针对规定不予赔偿的附属法规的诉讼。在分析过程中,笔者将会引用一些实例。

二、财产权的概念、保护和监管

(一)历史背景

为了更好地理解相关领域(财产法、宪法和行政法)的概念,有必要对它们的产生发展给予十分简要的描述。毫无疑问,所有欧洲国家的法律制度都受到了罗马法的影响。然而,受影响的程度从南到北却大不相同。因此,与欧洲其他国家相比,罗马法在北欧国家和普通法系国家所具有的影响是有限的。[1] 而且,北欧国家的法律制度通常被认为属于一种独立的法系,与大陆法系和普通法系都有区别;尽管我们必须承认它受到了来自欧洲大陆(特别是法国和德国)的法律思维的极大影响,从而也间接地受到了来自罗马法的影响。[2] 据说,对于那些直到最近才进行详细规制的领域,特别是在财产法和侵权法领域,罗马法的影响才有所体现。[3]

在罗马法中,所有权这一术语是一个非常重要的术语。尽管存在不同类型的所有权,但并不是每个人都有资格成为一个

---

[1] See D. Tamm, "The Danes and Their Legal Heritage" in *Danish Law in a European Perspective* (B. Dahl, T. Melchior and D. Tamm, eds, 2002) 43 ff.

[2] See K. Zweigert and H. Kötz, *An Introduction to Comparative Law* (3rd rev edn, 1998) 277 and J. Juergensmeyer and E. M. Basse, "Civil Law and Common Law Systems" and E. M. Basse and J. Dalberg-Larsen, "National Legal Systems" in *Legal Systems and Wind Energy-A Comparative Perspective* (H. T. Anker, B. E. Olsen, and A. Rønne, eds, 2008) 25 and 61.

[3] O. Due, "Danish Law in a European Context" in *Danish Law in a European Perspective* (above n 1) 17.

所有者。[4] 注意到这样一个事实是非常有趣的,优士丁尼法律中已经有了关于共用物(res communes omnium)和公有物(res publicae)的规定。共用物是指为世界上所有人共同享用的事物(如空气、水或海洋),公有物是指诸如港口、剧院和集市这些公共财产。* 两者都不能成私有财产法律的客体。[5] 承认财产权应受限制的另外一个领域是相邻关系。因此,对于所有者利用其财产的行为,在其可能干扰他人的情形下,罗马法设定了某些限制。[6]

在大多数欧洲大陆国家,19 世纪是一个主要的法典化时期。但是这些法典现在几乎没有仍然适用的了。北欧国家的法律合作揭示的是在某些领域(如合同法)的发展而非统一立法的发展。如今,对于纳入欧共体某些条约(如那些关于内部市场和环境法的条约)范围的一些法律领域,欧共体法律的影响是巨大的。[7] 判例法从来没有像普通法国家中的先例那样,在欧洲大陆获得同样的权威地位。[8]

(二)财产法的性质

财产法涉及处分不动产或者动产的权利。通常从否定他人权利的角度,把所有权界定为这样一种权利,即,在所有方面对财产进行事实上的和法律上的处分的权利,而不能通过协议、立

---

[4]　D. Tamm, *Roman Law* (1997) 70.

　*　原作者可能为了简便而将罗马法上的公有物(res publicae)和公法人物(res universitatis)合称为公有物了。公有物一般是指供全体罗马人共同享用之物,其所有权属于国家;如河流、公路、斗兽场等。公法人物则一般是指城镇政府所有的、供全城镇人民享用的物;如公园、浴池、戏院等。——译者注。

[5]　ibid at 71.

[6]　ibid at 74.

[7]　See Due (above n 3) 20.

[8]　ibid at 18 and D. Tamm, "The Danes and Their Legal Heritage" in *Danish Law in a European Perspective* (above n 1) 57.

法或者一般法律原则的方式对之加以限制。[9] 有限的财产权（如使用权）仅仅包括某些方面的处分权。关于妨害的法律原则意味着这样的限制，即，一个邻居必须容忍来自使用邻接财产而产生的一定程度的合理妨害。对财产处分权利的一般限制，就是法院在实践中根据关于妨害的法律原则发展而来。对于环境方面的立法，将在下文进行讨论。

（三）财产权的保护：宪法

保护财产权免受他人干扰包括三个方面：与财产权转移有关的同第三人之间的关系；宪法保护和损害计算（宪法）；以及，财产损害责任（侵权法）。在我们的研究中，只有第二个方面与这里的分析相关。

19世纪见证了自然法理念和自然正义的回归；绝大多数欧洲国家制定的宪法中都包含了自然法理念和自然正义。[10] 宪法把财产作为一项基本人权予以保护。[11] 这反映了1789年《法国人权和公民权宣言》中的这一表述："私有财产神圣不可侵犯，除非当合法认定的公共需要所显然必需时，且在公平而预先赔偿的条件下，任何人的财产不得受到剥夺。"[12] 因此，财产权作为人权基于二项标准：(1) 非依法律规定，任何人不得被剥

---

[9] B. von Eyben, "Danish Property Law", in *Danish Law in a European Perspective* (above n 1) 211. See also A. Scott, *The Evolution of Resource Property Rights* (2008) 6 ff, and A. Clarke and P. Kohler, *Property Law, Commentary and Materials* (2005) 17 ff and 153 ff.

[10] See Due (above n 3) at 18.

[11] "财产权是欧洲法律秩序的基本原则之一，大多数国家的宪法规定了财产权保护。"See *Energy Law in Europe* (M. M. Roggenkamp, C. Redgwell, I. del Guayo, and A. Rønne, eds, 2nd edn, 2005) 1272. See also E. E. Smith, J. S. Dzienkowski, O. L. Anderson, G. B. Conine, J. S. Lowe, and B. M. Kramer, *International Petroleum Transactions* (2nd edn, 2000) 203, 338, and D. N. Zillman in *Energy Law and Policy for the 21st Century* (The Energy Law Group, 2000) 3—40.

[12] See Art 17, available at ⟨www.elysee.fr⟩.

夺其财产;(2)必须予以充分赔偿;(3)出于公共利益,对财产权进行干预是必要的。[13]

在丹麦,法院对剥夺的概念作出了狭义解释;这意味着,许多影响个人乃至一小部分个人的一般监管措施将不一定被关于剥夺的法律条款所涵盖。因此,这就出现了没有赔偿的剥夺以及没有考虑赔偿措施的征收。而且,法院一直非常不愿意更深入地评析行政机关或者议会采取这些措施所给出的理由,而这涉及"公共利益"是否真正要求采取限制财产权的措施;对此,下文将进一步探讨。

《欧洲人权公约》及其议定书和欧洲人权法院对国内法的影响日益加深。1950年《公约》中原先并没有包含关于财产权保护的条款,但是在1952年《公约第一议定书》中制定了这样一项条款:

> 每一个自然人或者法人都有权和平地享用其财产。除非出于公共利益并按照法律和国际法一般原则所规定的条件,任何人的财产应当不受剥夺。
>
> 但是,在国家认为根据公共利益或者为了确保税收或其他收入或者罚款的收缴而认为确有必要时,前款规定无论如何都不得损害国家实施有关法律的权利。[14]

根据国际法,征收权被认为是习惯国际法,它与自然资源永久主权原则的发展密切相关。[15] 而且,一些联合国决议和仲裁

---

[13] 例如,丹麦宪法第73条和西班牙宪法第33条。See also H. C. Bugge, "Legal Issues in Land Use and Nature Protection-an Introduction" in *Land Use and Nature Protection* (H. T. Anker and E. M. Basse, eds, 2000) 28.

[14] See Art 1, available at ⟨www.coe.int⟩.

[15] C. Redgwell, "International Regulation of Energy Activities" in *Energy Law in Europe* (above n 11) 142, R. Higgins, *Problems & Progress-International Law and How We Use It* (1994) 142 ff, and B. Taverne, *Petroleum, Industry and Governments* (1999) 84. See in general N. Schrijver, *Sovereignty Over Natural Resources* (1997).

裁决已经承认对外国财产的征收。更不确定的问题是征收的标准。是应该按照国内法律原则还是应该根据国际法律原则确定征收标准,而且应该如何决定充分赔偿?

(四) 行政法的发展

除了普通法系国家之外,欧洲现代行政法在很大程度上以法国行政法院的判例法为基础而形成。这一发展在某种程度上已经得到了德国行政法院裁决的支持。[16] 这表明,欧洲大陆的行政法具有同质性。行政法原则建立在对公共利益同每个公民及其法律权利利益之间进行平衡的基础之上。在普通法系国家,行政法直到最近才发展成为一门单独的法律学科。

自20世纪70年代开始,在环境和规划法发展的同时,对财产权的监管取得了突破。前已谈及,基于判例法的相邻权保护(妨害法)在时间上要早。丹麦在符合自然规律的规划立法通过之后,关于其合宪性的争论持续了很长时间;因为通过规划,能够对财产权予以剥夺却无需赔偿。这确实是财产所有者在过去30年间所经历的。应该将之与包括限制土地使用的单项自然保育区法令进行对比;在后一种情形下,如果限制超过了某种程度,赔偿得到了支付。[17]

三、自然资源财产权

能源资源的所有权依其所处位置是陆地还是近海而有所不

---

[16] K. Revsbech, "The Growth in Danish Administrative Law" in Dahl et al (above n 1) 149.

[17] E. M. Basse, "Environmental Protection in Denmark" in Dahl et al (above n 1) 380.

同。根据一般国际法,国家对陆地自然资源享有永久主权。[18]因而,国家有权决定地下能源资源是属国家所有还是归个人所有。正如罗根坎普、雷德格韦尔、德尔瓜伊和罗尼所指出的那样:

> 大多数大陆法系国家把地下资源的所有权授予地表土地的所有者,但是通常对诸如石油、天然气和煤炭这些能源资源实行一种例外规定。因而,大多数国家经过重新考虑而宣告对陆上石油、天然气和煤炭资源的国家所有权(如丹麦、挪威、波兰、英国和西班牙,最近荷兰也加入了这一行列)。另外一些国家则没有解决能源资源的所有权问题(如意大利以及以前的荷兰)。需要注意的是,这些国家的现行能源立法通常制定于20世纪早期;而在其他地方,在以现代立法取代早期立法时,所有国家似乎都选择了国家所有权。然而,在决定土地所有者的地表权利可以延伸到多大范围时,可能会产生实际困难。[19]

关于近海能源资源,国际法承认国家对大陆架资源的主权权利以及对勘探和开发这些资源活动的专属管辖权。一些国家承认地表土地下至地心的一切物的私人所有权。即使是在这样的国家,也将近海能源资源的所有权留给国家。[20] 根据国际法,国家并不是"拥有"这些资源,而是享有对这些资源进行勘探和开发的主权权利。尽管如此,一些国家(如丹麦、挪威、西班

---

[18] See eg UN Resolution 1803 (XVII) of 14 December 1962: Permanent Sovereignty over Natural Resources, Resolution No 2158 (XXI) and Resolution No 3281 (XXIX) of 12 December 1974: Charter of Economic Rights and Duties of States. See also R. Barnes, *Property Rights and Natural Resources* (2009) and references in n 15 above.

[19] *Energy Law in Europe* (above n 11) 1273. See also B. Taverne, *Petroleum, Industry and Governments* (1999) 139, and Scott (above n 9) 187 ff.

[20] See Zillman (above n 11) at 3—4 and 7—8 and Scott (above n 9) 197 ff and 289 ff.

牙和荷兰)宣告其对近海油气资源不仅拥有监管权而且还享有所有权。[21]

在法国,其《法国民法典》规定:"土地所有权包括对地上物和地下物的所有权。"[22] 然而,矿产和石油储藏与土地所有权截然不同,其所有权属于国家;国家可以根据《矿业法典》的规定,授权和授予矿业权进行开发。授权和授予矿业权可以不经土地所有者同意,但是必须与其进行协商。特许权的授予创造了一种特殊的所有权,这种所有权不同于土地和地下资源的所有权。《矿业法典》的适用范围包括陆地和大陆架上的石油、天然气、煤炭、铀、金属、盐和地热能储藏。"有资格授予特许权"的物质包括矿物质;矿物质在1810年被认为是对国家主权极其重要的战略性资源。《矿业法典》定期得到修正和改革。对于那些被确定为"没有资格授予特许权"的物质的开发,则受采石规则的调整;这些物质主要包括用作建筑材料的自然资源,如石灰石、白垩石、石膏、板岩等。

《德国联邦矿业法》把矿产资源界定为存在于自然沉淀体或者聚积体(储藏)中的所有矿物质,无论其(不包括水)是固态、液态还是气态,亦无论其是位于陆地还是近海。矿产资源进一步被分为"自由埋藏物"和"土地所有物"。[23] 只有被归类为"土地所有物"或者"土地所有"的矿产资源才能够同土地一起使用并作为私有财产受到保护。而这并不包括被归类为"自由埋藏物"(独立于土地财产)的其他矿产资源;这些资源包括铁、金、铜等金属矿产,煤炭,地热能资源和盐等资源。大陆架上的矿产资源也属于这类矿产资源。授予土地所有者所有权的自然

---

[21] *Energy Law in Europe* (above n 11) 1273.

[22] T. Lauriol, "Energy Law in France" in *Energy Law in Europe* (above n 11) 554 ff, and C. Didier, *The French Experience of Post Mining Management* (2008) 6, available at ⟨www.gisos.ensg.inpl-nancy.fr⟩.

[23] J. C. Pielow, H. M. Koopmann and E. Ehlers, "Energy Law in Germany" in *Energy Law in Europe* (above n 11) 646 ff and 701.

资源是其余的资源,包括诸如大理石、石英和粘土等。《德国联邦矿业法》通过这种方式废除了土地所有者获取所谓"自由埋藏物"资源的权利;所谓"自由埋藏物"资源被认为是不属于任何人所有的资源。然而,根据一项行政许可的授权,可以对其进行开发。近海风力资源的利用受《可再生能源法》的调整,而且依赖于申请一项建设许可证的私人企业的积极性。立法主要关注的是规划问题以及投资者的最低回报率。

荷兰的《2002 年矿业法》取代了其《1810 年矿业法》。[24] 新矿业法适用于下列矿产和地热能的勘探和生产活动,即,"出现于地下的、通过自然过程而以沉淀或者储藏存在的矿产或者有机类物质,无论是固态、液态还是气态形式,但是沼气、石灰石、砾石、沙、粘土、贝壳及其混合物除外"。同此前的矿业法相比,《2002 年矿业法》的适用范围包括荷兰的领陆、领海和大陆架区域,尽管石油和天然气过去没有包括在对陆上矿业的范围中。新矿业法利用深度标准,把矿产范围限定为那些位于地表以下深度超过 100 米的矿产,并规定其属于国家所有。在《2002 年矿业法》制定之前,土地上层矿产的法律地位没有得到解决。同样,大陆架区域的矿产也属于国家所有。位于土地上层中矿产的任何勘探或者生产由土地所有者决定,并由《土地整治法》调整。新矿业法为陆上和近海矿产以及地热能的勘探和生产建立了许可证制度。在某种程度上,它是对已有法律实践的法典化。

同样,在许多其他国家,普遍的规则是:将某些种类的自然资源的所有权赋予国家。因而,西班牙《1973 年矿业法》宣告:在西班牙,位于西班牙国家领陆、领水或者大陆架上的所有矿产和其他地质资源都归国家所有;给予私人个人或者公司以申请授权而寻找矿产的权利或者申请开发某一矿产的特许权的权

---

[24] M. M. Roggenkamp, "Energy Law in the Netherlands" in *Energy Law in Europe* (above n 11) 793 ff.

利,但是国家保留其自行开发权利的区域除外。[25]

在丹麦,最初的规定是:土地所有权包括那些以自然的方式同土地联结在一起的或者构成土地一部分的"事物"。毫无疑问,这包括土壤、石材、沙和砾石。[26] 然而,这种自由获取逐渐被法律加以限制,而这至少是因为自然资源的稀缺以及合理使用资源的需要。就这样,土地所有权受到了限制。

早在 1932 年,丹麦第一部《地下资源法》就规定位于丹麦地下的自然资源(如石油和天然气)归丹麦国家所有。[27] 这一倡议方案是丹麦地质调查局提出的,而且还有这样一个事实上的背景,即,私人公司正在计划开始对自然资源进行勘探开发。[28] 这时的《地下资源法》仅适用于领陆和领海。在 1963 年 5 月 31 日批准 1958 年《关于大陆架的日内瓦公约》之后,丹麦宣告对其大陆架区域享有主权。[29] 一般认为,丹麦《地下资源法》并没

---

[25] I. del Guayo, "Energy Law in Spain" in *Energy Law in Europe* (above n 11) 1099.

[26] B. von Eyben, P. Mortensen and P. Pagh, *Fast Ejendom* (Real Estate) (2nd edn, 1999) 14.

[27] 就领土而言,丹麦宪法第 1 条规定其适用于丹麦王国的所有组成部分,包括丹麦大陆、法罗群岛以及格陵兰岛。然而,法罗群岛和格陵兰岛都有自己的自治制度。该自治制度根据丹麦议会通过的一部特别制定法而建立。两者的法律制度尽管并不完全相同,但都是以同样的地方自治模式为基础,而且已经建立了一种高度自治的框架。在这种框架下,对特定事项的立法权和行政权下放给自治机构行使(1948 年 3 月 23 日《法罗群岛自治法》和 1978 年 11 月 29 日《格陵兰岛自治法》)。For more details see A. Rønne, "Energy Law in Denmark" in *Energy Law in Europe* (above n 11) 446; A. Rønne, "The Emerging Oil and Gas Law in the Faroe Islands" (2002) 8 International Energy Law and Taxation Review, 184; A Rønne, "The Emphasis on Public Participation in Energy Resource Development in Denmark and the Rights of Greenland and the Faroe Islands" in *Human Rights in Natural Resource Development* (D. Zillman, A. Lucas, and G. Pring, eds, 2002) 355.

[28] See M. Hahn-Pedersen, *A. P. Møller and the Danish Oil* (1999) 20, and the explanatory notes to the Subsoil Act No 27 of 19 February 1932.

[29] 1963 年 6 月 7 日第 259 号皇室法令。该法令第 3 条规定,根据《地下资源法》的规定,在大陆架上勘探和开采自然资源必须取得一项许可证。

有明确表示其适用范围仅限于领陆和领海,因而它也适用于大陆架区域的活动。但是,为了消除可能的疑虑,丹麦在1971年制定了《大陆架法》。[30] 该法宣告:"丹麦大陆架区域的自然资源归丹麦国家所有,其他人根据一项特许权或者许可证才可以进行勘探或者开发。"(第1条)同样地,《地下资源法》规定:"本法还应当适用于丹麦大陆架区域"(第1条)。它还进一步规定:"原材料……属于丹麦国家"(第2条)。因而,这就超越了丹麦在国际法上的权利;因为国际法仅赋予国家对大陆架区域一种专属管辖权(这是一种"主权权利"而不是主权)。

1932年《地下资源法》并没有包括所有地下自然资源,而是把范围限为在1932年2月23日(《地下资源法》生效日期)之前尚未进行商业性生产的资源,以此避免引起征收之诉。未包括在内的资源包括石材、砾石、沙、石灰石、白垩石、泥炭、粘土和褐煤,土地所有者继续享有对这些资源的权利。然而,1972年《原材料法》规定对这些权利进行监管,该法还包括一项许可证制度。[31] 《地下资源法》在1950年和1971年进行了修改,而1981年新制定的《地下资源法》则对之进行了全面修订。丹麦的能源目标是,通过增加对来自丹麦地下的石油和天然气的勘探和生产,实现能源的自给自足。作为实现这一能源目标的战略的一部分,1981年《地下资源法》十分重要。[32] 为了实施《欧共体许可指令》(94/22),1995年对《地下资源法》进行重大修改是必要的。赋予丹麦国家和国有公司优先地位的标准,连同

---

[30] 修改后的1971年6月9日第259号法律;参见2005年11月18日第1101号法律(整理)。该法规定:"丹麦法律适用于……设施及其周围的安全区"。由于特别法(如《地下资源法》以及同时适用于大陆架的《近海安全法》)的通过,《大陆架法》已经失去了其最初的重要性。

[31] 1972年6月7日第285号法律,即现行2008年10月20日第1025号法律(整理)。

[32] 1981年6月10日《关于使用丹麦地下资源的法律》(第293号法律)。有关其后来的修改情况,请参见2007年7月4日第889号法律(整理)。

对石油和天然气的国家特别购买权,不得不一起废除。这一发展变化也可以在欧洲许多其他国家看到。

四、许可制度

尽管在欧洲不同的国家有着不同的自然资源制度、具有不同的起源,但是目前的自然资源勘探和生产都基于一种许可制度。许可证由主管部门斟酌决定颁发,其中包括旨在进行持续公共控制的条件。正如罗根坎普、雷德格韦尔、德尔瓜伊和罗尼所强调指出的:

> 通常,许可证项下的权利允许许可权人实施某些行为,而且,由于许可证不能任意改变或者撤销,从而在某种意义上,这些权利为许可权人的投资提供了一些安全保障。许可证项下的义务则往往反映有关活动的社会重要性,并要求许可权人实施、容忍或者不为某些行为。[33]

地下资源和矿业立法的核心因素是建立许可证制度,允许私人企业和国有企业在国家能源主管部门的控制下勘探和开发油气资源。其基本理念是,每一许可权人在一定期限内(通常认为是一个长达 20—50 年的期限),于划定的区域范围内,对于许可证项下的自然资源,享有一种进行勘探或者开发的排他性权利,拥有一种对其产生或者存在利益的所有权。作为回报,许可权人必须支付税费并承诺在其从事活动中履行某些义务。许可证是完全个性化的,非经公共管理机构批准,不得转让。此外,国家应当承担一种监督职责,要求许可权人就其勘探开发活动以及整个许可期间内的活动提供有关信息。如今,公共部门的自由裁量权已经受到越来越多的限制,几乎没有协商的余地。

---

[33] *Energy Law in Europe* (above n 11) 1281.

然而,出于明显的原因,许可区域、作业计划以及在某种程度上许可权人的组成仍然需要进行协商。

五、国家参与

国家通过一家完全或者部分国有的公司来直接参与能源部门,作为确保社会从源于地下自然资源的经济收入中获得一定份额的一项重要因素,已经成为欧洲许多国家的一个特征。国家参与还被视为是让国家更加了解油气勘探开发活动,从而使协调和经济最优化成为可能的一种方式。然而,国家参与已经成为这些年巨大变化的内容;变化的范围从确保参与和相对于私人当事人的优先地位,到其废止、重组和私有化。总体而言,国有公司的作用已经缩减,部分是因为政治议程的普遍变化,部分则是由于《欧共体许可指令》的要求。[34] 如今,作为参与一方的国家必须和许可证的其他持有者具有相同的权利和义务。

从20世纪80年代开始,国家参与到烃类能源许可证中作为共同许可权人已经成为丹麦许可证制度的一个固有组成部分。国有实体仅持有20%的参与权,并不控制生产。如果发现了可开采资源,根据生产重要性而商定的浮动范围,国有实体在一些许可证中可以选择将份额增加到50%这一最大比例。然而,在第一轮(1984年)和第二轮(1986年)许可以及第三轮许可的部分阶段,这项制度仅在原则上适用;这是因为存在一个极其重要的例外,即,基于"既得利益"原则,私人公司通过勘探阶段的活动而享有优先权,换句话说,其他参与者(包括国家参与者)应当支付国家参与份额的相应勘探成本。如上文所说,现在

---

[34] 欧洲议会与欧盟理事会指令1994年5月30日第94/22/EC号指令(OJ 1994 L 164/3)。

国家参与在原则上需要按照适用于私人许可权人的同样条件进行。[35]

　　国有公司部分私有化政治协议的一个结果是,丹麦石油天然气公司(DONG Energy)已经不能管理自2005年以来授予的新许可证中的国家参与。鉴于国家参与仍然是确保丹麦社会从源于地下自然资源的经济收入中获得一定份额的一项重要因素,有人提议建立一个新的国有实体,其职责旨在管理未来许可证中的国家参与。2005年,丹麦北海基金根据一项特别法律而成立,对新油气许可证中的国家参与负有责任。[36] 与此同时,为了对这一基金进行行政管理,在气候和能源部下设立了一个国有实体——丹麦北海合作伙伴。[37] 把许可证份额放到这一公共基金项下管理,意味着国家能够把可能的利润转移给财政部。法律并没有要求该基金申请其参与利益,而是将其参与利益自动规定到所有许可证之中。与丹麦东能源公司相比,丹麦北海基金不能被授予经营资格或者不能根据自己的提议而获得超过20%这一比例以外的额外份额。因而,这一国有实体不能成为石油公司的一个竞争者。丹麦北海基金对于许可证中的份额享有优先购买权;不过,这一选择权并未行使过。[38] 2003年《关于延长A·P·穆勒独家特许权特别条款的协议》中包括国家参与。随着这一协议于2012年7月9日生效,国家将作为财团中的合作伙伴予以参与,并将获得所生产油气20%的份额。同时,还假定国家拥有设施(平台、处理设备、管道等)20%的份

---

[35] A. Rønne, "A New Role For The State-Energy Regulatory Reform" in *Regulating Energy and Natural Resources* (B. Barton, L. K. Barrera-Hernández, A. Lucas, and A. Rønne, eds, 2006) 185.

[36] 2005年6月24日第587号法律第1条和2007年6月21日第710号法令包括关于该基金监管的规定。See also 〈www.nordsoeen.dk〉.

[37] The Act s 4, see Explanatory Notes on the Bill No L 151 of 27 April 2005, 3. Annual reports for 2007 and 2008 may be found at 〈www.nordsoeen.dk〉.

[38] Annual Report 2008, 7.

额,且不必为这一资产付费。正如本书其他章所探讨的,在荷兰和挪威,国家参与经历了相似的全面重构。

六、利益平衡中的新型工具

(一) 利用风能的法律权利

鉴于陆上风能利用主要受一般环境规划关于设备在陆地上位置要求的规制,因而一些国家对于近海风能利用建立了一种专门的许可证制度。[39] 不过,丹麦已经采取了一些更进一步的措施,而且,据本章作者所知,这些措施在别处尚未采用。首先,它基于国家对近海风能利用享有专属权利的理念,建立许可证制度。[40]《可再生能源促进法》的标题就表明了该法的目的。为了减轻对化石燃料的依赖,确保能源供应安全以及减少二氧化碳和其他温室气体的排放,该法规定可再生能源资源的利用应当符合气候、环境和宏观经济条件或者因素。该法特别有助于确保实现增加源于可再生能源资源生产的能源比例的国内和国际目标。其次,该法采用了全新工具来确保公众对进一步发展可再生能源的支持。这些全新工具包括专门的赔偿制度、购买条件、一项担保基金以及一个绿色方案。

(二) 许可证制度

《可再生能源促进法》仅仅为许可证制度奠定了框架结构,

---

[39] See A. McHarg and A. Rønne, "Reducing Carbon-Based Electricity Generation: Is the Answer Blowing in the Wind?" in *Beyond the Carbon Economy* (D. Zillman, C. Redgwell, Y. Omorogke, and L. K. Barrera-Hernández, eds, 2008) 287, and Danish Energy Authority, *Offshore Wind Power, Danish Experiences and Solutions* (October 2005).

[40] 最初由《电力供应法》规定,但是自 2008 年年底开始由一部新的法律《可再生能源促进法》(2008 年 12 月 27 日第 1392 号法律)规定。

而更具体的条件则包含在颁发的许可证之中。[41] 最重要的是,由于存在时间和地域上的局限性,如果认为勘探开发活动可能对环境产生一种重大影响,那么只有在环境影响评价的基础上,才可能授予许可证。当发电设备已经准备好为电网生产电力时,就需要一项开发风能的许可证。实践中,生产期限是固定的25年。关于特定区域的详细情况(包括适用于它的任何专门条件)会载于招标材料和作为一个附件的许可证范本中。

(三) 赔偿制度

作为一项新原则,《可再生能源促进法》规定,由于安装风力涡轮机而对不动产造成的价值损失应当由开发者承担。因此,任何人由于安装一个或多个高度超过25米的风力涡轮机而对不动产造成价值损失的,都应当承担这一成本(第6条)。[42] 如果价值损失不超过有关不动产总价值的1%的,根据该法第6条第3款所主张的赔偿将不能成立。

评估机构应当根据每一具体的评估情况,就价值损失数值作出决定。然而,风力涡轮机的安装者和不动产的所有者可能会就赔偿金额事宜选择达成协议。评估机构应当由一名主席和一名专家组成;主席应当满足能够作出决定的条件,而专家的责任是评估不动产的价值。在主席和专家意见达不成一致的情况下,主席的投票具有决定性。

(四) 购买条件

还有一项创新是关于当地居民对风力涡轮机份额的特别购买权。任何人在陆上安装一个或多个高度不低于25米的风力涡轮机,或者未经招标程序而在近海安装建立风力涡轮机,其在

---

[41] See Conditions for Negotiated Tender on Offshore Wind Turbine Concession at Rødsand, 13 October 2005, available at 〈http://www.ens.dk〉.
[42] 但是不包括根据招标程序而建设的近海风力涡轮机。

进行安装之前,应当向当地居民发出出售至少20%所有权份额的要约(第3条)。

出售份额所得款项应当能够支付开发商项目成本一定比例的份额,这样开发商和购买者对每股投入相同比例的资金。份额出售资料应当随附一份由国家授予资格的一位公共会计师出具的报告;该报告应当说明项目满足所有条件,并说明每一份额的责任程度已经陈述清楚。份额购买人必须年满18周岁,而且根据全国人口登记记录,必须于出售要约发出之时在距开发地点不超过4.5千米的范围内有自己的常住居所。其他激励措施包括一项为地方风力涡轮机所有者协会进行初步调查提供金融支持的担保基金,以及一个提高地方的景观和娱乐价值的绿色方案。

正如人们可能预见到的,依靠妨害法已经不再被认为是一个用于解决涉及风力涡轮机的相邻关系问题的合适方法。为了保证风能发电的进一步发展,必须鼓励来自当地的支持;而这将为新的发展奠定基础。然而,新的赔偿方案已经面临诸多批评。因而,与那些对自然、风景和邻里产生影响的其他设施(如道路或者太阳能电池板)的建设相比,对风力涡轮机产生的影响需要区别对待。因此,问题在于新赔偿方案是否事实上可能会在更广泛的意义上对环境监管产生影响,以及,是否会与这一原则相悖,即,不动产所有者必须接受产生于社会共同发展的新设施的影响。

七、开发权的保护

几百年来,私有财产权已经被承认为是一项基本人权。这意味着,当财产因公众利益而被征收时,有获得公平赔偿的权利。如何区分以下三种情况是困难的:土地所有者的权利,规定赔偿的监管(征收或者征用)以及所谓的不予赔偿的监管(必须接受对土地使用和开发的限制,国家无需赔偿)。监管不能根据一项单一的标准来建立,而是应该在对多个不同标准(包括普遍性、强度和目的等)进行综合评估的基础之上而建立。然而,这些标准并不十分精确,而是常常建立在个案事实的基础之上。[43] 如果限制影响到全部或者某些种类的财产,而不是具体的财产所有者,那么这种限制就不太可能是征收。另外一个重要问题是,所遭受损失的严重程度如何,限制是针对现有使用还是仅针对未来使用,以及监管的正当合理性和目的。前已指出,这些标准并不十分精确,而且很难予以解释。

所有国家都出现过这样的情况:新的而更加严格的立法被适用于一项自然资源的开发活动。关于自然资源许可证法律属性的讨论,可谓汗牛充栋。但是一般情况下,可以说国家单方面调整许可证条款的自由是应该受到严格限制的。正如罗根坎普、雷德格韦尔、德尔瓜伊和罗尼所指出的:

> 首先,公法的一般原则要求行政机关基于目标、非歧视以及非武断的考虑作出所有决定。因而,许可权人有权获得公平待遇,而这需要考虑同国家之间的协商、许可基于的前提条件、许可权人承担的风险和投资等因素。尽管许可权人的权利受保护,但是根据涉及公共利益的强度,变更许可证条件有时可能是合理的。[44]

如果我们以丹麦为例,可以有趣地发现,这类普遍性的法律

---

[43] See O. Friis Jensen, "The Role of Property Rights-Danish Perspectives" in *Land Use and Nature Protection* (H. T. Anker and E. M. Basse, eds, 2000) 48, and P. Pagh, *Miljørettens Almindelige Del* (Environmental Law-General Part) (2006) 67 ff. See also T. Allen, "The Human Rights Act (UK) and Property Law" in *Property and the Constitution* (J. McLean, ed, 1999) 147, A. R. Coban, *Protection of Property Rights within the European Convention on Human Rights* (2004) 93 ff, and R. Higgins, *Problems & Progress-International Law and How We Use It* (1994) 142 ff.

[44] *Energy Law in Europe* (above n 11) 1280.

修正案确实获得了通过,而且对许可证条件也进行了非常重大的修改。需要强调指出的是,根据丹麦法律,一般认为在特许权(concession)、许可证(license)、许可(permission)和准许(permit)之间不存在法律上的差异。与合同相反,它们都被视为公共行政决策,具体术语常常可以任意选择。"马士基油气公司(Mærsk Oil and Gas)"勘探开发活动法律基础的英文翻译是"concession(特许权)",而《地下资源法》却使用"permission(许可)",气候和能源部起草的范本则称之为"license(许可证)"。因此,权利名称本身并没有提供据以对安排进行分类的基础,据以确定其法律后果的基础,以及据以决定许可权人权利的基础。对监管结构、所进行的协商、源于协商过程中的合理期望、许可证所基于的假设以及所涉及公共利益的强度进行分析,一直都是必不可少的。[45]

对已有马士基油气许可证所进行的引人关注的修改是协商及之后所达成协议的结果。该案的第一份许可证颁发于1953年,后来其许可权人变化多次。在1962年,该许可证被一份为期50年的独家油气勘探开发特许权所取代,其特许权人是丹麦船主穆勒(A. P. Møller)(现在的马士基油气公司)。[46] 到了1963年,这一许可的范围扩展到包括大陆架区域。因而,直到1982年1月,对丹麦领土陆上和近海的油气勘探开发一直仅由一位许可权人掌控。20世纪60年代寻找油气的活动开始之时,关于在丹麦发现油气资源的实际可能性的知识十分缺乏。

---

[45] See further T. Daintith (ed), *The Legal Character of Petroleum Licences: A Comparative Study* (1981), A. Rønne and M. Budtz, "The Legal Framework for Exploration for and Production of Oil and Natural Gas in Denmark" (1985) 3 JERL 168, and E. E. Smith et al, *International Petroleum Transactions* (2nd edn, 2000) ch 6(B).

[46] 近些年来,A·P·穆勒参与了该许可证项下不同跨国石油公司的勘探开发活动。目前,该许可证由丹麦地下石油国际财团(DUC)运营。该财团是由穆勒、壳牌石油以及雪佛龙—德士古(ChevronTexaco)共同投资的一家合资经营企业,三者所占的股权比例分别为39%、46%和15%。

第一次发现石油是在 1966 年,后来石油生产于 1979 年在北海之丹麦部分拉开序幕。[47] 随着 1973 年和 1979 年石油危机的爆发,一场关于独家特许权条件与区域面积、职责义务和税收制度相比是否太低的争论开始了。议会在一份授权令中明确地表达了进行修改的愿望。这份授权令包括数项目标,就国家参与的某些形式提出了一些理由。在这一背景下,对独家特许权中的条件进行了数次重新协商,并在 1976 年和 1981 年达成两项协议。1981 年协议对原有许可条件作出了根本性变更。其中一项重大变化是,马士基油气公司要在数年中放弃几乎所有丹麦领土上的勘探开发:1982 年放弃 50%,1984 年放弃 25%,最后在 1986 年仅保留北海区域以及北海西南部原许可区域大约 1% 的一个"毗连区域",放弃剩余部分。当时北海区域的勘探和开发活动尚在建设阶段。不过,修改后的特许权没有规定国家参与。

穆勒的许可证于 2012 年到期。在 1962 年许可证所附的一份议定书中,许可权人承诺在许可证届满之后对活动所涉问题进行协商,因而关于活动持续的可能性以及基于什么条件而持续的协商应该提前随时进行。2003 年 9 月,穆勒/马士基油气公司与丹麦政府达成了一项协议。[48] 协议规定对原许可证剩余期间(即到 2012 年)征收更高的所得税,从 2012 年开始国家享有 20% 的所有权份额。不过,与此同时,许可证再展期 30 年,直到 2042 年;也就是说,许可证期限共达 80 年。2004 年起取消特许权使用费,并自 2012 年起停征管道税。该协议包含这样一项备受争议的条款,即,为了确保国家和许可权人之间的经

---

[47] 更多信息和统计数据,另见网站 www.ens.dk。
[48] 2003 年 9 月 29 日《经济和商业事务部同特许权人之间关于根据 1962 年 7 月 8 日独家特许证勘探和开发丹麦地下烃类能源的协议》。该协议根据对《地下资源法》的修改(参见 2003 年 12 月 27 日第 1230 号法律)而实施。See also Minister of Economic and Business Affairs, *Report to the Danish Parliament on the North Sea*, October 2003.

济平衡,就未来立法上的任何变化所产生的影响,政府保证予以赔偿;这就是所谓的稳定条款。尽管遭到专家和一些政党的严厉批判,但是,正如欧盟委员会后来所做的那样,丹麦议会还是以绝大多数赞成票批准了展期条件。

最后的结果是,关于油气许可证的修改并没有受到来自法院的挑战。最近几年,丹麦最高法院审理少数几起涉及对沙和砾石开采权进行修改的案件。这些案例能够说明,在自然资源权利领域,丹麦法律是如何在不予赔偿监管与给予赔偿监管之间进行区分的。

1972年的一起案例表明,即使在某一监管于其适用范围而言属于普遍性监管的情况下,它却可能对有限数量的土地所有者产生非常严重的影响,但是这仍然不被认定为征收。[49] 该案的大概情况是,一家公司在自己的财产上挖掘硅藻土(粘土)。新《自然保护法》针对建筑材料的开采活动,建立了一项沿海岸线100米宽区域的岸线保护制度,而后对这一制度予以强化,适用于该区域内改变海岸区域的所有活动。在新法实施以前,该公司已经在海岸区域开展这类挖掘活动。该法强调禁令适用于沿岸的所有土地所有者,并且适用于一条相当狭长的地带。而且,绝大多数法官认为,通过其免责条款,新《自然保护法》规定了在这样一种情形下减缓影响的可能性,即,非常严重的影响仅发生在极少数土地所有者身上。这种可能性通常意味着只应该对财产权进行相对有限的干预。法院在本案中对该法的规定进行了修正,将限制从距海岸100米减至50米,而且允许从距海岸50米开始的区域进行挖掘。换句话说,在这种情况下,根据问题的尖锐程度,将普遍和特定两个标准予以结合。

在另外一起1997年案例中,与高等法院所作出的决定不同,最高法院认为对一项继续挖掘申请的拒绝构成了征收。[50]

---

[49] "The Moler case", U.1972.603H (Danish Weekly Law Report).
[50] "The Robbedale case", U.1997.157H (Danish Weekly Law Report).

该案的大概情况是，在博恩霍尔姆岛上一个名为罗比代尔（Robbedale）的地区，一家公司已经持续数十年挖掘沙和砾石。与1972年通过《原材料法》有关的情况是，这些权利被告知是无需许可证的既有权利。通过1977年的一项修改，该法变得更为严格，以致原有被告知的所有的砾石挖掘权将于1988年7月1日终止。然而，有关该法律法案的准备文件表明，对于继续挖掘，通常应该颁发一项许可证。而且该法也规定，在未颁发此类许可证的情形下，权利持有者应当有权根据宪法（第73条）获得赔偿。1988年10月，由于挖掘活动可能会对水资源产生不利影响，该公司关于允许继续从事挖掘活动的申请遭到拒绝。法院没有发现砾石挖掘行为已经造成了地下水资源污染，但法院认为可以将拒绝视为一项禁止继续挖掘活动的个案，而且应该根据宪法第73条的规定给予赔偿。换句话说，尽管该公司已收到了禁止活动的长达10年的警告期间，但是法院并没有将对正在进行活动的全面禁止视为普遍监管，而是视为一项专门监管活动。这一拒绝构成了一种适用于极少数情形的例外，正如前已指出，通常应该给予继续从事活动的许可。

可以看出，对于在征收和不予赔偿监管之间如何划分界限，并没有明确的答案。不应该由一个单一的标准来决定结果，而是在权利评估和平衡中，必须考虑多种因素。财产权的基本理念是保护权利持有者免受不公平对待。因而，促进社会普遍利益不应该以少数被随机选中的财产所有者的损失为代价。

在欧洲人权法院的人权案件中，平衡环境保护同经济发展和自然资源开发之间利益冲突的要求也得到了考虑。鉴于《欧洲人权公约第一议定书》包括关于人人得和平享用其财产的权利的规定，欧洲人权法院业允各国广泛追求环境保护目标，条件是各国需要在社会普遍利益和个人基本权利保护之间保持一种公正的平衡。

一位瑞典国民试图根据对于财产的人权来反对国家撤销一

项矿产开采许可证,但是却失败了。[51] 1963年,申请者的父母根据一定的条件被授予一项许可证,在一块土地上开采砾石坑。多年来,砾石开采已经变得越来越受监管,而且实际上是受到严格限制。因而,1973年7月1日通过了对《1964年自然保育法》的修正案,并授权有关当局在经过10年后(也就是1983年7月1日之后)撤销旧的许可证(如申请者的许可证),且无需赔偿。申请者在1977年成为上述地块的唯一所有者,并于1980年开始开采砾石。该许可证于1983年转移给了申请者。根据1973年修正后的《1964年自然保育法》,郡行政委员会于1984年命令申请者应当尽快停止开采活动,而且在之前已经就此事给予申请者以某些警告。除此之外,郡行政委员会决定,许可证应当于1987年年底失效,砾石坑的所有作业届时应当终止,对开采地区应当进行复垦,而且申请人缴纳的作为土地复垦成本的保证金将会增加。政府于1985年将该许可证的有效期延长到1988年6月1日,后来又延长到1988年12月1日;1988年12月1日,砾石开采工作停止。申请者主张,尽管政府将撤销许可证视为控制财产使用的一项措施,但是撤销构成了对财产事实上的剥夺,因而违反了《第一议定书》第1条(和平享用财产的权利)的规定。

欧洲人权法院指出,对申请者开采砾石许可证的撤销并不构成《第一议定书》第1条第1段意义上的剥夺财产;必须将撤销视为对财产使用的一种控制,属于第1条第2段的调整范围(判决第47段)。法院还认为,当今社会,保护环境是一项日益重要的考量。法院坚持认为,判例法已经很好地形成了这一做法,即,一项干预必须在社会普遍利益的需求与保护个人基本权利的要求之间实现一种"公正的平衡"(判决第51段)。在确定本案的撤销行为是否满足这一要求时,法院承认,为了实现涉案

---

[51] See ECHR, *Fredin v Sweden* (*No 1*) -192 (18.2.91) available at ⟨www.manskligarattigheter.gov.se⟩ and ⟨www.echr.coe.int⟩.

法律的目标，无论是基于普遍利益在选择实施方式还是在确定实施后果是否合理方面，国家都拥有广泛的评价空间。因此，法院的结论是，不能说撤销决定是不合适的或者不相称的，撤销行为并不构成对《第一议定书》第1条第1款的违反。

对于利益冲突问题，国际法院也进行过处理。正如罗莎琳·希金斯（Rosalyn Higgins）所强调的，早先的针对特许权法律性质的关注程度正在减少：

> 随着自然资源永久主权理念的演变，存在这样一种日益增长的趋势：把自然资源合同视为固有权利的暂时异化；这种固有权利可以随时被收回，条件是总能支付适当的赔偿。[52]

在我看来，这段话还正确地指出了这一点，即，对于在何种程度上允许单方面的配置或者终止特许权这一经典问题的回答，与1950年相比，1990年的答案是不一样的："不断变化的经济环境和不断变化的政治观念决定着法律上回答。"[53]

著名的盖巴斯科夫—拉基玛洛案件涉及一个匈牙利和捷克斯洛伐克（后为斯洛伐克）之间的合资项目，项目内容是在多瑙河上建设和运营船闸系统。匈牙利放弃了此项目，并以环境上的必要性来证明其行为的正当性。双方当事人的不同主张被认为是古典条约法与国际环境法及国家责任法的正在发展中的法律规范之间的冲突。[54] 国际法院断言，习惯国际法承认"一种紧急态势"的存在构成免除一项不当决定所应承担责任的理由。

---

[52] R. Higgins "Natural Resources in the Case Law of the International Court" in *International Law and Sustainable Development* (A. Boyle and D. Freestone, eds, 1999) 92.

[53] ibid at 95. "这些判决还表明这样的事实：1950年的一项法律真实，在1990年并不必然是一项法律真实。"

[54] ibid at 105 and Gabcikovo-Nagymaros Project (*Hungary v Slovakia*) (Judgment) (25 September 1997) ICJ Report, available at 〈www.icj-cij.org〉.

它确认"生态平衡已经被认为是所有国家的根本利益"。重要的是,国际法院宣称"环境风险必须在连续不断的基础上进行评估",并且要求参考现行标准而不是达成相关协议时的标准。最引人瞩目的是国际法院对可持续发展概念的倚重。"必须考虑新的规范",而且,"协调经济发展与环境保护之间关系的需要在可持续发展概念中得到了恰当阐释"。[55] 正如希金斯所总结的:十分明显的是"从关注特许权和自然资源控制纠纷到关注可持续发展和资源使用限制纠纷的变化"。[56] 我想补充的一点是:我们正在研究的不是法律的一个静态领域,恰恰相反,是一个因其对社会的极其重要性而非常动态发展的领域。这也是自然资源法如此有趣的原因。

八、结论

国有资源、土地所有者权利、需要赔偿的监管(征收/征用)以及所谓不予赔偿的监管(必须接受对土地使用和开发的严格限制,且无需赔偿)之间的法律上的区别涉及至关重要的问题,这些问题确实是私有权利与共同权利之间关系的核心。然而,由于公共行政管理法律和监管制度体系的迅速发展,与早期所制定的法律相比,如今,对自然资源的公共和私人所有权之间的差异可能更少了。换句话说,私有财产权的传统作用变得不再那么重要。

同时存在的个人土地使用权利或者开发自然资源权利以及由于对其进行严格限制而获得赔偿的权利,与环境保护中的社会价值相比,可能不再具有较高的价值。现在,人类社会寻求可持续发展,它包含着一种涵盖后代利益的长远视角的发展。财

---

[55] ibid, para 140.
[56] Higgins (above n 52) at 111.

政资源是有限的,而相对于土地所有者有权获得赔偿的程度,环境得到的保护程度将会低一些。

　　从利用整个社会所依赖的稀缺资源的意义上讲,利益冲突已经向传统法律思维提出了全面挑战;而且,为了确保利益的公平和公正分配,提出了对私有财产权的传统作用进行重新界定的需求。关于土地所有权的分配,有许多道德和社会正义方面的问题需要考虑,如公地悲剧、生活条件的差异以及对土地的财产权等。韦斯特兰德(S. Westerlund)在1998年写了一篇非常有趣的文章,题为"没有土地人类将何处立足?"(Where Would Mankind Stand Without Land)。他在文章中提出了这样的问题:应该采取什么措施才能够使得对土地的财产权与土地是人类根基的认知相容? 为了回答这一基本问题,作者强调指出这是"一个如何看待土地和对土地的权利的存在主义问题"。他主张,"如果对土地的财产权还包括一种固有的使土地退化的权利,那么,财产权就与可持续发展不相容"。他建议推行这样一种管理哲学:"让照管好财产成为一种义务,从而使财产不退化,进而使财产以不损害任何生物圈的方式得到使用。"[57]

　　可能会有人认为,同得到更为广泛承认的可持续发展概念、风险预防原则和代际公平原则[58]一样,平衡点正在从对私有财产利益的传统强大法律保护走向更有利于共同的环境利益。[59]换句话说,我们能够看到的是一种蕴藏着基本法律价值的模式转变,以及在经济增长和个人财产权保护之间的一种新的平衡。

---

[57] Available at ⟨www.imir.com⟩, see 31, 18 and 24.
[58] 例如,这为《联合国气候变化框架公约》第3条所采用。
[59] See also H. C. Bugge, "Legal Issues in Land Use and Nature Protection-an Introduction" in Land Use and Nature Protection (H. T. Anker and E. M. Basse, eds, 2000) 21 ff, and Sustainable Development in International and National Law (H. C. Bugge and C. Voigt, eds, 2008).

第4章

普通法法域中制定法创设的财产权

巴里·巴顿*

摘要：在普通法法域，似乎没有一个普遍接受的法律部门据以确定财产所有权的诸多属性是否依附于根据制定法所授予的许可证。本章研究不同法院（主要是澳大利亚、加拿大、英国和新西兰的法院）处理这一问题的方式，以及研究我们可以预期的普通法法域中立法机关和法院之间未来处理互动关系的方式。研究表明，判例法并不产生任何一致的原则体系，用于决定一项制定法资源许可证是否具有一种自己的所有权特征，或者是否能够用财产法思想来合理地诠释制定法资源许可证。立法机关常常几乎不关心此类问题；它的一般性宣告时常不能解决当事人起诉到法院的各种纠纷。尽管存在这种立法发展轨迹，可以有趣地发现法院往往不情愿完全受立法机关所表达意图的约束。

关键词：普通法法域，财产法，财产权，所有权，制定法资源许可证，制定法

无论资源是矿产、水还是牧场，授予对资源的权利都是能源和自然资源法的核心。资源本身属于公共所有，对于资源的权利，不论称之许可证（licenses）、允许（permits）或类似术语，都是

---

* 巴里·巴顿（Barry Barton），怀卡托大学（新西兰，汉密尔顿）法学教授。

第4章 普通法法域中制定法创设的财产权

由一名部长或一位部门官员按照一项调整相应资源的制定法所规定的程序和条件而授予。晚近,已经出现了运用总量控制—交易制度以及其他以市场为基础的制度来处理能源、资源和环境问题的法律。在渔业领域,我们有捕鱼配额;在空气污染和温室气体排放方面,我们有不同种类的排放限额。此外,我们还能遇到环境或经济立法下的授权,由之以不同的方式监管公司活动。

有时,对于一项关于这类的一项制定法许可证具有财产性质的诉讼请求,法院必须作出判决。对于为什么可以提出这种请求,存在许多原因。[1] 这可能在于证明,许可证具备另一项制定法中关于财产的制定法定义;或者,这可能在于对一项财产权或者财产工具的登记制度下的利益提出主张。在普通法制度中,请求可以基于普通法和衡平法而不是制定法。例如,当一项制定法许可证的两位持有人中有一位死亡时,对于从共同租权中根据取得权利而对共同租权人予以区分的一般财产法而言,它能够适用吗?如果一项许可证的持有人将许可证的中一项利益(如一项租约或一种压倒一切的特许使用税费)授予他人,而后又发生了将该项许可证转让给第二个人的情形,那么,该第二个人手中的许可证需要受租约或特许使用税费的约束吗?这类商业问题一直是自然资源法的组成部分。重叠矿区特许权使用费的法律地位已经成为矿业领域中的更大问题,因为这种使用费被以新的方式用于向矿产勘探和开发活动进行融资。[2]

---

〔1〕 对于可能提出一项财产所有权主张的不同情境,罗尼在本书第3章中得出了类似结论。

〔2〕 关于制定法矿产权中的重叠矿区特许权使用费,经典的加拿大案例是萨斯喀彻温矿产有限公司诉凯斯(*Saskatchewan Minerals Ltd v Keyes*)([1972] SCR 703)一案。上诉法院认为,一项皇室矿产租约以及源于它的一种特许权使用费属于土地上的权利,因而对于租约后来的受让人具有拘束力;亦即,租约依附于土地而存在。加拿大最高法院的绝大多数法官根据其他理由作出了同样的判决,但是拉斯金(Laskin)法官同意上诉法院的理由。

第二类主张是,制定法许可证有权获得财产在法律上普遍享有的专门保护。如果遭到征收,许可证是否享有征收立法规定的收益? 许多国家的宪法都保护私有财产,使其在得不到公正补偿的情况下免遭征收。尽管外国投资者在东道国享有什么样的财产权是一个纯粹的国内法问题,但是,国际法在传统上一直保护外国国民的私有财产,使其免受非法侵害。[3] 大多数双边投资条约都保护"投资",而"投资"是从广义上界定,既包括财产也包括各种资产。[4] 关于财产特殊地位的主张,不仅在政治话语中而且在法律分析中都屡见不鲜。通常主张,在不损害作为一个投资目的地法域的声誉的情况下,政府不应该改变这种或那种"既得利益"。

二三十年前,在主权政府变更资源处置条件的能力方面,自然资源处置的性质是一项争议极大的事项,特别在1970年石油危机的影响下。丹提斯注意到关键问题是,一种法律制度如何处理与平衡国家对其受许可人的个别义务和其普遍监管权或立法权的行使。[5] 石油许可证在形式上可能是制定法或者合同,但是并不必然明确在多大程度上权利义务关系是协商一致的或是强加的。许可证也不能决定一项既得利益是否是为了国际法律保护的目的而存在,或者财产是否是为了宪法保护的目的而存在。[6] 安德鲁·汤普森(Andrew Thompson)认为,在一项具有合同或财产处置形式的许可证中,一种诸如"法律遵从"条款的

---

[3] 参见雷德格韦尔在本书中的有关分析。

[4] L. Reed, J. Paulsson, N. Blackaby, Guide to ICSID Arbitration (2004) 44. 现在往往还包括行政管理权;M. Sornarajah, The International Law on Foreign Investment (2nd edn, 2004) 14。

[5] T. Daintith, "Petroleum Licences: A Comparative Introduction" in The Legal Character of Petroleum Licences: A Comparative Study (T. Daintith, ed, 1981) 1 at 25.

[6] Daintith, ibid at 10—11.

机制可能使许可证在实质上完全决定于一种变化着的监管制度。[7] 汤普森还证明,自然资源财产能够以一种不动产转让、一项合同以及通过制定法的力量而发挥功能,而且这些属性以复杂的方式相互重叠。[8]

在普通法法域,似乎没有一个普遍接受的法律部门据以确定财产所有权的诸多属性是否依附于根据制定法所授予的许可证。本章研究不同法院(主要是澳大利亚、加拿大、英国和新西兰的法院)处理这一问题的方式,以及研究我们可以预期的普通法法域中立法机关和法院之间未来处理互动关系的方式。[9] 目前几乎没有关于这一问题的系统研究。雷蒙德(Raymond)研究了制定法下的资源权利配置,称之为"受许可的财产",特别是重点讨论了权利初始配置中公平的地位。但是,他的研究属于政治研究,而不是法律研究。[10] 与雷蒙德一样,我们需要从传统资源分配(如矿产资源权利或放牧权利)开始,然后研究以市场为基础的制度(如个人可转让的渔业配额以及温室气体排放权利)。正如我们所看到的,对那些先前属于共用财产或公共财产的资源,其权利的个体化在不断增长,因而亟须认真研究所授予并用于交易的权利的性质,不仅仅将其作为一项公共政策事项,而且将其作为一项商法事项。

---

[7] A. R. Thompson, "Legal Characteristics of Disposition Systems: An Overview" in Public Disposition of Natural Resources (N. D. Bankes and J. O. Saunders, eds, 1983) 1.

[8] Thompson, ibid at 7—11.

[9] 在大陆法法域,这一问题似乎还没有以同样的方式显现出来。罗尼在本书中认为,根据丹麦法律,在特许经营权、特许、许可或许可证之间并没有法律上的差别。它们都被视为不同于合同的公共行政管理决定,因而人们研究监管结构以理解这些被授予的权利。

[10] L. Raymond, Private Rights in Public Resources: Equity and Property Allocation in Market-Based Environmental Policy (2003).

一、制定法的内容

研究的起点必须是授予作为研究对象的这些权利的立法。这不言而喻。但是,对于我们的问题,我们找到了范围广泛的答案。有时候,立法是明确的。例如,加拿大《安大略省矿业法》规定,一项特许权是"仅凭登记费就由皇室签发的一项特许,或者由加盖皇室印鉴之文件所创设的一项财产权利;特许权包括租约特许权和永久特许权"。[11] 但是,加拿大《不列颠哥伦比亚矿产租约权法》规定:"一项权利的登记在案的持有者的利益是动产利益"[12],这毫无疑问是旨在将其视为某种财产,但是属于什么类型的财产却并未明确;法律承认准不动产(租约财产)和私人动产。不列颠哥伦比亚的法院裁定该条规定意指私人动产,因而,一项矿产权利不是"土地"。[13] 对于非常类似的规定,澳大利亚法院持同样的意见[14];但是,新西兰法院并不同意这一见解。[15] 两者中的任何解释都可采信;因为立法机关的规定并不充分。在澳大利亚昆士兰州,对于矿产资源,其规则是:"根据本法授予的一项采矿权并不创设一项土地上的不动产或者利益"。[16] 但是,对于森林碳汇,其规则是:"协议项下受益人对于自然资源产品的权利是1994年《土地法》或1994年《土地权利法》规定的一种取得权。"[17]

---

[11] Mining Act, RSO 1990 c M.14 s 1.
[12] Mineral Tenure Act, RSBC 1996 c 292 s 24(2).
[13] *Cream Silver Mines Ltd (NPL) v British Columbia* (1986) 2 BCLR (2d) 392 (BC SC); further proceedings (1993) 75 BCLR (2d) 324 (BC CA).
[14] *Adamson v Hayes* (1973) 130 CLR 276 (HCA) on the Western Australia Mining Act 1904.
[15] *Tainui Maori Trust Board v Attorney General* [1989] 2 NZLR 513 (CA).
[16] Mineral Resources Act 1989 (Qld) s 10.
[17] Forestry Act 1959 (Qld) s 61J(5).

第4章　普通法法域中制定法创设的财产权　　111

　　有时,立法机关试图消除财产法的所有复杂问题。新西兰1991年《资源管理法》就是一个很好的事例。该法是关于环境管理和土地使用监管的首要制定法,但是它还就下列权利(资源批准文书)的取得作出了规定:截(引)水和使用水的权利,抽取发电用地热流体的权利,占用沿海水域建设水产养殖设施的权利,等等。该法第122条第1款简单地宣告:"资源批准文书既不是不动产,也不是私人动产。"但是,其后5款却证明这一简单宣告是不正确的。考虑财产法上处理死亡、破产、个人伤残疾病、收费以及1999年《个人动产证券法》关于利益登记的规定,而且考虑沿海许可证对于占有排他性以及对于采沙权、采砾石权或者类似权利的限制,"似乎"资源批准文书是私人动产。同样的措词(第1款以及有关死亡、破产、伤残疾病、收费以及《个人动产证券法》利益登记的规定)在新西兰1991年《皇室矿产法》第92条中可以找到,该法调整对于石油和硬岩矿物的权利。

　　即使是在建立可交易财产权明显是政策设计的一项重要因素的情形下,我们也只可以看到很少的对许可证权予以界定的立法努力。新西兰1996年《渔业法》没有说明配额的性质,但是上诉法院已将之作为"实际上的一种制定法选择"。[18] 同样地,2002年《气候变化应对法》仅仅把新西兰单位规定为"由注册机构配发,仅规划设计为一个新西兰单位的一个单位"。[19]

　　因此,我们可以看到范围广泛的不同立法回应。在一些情况下,立法机关规定了许可证是否具有财产所有权属性。立法

---

[18] *Antons Trawling Co v Smith* [2003] 2 NZLR 23 para 5. Generally on this subject, see C. Stewart, Legislating for Property Rights in Fisheries (2004).

[19] Climate Change Response Act 2002, as amended by the Climate Change Response Emissions Trading Amendment Act 2008, ss 4, 18—30A. Generally see D. Vogler, "Linking the New Zealand Emissions Trading Scheme to Other Emissions Trading Schemes" unpublished LLM dissertation, University of Waikato, 2009. 另请注意2008年《〈1999年个人动产证券法〉修正法》所进行的修改,新法将"单位"(unit)界定为投资证券,以便将之纳入该法的调整范围。

机关有时做得很好,有时却过于原则或含糊不清。在其他情况下,立法机关根本没有努力处理这一问题。可能的原因是,那些关心环境和自然资源事项的决策者很少处理这类问题,将之视为"法律界人士"的事情、与本部门没有实际利益而不予理会。我们可以转而考虑,在这些情况下或至少在其中一小部分情况下,有时是依赖于这类制定法规定,资源许可证是如何被特征化的。

二、澳大利亚判例

在澳大利亚关于资源租约权的法律中,主要存在两类事例。第一类是《澳大利亚联邦宪法法》第51条第31款。该款授权联邦议会就根据公正条件取得财产事宜制定法律,通过其实施为财产权提供保护。关键案例之一是纽克雷斯特矿业(西澳)有限公司诉联邦(Newcrest Mining (WA) Ltd v Commonwealth)一案[20]。该案涉及1980年《矿业法(北部地区)》项下的25个矿产租约。1989年和1991年,联邦政府把卡卡杜国家公园(Kakadu National Park)的边界扩展,包括了租约地区。在该公园范围内,适用1975年《国家公园和野生动物保护区法(联邦)》,禁止矿产开发活动。纽克雷斯特矿业公司提起诉讼,要求赔偿;其理由是,从该公司的这一财产取得,缺乏公正条件。澳大利亚高等法院以绝大多数票,同意该公司的诉讼请求。关于这一资源权利属性的主要分析,由古墨(Gummow)法官撰写。多年来,澳大利亚法院已经以不同的方式对矿业租约进行了考量。他们都注意到了卡恩斯(Cairns)大法官在高恩上诉克里斯蒂(Gowan v

---

[20] (1997) 190 CLR 513. See M. Crommelin, 'The Legal Character of Resource Titles' (1998) 17 Australian Mining and Petroleum Law Journal 57.

Christie)一案[21]中的评论,即,如果进行得体的考量,一项矿业租约实际上是对土地或其一部分的出售,而这就赋予一个人在一定期间进入土地、获得矿物(如果能够发现的话)并将矿物带走的一种自由或者许可,就如同他购买了这么多的土壤一样。对于基于一般法律的这些评论意见与根据制定法所授予的矿业租约,温德耶(Windeyer)法官把它们联系起来。[22] 古墨法官赞同这一联系。因此,由于在一种许可制度下不存在超越制定法优先权的事物,不得解除纽克雷斯特公司的租约;这正是许多此类主张的命运。[23] 本案不是单纯的损害问题;纽克雷斯特公司的权利得到了有效保护。图希(Toohey)法官和高德龙(Gaudron)法官赞同古墨法官的观点,而其他人要么认为这些租约根据《矿业法》属于财产,要么是没有就这一问题详细讨论。

在第二年关于1967年《石油(水下土地)法》项下石油许可的联邦诉WMC资源有限公司(*Commonwealth v WMC Resources Ltd*)一案[24]中,澳大利亚高等法院作出了不同结果的判决。这部分上是因为案件所涉许可位于大陆架上,因而并非源自皇室的根本所有权*;部分上是因为制定法制度更为灵活,授予了许可持有者以更大的管理活动范围。可见,这些许可是"本质上不稳定的"。[25]

调查研究澳大利亚资源处置属性的另外一个主要原因,是

---

[21] (1873) LR 2 Sc & Div 273. 事实上,一项矿业租约可能是一项传统的租约加上开采和移走矿产(品)的权利。
[22] In *Wade v NSW Rutile Mining Co Pty Ltd* (1969) 121 CLR 177.
[23] Newcrest (above n 20) at 130.
[24] (1998) 194 CLR 1.
 * 在英格兰普通法中,皇室对于英格兰的所有土地拥有根本所有权(radical title)或称绝对所有权(the allodium)。这种所有权意味着皇室是所有土地的最终的"所有者"。不过,皇室可以通过一种抽象的实体物的形式——分封土地——授予所有权,所有者据此所拥有的不仅仅是土地权利。——译者注。
[25] ibid, Gummow J at para 194.

确定一项资源处置问题是否已经对本土物种灭绝产生了影响。在纽克雷斯特公司一案的一两年前,对于维克人民诉昆士兰州(*Wik Peoples v State of Queensland*)一案[26],绝大多数法官支持的一项判决是,牧场租约并没有以一种排除土著居民权益的方式授予承租人以排他性的占有权。《土地法》项下一份牧场租约的效力内容必须根据该法使用的语言予以确定,并且要在租约中得到体现。对于赋予承租人一项排他性占有权的租约而言,这是对租约这种权利文件进行描述的一种不必要的结果。是否已经授予一项租约,应当根据所授予权利的实体内容予以确定。对此,古墨法官的意见非常有帮助。[27]

> 在关于牧场租约的立法条款中使用诸如"转让"(demise)和"租约"(lease)这些术语的理由,表明:(1)制定法创设的排他性占有权,以及,自然而然地;(2)它清楚而显然地遵循着这一点,即,土著的生存土地权与这些创设权利的享用并不一致。这些并没有回答问题,而是重申了问题。

对于那些已经强调根据《土地法》制定法处置项下的权利或者类似权利必须根据该制定法予以查明的澳大利亚大量案例,古墨法官接着进行了参照,并没有对于同一般法律中利益的相似之处予以更多强调。他引述了梅森(Mason)法官在 *R v Toohey ex p Meneling Station Pty Ltd* 一案[28]中的观点:"土地法只不过是这样一个领域,在该领域中,尽管制定法可能会采用一般法律原则和制度作为一项新制度的元素,但事实上,立法仅仅在特定条件下这样做"。

威克人民一案后是瓦尔德诉西澳大利亚(*Ward v Western*

---

[26] (1996) 141 ALR 129 (HCA).
[27] Wik Peoples, ibid at 241.
[28] (1982) 158 CLR 327 at 344, quoted at p 242 of Wik Peoples.

Australia)一案;尽管"它[所具有]的普通法意义,'租约'这一专门术语(当被用作牧场租约的一个描述符号时,)并不授予自身排他性的占有权"。[29]

马修·斯托里(Matthew Storey)已经抓住了这些澳大利亚案例中资源权利的属性问题。[30] 他主张,一项资源权利的属性应该源于对所涉利益属性的一项评估,而不是源于将这些属性与一般法上"已知"利益的一项比较。作为一种分析路径,他提出有五类制定法财产:

(1)一项普通法权利在制定法上的复制。

(2)可撤销的一项制定法上复制的普通法权利。

(3)与普通法上的财产不存在对应关系的制定法财产。

(4)仅使一项行为合法但缺之将会违法的制定法许可证。[31]

(5)法规创设的公共权利;该权利不具有任何永久性或可转让性,授予一个阶层的所有成员,而且没有任何财产所有权因素。

斯托里的分类对于进行案例整理是一项有用的尝试,但是难以从中提炼出任何前后协调的原则脉络。

---

[29] (2002) 213 CLR 1, para 180. 与主要的澳大利亚判例不同,新西兰高等法院业已认为,一项皇室牧场租约授予一种排他性占有权;*NZ Fish & Game Council v Attorney General* (unreported, High Court Wellington CIV 2008-485-2020, 12 May 2009, Simon France J)。

[30] M. Storey, "Not of this Earth: The Extraterrestrial Nature of Statutory Property" (2006) 25 Australian Resources and Energy Law Journal 51.

[31] This phrase is used by Gummow J in WMC Resources Ltd (above n 24) at 71, acknowledging its origins in *Thomas v Sorrell* (1673) Vaugh 330, 124 ER 1098.

三、索尔尼尔诉加拿大皇家银行（*Saulnier v Royal Bank of Canada*）一案

在我看来，更具意义的是下面将要讨论的两起案例。对于愿意要求其被作为财产对待的制定法许可证，法官试图识别辨认它们的特征。

索尼埃诉加拿大皇家银行一案[32]决定的问题是，对于《破产和无力偿债法》下破产程序中的信托人，或者对于根据新斯科舍省《个人动产证券法》已经进行登记了一份普通证券协议的债权人，加拿大《渔业法》项下的一项商业捕鱼许可证是否构成能够成为可供他们接收的"财产"。破产的渔民认为，该许可证仅仅是一项特权，没有它，其捕鱼行为将会是非法的，因此，不能将其转让给二者中的任何人。加拿大最高法院的宾尼（Binnie）法官用一项有益的提示开始了他的分析，即，这是一个制定法的解释问题，而不是一个抽象的财产概念问题。法院的任务是有目的地解释立法中的财产定义。还需要谨慎的是，即使一项捕鱼许可证根据普通法的通常目的并不具有"财产"资格，但是它仍然能够进入《破产和无力偿债法》和新斯科舍省《个人动产证券法》中制定法所定义的范围之内。"为了特别目的，议会能够而且也确实创设了它自己的财产目录。"[33]随后，法院概述了可以在判例法中找到的处理问题的三种不同路径。

（1）传统的"财产"路径。有关渔业许可证和烟草种植配额的早期案例；例如，国家信托公司诉鲍凯特（*National Trust Co v Bouckhuyt*）一案[34]提及财产的传统象征（如永久性或意义重大）。法院接受这一点，即，《个人动产证券法》需要一种更广泛的财产概念。在任何情况下，都存在与取得权之间的一些类比；

---

[32]　(2008) 298 DLR (4th) 193 (SCC).
[33]　ibid at para 16.
[34]　(1987) 61 OR (2d) 640 (Ont CA).

对此,澳大利亚高等法院在哈珀诉海洋渔业部长(*Harper v Minister for Sea Fisheries*)一案[35]中同样地指出了这一点。

(2)监管路径。国家信托公司诉鲍凯特一案引发了一系列的这类案例,即,如果监管机构有义务或者几乎有义务授予一个展续期,表明该许可证不是暂时的和短暂的,则涉案许可证被认为是财产。但是,最高法院认定这种路径的价值是有限的;一项土地租约是一种财产权,即使它仅存在了1天或1小时,而且并没有标准来决定自由裁量权上有多少"束缚"足以把一项单纯的许可证转变为一种财产权。

(3)商业现实路径。这一观点在审判中占据优势,其证据是渔业许可证,尤其是针对龙虾的许可证,往往在渔民之间可以换取大量金钱;价值受质疑的渔船以小额金钱交易,因为这是可以预期的能够伴随许可证而获得的财富期望值。"要忽略商业现实就需要否定债权人从破产者手中获得某些具有重大价值的事物的权利。这将既是人为的又是潜在的不公平。"[36]来自加拿大和英格兰的其他判决已经遵循了这种路径。但是,法院认为具有商业价值的许多事物并不构成财产,因为一些财产的价值可能是微不足道的。在财产所有权的地位和商业价值之间,并不存在必然的联系。宾尼法官认为:[37]

> 我同意上诉法院的这一观点:对于《破产和无力偿债法》和《个人动产证券法》中"财产"概念的单凭主观愿望的想法,"商业现实"并不能将之合法化,尽管商业现实提供了一种合适的情境来解释制定法的规定。

宾尼法官偏爱的路径是:一项许可证的持有者只能获得许可所允许的,否则将会是非法的。"许可证持有者获得了根据许

---

[35] (1989) 168 CLR 314,[1989] HCA 47.
[36] Saulnier (above n 32) at para 41, quoting Kennedy CJSC at trial.
[37] ibid at para 42.

可证所定的条件从事一种排他性渔业的权利,而且最重要的是,获得了对据此收获的野生鱼类的一项财产所有权,并且获得了来自于销售它们的所得。"[38] 我们必须研究所授予事物的实质内容。参与捕鱼的一项许可证加上对于所捕鱼产的一种财产所有权利益,与普通法中传统上被认为是财产的权利之间,就构成了一项合理的类比。因此,在《破产和无力偿债法》和《个人动产证券法》中财产的制定法界定范围内,这是合理的。从本质上来讲,这是第一种路径,即传统财产路径。

在这一分析中,旧的普通法术语获得了一种非同寻常的意义。在私法的古典术语中,"许可"被定义为有权做某事,无许可就构成侵权或者不合法。关于取得权,法院还依赖于旧的术语;"许可加上一项授权"造就了两个因素,这两个因素明显使得宣布《渔业法》项下的许可证是财产成为可能。[39]

四、雷凯尔特提炼有限公司(*Re Celtic Extraction Ltd*)一案

对于根据 1990 年《环境保护法》颁发的一项废物管理许可证,英国上诉法院在 1999 年不得不决定为了一项偿债目的,它是否可以成为财产。两项废物处理许可证成为案件的关键。在每起案件中,公司都无力偿债,正式接管人向法院申请指示,询问其是否能够和应该放弃涉案许可证。(尽管在索尔尼尔破产一案中,托管人希望得到涉案许可证,但是正式接管人却想要取消许可证。)在 1986 年《无力偿债法》中,第 178 条允许清算人放弃任何"负有义务的财产"。该法使用非常普通的措词对财

---

[38] Saulnier (above n 32) at para 43; also see para 34.
[39] On this Saulnier (above n 32) at para 30 quoted Megarry and Wade, The Law of Real Property (4th edn, 1975) 779.

产予以界定,而且法院的许多裁决已经强调确保清算人具有获取全部破产资产的权利的重要性。"财产"一词不是一个文学术语,而且需要从其所处语境中理解其含义。下面是莫里特(Morritt)法官代表上诉法院意见的关键段落[40]:

[33]在我看来,如果在某种范围相对广泛的制定法义务事项中作为一种豁免而赋予财产地位,这些案件显示了有可能发现的一些显著特征。

首先,必须存在这样一种制定法框架,即,对满足一定条件的人赋予一项权利的框架,即使在该框架内存在一些可行使的自由裁量因素……

其次,该豁免必须是可以转让的……

最后,该豁免或者许可将具有价值……

法官发现,就1990年《环境保护法》的规定而言,每项标准都得到了满足。在价值方面,该案法官注意到,这些许可证存在一个市场,而且共同点是金钱在转让人和受让人之间流通。英国环境署向受许可人收取的费用非常可观;这是关于一项废物管理许可证对于有关土地所有者或占有者具有巨大价值的很好说明(不过,在这方面似乎几乎没有确切的证据)。因此,许可证是财产。其效果在于正式接管人可以放弃涉案许可证,而不让救济工作的成本成为债权人资产的一项费用。

上诉法院的上述三项特征的清单对这一问题进行了详细讨论;不过,这一讨论事实上相当松散。它们是可以普遍适用的特征吗?法院裁判依赖于范围广泛的各种判例,而不限于环境监管。这些标准是必要而充分的吗?如果符合了所有这三项标准,那么,许可证是财产吗?财产是服务于各种各样的目的,还是仅仅服务于偿债目的?它仅是针对权利放弃者的考验吗?许可证的价值问题似乎基本上没有得到研究。总而言之,这些标

---

[40] *Re Celtic Extraction Ltd* (in liq) [2001] 1 Ch 475.

准很容易满足。第一个标准是如此的宽泛,因而能够涵盖现代制定法国家的许多事务。第二个标准是转让,它存在于许多经济和资源监管之中。第三个标准是价值,通常很容易确定,而且在任何情况下都不只是物质的补救和救济问题。

雷凯尔特提炼有限公司一案中的废物管理许可证并不允许获取任何公共所有的资源,因此它与索尔尼尔诉加拿大皇家银行一案完全不同。在后案中,通过将捕鱼中的制定法许可证与一项财产权的获得结合起来,法院整合了诸多理由。在一般性法律中,并没有财产利益的类似等同物(如收益权、矿产租约或牧场租约),而这在澳大利亚的一些判例中非常重要。也没有源于皇室基本权利的授权的等同物,而这在其他判例中非常重要。获得一项废物管理许可证的条件是对所有土地使用的一种限制,而这在私法上没有等同物,但是这种限制作为公法上的事项是常有和常见的。

五、阿姆斯特朗诉公共信托(*Armstrong v Public Trust*)一案

阿姆斯特朗诉公共信托一案[41]涉及受许可人为父子二人的两项海岸许可证。许可证授权在新西兰韦斯特兰的摩拉基河上建立从事小规模渔网捕鱼活动的银鱼场。海岸许可证是资源同意书的一种形式。关于许可证持有人的官方记录非常简单,是"J & A 阿姆斯特朗"(J & A Armstrong)。父亲死后,儿子主张,根据普通法上共同租约的存续权理论,自己有权被承认为两项许可证的唯一持有人。然而,作为父亲遗嘱执行人的公共信托却认为不存在共同租约,而且许可证是既得利益。根据父亲的遗嘱,许可证的一半份额应该是授权公共信托转移给其女儿。

---

[41] [2007] 2 NZLR 859,[2007] NZRMA 573(HC)。

根据法律第 122 条第 1 款的清晰明白的措词(一项资源同意书既非动产也非不动产)以及第 122 条第 2 款(a)项(一种具体而综合的规定),公共信托认为,一项可以被个人代表者所持有的利益只能产生于死亡的持有人的同意。

然而,福格蒂(Fogarty)法官不同意公共信托的主张。他认为,第 122 条第 1 款的目的在于,除非另有明确规定,防止对资源同意书进行不受约束的转让。然而,资源同意书是否由一人或多人持有对容易确定的一般资源管理事宜并不造成问题。这类事项通常是私人安排的一种结果。第 122 条第 2 款(a)项隐含地承认此类事务的私人秩序,包括诸如共同所有权这样的安排。因而,并不存在普通法上的共同租约(包括存续权)不应该适用的理由。这意味着,在父亲去世后,儿子就成为唯一的所有人。

对于一个法院如何必须就一项与合同无关的当事人之间的纠纷,即使是在立法并没有规定直接的指导的情形下,作出裁决,该案裁决是一个很好的简单事例。该案裁决还说明了这样一点,即,在法律思维中,不情愿排斥财产法作为解决此类纷争的一种手段;对此,我们将在下文讨论。它表明了一种在一项关于权利配置的制定法方案的公共方面与私人问题之间划出一条界线的愿望;就公共方面而言,重大政策问题非常重要,立法机关就应当服从政策安排,就私人问题而言,政策问题并不那么重要,立法机关就可以少考虑一些。

六、决定一项许可证是否是财产所有权的标准

在来自不同国家的案例中,对于决定一项制定法许可证是否是某类财产的一项规则或者原则,存在五个可能的备选方案。宣布其中的这个或那个是最好的标准,并非易事,但是,它们可以帮助我们理解存在的问题。

（1）同化（assimilation）。如果制定法权利可以被同化为一般法律上的一项财产权，那么，它就不像一项租约或一种取得权，而是一项财产权。这种情况仅在某些情形下可以看到。关于同化的一个引人注目的不同观点出现在威克人民诉昆士兰州一案[42]中。布伦南（Brennan）大法官主张，如果关于皇室土地的立法使用了"租约"这一术语，那么，"租约"就是其准确含义，因而，不能仅仅因为它是制定法上的权利束而对其让渡权予以放弃。然而，绝大多数法官的回应是：他们并没有背弃数百年的历史，也没有抨击财产法的基本原则；相反，他们承认历史的发展、数百年来法律上的变化以及对财产法的需要，从而适应在特定国家的非常不同的情况。[43] 同化的一种变样是奥克兰电信有限公司诉奥克兰市议会（*Telecom Auckland Ltd v Auckland City Council*）一案。[44]《电信法》规定，线路处于土层中时，其所有权属于网络运营商。该案认为，除了地役权之外，这是一种排他性占有权，因而，它属于制定法的"土地"意义的范畴。

（2）类比（analogy）。对于未被现有规则或者原则涵盖的方面，类比一直是一种重要的法律分析方法。类似于一项财产所有权的制定法权利，是一般法律上有所规定的吗？正如汉密尔顿和班克斯在本书中所讨论的，走路和说话像财产吗？哈珀诉海洋渔业部长一案[45]和索尔尼尔诉加拿大皇家银行一案[46]就是运用类比说理的很好事例。在一项矿产勘探许可证并没有授予任何提取矿物的权利或者授予水权的情况下，类比并非易事；因为除了各种河岸权之外，普通法并没有关于提取自然水的权利的规定。对于新的权利（如排放单位），类比也不容易。

---

[42] (1996) 141 ALR 129, 155 (HCA).
[43] ibid per Toohey J at 174.
[44] [1999] 1 NZLR 426 (CA).
[45] (1989) 168 CLR 314, quoted in *Aoraki Water Trust v Meridian Energy Ltd* [2005] NZRMA 251 (HC).
[46] (2008) 298 DLR (4th) 193 (SCC).

第4章　普通法法域中制定法创设的财产权

（3）财产的这一或那一内容事项。提出该问题的另一方法是，制定法许可证是否展现了关键性的一个或多个为一般法律所规定的财产权特征。当然，对于那些关键性的财产权特征是什么，显然正是公开争论的对象。通常参考引用的一套标准内容事项（或特征），是奥诺雷在其题为"所有权"的文章中所讨论确定的[47]，包括占有权、使用权、管理权等。然而，这一解释性指引如何能够用来确实解决有关制定法意图的性质问题，并不清楚（事实上，奥诺雷关于易变的事物种类以及财富种类中权利的观察，而不是后来他的文章的观点，似乎更为有用）。国家省银行有限公司诉安斯沃思（National Provincial Bank Ltd v Ainsworth）一案是另一份经典文献。该案中，在考量动产权利能否在一项财产上创设一项新的、将会对第三人具有拘束力的同等利益时，威尔伯福斯（Wilberforce）勋爵这样认为[48]：

> 在一项权利或利益能够被接纳入财产范畴或者影响财产的一项权利范畴之前，它必须是第三人可以界定的和识别的，必须是第三人根据它的假设属性能够做到的，而且它具有某种程度的永久性和稳定性。

作为一项标准，排他性受到推崇。[49] 但是，通常仅仅在涉及所规定的特别活动时，对于自然资源的处置才会表现出排他权；而对于渔业配额或排放单位，排他性的作用更小。期限或期间是另外一项这种经常寻找的财产内容事项。然而，作为财产的一种形式，普通法上的一项租赁权具有相同的法律地位，而不管该租赁权是持续1小时还是1000年。在可能令人困惑的一

---

[47] A. M. Honoré, "Ownership" in Oxford Essays in Jurisprudence (First Series, A. G. Guest, ed, 1961) 107.

[48] [1965] AC 1175, 1247—8.

[49] 关于排他性的深入讨论，请参见下列文献：L. Fraser, "Property Rights in Environmental Management: The Nature of Resource Consents in the Resource Management Act 1991" (2008) 12 New Zealand Journal of Environmental Law 145。

种"监管"路径的标题下,索尔尼尔诉加拿大皇家银行一案讨论期间问题。可转让性经常被提及。许多制定法上的资源权利都是可以转让的,但是要受到这样或那样的限制条件的制约。再次指出,普通法标准的合理性并不直截了当。长期以来,普通法以对财产所有权转让进行限制而闻名。在18—19世纪,严格的定居规定限制了英格兰的许多土地所有权转让。[50] 租约是非常常见的合同规定事项,未经第一个拥有并获得的出租人同意,不得转让。而且,的确,普通法承认这样的一份合同,即,简单地宣告租赁权不得转让的合同。[51] 避免将财产的任何一项内容事项提升到一种决定性标准的地位,这似乎更为有用;而替代的做法是,对制定法所赋予的所有内容事项进行一种全面的审视。实际上,这是运用类比进行讨论,但不是通过寻找与财产中任何特定已有不动产或财产利益的一项紧密关联的类比来进行。

（4）行政方面或制定法方面。在雷凯尔特提炼有限公司一案中,所提出的三个标准之一是:必须存在对满足一定条件的人赋予一项权利的制定法框架,作为对一种制定法禁止事项的豁免。索尔尼尔诉加拿大皇家银行一案在相同的标准中发现了价值;从事渔业活动的许可证与捕鱼中的一项财产所有权利益进行了耦合。然而,对于将制定法上的一些权利与其他权利区别开来,这似乎并不是一个非常有帮助的方法;因为它只是简单地描述了任何制定法监管制度的基本特征。任何监管制度总是对某种特定行为或活动(如捕鱼、勘探或提取矿物质、排放污染)进行识别,继而禁止人们从事这种行为或活动,除非根据指定监管机构所允许的条件从事——不管是根据一项一般规则还是根据一项特别的许可证。对于一项公共资源处置制度,也大致

---

[50] E. Spring, "Landowners, Lawyers, and Land Law Reform in Nineteenth-Century England" (1977) 12 American Journal of Legal History 40, 50. 在1872年,英国80%的土地属于大约7000人所有;其中大多数应该是受到严格管理的,具有有限的可转让性,限制使用者。

[51] *Bocardo SA v S&M Hotels Ltd* [1979] 3 All ER 737 (CA).

如此。

（5）商业现实和商业预期（commercial reality and commercial expectations）。在索尔尼尔加拿大皇家银行一案中，加拿大最高法院认为，一厢情愿的思维将不能证明用"商业现实"路径使一项财产权成为现实存在的正当性。这是明显的事实；理由是，要使一些事物符合规律，仅仅考虑商业便利是不够的。而且必须承认的是，仅凭当事人的意图并不足以将一项安排转变为一种财产所有权安排。[52] 然而，事情并非就此结束。商业现实把我们带入了商业预期、惯例和习惯做法。阻挫预期可能导致不公正的结果。在另外一种情况下，以蒙特利尔银行诉丹尼克斯石油有限公司（Bank of Montreal v Dynex Petroleum Ltd）一案[53]为例，加拿大最高法院考虑分析了油气产业的背景和惯例，承认特许权使用费利益是不能约束第三人的一种新形式财产权。该例并不是源自一项制定法许可证的一种利益的一个事例，但是它有助于对制定法利益的特征化提出一个有关问题。如果当事人已经表达了他们的意愿（即基于一项制定法许可证的某一特许权使用费随土地而存在），如果该许可证财产的买方收到了关于该特许权使用费的通知，如果有在该产业内存在商业预期（即此类特许权使用费旨在约束权利的承受者）的证据，而且如果特定的买方知道这种预期，那么，仅在法律不承认制定法上的采矿租约或源自其的特许权使用费是财产的基础上，买方应该在哪一点上获得谅解？同样的情况可能发生与水许可证交易有关的事例中："在他们购买农场时，他们知道该农场被设立有一项水共享协议的义务，我可以得到1/3的水，而且每个人都知道他必须

---

[52] 关于将租约与许可证加以区分的意图方面的无关紧要性，有影响的案例是拉戴齐诉史密斯（Radaich v Smith）[（1959）101 CLR 209（HCA）]一案和斯特里特诉芒福德（Street v Mountford）[（1985）AC 809（HL）]一案。
[53] [2002] 1 SCR 146.

履行这些协议。"[54] 这里再次提及汉密尔顿和班克斯在本书中的分析,这是关于财产权存在的功能性或工具性理由,它基于劳动应得理论和经济理论来论证财产的正当性。

  类比或同化所得出的正当性理由让人提出这样的问题,即,制定法上的权利与普通法上的权利是否是完全不同的。答案是,它们并非完全不同;这一点将很快变得十分明显。例如,在英格兰有关不动产的普通法的核心内容上,非限嗣继承地产权(estate in fee simple)实际上是制定法 1290 年《置地法》(Quia Emptores of 1290)的产物。从那时起,立法机关就一直非常活跃,而且表明一些措施(如《欺诈行为法》或 1925 年《财产法(英格兰法)》)"这是普通法,而那是制定法"会需要巨大的勇气。有关登记注册的制定法完全主导着土地和货物权利的法律。同样,许多行政法致力于保护不同种类的权利(包括基本权利和预期)。对于社会保障利益的权利和类似权利必须被视为财产的观点,已有争论。[55] 有关独立存在的合法预期的法律具有并入财产法的一种潜在性,对这一潜在性值得进行详细研究。[56] 那么,如果财产法和制定法并不是完全不同的领域,正式包含有财产特征的制定法权利就会变得更加容易。

---

[54] 新西兰的费沃莱特有限公司诉瓦瓦苏(*The Favourite Ltd v Vavasour*)[(2005) NZRMA 461 (HC)]一案和汉普顿诉汉普顿(*Hampton v Hampton*)(High Court Christchurch CIV-2008-409-2394, Chisholm J, 9 March 2009)一案表明,此类权利主张是可以预见的。

[55] C. Reich, "The New Property" (1964) 73 Yale Law Journal 733.

[56] 奥拉基水务信托诉子午线能源有限公司(*Aoraki Water Trust v Meridian Energy Ltd*)[(2005) 2 NZLR 268]一案判决根据包括独立存在的合法预期,支持依据一项制定法项下水许可证所持有的权利。一项预期是一个理事会对其授权的承诺;预期的意义在于,非依明确具体的制定法权力,该理事会不得故意减损这一授权。

七、立法机关和法院之间的相互作用

我们注意到,对于据其所授予的一项许可证是否具有一种财产所有权因素,自然资源立法常常在阐释方面做得不好。如果立法机关的角色常常是粗心大意的角色,那么法院所扮演的角色就是一种更为活跃的角色。律师和法官,即使在非宪法性案件中,会发现有关私法中财产权及其影响后果问题在其专业领域和宪法性责任范围内是更为合适的问题,而在立法范围内则不是。对于环境和自然资源立法的公法方面和私法方面,他们进行了区分。在公法方面,他们愿意完全遵从立法的规定。他们并不介入诸如公共所有的自然资源处置的自由裁量决定这类事项。关于确定某种鱼类可捕捞总量的合适水平,或者设定不同部门温室气体排放的合适上限,他们并不用自己的观点代替立法机关或某一政府机构的观点。然而,他们并不恭维这些立法在私法中的影响。在这一方面,他们似乎主张更大程度的法律自治。

阿姆斯特朗诉公共信托一案[57]揭示了关于私人秩序的这一自治主张:

> 法院将不会发现,当寻求控制稀缺资源配置时,就像它在《资源管理法》中所做的,立法机关通过间接手段进行干预,以取代普通法中有关共同租用权的地位。在立法机关事实上于《资源管理法》项下承认财产权的程度上,有关不动产和动产的普通法将予以适用,但是受制定法具体条款所规定限制的约束。

这些措词显示了对于立法机关已经完全占据这一领域的任

---

[57] [2007] NZRMA 573(HC) para 23.

何一般性断言的抵制。

对于一项许可证性质的一项制定法声明,在予以一种狭义解读的情形下,一项类似的自治主张可见于克拉克森诉威沙特(*Clarkson v Wishart*)一案。[58] 法院认为,根据《执行法》,一项矿业权利有资格被视为"土地",尽管《安大略省矿业法》有一条规定权利持有者在皇室意志下只是一位承租人。枢密院认为,该条并不构成对一项非排他性矿业权的持有人权利的详尽列举。关于皇室意志下的租赁事宜,它仅仅事关权利持有者与皇室之间的关系。"但是,在这些法官勋爵们看来,如果这类权利确实是由议会制定法所赋予的,就不能允许用这些皇室名下的称谓来毁损这类诉求中权利的实体内容和客观存在,从而据之对抗皇室的其他权利。"[59] 该法授予诉求持有者以一项为该诉求而行动以及转让该诉求的权利;一项记录证明保护租赁权免遭废止,而记录就是权利文件。该法规定记录就是事实上的通知(这些规定"在根本上与一项皇室意志下的单纯租赁权不相符合"),保护任何已故矿业主的任何诉求。人们在观察立法机关实际上做了什么,而不是注意它说了什么。

八、形式主义

关于司法自治的这一独特主张,一项未明确说出的理由可能在于形式主义。正如欧内斯特·温里布(Ernest Weinrib)所明确指出的这一视角:必须将私法作为一种内部上可理解的现象来对待;这可以通过总结吸收法律经验中的突出成效以及通过努力寻找他们自己环境中法律思维和法律话语的意义来实

---

[58] [1913] AC 828 (PC Ont).
[59] ibid at 836.

现。[60] 形式主义似乎提供了一个用来解释或证明我们所看到的四个方面的框架。第一,形式主义强调法律内部一致性的作用。法律思维试图以增加而非减少法律知识一致的方式来制定法律。不同的规则和原则以及不同的学说体系以一种理性的方式得到协调,共同发挥作用。法官认为自己在这方面的工作中比立法机关发挥着一种更大的作用,对此存在争议。立法机关能够把自己的意志强加于法律之中,但并不总是明智地这样做。温里布认为,法律,特别是私法,是思想的成果,是智慧的结晶,而不是权力的结果。[61] 对于我们目前的问题,这可以作为一种提醒,提醒我们在多种多样的环境中寻求法律的一种前后协调一致的演进,让规则在一种大众化的水平上合乎情理,将制定法的意图与关于特别问题的指令协调起来。一些决定让我们进行不合理的区分、列出不必要的例外规定。例如,为了破产的目的而不是为了土地税的目的,规定"它"是财产,除非如果"它"是一项海岸许可证,则"它"是财产。我们能够做到协调而无视这些决定。或许,理想的情况将会是:如果一项制定法许可证被确定为财产或制定法财产,那么,特定的、可接受的一系列后果将会随之出现,除非公正的立法或者指令规定的是另外一种结果。

第二,由于法律的这种一致性是一项内部特征,没有外部指标,法律被认为具有一种自治的特征。通常的观点是:法律不是一个自治的知识体系;法律与政治不可分割;法律概念就其自身而言不需要认真对待,但是就外部学科(如政治的或法律的分析)而言,就需要得到恰当的理解。温里布认为,对这一观点必须重新考虑。对我们来说,决定我们如何完全同意法律的自治问题,根本没有必要。或许,我们能够同意的是,在就制定法许可证的法律属性(尤其是它们在私法上的内容事项)作出决定

---

[60] E. J. Weinrib, The Idea of Private Law (1995). Also valuable is P. S. Atiyah and R. S. Summers, Form and Substance in Anglo-American Law (1987).

[61] Weinrib, above n 60 at 14.

时,与就立法的工具性或政策价值方面作出决定相比,法院通常更愿意保护法律的自治。

这就把我们带入了第三个方面,即,对私法上的处理与公法上的处理进行区别是可取的。重复一下,形式主义者的观点似乎具有某种解释力。在诸如阿姆斯特朗诉公共信托一案和克拉克森诉威沙特一案中,法院似乎做好了进行这种区别的准备。在自然资源处置私法方面中的自治主张与对立法民主性给予恰当的司法尊重之间,存在着协调的空间。尽管我们能够鼓励法律在这种方向上发展,即,允许范围广泛的私法原则运用于解决当事人之间的交易纠纷,但是,我们应该避免运用财产的观念来决定那些在实质上属于政策导向的问题。[62] 在这类问题上,我们应该避免采纳财产的观念,坚持遵从制定法。特别是,我们应该避免运用财产法的观念来扩展根据制定法所授予的权利,避免运用财产法的观念来延长权利的存续期间。就此,索尔尼尔诉加拿大皇家银行一案发出了警示。[63]

第四,形式主义的洞察力是其强调私法通过法律责任这一特殊事物在特定双方当事人之间所构建的联系。这提醒我们,在最终的分析中,财产权问题不是一场关于制定法框架的讨论,不是一场关于自然资源管理政策争论的探讨。如果财产权是人们之间对于事物的权利,那么最终的问题是:同时对某一事物主张权利的两个人,谁会获胜。当事人之间的责任或权利是财产权的一个方面,对此,决不允许忽视。权利的不同主张者之间的

---

[62] Barry Barton, "The Nature of Resource Consents: Statutory Permits or Property Rights" in Environmental Law: National Issues (Derek Nolon ed, 2009). 我的结论是,奥拉基水信托诉子午线能源有限公司(Aoraki Water Trust v Meridian Energy Ltd)[(20050 2 NZLR 268, (2005) NZRMA 251]一案判决的这一做法是错误的,即,以一种强化一项水许可证持有者的权利的方式,使用诸如不得减损一项授权的财产观念。

[63] (2008) 298 DLR (4th) 193 (SCC). Also see A. Gardner, "The Legal Basis for the Emerging Value of Water Licences-Property Rights or Tenuous Permissions" (2003) 10 Australian Property Law Journal 1.

公正的基本问题必须保持关注,并以之作为评判法律制定的标准。

在这一点上,商业预期或商业现实问题似乎重现了。预期无处不在。不能把预期视为痴心妄想而不予理会,特别是在预期显示出其将会通过某一产业而传播发展而不仅是某位诉求者的希望的产品的时候。对于在何为公平结果的某种普遍看法基础上的预期,与它们已经得到的关注相比,需要给予更多关注。

形式主义已经成为数十年来遭到滥用的主题,但是在温里布所勾画的形态中,就制定法许可证的财产所有权内容事项的主张来说,形式主义似乎具有许多的解释力和规范力。

九、对设立新类型财产权的限制

在我看来,与此相关的还有这一观念,即,法律制度将许多利益承认为财产所有权,有一些是自然的和不可避免的。伯纳德·鲁登的研究结论是,所有的非封建法律制度对大约数十项"物权"设置了的一种限制事项清单。[64] 他发现了一项无处不在的一般规则:我们没有权利利用合同来设立任何一种这样的权利,即,用来对抗第三人,而且其内容在任何地方都一样。一般情况下,存在三种占有利益;在普通法中是可继承地产权、终身地产权和租赁地产权。还存在可以被描述为地役权的非占有性的非担保利益,以及担保利益(如抵押)。所有这些权利都能够以共同所有权的形式与他人共有。一般说来,各种法律制度防止仅仅因为他/她获得了一项财产利益而为第三人设定积极义务。[65] 所有法律制度限制或至少限定他物权的设立:"'意

---

[64] B. Rudden, "Economic Theory v Property Law: The Numerus Clausus Problem" in Oxford Essays in Jurisprudence (Third Series, J. Eekelaar and J. Bell, eds, 1987) 239.

[65] Rudden, ibid at 242, 252.

愿'是对合同来说的,而不是对财产而言。"[66] 各种法律制度的这一特征就是物权法定原则,得到承认的财产权的数量是有限的。在大多数法律制度的理论中,这是一项仅仅受到了次要关注的特点(一些大陆法系制度明确规定,除了民法典中规定的物权以外,不得承认任何其他物权)。同样,文献也几乎没有关注这一原则,尽管情况正在发生变化;关于物权法定原则的一项经济原因已经成为一个备受瞩目的议题。[67] 鲁登自己倾向于一种融合康德、黑格尔和霍菲尔德学说的哲学解释。[68]

> 可以设定一项消极义务,但是不能取消一项有权不作为的义务。甲和乙两人中每个人(如乙)的意志都能单独地作为一种要求而增加到第三人的消极义务之中;然而,却不能增加到积极义务之中……消极义务的设定往往未经我们同意……或由侵权法设定。积极义务却非如此。

鲁登实用性地强调,财产权是用于对抗与我们没有合同关系的人(简言之,陌生人)的很好的权利。行使一项合同权利仅仅能够对抗那个与合同有利害关系的一方当事人;相反,财产所有权的权利能够通过执行来对抗干扰该权利的任何人,即使干扰者此前与原告之间没有任何关系(如根据一项合同或信托而存在的关系)。

所有法律制度的物权法定这一特点,对于在制定法许可证中发现财产权,为我们提供了进一步的有用观念。它解释下列问题:为什么财产权应该受到限制,以及为什么法院不应该草率地扩大财产权的范围。在修改法律而对第三人设定新的积极义务时,需要谨慎;这有其哲学上的正当理由。的确,这是基于我

---

[66] Rudden, ibid at 243, 260.

[67] Rudden ibid. T. W. Merrill and H. E. Smith, "Optimal Standardization in the Law of Property: The Numerus Clausus Principle" (2000) 110 Yale Law Journal 1.

[68] Rudden, above n 64 at 252.

们的正义理念的一项正当理由。同时,还存在经济上的正当理由,如信息成本。另外,正如汉密尔顿和班克斯在本书中所讨论的,物权法定这一特点让我们树立这样的思想,即,把我们对于鞋拔子创新性利益的需要解释成为一种已有种类的财产。

另一方面,布伦丹·埃奇沃思(Brendan Edgeworth)认为,在一种有效的权利登记制度很到位的情形下,物权法定原则的重要合理理由之一已经消失;权利登记制度保护那些可能授与土地相随利益的约束的第三人。[69] 尽管他讨论的是托伦斯登记制度,但是同样的做法必须应用于自然资源许可证的登记和记录制度,以及与之有关的对于许可证期间和可转让性的制定法控制。有人可能认为,在这种制度下,真正的问题是一项利益是进行了登记而不是法律是否对它作出了规定。埃奇沃思还注意到,保护法学的完整性已经不再是一项有力的合理理由。最近几十年中,我们已经见证了创设出来的错综复杂的、多层次的和新颖的权利机制,而这些机制并没有使财产法产生混乱或者不能够进行科学分类。[70] 关于皇室土地(即,公共资源)的制度,就是一个事例;新颖的权利能够得到明确规定并进行公开注册,因而,不需要用物权法定来保护作为第三人的买方,以使其免担不合理的交易成本。

在自然资源以及环境商品领域,当然需要有新的权利;从中世纪流传下来的传统做法几乎不足以解决问题。无论是在公共政策领域还是在商业活动领域,都存在新的问题需要解决。对于自然资源中不同种类的标准化财产权的供给和需求,安东

---

[69] B. Edgeworth, "The Numerus Clausus Principle in Contemporary Australian Property Law" (2006) 32 Monash University Law Review 387. 另见汉密尔顿和班克斯在本书中的有关讨论。

[70] Edgeworth, ibid at 407. "法学"(the science of the law)一词的使用来源于布鲁厄姆(Brougham)勋爵在凯佩尔诉贝利(Keppell v Bailey)[(1834) 2 My & K 517 at 535, 39 ER 1042]一案中关于物权法定合理理由的讨论。

尼·斯科特（Anthony Scott）已经发展了一种丰富的理论体系。[71] 供方可能是立法机关、法院、行政机构或者社会中或产业中的惯例。创新通常在不断出现。供需之间存在着相互作用，而且，制度选择问题，即承认一项新财产利益是应该由法院作出决定还是由立法机关作出决定，确实同时涉及二者。[72]

十、结 论

即使在本章的简短讨论中，我们仍然能够发现，判例法并没有产生任何协调一致的理论体系，据之可以决定一项制定法资源许可证是否具有财产所有权的某种特征，或者财产法思想是否能够被恰当地用来理解制定法许可证。立法机关通常几乎不关注这类问题，通常情况是立法机关的一般性声明不能处理当事人起诉到法院的各种各样的纠纷。不太可能的是，我们能够等待立法机关为各种情形提供全面的解决方案。[73] 由于这种立法发展轨迹，我们可以有趣地发现，法院通常不愿意完全受立法机关所表达意图的约束。我们认为，形式主义和物权法定的思想可以在某种程度上解释法院的这种做法。对于我们在法律的发展中所要追寻的事物，它们还给了我们有用的思想观念。对于过度扩张中的财产概念，人们能够识别协调一致的特点，当事人之间的正义以及注意事项。我们能够发现，需要把涉及当

---

[71] A. Scott, The Evolution of Resource Property Rights (2008), especially p 48. 斯科特早期关于权利新解以及新权利束的提供方面的讨论，请参见其下列著述：A. Scott, "Property Rights and Property Wrongs" (1983) 16 Canadian Journal of Economics 555。

[72] 汉密尔顿和班克斯在本书中指出了这一点。梅里尔和史密斯也考虑了这一点；Merrill and Smith, above n 67.

[73] cf L. Foster, "Property Rights in Environmental Management: The Nature of Resource Consents in the Resource Management Act 1991" (2008) 12 New Zealand Journal of Environmental Law 145.

事人之间关系的重要议题带到一种有时强烈需要由政策事项决定的讨论之中。这就使我们有了一种可能性，即，与立法机关和法院已经做的相比，商业预期或商业现实在法律决策中需要更多的关注。

对于我们是否应该鼓励法律在这种方向发展，即，在有关事项上没重大的政策问题的情形下以及在一项公正的结果应该是主要考量的情形下，允许范围广泛的私法原则运用于解决当事人之间的交易纠纷，存在争议。同时，我们必须小心谨慎，防止财产权的滥用。财产权主张在政治上是具有影响的。在将自然资源或者排放权配置给单个的个人或公司的时候，就出现了对公物的商品化。这是一种很好理解的现象，特别是最近几年来商品化步伐格外加快。特别的风险是，财产权的各种观点能够阻止一家机构监管者缩减权利数量。乍看之下，这似乎是不证自明的；但是，这一观点中存在大量的修饰成分，即，"我为这些容许而付款，我是一个善意的买方，缩减它们是对我对它们所拥有的财产权的侵犯"。有必要保护未来的监管者，使其能够对抗这些主张。在环境和自然资源法中，财产权概念具有一种危险的力量。根本问题在于，我们应该将合法使用与非法使用区别开来。

第 5 章

国际法中的财产法渊源和类比

凯瑟琳·雷德格韦尔*

摘要: 本章探讨国际法上的财产权保护,同时还研究"所有权"、主权以及国际法上国家对其管辖范围之内和以外的其能源和自然资源的主权权利之间的关系。在国家管辖范围之内和以外,所有权和财产权的国际制度可能是适用的。

关键词: 财产法,财产权保护,国际法,所有权,主权,主权权利,自然资源

一、导言

通常,国际法并不规定所有权或者财产权制度,国家必须根据其国内法将所有权或者财产权制度应用于能源资源领域。因此,下列事项是由国家作为国内法事项而予以自由决定的事项:能源资源和设施是公有还是私有,以及,例如,进行石油勘探需要符合的条件,是根据私人合同的安排还是按照国家监管的许可证或其他安排。当然,能源资源是公有财产还是私有财产可

---

* 凯瑟琳·雷德格韦尔(Catherine Redgwell),伦敦大学(英国)国际法教授;email:c.redgwell@ucl.ac.uk。
中文译文对一些注释的内容做了简化处理。——译者注。

能并不总是清晰的,其地位可以由国内立法予以明确。有关该问题的一个很好的事例是英国 1934 年《石油法》,该法将所有的石油资源授予皇室,要么,如果有关石油资源随私人土地财产权而存在的话,则它是一部没有补偿的征收法律[1],或者,是对这一资源的业已存在的公共性质的承认。

对于能源资源是公有还是私有财产权制度的调整对象,尽管国际法并没有明确规定,但是,关于外国国民对这些权利的享有,国际法却规定了某些国际最低待遇标准,这些标准现在时常规定在双边投资条约以及某些国际条约(如《能源宪章条约》和《北美自由贸易协定》)中。现在,存在一个重要的判例法体系就需要保护的财产权的性质进行阐释,决定可允许的国家侵害范围。本章旨在探讨国际法上的财产权保护,同时还研究"所有权"、主权与国际法上国家对其管辖范围之内和以外的其能源和自然资源的主权权利之间的关系。在国家管辖范围内外,所有权和财产权的国际制度可能是适用的。

二、国际法中的财产规定

"财产"一词在各种各样的国际法条约中为了各种各样的目

---

[1] 英国的第一部石油立法可以追溯到第一次世界大战期间。为了确保使用石油的海军的用油供应安全,英国制定了紧急附属法规。然而,在第一次世界大战期间,英国政府还寻求鼓励对英国领域内可能存在的石油资源进行勘探开发,而且在 1917 年,一项法案为此目的而提交议会。由于对其地下可开采石油储藏的土地所有者的赔偿问题存在争议,该议案未能成为法律。作为替代措施,英国政府适用 1914 年《王国保卫法》项下的附属法规,赋予其为了寻找和获得石油的目的而进入(私有)土地的权力,并且禁止其他人这样做。1918 年制定的《石油(生产)法》没有涉及对于土地下石油的财产权问题,但是建立了第一项许可制度。这就通过禁止没有一项许可证而寻找或者开采石油的方法,防止了竞争性钻探活动。1934 年,财产权问题最终得到了解决。根据 1934 年《石油(生产)法》第 1 条的规定,在英国,存在于英国岩层中的或者位于英国领水之下的处于自然状态下的所有石油,都属于皇室。对于发现其位于一处大型石油储藏之上的一位土地所有者,不予赔偿/补偿。

的而使用。其中一个目的是在国际法中确立关键性动产的"所有权"。[2] 对于国内财产制度与对其待遇和处置有关的国际关切事项的承认两者之间的关系,一些国际条约作出了规定。非常少见的是对关于不损害(国内)财产权的一项国际保护义务的承认,它可见于 1972 年《保护世界文化和自然遗产公约》(下称《世界遗产公约》)第 6 条。[3] 该条规定:

> 本公约缔约国,在充分尊重第 1 条和第 2 条中提及的文化和自然遗产的所在国的主权,并不使国家立法规定的财产受到损害的同时,承认这类遗产是世界遗产的一部分,因此,整个国际社会有责任合作予以保护。[4]

更普遍的是需要在责任和赔偿制度的语境下对财产进行界定,而责任和赔偿制度为了协调赔偿以及潜在地限制赔偿而对财产损失进行界定。因此,例如,1993 年《欧洲理事会关于对环境有危险的活动造成损害的民事责任公约》[5]界定的"损害"包括"在有危险活动场所的财产损失或对财产的损害,不包括处于营运者控制下所持有的设施本身或者财产的损失或损害"。在1963 年《关于核损害民事责任的维也纳公约》[6]关于核损害的规定中,可以发现类似的表述;这些表述已经为司法机关所考虑。为了建立关于赔偿的国际最低标准,《维也纳公约》在第 1 (k)(i)条款中对核损害界定如下:

---

[2] See also brief discussion in I. Brownlie, "Property in General" in *Principles of Public International Law* (6th edn, 2003) 432.

[3] 11 ILM (1972) 1358. 关于该公约对能源活动影响的一般性讨论,请参见雷德格韦尔和特里格斯(G. Triggs)在下书中撰写的有关章节:*Human Rights in Natural Resources Development* (D. Zillman, A. Lucas, G. Pring, eds, 2002)。

[4] 有关评论,请参见下列文献:G. Carducci, "Arts 4—7 National and International Protection of the Cultural and Natural Heritage" in *The 1972 World Heritage Convention: A Commentary* (F. Francioni, ed, 2008) 119。

[5] Available at ⟨www.coe.int⟩. 该公约尚未生效。

[6] 1063 UNTS 265. 该公约于 1997 年 11 月 12 日生效。

(ⅰ)生命丧失或人身伤害;

(ⅱ)财产的损失或损害;

……

就上述第(ⅰ)至(ⅴ)和(ⅶ)分款而言,条件是损失或损害是由于或起因于核装置内任何辐射源发射的电离辐射,或核装置中的核燃料或放射性产物或废物发射的电离辐射,或来自或源于或送往核装置的核材料所造成的,不论其是由此类物质的放射性质还是由此类物质的放射性质同毒性、爆炸性或其他危险性质的结合所造成的。

在默林诉英国核燃料有限公司(Merlin v British Nuclear Fuels Ltd)一案[7]中,在解释英国1965年《核设施法》第12条(获得补偿的权利),上述关于财产损害的界定为法官所考虑。该案中,由于其房产价格降低(默林一家认为是因核污染而造成),默林一家为自己因此而遭受的经济损失寻求赔偿。盖特豪斯(Gatehouse)法官根据《公约》的上述规定,考虑到《核设施法》是旨在实施包括该法第7条关于"损害"界定在内的有关规定,因而认为:

(1)财产是指有形财产,既不是指无形财产,也不是指财产权;

(2)损害是对有形财产所造成的实际物理损害,因而不包括单纯的经济损失。[8]

也许,对于财产和财产权概念的发展,国际法中最为丰富的领域之一是在投资方面。经典的事例是,东道国违反国际法,对

---

[7] [1990] 3 WLR 383; [1990] 3 All ER 711.

[8] ibid at 394 para G.

外国投资者的财产予以剥夺。[9] 根据传统的国家责任规则,东道国应当对其违法行为承担责任,而母国在实施外交保护时,可以以东道国对其国民的错误行为作为理由,对东道国提起一项诉讼。然而,外国投资者在东道国享有何种财产权是纯粹的一项由国内法规定的事项。关于外国投资者财产的待遇以及由之而产生的权利,一般国际法除了规定行为标准之外,无所作为。关于一国对其领土范围内的外国国民的待遇,习惯国际法承认国家有权行使广泛的自由裁量措施,但是存在一些重要限制[10]:

● 东道国不得通过其官员或者法院,以损害一位外国国民财产的形式,损害该外国国民。

● 为了保护外国国民的财产,必须允许外国国民诉诸法院[11],而且外国国民此时得享有法律面前平等的权利。

● 东道国有义务保护外国国民,该义务适用于他们的财产和人身[12];

● 在处理外国国民的财产和人身事务时,东道国有义务遵守某些最低国际标准。

在判例法和学术文献中,关于这些国际最低标准内容的广

---

[9] 当然,可以质疑关于保护外国投资的规则是否在根本上属于真正的财产规则。巴恩斯注意到:"严格来说,这些规则是关于国家责任规则的宽泛范畴的一部分,而且更类似于不法行为的责任规则。"不过,接着,他却认为"这些规则仍然与保护财产所有权利益有关";这正是在此将其作为正当性理由的原因。See further R. Barnes, *Property Rights and Natural Resources* (2009) 230 n 54.

[10] See R. Jennings and A. Watts, *Oppenheim's International Law* (9th edn, 1996, vol1) 916.

[11] 在国际法上,只要当地有关救济措施可供采用和有效,当然,在母国主张外交保护之前,要求穷尽当地救济措施。习惯国际法的有关规定编纂于不具有法律拘束力但具有权威性的联合国国际法委员会 2001 年《关于国家责任的条文草案》。

[12] *AAPL v Sri Lanka* 4 ICSID Awards 250; 30 ILM (1991) 577.

泛分析,其中对下列事项存在广泛共识[13]:

(1) 征收不得任意作出。
(2) 征收必须以适用正式通过的法律作为基础。
(3) 征收应该为了公共利益。
(4) 征收在本国国民和外国国民之间应该是非歧视性的。
(5) 对于被征收的财产应该给予赔偿(尽管对应该支付的赔偿标准存在长期不断的争议)。

财产利益还受到条约的保护,经典形式是盛行于19世纪和20世纪早期的友好通商航海条约,它们有着广泛的"财产、权利和利益"范式。[14] 这些措词还被有意地融入到经合组织1967年《关于保护外国人财产公约草案》之中,旨在包括不仅仅是投资的一种更为广泛的领域。[15] 更多的现代条约关注更为狭义的投资,1959年以来就缔结了2000多项双边投资条约来保护外国投资。除其他事项外,这些条约给"投资"下定义,其中包括了需要保护的财产权。这些界定通常包括:有形财产或无形财产,动产和不动产;财产权(如抵押、留置或保证);知识产权。[16] 习惯国际法上,一项关于外国国民财产保护的国家间主

---

[13] See for example Jennings and Watts (above n 10); R. Dolzer and C. Schreuer, *Principles of International Investment Law* (2008); and N. Schrijver, *Sovereignty over Natural Resources: Balancing Rights and Duties* (1997).

[14] 关于友好通商航海条约的解释,例见下列文献:*Electronica Sicula S. p. A.* (*EL-SI*) (*United States v Italy*) ICJ Reports (1989) 15; *Oil Platforms* (*Islamic Republic of Iran v United States of America*) ICJ Reports (2006) 10。

[15] Art 9(c) and explanatory note 3 (a), text available at 〈www.oecd.org〉 and 7 ILM (1968) 117. 尽管经合组织起草的这一条约文本意在产生全球性影响,但是却未能获得生效所需要的足够数量的国家的支持。《经合组织理事会关于〈条约(草案)〉的决议》[C(67)102]建议将其作为投资保护条约的范本。多尔查(Dolzer)和史蒂文斯(Stevens)将经合组织成员国所缔结的早期双边投资条约之间的相对类似性归结于这一《公约(草案)》的影响;R. Dolzer and M. Stevens, *Bilateral Investment Treaties* (1995)。

[16] See, for example, the US Model BIT (2004); UK Model BIT (2005); see also the ECT Art 1(6) and the extensive definition of investment in Art 1139 NAFTA. For further discussion see Dolzer and Schreuer (above n 13) at 60—5.

张,依赖于母国实施外交保护。双边投资条约的另外一个特征是:它与习惯法的地位不一样,现代双边投资条约包含一项争端解决条款,允许由投资者通过投资争端解决国际中心或者其他裁决机构直接向东道国进行索赔。

然而,在根据一般习惯法或者条约文件享有对"财产权和利益"或"投资"的保护之前,有必要首先考虑国际法是否要求国家许可获得此类财产/投资。如果缺乏明确的义务,则假设为相反的情况,即一国不得被迫准许外国投资进入本国;这是国家主权的一种自然产物。一国在行使其经济主权时,决定是否以及在多大程度上它愿意对外国投资者开放本国经济,仍然由它自己选择。而且,这种决定可以因时间而改变,石油产业最近在厄瓜多尔的经历证明了这一点。[17] 当然,一国一旦对外开放其经济,关于外国投资者及其投资待遇的习惯法上的义务(以及任何条约义务)就开始启动。这种平衡在1967年《关于保护外国人财产公约草案》中得到了体现;草案承认每个国家监管投资准入的主权权利,规定如果以及当外国投资获得准入时国家必须承担保护外国投资的义务。[18] 如今,一些(但并非全部)双边投资条约包含关于进入条件(准入)和存在条件(投资者据以在其投资期间实施其投资运作的条件)的内容。[19] 欧洲遵循1967年

---

[17] 例如,美国石油公司提起的许多国际仲裁索赔案件都提交国际投资争端解决中心,声称对方违反了与美国之间签订的双边投资条约(其中包括美国—厄瓜多尔双边投资条约)。监管环境的变化,其中包括2006年针对石油公司设征的一项利润税,通过世界银行的国际投资争端解决中心的仲裁机构,引发了一起金额高达100亿美元的索赔案件。2007年12月23日,厄瓜多尔就涉及"与自然资源(如石油、天然气或其他矿产资源)开采有关的"事项,撤回了其对国际投资争端解决中心管辖权的接受;进而,在2009年宣告其退出《公约》,自2010年1月7日起生效;see ⟨icsid.worldbank.org⟩。

[18] See Art 1(b) (above n 5) and T. Pollan, *Legal Framework for the Admission of FDI* (2006).

[19] See generally Dolzer and Schreuer (above n 13) ch V. 然而,准入权并不是没有限制的,而且最常见的是以国民待遇和最惠国待遇的要求作为条件,或者,以列举的开放(积极)或者禁止(消极)清单作为条件。

确定的发展路径,其实践重点是,一旦同意投资准入就必须承担的(保护)标准和保证,但是并不倾向于授予一种准入权;准入权问题仍由东道国单方决定。[20] 北美在实践中授予一种有限的准入权。[21]

除了外国投资领域之外,国际法承认财产权是一项人权;这是一种其享有并不依赖于所有者或权利持有者是否是外国人的一项权利,它可以影响私有财产权的运作。财产权在许多人权文件中都得到了承认[22],包括1969年《美洲人权公约》[23],不具法律拘束力的2000年《欧洲联盟基本权利和自由宪章》[24]以及《非洲人权和人民权利宪章》。[25] 事实上,对于财产权的首次承认,可见于联合国大会1948年通过的《世界人权宣言》,该宣言第17条承认,财产权和权利免受任意剥夺。

在1952年《〈1950年欧洲人权公约〉第一议定书》(特别是

---

[20] ibid at 81. 另见《能源宪章条约》第10条的规定。该条关注投资的促进、保护和待遇,但是并没有规定任何准入权。
[21] 例见《美国双边投资条约2004年范本》第3(1)条,该条没有就市场准入方面作出规定。
[22] 值得注意的例外是1966年联合国《公民权利和政治权利国际公约》和《经济、社会及文化权利国际公约》的规定。
[23] 1969年《美洲人权公约》第21条规定:
　　一、人人享有使用和享用财产的权利。法律可以使这种使用和享用服从于社会利益。
　　二、任何人的财产不得剥夺,但是基于公用事业或社会利益的理由以及在法律规定的情形下并按法律规定的形式,给予公正赔偿的情况除外。
　　三、高利贷以及任何其他人剥削人的形式都应当由法律予以禁止。
[24] 欧盟《基本权利和自由宪章》第17条规定:
　　一、人人享有拥有、使用、处置以及遗送(bequeath)其合法获得的财产的权利。任何人的财产不受剥夺,除非是基于公共利益以及在法律规定的情形下并根据法律规定的条件,对于其损失及时给予公平的赔偿。只要为普遍公共利益所必要,法律可以对财产的使用予以监管。
　　二、知识产权应当受到保护。
[25] 《非洲人权和人民权利宪章》第14条规定:财产权应当受到保障。除非为了公共利益的需要或者为了社会的整体利益,并根据适当法律的规定,财产权不受侵犯。

其第 1 条）中，对财产权的范围进行了宽泛界定。[26] 第 1 条规定：

> 每个自然人或者法人都有权和平地享用其财产。除非出于公共利益并按照法律和国际法一般原则所规定的条件，任何人的财产应当不受剥夺。
>
> 但是，在国家认为根据公共利益或者为了确保税收或其他收入或者罚款的收缴而认为确有必要时，前款规定无论如何都不得损害国家实施有关法律的权利。

在马克斯诉比利时（Marckx v Belgium）一案中，欧洲人权法院注意到，"通过承认每个人拥有和平地享用其财产的权利，第 1 条从根本上保证了财产权"。[27] 在斯波戎和朗罗思诉瑞典（Sporrong and Lonnroth v Sweden）一案中，欧洲人权法院辨析了该条所包含的三项规则：

> 第一项规则是具有一种普遍性的规则，它规定了和平享用财产的原则……第二项规则涵盖了财产的剥夺及其应当受某些条件的制约……第三项规则承认，除了其他事项以外，国家有权根据公共利益，通过在其认为为此目的而必要时实施此类法律，对财产的使用加以控制……[28]

对于第 1 条中的"财产"（possesions），法院的解释是它既包括有形财产也包括无形财产，亦即，"物权、无形权利、公司股

---

[26]　See generally A. Riza Coban, *The Protection of Property Rights with the European Convention on Human Rights* (2004); see also the discussion in R. Desgagne, "Integrating Environmental Values into the European Convention on Human Rights" (1995) 89 AJIL 263 at 277—82.

[27]　31 Eur Ct H R (ser A) para 63 (1979).

[28]　52 Eur Ct H R (ser A) para 61 (1982).

份、商业信誉,等等。"[29] 过去,欧洲人权法院已经对和平享有的财产权的范围进行了考虑。它认为,环境妨害及其他妨害能够间接地导致对第 1 条所保护的权利的干扰,乃至构成对财产的事实上的剥夺。[30] 这一对"保护每个人享用其财产"[31]的经济助推由欧洲人权法院在雷纳(Rayner)一案中得到了加强;法院注意到,第 1 条"主要关注的是对于财产的任意剥夺,因而在原则上没有保证在一种愉快的环境中和平享用财产的一项权利"。[32] 如果发生了损害享用财产的情况,但是对国家没有给予赔偿的财产的价值并没有造成一种明显的减损,那么,就不存在违反《第一议定书》第 1 条的情形。因此,在 S 诉法国(S v France)一案[33]中,原告诉称由于在距其房子 300 米的地方修建一座核电厂,因而发生了包括违反《第一议定书》第 1 条在内的情形。对于该条规定的范围,法院采用了与其在雷纳一案中相同的路径,进而认为,由于原告接受了与其所遭受损失并非不相称的赔偿,因此不存在违反该条规定的情形。从第 1 条第 2 段("第三项规则")可以明显地发现,权利不是绝对的。在弗利丁(Fredin)一案中,瑞典主管机关基于自然保护的理由,撤销了一项矿产许可证;当法院认为瑞典主管机关的做法是正当的时候,

---

[29] Desgagne (above n 26) at 277 n 104. 德加涅(Desgagne)注意到:"一般国际法在范围广泛的意义上对所有权予以界定,即,它是'一种获得的权利或者赋予的权利'。"See also W. Peukert, "Protection of Ownership under Article 1 of the First Protocol to the European Convention on Human Rights" (1991) 3 Human Rights Law Journal 37.

[30] Above n 28 at paras 60-3. 在 S 诉法国(S v France)一案中,法院认为,噪声妨害如果非常大的话,就会对财产的价值产生明显影响,甚至导致财产无法出售,因而构成一种部分征用;Application 13728/88, 65 D&R (1990) 250.

[31] See S. Weber, "Environmental Information and the European Convention on Human Rights" (1991) 12 *Human Rights Law Journal* 177 at 181.

[32] Application 9310/81, *Rayner v United Kingdom* 47 D & R (1986), 5.

[33] (1990) 65 DR 250.

它强调了这一事实。[34] 关于平衡个人财产权与广泛社会利益的进一步的证据,可以在法格斯科尔德诉瑞典(*Fagerskiold v Sweden*)一案[35]中找到。该案中,政府批准营运风力涡轮机,一位度假住宅的所有者认为该批准构成对相邻财产的妨害,侵害了包括第1条规定的对其受保护财产的和平享用在内的权利,因而提起诉讼。基于这一对原告权利的干扰程度尚不足以启动《公约》保护程序的情况,法院决定不予受理。尽管如此,在拒绝根据第1条提起的诉讼并决定不予受理时,法院还注意到:

> 在法院看来,毫无疑问,风力涡轮机的运营是符合公共利益的。因为这是一种环境友好型的能源来源,能够对自然资源的可持续开发作出贡献。法院注意到,本案涉及的风力涡轮机能够生产足够的能源,满足40到50户私人家庭全年期间的取暖使用,这对于环境和社会都有裨益。[36]

在平衡社会整体利益与对当地居民的消极影响(特别是噪音)中,法院还注意到,地方当局为了减轻风力涡轮机的不利影响,已经对其运营设立了限制。

三、国际法对国内财产法的参数设定作用

因而十分明显的是,对于能源资源是公有还是私有财产权制度的调整对象,尽管国际法并没有明确规定,但是,对于此类财产可以如何监管,它却设定了某些限制。限制之一的基础是

---

[34] Ser A No 192 (1991). 在环境保护和其他情境下,法院认为为了一种更为广泛的公共目的,对财产造成损害是正当的;这有许多其他案例;Coban and in Desgagne (above n 26)。

[35] Application No 37664/04, decision of 26 February 2008, available at ⟨cmiskp.echr.coe.int⟩.

[36] ibid at 18—19. 关于涡轮机对财产价值造成消极影响的诉讼请求,也被法院驳回;驳回的理由是未用尽当地救济措施。

国内法上的财产概念，即私有财产受保护、免遭非法侵害，通过母国实施外交保护来要求东道国对其干预承担责任。双边和多边投资条约的缔结提升了习惯国际法的这一地位。这些条约为待遇标准提供了一种条约基础，为允许外国投资者直接向东道国进行追索提供了一种争端解决机制。与私有财产权有关的对国家行为的第二项限制可以产生于对财产权作为一项人权的承认，对财产权的享用并不依赖于所有者或者权利持有者是否是外国国民。[37] 这些权利的实施有赖于将条约权利纳入国内法之中，从而使得能够到国内法院进行追索；或者，一旦国内救济措施用尽，在存在某种国际机制（如欧洲人权法院）的情形下，通过该机制解决问题。

关于国家在其领土内可以如何对待财产，还有其他一些间接限制。例如，前文已经提到的《世界遗产公约》；对位于一国境内的列入名录的遗产，公约通过为其设立行为标准而实施。[38] 对于实施公约规定的保护而言，遗址并不必要是公共所有的甚或由公共机构规划设立成一座公园或一个保护区，尽管会由于任命和记载而产生管理义务。然而，(1) 是先由国家决定提名，而后由世界遗产委员会决定是否列入《世界遗产名录》；(2) 除了将财产列入《世界遗产名录》以及，在国家行为（或正在实施的行为）已经将列入名录的财产所具有的突出普

---

[37] 尽管这一问题在本章的讨论范围以外，然而还应该指出的是，自19世纪以来，随着关于版权的《伯尔尼公约》的签订（该《公约》现由世界知识产权组织主管实施）以及最近世界贸易组织体系下的《与贸易有关的知识产权协议》的签订，在无形财产权的保护方面，一直存在广泛的国际协调。联合国教科文组织最近还解决了土著知识保护方面的无形财产问题。由于这类无形财产/资源不受物质形式上的限制，这里使用的主要法律工具是排他性。

[38] 依赖于一种对场所进行命名路径的其他国际条约可能设定类似的限制。例如，1971年拉姆萨尔《关于特别是作为水禽栖息地的国际重要湿地公约》，同《世界遗产公约》一样，依赖于一种将场所列入名单目录的方法。再如，1992年《生物多样性公约》鼓励利用保护区就地进行生物多样性保护。关于这些条约对能源和资源开发利用活动的影响，雷德格韦尔进行了研究。Redgwell, above n 3.

遍价值予以消灭时将有关财产从名录中除名之外,公约并没有规定一种实施机制。因此,例如,为了保护濒危的阿拉伯羚羊而建立的一个位于阿曼境内的自然遗产遗址,是第一个于2007年从《世界遗产名录》中除名的遗址。这样做的原因之一是,由于石油许可活动的影响,导致保护区面积缩小,低于维护羊群可持续性的要求。[39]

此外,不允许国家不考虑其他国家的利益或者不考虑全球环境保护,而在其领土范围内或在国家管辖范围以外从事或者许可从事有关活动。[40] 对于防止、减少和控制因国家管辖和控制范围内的活动而产生的跨界污染及环境损害,以及对于在减轻跨界环境风险和紧急事件方面通过通知、磋商、谈判和(在合适情形下的)环境影响评价而进行合作,该原则为国家设定了双重义务。[41] 强调指出这一点是非常重要的,即,该原则并不导致对产生某种跨界损害风险的活动的禁止,条件是上述两重义务得到了遵守。而且,在没有明文禁止的情况下,国家在监管其管辖和控制下的活动时,需要履行谨慎义务。"谨慎义务"既包括政策的制定以及法律和行政控制,从而确保环境损害的预防、减少和控制,也包括坚持采用最好的现有(有利于环境的)技术或做法。不可避免的是,这一"谨慎义务"的履行将会对根据国内法享用财产权产生影响;这种干扰甚至可能会作为一种直接或间接的财产征收而受到挑战。但是,国家是否应该履行其"谨慎义务"并不根据国家是否拥有所有权或者是否直接行使财产权的情况而定。影响深远的特雷尔冶炼厂仲裁一案充分证明了

---

[39] See further the World Heritage in Danger List available at ⟨www.unesco.org⟩.

[40] 最著名的软法宣告是不具有法律拘束力的1972年斯德哥尔摩《人类环境宣言》原则21以及1992年里约《环境与发展宣言》原则2。在1997年盖巴斯科夫/拉基玛洛项目案(匈牙利/斯洛伐克)一案中,"不损害"原则被明确承认为习惯国际法的一项一般原则。

[41] P. Birnie, A. Boyle and C. Redgwell, *International Law and the Environment* (3rd edn, 2009) 56.

这一点。[42]

四、国际化领域内的财产

在国家领土范围之外,国际法如何处理财产权问题?首先,需要回顾一下,尽管沿海国对其领水以及大陆架上和专属经济区内的海床和底土资源享有主权,但是对于这些区域内的生物和非生物资源,享有的却是有更多限制的主权——主权权利。然而,这类权利是专属性的;对于这些区域内资源的开发活动,沿海国仍然行使专属的国内管辖权。但是,正如希金斯所指出的,这些国家本身不拥有这些资源:"对于大陆架上的资源,国家并不享有所有权——国家仅仅为了勘探和开发目的而享有主权。"[43] 然而,国家在这一问题上的做法似乎并不一致;一些国家基于所有权而对近海自然资源进行监管,而另外一些国家仅仅提及国际法所承认的主权权利,不对这些区域内资源的所有权进行规定。[44] 实践中,因为是沿海国对这些资源享有专属主权权利并对规制这些资源的获取利用活动享有专属管辖权,因此,其他国家不可以对区域内的这些资源主张权利/所有权/财产权。传统方法上,对于无人主张的陆地领土——无主地,是很容易通过占领以及其他类似手段而获得("所有权")的。与这一传统方法不同,自1946年《杜鲁门公告》*以来,近海开发遵

---

[42] (1941) 35 AJIL 684.

[43] R. Higgins, *Problems & Process: International Law and How We Use It* (1994) 138.

[44] 关于丹麦和英国的相反立场的事例,下书进行了讨论:M. M. Roggenkamp, C. Redgwell, I. del Guayo and A. Rønne, eds, *Energy Law in Europe* (2nd edn, 2006)。

* 《杜鲁门公告》(《美国关于大陆架底土和海床天然资源的政策公告》)由美国总统杜鲁门发表于1945年9月28日,原文中"1946年"有误。——译者注。

循一种不同的路径,即,承认对大陆架的主权权利是固有的和排他性的权利,并不依赖于明文公告或者实际使用。相比之下,通过《联合国海洋法公约》谈判所形成的专属经济区概念还承认沿海国主权权利的排他性。这些权利的存在并不取决于为了此种排他性享用而实际行使权利,而是必须对这些权利予以明确公告。[45] 然而,这些规定并没有处理这些资源开采出来以后的所有权问题,也没有涉及与开发这些资源相关的设施和设备的所有权问题。这是一项国内法事务,尽管对于越境设施和大型跨界资源项目,它可能需要由条约进行特别监管。[46] 因此,有关设施和管道可以由一个或多个国家所有,也可以由财团所有。[47]

国内法如何可能解决位于国家领土之外的设施和资源的所有权问题呢?关于财产权的监管,很显然,沿海国在领海所享有的主权包括将其财产制度扩展到领海区域的权力;鉴于1982年《海洋法公约》和习惯国际法项下的允许无害通过并不得过分

---

[45] 参见联合国《海洋法公约》第56条的规定。

[46] 在存在管辖权争议的地区,尽管沿海国甲与沿海国乙权利延伸之间的确切领土界线并没有划定,但是,仍然可以在双方对于资源排他性权利共同同意的基础上,对争议地区的资源进行联合开发。See, generally, D. Ong, "Joint Development of Common Offshore Oil and Gas Deposits: 'Mere' State Practice or Customary International Law?" (1999) 93 AJIL 771 and P. D. Cameron, "The Rules of Engagement: Developing Cross-Border Petroleum Deposits in the North Sea and Caribbean" (2006) 55 ICLQ 559.

[47] 途经7个国家海域的北溪管道是一个事例。该管道一旦建成,将通过波罗的海从俄罗斯向欧盟输送天然气。北溪管道由北溪管道公司(Nord Stream AG)所有,该公司是由俄罗斯的天然气工业股份公司(Gazprom,51%)、德国的温特斯哈尔公司(BASF/Wintershall,20%)和 E. ON Ruhrgas 公司(20%),以及荷兰的国家天然气管网作业公司(Gasunie,9%)这4家公司组建的一家合资经营公司。

目前,北溪管道公司的股东及股权结构是俄罗斯的天然气工业股份公司(51%)、德国的温特斯哈尔股份公司(Wintershall Holding,15.5%)和 E. ON Ruhrgas 公司(15.5%)、荷兰的天然气管网作业公司(Gasunie,9%)以及法国的天然气苏伊士集团(GDF Suez,9%)。资料来源,北溪管道公司网站(http://www.nord-stream.com/about-us/,2013-08-06)。——译者注。

妨碍的义务,沿海国的这样做的权力是排他性的但不是绝对性的。然而,甚至一项范围广泛的财产权制度的扩展到领海是不可能会对无害通过产生过分阻碍作用的,而且这种扩展也不可能会导致沿海国对自然资源的监管受到侵害;这种监管是通过针对石油和天然气勘探和生产(包括设施和管道的建造)的许可证和许可制度而进行的。[48] 针对大陆架上和专属经济区内能源活动的、为了这些资源目的的监管,相同的一般性考虑因素同样适用。

　　在国家管辖范围以外,国内财产权规则并不作为沿海国对领土和/或活动管辖权的一种延伸而予以适用,深海海床资源的规则是基于共用物(res communis)概念,这反映在其资源地位是作为人类共同财产。1982年《海洋法公约》宣布"区域"及其资源是人类的共同继承财产,不是国家主权[49]或国家据为己有[50]的对象。这是国际法中一项罕见的关于资源地位的承认,即,这是应当为了全人类的利益而享用的共同财产资源。[51] 这是一种对于国家(领土)主权和私有财产概念的适用进行规范性限

---

[48] 的确,未能通过国内法(无论是财产还是其他法律机制)来监管此类活动可能导致产生国家责任;对此,本章在前面的第三部分"国际法对国内财产法的参数设定作用"中进行了讨论。

[49] 也就是说,这不能阻止财产权成为国内法上的一项内容。正如巴恩斯在讨论《海洋法公约》关于深海海底资源开采规定时所正确地指出的,"为了私人利益,国际法对海底资源建立了某种形式的排他性权利;这是在国内财产制度中更容易发现的一种权利";Barnes, above n 9, at 13。

[50] 联合国《海洋法公约》,请特别参见其第136条(宣告人类共同财产)以及第137条("区域"及其资源的法律地位)的规定。

[51] 另请参见:《关于各国探索和利用包括月球和其他天体的外层空间活动所应遵守原则的条约》,特别是第1条(全人类的共同开发范围)和第2条(任何国家不得据为己有),明确规定,外层空间是全人类的共同开发范围,不是国家据为己有的对象。1979年《关于各国在月球和其他天体上活动的协定》第11(1)条宣告月球及其自然资源是人类共同继承财产;但是,与《海洋法》关于深海海底资源的规定不同,该协定并没有关于管理月球及其自然资源的机制化的规定。根据该协定第11条第5款和第7款的规定,有关管理制度的建立推迟到开发利用活动即将变得可行之时。

制的例证;其他限制包括禁止拥有和/或使用某些生化武器,禁止把人作为奴隶来拥有和/或使用。这反映了对财产的道德限制;这是因为,某些事物不应当被"财产化",尽管这一观念因其在文化、社会、政治和时间上的相对性,会随着时间的推移而变化。[52]

共同财产地位的法律含义是什么?最常见的用于确定共同财产的因素[53]包括:

(1)有关区域不能够成为国家占用的对象;
(2)所有国家应该共同管理该区域的资源;
(3)对于源自资源开发的利益存在实际上的共享;
(4)专为和平目的;
(5)为子孙后代保存该区域。

因而,共同财产原则的显著特征是,强调资源的国际管理和控制以及国际共享。共同财产地位通常意味着需要代表国际社会的某种形式的国际机构或机关,并由之代表国际社会而享有这些资源开发的惠益。1982年《海洋法公约》第11部分所建立的制度就是这样一个事例。由于这一原因,这一概念不是"自我执行"的,而是要需制度化的机制予以实施。[54]

五、结 论

关于国际法对国内财产概念的影响,我们已经看到,对于处

---

[52] See, generally, J. Penner, *The Moral Limits of Property* (2006) and Barnes (above n 9) at 16.

[53] See, generally, C. Joyner, "The Common Heritage of Mankind" (1988) 32 ICLQ 443 and K. Hossain, *The Common Heritage of Mankind* (1998).

[54] 这导致玻意耳得出这样的结论:"因而,共同财产是一个潜在性的概念,而不具有实际的法律意义。"See, A. Boyle, "International Law and the Protection of the Global Atmosphere: Concepts, Categories and Principles" in *International Law and Global Climate Change* (R. Churchill and D. Freestone, eds, 1991) 1 at 10.

于一国管辖范围内的能源资源是公有还是私有财产权制度的调整对象,国际法基本上没有规定。然而,关于外国国民对财产权的享有,国际法却规定了某些国际最低待遇标准。此外,一些人权文件对于财产权的享有给予保护,而不考虑权利持有者的国籍。关于国家财产权监管的限制还通过下列路径而产生,即,其他明确规定的条约义务(如《世界遗产公约》),或者,间接地,在监管其管辖和控制范围内的人和活动时,国家为了防止包括跨界损害在内的必须履行的义务。在国际化了的领域,我们已经看到,国家并不"拥有"大陆架上的资源。位于国家管辖范围以外的某些资源(如深海海底资源)被承认为人类共同财产,不是单边性的国家据为己有或者所有权的对象。对这类资源的财产权还产生于下列情形:在大陆架上,资源在减少而被占有的时点(如位于井口的石油);就深海海床而言,当根据1982年《海洋法公约》第11部分所建立的深海海底采矿国际制度而获得勘探或开采许可时。自然资源主权[55],不管是被视为"绝对的"、"完整的"或"不可分割的",还是被视为"受到限制的"、"相对的"或"功能性的"[56],在国际法上并不必然意味着对这些资源的所有权。相反,正如斯赫雷弗(Schrijver)所指出的,主权等同于不受干涉、行使国内管辖权以及"法律领域内的自由裁量权"。[57]在国际法上,是主权而不是财产,才是"国家法的基本宪法性原则"。[58] 因此,尽管"财产"是国内管辖的一个基础性的秩序概念,但是它在国际法上既没有一种固定的含义,也不具有一种主导性的地位。

---

[55] See, generally, N. Schrijver, *Sovereignty over Natural Resources: Balancing Rights and Duties* (1997).

[56] ibid at 2. See also D. French, *Sustainable Development and International Law* (2006).

[57] ibid.

[58] Brownlie (above n 2) at 297.

第6章

国家所有权制度下的石油和天然气财产权

因卡·奥莫罗格贝   彼得·奥涅莫拉[*]

摘要： 本章检视联邦制国家中联邦、州和地方政府之间对地下石油的财产权利。本章还讨论依照各种石油许可证和租约、产品分成合同、单纯服务合同、合资企业合同以及其他石油合同所授予勘探和开发公司的各种财产权的法律特征，同时也讨论石油勘探和开发活动涉及的社区权利的法律特征。尽管当具有相关性和必要性时，会与更为发达的经济体进行比较，本章特别以发展中国家为研究重点。

关键词： 财产权，财产法，石油资源，联邦，所有权

一、导言

本章论述全部自然资源归国家所有的那些法域中所出现的各

---

[*] 因卡·奥莫罗格贝（Yinka Omorogbe），尼日利亚国家石油公司秘书兼法律顾问，伊巴丹大学（尼日利亚）法学院前教授和院长。Email：yinka.omorogbe@gmail.com。本文观点由作者负责，与尼日利亚国家石油公司无关。

彼得·奥涅莫拉（Peter Oniemola），伊巴丹大学（尼日利亚）法学院约翰·D 和凯瑟琳·T 麦克阿瑟基金实习研究生。Email：petermola@yahoo.com。

中文译文对一些注释的内容做了简化处理。——译者注。

种财产权。同样,在这些制度中,尽管绝对所有权仍然由作为主权者的国家享有,但是下列利益相关者则可以享有各种财产权:
- 州/省或者地方政府;
- 租约或者其他由国家授予的法定权利的持有者;
- 根据国家石油公司或者其他代表国家的实体所持有的许可证或者租约而开展工作的承包人;以及,
- 自然资源所在的社区。

根据一个国家的社会、政治和历史背景以及法律制度,特别是直接影响石油和天然气产业以及直接影响政府与公司、公司与公司之间所签订的各种合同的国家法律,其石油和天然气的所有权权利具有多种形式,而且各国都有所不同。长期有效的法律制度或者规制体系规定了石油和天然气权利的配置、持有、转让和消灭的规则和程序,也为各类石油和天然气权利的持有者规定了相应的权利和义务。

当一项特定资源的所有权由国家享有时,正如国家所有权制度中所发生的那样,其他组织机构的权利通常会限于该种资源的使用权、管理权、控制权或者受益权。[1] 不同的是,在那些所有权授给政府行使的国家,公司或者个人如果没有首先取得政府的授权就不能合法地采掘矿产和销售任何矿产品,而不像美国及其他少数国家那样,矿产资源所有权最初授给了拥有地表权利的个人或者组织。[2]

本章检视联邦制国家中联邦、州和地方政府之间对地下石油的财产权利。本章还讨论依照各种石油许可证和租约、产品分成合同、单纯服务合同、合资企业合同以及其他石油合同所授予勘探和开发公司的各种财产权利的法律特征,同时也讨论石油勘探和开发活动涉及的社区权利的法律特征。尽管当具有相

---

[1] A. Clerk and P. Kohler, *Property Law*: *Commentary and Materials* (2005) 40.
[2] "Mineral Rights", available at 〈http://geology.com/articles/mineral-rights.shtml〉.

关性和必要性时,会与更为发达的经济体进行比较,本章特别以发展中国家为研究重点。

二、所有权的概念

目前,观察和定义所有权的视角有很多。所有权的概念没有一个确定的形态,因为很难给所有权下一个普遍适用的定义。这一概念因使用语境的不同而不同。布莱克斯通对所有权的定义是:"个人主张获取并实际行使人世间客观物品的唯一的和专有的完全的最终权利,对于世界上任何其他个体都具有完全的排他性。"[3]沃尔德伦则认为:"所有权表示与个人名字相联系的那个物体的抽象概念。"[4]奥诺雷认为,所有权是关于既独立又相关的一束权利的术语,包括下列权利[5]:

(1) 占有权(对某物具有排他的控制力,或者依照该物的性质所允许的条件所具备的这种控制力);

(2) 任意使用该物的权利;

(3) 管理该物的权利(有能力决定该物的使用方式和使用主体的权利);

(4) 收益权和处分权(所有者拥有让渡的无限制的转让权利,也具有对该物的部分或者全部进行消费、丢弃或者毁坏的自由);

(5) 担保权(作为所有者的保留不确定性的权利,如果他选择偿还债务并且如果他保留了偿还能力);

(6) 转让权(利益能够转让给他人);

(7) 无固定期限限制(该利益在一个不确定的期间内存续);

---

[3] W. Blackstone, *Commentaries on the Law of England* (1979) 2.
[4] J. Waldron, *The Right to Private Property* (1988) 47.
[5] Clerk and Kohler (above n 1) at 194—205.

(8) 预防损害的责任(物的所有者根据他不得损害他人并防止他人利用该物损害他人的条件而使用该物的特权);

(9) 执行的义务(所有者的利益能够用来偿还债务,或执行司法债务,或者通过破产清算);

(10) 剩余性特征(所有者的利益高于任何其他利益,例如承租人和执照持有者等的利益)。

因此,所有权意味着物的所有者在该物上优于和超越所有其他人的、特定的权利集合或者权利束。所有权是最终的财产利益,是我们标识对某物具有根本控制权的一个人或者一些人的工具。[6] 所有权意味着对于一项财产享有完整的和全部的权利。所有者是对财产拥有支配权、占有权和控制权的人。这些权利包括:保护和防卫该占有不受他人侵扰或者侵入的权利;在他人的权利不受侵犯或者不违背某些法律的前提下,任意处分物的权利。[7] 因此,所有权应该包含:享用权;决定物的利用方式的权利;依所有者意志处理、生产或者毁坏该物的权利;占有权(包括排除他人的权利);生前有效的转让权;对物施加负担的权利(如让该物承担担保职能)。[8]

地下石油和天然气所有权的受让者既可以是公共机构也可以是私人组织,这取决于在该法域中可以得到什么。[9] 决定石油所有权的因素可以有很多,如该国的政治历史、法律规定等等。个人所有权或者国家所有权的差异取决于法律环境的差异。

在国家所有权制度下,决定地下石油所有权的事项内容并不会引起关于谁拥该石油的争论,因为法律明确规定地下石油所有权属于国家。鉴于国家主权原则,国家有权决定所有权的

---

[6] Clerk and Kohler (above n 1) at 194.
[7] See *Higgins Oil & Fuel Co v Guaranty Oil Co* (1919) 145 La 233.
[8] G. W. Paton, *A Textbook of Jurisprudence* (1936) 517.
[9] See P. N. Oche, *Petroleum Law in Nigeria-Arrangement for Upstream Operations* (2d Impression, 2004) 24—5.

事项内容。换句话说，国家有权决定和组织其财产权利。由此可以得出这样的结论：一个主权国家可以授予自己某些权利，包括石油的所有权和控制权。然而，所有权的附属权利或者所有权的事项内容在决定下述重要的法律节点上就变得很有必要了：在这个节点上，主权者或者国家与石油所有权分离，或者创设一项石油财产的权益（即，一旦石油被发现并从土地中抽采出来或者生产出来，按照法律规定或者国家与石油生产企业之间达成的安排，所有权可能会发生转移）。同样，一项财产的所有者可以将他所占有的该物的某项财产权益转让出去，因而，在这种情况下，拥有石油的国家可以将国家的石油权益转让出去，或者在这项权益之外创设一项更低一级的权益。

三、与石油和天然气有关的所有权理论

解决石油等自然资源所有权问题的可能路径有两个：

（1）自然资源可以被认为属于土地所有者；或者

（2）自然资源可以属于国家或者属于作为资源所在地的联邦成员以及国家的部分地区（如省、州或者地方政府）。

（一）石油属于土地所有者的情形

与其他绝大多数法域不同，美国自石油产业建立之初，一直就存在关于包括石油和天然气在内的矿产资源的私人所有权。在美国，石油资源的所有权归属于该石油所处地表或者底土的公共所有者或者私人所有者。[10] 在某些法域，人们并不认可地下石油的所有权，而是只有当石油开采出来并处于被占有状态时，人们才谈论其所有权。这种情形发生在石油产业早期。当

---

[10] B. Taverne, *Petroleum, Industry and Governments: A Study of the Involvement of Industry and Governments in the Production and Use of Petroleum* (2nd edn, 2008) 120.

时,人们对石油在地下的运移过程还知之甚少,只知道这块土地下的石油能够从地下流到另一块土地之下。在 1906 年伯纳德案件(Bernard Case)中,法院驳回了禁止毗连土地所有者(其被诉称正在钻采原告土地之下的石油储藏)钻采行为的请求,而且法院认为这种情形下的救济方式是原告"钻采自己的油井"。1915 年,德克萨斯州的法院采纳了另一种所有权概念,论证了地下石油和天然气属于土地拥有者的法律规则。这项法律规则得到这样一句格言的支持,即,"cuius est solum eius usque ad coelum et ad inferos"。[11]

美国存在两大所有权理论。根据绝对所有权理论,土地所有者被认为另外拥有其土地之下石油和天然气的所有权利。[12]一个土地所有者,从自己的土地地表范围内的井位开采石油和天然气,当然取得该物质的绝对所有权,即使这些物质是从他人土地之下流过来的。[13] 当地下油藏跨越两块或者多块土地时,地下油藏就分属于不同的人,但是他们不是地下油藏的共有人。然而,如果石油从一个人的土地转移到相邻的土地并从他的邻居的油井生产出来的话,他就失去了所有权,而失去的所有权归于相邻的作业者;同时,他丧失了因地下流动造成的所有权灭失而起诉的理由。

美国德克萨斯州对石油和天然气采纳的是"就地所有权理论",主张土地所有者拥有其土地之下的物质的有形占有权益,但是他的所有权是一种受捕获规则调整的可确定的不动产权。[14] 在凯利诉俄亥俄石油公司(Kelly v Ohio Oil Co)一案[15]中,原告是被告公司的承租人。原告诉称:被告根据一项毗邻土

---

[11] 土地所有者的权利上至天空、下达地心。
[12] Y. Omorogbe, *Oil and Gas Law in Nigeria* (2003) 33.
[13] *Ohio Oil Co v Indiana* (1900) 177 US 190, 203.
[14] *Michel T Halbouty and Ors v Railroad Commission of Texas and Ors* (1962) 357 SW2d 364.
[15] (1897) 57 Ohio St 317, 49 N E 399.

地的租约进行石油生产作业,在钻采过程中开采了原告主张权益的石油。然而,法院认为,石油是矿产,而且在它赋存于土地之中时则是不动产的一部分。当石油通过渗透或其他方式从一地迁移到另一地时或者从另一地迁移到该地时,该石油就暂时成为其所处土地的一部分了。如果该石油继续迁移到另外相邻的一块土地,那么该石油就成为那块土地的一部分,成为另一个所有权的对象,而且成为从自己的油井冒出石油的那个人的财产。换而言之,石油和天然气的所有权可以与野生动物的所有权相比较,同时石油和天然气租约的购买者要承担特定地块下石油和天然气逃逸后一无所获的风险。[16] 因而可以断定,石油和天然气可以从一地转移到另一地,直到被某人捕获。这就是众所周知的捕获规则。正如艾利弗诉德森钻井公司(*Ellif v Texon*)一案[17]所明确揭示的:"一块土地的所有者从自己土地上的油井生产出来石油和天然气,他就取得该石油和天然气的所有权,即使该石油的一部分是从相邻的土地之下移劫过来的。"捕获石油和天然气的第一个人拥有该资源并取得该资源的绝对所有权权利,即使该资源是从他人的土地之下抽采过来的。

另外,还有一项"有限所有权理论";该理论在诸如加利福尼亚和印第安纳等一些州流行。根据这一理论,有人认为土地所有者对地下石油和天然气没有所有权,因为他可能因为他人未经同意的以及对所造成的任何影响不承担任何责任的抽采行为而丧失此项权利。[18] 基本的假设是,矿产是土壤的完整组成部分,不论矿产位于地表还是地下。这样,勘探权和开发权就通过矿产租约的方式转让出去,该租约是土地所有者和采矿者之间的协议。[19] 一个共同油藏的全部所有者被设计成集体所有者,

---

[16] *Texas Company v Doherty* (1915) 176 SW 717.
[17] (1948) 146 Tex 575, 210 SW 2d 558.
[18] Omorogbe (above n 12) at 32.
[19] *Basic Instruments and Concepts of Mineral Law*, available at 〈http://www.natural-resources.org/〉.

都拥有从该油藏抽采石油的平等权利。每位所有者对于各自土地之下的特定石油和天然气并不拥有所有权。对于共同油藏中的石油和天然气的未分割的份额（相当于在他们各自土地之下的石油数量），他们也不拥有作为按份共有人而享有的所有权。每位土地所有者所拥有的是与其土地共有者一致的、通过在自己土地上钻采油井而从共同油藏中获取相应比例石油和天然气的平等权利。因此，对于石油和天然气资源，他作为集体所有者之一而享有一项有限权益。[20]

（二）石油属于或者受控于国家的情形

石油属于或者受控于国家的这种制度，最初是作为一种王权制度为人所知的，而且起源于罗马法。[21] 第二次迦太基战争之后，罗马皇帝成为全部被征服土地的所有者。矿产资源所有权由主权者享有，而相应的政治权力机关则是主权者的代表，这个机关授予矿产资源勘探和开发的许可、许可证和租约。[22] 根据这种制度，直接所有权（*dominium directum*）（对土地的支配权）直接授予王室，或者授予封建领主，而且与用益所有权（*dominium utile*）（占有性权利）、使用权和收益权相分离。[23] 从那以后，这种王权制度不断融入各种现代性特征，而且被根据各种理论和方法整合到国家所有权制度所代表的现代国家矿业支配权的概念之中。

国家所有权法律制度规定将自然资源所有权授予主权国家。换句话说，国家授予国家自己以矿产资源所有权，而土地所

---

[20] Omorobe (above n 12) at 33.
[21] *Basic Instruments on Concepts of Mineral Law* (above n 19).
[22] ibid.
[23] ibid.

有者只享有对因地表权利受损而寻求赔偿的权利。[24] 采用国家所有权制度的国家已经在各自的宪法和石油立法以及矿业立法中,针对国家对石油和天然气以及其他自然资源的主权和控制权进行了明文规定。下面举出一些事例。

1992年沙特阿拉伯《治理基本法》规定[25]:

> 真主所赋予的全部财富,无论是在地下、地表还是领水中,不管是在陆上还是在国家控制的海域上,所有这些资源按照法律规定都是国家的财产。为了国家的利益、安全和经济,开采、保护和开发这些资源的方法由法律予以规定。[26]

伊朗《石油法》规定[27]:

> 国家的石油资源是公共资源(财产和资产)和财富的组成部分,根据(伊朗伊斯兰共和国)宪法第45条的规定应当由伊朗伊斯兰共和国政府支配和控制……伊朗伊斯兰共和国政府是行使石油资源和设施主权和所有权的权力机关……[28]

1962年《科威特宪法》规定:

> 自然资源及其产生的全部国家收入都是国家财产。国家保证其合理保护和适当开发,并且对国家安全和国民经济的需要给予应有的照顾。[29]

1998年巴布亚新几内亚《石油天气法》规定:

---

[24] I. Sagay, "Ownership and Control of Nigerian Petroleum Resources: A Legal Angle" in *Nigerian Petroleum Business: A Handbook* (V. Eromosole, ed, 1997) 177.

[25] Royal Order No A/91.

[26] 第14条。

[27] Available at 〈http://www.alaviandassociates.com/documents/petroleum〉.

[28] 第2条。

[29] 第21条。

根据本法,任何土地的地上或者地下的全部石油和氦都是国家财产,并且都应当认定为从来就是国家财产,但是任何其他法律或者任何授予、所有权文书或者其他文件另有规定的除外。[30]

2001年莫桑比克《石油法》规定[31]:

作为自然资源而位于土壤、底土、内水、领海、大陆架以及专属经济区的所有石油资源,都是国家财产。[32]

1999年尼日利亚《联邦共和国宪法》明确规定,尼日利亚所控制的全部财产,包括尼日利亚领水和专属经济区内的全部矿产、矿产石油和天然气,授予联邦政府。[33] 与之一脉相承,包括油田、石油开采、地质调查以及天然气在内的矿山和矿产的立法权专属于尼日利亚国民大会。[34] 1969年尼日利亚《石油法》还规定任何土地内的全部石油的整个所有权和控制权由国家享有。[35] 国家所有权制度已经被很多国家采纳。[36]

在联邦总检察长诉阿比亚州总检察长(第2号)(Attorney General of the Federation v Attorney General of Abia State (No 2))一

---

[30] 第6条第1款。
[31] 2001年第3号法律。
[32] 第6条。
[33] 第44条第3款。
[34] 《尼日利亚联邦共和国宪法》附表第39段。
[35] 第1条。尼日利亚《专属经济区法》第2条第1款也规定:"在不违反《领水法》《石油法》和《海洋渔业法》的前提下,勘探和开发尼日利亚联邦共和国专属经济区内海床、底土和上覆水域的自然资源所对应的主权权利和专属权利等权利,由尼日利亚联邦共和国享有,而且应当通过联邦政府或者其指定的部长或机构或普遍地、或在任何特定的情形下代表联邦政府行使。"
[36] 1991年《保加利亚宪法》(修改后)第18条;《叙利亚宪法》第4条第1款;《乌克兰宪法》第13条;《孟加拉国石油法》第3条第1款;《伊朗宪法》第45条;1998年《苏丹宪法》第9条;1991年纳米比亚《石油(勘探和生产)法》第2条;《阿曼苏丹国基本法》(1996年第101号皇家法令)第11条;《加纳宪法》第257条第6款;《也门共和国宪法》第8条。

案中,尼日利亚最高法院发表了一项关于本国石油和天然气所有权的司法声明;声明涉及所有权的限度和范围。[37] 除其他事项外,该案判决认为:石油所有权授予联邦政府,而且州和地方政府都没有获得对石油和天然气所有权权利的授权,即使这些资源坐落在这些州和地方政府所占有土地的范围内。根据法院判决,州拥有的唯一权利是按照一定比例获得因本州境内石油和天然气生产所带来的财政收益。[38]

资源丰富国之所以保持对本国石油和天然气资源的控制权,其原因在于:石油和天然气资源对产油国经济具有重要意义;作为世界上最重要的常规能源所具有的重要性;以及,产生于石油行业活动的相当可观的财政收入。

由于石油是世界性贸易商品,涉及石油和天然气开发的财产权和监管安排的演化从来都具有国际影响。因而,所有权问题在许多东道国的国际对话中都受到了广泛关注。[39] 关于发展趋势和模式的历史性观察揭示了从投资者所有权和控制权到国家控制权和永久主权的一种转变。在19世纪末20世纪初,当时的趋势是由承担勘探开发自然资源的公司对相关资源和区域行使相当于主权的权利。当东道国越来越意识到需要行使自然资源主权时,它们就对资源所有权现状表示了极大的愤慨。在一些情况下就发生了国有化,结果是投资企业及其母国坚持超出实施国有化国家偿付能力的国际赔偿规则,而且这种赔偿经常远远超出涉案企业应得的数额。因此,发展中国家和社会主义国家,试图矫正这种对于它们而言不公正的状态,并且通过

---

[37] (2006) 6 NWLR Part 764, 542—905.
[38] G. Etikerentse, *Nigerian Petroleum Law* (2nd edn, 2004) 52—3.
[39] See the United Nations General Assembly Resolution No. 626 of 1952, 1803 (XVII) of 1962, 2158 (XXI) of 1966; Chapter II of the United Nations Charter of Economic Rights and Duties of States 1974, c II, Art 2. See also Taverne (above n 10) at 120—1.

联合国大会决议表达他们的感受和观点。[40]

1952年12月21日联合国大会第626(7)号决议规定：

> 各国人民自由运用及开发其天然财富及资源之权利为其主权之一部分不容移让。

1962年12月14日，联合国大会通过了《关于天然资源永久之主权的决议》(第1803(17)号)。除其他事项外，决议规定：

> 各民族及各国族行使其对天然财富与资源之永久主权，必须为其国家之发展着想，并以关系国人民之福利为依归。

它同时规定：

> 收归国有、征收或征用应以公认为远较纯属本国或外国个人或私人利益为重要之公用事业、安全或国家利益等理由为根据。遇有此种情形时，采取此等措施以行使其主权制国家应当依据本国现行法规及国际法，予原主以适当之补偿。

1966年第2158(21)号决议重申了上述内容，规定如下：

> 考虑到这样的事实：如果对外国资本活动存在政府监督以保证其使用符合国家发展的利益，那么按照发展中国家引资需要进入的外国资本(不论公共的还是私人的)是可以发挥重要作用的，因为外国资本是东道国自然资源开采和开发活动各种努力的有益补充：
>
> ——承认所有国家，尤其是发展中国家的权利，均有权在全部或局部由外资经营的企业中取得及增加其管理权，

---

[40] 为了解决这一问题，拉美国家此前进行过努力，例如，卡尔沃条款。与所谓的立即、充分和有效的典型国际标准相反，卡尔沃条款包含了用于解决投资争议的国民待遇标准。

并有权在妥为顾及有关人民的发展需要与目标……的情形下及在公允的基础上从此种企业所得利益和利润中分享更大部分的利益和利润……

——认为在发展中国家的自然资源被开发,特别是发展中国家被外国投资者开发的情况下,外国投资者应当承诺对涉及有关开发活动的该国各层次和各领域人员妥为加紧训练本国人员。

1974年12月12日,联合国大会通过了第3281(29)号决议,题名《各国经济权利和义务宪章》。宪章内容包括:

——每个国家对本国的全部财富、自然资源以及全部经济活动,都享有并且可以自由行使完整的、永久的主权,其中包括占有、使用及处置的权利。……

——每个国家都享有以下权利……

(3)把外国资产收归国有、征用或转移其所有权。在这种场合,采取上述措施的国家,应当考虑本国的有关法律、条例以及本国认为有关的一切情况,给予适当的赔偿。赔偿问题引起争执时,应当根据采取国有化措施国家的国内法,由该国法院进行审理。但各有关国家经过自由协商,一致同意在各国主权平等的基础上,按照自由选择解决途径的原则,采用其他和平解决办法的,不在此限。

石油输出国组织还通过其政策强化对石油资源的控制。自创立之始,该组织的政策和措施就与成员国管辖范围内石油资源的控制政策挂钩。在1968年第十六届大会上,石油输出国组织发布题为《成员国石油政策宣言》的第16号决议。[41] 该决议要求成员国直接开发本国资源,或者,对于不能直接进行开发

---

[41] L. E. Cuervo, "OPEC from Myth to Reality", available at 〈http://www.entrepreneur.com/〉.

的,在资源经营的所有方面都采取参与和控制措施。[42] 采取的其他步骤包括对现有石油特许权合同的审查、撤回以及由成员国自己确定油价。[43]

这些决议为据以合法收回外国财产的国际法新标准的形成作出了重要贡献,而且促进了发展中国家视为自然资源永久主权原则的事项的发展。这些决议揭示了与投资者所有权等传统观念迥异的明确的发展趋势,从强调个体权利的保护转向强调东道国对自然资源的所有权。[44] 决议的结果是促进了石油开发领域替代性法律安排的创设;这种法律安排的结构不仅能使东道国保留境内地下资源的所有权,而且同时也允许石油公司能够在该国开展石油经营活动。[45]

四、权利的配置

(一) 勘探、生产和开发的合同权利

在国家所有权制度下,国家在其土领土范围内行使专属性的法定支配权,包括对所有的自然资源(如石油资源)的支配权。主权者可以向私人实体或者公共实体授予勘探和开发国有石油和天然气资源的权利。这样,国家是石油和天然气的所有者,上述权利可以采用许可证或者租约的方式授给企业。这些主权权利通常是由国家元首或者政府部长根据现行法律行使

---

[42] ibid.
[43] ibid.
[44] Omorogbe (above n 12) at 37.
[45] M. Yalapan, "Legal Nature of the Papua New Guinea Petroleum Arrangement", available at ⟨http://www.paclii.org/⟩.

的。[46] 例如,在尼日利亚[47]和安哥拉[48],部长负有代表国家颁发许可证的职责。在取得许可证的实体于许可证范围内直接经营的情形下,所授予的实际上是特许权。

传统的特许权是政府和企业之间最早类型的石油安排。根据特许权,石油企业取得勘探石油以及发现石油后生产石油、销售石油和运输石油的专属权利。[49] 作为最早的石油安排类型,最初的特许权是由中东的主权者于19世纪末授予的。尼日利亚授予石油公司的最早特许权是根据1914年《矿物石油法令》授予的,特许权被称为勘探权利。这些权利是尼日利亚独立建国之时从英国殖民当局取得的。[50] 传统的特许权在本质上就是不平等的;由于它一边倒地偏袒企业一方,也就必然在非殖民化和国际经济新秩序中难以继续存身。[51]

不过,现代特许权就不一样了。根据现代特许权,石油企业需要以支付所有成本和特定税费为代价取得勘探石油的以及发现石油后生产、销售和运输石油的专营权利。石油企业对所生产出来的石油享有权利并且在开采时点上"拥有"这些生产出来的石油。今天,现代特许权有各种称谓,如许可证、租约等。

产品分成合同是石油企业通过与国家签订协议来取得石油勘探和生产权利的一种方法。它起源于印尼。印尼的产品分成合同有下列形式:矿产资源所有权由国家保有,特许权不授予国际石油公司;国际石油公司对任何赔偿(如地表损害赔偿和一定比例的特许税费)都不承担责任,同时对石油产品没有所有权,

---

[46] *Basic Instruments on Concepts of Mineral Law* (above n 19).

[47] 1969年尼日利亚《石油法》第2条。

[48] 安哥拉《石油活动法》第8条和第37条。

[49] Y. Omorogbe, *The Oil & Gas Industry: Exploration and Production Contracts* (1997) 58.

[50] M. M. Gidado, *Petroleum Development Contracts with the Multinationals in Nigeria* (1999).

[51] Omorogbe (above n 49) at 59.

而是仅仅在协议场所地点(通常是存储设施和装油设施之间的连接点)分配成本油和利润油。产品分成合同是免税的,因为所有的石油作业都是以国家名义进行的。[52]

在产品分成合同中,石油公司承担勘探风险,而且往往负责合同区内的作业和管理。发现具有商业价值量的石油后,企业有权从合同区生产的原油中获得对其投资的补偿。一份产品分成合同允许承包方分享一定量的石油,保证其投资得到适当的返还;承包方也可以将其石油分成冲抵税务或者特许税费义务。[53] 用来补偿投资的那部分石油是参考成本回收率来确定的,通常为20%到50%[54];剩下的那部分石油则在国家石油公司和国际石油公司之间按照事先确定的比例进行分成。[55] 允许承包方自由出口其成本回收油和利润分成油,但是也会有一些限制,其中包括国家一方有权按市场价回购。[56] 然而,这一安排下的石油资源所有权授予国家,石油公司作为承包方只能按约定比例对开采出来的石油主张权利。使用产品分成合同背后的法理是:从东道国的立场来看,产品分成合同没有放弃东道国在资源所有权上的主权;而是通过达成这样的合同,企业在该石油上取得一定的权益,但这种权益小于所有权。[57]

在几内亚湾,刚果(金)和乍得(乍得只采用特许权方式)除外,已经实行产品分成合同制度的国家有尼日利亚、圣多美和普

---

[52] N. Bonnefoy and G. L. Nouel, "Petroleum Legal Regimes in the Gulf of Guinea", available at ⟨http://www.gide.com/⟩.

[53] A. Oshineye, "Petroleum Industry in Nigeria: An Overview" (2000) 4 MPJFIL 325 at 338—44.

[54] 但是通常高达100%;例如1993年在尼日利亚签署的产品分成合同。

[55] Omorogbe (above n 49) at 60.

[56] Taverne (above n 10) at 148.

[57] M. Yalapan, "Legal Nature of the Papua New Guinea Petroleum Arrangement" (2003), available at ⟨http://www.paclii.org/⟩.

林西比、安哥拉、加蓬、刚果(布)、喀麦隆以及赤道几内亚。[58]

　　风险服务合同是产品分成合同的一个变种,在巴西、阿根廷和哥伦比亚有着广泛的应用。[59] 根据风险服务合同,承包方为勘探和生产提供全部风险资本;如果没有发现石油,合同就终止,任何一方都不承担责任。[60] 一旦有商业发现而且随后的开发形成石油生产,那么,承包方就有权收回其资金(加利息)并以现金(而不是产品)收回额外的补偿金。[61]

　　单纯的服务合同是一种简单的服务合同。根据这种合同,风险和成本都是由国家承担的。承包方得到的回报,是与其服务相当的、国家和石油企业在合同中商定的固定费用。这类合同在沙特阿拉伯、科威特、巴林以及阿布扎比等国常见。[62] 承包方承担实施勘探、开发和生产经营的义务,东道国政府可以自生产开始之日起对产品实施控制。[63] 这种合同的一个法律后果是,石油企业或承包方对于发现的石油没有任何权利或者任何要求权,因为承包方是按照其服务获得补偿。

　　按照合资企业合同,国家获得在本国范围内进行的勘探和生产的参与权益。国家所有权制度下的大部分国家依据其立法规定,都有权参与石油和天然气的勘探、开发、销售和出口。通常而言,现行法律将参与权授予政府行使。[64] 国家参与及其权利范围通常需要在国家和石油公司之间进行谈判。合资企业各方根据其资产权益比例关系分别承担成本和分享收益或者承担

---

[58] N. Bonnefoy and G. L. Nouel, "Petroleum Legal Regimes in the Gulf of Guinea", available at ⟨http://www.gide.com⟩.
[59] 风险服务合同源于伊朗1974年《石油法》。See also Taverne (above n 10) at 157.
[60] Omorogbe (above n 12) at 42.
[61] Taverne (above n 10) at 156—7.
[62] ibid at 43.
[63] Gidado (above n 50) at 174.
[64] Taverne (above n 10) at 131.

损失。[65] 自20世纪70年代,东道国在矿产和石油权利中的参与现象变得越来越普遍。[66] 国家参与的方式根据具体情况,可以是特许权、产品分成合同或者服务合同。

国家参与的比例可以由立法固定下来。[67] 例如,1998年巴布亚新几内亚《石油和天然气法》庄严宣布,国家对任何项目都保持22.5%的权利。[68] 根据安哥拉《石油活动法》,安哥拉国家石油公司持有的参与权益应当大于50%。[69] 然而,在适当条件下,政府可以授权国家受让人(安哥拉国家石油公司)持有少于前述规定的参与权益。[70]

参与关系是由基本合同以外同时签订的其他协议约定的。这些协议确定相应各方的关系。总的来说,要有一份参与协议来确定各方在特许权中的权益,也要有一份操作协议来确定租约所有者之间的法律关系并且规定合作开发相关区块和共有财产的规则和程序。

由于国际投资环境的变化,勘探和生产合同也常常有所演变,以满足东道国和国际石油公司的需要。然而,所有这些安排基本上都是与各方之间的权利配置有关的。

（二）受许可人或者租约持有人的权利

石油和天然气权利的配置还是通过立法方法予以规范,而且在某些情况下,立法方法和合同方法之间并没有区别。"许可证"（licence）和"租约"（lease）等术语是经常交替使用的。这样,在一个法域的许可证所包含的权利可能与另外一个法域的租约一样。在某些法域,租约的授权大于许可证的授权。

---

[65] Oshineye（above n 53）at 325—44.
[66] Omorogbe（above n 12）at 64.
[67] Taverne（above n 10）at 132.
[68] 第165条。
[69] 第15条第1款。
[70] 第15条第2款。

许可证和租约的持有人,由创设许可证和租约的法律文件的条款予以规定,这些条款通常包含在法律或者法规之中;持有人的职责是在确定的时限内进行石油经营。

在经营活动的不同阶段,有不同的许可证;可以是排他性的,也可以是非排他性的。因此,根据许可证所授予的权利可能相应地是排他性的或者非排他性的。最初的许可证通常是一项勘探许可证。

尼日利亚法律规定了石油调查许可证[71],这种许可证于授权当年12月31日期满而且期限不得超过1个日历年。所授予的权利是非排他性的,可以在同一区域内授给数人。[72] 受许可人有权进行的活动包括"通过表面的、地质的和地球物理等方法进行初步调查,包括航空调查,但是钻探超过91.44米以下的除外。"[73]实践中,在尼日利亚目前很少颁发调查许可证了。调查许可证的替代做法是,调查阶段包括在产品分成合同中,因此在实践中专属于产品分成合同。应当注意的是,在这种合同项下,许可证或者租约是由国家石油公司持有的。

在尼日利亚,石油勘探许可证[74]为一定区域内的石油生产活动授予了排他性的地表和地下勘探权利,区域的面积不得大于2590平方千米(1000平方英里)。在内陆盆地,石油勘探许可证授予3年的初始期限,并享有不超过2年展期的选择权。对于深水边界区块和盆地,勘探期限为10年,分为两个5年期,其间自动连接,除非因未履行相关义务而被撤销。

尼日利亚还认可石油开采租约[75],租约授予勘探、开采、生产以及从相关区域运出石油的排他性权利。规定面积为1295平方千米(500平方英里),期限为20年。根据1969年《石油

---

[71] 尼日利亚1969年《石油法》第2条第1款a项。
[72] Etikerentse (above n 38) at 63.
[73] ibid.
[74] 尼日利亚1969年《石油法》第2条第1款b项。
[75] 尼日利亚1969年《石油法》第2条第1款c项。

（钻探和生产）附属法规》第 30(b) 和 31 条的规定以及其他适用于该许可证的条件，受许可人已经完成工作承诺的，可以要求将许可证转换成石油开采租约。石油开采租约根据对许可证范围内石油经济产量的确认，予以颁发。只有石油勘探许可证的持有人才有权申请将石油勘探许可证转换成石油开采租约。深海大陆架上石油勘探许可证转换为石油开采租约的要求是，最低生产水平（商业产量）要达到日产 25000 桶。而根据 1969 年《石油法（修订）》的规定，其他区域的生产水平则要求日产 10000 桶。[76]

在巴布亚新几内亚，政府经由石油和能源部颁发和管理的上游石油许可证有三种类型：石油勘探许可证[77]、石油保留许可证[78]和石油开发许可证[79]。这些许可证由石油和能源部长授予申请人。[80] 这三类许可证分别针对勘探、生产和开发阶段颁发。同尼日利亚的情况一样，巴布亚新几内亚的石油勘探许可证颁发给一家企业，使其从事石油勘探。[81] 另一方面，在有石油商业发现时，将石油开发许可证颁发给石油勘探许可证持有人，使其能够在区块内生产石油并处理生产出来的石油。[82] 该国 1998 年《石油和天然气法》第 25 条规定：

> 根据本法以及许可证设定的条件，石油勘探许可证在其有效期内和许可范围内授予受许可人排他性的专有权利：进行石油勘探；评价所发现石油；为实现上述目的而运行和实施必要的工作，例如建设和运营输水管线、油层评价试验站（包括根据授权和相关安排进行的建设），以及对于

---

[76] 《附录I》第 2 条第 8 款和第 9 款。
[77] 巴布亚新几内亚 1998 年《石油和天然气法》第 23 条。
[78] 第 40 条。
[79] 第 57 条。
[80] "Papua New Guinea", available at ⟨http://www.ccop.or.th⟩.
[81] 巴布亚新几内亚 1998 年《石油和天然气法》第 23 条。
[82] 第 57 条。

相关作业所产生的石油进行回收、销售或者其他处理。

为了颁发勘探或者生产许可证,地表被划分为一块块的小方格(称为"区块"),大小是经度五分乘以纬度五分(相当于9千米×9千米,即81平方千米)。[83] 一份石油勘探许可证申请不得超过60个区块[84],在某些特殊情况下,最小申请面积可以增加到200个区块。石油勘探许可证有效期6年[85],缩减后的勘探面积可以延期5年[86],但是必须满足最低工作量和投入要求。[87]

对于在勘探范围内发现石油的区块,勘探许可证持有人也可以排他地申请石油保留许可证。[88] 其目的是让勘探许可证持有人在进行商业开采前保留和拥有区块内的石油和天然气发现。[89] 因此,在巴布亚新几内亚,地下石油所有权的处理方式与新的特许权安排是一致的,即石油所有权属于国家;但是,由于生产的原因,生产出来的石油的所有权就从国家一边移动到生产许可证持有人一边。

当颁发给受许可人的许可证是生产许可证时,它将随后生产出来的石油的所有权授予受许可人。[90] 一旦石油从土地当中开采出来,或者在某一点石油进入他的油井,生产许可证持有人就可以宣称他拥有石油的所有权。然而,在生产出来之前,地下石油仍然是国家财产,而受许可人不能对它提出法律上的权利主张。如上所述,相同的规则也适用于租约持有人。必须注

---

[83] M. Yalapan, "Legal Nature of the Papua New Guinea Petroleum Arrangement" (2003), available at ⟨http://www.paclii.org/⟩.
[84] 巴布亚新几内亚1998年《石油和天然气法》第22条第1款c项。
[85] 第26条a项。
[86] 第26条b项。
[87] 第22条。
[88] 第37条。
[89] M. Yalapan(above n 83)。
[90] Taverne(above n 10)at 177.

意的是,尽管受许可人或者租约持有人对生产出来的石油拥有权利,但是他们对于生产出来的石油仍然需要交纳石油税或者特许税费。

石油租约赋予租约持有人对该石油的财产权益。为了保障租约的效力,租约持有人通常向出租人按年缴纳租金或者根据产量缴纳特许税费。石油和天然气租约具有创设一种权利的法律特征,该权利允许租约持有人从属于另外一个个人或者单位的土地中取走某物。[91] 授权移除包含于某块土地中的物质,就是一种权益。租约持有人没有取得土地的绝对所有权,但是当石油被带到地表时,持有人确实取得了所移动物质的所有者权益。[92] 钻采公司并不永远拥有他们所寻求钻采的土地。相反,该公司在别人拥有的财产上拥有矿产权利、矿藏财产权。石油和天然气权利的租约持有人有权以合理的方式进入租用的土地,进行勘探、开发和运输矿产品。

(三) 合同签订人的权利

石油产业领域的合同型安排越来越多源自国家既要行使自然资源的所有权也要掌握其控制权的期望。第一项变化是通过上述各种途径宣告所有权,然后达成新的法律安排来强调这一事实。在各种形式的合同下,石油公司是受许可人(通常是国家石油公司)的承包方,而且根据合同类型对权利和义务予以分配。

安哥拉强调国家所有权。1992 年《安哥拉宪法》主张国家所有权原则。它在第 12.1 条规定:

> 存在于土壤之中和土壤之下的、内水和领水中的、大陆架上的和专属经济区内的所有自然资源,都属于国家财产,

---

[91] L. Lytwyn, "Oil and Gas Law", available at 〈http://www.articlearchives.com/〉.

[92] Etikerentse (above n 38) at 66.

国家应当决定其使用、发展和开发的条件。

2004年安哥拉《石油活动法》[93]第3条进一步确认了石油资源国家所有权的基本原则。该法规定：

> 存在于第1条所述区域内的石油矿藏是国家公共财产不可分割的组成部分。

第1条所述区域是"……安哥拉国家领土的地表和地下区域、内水、领水、专属经济区和大陆架"。

矿业权由政府授予安哥拉国家石油公司。[94]该公司不能转让其矿业权利，无论整体性地还是部分地；任何转让行为都是无效的。[95]

意欲在安哥拉境内于勘探许可范围之外从事石油经营业务的任何企业，只能与安哥拉国家石油公司共同经营或者联合经营。[96]安哥拉国家石油公司的联营者只可以将其合同权利义务的部分或者全部转让给产量、技术、金融能力得到认可的第三人，而且需要事先取得监管部长以行政法令形式作出的同意。[97]同时，向第三人转让股份超过转让人股份资本的50%的转让行为，被视为相当于合同权利义务的转让。[98]政府也允许安哥拉国家石油公司通过风险合同的方式从事石油经营活动。[99]

通常在合同中规定承包人的权利。承包人是在理解自身权利的状况下履行其义务的，即承包人没有对地下石油和天然气的所有权而且也不能对其行使任何附带权利，但是另有安排的

---

[93] 2004年第10号法律。
[94] 第4条第1款。
[95] 第5条。
[96] 第13条。
[97] 第16条第1款。
[98] 第16条第2款。
[99] 第14条第3款。

除外。国家是地下石油和天然气的绝对所有者并且行使主权。因此,国家参与开发,旨在对其领土范围内石油和天然气勘探和生产中的利润取得更大份额,同时对勘探和生产行使控制权。

(四) 社区的权利

在国家所有权制度下,石油和天然气所在地的社区不能对地下的石油和天然气主张所有权权利。然而,它们拥有某些权利。它们可以享有就环境损害获得赔偿的权利。人民应该有权参与决策过程,并要求将法治扩展到其社区。由于石油勘探具有破坏性影响,社区有权要求赔偿,应当有权主张区域的发展权。在尼日利亚,石油生产对石油生产社区的环境一直具有破坏性影响。能够引起对石油企业提起民事诉讼的破坏程度在尼日利亚是一个争论主题,而企业坚持认为自己的产业活动执行的是最高等级的环境标准。[100]

大部分社区可能有这样的观点:其土地中的石油财富应该是它们的财富,而且对社区参与石油生产收益管理和分配的关切应该予以关注。社区认为它们的权利要超出单纯的收益分享权,因而要求对其土地下石油的控制权和管理权。社区对石油资源控制和管理的权利与其想在石油勘探和生产当中发挥直接作用的渴望紧密相关。这样,参与石油开发并分享区域内资源开发收益的权利就深刻包含在社区的石油权益当中。

因此,国家应该向这些资源所在地的社区返还一部分收益。社区有权从本区域内石油勘探和生产中分享利益;这一理解给出这样一种明确的提示,即,由于石油赋存于它们的土地,所以这些社区具有某种水平上的权益,它们也按照通常做法对待这些权益。因此,尽管国家所有权制度下的法律将所有权授予国

---

[100] Human Rights Watch, "The Price of Oil: Corporate Responsibility and Human Rights Violations in Nigeria's Oil Producing Communities" (1999), available at 〈http://www.hrw.org/〉.

家,但是任何人都不能不考虑某些特定群体居住在这一石油禀赋区内的事实。这些社区可能进一步主张,它们应该对其社区范围内发现的石油和天然气商业生产方式和管理予以控制。换言之,由于所发现的石油和天然气位于这片土地之上,而这片土地又位于这个社区的范围之内,所以对于与其社区内石油和天然气生产以及开发有关的组织形式和权利,这个社区应该拥有广泛的决策权。因而,石油企业负有支持其经营活动所在社区发展的社会责任,以及通过提供社会公益捐赠和保证采取一切必要措施防止环境退化等方式履行这些社会责任。石油公司是否已经支付了他们的税金、租金和特许税费(对于承担社会责任来说)都无关紧要。产油社区应该有权从其社区范围内的石油和天然气勘探和生产当中分享收益。

(五)未被赋予所有权的州/省和地方政府的权利

从严格意义上讲,国家所有权制度将石油和天然气的所有权授予中央政府。这就引发了关于在实行国家所有权制度的国家中,能够赋予州/省和地方政府的权利的性质问题。存在州/省或者地方政府石油所有权的国家也可能会出现这样的问题。例如,加拿大宪法将所有土地、矿山、矿产和特许税费明确授给原始省份(安大略、魁北克、新斯科舍和新布伦什威克)。[101] 同样,不列颠哥伦比亚、埃德华王子岛和纽芬兰等省加入加拿大之后,它们被联邦政府授予矿产资源所有权。只有大草原省份(阿尔伯塔、萨斯喀彻温和曼尼托巴)不是在加入加拿大一开始就获得联邦政府关于矿山和矿产所有权的授权,这些权益当时仍然留在联邦政府。1930 年,联邦政府将上述权益转让给这些大草原省份,但是位于国家公园内和印第安人保护地内的土地除

---

[101] 1867 年《宪法》第 109 条。

外。[102] 1867年《宪法》第92A条（1982年增加了内容）授予各省制定与石油和天然气以及其他不可再生资源勘探、开发、保护和管理有关法律的专属管辖权。自由保有的不动产除外，联邦政府对位于各省边界之外的、处于3个自治领内的矿山和矿产拥有所有权和管理权。[103] 联邦政府还保留了对加拿大近海矿产资源所有权[104]，但是对于纽芬兰和新斯科舍这两省来说，通过立法形式所签订的联邦—省协议是有效的。

加拿大某些省份的地下石油和天然气可以由省政府所有；与此不同的是，国家财产权制度下的石油和天然气可能并不位于中央政府控制的地区，而是位于州政府或者省政府控制的地区。在这种情况下，这种土地中的石油和天然气仍然属于中央政府的财产。因而，可以授予州或者省的石油权利的形式为：因使用其地表权利的补偿、石油和天然气生产和勘探税收的分享，以及通过股份等方式获得对石油企业的参与权益。

有意思的是，1998年巴布亚新几内亚《石油和天然气法》包含了这样一些规定：将石油生产、加工和运输项目所产生的利益赋予土地所有者、省级政府和地方政府。我们将在后面讨论这些规定的部分内容。

上述这些利益包括参股权益和特许税费权益。国家享有的、参与石油项目的参股权益当中的一部分，必须赋予石油生产所在地的土地所有者和地方政府。[105] 所赋予的这种参股权益必须由项目区土地所有者和受影响的地方政府按照他们在开发协议当中商定的比例来分享；但是，在没有这种开发协议的情形下，则按照部长批准的文件确定的比例予以分享。[106]

---

[102] Blake, Cassels & Graydon LLP, Oil & Gas Law in Canada, available at ⟨http://www.blakes.com/english/⟩.

[103] ibid.

[104] ibid.

[105] 第167条第3款。

[106] 第167条第4款。

特许税费权益由国家赋予项目区土地所有者以及石油项目所在地受影响的地方政府和省级政府。[107] 所赋予的这种特许税费权益是在项目区的土地所有者和受影响的地方政府和省级政府之间按照开发协议中商定的比例来分享的;但是,在没有这种开发协议的情形下,则按照部长批准的文件所确定的比例予以分享。[108]

就一个石油项目而言,如果有一个以上的地方政府受到了影响,那么,赋予受影响的地方政府的参股权益和特许税费权益,应当在那些受影响的地方政府之间,按照项目区内受到那些与项目有关的利益的、居住在各自受到影响的地方政府辖区内的土地所有者的数目所确定的比例来分享;但是,国家和受影响的地方政府之间另有书面约定的除外。[109] 如果有一个以上的省级政府受到了影响,那么赋予受影响的地方政府的特许税费权益应当在那些受影响的省级政府之间,按照项目区内收到那些与项目有关的特许税费权益的、居住在各自受到影响的省级政府辖区内的土地所有者的数目所确定的比例来分享;但是,国家和受影响的地方政府之间另有书面约定的除外。[110]

除了参股权益和特许税费权益之外,国家必须在开发协议以及任何其他协议中同意:按照一定数量、一定种类和一定时间表,给予石油项目所在受影响的地方政府和省级政府与石油项目相关的权益。[111]

关于赋予权益的范围,该法第174条第(1)款规定:

> 根据本法向项目区土地所有者和受影响的地方政府和受影响的省级政府以及任何其他的个人或者组织赋予的总

---

[107] 第168条第1款。
[108] 第168条第2款。
[109] 第172条第1款。
[110] 第172条第2款。
[111] 第173条第1款和第2款。

权益,加上石油项目开发或者运营期间由国家承担的其他成本,不得超过国家从该石油项目中得到的净总收益的20%。国家净总收益根据《省级政府和地方政府组织法》第116条的规定,按照成本—效益分析法予以确定。

石油项目所涉及的受影响的省级政府、地方政府和项目区土地所有者有权与受许可人展开谈判,以寻求根据自由谈判的商业条款而从受许可人获得的一个石油项目的参与权益。[112]

五、尼日利亚等国的紧要问题

尼日利亚石油和天然气部门财产权的性质产生了以下紧要问题:资源控制问题和尼日尔河三角洲地区武装冲突状态,石油生产社区的环境恶化,针对地下和环境污染损害的充分赔偿,以及在石油生产社区内从事石油勘探和生产活动的企业社会责任的范围。

权利配置问题在尼日利亚具有极大的重要性,并且几十年来一直都具有浓重的火药味。事实上,尼日尔河三角洲区域大部分令人焦头烂额的争议都根植于对源于自然资源的权利和利益配置,而且"资源控制"这个术语在这个国家就意味着与这一内容有关的任何一个问题。

资源控制的争议引发了三个问题[113]:

(1)一个社区通过对其区域内的人、事、服务和材料征税的方式筹集资金的权力和权利;

(2)对其区域内自然资源和人造资源的所有权和控制

---

[112] 第175条第1款。

[113] E. Osaghae, A. Ikelegbe, O. Olarinmoye, and S. Okhonmina, "Youth Militias, Self Determination and Resource Control Struggles in the Niger-Delta Region of Nigeria", available at 〈http://www.ascleiden.nl/〉.

权的执行权利；以及

（3）对进入其区域的货物征税以及对在其区域内制造的货物征收消费税的权利。

对于尼日尔河三角洲的社区来说，资源控制意味着社区需求的一种变革，即，从"更公平的分享变革到对于在一个州发现的自然资源由所在州根据本州的进程用于本州的发展而实施的完全控制"。[114]

由各种团体、种族民兵、社区和政治联盟甚至国家政府所引发的武装对抗和骚动，已经在这个国家引发了关于国家所有权制度的合理性的争议。骚动的显著案例有：1953年卡拉巴尔—奥格贾—河流（Calabar-Ogoja-Rivers）运动，1963年中西部地区以及位于尼日尔河三角洲的州的创设，1966年以撒·阿达卡·波诺领导的伊乔族人起义，奥格尼危机及其他抵抗斗争，日渐增多的针对石油企业行为，以及三角洲地区发展滞后的示威活动、人质事件、集油站的关闭、怠工破坏以及员工恐吓。所有这些活动的根源在于对资源控制或者自然资源主权的冲动。[115]

从法律角度来看，联邦总检察长诉阿比亚州总检察长一案[116]代表着在尼日利亚对资源控制的争夺。1999年《尼日利亚联邦共和国宪法》第162条第（2）款规定：

根据财政收入分配委员会的建议，总统应当向国民大会提交关于从联邦账户进行税收配置的提议，而且在决定配置公式时，国民大会应当考虑相关配置原则，特别是有关人口、各州平等、国内税收、土地面积、地形以及人口密度的

---

[114] ibid.
[115] 例如，1999年12月11日《卡亚马宣言》声称："在伊乔族领域内的所有土地和自然资源（包括矿产资源）都属于伊乔社区共同体，而且是我们生存的基础。"See "The Kaiama Declaration", *The Vanguard*, 25 January 1999, 7, cited in Oche (above n 9) at 36.
[116] (2006) 6 NWLR Part 764, 542—905.

配置原则。

但是,在所批准的任何公式当中都应当遵循来源地原则,即,应当将不少于计入联邦账户的直接来源于任何自然资源的国家收入的13%配置给其所来源的州和地区。

这一宪法条款中的与自然资源有关的但书将来源地原则嵌入了国民大会可能出台的任何配置公式之中。根据这项"不少于13%"的来源地原则,计入联邦账户的直接来源于一个州的任何自然资源的国家收入都应当是可以支付给该联邦成员的。对于一个州来说,以这种方式从联邦账户取得资金分配的资格条件是,某项自然资源必须出自其边界内,即,资源必须位于该州范围之内。

2001年2月,尼日利亚联邦政府在尼日利亚最高法院应诉,解决联邦政府(诉讼一方)与八个沿海州(诉讼另一方)之间关于各州南部(向海)边界的争议。这八个州是阿夸伊博姆州、巴耶尔萨州、克里斯河州、三角州、拉各斯州、奥贡州、翁多州和河流州。联邦政府主张,本案提出的上述各州的南部(向海)边界是各该州陆地地表低潮线或者是该州内水的向海边界。因此,联邦政府认为大陆架范围内的自然资源属于联邦政府所有,并不属于任何一州的管辖范围。八个沿海州不同意联邦政府的这一论点。诉讼各州主张:其管辖范围应当跨越最低点延伸到领水以下乃至大陆架和专属经济区;陆上和海上的自然资源可以推断为是其各自辖区内的产物并且有关各州有权在收益配置上对之适用宪法第162条第(2)款但书中关于"不少于13%"的规定。

该案件中,联邦各州都加入到了被告一方。除其他问题外,这一案件引发了以下连锁问题:
- 在计算归入联邦账户的直接来源于某州自然资源的国家收入总量时,上述八个沿海州的南部或者向海的边界是什么?或者,根据宪法第162条规定的数量标准,为配置联邦账户存款而制定公式规则的程序是什么？

- 州政府在什么时候有权按照数量标准在联邦账户中取得其份额？

最高法院认为：对根据宪法第 162 条第（2）款计算的纳入联邦账户且直接源于特定州的自然资源收入而言，尼日利亚联邦共和国沿海各州的向海边界确定为其地表或者内陆水道的低潮线。这样，最高法院确认了联邦政对其境内自然资源的所有权和控制权，并确认各州对近海自然资源没有所有权。[117] 这项判决的结果包含这样的事实：在尼日利亚，作为自然资源来源地的各州对于国家从它们那取得的有关资源收入具有一定比例的分享权。州/省和地方政府无论如何不能对其区域内的自然资源行使主权。

然而，尽管自然资源所有权问题已经解决，资源控制问题却仍然困扰着尼日尔河三角洲的人们，他们仍然主张自己应该对区内自然资源行使获取权和控制权。尼日尔河三角洲问题的核心是：人们希望在本地区石油资源活动中拥有更大的参与权。长期以来，这种意愿被表达为对石油资源自由处置的需求，以及在石油资源转让谈判中不受联邦政府干涉的需求。尼日尔河三角洲的大多数人民认为，石油丰富社区或者州应该有能力独立地从事资源勘探生产，并决定利用资源的方式。大部分石油社区期望掌握本地区资源的所有权和控制权。

人们希望石油公司不仅对因石油作业而清除的树木、作物和房屋等地表权利予以赔偿，对于其他财产性损害也予以赔偿；其他损害包括由于石油泄漏或者有害化学品对水生资源造成的影响以及噪音一类的损害，等等。[118] 长期以来，赔偿问题频繁地成为社区和石油生产企业之间诉讼的主题。社区表达了对因

---

[117] L. Atsegua, *Oil and Gas Law in Nigeria*: Theory and Practice (2004) 9—31.

[118] C. Agim, "Understanding Community Relations in Nigeria's Oil Industry" in *Nigerian Petroleum Business*: A Handbook (V. E. Eromosole, ed, 1997) 135—6.

勘探和生产而造成的环境退化的关切。必须注意的是，不管是否已经取得了立法支持或者合同安排，石油企业都要确保有关赔偿的适当和及时，确保其企业社会责任的履行，确保开发活动涉及的社区取得发展红利。

六、结论

已经采用国家所有权制度的发展中国家，其财产权利的进展很大程度上受制于该国的技术水平以及石油和天然气对于该国经济发展的战略重要性。换言之，大多数石油生产国财产权的形态很大程度上受本国竭尽全力控制石油和其他自然资源的需求的影响。一国技术发展水平的高低对决定授予国际石油公司权利的范围至关重要。因此，在缺乏勘探和生产地下石油和天然气技术诀窍的情况下，东道国采取的正确步骤是，在制定法的规定下或者独立合同的约定下，与国际石油公司进行协商或者采取其他方式的安排，这些步骤的影响程度与所有权的权利束有关。这些权利也伴随着相关的义务。

在国家所有权制度之下，国家对其管辖范围内的石油和天然气行使主权意义上的所有权，同时具有石油产业监管的立法职能。大多数国家对石油和天然气勘探、生产和权利转让的管理都有立法。然而，各国所授予的财产权的形态和范围各有不同，而共同点则是国家依法维护对其境内自然资源的主权原则。

正如本章已经讨论的，我们可以恰当地得出这样的结论：与各式各样的权利及其义务相匹配，有各种各样的石油安排。通过合同性安排，许多在所有权上实行国家所有权制度的石油生产国已经对国际石油公司的投资开放其石油和天然气部门；这些合同性安排有特许权、特许税费/税收制度、产品分成合同或者风险服务合同、合资企业合同以及其他混合安排，并且已经发生演化以适应各国的需要。在行使其自然资源主权时，政府必须确保在不危害国家经济发展安全的情况下,恰当地界定投资者和其他利益相关者的权利。在这一背景下,应该作出适当安排以确保有利的投资环境。

在行使其石油和天然气权利时,为了追求经济发展目标而对资源配置进行控制时,国家可能经常会面对各方的压力:石油公司的压力、社区的压力、州/省和地方政府的压力。这样一来,国家还必须考虑土地所有者以及社区的权利。对于作为国家共同遗产的资源所进行的开发应该为了全体国民的利益。

第 7 章

捕获规则:对石油和天然气而言并非最差的财产规则

特伦斯·丹提斯*

摘要:本章对适用于石油和天然气的捕获规则进行分析。捕获规则认为,在一块土地上经合法钻探或者其他合法作业获得的石油和天然气,成为该块土地所有者的财产,而不管这些石油和天然气的原始位置是否可能位于另一块土地之下。捕获规则至今仍然是据以构建美国石油和天然气法律和监管结构的财产权原则。本章讨论下列问题:为什么这样一项低效规则却被首先采用?为什么一经采用,它就在美国一直存续下来,尽管人们认识到这项规则造成了一些重大困难?以及,什么时候其他国家在创设更为合理和更富效率的制度方面正在取得成功?

关键词:捕获规则,石油和天然气,财产权,所有权,美国,财产法

---

* 特伦斯·丹提斯(Terence Daintith),西澳大利亚大学(澳大利亚)法学教授,伦敦大学(英国)高级法律研究所教授级研究员;email:terence.daintith@db-mail.com。

本章内容基于作者即将出版的著作《发现者还是守护者?捕获规则如何塑造了世界石油产业》(2010 年)。作者感谢澳大利亚资源和能源法协会对本研究工作的大力支持。

中文译文对一些注释的内容做了简化处理。——译者注。

一、捕获规则

(一) 美国的故事

面对持续不断的批评、实实在在的非议,几乎没有什么法律规则像适用于石油和天然气的捕获规则一样,能够存续如此长久。捕获规则认为,在一块土地上经合法钻探或者其他合法作业获得的石油和天然气,成为该块土地所有者的财产,而不管这些石油和天然气的原始位置是否可能位于另一块土地之下。[1] 在美国,商业性石油生产始于 1859 年。尽管在其长期而且不为人爱的历史中一直负有"窃贼"[2]、"丛林法"[3] 以及"荒谬,几乎白痴"[4] 的绰号,捕获规则自 1886 年[5] 以来一直得到法院的承认,而且至今仍然有效。尽管它的批评者们不费吹灰之力就可以证明捕获规则催生了美国石油和天然气资源极度浪费的行为,特别是在——尽管并不是唯一的——从 19 世纪 60 年代石油产业一开始到 20 世纪 20 年代晚期以来对石油天然气生产限制的广为应用的这段时期内。[6] 在一个油藏上方的地表土地被划分为许多单独地块而且在每一地块上的石油权可能出租给不同作业者的情形下,作为在美国长期实行的规范,这就不可避

---

[1] R. Hardwicke, "The Rule of Capture and its Implications as Applied to Oil and Gas" (1935) 13 Texas Law Review 391 at 393.

[2] Conclusions of Advocate-General Spier, para 8.02, in *Unocal v Conoco* Case (2005) C04/127 (Netherlands Hoge Raad).

[3] J. Keen, "Commonwealth Draft Guidelines for Trans-boundary Unitisations and the Rule of Capture" [1998] AMPLA Yearbook 433 at 438.

[4] J. Ise, *The United States Oil Policy* (1926) 217.

[5] *Wood County Petroleum Co v West Virginia Transportation Co* (1886) 28 W Va 10 (W Va). 该案先于得到广泛引用的下列案件: *Westmoreland & Cambria Natural Gas Co v De Witt* (1889) 130 Pa 235; 18 Atl 724 (Pa).

[6] 这方面有许多研究文献;例如下列文献:H. Williams, "Conservation of Oil and Gas" (1951) 65 Harvard Law Review 1155.

免地在承租人之间造成一种争取成为第一位钻井者的竞赛;这种竞赛为土地所有者取得他们的特许权使用费支票的迫不及待所鼓动。为此,承租人充分利用油藏的天然高压,因为天然高压会将石油推到地表。然而,那些天然高压由于这一的确存在的实际情况会很快耗竭,即,数量巨大的油井的开钻,因为数量远远超出油藏有效率开采所需要或者所许可的数量。对不必要油井进行投资所浪费的资本是巨大的,而所浪费的天然气也是巨大的。被浪费的天然气在石油生产中或者生产之前就燃烧了或者直接排入了空中,其数量每年足以满足美国数个大型城市的能源需求。同时,由于乱钻造成的油藏天然压力的丧失,导致石油留于地下而出现的石油浪费也是巨大的。此外,新的大型油田的疯狂开发形成石油产量的骤然大量增产,导致油价迅速下降、严重库存损失以及高成本但仍能产油油井的过早关闭等问题。

　　这些问题的性质和严重程度在20世纪最初几年开始引起人们的关注,到1930年已经成为石油产业几乎所有部门的共识。于是,开始行动起来消除捕获规则的这些不良后果(即使不是该规则本身所造成的),要求将每个油藏作为一个整体单元进行开发,而不考虑油藏上方土地的人为分割,进而也没有进行竞争性钻井的任何需求[7],只是满足于并继续满足于适度的成功。[8] 要想达成自愿的油田整合协议总是困难的,特别是对那些处于开发阶段早期的油田,油藏特征还有很多不确定性。[9]尽管大部分州(除德克萨斯州外)现在都有某些形式的强制性

---

[7] See generally R. Hardwicke, *Antitrust Laws, et al v Unit Operation of Oil and Gas Pools* (1961).

[8] 1975年,整合油田的产量比例在产油各州之间有所不同,从82%(怀俄明州)到20%(德克萨斯州)不等;G. Libecap and S. Wiggins, "The Influence of Private Contractual Failure on Regulation: The Case of Oil Field Unitization" (1985) 93 Journal of Political Economy 690 at 701—3.

[9] See further below, text above n 45.

油田整合立法，但是其范围是有限的，而且整合的操作过程也负担沉重。大部分州的石油产业监管者甚至不知道本州生产的石油和天然气有多少来自于整合后的油田，有多少不是。然而，只有在一种整合制度下才能完全解决捕获规则所产生的问题。产油州政府不是从源头上解决浪费问题，而是在石油产业本身的呼吁下，建立起这样一条监管途径，即，不导致取消捕获规则，而是在一个监管限制的网络中使捕获规则存续下来。监管限制网络的主要目的是，将石油产量水平控制在能够确保原油最低价格处于一种可接受的合理水平。这种形式的控制又称按比例确定产量。根据这种控制方法，每口油井或者每份租约的产量被限于其潜在产能的一定比例（有时非常小），起初是鼓励而不是限制不必要的钻井。这是因为，一个石油生产商被许可的或者"允许的"产能通常是参考其每口油井的潜在产能而进行计算的。这样，油井越多就意味着越高的总允许产能。计算允许产能的替代方案是全部或部分的参考生产商拥有的油田面积。后一种方法与建立最小井距的规则相联系，给予小块油田面积所有者以将自己的面积与其他所有者的面积"集中"的权利，从而形成井距规则所允许的最小面积的钻井单元。这种方法能够产生接近（尽管并不完美）通过油田整合可能已经取得的那些效果，使分割的油田面积形成一个整体的单元。[10]

从美国石油产业的大部分历史来看，美国曾经是世界上主要的石油出口国。然而，随着美国在 20 世纪 60 年代晚期变成石油和天然气的一个净进口国，通过按比例确定产量来进行限产就不再具有意义了，按比例确定产量的规则因而遭到遗弃。1971 年，德克萨斯州铁路委员会允许本州油井开足马力生产；

---

[10] 一般情况，请参见下书第 1 卷第 3 章：R. Bradley, *Oil, Gas and Government: The US Experience* (1996)。关于一种更为乐观的观点，请参见下列文献：E. W. Zimmerman, *Conservation in the Production of Petroleum, A Study in Industrial Control* (1957)。

这是自1930年以来的第一次。[11] 这让在私有土地上的石油生产基本上仅受井距和油藏规则的监管（但是完全整合的油田除外），同时辅以措施，防止天然气浪费以及强制实行各种各样的良好油田做法的其他成分。同时，大多数州在一段时间内在其石油和天然气立法中加入了一项所谓"相关权利"条款，规定对勘探和开发的控制的实施应该确保一个油田的每位所有者或者承租人都享有公平的机会来开发其拥有一种权益的那块土地之下的石油和天然气。尽管如此，但是没有任何州将修改捕获规则作为基本原则来决定土地所有者或者承租人以及他们之间的财产权。就这样，甚至直到今天，无论是在行政法规决定可以钻挖多少油井的地方，还是不能决定的地方（例如，州监管部门尚未制定一项油田井距规划，或者未能将有关油田面积整合成钻采单元），捕获规则仍将有效。因而，一位承租人可以很合法地从其邻居的地下抽采石油。[12] 对私人出租人的建议仍然是基于这样的假设前提：捕获规则可以适用，承租人必须利用租约中的适当条款来反对捕获规则。[13]

我们可以发现德克萨斯州是这样的一个最浓厚的州，即，其监管涉嫌最牢固地根植于并附着于捕获规则；毫无疑问，这是因为该规则在历史上对小的独立生产商带来了巨大益处，而德克萨斯州拥有如此数量巨大的独立生产商。[14] 尽管如此，这样的情形在所有的产油州都很普遍。事实上，甚至在与地表土地所有权划分并不影响石油和天然气的财产权的区块的关系上，该

---

[11] D. Yergin, *The Prize* (1991) 567.

[12] For an example see *Cowling v Board of Oil, Gas and Mining* (1991) 830 P 2d 220 (Utah).

[13] O. Anderson, "*David v Goliath*: Negotiating the 'Lessor's 88' and Representing Lessors and Surface Owners in Oil and Gas Lease Plays" (1982) 27B Rocky Mountain Mineral Law Institute 1029.

[14] See generally D. Prindle, *Petroleum Politics and the Texas Railroad Commission* (1981); D. Olien and R. Olien, *Oil in Texas: The Gusher Age 1895—1945* (2002).

规则也在运行。这种区块是联邦政府已经保留矿产权利的土地。由于根据联邦《矿产租约法》授予的每份租约所占面积相对较小,而且联邦土地的区块与私人土地经常是犬牙交错,一个单一的油气藏可以在许多承租人之间分享。在这种情形下,通过形成整合取得一份联邦租约的一项条件的意愿,保障整合是很容易的。但是在缺乏整合意愿的情形下,捕获规则使之合法的采油活动可能会仍然发生,特别是对于相邻的私人土地。甚至在海上(这种情形下当然没有地表土地所有权)也假定适用捕获规则,而且在小区块(9 平方英里)之间的采油需要由有效的强制性整合规定予以控制;海上小区块是为了出租的目的而划分的区域。[15]

因此,捕获规则目前仍然是美国石油和天然气法律和监管结构据以建立起来的财产权原则。实际上,该规则不断征服着新的领域。通过注入流体和粉粒,打开气藏围岩的裂隙,"压裂"深层致密气藏是开采页岩气的一种常见做法。但是,裂隙可能远远超出其最初所处租产或者钻采单元的范围。在德克萨斯州,捕获规则最近已经用于改变人们对该常见做法的攻击。如果要对这类气藏进行经济性开发,"压裂"可能就是一项必要的程序,但是反对的理由也很明显。这就是,压裂方法表现的是一种地下侵害,在本质上与打个斜孔到一位"邻居"的土地底下并无不同,这同样是打开一条人工通道让烃类物质从别人的土地中流到自己的油井中。然而,在德克萨斯州最高法院看来,即使这是一种非法侵入,它也是一种不可诉的非法侵入,因为对该邻居的烃类物质损失可以用捕获规则作为借口。[16]

---

[15] See eg *Clark Oil Producing Co v Hodel* (1987) 667 F Supp 281 (US Dist Ct La).
[16] *Coastal Oil and Gas Corpn v Garza Energy Trust* (2008) 261 SW 3d 1 (Tex). See also P. Burney and N. Hine, "Hydraulic Fracturing: Stimulating Your Well or Trespassing?" (1998) 44 Rocky Mountain Mineral Law Institute 19—1; R. Thibault et al, "A Modern Look at the Law of Subsurface Trespass: Does it Need Review, Refinement or Restatement?" (2008) 54 Rocky Mountain Mineral Law Institute 24—1.

（二）捕获规则在其他国家

人们经常假定捕获规则是美国特有的一种现象。[17] 然而，事实并非如此。该规则在其他国家石油和天然气制度的发展形成中一直相当重要，具有直接和间接影响。就直接影响而言，在与美国同期发展石油产业的一些国家或者地区（罗马尼亚、奥地利的加利西亚省以及俄国），捕获规则是得到适用的一般法律原则。事实上，捕获原则已经写入了影响甚广的颁布于1804年的《法国民法典》，它的法律规定形式出现在第552条之中。该条规定，土地所有者有权根据自己的意愿，自由建造任何建筑物并进行挖掘，取走自己完成的任何产品，但是应当符合与矿业和公共控制（政策）有关的法律和法规。[18] 1865年，当《罗马尼亚民法典》以《法国民法典》作为蓝本而制定时，没有制定关于石油方面的任何特别规则，因而，捕获规则得到了采用。[19] 同样，加利西亚省（位于现波兰南部和乌克兰西部）石油产业的历史和问题几乎分毫不差地（以微型版形式）复制了同一时期美国的历史和问题；事实上，加利西亚省在使用类似于井距规则的反捕获规则的监管方面，进行了某种意义上的首次实验。[20] 捕获规则曾经同样是19世纪俄国高加索巴库富产油井开发的工作原则。[21] 在其他国家，特别是在像英格兰及其殖民地以及它统治的普通法国家或者地区，人们假定，在被请求裁判解决石油和天然气财产纠纷时，捕获规则应该是法院适用的财产法原则。人

---

[17] See eg M. Adelman, *The World Petroleum Market* (1972) 43.

[18] 第552条第3句。关于石油生产的特殊规则在法国的发展，请参见 J. Devaux-Charbonnel, *Droit Minier des Hydrocarbures. Principes et Applications* (2nd edn, 1987) 47—9。

[19] J. Cohen, *Le Régime des mines et du pétrole en Roumanie* (1926) 3—13; G. Buzatu, *O istorie a petrolului romanesc* (1998) ch 4.

[20] See generally A. Frank, *Oil Empire: Visions of Prosperity in Austrian Galicia* (2005) chs 1—3.

[21] See generally C. Marvin, The Region of the Eternal Fire (1891).

们的这种观念加上担心产业可能在后果上沿着美国所经历的浪费和混乱的方向发展,导致产生了预防性监管,或者将石油财产权整合于国家手中,或者同时采取这两种措施。[22]

当然,也有这样一些其他地区,特别是拉美和中东,其石油产业的开端与美国迥然不同。根据 1783 年《西班牙矿产法令》[23]或者伊斯兰矿产法[24]的原则,矿产权掌握在国家手中;这就使得授予开发超大面积的地区(在某些情况下,延伸至该国边境线)的特许成为可能。对这种特许的需求大部分来自于美国大型企业,它们寻找不会为在国内经营中遇到过的问题所困扰的大规模石油生产经营的机会。它们在美国遇到过的问题是:为把众多租约整合到足够面积的斗争,那些众多租约所形成的不利于理性经营的障碍,达成油田合作开发协议的困难,以及,由于相邻小油田竭力行使其权利而尽其所能抽采尽可能多的油气藏所引发的减产风险。美国之外石油产业生产方面的历史,在 20 世纪的大部分时间内,可以视为企业和政府之间的斗争史。根据自己在美国的经验,美国大型生产企业确信:为了有效经营,他们必须拥有大量的措施,来控制井距和钻采位置以及在广泛区域内生产管理。政府方面从自己的角度,要么由于担心造成生产垄断而对这种需求予以抵制,要么进行协调,后来是为了收回某些已经授予出去的对自然资源的控制而斗争。没有任何两个国家的发展道路是完全一样的,大多数国家都已经在某个折中位置找到了共同点。在这种共同点上,石油和天然气属于国家所有,国家寻求以竞争性方式和在有限的区域内授予勘探权和生产权,同时,对于成功企业的各种活动,保留相当大的

---

[22] 关于英国的发展情况,请参见下书第 2 章:B. S. McBeth, *British Oil Policy 1919—1939* (1985)。

[23] Reproduced with commentary in J. Rockwell, *A Compilation of Spanish and Mexican Law, in relation to Mines, and Titles to Real Estate, in force in California, Texas and New Mexico* (1851) 4—111.

[24] W. El-Malik, *Minerals Investment under the Shari'a Law* (1993) 44—70.

监督控制权力,甚至管理参与权力。授予区块面积的大小继续反映着这两者之间的博弈:企业追求最大的经营自由裁量权的渴望,国家通过竞争性方式实现对其领土综合性开发措施效果最大化以及其烃类物质的早日生产的目标。正是所提供区域的相应预期将决定国家能够希望出让成功的合同区块的最小面积。[25] 对足以吸引人的以小区块出让的区域进行成功管理,行之有效的整合规定至关重要,这样,跨区块的油气藏可能经常出现。在这种情况下,如果不行使整合权力,对一个共同油气藏的竞争性经营可能仍然会出现这样的问题,即,国家的控制机制是否包括捕获规则。

显然可以想象,在这一区域,国家和石油公司之间的利益平衡是在一个从来不知道捕获规则的世界中,通过不同的路径而达成的。事实上,捕获规则出现于事件链的原始起点,该起点引导我们达到了我们今天所处的位置,并且直接或间接地促成了大大小小石油公司的典型行为模式,而这些模式反过来塑造了政府所作出的矫正反应。无论喜欢与否,捕获规则都站立在石油产业实际上所经历的发展路径的起点上。

二、两项困惑

从上述简要归纳的历史中,产生了两项重大困惑。为什么这样一项低效规则却被首先采用?难道是,尽管它有其缺陷,却是可用的最好规则?为什么一经采用,它就在美国一直存续下来,尽管人们认识到这项规则造成了一些重大困难?以及,什么时候其他国家在创设更为合理和更富效率的制度方面正在取得成功?

---

[25] M. Bunter, *The Promotion and Licensing of Petroleum Prospective Acreage* (2002).

（一）采用捕获规则的原因

关于捕获规则的标准经济学解释是,将它视为对"公共资源池"问题的一种解决方案。石油和天然气就像鱼及其畅游其间的水,是流体资源,具有不受财产边界限制而从一个地方移动到另外一个地方的能力,因此,一般财产规则不能对其发挥作用,而让一个人对其所能捕获的事物享有所有权的权利是能够提供的最简单的规则。迪安·利克(Dean Lueck)最近为这一理论提供了一个复杂的版本,他企图为授予所有权的法律规则提供一种综合的经济学分析和解释,不仅是石油和天然气的所有权,还包括土地、个人动产、知识产权、水以及其他物品的所有权。利克指出了下列两种所有权之间的一种根本区别,即,源于某一特定储积库的产品流(如一个油藏中的油或者一群野牛中的牛)的所有权,以及储积库本身的所有权。[26] 这里,保护一个储积库的所有权是可能的。他的观点是:法律的倾向将是,在这样做是最为有效的处理问题的方式时,通过"先占"的方式授以所有权;而且,这样做的时机选在限制权利主张者之间进行资源浪费竞赛可能性的时点。然而,石油和天然气被利克认定为一种储积库(野牛群是常见的事例)的相似物,它的移动性质意味着对整个储积库实施占有的成本是令人望而却步的。他认为,法律在这种情形下退回到捕获规则,允许人们去捕获并因而取得产品流的一部分(个体的动物)的所有权。

在石油和天然气的情形下,利克的主张是:"石油和天然气的流动性……能够让地表土地所有者建立对'他们的'储积库的权利而用来对抗邻居钻采者的权利的行为,变得成本巨大而难以忍受。"[27] 因而,捕获规则就是最为切实可行的规则。这里有

---

[26] D. Lueck, "The Rule of First Possession and the Design of the Law" (1995) 38 Journal of Law and Economics 393.

[27] ibid at 425.

一种讽刺意味十足的情况。学院派的法律界人士连同跟随其后的工程师们,已经花费了数十年时间来批评首先承认捕获规则的法官们,认为法官们把石油和天然气的习性与野生动物的习性混为一谈,暴露了法官们的无知。他们说,正是因为法官们对石油和天然气的误解——以为石油天然气在地下任意漫游而不是囤藏于油藏围岩中——造成石油产业陷入了浪费性竞争的歧途。[28] 现在,有一位经济学家告诉我们:法官自始至终都是正确的。事实上,通过忽略在理解石油和天然气的地下习性及其经济含义方面的石油工业的变化,通过忽视参考捕获规则的首例司法判决直到石油产业运行 27 年之后才出现这一至关重要的事实,两种观点都趋向于过分简单化。

当时,美国全年原油总产量正在接近 3000 万桶。[29] 很清楚,捕获规则从一开始就是石油产业的一般工作原则;这是一种合理观点,其理由是:石油一开始被认为是从岩石裂隙中流出来的;通过裂隙,石油可能是任何其他什么地方存在的聚集石油经过远距离流动而来。[30] 在覆盖一定面积的油气藏围岩地层中,石油可能有一个稳定的存在矿体。如果缺乏关于这方面的任何概念的话,那么,一个人就没有任何理由反对邻居在自己油井附近的钻井行为。保护一个人自己的"储存库"的理由也是行不通的。只有在理解了 19 世纪 80 年代发展形成的油气藏地质学之后,针对石油抽采行为的一种法律上的批评才有了一项根据。正是在这一时候,出租人开始在法院以允许这类滥采情况发生为由起诉他们的承租人,理由是承租人没有对租约进行充分的

---

[28] See for early examples J. Veasey, "The Law of Oil and Gas: I" (1920) 18 Michigan Law Review 445 at 453—5; E. Oliver, in *Federal Oil Conservation Board, Complete Record of Hearings*, 10 and 11 February 1926 at 93—5.

[29] H. Williamson and A. Daum, *The American Petroleum Industry. 1859—1899: The Age of Illumination* (1959) 594.

[30] T. Daintith, "A Pre-History of the Rule of Capture" (2008) 9 Oil-Industry History 143.

开发,特别是没有钻挖"相抵"油井。所谓"相抵"油井,指在该种油井对面是位于财产界线另一侧的可能抽采石油的油井。在这种案件中,对于抽采所造成的石油损失,法院表现出他们自己能够找到一种适当的赔偿措施的能力。利克的假设是:捍卫"自己"石油的权利会因成本昂贵而却步的情形,已经不复存在。然而,直到19世纪90年代,没有人挑战石油抽采的合法性,而在法院当时所裁判的案件中,只有1897年的凯利诉俄亥俄州石油有限公司(Kelley v Ohio Oil Co)一案中对捕获规则进行了攻击。[31] 为什么没有更多的这类诉讼呢?

在其关于资源财产权利如何随时间变化而演进的一项重要研究中,斯科特提出了运用经济分析方法所提供的关于这一问题的一项一般性回答。[32] 斯科特认为:只有当存在一项关于修改完善的明确需求,而且法院或者立法机关可能满足这种需求,或者也许通过发展习惯可能满足这种需求的情况下,资源的财产权才会有所发展。他使用非常通用的术语提出这样的建议:"对于人人可获取资源的个人权利,要求对之修改完善的反对者的人数要比赞同者多得多。"[33] 在石油和天然气的情形下,土地所有者及其承租人的个人权利无疑是存在的,但是,这些个人权利因捕获规则而不完整。然而,对于19世纪80年代石油产业的大多数参与者来说,完善个人权利的尝试注定是一个零和游戏。一位承租人挑战一位邻居抽采行为的成功,将会立即影响该承租人自己所拥有的在这一租约或者其他租约项下的抽采他人地下石油的机会。对于小于被认为能够进行单井抽采的最小面积的租约来说,如果没有邻居的同意,该租约是不能实施的。一般而言,由于要求在距租产边界线明显很远的一个位置钻井,

---

[31] *Acheson v Stevenson* (1892) 145 Pa 228 (Pa); *Hague v Wheeler* (1893) 157 Pa 324, 27 Atl 714 (Pa); and *Kelley v Ohio Oil Co* (1897) 57 Ohio St 317, 49 NE 399 (Ohio).

[32] A. Scott, *The Evolution of Resource Property Rights* (2008).

[33] ibid at 59.

多份租约整体组合资产的价值和吸引力会受到限制,尽管承诺的大多数油井位置可能在那里找到。可以预计产量会大幅下降,随之而来的利润损失可能大大超出不必要的相抵油井的钻挖成本。当考虑到这些影响后果时,对于承租人所进行的试图说服法院针对石油和天然气采取严格财产规则的任何工作,反对意见似乎确实长期存在。我们的确发现,几乎没有人试图就此问题提起诉讼。少有的起诉者都是那些开发范围有限和在某个具体油田存在巨大风险的人,而较大的生产者明显不在名单之中。当然,出租人根本不关心这种生产和租约策略。他们肯定会希望就限制抽采事项提起诉讼,而不是将自己的石油和天然气权利分送给他们的承租人;但是,他们不能直接对他们的邻居提起诉讼。因此,他们寻求法院的援助,强迫自己的承租人通过快速开发和钻挖相抵油井来对抗邻地上的抽采,从而保护租产。在20世纪的最初几年中,他们取得了诉讼上的成功。但是,通过使具有竞争性钻挖成为一项普通法义务,这种成功加剧了捕获规则的影响。[34]

如果我们转变视角,将司法机关视为财产权发展的提供者,情况并没有太大的改变。石油和天然气的替代性财产权规则肯定出现在19世纪后期。事实上,在当时唯一一起直接挑战捕获规则的案件中,提出了一项替代性规则供法院考虑。该案就是1897年的凯利诉俄亥俄州石油有限公司一案。[35] 作为承租人的凯利主张,在一块毗邻租产开发经营的被告公司沿着财产界线己方一侧已经进行了系统化的油井钻挖,从而开采了凯利享有合法权利的大量石油。他认为,在一个封闭的油藏中,这一过程中被告的抽采活动必然涉及抽取给予原告石油以支撑的旁侧石油。一旦被告在财产界线附近钻采,属于原告的石油(之前"靠"在被告的石油上)就会自由流动到几码远处的被告租产并

---

[34] M. Merrill, *Covenants Implied in Oil and Gas Leases* (2nd edn, 1940) ch 5.
[35] (1897) 57 Ohio St 317, 49 NE 399 (Ohio).

流入被告的油井之中。目前仍然存在的关于为一位邻居的土地提供旁侧支撑的义务，在西方法律的原则中，或许具有最长的有文字记载的历史：在公元前6世纪雅典的梭伦法律中，对它有所体现。[36] 仅在凯利一案之后两年，英国枢密院司法委员会对其予以适用，以防止乱采沥青的常见做法。在特立尼达的部分地区，沥青就在地表上面或者仅略低于其地表；通过凯利一案中被告的这种方法，就使得沥青从一位"邻居"的土地流入自己的土地。我们可以根据存在的法律基础，对这两起案件予以区别：在枢密院的案件中特立尼达沥青有限公司诉安巴德（Trinidad Asphalt Co v Ambard）一案[37]中，采挖活动已经造成了邻居土地地表下沉的结果，而凯利一案中的深层钻采除了对有价值的矿产本身以外，没有任何影响。有人觉得，俄亥俄州最高法院驳回凯利诉讼请求的理由是，对于以这种方式将石油的财产权予以颠覆而可能随之发生的混乱，它以其智慧的眼光认识到了，因而决意绝对不讲可能给这种混乱结果以最微小鼓励的任何事情。[38]

需要再多考虑一点的一个问题是，为什么诸如基于旁侧支撑的反对捕获规则的观点从来没有在其他州的法院得到支持，无论是俄亥俄州还是宾夕法尼亚州，在这两个州，先例没有约束力，而且大规模的石油开发要晚得多。[39] 在凯利一案作出判决的1897年，美国非常可观的石油产量几乎全部来自如下两个州：德克萨斯州首次成为产油大州是在1899年，那是自加利福

---

[36] Plutarch, *Lives* (transl. J. and W. Langhorne 1845) 105.

[37] [1899] AC 594 (PC).

[38] 它的谨慎或许可以由特立尼达所发生的情况证明是合理的。尽管这一产业与当时的美国石油产业相比是微不足道的，尽管枢密院司法委员会的这一裁判仅影响了其部分经营活动，尽管所涉及的法律关系非常简单，但是，这一裁决的影响却非常严重，足以导致一个皇家委员会的任命以及一个全新的法律制度的构建。

[39] 然而，这一观点后来作为论据试图在加拿大一起石油和天然气案件中获得支持，但是未获成功；该案由枢密院司法委员会审结。*Borys v Canadian Pacific Ry* [1953] 2 AC 317 (PC).

尼亚州在1892年首次成为产油大州后的又一个产油大州。因此,这两个州以及其他南部和西部各州的法院拥有一个相对完整的工作基础。但是,无论其工作基础的状况如何,只能在发生了诉讼、要求它们这样做的时候,法院才能发挥作用。我们已经看到,在石油产业的这一发展阶段,石油开发者显然对相互起诉几乎不感兴趣。如果以及当诉讼发生时,诉讼通常是在土地所有者之间而不是竞争的石油运营商之间,而且通常是在一个州开始开发石油的数年之后;对于构成石油勘探和生产的法律环境一部分的捕获规则,这些新一点的石油土地上的法院都无一例外地接受了。沃尔特·萨默斯(Walter Summers)是批评捕获规则的最早法律界人士之一,他将赞同捕获规则的法院描述为根据这样一种观点来判断其判决的正当性,即,如果土地所有者具有阻止其邻居进行钻采活动的能力,那么,石油开发将是不可能的。[40] 事实上,我们并没有发现法院明确地依赖于这一理由,但是相信这一观点对法院的判决没有任何影响则是不可能的。

在一个"新的"石油州的一家法院第一次审理一起案件时,尽管拒绝捕获规则而采用一种不同的规则可能在宪法上已经是可行的,但是,这种拒绝的情况从来没有发生过却是不足为奇的。这样的一项判决将会意味着,一位土地所有者能够阻止或者至少在法律上阻碍其邻居的石油钻挖活动,直到他自己已经准备好这样做。作为一种结果,该州的财产法会冒这样一种风险,即,对石油开发不友好、对它所带来的税收收入和经济繁荣不友好。这不是一种具有政治上的吸引力的立场。我们应该牢记,由于其背景或者获任法官的途径(通常通过大选或者具有政治性影响的任命),有时还由于其野心,美国的法官可能紧密地融入了其所在州的政治生活之中。另外一种方法是,就像枢密

---

[40] W. Summers, "Property in Oil and Gas" (1919) 29 Yale Law Journal 174.

院在有效地将特立尼达的沥青开采做法宣告为非法一样,将问题交由立法机关解决,但是可能根本不会产生效果。面对一项"否定捕获规则"的判决,为了使石油和天然气经营在实践上可行,将会需要迫使土地所有者融入这样一项计划安排中,即,能够从土地所有者的土地下方通过排放而抽取石油和天然气,甚至在他们不愿意同意这种石油生产的情形下。即使这样一种计划需要制定全额赔偿的规定,它们将构成宪法第五和第十四修正案意义上的一种剥夺财产,这是由于这样一种确实的事实,它们剥夺了土地所有者决定是否开发土地以及,在决定开发的情形下,何时开发的权利。1929年年底,石油和天然气领域内全国经验最丰富的法律界人士感觉到,强制的集中和整合计划在消除竞争性的过度钻采方面具有类似的局限性,可能是不符合宪法规定的。[41] 因此,判决反对在本州适用捕获规则的法官,可能已经纷纷谴责捕获规则数十年来产生的对石油和天然气收益的垄断。

美国早期的法律发展过程证明的是一条强烈的独立路径形式[42]:在产业发展初期由于无知而采取的决定,造成了这样一种情势,即,在这种情势中,纠正由此产生的但是后来才理解到的效率低下,其代价将会非常昂贵,而且将会产生如此大规模以及难以预见的再分配效应,以至于超出合理考虑的范围。事实上,大量证据表明,凭当时对油储地质和区域钻探的全面了解,导致提起诉讼以防止从一个人的租产下面抽采石油在理论上是诡辩,导致可能存在除捕获规则以外的任何其他关于石油的财产法原则的观点确实是不可思议的。[43]

---

[41] Report of Committee on Conservation of Mineral Resources, in *Annual Report of the American Bar Association* (1929) 741 at 751.

[42] See generally S. Margolis and S. Liebowitz, "Path dependence" in *The Palgrave Dictionary of Economics and the Law* (P. Newman, ed, 1998, vol 3) at 17—22.

[43] Above n 30.

(二) 继续维护捕获规则的原因

即使我们接受技术上的误解导致美国石油产业走上了一条低效率的道路的认识,通过财产权方面的一种激进改变也无法脱离这一道路,那么,仍然有必要解释为什么对捕获规则负面影响的管理如此难以实现。利克的分析实际上没有给出这一问题的答案。美国的石油和天然气法律并不符合他的这一预测,即,法律将通过限制利用资源储存库和限制对储存库权利的转让,减轻由捕获规则所引起的浪费风险;这些浪费风险表现为在获得资源方面的竞争性过度投资,以及由这种竞争所导致的资源过早枯竭。[44] 对野生动物来说,通过禁猎期以及限制和禁止野生动物产品市场,(逐渐地)提供了这些保护。在石油和天然气的情形下,尽管由于地表土地所有者所拥有的排他权对资源利用行为进行了自然而然的限制,但是,从石油产业开始的第一天起,任何限制性作用就被石油租约土地的狂热细分所破坏。在19世纪60年代,1/4英亩的租产已经很普遍;在1901年的德克萨斯州斯潘德尔托普(Spindletop),有些租产缩小得不足100平方码,在1921年的加利福尼亚州信号山(Signal Hill)是16码乘以12码。出租人和承租人同样都走得更远,对一份单个租产进行划分并交易各自的特许权使用费和工作权益:一个单井口可能拥有数以千计的特许权使用费持有人以及数百名的工作权益持有人。土地细分严重加剧了捕获规则的负面影响;由于所涉利益的数量和种类,利益细分导致对合同的任何修正(如一个油田的自愿整合)都变得极其困难。[45] 利克承认合同成本时常令人望而却步,但是他认为像井距和强制性整合这样的制定法规

---

[44] Above n 26 at 410—11.
[45] J. Weaver, *Unitization in Texas*: *A Study of Legislative, Administrative and Judicial Politics* (1986) 29—33; G. Libecap, *Contracting for Property Rights* (1993) chs 1 and 6.

则因此得以"出现",有效地限制了资源利用行为。[46] 然而,这些修正措施只是在 20 世纪 30 年代才予以规定,而且其覆盖面仍然远非全面;事实上,到为时已晚之前,没有任何一个州的立法机关理解对资源利用和权利转让进行限制的需要。

然而,普通法发展的一个潜在趋势是,向着以井距和类似监管所代表的"次优"类解决方案的方向发展。在凯利一案判决作出以后 3 年内,美国最高法院论证了即使不得不保留捕获规则,该规则的最严重负面影响如何可能得到控制。这之所以成为可能,是由于一项少见的立法干预:印第安纳州拥有丰富的天然气储藏,其照明、取暖和工业燃料已经严重依赖于天然气储藏;该州一项法律试图保护这一储藏,阻止试图从同一地层中生产石油并在这一过程中燃烧或排放大量天然气的石油公司。其中的一家公司,正如所发生的情况,凯利先生的老对手俄亥俄石油公司对该项法律进行挑战,认为它构成一种违反宪法的剥夺财产权。在判决[47]中,最高法院找到了一种将捕获规则的功能性障碍转化为对其进行控制的基础的以及甚至进行中立化的方法。不受限制的捕获规则意味着,对于一个共同的油气藏来说,可能没有安全的财产权。基于这一基础,法院认为,为了控制石油和天然气勘探和开采的那些实践做法,保护对该油气藏利益所有者的紧密相关权利,以及,或许,还基于一般公共利益而防止浪费,各州进行立法在宪法上是合法的。因此,这项判决在宽慰迄今为止东北部油气生产州的旨在强制实施一些根本性保护规则的有限尝试方面,具有很大的重要性,并且为自 1915 年以来立法中开始出现的更多一般性禁止浪费措施提供了一个平台。

密切相关权利这一概念也具有为一种修改后的捕获普通法提供一种基础的潜在可能性,这种普通法的实施将会受到一些

---

[46] Above n 26 at 426.
[47] *Ohio Oil Co v Indiana* (1900) 177 US 190.

限制的约束。这些限制包括可能限制开发一处储藏的方式[48]，甚至可能要求生产方式不应该，正如最高法院在俄亥俄州石油公司一案判决意见中所提出的，"导致以一种不正当比例，向权利拥有者中的一位分配权利，而给其他的权利拥有者造成损害"。[49] 这种情况从来没有发生过。几乎没有这样的案件起诉到法院，从来没有原告试图基于一种"公平分配"的观点来抵制捕获规则，而且法院一般不愿意针对任何具体的生产，对某些方法作为普通法上的一项义务事项，予以设定或者宣告其违法。[50] 通过密切相关权利的普通法上的生产管理的这种潜在调节，可能已经把一些事情归因于司法机关对于石油产业对捕获原则的一种持续性行为的尊重，但是它还与法院的一种情绪变化相联系。世纪之交的这几十年时间是大众对大型资源开发公司的质疑迅速增多的一段时间，主要但不完全由于标准石油公司信托的力量。法院跟从这一趋势，在从大约1895年起的这一时期内，十分明确的是，我们开始发现法院果断地重构租产合同，保护出租人，使其免遭那些试图集中小块租产并只在那些看起来能够有效率地这样做的区块内进行钻采的石油公司的侵害。法官们阅读延期租约中的租金条款，这些条款旨在允许推迟开发，他们阅读租约中的快速开发义务和相抵钻采义务。[51] 在这种情况下，不难看出，即使那些拥有旨在进行低成本生产的实施区块兼并以及发展的系统化政策的大型公司，为什么会自愿放弃不必要的相抵油井而不是寻求通过司法途径抵制捕获规则。俄亥俄州石油公司一案判决所提供的诉讼平台是一个脆弱

---

[48]　*Manufacturers' Gas and Oil Co v Indiana Natural Gas and Oil Co.*（1900）155 Ind 461, 57 NE 912.

[49]　*Ohio Oil Co v Indiana*（1900）177 US 190 at 210.

[50]　See *Jones v Forest Oil*（1900）194 Pa 379, 44 Atl 1074（Pa）; *United Carbon Co v Campbellsville Gas Co*（1929）18 SW 2d 1110（Ky）; *Higgins Oil and Fuel Co v Guaranty Oil Co*（1919）145 La 233, 82 So 206（La）.

[51]　For details see Merrill（above n 34）.

的和不确定的平台。败诉的惩罚可能不仅仅是向一位邻居赔偿石油损失,而且也对租约造成了损害,因此,最好只顾钻采。

三、石油财产权的国有化

20世纪初,石油成为一种战略关切事项。那时,英国和美国认识到用石油替代煤炭作为海军燃料的重大优点。那些给英国政府提出建议的人中,最著名的是考德雷(Cowdray)勋爵,他在美国和墨西哥有着丰富的石油生产经营经验。他们强烈建议英国政府不要允许美国方式的竞争性石油钻采开发活动,因为它伴随着资源浪费及认识到浪费后所产生的不稳定。因此,20世纪伊始,英国的政策是,对于其开放进行石油开发的领土(包括本土),收紧对石油开发的控制。[52] 人们不久发现,这样做的最有效方式是控制对地下石油和天然气财产权的总数。这就使得国家能够控制勘探的速度和位置,促进企业间在勘探面积上的竞争,并且通过必要的整合来消除捕获规则浪费资源的副作用。在美国,数量巨大的公共土地作为西部移民的安置土地而授给私人,但是并没有包括矿产权的任何保留,尽管进行了大量但并不成功的努力,试图事先甄别"矿产土地"并予以保留而不授给私人。[53] 与美国的做法相反,19世纪其他地方(如加拿大和澳大利亚)的土地政策则包括了实质性矿产权保留。在术语上对这些保留的规定宽泛,足以包括石油在内,并且在很大程度上是通过对为公众所拥有的任何石油权利进行实际上的国有化

---

[52] See generally G. Jones, *The State and the Emergence of the British Oil Industry* (1981); McBeth, (above n 22).

[53] R. W. Swenson, "Legal Aspects of Mineral Resources Exploitation" in *History of Public Land Law Development* (P. Gates, 1968) ch XXIII.

而完成的。[54] 昆士兰州是在这种意义上进行立法的第一个法域,时间是1915年;[55] 英国于1934年紧随其后;[56] 类似的立法运动在像荷兰[57]和法国[58]这样的国家开展。在这些国家,开采包括石油在内的矿产的权利长期与地表土地所有权相分离,而且由国家予以处置;但是不同寻常的是,勘探权利却保留在地表土地所有者的控制之下。

由于在这些有关国家事实上不存在已有的勘探或者生产活动,这些立法几乎没有引起扰动,也没有产生引起麻烦的财产权的宪法保护问题。在已建立有石油和天然气产业的背景下进行国有化,自然引起了更多的大量争议,即使它们的结果(正如在罗马尼亚那样)仅仅是用一种公开授予的特许来替代一种私人租约。[59] 这些运动很少涉及征收本国人的权利;相反,主要涉及外国投资者的权利。毋庸置疑,在美国,通过将石油和天然气财产权从美国私人手中转变成公共所有权并没有被视为统一石油和天然气财产权的一种首选方案,来解决浪费和价格不稳定的问题,即使是在由于参加第一次世界大战而产生的战略关切事项的情形下。只有威尔逊总统的海军部长约瑟夫斯·丹尼尔

---

[54] 关于加拿大的情况,请参见前注[32]第353—354页。关于澳大利亚的情况,请参见下列文献:J. Forbes and A. Lang, *Australian Mining and Petroleum Laws* (2nd edn, 1987) 17—26。

[55] 昆士兰州1915年《石油法》。

[56] 英国1934年《石油(生产)法》。

[57] See generally M. Roggenkamp, Netherlands Oil and Gas Law (1991) ch 1; M. Roggenkamp, "Energy Law in the Netherlands" in *Energy Law in Europe: National, EU and International Law Institutions* (M. Roggenkamp et al, eds, 2001) 629 at 637—44.

[58] R. Fehr, *Le régime juridique des recherches et de l'exploitation des gisements de pétrole en droit comparé: France, Angleterre, Allemagne* (1939) 50—1; J. Devaux-Charbonnel, *Droit minier des hydrocarbures: principes et applications* (1987) 47—9。

[59] 关于1924年罗马尼亚国有化,请参见下列文献:M. Pearton, *Oil and the Romanian State* (1971) 112—25。

斯(Josephus Daniels),一个由于赞同武器和弹药工厂为公有而已经记录在案的进步民主党人士,敢于建议国有化[60],但是只不过实现了将一些蕴藏石油的联邦土地拿出来作为"国家石油储备"。有这一半面包可能比没有面包更糟糕:许多这类联邦土地都出现了私人控股公司的参与,他们的承租人从捕获规则中受益,非常感激地开始从海军正试图拥有的储备中抽采石油。[61]

事实上,美国自然资源历史的整体发展趋势远离权利从私人手中到公共手中的任何运动。对于政府甚至保留继而出租矿产利益而不是彻底放弃,直到制定1920年《矿产租约法》,因其"很不像美国"而遭到抵制。[62] 德克萨斯州经由其前墨西哥主人继承了西班牙的保留矿产权制度,在19世纪后半叶将其中的大多数授给了土地承租人;对于代表州公立学校系统对重叠地表土地所有者或者承租人所保留的石油权利(而且,大部分收入来源于此),在1919年甚至放弃了对它们的管理。即使基于任何公共需求或政治意愿开始征用私人的石油利益,宪法及其结果肯定会提供一道不可逾越的障碍。这种项目将会涉及大量的财产征收,根据宪法第五修正案需要给予全额赔偿。(可能)在数以十万计的特许权使用费和工作利益所有者之间的财产细分,以及确定部分开发或者尚未开发的土地价值的难度,可能在未来几十年中,会在一种监管和诉讼的混乱中把石油产业管理得更严。

---

[60] McBeth (above n 22 at 57). R. Olien and D. Olien, *Oil and Ideology: The Cultural Creation of the American Petroleum Industry* (2000) 131. 奥利恩(Olien)说州明尼苏达州(一个非产油)的立法机关有同样的想法。

[61] J. L. Bates, *The Origins of Teapot Dome: Progressives, Parties and Petroleum 1909—1921* (1963) 24—32; G. Libecap, "The Political Allocation of Mineral Rights: A Reevaluation of Teapot Dome" (1984) 44 Journal of Economic History 381.

[62] Per Counsel in *Moore v Smaw* (1861) 17 Cal 199 (Cal), and see J. E. Wright, *The Galena Lead District: Federal Policy and Practice 1824—1847* (1966) 80.

四、改变的时机?

本章中,我将捕获规则作为一个问题进行讨论,这一问题在石油产业的初期就深深地困扰着石油产业,不仅在美国而且在欧洲和俄国油田。这一问题在美国之外的国家基本上得以解决;解决的方式是,国家将石油权利掌握在自己手中,并且以维持石油公司之间在严格限制的范围内进行竞争的方法对这些权利进行管理。美国已经能够刚刚达到这样的状况,即,陆上的以及特别是大陆架上的矿产权利仍然保留在联邦或国家手中。尽管大部分美国海岸线长期禁止钻采,但是2007年大陆架上的原油产量占全国的26.8%,天然气产量占14.2%。[63] 在私人土地上,在保护法规不适用任何情形下,捕获规则继续作为默认规则发挥作用。事实上,人们已经认为监管结构在缺乏捕获规则的情况下不能运作;这是因为,钻采单元之间在任何特定的油气藏中与自然流动都有着非常近似的关系,这意味着在几乎所有情况下,一位运营者将从另一租产(至少是其边缘)的地下,开采石油或天然气。[64]

前已指出,由于采用不同于捕获规则的一项财产规则会产生一些困难,基于此而认识到这一点会是有益的,即,捕获规则有能力抵消自己的负面影响。有人可能会认为,美国石油产业的快速发展在很大程度上是由于捕获规则所产生的竞争压力引起的,而且,20世纪初数十年中重大石油发现之后的石油价格非常之低,这对于汽车使用的爆发性增长具有主要促进作用,而

---

[63] Mineral Management Service, US Department of Interior, *Federal OCS Oil Gas Production as a Percentage of Total US Production 2006* available at 〈http://www.mms.gov/〉.

[64] E. Kuntz, "The Law of Capture" (1957) 10 Oklahoma Law Review 406; B. Kramer and O. Anderson, "The Rule of Capture: An Oil and Gas Perspective" (2005) 35 Environmental Law 899 at 951—4.

这又反过来塑造了美国人的生活方式。经济学家约瑟夫·波格（Joseph Pogue）在 1938 年的一次国际能源会议上讲道,至少到 1920 年前后,捕获规则的影响处于积极的平衡状态,因为它驱动石油产业实现了市场所需要的扩张速度。[65] 石油经济学的主要权威之一保罗·弗兰克尔（Paul Frankel）在 1946 年给出了一个类似评价。他写道:"这些有点原始本能的方式,正是促使年轻的产业在第一时间积极进取并在适当时候得到壮大所需要的"。[66] 最近,甚至有人认为,与捕获规则不受约束的运作所造成的浪费和低效率相比,旨在控制捕获规则影响的井距、比例定产以及其他监管已经造成了更多浪费和更加低效率。[67]

重要的是,不能忽视促进美国发展步伐的其他因素,特别是非常高的资本形成能力、巨大的国内市场、稳定的法律制度以及为数不多的一般监管限制。美国 19 世纪石油产业的竞争者在罗马尼亚、加利西亚和俄罗斯也采用了捕获规则。但是,由于缺乏这些优势因素中的这个或那个,每个竞争者的发展都受到了阻碍。

尽管如此,我们可能欣然承认,捕获规则为驱动早期的和全面的勘探开发提供了一种自然动力,而且,在它未能运行的情形下（例如,由于一项特许或者租产的面积太大但是却由一家公司享有的情形）,将会产生一种严重风险:勘探不充分、发展推迟、为将来的（可能）使用预留大面积"储存"。就一个大型石油公司的全球性或者区域性战略而言,这类政策可能非常合理,但是却不大可能响应授予勘探开发的国家的经济、财政和能源安全的优先事项。开采国有油气资源的现代制度在其允许私人公司参与活动的程度上,往往在捕获规则中加入一些替代方案并让

---

[65] J. Pogue, "The Economic Structure of the American Oil Industry" in *Transactions, Third World Power Conference* vol 3 (1938) 221 at 236.

[66] P. Frankel, *Essentials of Petroleum, A Key to Oil Economics* (1969) 19.

[67] Bradley (above n 10, vol 1, chs 3 and 4).

其发挥作用:勘探阶段有拘束力的工作方案或工作开支计划(而且,事实上是基于竞争性方案招标而授予的面积),按照固定的间距放弃大量的开采面积的义务,以及,进入生产阶段后的继续勘探义务(甚至是在已经生产的范围内),等等。[68] 捕获规则的一项残余作用还可以保留在这类制度之中,即,通过提供足够小的区块,使一个跨区块油气藏可能出现,以不排除捕获规则的条件授予租产和特许权,而且规定强制整合权力的行使取决于因竞争发展而出现的最终损害开采的程度。这样一种制度能够为第一家公司在一处共享跨区块油气藏中进行开发阶段提供显著的位置优势。

几年前,持这样一种观点会是自然而然的,即,在美国以外,捕获规则的这种偶尔或者残余作用大大减少,但是它曾经具有有利于发展的良好作用。今天,面对全球气候变暖,随着我们对化石燃料热情的相应减弱,我们可能不再觉得那么肯定。难道我们不应该针对我们的新形势,通过尝试把石油留在地下来作出回应,为随着新燃料技术的应用而将来可能被证明是更不可缺少的用途做储备,以及从石油生产高峰上走下来吗?如果我们以这种方式调整我们的目标,难道我们不应该在采用一种针对石油的财产权原则时,反映这种转变吗?(这样一项原则,即使它并不明确地阻碍发展,至少不像捕获原则,应该在这一方面具有中立性。)

"把石油留在地下"是上世纪初美国保护运动中颇具争议的一项主张。那时,对石油将会很快用完的各种担心达到了顶点。[69] 对于全部矿产资源的担心也是如此。保护意味着,"它们[矿产资源]应该尽可能几乎不减少地得到保留,以便这种自

---

[68] 关于这种法律制度在4个国家(澳大利亚、加拿大和美国的联邦近海制度,以及英国的制度)的情况分析,请参见下列文献:T. Daintith, *Discretion in the Administration of Offshore Oil and Gas: a Comparative Study* (2006)。

[69] Olien and Olien (above n 60, ch 5)。

然财富遗产可以以完整的方式传给下一代"。[70] 这一保护观念在大多数人(即使是在保护阵营内部)看来,是不现实的;相反,他们试图把重点放在有效率生产以及一种明智的优先使用顺序上。事实上,美国关于其自己土地的政策从那一时期以来,至少是有时,已经发挥了将大量石油留在地下的效用,但是海军石油储备除外。其中,留量中的最大部分在阿拉斯加北坡,原因与其说是战略上的或经济上的,还不如说是环境方面的。由于这一原因,美国大陆架的大部分保持着未开发状态。其他地方的国家租约政策,只是通过定期开放有限数量的勘探开发面积,已经在某种程度上为保护区不成为租约标的提供了事实上的保护。显然,与人口数量巨大的能源饥饿国家(如印度或中国)相比,具有潜在的巨大资源的小国(如挪威,它是一个特别典型的事例,因为它有着丰富的替代性的水电资源)政府很容易做到这一点。至今,只有厄瓜多尔试图将一块具体的含油领土的拟议保护区(在其亚苏尼森林地区)同这样一项国际机构提供的付款联系在一起,即,针对由于不进行勘探开发而将取得的维护生物多样性和减少碳排放的利益的一项付款。[71]

然而,除非一个国家将来采取放弃开发其所有的和任何潜在的油气资源的极端步骤,任何限制政策将在勘探和开发这些资源的一种法律构建的制度框架内予以实施。当然可以从这样一种制度中消除捕获权。荷兰最高法院在 2005 年主张,荷兰法律的一般原则与近海石油立法和监管的许可规定措辞,没有为捕获规则的运作留下空间。[72] 英国和澳大利亚所授予近海生产许可证的现有措辞可能会产生不同的结果,但是能够很容易

---

[70] C. Van Hise, *The Conservation of Natural Resources in the United States* (1910) 1—2.

[71] T. Davis, "Breaking Ground without Lifting a Shovel: Ecuador's Plan to leave its Oil in the Ground" (2007) 30 Houston International Law Journal 243.

[72] *Unocal v Conoco* (above n 3).

地对这些措辞进行修改,如果需要的话,可以消除捕获规则。[73] 然而,唯一的结果将会是导致近海开采更加难以管理,因为公司持有的许可证或者租约赋予了其不可更改的对于地处其区块下的石油的权利,这些许可证或者租约将会因其邻居的干扰而不能实施钻采,直到邻居自己已经准备好了进行开发。这时,可能不得不采用整合措施来推动实施权利,而不是采用控制和发展这样一种更为尴尬的强制措施。在这样一种情形下,这似乎把国家置于一种非常不必要的困境,即,国家已经开放租约供应并授予了许可证,必须假定渴望迅速的和高效率的生产。即使在目前的情形下,捕获规则也具有一种有用的边际效用。

然而,在美国几乎不存在对法律变革持乐观主义的任何基础。路径依赖性(Path-dependency)仍然占据主导地位。德克萨斯州仍然是最大的产油州,它一直拒绝作出修改,甚至拒绝制定一项强制性整合的制定法:政治上占主导地位的小型生产者可能不希望享受他们能够从一项基于捕获规则的生产监管制度中获得的回报。[74] 只有目前尚未开采的公有石油和天然气资源(尤其是近海的)随着私有储藏储量的下降而开始取代后者,而我们可能会看到捕获规则下的生产所造成的效率低下存在一种明显的减少。根据合理的分析,事实上,捕获规则并非完全是导致美国问题的根源,而是因为美国对私有财产的尊重。欧洲和英联邦的经验表明,捕获规则对于像石油和天然气这种难以捕获的物质来说,并不是最差的财产规则,只要它在这样一种环境中运行,即,它给予发展的刺激能够与对其负面影响的一种有效控制结合起来。在美国,正是对将矿产权利保留于国家手中建

---

[73] See above n 4; T. Daintith, "A Critical Evaluation of the Petroleum (Submerged Lands) Act as a Regulatory Regime" (2000) AMPLA Yearbook 91 at 103—7.

[74] J. Weaver, "The Tragedy of the Commons from Spindletop to Enron" (2004) 24 Journal of Land, Resources and Environmental Law 187.

议的拒绝，加上与一种宪法性框架和一种政治性观点的结合，导致这些矿产权利一旦授给私人，对权利的行使进行控制就变得十分困难，从而把捕获原则从一种对发展的激励变成了一台可怕的浪费机器。

第8章

挪威大陆架的国家所有权模式

乌尔夫·哈默[*]

摘要：20世纪70年代初期以来，国家所有权一直是管理挪威大陆架石油资源的重要因素。然而，近些年来挪威在国家所有权的配置和管理方面取得了重大进展。本章将对这些进展予以分析。第一部分将对海底油藏国家所有权和许可证利益国家所有权作出基本区分；第二部分将探讨海底油藏国家所有权；第三部分将讨论国家如何在涉及石油的活动（即开发、生产、运输以及最终处分）中管理其所有权；第四部分进一步分析国家如何通过国有公司——佩特罗公司实现其许可证利益；第五部分总结本章内容。

关键词：国家所有权，财产权，石油资源，挪威大陆架

一、导言

20世纪70年代初期以来，国家所有权一直是管理挪威大陆架石油资源的重要因素。然而，近些年来挪威在国家所有权的配置和管理方面取得了重大进展。本章的主要目的是对这些进

---

[*] 乌尔夫·哈默（Ulf Hammer），奥斯陆大学（挪威）斯堪的纳维亚海商法研究中心教授；email：ulf.hammer@jus.uio.no。

展进行分析。

接下来,第一部分将对海底油藏国家所有权和许可证利益国家所有权作出基本区分。在第二部分,本文将探讨海底油藏国家所有权。然后,第三部分将讨论国家如何在涉及石油的活动(即开发、生产、运输以及最终处分)中管理其所有权。虽然这些活动通过许可证制度组织实施,但是许可证利益国家所有权却直接和间接地是该制度的一项重要因素。第四部分本文将进一步分析国家如何通过国有公司——佩特罗公司(Petoro)管理其许可证利益。第五部分将对本章进行总结并得出结论。

本章主要研究石油资源管理。最近的一项重大发展涉及管理因国家所有权而产生的自然资本。尽管挪威政府养老基金(State Pension Fund)对这一资本进行管理,并引发了一些问题,但是资本管理并不在本章讨论之列。

二、海底油藏的国家所有权

根据《海洋法公约》第77条第1款的规定,沿海国出于勘探大陆架和开发其自然资源的目的,可以对大陆架行使主权权利。但是,它并没有直接解决自然资源所有权问题,而是在这一问题上持中立态度,由沿海国决定是否就其大陆架自然资源的所有权行使主权权利。在1996年11月29日《石油法》(第72号法律)第1条第1款中,挪威政府已经宣告对海底油藏享有财产所有权权利。[1] 该项原则在有关勘探开发海底自然资源的1963年6月21日第12号法律中首次得到规定。如今,该第12号法律仍然有效,不过它只适用于除石油资源以外的海底自然资源。

在这种背景下,需要探讨的是,当大陆架深部地层作为储存

---

[1] 相同做法已被其他很多法域所采纳。See N. Bankes and M. Roggenkamp, "Legal Aspects of Carbon Capture" in *Beyond the Carbon Economy* (D. Zillman, C. Redgwell, Y. Omorogbe, L. Barrera-Hernandez, eds, 2008) 354.

二氧化碳的储存库时,根据1963年法律它是否可以被视为一种自然资源。事实上,《海洋法公约》第77条的规定也产生了同样的问题。挪威政府似乎认为此类地层相当于自然资源。在最近的一个《石油法》修正案筹备文件中,挪威政府已表示将来要对碳捕获和碳封存进行监管。然而,这一未来的监管在《石油法》中并没有规定,除非碳捕获和碳封存是涉及石油的活动之一或者是石油设施用于运输二氧化碳,否则这一未来的监管就属于1963年法律和《污染法》的规范范畴。[2] 对于国际(管辖范围)下的情形,本章不予讨论。

三、许可证制度中的国家参与

(一) 起点

首先,作为资源的所有者,国家可以自行或者通过国有公司从事所有涉及石油的活动。世界上很多地方的石油领域都存在着这种情况。然而,挪威政府却建立了一种私有公司作为受许可人与政府共同参与的许可证制度。这样做的目的是,吸引技术先进和资金雄厚的公司在水域深且天气条件恶劣的挪威大陆架上开展涉及石油的活动。在1965年颁发第一轮许可证之前,挪威就已经建立了许可证制度,并且该项制度的主要结构至今仍然有效。它包括挪威《石油法》第2条第1款规定的开发许可、第3条第3款规定的生产许可以及第4条第3款规定的设备安装和运营特别许可。此外,开发计划和退出计划也属于许可证制度。[3]

---

[2] Ot prp No 48 (2008—2009) 11.

[3] For an overview, See F. Arnesen, U. Hammer, P. H. Høisveen, K. Kaasen and D. Nygaard, "Energy Law in Norway" in *Energy Law in Europe* (M. Roggenkamp, C. Redgwell, I. del Guayo, eds, 2008, vol 2) 889—91.

根据《石油法》第1条第3款的规定,国家开展涉及石油的活动不需要许可证。在实践中,挪威政府在没有许可证的情况下,对石油进行了开发。我们在这里所谈论的主要是地震波反射法勘探。[4] 这些活动主要由挪威石油部负责实施,其目的是勘探挪威大陆架上新区域内的潜在资源,即,针对根据《石油法》第3条第1款先前不曾对外开放的区域。此类实践活动已稳定实施了好多年。[5] 然而,公司也可以通过获得单独的开发许可证开展这些活动。

国家深度参与是挪威许可证制度的典型特征之一。国家参与范围广泛,既包括在持有许可证利益的公司中国家所有的股份(间接所有的许可证利益),也包括直接所有的许可证利益。这两大方式至今仍然存在;但是,正如本章所讨论的,随着时间的推移,国家参与的重心已从间接所有转变为直接所有。不过,首先有必要说明许可证制度的目的——资源管理。

(二)资源管理

挪威《石油法》第1条第2款第1项如下规定资源管理者:国王,即挪威国家层级体系中的最高行政机关。实践中,国王仅仅发挥形式上的作用;实际的执行权由内阁掌控,内阁又在很大程度上把权力授予政府部门,而政府部门又进一步把某些权力授予其下属部门。[6] 这种授权体现在《石油法》和依据该法制定的附属法规之中。

《石油法》第1条第2款第2项规定,石油资源管理应当从长远角度出发,着眼于挪威社会的整体利益。该条款列举了一些资源管理者(许可证颁发机构和监管机构)必须考虑的主要

---

[4] 《石油法》第1条第6款第5项界定了"开发"这一术语。
[5] Ot prp No 48 (2008—2009) 1.
[6] F. Arnesen et al, "Energy Law in Norway" in *Energy Law in Europe*, vol 2 (M. Roggenkamp et al, eds, 2008) 884.

问题,包括创造收入、福利和就业。此外,资源管理者也应该考虑受涉及石油的活动影响的各种利益,包括环境、挪威工业以及区域和地方政策考量。相对于佩特罗公司管理的国有许可证利益的范围,资源管理的范围在一般情况下要广泛得多。本章第四部分将再次讨论这一问题。

(三) 挪威国家石油公司模式

许可证制度中的国家参与一开始是通过国家石油公司实现的。国家石油公司成立于1972年,最初是完全国有的有限责任公司。其目标是:(1) 增加国家财政收入;(2) 增强国家在石油领域的影响;(3) 与通过常规许可证制度所能获得的专有技术相比,增加挪威的专有技术。简而言之,国家石油公司是挪威政府的一个工具。

这产生了一些后果。根据该项制度,国家石油公司被授予第3轮所颁发许可证中全部许可证参与权益的50%。联营协议含有国家石油公司的数项特权,包括勘探阶段的附带权益,以及如果发现油藏,增加其参与权益的选择权。[7] 另外,联营协议所设置的投票规则赋予国家石油公司在决策过程中支配地位。

更一般的规则是,1997年6月13日《有限责任公司法》设置的适用于完全国有公司的特殊规则。根据这些规则,国家作为所有者可以更加直接地指导相关活动。例如,该法第20条第4款规定由股东大会选举董事会。所有权职能通过国有公司的股东大会来实现。对于国家石油公司而言,公司章程第10条对这些规则进行了补充;根据补充规定,董事会应该向公司股东大会提交一般活动计划。因此,国家作为所有者就可以通过股东大会来指导国家石油公司的活动,从而促进一般资源管理目标

---

[7] 联营协议是在持有生产许可证的公司之间达成的协议。联营协议由石油和能源部制定,同时,根据《石油法》第3条第3款第4项的规定,达成这类协议也是一项许可证条款。

的实现。此外,国家也可以作为许可证颁发机构和监管机构推动该目标的落实。

(四)国家石油公司管理的国家直接财政利益模式

国家所有权经过重组于 1985 年 1 月 1 日发生效力。[8] 国家石油公司和国家达成了一项协议,借此,国家石油公司许可证利益被分为国家石油公司经济性份额和国家经济性份额,后者也被称作国家直接财政利益(State Direct Financial Interest)。[9] 不过,这只是国家石油公司和国家之间的一项内部协议。据此协议,在该组许可证中,国家石油公司产生的累计成本份额和与之相应的收入份额直接转移给国家。从外部看,对于许可证组中的其他成员、合同当事人和第三人,国家石油公司仍然是正式的受许可人并保留其先前的许可利益。然而,国家石油公司在许可证组中的支配地位却因联营协议中投票规则的变化而大幅下降。投票规则的变化对包括国家石油公司在内的所有受许可人都具有溯及力。[10]

国家石油公司的特权逐渐减少。国家石油公司的全部许可证都没有从第 15 轮所颁发的许可证中获得利益。这是挪威执行欧盟《许可指令》的结果。[11] 根据该指令,国家石油公司必须被视为一般的商业实体来对待,这就排除了对其有利的任何形式的特权。另一方面,该指令并没有排除或者限制国家的参与。这项原则在《石油法》第 3 条第 6 款中得到了落实:"根据本法,国王可以决定国家是否应当参与涉及石油的活动"。

---

[8] Based on St meld No 73 (1983—84) and Innst S No 321 (1983—84).
[9] 国家直接财政利益是一个涵盖所有许可证国家经济性份额的术语。
[10] 这些变化因同样有利于其他受许可人而在形式上没有造成问题。国家石油公司必须接受其所有者的安排。
[11] 欧洲议会和欧洲理事会 1994 年 5 月 30 日第 94/22/EC 号《关于授权以及行使勘探、开发和生产烃类能源授权条件的指令》。该指令 1995 年 9 月 1 日在挪威开始实施。

根据该指令第 6 条的规定,国家可以亲自或者通过法人实现此类参与。在实践中,对于国家石油公司和国家直接财政利益均享有经济利益的许可证,国家石油公司通过其一般机构管理国家直接财政利益。然而,在只有国家财政利益享有经济利益的许可证中,国家直接财政利益则由国家石油公司中的一个独立实体进行管理。[12] 从外部看,国家石油公司一直是受许可人。

(五) 2001 年改革

2001 年,发生了一项重大的新的重组活动。这就是在作为所有者的职能和作为资源管理者的职能之间作出根本性区分。后者最好由许可证颁发机构和监管机构承担。[13] 从而,国家石油公司不再被视为挪威政府的工具。另外,国际上出现了国有石油公司私有化的趋势。[14] 于是,国家石油公司被部分私有化,并在股票交易所上市。尽管如此,国家仍然是绝大多数股份的持有者。[15]

然而,《有限责任公司法》中适用于完全国有公司的特殊规则,并不适用于部分私有化的国家石油公司。因此,国家作为国家石油公司的所有者并不享有完全的控制权。可是,《挪威宪法》不允许部分私有化的国家石油公司管理国家直接财政利益。[16] 由于这一原因,国家直接财政利益的管理被转移给一个新的完全国有公司,即佩特罗公司。

如今,国家石油公司作为一般的石油公司运营,因而本章不再进一步讨论。

---

[12] St prp No 36 (2000—2001) 38—9.
[13] 请参见上文第三(二)部分。
[14] St prp No 36 (2000—2001) 28—30.
[15] 在 2009 年 3 月 15 日,国家享有这些份额的 67%。
[16] 《宪法》第 19 条。

(六) 丹麦模式

在丹麦,有关许可证制度中国家直接参与的模式已经演变为类似于挪威的模式。这类许可证中的国家参与由丹麦北海基金(Danish North Sea Fund)代表实施。该项基金是由国有行政实体丹麦北海合作伙伴(Danish North Sea Partner)进行管理的一项公共基金。[17]

四、佩特罗公司管理的国家直接财政利益模式

(一) 同国家的关系

管理国家直接财政利益是佩特罗公司的主要目的,《石油法》第11章对佩特罗公司的管理作出了规定。[18]

佩特罗公司同国家之间的关系是此前国家石油公司和国家之间关系的一种延续。因为佩特罗公司是完全国有的有限责任公司,所以国家作为所有者可以根据《有限责任公司法》规定的关于完全国有公司的特殊规则,通过股东大会指导佩特罗公司的活动。但是,与国家石油公司不同的是,作为一项主要规则,佩特罗公司的活动限于《石油法》第11条第1款第1项规定的范围。这意味着,佩特罗公司的活动必须限于该法第1条第4款规定的职能范围。根据这一规定,该法规制的范围是与挪威大陆架上的海底油藏相关的石油活动。

佩特罗公司必须按照商业原则管理国家直接财政利益。尽管这是以往模式的延续,如今却在《石油法》第11条第2款第1

---

[17] 关于丹麦模式的更多信息,请参见下列文献: A. Rønne, "State Participation in Danish Oil and Gas Licences" in *European Energy Law Report VI* (M. Roggenkamp and U. Hammer, eds) 277—86.

[18] PA ch 11 is based on Ot prp No 48 (2000—2001).

项中予以明确规定。根据《石油法》,许可证颁发机构和监管机构将追求更广泛的资源管理目标。[19] 该法第 11 条第 1 款第 1 项明确规定,国家享有保留给它的许可证利益。[20] 佩特罗公司只是这些许可证利益的管理者。

在涉及石油的活动中,产生的国家直接财政利益的收入和支出均直接纳入国家财政预算。另外,佩特罗公司必须按照《石油法》第 11 条第 8 款的规定提交关于国家直接财政利益的年度报告和年度报表。根据《有限责任公司法》的规定,佩特罗公司对于自己的活动则采用独立的报表和报告。在税收方面,国家直接财政利益和佩特罗公司都享有豁免。事实上,国家直接财政利益的收入同税收、费用以及从国家石油公司获得的股份收入一样,都是政府总收入的一部分。同时,佩特罗公司本身实际上并不产生任何收入。

(二) 同其他受许可人的关系

在这方面,2001 年改革意味着真正意义上的重大发展。[21] 作为一个起点,国家可以参与《石油法》第 3 条第 6 款规定的活动。该法第 11 条第 1 款第 1 项对此予以进一步明确:国家可以参与许可证制度和经营依据该法建立的合资企业。根据该法第 11 条第 2 款第 1 项的规定,佩特罗公司作为国家直接财政利益的管理者在许可证和合资企业中代表国家。根据该法第 11 条第 2 款第 2 项的规定,佩特罗公司在形式上既是一位受许可人,又是联营协议的一方当事人。联营协议调整佩特罗公司与合资企业中其他受许可人之间的关系。[22] 作为联营协议的一方当

---

[19] Ot prp No 48 (2000—2001) 8—9.
[20] 此规定还可见于《石油法》第 3 条第 6 款。请参见上文第三(四)部分。
[21] 请参见上文第三(五)部分。
[22] 需要注意的是,丹麦的情况则恰恰相反。许可证利益由丹麦北海基金会授予。该基金会的管理者丹麦北海合作伙伴在许可证组中没有正式职责:请参见上文第三(六)部分。

事人,佩特罗公司参与合资企业的决策。这意味着佩特罗公司是合资企业中所有委员会的参与者,包括作为合资企业的最高权力机构的管理委员会。然而,佩特罗公司从来不是对石油公司最具吸引力的合资企业经营者。这是因为佩特罗公司不是一个普通的石油公司,而是国家直接财政利益的管理者。因而,佩特罗公司是一个大约拥有60名雇员的相对较小的公司。

因为佩特罗公司作为新的参与者进入合资企业,所以必须修改合资企业的投票规则。但是,我们这里所探讨的是尽可能小地影响其他公司投票权的最小调整。[23] 佩特罗公司在股东大会及管理委员会中的投票权起源于先前的国家石油公司作为国家直接财政利益管理者的国家参与模式。在这里应该注意的是,根据《石油法》第11条第7款的规定,佩特罗公司董事会有义务向股东大会提交事关政治和社会经济利益的重大事项。此外,董事会应当按照商业原则履行向股东大会提交重大事项的义务。[24]

在投票权方面,根据《石油附属法规》第12条第3款和《联营协议法》第2条第3款的规定,对于管理委员会违反有关消耗政策和国家财政利益的生产许可证具体规定的条件和要求而作出的决策,佩特罗公司可以反对。这些条款反映了《许可指令》第6条第3款第3项的规定。通过行使否决权,佩特罗公司成为国家进行控制的一种工具。[25] 在实践中,否决权从未被行使过;目前,它只是国家进行控制的一个安全阀。[26]

---

[23] Ot prp No 48 (2000—2001) 6.

[24] Ot prp No 48 (2000—2001) 14.

[25] See U. Hammer, "Norway: Security of Supply in Liberalized Energy Sectors: A new role for Regulation" in *Energy Security: Managing Risk in a Dynamic Legal and Regulatory Environment* (B. Barton, C. Redgwell, A. Rønne and D. Zillman, eds, 2004) 331.

[26] 投票规则(包括投票权利),可见于下列文献的有关讨论:F. Arnesen et al, "Energy Law in Norway" in *Energy Law in Europe*, Vol 2 (M. Roggenkamp et al, eds) 906—8.

（三）同国家石油公司的关系

在先前的国家参与模式（国家直接财政利益由国家石油公司管理）下，国家石油公司负责销售国有石油。国家石油公司同时管理国有石油和自己所有的石油的销售。这增强了国家石油公司在天然气和石油市场中的竞争地位，但是并没有被认为违反了竞争法。

按照新的模式（由佩特罗公司管理国家直接财政利益），国家石油公司虽然继续销售国有石油，目前却要受到佩特罗公司的监督。[27] 这种监督对佩特罗公司提出了行政性挑战，但并不需要为此建立一家石油公司。

（四）合同义务和第三人责任

从外部看，受许可人将对第三人承担合同义务和责任，例如《石油法》第 7 条规定的污染损害责任。对于佩特罗公司来说也是如此，只是由国家直接承担佩特罗公司因合同或者其他事由而产生的任何义务。佩特罗公司只需接受合同方当事人和第三人的诉求，然后将诉求提交给国家。根据《石油法》第 11 条第 3 款的规定，不得对佩特罗公司提起破产程序。

此外，根据《石油法》第 11 条第 4 款的规定，佩特罗公司在未获议会同意的情况下，不得贷款。这并不是一项非常切实可行的规定，因为佩特罗公司因管理合资企业中国家直接财政利益而产生的经营成本和资金成本都包含在国家预算当中。同时，根据《石油法》第 11 条第 2 款第 3 项和第 4 项的相关规定，佩特罗公司自身的经营资金也由国家提供。

---

[27] St prp No 36 (2000—2001) 67.

五、结语

在挪威,国家所有权一直是涉及石油的活动中的重要组成部分。1963年以来,地下石油资源的所有权已被授予国家。此外,国家和石油公司一道参与涉及石油的活动。但是,这种国家参与在过去25年里发生了重大变化。我们已经历了从通过掌握国家石油公司实现对石油资源的间接所有到通过国家直接财政利益实现对石油资源的直接所有,最初由国家石油公司管理而后由佩特罗公司管理的发展。与此同时,国家对所有权所持的态度已经从广泛的资源管理和社会经济视角发展为纯粹的商业视角。目前,资源管理目标是作为许可证颁发机构和监管机构的国家的责任。换言之,作为所有者和作为许可证颁发机构/监管机构,国家行使着不同的职能。这一明确的区分是2001年改革的基础。

第9章

天然气的开发与土地利用：
法律权利的冲突和协调

王明远[*]

摘要：土地是人类赖以生存和发展的一种重要自然资源，人类对土地的权利以及对其他自然资源（诸如矿产资源、水、森林、草原、野生动物和可再生资源）的权利共同构成了一个相互关联的、复杂的权利体系。本章以中国现行自然资源立法为基础，以对天然气的勘探、开采和运输为例，分析土地利用权与自然资源开发权之间的权利冲突，并就完善有关立法提出建议。

关键词：土地利用，财产权，财产法，天然气开发，中国

一、导言

土地是人类赖以生存和发展的一种重要自然资源，人类对土地的权利以及对其他自然资源（诸如矿产资源、水、森林、草原、野生动物和可再生资源）的权利共同构成了一个相互关联、复杂的权利体系。本章以中国现有自然资源立法为基础，以对

---

[*] 王明远（Wang Mingyuan），清华大学（中国）法学院环境资源能源法学研究中心副教授和执行主任；email：wangmy@tsinghua.edu.cn。

天然气的勘探、开采和运输为例,分析土地利用权与自然资源开发权之间的权利冲突,并就完善有关立法提出建议。

二、现行法律中的有关规定概述

天然气开发不仅与石油和天然气立法有关,而且与《宪法》的有关条款以及《物权法》《矿产资源法》和《土地管理法》等立法的一些规定密切相关。

《宪法》第9条规定,矿藏、水流、森林、山岭、草原、荒地、滩涂等自然资源,都属于国家所有,即全民所有;由法律规定属于集体(农村和城市郊区社区)所有的森林和山岭、草原、荒地、滩涂除外。[1] 城市的土地属于国家所有。农村和城市郊区的土地,除由法律规定属于国家所有的以外,属于集体所有。

《物权法》《矿产资源法》和《土地管理法》等法律分别从各自的角度重申和落实了《宪法》上述有关自然资源所有权的规定。[2]《物权法》第52条就诸如油气管道等基础设施的所有权事宜作了专门规定,强调这些基础设施由国家所有。《矿产资源法》第3条宣告矿产资源应当由国家所有,自然资源的国家所有权不因地表土地所有权或者使用权的任何变更而受影响。将土地与矿产资源分开的所有权安排有利于国家对自然资源进行规划和管理,有利于降低天然气开发的成本;但是,这些所有权安排为天然气开发和土地权利之间产生冲突埋下了隐患。

---

[1] 1982年《中华人民共和国宪法(2004年)》第9条。
[2] 《物权法》第46条规定:"矿藏、水流、海域属于国家所有。"第47条规定:"城市的土地,属于国家所有。法律规定属于国家所有的农村和城市郊区的土地,属于国家所有。"《矿产资源法》第3条规定:"矿产资源属于国家所有,由国务院行使国家对矿产资源的所有权。"《土地管理法》第8条规定:"城市市区的土地属于国家所有。农村和城市郊区的土地,除由法律规定属于国家所有的以外,属于农民集体所有;宅基地和自留地、自留山,属于农民集体所有。"

《物权法》对于天然气开发中有关权利的性质和类型作出了规定。对于探矿权和采矿权,《物权法》第 123 条赋予其以用益物权的性质,并使其受该法的调整;同时,在第三编"用益物权"中,该法设立了土地承包经营权、建设用地使用权、宅基地使用权和地役权等用益物权。[3] 这些用益物权依附于土地而存在,而这些对于支撑天然气开发可能非常重要,但是也导致与天然气勘探、开采和运输过程产生了矛盾。例如,《物权法》第 136 条规定:

> 建设用地使用权可以在土地的地表、地上或者地下分别设立。新设立的建设用地使用权,不得损害已设立的用益物权。

因此,地下和地上铺设的天然气管道能够分别创设相应的地下或者地上建设用地使用权,而极易与该土地上原有的土地承包经营权、宅基地使用权、建设用地使用权以及其他用益物权发生冲突,需要通过相关协调机制进行处理。

《矿产资源法》设立了天然气开发中的探矿权和采矿权。该法第 3 条规定探矿权和采矿权的申请必须根据法律的规定进行。经批准后,授予探矿权和采矿权;探矿权和采矿权应当登记。同时,该法第 20 条规定了禁止采矿区域,并限制这些区域用于开发矿产资源(如天然气)。

《土地管理法》对天然气开发权利与土地权利的冲突和协调规则作出了规定。一方面,该法第 13 条强调依法登记的土地的所有权和使用权受法律保护,任何单位和个人不得侵犯。这是要求在进行天然气开发时应当尊重及保护已有土地权利。另一方面,该法还提供了解决这些权利冲突的方法,如划拨、转让、征收和征用。例如,根据该法第 54 条的规定,用于天然气开发的国有土地可以通过出让或者划拨方式取得;根据第 44 条和第 45

---

[3] 《物权法》第 124—169 条。

条的规定,如果土地为集体所有,只有经过批准并转变为国有土地后,才能用于天然气开发。

另外,《土地管理法》还对天然气管道建设中的临时用地问题作出了规定。该法第57条规定:

> 建设项目施工和地质勘查需要临时使用国有土地或者农民集体所有的土地的,由县级以上人民政府土地行政主管部门批准。其中,在城市规划区内的临时用地,在报批前,应当先经有关城市规划行政主管部门同意。土地使用者应当根据土地权属,与有关土地行政主管部门或者农村集体经济组织、村民委员会签订临时使用土地合同,并按照合同的约定支付临时使用土地补偿费。
>
> 临时使用土地的使用者应当按照临时使用土地合同约定的用途使用土地,并不得修建永久性建筑物。
>
> 临时使用土地期限一般不超过2年。

需要注意的是,这一条被解释为:一旦获得临时用地的批准,就意味着土地所有者已经同意。[4] 这种土地使用权和国外的公共地役权在实质上存在一定的类似之处,即,都确立了土地使用权的优先地位。

《石油天然气管道保护条例》从管道安全和保护的角度,对相关利益主体的土地利用问题进行了规范。该条例第15条对第三方使用石油管道上方或者周围的土地进行了限制。第16条规定:"在管道中心线两侧各50米至500米范围内进行爆破的,应当事先征得管道企业同意,在采取安全保护措施后方可进行。"第19条规定:"管道企业进行管道设施维修作业和建设保护工程时,管道穿越区域的有关单位和个人应当给予必要的协助,上述作业对有关单位或者个人的合法权益造成损失的,管道企业应当依法给予补偿。"

---

[4] 参见《中华人民共和国土地管理法释义》(www.34law.com)。

此外，该条例还对通过征用方式取得土地使用权以及对受损害主体的补偿作出了规定[5]，但并没有对相应的征用程序和补偿标准作出详细规定，实践中必须结合《物权法》和《土地管理法》等法律的相关规定进行处理。

三、土地利用与天然气勘探、开采和运输之间的冲突

（一）权利冲突的根源分析

从涉及天然气开发的诸多立法可以看出，天然气开发与土地利用之间不可避免地存在诸多矛盾和冲突，正确把握这些矛盾与冲突的根源有助于理解和完善天然气开发的立法体系。以下分别从自然层面、制度层面以及实践层面探讨天然气开发与土地利用之间产生冲突的根源。

从自然层面的角度来看，天然气与其从中产出的土地不可避免地联系在一起，二者自然而然地共存。实际上，土地这一概念在生态学上就是指由气候、地貌、岩石、土壤、植被和水文等自然资源共同作用下所形成的一种自然综合体。[6]

从制度层面上看，一方面，中国采取土地所有权与其他自然资源所有权相分离的原则。这很容易引发土地权利和其他自然资源权利之间的冲突。鉴于许多自然资源（尤其是诸如天然气这类资源）具有不可再生性，而且往往事关社会公共利益和国家

---

[5] 《石油天然气管道保护条例》第13条规定："管道企业对其使用的经依法征用的土地，享有土地使用权，任何单位和个人不得非法侵占。当地农民在征得管道企业同意后，可以在征地范围内种植浅根农作物，但管道企业对在管道巡查、维护、事故抢修过程中造成农作物的损失，不予赔偿。"

[6] 参见孙鸿烈等：《中国自然资源丛书·综合卷》，中国环境科学出版社1995年版，第175页。

战略,许多大陆法系国家都宣告重要的自然资源属于国家所有。[7] 中国也不例外。在这种情况下,天然气资源的所有者与土地所有者可能并不一致,而且二者都享有自由行使其权利的权利,从而容易发生权利冲突。另一方面,中国对土地和其他自然资源总体上实行民事立法、自然资源立法分立的模式。对每种重要自然资源制定专门立法,如《土地管理法》《矿产资源法》《水法》《森林法》《草原法》等。一些现行法律和法规,如《物权法》《土地管理法》《矿产资源法》《石油天然气管道保护条例》与天然气开发有关。拟议的专门《石油和天然气法》正在研究和起草之中。多层次和复杂的立法体系容易导致土地权利与天然气权利之间的竞争和冲突。

实践中,人们行使权利方式的不同能够很容易地导致土地权利与天然气开发权利之间的冲突。近来,人们越来越重视物的使用价值,对物的态度已经从静态转为动态。对实现物的价值的关注从"持有"物转向了"利用"物。在这种观念之下,权利人为了实现利益最大化,往往寻求不同的方式对物进行利用。这样,同一客体之上可能存在多种不同的物权。物的利用方式的扩展直接导致了权利的重叠。就土地利用而言,在土地所有权之外,土地权利人往往在土地上设置许多权利(他物权)。为了实现利益最大化,权利人还在对各种替代方式进行衡量后,就土地利用方式进行选择。选择就这样作出了:一块土地是用于其自然和生态价值,还是利用其经济和社会价值,或是用于种植或者建设。因此,对于天然气开发和土地利用之间的权利冲突并不难理解。

当今,天然气资源同时具有重要的战略价值和生态上的重要性,平衡天然气开发的成本和收益是一项亟待解决的问题,而且,评估天然气开发与土地权利之间冲突的解决方式变得越来

---

[7] 参见崔建远、晓坤:《矿业权基本问题探讨》,载《法学研究》1998年第4期,第86页。

越重要。

(二) 权利冲突的类型

一般而言,对于天然气开发与土地权利之间的冲突,可以从土地权利的角度,根据《物权法》所确立的权利体系,进行类型划分。天然气开发既可能与土地所有权发生冲突,也可能与土地承包经营权、宅基地使用权和建设用地使用权发生冲突;而且,它还会受到相邻关系和地役权的制约。具体分析如下:

1. 天然气开发与土地所有权的冲突

在一些实行矿产所有权归于地权的国家,土地所有者对其土地中赋存的天然气享有所有权,从而天然气可能属于私人个人所有。然而,在大多数国家,由于诸如天然气之类的矿产资源不可再生,又承载着社会公共利益和战略价值,因而所有矿产资源属于国家所有和由国家控制;中国遵循这一模式。在中国,根据现行立法的规定,矿产资源权利与土地所有权相分离。探矿权和采矿权的取得并不依赖于土地所有权,唯一的要求是根据《矿产资源法》规定的申请、审批和发证程序,获得主管机构的批准。[8] 但是,天然气探矿权和采矿权的行使往往产生与土地使用权的冲突问题。

在天然气开发需要使用国有土地的情况下,由于天然气和土地的所有者都是国家,天然气权利的持有者(开发者)只需依照《土地管理法》第54条和55条的规定,通过划拨手续,办理国有土地使用权登记手续,缴纳相应税费。在需要占用属于集体所有土地的情况下,开发者则必须取得相关集体土地的使用权。为此,实践中采用以下两种方式:一是开发者与拥有该集体土地所有权的集体经济组织协商,通过合同方式进行租用;二是根据《土地管理法》第44至47条的规定,国家对所涉集体土地进行

---

[8] 参见崔建远、晓坤,上注文,第88页。

征收,将该集体土地转化为国有土地,而后由土地管理部门将该国有土地使用权转让给开发者。

2. 天然气开发中的相邻关系

天然气开发总是以这种或那种方式涉及相邻土地,因而可能会影响相邻土地的物权,如相邻通行关系、相邻施工关系、相邻管线设置关系等。只要相邻关系存在,天然气开发就受相邻关系规定的调整。《物权法》就对这些情况作出了规定。例如,该法第88条规定,土地权利人因建造、修缮建筑物或者铺设电线、电缆、水管、暖气和燃气管线等需要利用相邻土地或建筑物的,该土地或建筑物的权利人应当提供必要的便利。第92条规定,土地权利人因用水、排水、通行、铺设管线等需要而不得不利用土地的,应当采取措施,尽量避免对相邻的土地权利人造成任何损害;造成损害的,应当给予适当补偿。

3. 天然气开发与土地承包经营权、宅基地使用权和建设用地使用权的冲突

天然气开发(架设或铺设天然气管道)往往需要占用大面积土地,并因建设活动对土地的耕种和使用产生限制。这就会导致天然气开发权利与土地承包经营权、宅基地使用权和建设用地使用权之间的冲突。

首先,天然气探矿权和采矿权的客体与土地承包经营权的客体能够存在于同一土地的不同部位,导致两权并存的可能性。一般情况下,矿产资源权与土地承包经营权之间并没有优劣之分。但是,天然气对于国民经济非常重要,因为它是一种具有国家战略利益的矿产。因此,天然气的勘探和开采可以适用"矿地使用优先理论"。《矿产资源法》第16条规定,开采石油、天然气和放射性矿产等特定矿种的,应当经国务院主管部门审批后,取得采矿许可证。

其次,天然气开发与建设用地使用权之间的冲突主要是与已有地上、地下建设用地使用权之间的冲突。《物权法》第136

条规定:建设用地使用权可以在土地的地表、地上或者地下分别设立。新设立的建设用地使用权,不得损害已设立的用益物权。关于天然气管网建设完毕后长期运营所涉及的地下的土地权利,国土资源部《关于西气东输管道工程用地有关问题的复函》[9]作出了明确规定。西气东输管道工程是经国务院批准的国家重点基础设施建设项目,依据《石油天然气管道保护条例》进行管理;工程竣工后,建设单位享有地下通过权。这种地下通过权与既存地下建设用地使用权之间的冲突可以通过地下通过权权利人与有关县(市)人民政府土地行政主管部门之间的合同,予以解决。

最后,天然气开发与宅基地使用权之间的冲突应当通过天然气开发者与宅基地所有者之间的协商予以解决。这样做的主要理由是,宅基地主要用于建造农村村民住宅,法律对宅基地使用权的转让进行了严格限制。《土地管理法》第63条规定,农村集体所有的土地的使用权不得出让、转让或者出租用于非农业建设。因此,在天然气开发中往往根据《土地管理法》的规定,通过对宅基地进行征收的方式来实现天然气开发。《土地管理法》第2条第4款规定,国家为了公共利益的需要,可以依法对土地实行征收或者征用并给予补偿。《物权法》第42条也作出了相关规定。

4. 天然气开发中的地役权

《物权法》第156条规定:"地役权人有权按照合同约定,利用他人的不动产,以提高自己的不动产的效益。"

在天然气开发需要对不相邻土地进行使用时,只有在对供役地取得地役权的情况下,才能在该土地上施工、通行或架设管道。如果天然气开发者未以对矿区或者工作区周边土地的权利人造成损失最小的方式进行勘探、施工、架设管道等作业,同时

---

[9]《关于西气东输管道工程用地有关问题的复函》,国土资源部(国土资函[2001]327号)。

又未与有关土地权利人签订地役权合同的,就构成侵权行为,应当进行损害赔偿。因此,如果天然气开发者需要选择超过相邻关系规则所允许的标准进行作业的,或者对不相毗邻土地进行使用的,需要签订地役权合同。[10]

四、土地利用与天然气勘探、开采与运输之间冲突的协调

(一)冲突协调机制和原则

自然资源往往既是十分重要的商品,同时又具有一定程度的公共物品属性;这使得自然资源开发过程中难免会产生外部性和市场失灵。因此,有必要在市场机制的基础上,进行某种政府干预,以减少或者避免外部性和市场失灵所造成的不利影响。基于此,非常普遍的是,各国为了配置有关主体的权利和义务,都将私法自治与政府干预相结合,实现解决天然气开发中的权利冲突的目的。

行政许可是政府干预的基本方式。一项许可的法理意义在于调整和规范公共权力介入私人权利关系,实施公共干预活动,保障相对人合法权利和社会公共利益。天然气的勘探、开发和运输涉及多种行政许可;例如,勘探开发阶段的探矿许可证、采矿许可证、安全生产许可证,运输管道建设阶段的项目许可证、土地使用许可证(包括出让和划拨)、规划许可证、施工许可证、乡村建设规划许可证。一般流程为:项目本身的许可——→土地使用和用地规划许可——→施工许可。在天然气管道铺设过程中,由于短期内施工的范围比所取得的土地权属的范围要大,还必须取得临时用地许可。

概言之,天然气开发者可以根据实际需要和有关法律规定,

---

[10] 参见崔建远:《土地上的权利群研究》,法律出版社2004年版,第348页。

遵循私法自治与政府干预有机结合的原则,既可以通过私法上手段的方式(如土地租赁合同)也可以借助一项行政许可、征收、划拨,来协调天然气开发与土地权利之间的冲突。

(二) 冲突协调方式

1. 征收和征用

作为协调公私利益之间的一种工具,土地权利的征收和征用得到了广泛运用。土地征收的对象仅适用于集体所有的土地。根据中国现行《物权法》的规定,土地征收仅限于集体所有土地的整体所有权。

土地征收的狭窄范围制约了其协调功能,这在天然气管道土地利用方面尤为突出。天然气管道直接占用和影响的土地,根据管道物理性质和与其距离远近的差异,具有不同的利用价值。进行彻底的土地征收,不仅成本高昂,而且不利于维持原有的土地利用方式,从而不利于使利害关系人的损失最小化和充分利用土地。因此,通过征收方式获得天然气管道建设用地使用权的情形非常少。实践中,只是作为临时用地的情形处理,通过征用设立临时土地使用权。

2. 划拨和出让

《物权法》第137条规定:

  设立建设用地使用权,可以采取出让或者划拨等方式。工业、商业、旅游、娱乐和商品住宅等经营性用地以及同一土地有两个以上意向用地者的,应当采取招标、拍卖等公开竞价的方式出让。严格限制以划拨方式设立建设用地使用权。采取划拨方式的,应当遵守法律、行政法规关于土地用途的规定。

在本文提及的建设用地使用权的两种取得方式中,划拨方式饱受争议;这是因为它是一种无偿取得土地使用权而且没有期限限制的方式。随着中国土地管理制度的深入改革,土地划拨的范围和程序更趋严格和规范。经依法批准利用原有划拨土地进行经营性开发建设的，应当按照市场价补缴土地出让金。经依法批准转让原划拨土地使用权的，应当在土地市场公开交易，并按照市场价补缴土地出让金；低于市场价交易的，政府应当行使优先购买权。

《土地管理法》第54条列举了可以通过划拨方式取得国有土地的情形，其中包括"国家重点扶持的能源、交通、水利等基础设施用地"。这意味着，一旦用于天然气开发（包括管道建设和运营）的土地满足国家重点扶持的能源基础设施用地的条件，就可以无偿地取得建设用地使用权。其他天然气开发可以通过出让方式（包括招标、拍卖和协商）取得建设用地使用权。

在《城市房地产土地管理法》的基础上，《物权法》进一步扩大了采取公开竞价方式出让建设用地的范围，从"豪华住宅"扩大到"商品住宅"，并把"工业用地"纳入到公开竞价方式出让的范围，同时明确对于同一宗土地有两个以上意向用地者的，一律采取公开竞价方式出让。[11]

但是《物权法》并没有排除原有的协议方式，即出让人和建设用地使用权人通过协商方式有偿地出让土地使用权。虽然有人基于其缺乏公开性而提出取消协议方式，但是现实中一些需要扶持的行业和大型设施用地仍较适宜采取协议的方式出让。[12]

为了防止可能的欺诈或渎职现象，《土地管理法》以及国务院和国土资源部颁布的有关文件都加强了对以协议方式出让国

---

[11]《物权法》第137条规定："设立建设用地使用权，可以采取出让或者划拨等方式。工业、商业、旅游、娱乐和商品住宅等经营性用地以及同一土地有两个以上意向用地者的，应当采取招标、拍卖等公开竞价的方式出让。严格限制以划拨方式设立建设用地使用权。采取划拨方式的，应当遵守法律、行政法规关于土地用途的规定。"

[12] 参见刘志飞、秦凤华：《协议出让土地方式的进一步规范——解读协议出让国有土地使用权规定》，载《中国投资》2003年第8期，第24—26页。

有土地使用权的限制。协议出让的适用范围已经变得越来越窄,程序更趋严格。2003年出台的《协议出让国有土地使用权规定》规定了协议出让国有土地使用权的范围,确定最低协议出让价的标准。该规定建立了一种新型的协议出让模式,规范协议出让的各个环节、公布协议出让结果的时间以及各种违法行为的法律责任。[13] 2006年《协议出让国有土地使用权规范(试行)》力求进一步对协议出让方式予以完善。

3. 租赁

《土地管理法实施条例》第29条指出:国有土地有偿使用的方式包括"国有土地使用权出让;国有土地租赁;国有土地使用权作价出资或者入股"。这就从法律上对国有土地有偿使用的方式进行了确认。其中,土地租赁具有短期性、灵活性和低成本等优点。[14] 对于集体所有的土地而言,土地承包经营权的流转方式包括租赁;但是,如果用于非农建设的,必须经过批准。[15] 这意味着法律上承认租赁集体所有的土地用于天然气开发的可能性。

4. 临时用地

《石油天然气管道保护条例》没有涉及天然气管道建设中的临时用地问题,而且《物权法》也未对临时用地作出一般性规定,因此,天然气开发中的临时用地应当适用《土地管理法》第57条的规定。经主管部门批准后,天然气开发企业必须与有关土地行政主管部门或者农村集体组织或村民委员会签订临时用地合同,并按照合同的约定支付临时用地补偿费。一经批准,就意味着土地所有权者已经同意,而补偿数额大小取决于管道企

---

[13] 同上注。
[14] 参见赵南:《谈推行国有土地租赁方式的优越性》,载《国土资源》2008年增刊1,第60—61页。
[15] 《农村土地承包法》第8条规定:"农村土地承包应当遵守法律、法规,保护土地资源的合理开发和可持续利用。未经依法批准不得将承包地用于非农建设。"

业和土地所有权者之间的合同。这种临时用地权利建立的过程实质上相当于对土地使用权的征用，因为临时使用权是对原土地使用权的限制或者取代，原权利一般在临时使用权于两年内终止后恢复。但是，这一权利的确立过程却与征用不同。

《物权法》第121条规定：

> 因不动产或者动产被征收、征用致使用益物权消灭或者影响用益物权行使的，用益物权人有权依照本法第42条、第44条的规定获得相应补偿。

这就确保，征用所涉及的用益物权人也应当得到补偿。《土地管理法》关于临时用地合同的规定仅仅涉及管道企业和土地所有者，排除了土地使用权和其他权利持有者的合同当事人地位。这不仅与现行《物权法》的规定相冲突，而且也违反公平和合理标准。鉴于受临时用地影响最大的相关利益主体实际上是土地使用权人而非土地所有权者，有关合同与补偿应该根据直接受影响主体的具体情况来衡量。又鉴于此，应当修改《土地管理法》，增加临时用地合同当事人，从而与《物权法》衔接；同时，建议制定有关天然气的特别法时，对临时用地和补偿问题作出规定。一些地方性天然气临时用地补偿办法已经涉及了这些问题，值得借鉴。例如，《黄冈市人民政府办公室关于黄冈天然气项目临时用地和拆迁安置补偿标准的通知》要求：

> 还建房屋时免收城市基础设施配套费、规划管理费、各种增容费。当地有关部门要给予拆迁户提供用地地基，积极支持私房还建。拆迁还建面积补偿。水利设施、水系排灌渠道、道路改移，原则上由施工单位按原规模、等级、标准负责修复或作价补偿。[16]

---

[16] 《黄冈市人民政府办公室关于黄冈天然气项目临时用地和拆迁安置补偿标准的通知》(www.dongao.com)。

5. 确立公共地役权以解决土地利用中权利优先性问题

(1) 不同国家的公共地役权

基于公共权力对所有权的限制,法国、日本等大陆法系国家出现了由行政法直接规定的地役权。这些地役权体现的是公共利益,取代了先前的私人利益的地役权,被称为公共地役权或行政地役权。[17] 公共地役权是指不动产所有权人或者土地使用权人,为了公共利益(如供电、石油天然气、通信、公安、消防、市政设施或者航空),应当容忍某种非利益或者负担。[18]

与民法中的一般地役权相比,大陆法系的公共地役权主要具有以下特征:

① 取得方式不同。《法国民法典》第639条规定:"地役权的产生,或由于现场的自然情况,或由于法律规定的义务,或由于所有者之间的契约。"对于公共地役权的取得方式,大多学者认为以法律直接规定为宜,且应该无偿。究其因由,乃是将公共地役权归入行政法的调整范围所致。[19] 对于将公共地役权纳入行政法而后施加负担却不进行补偿的做法,其合理性值得商榷。与法国不同,美国公共地役权的法理基础是警察权;一旦法律条款对公民财产造成了实质性损害,公民可以请求法院确认其构成了征收,并要求补偿。[20]

② 设立目的和可转让性不同。传统地役权设立的目的是方便土地利用、更好发挥土地的经济价值,因而允许转让。然而,公共地役权却因其公益目的性而不可随意转让。公共地役权的目的是为了特定的公益用途,如野生动植物、清洁的水和空气、风景的保护,公共娱乐的维护,历史文化的保护。由于公共地役

---

[17] 参见肖泽晟:《公物的二元产权结构——公共地役权及其设立的视角》,载《浙江学刊》2008年第4期,第138页。
[18] 参见汤长极:《对公共地役权的立法建议》,载《就地说法》2006年第12期,第35—36页。
[19] 同前注[17]。
[20] 《美国宪法第五修正案》规定:"非经赔偿,私有财产不得充作公用。"

权的设立是为了满足公共使用的需要,因而,行政机关或者公共事业企业对之不得随意放弃或转让,它也不能成为法院强制执行的标的。[21]

③ 救济途径不同。公共地役权受警察权(如许可和处罚)的保护。在受到政府违法发放许可证或不作为等侵犯后,第三方(公共地役权当事人以外的团体或个人)可以向法院提起行政诉讼,寻求救济。然而,民法上的地役权不能得到警察权的保护,获得救济的方法通常是协商、调解或民事诉讼等民事途径甚至刑事途径。[22]

在美国,公共地役权是指为了公共利益的目的,在私人土地上设定的一种地役权。在涉及天然气开发方面的两种常见地役权是管道通过权和公用事业地役权。[23] 为了公共利益的目的,联邦政府、州、郡、市和公用事业企业都可以创设此权利。公用事业地役权通常包括电力、石油天然气、通讯、水、下水道和管道等几大领域;其优点在于更为经济,原因是它不涉及征收所有权,允许与既有权利共存。建立这种地役权的一般程序为:首先进行善意收购;一旦落空,便使用政府权力启动征收程序,并且必须根据公平市场价值对财产权人给予充分补偿。补偿范围总体而言包括财产损失以及对剩余财产的损害这两部分。如果天然气管道是跨州项目,还必须得到美国联邦能源监管委员会的许可,[24] 因为联邦的许可相当于公共使用的证明。在地役权的协商中,管道铺设的地点和时限是受到限制的,没有太大的协商空间;而对于补偿、使用范围以及对农业的影响,则有较大的自由度。为了减少成本和涉及最少的利害关系人,一段时间以来,

---

[21] 参见王名扬:《法国行政法》,中国政法大学出版社 1997 年版,第 330 页。
[22] 同上注,第 331 页。
[23] Transportation Research Board of the National Academies, Transmission Pipelines and Land Use: A Risk-Informed Approach (2004), 35—8, available at 〈www.trb.org〉.
[24] See FERC, "Gas Pipelines", available at 〈www.ferc.gov〉.

很多新增的地役权都设置在已有的供役地沿线,就这样逐渐形成了公用事业走廊。例如,一块土地最初是供电力传输线路使用,随后天然气管道或者供水管道都在这一供役地内或其沿线设置。然而,这一趋势增加了协调不同管线或者公用事业之间土地利用关系的需要。[25]

综上可知,以法国、日本为代表的大陆法系的公共地役权和美国的公共地役权的最根本的差异在于:前者由法律规定,强调其强制性;而后者的"公共"只是对地役权目的的一种描述,并未规定其强制性。一般情况下,美国公共地役权通过自愿协商设立,但是在协商不成的情形下,通过政府权力进行强制性设立,并根据公平市场价值予以赔偿。

(2) 中国公共地役权的确立

① 确定天然气开发公共地役权

国土资源部《关于西气东输管道工程用地有关问题的复函》指出:西气东输管道工程是经国务院批准的国家重点基础设施建设项目,依据《石油天然气管道保护条例》进行管理,工程竣工后,建设单位享有地下通过权。管道地下通过权的权利及义务可采取由取得管道地下通过权权利人与有关县(市)人民政府土地行政主管部门签订地下通过权合同的方式约定。这里规定的地下通过权实质上属于公共地役权。但是该复函仅是针对西气东输工程制定的专门性的规范性文件,缺乏普遍适用性;西气东输管道工程以外的其他输油(气)管道,特别是一些地上管线以及管道维修是否可以参照适用这一复函,并不明确。此外,对于管道建设外的土地利用权(如天然气勘探、开发环节土地利用权)是否具有公共地役权的性质,它并未提及。未来天然气立

---

[25] 美国内务部土地管理局文件(43 CFR § 2801.5)规定:"划定的通行权走廊是指一块由法律、部长命令、土地规划程序或者其他管理决定确定了明确边界的土地;对于既有和未来的通行权和设施来说,它是一种为人偏爱的位置。通行权走廊可能适合于容纳一种以上类型的通行权利用或者设施,或者一种以上的类似、相同或者兼容的通行权利用或者设施。"

法应当对天然气开发需要的公共地役权作出专门规定。

对于地下天然气管道而言,其最关键、排他性最强的安全范围(该范围取决于具体的技术规范)内的地役权的权能应该与一般的建设用地使用权类似。这是因为,该部分的土地利用对其他土地权利人的限制最大,管道企业应该拥有尽可能完整的权能来保证管道的正常运行。基于此,法律也应该对这个关键部分的地役权合同作出尽量完整的、合同当事人无法约定对其进行排除的义务性和禁止性规定。

现行《石油天然气管道保护条例》第 15 条规定:

> 禁止任何单位和个人从事下列危及管道设施安全的活动:(一)……(二)在管道中心线两侧各 5 米范围内,取土、挖塘、修渠、修建养殖水场,排放腐蚀性物质,堆放大宗物资、采石、盖房、建温室、垒家畜棚圈、修筑其他建筑物、构筑物或者种植深根植物;(三)在管道中心线两侧或者管道设施场区外各 50 米范围内,爆破、开山和修筑大型建筑物、构筑物工程;(四)在埋地管道设施上方巡查便道上行驶机动车辆或者在地面管道设施、架空管道设施上行走;(五)……

同时,关键部分以外的相关土地利用的限制也可以纳入公共地役权。然而,由于对安全性的要求略有降低,公法的干预应该适度弱化,从而赋予相关当事人更充分的自由协商空间。

② 地下工程相遇权利冲突应该通过公共地役权协调

根据《石油天然气管道保护条例》的规定,在与其他地上或者地下工程相遇时,天然气管道享有一种优先权;这也就是对于《物权法》中地役权必须经过既有用益物权人同意这一规定的排除。可见,中国现行法规、规章已经在天然气管道方面隐含了一些公共地役权的内容,只是尚未明确定性而已。但是,由此可能出现的一个问题是:《石油天然气管道保护条例》规定了天然气管道在土地利用方面的优先权,如果通讯或者排水管线等领域的其他立法也规定了相应的优先权,造成了冲突应该怎么解决?可见,关键不仅在于通过未来的石油天然气法来对该领域的公共地役权进行界定,更重要的是对适用于各领域的公共地役权的设立、行使、冲突解决等问题作出系统、完整的规范。鉴于地下工程具有形成公用事业走廊的趋势,相关法律可以参考地上建筑的"建筑物区分所有权"的权利类型,明确其专属性权利和公共性权利。

③ 注意公共地役权和物权法之间的衔接

公共地役权的本质是其公法上的显著特征。鉴于征收涉及的是土地的整体所有权,而征用并不涉及永久性的权利,因此,公共地役权可以作为对现有征收和征用制度的补充。

《物权法》第163条明确规定,对于土地上已设立的土地承包经营权和宅基地使用权等,未经用益物权人同意,土地所有权人不得设立地役权。根据这一规定,未经土地所有权人和用益物权人同意,天然气开发者不能取得地役权。这与大陆法系国家中公共地役权无需征得土地使用权人同意的特点不同。可见,中国民法并没有确定这种意义上的公共地役权。

大陆法系的公共地役权基于行政法关于土地权利人对于公共利益的责任,赋予公用企业以一种优先权,而且土地权利人并不因其损失而获得赔偿。笔者主张,中国未来立法所确立的公共地役权应该是一种为了公共利益的复合权利,并且允许双方当事人进行某种程度的自由协商。公共地役权应该基于环境法、能源法和物权法等法律的基本框架,能够达到与征用和征收一致的效果,并且应该避免对现有法律制度造成较大的冲击。因此,将来应该在《物权法》中确立公共地役权,并且其具体内容应该在《石油天然气法》等特别法中规定。

这样,应该将公共地役权界定为一种兼具公法和私法性质的新型权利。法律和法规必须详细规定其设立、取得、行使、变更、处分和冲突解决。特别法应该规定,由环境、资源、能源等法律直接而明确地限制公共地役权的适用情况,包括其公共利益目的、不可转让性、对土地所有权人的补偿,对土地使用权人的救济;救济途径包括民事救济和行政救济。需役地人的范围应该严格限定为政府、公用事业部门以及具有行政职能的某些大型国有企业。具体到天然气开发而言,特别法中关于天然气开发公共地役权的规定应该具体并具有操作性,从而避免与一般地役权或者行政法上的一般行政权力相混淆,避免由之可能产生的混乱。

如果美国的公共地役权完全是一种私权,大陆法系的公共地役权被完全纳入行政法体系之中,那么,中国应该建立的公共地役权将会是融合两大法系优点、兼有公私权利性质的复合性权利。这种公共地役权可以在非建设用地上设立;也就是说,可以不必经过将农用地转变为建设用地这一程序。它简化了审批手续,从而可能避免完全改变土地用途;因为这使得对原有土地利用只进行一些限制成为可能。

基于其公共权利的特点,公共地役权的取得必须遵循与建设用地使用权相类似的一种许可程序;也就是说,申请人在与土地所有权人或者用益权人签订合同之前,必须获得土地主管部门和规划主管部门的许可。具体而言,获得所有必要的许可文件意味着,土地所有权人或者用益权人同意设立一项符合或者满足项目、法律和法规以及技术标准规定或者要求的地役权,而且当事人就具体补偿标准达成一致。如果当事人未能协商一致而签订合同,必须由第三方作出公平合理的裁决,从而避免对农民利益造成损害。因为在农用地转为建设用地过程中,农民相对于企业缺乏平等的对话机制。

为了维持天然气设施的稳定运行,公共地役权的设立必须登记。同日本和法国等大陆法系国家的公共地役权类似,基于公共利益的考虑,一项公共地役权不能随意转让和放弃。总之,由于天然气开发的战略重要性,公共地役权不可能具备单纯私权的特性,而是带有一种极为强烈的公共权利特征。[26]

五、结语

导致土地利用权利和天然气开发之间冲突的根源体现在自然条件层面、制度层面和实践层面。这些权利冲突贯穿于天然气的勘探、开采和运输阶段,不仅包括与土地所有权、土地承包经营权、建设用地使用权以及宅基地使用权之间的冲突,还包括源于相邻关系和地役权的制约。遵循私法自治与政府干预相结合的原则,协调冲突的方式不仅包括诸如转让、租赁合同等私法手段,还包括诸如许可、征收、征用和划拨等公法干预手段。作为一种新型的复合权利,公共地役权兼具私法和公法手段的优点,对现有法律制度的冲击很小。为了解决天然气开发中的土地利用优先性问题,亟须创设公共地役权。笔者建议,由《物权法》在原则上规定公共地役权,由诸如《石油天然气法》等自然资源特别法规定公共地役权在相应自然资源开发领域的具体内容。显然,在中国设立公共地役权的意义,远不止于天然气开发领域,还可以为其他公共事业发展与土地权利的冲突提供协调路径。

---

[26] 参见肖军:《论城市地下空间利用的损失补偿对象》,载《中国地质大学学报(社会科学版)》,2008年第3期,第20—23页。

第 10 章

争取权利 Vs 决意出售:智利和阿根廷的土著土地权利

莉拉·巴雷拉-埃尔南德斯*

摘要:本章分析智利和阿根廷的土著土地权利问题。在整个南美洲,政府的作为和不作为剥夺着土著人民的土地,严重地危胁着他们获得赖以生存的资源的权利。土著人民正在被推向灭绝。在很大程度上,政府对待土著土地权利的态度源于对吸引能源及其相关部门投资的一种渴望。尽管投资者可能觉得会因为这些短期性政策而有利可图,但毫无疑问的是,由于可持续性受到了损害,他们将未必能够长久获利。

关键词:土著财产权,土著土地权利,智利,阿根廷,自然资源开发

财产,至少是可让渡的财产,侵蚀着道德体系。[1]

---

* 莉拉·巴雷拉-埃尔南德斯(Lila Barrera-Hernández),卡尔加里大学(加拿大)法律学院兼职助理教授,布宜诺斯艾利斯(阿根廷)律师;email:lila.kbh@gmail.com。

中文译文对一些注释的内容做了简化处理。——译者注。

[1] C. M. Rose, "The Moral Subject of Property" (2007) 48 Wm & Mary L Rev 1897 at1919.

一、导语

那是2008年1月,帕特里夏·川科索(Patricia Troncoso)徘徊在死亡的边缘。川科索是一群被囚禁的活跃分子中最后的一位,她拒绝结束针对智利政府对待土著人民行为的一项绝食斗争。[2] 她的绝食行为虽然是自发性的,但却极具代表性。在整个南美洲,政府的作为和不作为剥夺着土著人民的土地,严重地危胁着他们获得赖以生存的资源的权利。土著人民正在被推向灭绝。在很大程度上,政府对待土著土地权利的态度源于对吸引能源及能源相关部门投资的一种渴望。尽管投资者可能觉得会因为这些短期性政策而有利可图,但毫无疑问的是,由于可持续性受到了损害,他们将未必能够长久获利。

二、土著财产权与自然资源开发问题

主流的法学和经济学理论倡导传统的私有财产权,即那些排他性的而且可交易的财产权,并将之作为经济发展的一项前提条件。可交易的财产权刺激"理性"的市场经营者通过回应市场信号,使财产的社会价值最大化。随之而来的是,保护传统的私有财产权是富有效率和具有活力的市场经济的一项前提,而这种市场经济能够带来增长和繁荣。世界著名的秘鲁经济学家德索托(H. de Soto)就极力提倡这一观点。德索托的名声鹊起始于他提出的这一论点:促成贫困者获得正式的土地权利是

---

[2] Chile:"Dejará el gobierno morir a Patricia Troncoso?"(24 January 2008), availableat 〈www.servindi.org〉; see also, J. Aylwin,"Chile: Huelga de hambrey comisionadoindígena"(31 January 2008), available at 〈www.servindi.org〉.

减轻贫困的最佳方法。根据他的观点,贫困者获得对其占有*土地的法律权利,将会由于土地的交易价值得到释放而赋予贫困者以力量。凭借抵押贷款、出售或者以其他方式利用土地的价值,那些(新的享有土地权利的)贫困者就能够进入市场并变得富有。[3]

遗憾的是,没有一个能够解决所有减贫问题的方案,土著人民对土地的关系很好地诠释了这一点。土著对土地和资源的关系强调集体优于个人,精神高于物质。在融入西方法律制度时,这种特殊关系通常被理解并转换为对土地和资源的财产权及其他权利,并冠以共用的和不可分割的特征,从而不能设定负担(如抵押贷款或者类似形式)用于筹集资金。此外,将土著人民与土地联系在一起的这种特殊关系,导致土著人民的行为有别于西方自由法律理论和自由经济理论预期的财产权的所有者。他们对待土地的方式挑战着关于财产所有者财富最大化行为的传统的(以市场为基础的)学术理论。[4] 所以,固化土著人民的土地和资源权利有可能会潜在地破坏自由市场的运行,而且,由于这些权利一般是不可转让的,从而导致宝贵的资源无法得到开发利用。这就促使一位南美洲的领导人,秘鲁总统阿兰·加西亚,将居住在亚马逊的土著人民比作"菜园园丁的狗",也就是西班牙俗语所说的"自己不吃,也不许他人吃"。[5]

---

* 本章所涉国家在法律上对占有(occupy)与占用(possess)予以区分。其含义是:在前一种情形下,并不一定存在实际使用;在后一种情形下,则需要存在实际使用。——译者注

[3] H. de Soto, *El Misterio del Capital* (2001)。关于这一点,请参见汉密尔顿和班克斯在本书第 2 章中的进一步讨论。

[4] 卡拉索(M. Carraso)在她追踪阿根廷土著威奇人长期斗争故事的书中,就土著人民在试图用西方术语证明其与土地关系时所面临的困难,提供了非常详细的个人访谈资料。See M. Carrasco, *Tierras Duras* (2008). See also, E. Dannenmaier, "Beyond Indigenous Property Rights: Exploring the Emergence of a Distinctive Connection Doctrine" (2008) Wash U L Rev 53.

[5] A. García, "El síndrome del perro del hortelano" in El Comercio, 27 October 2007, available at ⟨www.elcomercio.com.pe⟩.

尽管在解释说明人类对待土地行为的多样性和复杂性上存在明显的有限性[6]，法学和经济学方法主导着当前关于土地财产和经济发展的思维模式。[7] 归根到底，这告诉我们：土著土地权利通常是集体所有，通常给它们所设定的限制导致其没有交易价值，从而不在理性的财富最大化的经营者的关注范围之内。因此，土著土地权利不值得受到与传统私有财产同样的保护，或者，至少不值得受到同等高度的重视。虽然未被明确指出，但是法学和经济学观点的这种否定性表述现在是南美洲许多地区的典型态度，而且，特别是在南锥地区*，与传统的土著领土及其人民维护其权利的斗争有关。

将在下文中阐述的是，就智利和阿根廷来说，两国政府在从文化上变革土著土地权利问题时言行不一，而且往往在实践中未能通过使地方规章和措施与承认这种权利所要求的保护水平相适应的路径，采取进一步行动。相反，政府以提倡个人财产为幌子，企图将土著土地并入市场之中，而且政府拖延承认传统的土著土地、拖延授予其以权利凭证。在后一种情形下，维持土著土地权利处于一种法律上不稳定的状态，是从土著群体手中开发有价值的资源的一种便利方法。

三、有关国际法

土地和资源权利是关于土著人民国际人权讨论的中心问题。南锥地区和全拉美地区土著领土权利的正当性源于国际人权的法律与实践。大多数的土著领土权利主张基于《国际劳工

---

[6] 对法学和经济学关于土地所有权的这种路径的一种批评，请参见下列文献：E. M. Peñalver, 'Land Virtues' (2009) Cornell L Rev 821。

[7] de Soto, above n 3.

* 阿根廷、巴西、巴拉圭、乌拉圭、智利、秘鲁、玻利维亚和厄瓜多尔这八个国家从北向南延伸形成一个锥体，被称为"南锥地区"。——译者注

组织关于独立国家土著和部落人民的第 169 号公约》(下称《ILO 第 169 号公约》)[8]，该公约是唯一一份具有法律拘束力的非同化主义的关于土著权利的文件。[9] 此外，美洲国家组织的美洲人权制度也许是目前处理土著权利问题最活跃的国际纠纷解决场所。联合国关于土著人民人权和基本自由状况的联合国特别报告员在这一领域也非常活跃。下面是关于《ILO 第 169 号公约》、美洲人权制度以及特别报告员目标和职能的简要介绍。

(一)《ILO 第 169 号公约》

1989 年订立的《ILO 第 169 号公约》是第一份以非同化主义的方式处理土著权利问题的国际文件，而且目前仍然是处理这一问题仅有的不断完善的、具有法律拘束力的文件。该公约与拉美密切相关，在 20 个批准国家中拉美国家占 14 个（包括阿根廷和智利）。国际劳工组织是最早的联合国专门机构，拥有悠久的监督和强制实施程序。公约的应用以该组织的威望和经验作为后盾。[10]

秉承尊重原则和参与原则，《ILO 第 169 号公约》承认土著和部落人民是一种明显与众不同的利益相关者群体。他们有权"决定自身发展进程的优先顺序，因为这影响他们的生活……以及他们占有或者使用的土地"。[11] 公约第 14 条明确处理了土著土地权利问题，它规定：

（1）对有关民族传统占有的土地的所有权和拥有权应

---

[8] Available at ⟨www.ilo.org⟩.
[9] 它的前身《ILO 第 107 号公约》明显是同化主义的，关注的重点是土著劳工保护。
[10] 对于在国际劳工组织提起的申诉程序中所需要的信息请求，其成员方必须处理；而且，就与《公约》和《建议》（不论生效与否）涉及事务有关的立法和实践情况，成员方必须定期提交报告。
[11] 第 7 条。

当予以承认。另外,在适当时候,应当采取措施保护有关民族对非为其独立但又系他们传统的赖以生存和进行传统活动的土地的使用权。在这一方面,对游牧民族和无定居地的耕种者应当予以特殊注意。

(2)各政府应当采取必要的措施以查清有关民族传统占有土地的情况,并有效地保护这些民族对其土地的所有权和拥有权。

公约明确要求成员方政府,对于土著人民与其领土之间的文化和精神关系的重要性,特别是"这种关系的集体方面"的重要性,给予特别考虑。[12] 就矿产和地下资源而言,政府在"执行或者允许执行任何勘探或者开采此种附属于他们的土地的资源的计划之前",必须同土著人民进行磋商。[13]

(二)美洲人权制度

美洲人权制度向那些其人权受到了侵犯但在本国未能实现正义的美洲人提供救助。美洲人权制度遵从两份主要文件,即,1948年《美洲人权宣言》[14]和1969年《美洲人权公约》[15],后者对前者所包含的原则和权利进行了扩展和更新。尽管1948年和1969年的这两份文件都包含关于财产权的规定,但是这种财产权是一般性的,并不能满足土著土地权利的特殊性。为了填补这一漏洞和其他漏洞,美洲国家组织目前正在就《美洲土著

---

[12] 第12条。
[13] 第15.2条。
[14] OEA, AG/RES. 1591 (XXVIII-O/98). OEA/Ser. L. V./II 82 doc 6 rev 1 at 17 (1992).
[15] American Convention on Human Rights, O. A. S. Treaty Series No. 36, 1144 U. N. T. S. 123 entered into force July 18, 1978, *reprinted* in Basic Documents Pertaining to Human Rights in the Inter-American System, OEA/Ser. L. V/II. 82 doc 6 rev 1 at 25 (1992).

人民权利宣言》的最后文本进行工作。[16]

　　这一制度的机构性基础是总部设在美国华盛顿特区的美洲人权委员会以及位于哥斯达黎加圣何塞的美洲人权法院。美洲人权委员会没有司法裁决权，只是作为一个调查事实和调解问题的机构而发挥作用。美洲人权委员会有权接收、调查和分析个人关于侵犯人权的指控，有权进行现场调查、观察成员方的普遍人权状况以及公布调查结果报告。对于具体案件，美洲人权委员会可以建议成员方采取改善人权保护状况的措施。如果上述措施没有效果，它还可以将案件送交美洲人权法院进行裁决。

　　向美洲人权委员会提出请愿的常设条件要求非常广泛，使得每个成员方的任何公民无论其本人是否遭受侵害均可提出请愿。只要可以初步证明国家未能采取行动防止侵犯人权或者在侵犯发生后没有采取适当的后续行动（包括调查和制裁责任者），就可以对国家及其机构或者任何个人提出请愿。用尽当地补救措施是国际司法机构的共同要求，它也适用于委员会的管辖情况。

　　美洲人权制度中最高级别的救助机构是美洲人权法院。它不仅具有咨询权，还拥有司法裁决权。[17] 然而，只有国家和美洲人权委员会才有权向美洲人权法院提交案件。[18] 如果发现有违反宣言和公约的情形，美洲人权法院有权命令有关成员方采取具体措施，确保遭受侵犯的权利和自由得到享用。它还可以责令予以救济和进行赔偿。[19] 它所作出的判决具有法律拘束力，并且成为先例。

　　在过去的10年中，该制度已经介入了大量涉及土著人民的案件。美洲人权制度的判例法和意见似乎越来越支持土著人民

---

[16] 更多信息请见印第安法律资源中心网站〈www.indianlaw.org〉。
[17] 《美洲人权法院规约》第1、2条。
[18] 《美洲人权法院程序规则》。
[19] 《美洲人权公约》第62、63条。

的土地权利主张。[20]

（三）联合国特别报告员

在特别报告员的主要职能中，有关于其这方面的权力，即，进行事实调查的国家访问，组织评估土著人民的状况。作为访问的一项结果，特别报告员发布报告，就改善受调查国土著人民的状况提出建议。前特别报告员斯塔文哈根（R. Stravenhagen）在2003年访问了智利。目前为止，还没有特别报告员访问过阿根廷。[21]

四、智利

（一）背景

在投资界，智利享有拥有一个安全和充满活力的市场的声誉，该市场以智利合理而稳定的自由市场政策和制度以及长期以来对贸易自由化的承诺作为后盾。2003年—2008年，国外直接投资总额增长了4倍。[22] 矿业、林业和能源在众多领域中最受投资者青睐，其中，能源和矿业有望在2009年—2012年期间占投资总额的70%。[23] 但是，智利模式的经济是以牺牲土著人民这一少数群体的极其高昂代价换来的。

智利政府机构尽管在促进投资时富有效率和尽心尽力，但

---

[20] L. Barrera-Hernández (1), "Sovereignty over Natural Resources under Examination: The Inter-American System for Human Rights and Natural Resource Allocation" (Spring 2006) XII Annual Survey of International & Comparative Law, 43.

[21] See Office of the United Nations High Commissioner for Human Rights, available at ⟨www2.ohchr.org⟩.

[22] 智利声称其缔结了比任何其他国家更多的双边或者区域贸易协定。US CIA World Factbook, available at ⟨www.cia.gov⟩.

[23] The Economist, Forecast (17 February 2009), available at ⟨www.economist.com⟩.

是在承认和实现土著人民的土地和资源权利时,态度却出奇冷漠,而且进行欺骗,缺乏解决问题的严肃政治意愿,以致整个国际人权社会一直呼吁以这种或者那种方式进行干预。[24] 这种反差为政府、产业和土著群体之间的连续和旷日持久的冲突创造了条件。[25] 无论这些纠纷是与自然资源开采有关还是与能源开发有关,它们的共同点是对利用土著传统领土和资源的争夺。

在众多现有冲突中[26],就智利政府如何对待土著人民对其祖传领土和资源的主张,比奥比奥河(Bio Bio River)水系的水电开发提供了一个很好的事例。尽管这一事例也许不是当今最热门的一个,但它是第一个检验该新生的民主国家对保护土著权利承诺的事例,尤其是对土著土地和资源权利的承诺。它的漫长过程提供了一个独特的窗口,通过这一窗口可以看到,为了一种狭隘的发展观念,什么可以被视为一种有系统的和蓄意的排挤和歧视模式。

(二) 土著领土和法律

2001年,智利成立了一个"真相委员会",研究土著人民与国家之间关系的历史演变。委员会于2003年发布了报告,其中包括美洲人权委员会关于促进土著人民民主参与以及关于土著人民权利的承认和享用建议。[27] 这份涉及广泛的报告详述了一种国家支持的压迫模式。这一模式通过欺骗和暴力手段,设

---

[24] IWGIA, *The Indigenous World 2008*, Copenhagen (2008), available at 〈www.iwgia.org〉.
[25] 土著人口占该国人口总数的大约10%。J. Alwyn, "Indigenous Rights in Chile" (1999) ILB 72, available at 〈www.austlii.edu.au〉.
[26] 在土著土地上的伐木活动,也颇具争议。See articles published in Indigenous People's Issues Today, available at 〈www.indigenousissuestoday.blogspot.com〉.
[27] Chile, Informe Comisión Verdad Histórica y Nuevo Trato 2001—2003, available at 〈biblioteca.serindigena.org〉.

法从面积广大的土著祖传领土中的绝大部分上清除土著人民。虽然智利军队在这一过程中发挥了一种不可否认的作用,但是压迫土著人民的机构往往是自然资源的特许权持有者。

在巩固共和国阶段的早期,遵从"文明"的统治,强迫土著人民移居到位于角落的保留地。其目的在于通过同化而使土著身份(即"野蛮")消失。这一做法的最初要旨是设法剥夺土著群体的大部分领土。但是,由于土著人民对完全同化的顽强抵抗,智利对土著的处理方式后来变成了"一体化"方式。

为了推动一体化,法律强制规定,对剩下的共用土地财产分成小片,并将其权利授予单个土著人。个人财产权通过打开通向正规(市场)经济的门路,特别是通过土著个人新获得的将其土地出售给非土著个人(或团体)的能力,使得土著个人能够融入主流社会。最重要的是,从法学和经济学的观点来看,这样,土著土地就能够进入市场并发挥其经济发展潜能。[28]

随着1973年军事政权的结束,旨在推翻上述做法并且实施一种更公平的土地权利制度的努力也短命地收场[29],上述处理土著土地的方式得到恢复并被强化。1979年第2568号法令声称注重对土著私人个人财产权予以合法化。该法令加深了土著部落的分裂和解散,几乎消灭了仅剩的土著持有土地。随着民主在1990年恢复,尽管人们对改善土著状态寄予厚望,但是目前仍然有效的1993年《土著法》[30]巩固和增强了从军事独裁政权延续而来的土地权利状况。

根据国家早期的土著保留地和安置法律,存在经登记的分

---

[28] 根据该委员会的报告,使用的主要法律文件为1927年第4169号法律和1931年第4111号法令。

[29] 20世纪50年代见证了支持土著人民运动的兴起。该运动于1973年结束;是年发生了推翻阿连德总统的军事政变。

[30] Ley Indígena 19.253, Establece normas sobre protección, fomento y desarrollode los indígenas, y crea la Corporación Nacional de Desarrollo Indígena, available at 〈www.conadi.cl〉.

配给土著人民占用的土地的土著所有权和/或土著居民个人或者部落[31]的土地权利。对于这些所有权和/或权利,由于可以通过现行法律(第12条第1款)或者通过司法裁决而认可,《土著法》予以承认。第12条第2款还将那些土著"历史上已经一直占领的和现在占有的"[32]土地规定为土著土地,由土著居民所有,条件是它们在为此目的而设立的土著土地登记处进行登记。这里所标出的时态变化显示出这样一种蓄意的目的,即,将该法限制适用于现在占有的土地,即,土著传统土地中的极小一部分。使情况更糟的是,法律的字面含义在某种程度上与历史上的占有记录所需要的权利证据相矛盾。在除书面权利证明以外的可用以认可祖传所有权的替代方法上,无论是法律还是土著土地登记处的规章制度都没有提供任何具体的指导性规定。[33] 相反,《土著法》第54条将土著习惯作为一种适用的法律渊源,限于解决土著居民个人之间的争议。此外,智利宪法规定财产的获得方式只能由法律予以决定[34],而默认适用的《民法典》中所包含的财产规则并不将传统的或者习惯上的土著使用视为土地和资源财产权利的一种来源。因而,第12条第2款在实践中无法操作。[35]

也许,《土著法》最大的问题是它对未被占用的祖传土地的明显疏忽不提,这部分土地构成传统土著领土的一个极大比例

---

[31] 法律中对"土著"进行了定义。为了根据法律被承认为所有者,一个个人或群体必须满足法律规定的条件。被承认为土著个人或群体还要求经过法律所规定的登记和其他程序。因这些规定条件引起的问题和阻碍,其深入讨论不在本章的研究范围之内。
[32] 强调字体为作者所标。
[33] 第50号法律第6条;根据该法第69条的规定,对复活节岛土著人民适用一项例外规定。
[34] 第19.24条。
[35] Chile, *Código Civil*, available at ⟨www.unhcr.org/refworld⟩. G. Aguilar Cavallo, "El título indígena y su aplicabilidad en el Derecho chileno" (2005), available at ⟨www.scielo.cl⟩.

的部分。对于政府授予土著居民个人或者部落的任何(登记在案的)土地,尽管《土著法》承认土著所有权,但是它没有将这类财产权利与归还祖传土地联系起来。事实上,根据专门的"土地和水资源信托基金"——一项土著土地权利计划——所规定的程序,在权利主张方面优先得到处理的土地不具有获得权利资格的情形下,允许政府用土著土地换取其他土地。[36] 此外,该法不承认土著对自然资源的财产权,而是仅规定了使用条件。

依据法律,除非根据负责土著事务的政府机构(国家土著开发公司)授权,共用土著土地不能出售给非土著居民个人,而且不能承受财产权负担。有意思的是,尽管公用土地在任何情况下都不能出租或由第三方管理,但是这条禁律并不适用于土著居民的个人财产。与联合国土著权利特别报告员提出的建议相反,该法还包括了若干允许分割共用财产并赋予分割后土地以权利的条款。特别报告员指出:一方面,对单片小块土地授予权利的进展缓慢而且并不充分;另一方面,对传统公用土地的修复和归还,尽管必不可少,但是却并不存在。[37] 实行土著个人财产的另一个动机是,让小块土著个人土地能够用非土著土地交换,这样,土著土地就自动转换为非土著土地,从而让大面积的土著土地能够自由交易。正如下面关于比奥比奥河的事例研究所诠释的,该法背后的管理哲学十分明显,是一种分化和侵占。

最近,智利总统公布了关于土著人民的一项新政策,重申她的政府关于取得持续不断的进展的承诺。[38] 然而,在这一新政策公布后不久,政府就试图在批准公约和在地方实施的时候克减根据《ILO 第 169 号公约》应当给予土著人民的保护,从而激

---

[36] ONADI, Fondo de Tierras y Aguas, ⟨www.conadi.cl⟩.

[37] Naciones Unidas, Consejo Economico y Social, Informe del Relator Especial, E/CN.4/2004/80/Add.3, (17 November 2003), available at ⟨www.politicaspublicas.cl⟩.

[38] Available at ⟨www.conadi.cl⟩.

怒了土著人民保护的积极分子。[39] 在作出明确保留的多次尝试遭到国际劳工组织拒绝后,政府终于批准了《ILO 第 169 号公约》,但是批准文件中隐秘地加入了以智利政府和国际劳工组织之间已经发生的来往通信作为参考。[40] 此举背后的意图是,战略性加入的这一参考能够最终作为解释性资料派上用场,从而使智利能够限制《ILO 第 169 号公约》在国内的实施。智利没有完全接受《ILO 第 169 号公约》原则的这一事实的进一步证据,是新近提出的关于处理土著问题的宪法修正案以及正在处理这一修正案的方式。与《ILO 第 169 号公约》的规定相反,启动宪法修正案议案的参议院报告的辩论是秘密进行的,而且没有土著人民的参与。根据能够获取该报告的联合国土著论坛的一位成员提供的情况,议案坚持让《ILO 第 169 号公约》服从智利法律,并且基本上废除基于批准公约所取得的成果,包括土地和资源权利方面的。[41] 这一最新的发展动态与智利处理下面实例的方式完全一致。

(三) 开发比奥比奥河:实用的故弄玄虚

1989 年,智利政府批准了一项野心勃勃的比奥比奥河上游水电开发计划,这就是潘戈—拉尔科(Pangue-Ralco)项目。该项目将在土著马普切人(Mapuche)的传统土地上建造。潘戈—拉尔科项目包括沿比奥比奥河建造和运行一系列水坝以及其他支撑发电的基础设施。该项目由一家新近私有化的企业智利国家

---

[39] See Mapuche newsletter, Mapuexpress, "La 'Declaración Interpretativa' de Chile al Convenio 169. Un Desafío al Derecho Internacional y un Error Estratégico del Gobierno de Bachelet" (9 January 2008) and related articles, available at ⟨www.mapuexpress.net⟩.

[40] 请注意,国际劳工组织不允许对其所有公约作出任何保留。智利的批准文件和这些通信可见于智利计划部网站⟨www. mideplan. cl⟩。

[41] B. Clavero, "Chile: Reforma Constitucional Cancelatoria de Derechos Indígenas" (8 March 2009), available at ⟨www. clavero. derechosindigenas. org⟩.

电力公司负责,该公司由世界银行集团的附属机构国际金融公司资助。该项目一旦完成,将会向比奥比奥河地区以外的大多数城市地区提供电力,并且占全国电力供应的18%。

马普切人的代表们就在比奥比奥河上修建拟议系列水坝的环境和社会影响,表示了担忧。在环境组织的协助下,在国家土著开发公司的支持下,马普切人代表要求政府在批准第一座大坝潘戈(Pangue)[42]大坝之前对项目建议进行更为缜密的审查。随后发生的法律战以最高法院驳回马普切人的诉讼请求而结束。驳回的理由是,马普切人的诉讼请求夸张而草率。这一判决为开发第一座大坝扫清了道路。[43] 潘戈大坝于1996年9月竣工,智利国家电力公司加紧实施其在潘戈大坝上游27千米处修建拉尔科(Ralco)大坝的计划。拉尔科大坝对社会和环境的预期影响远远大于潘戈大坝,其中包括91个马普切人家庭的搬迁。反对意见越来越大,而在这一巨大混乱中[44],这些家庭拒绝搬迁。

拉尔科大坝使智利政府无法回避1982年《电力普遍服务法》与《土著法》之间的一种冲突。《电力普遍服务法》规定了基于公共利益征用土地的广泛权力[45],而根据《土著法》规定,在受影响的土著人民同意的情况下才能够实施搬迁。此外,赔偿

---

[42] L. Nesti, "The Mapuche-Pehuenche and the Ralco Dam on the Bio Bio River: The Difficult Protection of Indigenous Peoples" Right to (Their) Land' (undated), available at ⟨www.unisi.it⟩.

[43] L. K. Barrera-Hernández (2), "Indigenous Peoples, Human Rights and Natural Resource Development: Chile's Mapuche Peoples and the Right to Water" (2005) XI Annual Survey of International & Comparative Law 1.

[44] 世界银行和国际金融公司不断地遭到文明社会成员的遣责,因为在缺乏世界银行政策所要求的一项完整的环境影响评价的情况下,它们批准了这一项目,而且项目实施中还发生了涉嫌滥用权力的情况。See American Anthropological Association, Committee for Human Rights, "The Pehuenche, the World Bank Group and ENDESA S. A." (20 April 1998) available at ⟨www.new.aaanet.org⟩.

[45] 1982年1月《电力普遍服务法》(1982年9月13日《政府新闻日报》)。

不能取代一种实际的土地重新分配（交换），而这还需要国家土著开发公司的批准。[46] 在取得环境上的批准后[47]，智利国家电力公司不顾国家土著开发公司对搬迁的拒绝以及马普切人家庭的反对，启动了获得项目所必需的土地权利的程序。智利国家电力公司一边与受影响的土著居民进行直接协商，一边继续催促根据《电力普遍服务法》进行土地征用。

根据内务部发布的两项有争议的法令，智利国家电力公司获得了拉尔科大坝的最后特许权许可。[48] 2000年3月发布的第31号和第32号法令是以对《土著法》的一项解释为基础的，而该项解释与国家土著开发公司关于征用土著土地的立场相对立。根据这两项法令，《土著法》第13条规定的条件仅能适用于土著财产的自愿处置，而不适用于导致征用的其他受保护的土地使用（例如根据《电力普遍服务法》所进行的水电开发就属于这种情形）。换言之，开发优先于土著权利。

2000年的第31号和第32号法令及其所产生的特许被国民议会宣布为非法，而且还引起了数项针对这两项法令的诉讼。然而，这些不满和诉讼都未能阻止该项目的实施。[49] 面对越来越大的压力，大部分马普切人家庭最终就他们个人土地权利的命运与电力公司进行了谈判。但是，几名马普切人妇女在2002年12月向美洲人权委员会提交了请愿文件，这几名妇女的土地和家庭是建设完成拉尔科大坝的最后障碍。该请愿的基础包括1969年《美洲人权公约》规定的财产权。智利在批准该公约时，

---

[46] ibid, Art 13.

[47] 拉尔科大坝项目于1997年6月取得了环境许可证书，马普切人对此提出了异议。See, Nicolasa Quintreman y Otras contra CONAMA, ENDESA S. A., Acción de Nulidad de Derecho Público, available at ⟨www.xs4all.nl⟩.

[48] See webpage of Alejandro Navarro, Member of the House of Representatives of the National Assembly, Debate 36 (4 April 2000), available at ⟨www.navarro.cl⟩.

[49] Barrera-Hernández (2), above n 43. See also C. J. Bauer, "Slippery Property Rights: Multiple Water Uses and the Neoliberal Model in Chile" (Winter 1998) 38 Nat Resources J 109.

就保护政府在征用事项的自由决定权事宜,作出了保留。[50]

由于此时拉尔科大坝已经完成了70%,请愿者请求美洲人权委员会采取谨慎措施,以避免因大坝竣工和水库即将蓄水而随之产生的严重和无法挽回的损害。美洲人权委员会批准了预防措施[51];然而遗憾的是,它从来未能意识到这一案件的关键问题,其中包括应该迫使自己考虑智利对财产权的保留问题。相反,双方同意进行谈判,形成了智利和请愿者之间的一项《最后和解协议》,该协议由美洲人权委员会于2004年3月11日批准。[52]

和解协议中,政府作出了旨在促进土著人民权利的大量承诺。和解协议还提到了先前由智利国家电力公司参加所达成的一系列赔偿协定(《9月16日协议》),把它作为有效个人权利主张的最终解决方案,对价是请愿者放弃所有既有和未来的法律上的和行政上的权利主张(但是,请求执行安置协议的权利主张除外)。和解协议的这一部分在性质上属于一种常规的涉及土地的私人的和个人的赔偿协定,并没有考虑请愿者的土著身份地位。同样,对于马普切人拥有、支配或者管理土地、水或其他资源的权利,和解协议的其他部分并没有包含任何明确承认的规定。相反,和解协议局限于指导比奥比奥河上游地区管理的一套规则,其中附带包括了旨在实施《土著法》关于土著土地个

---

[50] 第21条第2款规定:"任何人的财产均不得剥夺,除非为了公用事业或者社会利益的原因并且在法律规定的情形下且符合法律规定的形式,财产受损人得到了公正赔偿。"智利作出的保留要求美洲裁决机构放弃作出这种声明,即,"关于在剥夺一个人的财产时将公用事业原因或者社会利益予以考虑的声明。"*Pact of San Jose*, Costa Rica, available at ⟨www.oas.org/juridico/English/treaties/b-32.html⟩.

[51] OEA, Comisión de Derechos Humanos, Informe No 30/04, Petición 4617/02, Solución Amistosa, M. J. Huenteao Beroiza y Otras, Chile (11 March 2004), available at ⟨www.cidh.oas.org/⟩.

[52] 有关2003年9月16日《协议》的详细信息,可见于网站⟨www.mapuexpress.net⟩.

人化(私有化)规定的措施。非常清楚的是,虽然政府承诺为那些间接受水坝影响但未被国家水电公司赔偿协议覆盖的人们提供土地[53],但是,政府这样做是针对开发影响所采取的减轻和赔偿措施。然而,无论如何,和解协议确实责令政府在法律上承认土著权利方面采取重要举措。协议还以法律义务迫使政府确保人民参与该地区的未来开发计划,禁止未来在该地区进行任何大规模开发,尤其是水电开发。为了履行后一项义务,政府誓言将比奥比奥河上游宣告为一块特别保护区。[54]

虽然有美洲人权委员会的督查权力作为后盾,但是已经证明和解协议收效甚微。在提交给美洲人权委员会的后续报告中,可以发现智利政府不愿意承认土著权利和对其进行立法保护。这还明显地体现于智利批准《ILO 第 169 号公约》的态度以及提议的宪法修正案之中。此外,对于土著领土上的大型开发项目,政府继续不遗余力地提供支持,最近的实例是国家电力公司下属公司戈尔班公司(Colbun S. A.)的安戈斯图拉(Angostura)大坝建设方案,该项目也在比奥比奥河地区。这一方案以及政府(最初的)积极回应,已经重新引起了土著人民的恐慌。[55]

拟议的安戈斯图拉大坝将位于比奥比奥河中游,需要搬迁 43 个土著家庭,其中包括了一些由于潘戈—拉尔科项目而搬迁

---

[53] S. Larrain, "Caso RALCO: Oscuridad jurídica y compensaciones públicas" (24 August 2003), available at ⟨alainet. org/active⟩.

[54] OEA, Comisión de Derechos Humanos, Informe No 30/04, ss 2 and 3, above n 51. 这份协议立即被马普切人首领以及控告政府和智利国家电力公司进行恶意协商的组织宣告无效。请参见马普切人部落及其首领的意见和声明汇编;available at⟨www.mapuexpress.net⟩. See also, J. Aylwin, "Ralco: Un conflicto mal resuelto y sus lecciones" available at ⟨www. mapuexpress. net⟩; Kolectivo Lientur, "Entrevista con Rodolfo Stavenhagen, Relator de la ONU. 'La demanda mapuche no es violenta' " (24 July 2003), available at ⟨www. derechosindigenas. cl⟩.

[55] R. Huenteau and B. Quintreman, Denuncia ante CONAMA (10 December 2008), available at "Nuevamente presentan proyecto hidroeléctrico en el Bio Bio" (9 December 2008), available at ⟨www. radio. uchile. cl⟩.

至此的家庭。在这 43 个家庭中,只有 17 个家庭持有土地权利证书。根据戈尔班公司的环境影响评价摘要,在直接受项目影响的地区,没有受法律上承认的(即经过登记的)土著部落或者土著土地。[56] 尽管实际情况可能并非如此,但是根据《电力普遍服务法》的严格规定,戈尔班公司自己不需要考虑与保护土著人民有关的任何要求。事实上,在环境影响评价中专门关于适用于拟议项目的法律框架的摘要部分,根本就没有提到《土著法》,其他部分也没有提到《土著法》。

环境审批程序还在进行之中。然而,让受害者更感侮辱的是,在面对土著首领陈述政府违反 2004 年和解协议等问题时,环境部长尤瑞阿提(A. L. Uriarte)表示她不考虑和解协议的存在和内容。[57] 另一方面,戈尔班公司声称该协议并不适用于安戈斯图拉大坝,因为该大坝位于比奥比奥河的中游而不是上游。[58] 土著首领们已经誓言要向美洲人权委员会提交一份新的请愿。

潘戈—拉尔科项目事例除了凸显《土著法》的不足之外,还展现了作为独立公正的土著权利(包括土著人民对土地以及利用土地的财产利益)维护者的国家土著开发公司的所作所为,使其名誉扫地。[59] 作为结束对智利土著人民实行边缘化的一项

---

[56] 环境影响评价提到了 30 个自称是土著人的个人。Colbún, EIA, Proyecto Central Hidroeléctrica Angostura, Resumen Ejecutivo (August 2008) Contra: L. Gonzalez Bertoni, Ficha de Observaciones Ciudadanas, Proyecto: Central Hidroeléctrica Angostura (10 December 2008).

[57] "Porqué los representantes Mapuche tienen que instruir a la Ministra de Medio Ambiente?" (13 December 2008), available at ⟨www. mapuexpress. net⟩; Santiago Times, "Mapuche Oppose New Biobio Dam Project" (1 December 2008), available at ⟨www. patagoniatimes. cl⟩; "Mapuche Present to Environmental Ministry their opposition to a new dam on the Bio Bio River" (26 November 2008), available at ⟨www. globaljusticeecology. org⟩.

[58] Unrepresented Nations and Peoples Organization, "Mapuche: opposition to power plants" (22 December 2008), available at ⟨www. unpo. org⟩.

[59] 1993 年第 19. 253 号法律第 39 条;available at ⟨www. conadi. cl⟩.

文件,《努埃瓦帝国*协议》[60] 签订于向民主过渡期间。国家土著开发公司就是在《努埃瓦帝国协议》的支持下成立的。根据《土著法》成立的国家土著开发公司受到了智利土著人民的欢迎,他们认为开发公司的人员组成是朝向承认其权利的一项重要步骤,因为公司包括8个选举产生的土著代表。然而,在拉尔科大坝冲突的高潮期间,采取一种强硬立场支持受影响马普切人权利的国家土著开发公司主任毛里西奥·胡恩库拉夫(Mauricio Huenchulaf)遭到解雇。根据胡恩库拉夫向新闻界发表的声明,他已经成为实施政府经济发展计划的一个障碍。他的继任者多明戈·纳木恩库拉(Domingo Namuncura)也被要求辞职。[61] 从此以后,政府变得小心,任命拥护政府决策的被提名者。因此,拉尔科项目是国家土著开发公司声誉不断下降的开始的标志。[62] 特别是国家土著开发公司在处理其与土地和水资源信托基金的关系上,将信托基金从一种归还土著祖传领土的机制转变为一个提供市场服务的土著搬迁机构。一位评论家对此表示痛惜。[63]

或许,在持续不断的土著土地冲突中最令人不安的一个方面是人权保护领域的看似表面上的让步以及政府对土著异议者的定罪。"政府将土著抗议视为一个安全问题和一种投资障碍,并且因而在冲突地区部署警察力量,实施一种高压的社会政

---

* 努埃瓦帝国(Nueva Imperial)是位于智利考丁省的一个城市。——译者注。

[60] Available at 〈www.politicaspublicas.net〉.

[61] "Renunciado director de la Conadi fustigó duramente al gobierno" Chile, El Diario Austral (27 April 1997).

[62] 智利政府与土著组织之间关系恶化的情况,下列文献有很好的记录:J. Aylwin O., "Los Conflictos en el Territorio Mapuche: Antecedentes y Perspectivas" (2000) 3:2 Perspectivas 277, available at 〈www.2.estudiosindigenas.cl〉; and Nesti, above n 42. See also, "Letter from the National Indigenous Commission to BID" Santiago de Chile (3 February 2001).

[63] IWGIA, above n 24.

策。"[64] 目前,大量的土著抗议者经常遭到攻击、拘留、指控和监禁,甚至对一些抗议者是根据反恐法律定罪或者在军事法庭审判。[65] 尽管政府作出了象征性姿态,但是它最近却将打击活动扩展到所有部落及其支持者。[66] 已经有几起案件提交给了美洲人权机构[67];一些联合国机构、教会高层要员以及人权组织呼吁智利停止对土著抗议者的迫害,并设立一个申诉专员办公室。但是,智利政府继续使用暴力强制,双方的暴力冲突也愈演愈烈,[68] 导致国家在外部破坏力量面前非常脆弱,而外部破坏力量能够利用这一混乱,实现他们的利益。[69]

[64] ibid at 225.
[65] P. Sepulveda, "Indígenas-Chile: Gobierno revive ley antiterrorista" (22 February 2009), available at ⟨www.ipsnoticias.net⟩.
[66] 瓦雷拉(E. Varela)是一位获奖的纪录片制作者,目前正在等待恐怖主义指控的审判。那时,她正在记录马普切冲突事件。"Se inicia juicio oral a Elena Varela en Rancagua" Clarin, 17 March 2009, available at ⟨www.elclarin.cl⟩.
[67] See CIDH, *Víctor Manuel Ancalaf Llaupe v Chile*, Informe Admisibilidad No 33/07, Petición 581—05 (2 May 2007); and, *Juan Patricio Marileo Saravia Y Otros v Chile*, Informe Admisibilidad No 32/07, Petición 429—05 (2 May 2007), available at ⟨www.cidh.org⟩. 在美洲人权法院审理的一起案件中,智利被要求采取一切必要措施,保障获得信息的权利。See *Claudio Reyes y Otros v Chile*, Sentencia de 19 de Septiembre de 2006, Serie C 151, available at ⟨www.corteidh.or.cr⟩. 智利否认对《反恐法》的歧视性适用;IAHRC, Public Hearings of the 134 Period of Sessions, Human Rights Situation in Chile (21 March 2009), available at ⟨www.cidh.org⟩.
[68] IWGIA, above n 24.
[69] 哥伦比亚政府最近报告称,一个被拘留的马普切人一直接受被称为FARC的恐怖组织的培训。Servindi, "Chile-Colombia: Mapuche recibió entrenamiento de las FARC" (30 April 2009), available at ⟨www.servindi.org⟩. 美国国务院也表示了对马普切人积极分子的潜在恐怖分子关联的担忧。"Chile-EE. UU.: Acusan a coordinadora Arauco Malleco protagonizar 'atentados terroristas'" *Servindi*, 17 June 2009, available at ⟨www.servindi.org⟩.

五、阿根廷

(一) 背景

在过去几年中,与它过去在全面推行新自由主义导向的政策和法律时所拥有的优越投资条件相比,阿根廷已经失去了作为一个投资目的地的许多基础。虽然如此,阿根廷依然是一个自然资源丰富的国家,拥有大面积的未开发土地。然而,能源供不应求,故此,重新努力扩大供应对于经济增长至关重要。所以,阿根廷正在寻找机会吸引投资,进而振兴能源部门和国家经济。结果之一是,它的大部分土地受到希望种植生物燃料作物的涉农企业的青睐。[70] 此外,增加烃类物质勘探和生产的努力最终将变成投资者获得利用那些富藏地下资源的土地的热衷,以及在土地上建设纵横交错的管道和基础设施的热衷。最后,由于拥有丰富的水资源和大面积的土地,传统的大型水电开发和淹没大片土地也是一项选择。

(二) 土著领土和法律

1816年从西班牙独立后,阿根廷在对待土著人民方面,与其在美洲其他地区的同时代国家相比,并没有太大的区别。当时的未来国家总统,萨米恩托(D. F. Sarmiento)1845年在其著作《法昆多:文明与野蛮》[71]中著名地给土著贴上这样的标签:土著人民是缺乏教养的野蛮人,他们的与世隔绝、游牧生活方式以及与自然的密切关系,将他们排斥于文明生活方式之外,阻碍了他们为国家的发展进步作出贡献。正如下列引文所表明的,

---

[70] 尽管阿根廷实施了强制性生物燃料混合指标,但是其扩大的生物燃料产品旨在出口。

[71] D. F. Sarmiento, *Facundo: Civilización o Barbarie* (1845).

他的思想预言了德索托的理论。萨米恩托这样写道：

> ［部落］社会确实存在，即使它并未固定于土地上的一个确定区域……但是这阻碍了发展进步，因为缺乏对土地的长期占用，就不可能有发展进步……土地促进了人类的产业，允许其扩大财产。[72]

第一部全国性的1953年《宪法》的授权，20世纪后半叶的"文明的"政府寻求"将公共土地殖民化"[73]，其中包括了土著人民占有的大部分土地，寻求将"文明化"在全国范围内推广。然而，政府所使用的方法（军事行动）却并没有那么文明。就像在智利一样，土著人民被迫流离失所，他们的土地被分给那些为"文明"作出贡献的人。[74]

虽然存在法律将财产权授予特定土著群体作为补偿而存在的个别情形，但是大多数法律活动旨在将土著人民融入"一种文明而富有成效的生活"中。为了实现这一目标，几项法律对土著幸存者只提供了有限的土地权利。[75] 在一些情况下，基于试行授予一定期间的土地权利，土著居民在期间届满后有资格申请完整的土地所有权。[76] 在公共土地上设立保护区并授予土著部落成员一种终身的土地用益权，是另外一种选择方案。[77] 尽管没有行政当局的支持，1945年的一部法律禁止取消保护区或者缩减为土著人民所使用或占有的联邦土地的面积，不论他们

---

[72] ibid at 33.

[73] 1953年《阿根廷共和国宪法》第67.16条。第67.15条要求有关政府当局传播"印第安文化"。

[74] G. Sanchez, *La Patagonia Vendida* (2007).

[75] Equipo Federal de Trabajo, "Propiedad comunitaria" (4 December 2008), available at ⟨www. newsmatic. e-pol. com. ar⟩.

[76] 第12636号法律。

[77] M. I. Valdata, "Biblioteca Popular Etnica" (undated) available at⟨www. portal. unr. edu. ar/institucional/secretarias/sec-ext-univ/proyectos/bibliotecapopularetnica. pdf⟩.

的权利性质是什么。因此,一般而言,土著人民能够使用土地的时间长短取决于政府的意愿和决定。[78] 一种具有"生产效率"的(定居的)西式生活方式似乎是决定他们不受干扰地占有土地的主要决定性因素。[79]

阿根廷1994年的宪法改革,标志着该国对待土著人民态度的一种彻底转变,至少在书面上如此。《宪法》第75条第17款要求国民议会以及各省:

> 承认阿根廷土著人民业已存在的伦理道德和文化。
>
> 保证尊重他们的身份……承认其部落的法律能力,以及他们传统上占用土地的部落占有权和所有权;规范人类发展所需要的足够的和充足的其他土地的授权;这些土地不得出售、转化或者成为留置、抵押或担保的对象。保证他们参与同其自然资源有关的事项以及影响他们的其他利益。[80]

这一路径与1992年批准的《ILO国际第169号公约》一致[81];在阿根廷的法律效力位阶中,该公约与宪法具有同等地位。

但是,并不是所有的现行全国性法律都与该公约一致。1985年《关于建立国家印第安事务委员会的法律》关于土著土地权利的规定,同该法的前法一样,规定了类似的同化标准,亦即切实的物质上的开发利用,以及个人或者部落在其上从事农

---

[78] 1945年第9658号法令(1945年5月7日《政府公报》);available at〈www.indigenas.bioetica.org〉.

[79] W. Delerio, "Mecanismos de tribalización en la patagonia: desde la gran crisis al primer gobierno peronista"(2005)*Memoria Americana*, no. 13, available at〈www.scielo.org.ar〉.

[80] 1994年《阿根廷国家宪法》规定:财产权受到保障;为了公共利益原因而征用的,需要经过授权和事先补偿。

[81] 1992年3月4日第24.071号法律;available at〈www.bioetica.org〉.

第 10 章　争取权利 Vs 决意出售：智利和阿根廷的土著土地权利

业和林业等生产活动。[82] 虽然生产活动可以根据传统的方式进行,但是如果没有定居、没有在土地上劳动或者未能满足法律上的生产要求,那么,作为适用《关于建立国家印第安事务委员会的法律》的一种结果,将导致任何已获得土地的权利丧失。[83] 对于放弃,也将按丧失财产权论处。而且,集体财产权利只能授予登记在案的土著部落[84],并且集体财产权利随着登记的撤销而消灭。[85] 同智利的做法类似,还可以以个人为单位将权利授予土著居民个人。尽管集体登记要求进行部落祖族确认,但是对于个人权利登记,类似的要求并非必要,这使一个个人比一个集体获得土地更为容易。[86] 法律没有完全禁止出售土地,在获得权利 20 年后,可以出售土地。[87]

与西边的邻国智利一样,阿根廷执行的政策似乎是分化和强占。1958 年的土著殖民化法关注的是土著居民个人而非土著人民。在核实 1985 年《关于建立国家印第安事务委员会的法律》只是在 1958 年法的基础上作出了些许改进的事实后,对它

[82]　《关于建立国家印第安事务委员会的法律》(1985 年 9 月 30 日第 23.302 号法律,已修改);available at 〈www.derhuman.jus.gov.ar〉。

[83]　《关于实施〈印第安土著居民和社区支持政策的第 23302 号法律〉的附属法规》(1989 年第 155 号法令,1989 年 2 月 17 日《政府公报》)。

[84]　根据智利法律,为了获准登记,拟登记者必须接受和遵守某些关于团体组织的条件要求。卡拉索在《不屈的土地》(Tierras duras)一书中,记录了在阿根廷萨尔塔省一个土著部落取得对自己土地的法律权利的艰难历程;采用一种西式组织结构作为将土著人民的宪法权利变为现实的先决条件的这种要求,施加了概念上的和实际上的困难;对这些困难,她提供了一个人类学家的视角。Carrasco, above n 4.

[85]　该法关于土著集体组织的适当代表的规定错综复杂,阿根廷政府还可以依靠这一问题来削弱土著的权利主张。这就是萨尔塔省检察官在美洲人权委员会所审理案件中的立场。Report No 78/06, Petition 12.094, Admissibility, Aboriginal community of Lhaka Honhat, Argentina (21 October 2006), para 59, available at 〈www.cidh.oas.org〉(Petition 12.094)。

[86]　ibid and Resolución 4811/1996 (8 Oct. 1996), available at 〈www.indigenas.bioetica.org〉。该法在序言中指出,自我认定身份是主要的认可标准。这一立场与 1992 年批准的《ILO 第 169 号公约》相符。

[87]　第 11 条。

这样做,可能并不感到惊讶。[88] 因而,虽然对于在《ILO 第 169 号公约》批准中以及包含于宪法保障中的清楚可见的土著权利予以承认,但是权利的实现在过去很容易受到阻止。没有证据证明存在以违宪为由推翻 1985 年《关于建立国家印第安事务委员会的法律》的任何尝试。相反,根据该法授权在 1996 年制定的附属法规可以被视为在现行制度中对其合法性的确认。[89]

阿根廷是一个联邦制国家,省级法律使这种局面更为复杂。事实上,关于土著权利的省级法律经常与土著权利的宪法保障发生冲突。1998 年《萨尔塔省宪法》就是一个鲜明的事例。该《宪法》第 15 条是关于土著人民的,它承认土著人民对于公共土地的财产权,但是明显缩小了联邦宪法保障的范围。[90] 另一方面,胡胡伊省甚至根本没有对其 1986 年宪法进行修改,该宪法对于土著人民仍然采取明显的同化措施。[91] 里奥内格罗省也没有对其宪法进行修改,只承认土著人民对其实际占用的土地享有权利。[92]

不过,布宜诺斯艾利斯省最具创意;它设法同时既承认又否认土著权利。《布宜诺斯艾利斯省宪法》第 36 条第 9 款这样规定:

> 本省承认这些土著人民在其领土内的存在事实,保证尊重他们的种族身份、他们的文化发展以及对他们合法占

---

[88] 1958 年第 3964 号法令(1958 年 3 月 24 日)。该法令与当时的主流路径十分契合。它的同时代法律文件 1957 年《ILO 第 107 号公约》是开放型的整合主义的。

[89] Resolución 4811/1996, above n 86.

[90] 在该条中,对于土著和非土著居民取得公共土地的权利问题,它提到了促进协商解决方案的需要。1998 年《萨尔塔省宪法》;available at 〈www.sinca.cultura.gov.ar〉。

[91] 1986 年《胡胡伊省宪法》第 50 条;available at 〈www.jujuy.gov.ar〉。

[92] 《里奥内格罗省宪法》第 42 条;available at 〈www.intertournet.com.ar〉。

有土地的<u>家庭和集体占用</u>。[93]

通过加上对家庭的诠释,它预见了个人土地权利的可能性,而国家宪法对这种可能性并没有考虑。而且,与国家宪法不同的是,这些权利被限制为占用。这一规定还需要对什么是"合法占有"这一问题作出回答。

上面提到的几个省都是阿根廷的土著人口大省。由于在土著问题上的并行管辖权,联邦和省级之间的差异和矛盾构成一项实实在在的挑战。正如下面的事例所证明的:对于省级当局决心利用土著土地进行发展特别是进行能源或者与能源有关的开发,土著团体予以反对,法律的实际适用成效令人非常沮丧。

(三)威奇人(Wiche)和马普切人事例:现实中的故弄玄虚

威奇人的拉卡洪那特协会(Lhaka Honhat Association)为他们的传统领土斗争了20多年。与智利的拉尔科事例一样,这一斗争超越了国界,目前正根据美洲人权制度进行处理。协会坚持要求分配给他们没有非土著居民的一片未经分割的公共土地,这是问题的焦点。[94] 萨尔塔省地方当局坚持(而且实际已经付诸实施)授予个人或者部落以下单位以土地权利,同时中间散布非土著居民,而且坚持在土著居民主张权利的公共土地上建设基础设施项目。

在向委员会提交的请愿中,拉卡洪那特协会请求委员会采取预防措施,其中包括阻止在其所主张的土地上授予个人权利以及建设一座国际大桥和其他设施。对此,联邦政府(诉讼程序中的正式当事人)提出在地方当局和协会之间协商一个友好解决方案。联邦政府甚至提出了与其国际法义务相一致的一项方

---

[93] 1994年《布宜诺斯艾利斯省宪法》;available at 〈www.gob.gba.gov.ar〉。下划线为引者所加。

[94] 关于这一要求合理性的第一个个人见解,请参见下列文献:Carrasco, above n 4。

案,但是却并没有采取措施阻止地方当局的行为。相反,请愿者提出,联邦政府虽然具有调停者的作用,但是它在没有与当地土著人民进行商议的情况下,批准了与土著主张土地上烃类物质开发和其他基础设施有关的建设项目。[95] 联邦政府的下列见解是非常令人惊讶的:

> 国家土著事务研究所认为,在皮科马约河(Pilcomaco River)上修建国际大桥……以及其他公路和各种建筑物,正在明显地改变土著部落的生活方式。因此,双方进行协商并对这些项目进行一项环境影响评价是明智的。[96]

更甚的是,尽管有上述声明,但是联邦政府始终拒绝要求地方当局遵守国家的最高法律,包括《ILO 第 169 号公约》项下的国际义务。[97] 相反,联邦政府相信自己说服萨尔塔省达成一项友好解决方案的能力,并且根据最高法院宣称该事务属于一项省级当局管辖事项的决定,继续为自己的立场进行辩护。[98] 这一期间,在委员会试图促成一项友好结果而拖延批准预防措施的同时,威奇人领土上的国际大桥竣工了。

多年谈判之后,协会不再催促委员会作出决定。谈判阶段已经结束,但是请愿目前仍然悬而未决。不过,鉴于阿根廷政府采取的立场以及最高法院的先例,即使委员会建议阿根廷根据请愿授予土著土地权利,联邦政府是否愿意采取任何强有力的措施来要求萨尔塔省服从,是值得怀疑的。此外,就开发对土著土地和土著人民的影响而言,它们的负面影响已经存在。[99]

拉卡洪那特事例暴露了土著领土权利的脆弱,尽管有宪法

---

[95] Petition 12.094, para 42.
[96] ibid, para 52.
[97] Hernán Mascietti, "El articulo 15 de la Constitución salteña. Constitución y jerarquías constitucionales en materia indígena" available at ⟨www.bioetica.org⟩.
[98] Petition 12.094, para 53.
[99] Carrasco, above n 4.

保护和《ILO 第 169 号公约》。联邦和地方当局都把土著所有权视为开发的一种障碍，而且不理睬土著人民的诉求。联邦主义为延续这一现状提供了一种最佳保护。只要土著人民的诉求没有得到解决，政府就能够以尊重联邦制度和宪法分权为借口，解释其不作为的行为，而在土著领土上的基础设施开发（包括能源开发）基本上就可以不受干扰地进行。事实上，自 20 世纪 60 年代马普切人领土上的北巴塔哥尼亚水利枢纽开发破土动工以来，这种状况就没有大的改变。

虽然北巴塔哥尼亚水电项目（包括 Chocon、Alicura 和 Piedra del Aguila 这 3 座大坝）相对而言不是新项目，但是它的开发从 20 世纪 60 年代开始直到 1990 年才结束；这很好地例证了在面临开发利益时土著人民可能会发现自己所处的危险境地。[100]

在马普切人潘尼米尔保护区（Mapuche Painemil Reservation），已经根据保护区法律授予土著人使用土地的权利。但是，为了修建第一座大坝（El Chocon-Cerros Colorados 大坝），保护区被轻描淡写地予以清除，区内的土著居民被迫搬迁。[101] 另外两个大坝同样需要马普切家庭搬迁。然而，由于这些家庭不是享有权利的土地所有者，而只是传统的占有者或者仅拥有使用保护区土地的权利，海德罗纳公司（Hidronor S. A.）并没有与他们进行直接协商。相反，国家不得不作为公共土地的所有者介入。赔偿的对象仅限于任何种类的人工添附物（永久性构筑）。在一些情况下，赔偿从来没有到达拟受偿的对象手中。[102] 此外，

---

[100] 在阿根廷马普切人领土上开发的大型水电项目没有受到与智利境内项目一样的种类上和数目上的关注。部分上可以由阿根廷在那一时期的动荡历史予以解释。另一个原因可能是普遍缺乏土著问题意识以及国际上土著权利法律发展的缓滞。在阿根廷批准《ILO 第 169 号公约》时，北巴塔哥尼亚水电项目的后期工作早已完成。

[101] A. O. Balazote and J. C. Radovich, "Grandes represas hidroeléctricas: efectos sociales sobre poblaciones Mapuches en la Región del Comahue, Argentina", in S. Coelho dos Santos and A. Nacke, *Hidreletricas e povos indígenas* (2003).

[102] Ibid.

海德罗纳公司仅将那些受水库淹没直接影响的个人和集体视为受影响的人，对于土著根据集体的和不可分割的权利性质而提出的集体诉求置之不理。[103]

除上面所述实际情况外，源自 1994 年宪法修正案的省级自主权，似乎对土著人民具有一种更进一步的负面影响。宪法修正案除了规定对土著事务的并行管辖权以外，还赋予省级政府对其领土内自然资源的控制权。正如联合国难民署在其最近的《人权实践》报告中所指出的：在阿根廷，"许多省级政府为了将土著土地出售给跨国公司，特别是为了石油、矿产、豆类产业和旅游开发，将土著部落从他们的祖传土地上驱逐出去。"[104] 因为省级地方当局试图利用开发者和外国投资者的大量资金来推进自己的发展计划，所以，"先驱逐，先开发，后谈判"的做法越来越放肆。[105] 联邦政府 2006 年颁布了一部紧急法律，对于从传统土地（包括待划界和处于授予权利程序中的土地）上驱逐注册在案的土著部落的所有活动，规定了一个为期 4 年的暂停期。[106] 即便如此，《紧急状态法》未能阻止省级地方当局实施其开发计划。[107] 这可能是由于这一事实，即，该法只适用于"实际的、传统的以及公共的占用，也即无可辩驳的官方认可"的情

---

[103] Ibid.
[104] UNHCR, Bureau of Democracy, Human Rights, and Labour, 2008 Country Reports on Human Rights Practices—Argentina (25 February 2009), available at ⟨www.unhcr.org⟩. 同样的信息可见于美国国务院网站⟨www.state.gov⟩。
[105] 关于地方政府同世界上一些实力最强投资者之间新建友谊的详细情况，请参见下列文献：Sanchez, above n 74。
[106] 第 26160 号法律（2006 年 11 月 29 日《政府公报》）; available at ⟨infoleg.mecon.ar⟩。
[107] Sánchez, above n 74; INADI, Delegación Jujuy, Desalojo violento a familias de la comunidad guaraní Jazy Endy Guazú, available at ⟨www.delegacion.inadi.gov.ar⟩. See also, UN, ECOSOC, Written statement submitted by the Permanent Assembly for Human Rights (ADPH), E/CN.4/2005/NGO/246 (8 Mar 2005), available at ⟨www.apdh-argentina.org.ar⟩.

形。[108] 然而,土著习俗和土地使用方式是这样的:有时,他们的部分领土可能出现空闲的情况,为定居者乃至政府抢占土著土地提供了便利。这样,土著就被排除了法律所要求的实际占用条件。就此而言,暂停驱逐土著的法律与只承认土著对实际上和生产性使用的土地的财产所有权的法律框架是一致的。

因此,以矿产和能源资源丰富的丘布特省为例,它正在考虑制定一部专门的驱逐法律,在不动产使用遭受干扰或者在任何公私土地利益遭受干扰的情形下,授权根据《刑法典》第181条的规定采取简易驱逐程序,甚至是在被驱逐者被判决有罪之前。[109] 这部法律草案已经受到了一些组织的谴责,其中包括国家反歧视反仇外反民族主义研究所。该研究所认为这部法律将对生活在政府土地上的马普切人产生特别的负面影响,并且发现它违反了《ILO第169号公约》以及其他具有法律拘束力的人权文件,因而呼吁丘布特省长否决这部法律。[110] 然而,国家土著事务研究所在这一问题上极其沉默,尽管联邦政府根据《ILO第169号公约》应当承担有关义务。

即使是那些按理说与能源产业并无关联的省份(如圣地亚哥—德尔埃斯特罗省,查科省),都通过驱逐土著人民而清理土地来为生物燃料用大豆生产提供土地的方式,正在积极地努力吸引与能源有关的投资。2007年,这两个省共同主办了布宜诺斯艾利斯生物燃料大会。[111] 之后不久,7位农场主就被根据简

---

[108] 第26160号法律第2条;above n 106。

[109] Bill 187/08, available at ⟨puertae.blogspot.com/2009/02/ley-de-desalojos letra-por-letra.html⟩。根据阿根廷刑法,只有在指控已经符合一种最低证明标准(一半确凿证明)的情形下,才能追究刑事责任。

[110] See ⟨www.inadi.gov.ar⟩。

[111] UNHCR Refworld, Minority Rights Group International (1), *World Directory of Minorities and Indigenous Peoples-Argentina*:*Overview* (May 2008) available at ⟨www.unhcr.org/refworld⟩。

易程序从自己的土地上驱逐。[112] 在查科省,只有大约 15% 的计划授予土著部落的公共土地还保留在省政府手中。其余土地已经清理完毕,并且配置给了大豆生产商。[113] 拉卡洪那特事例和萨尔塔省的拒绝授予土著土地权利,都与省级政府对生物燃料作物投资的渴望联系在了一起。事实上,拉卡洪那特协会面临的困境之一,与不断授予的在威奇人领土上的伐木许可有关;授予许可是大型农场经营的一项前兆。[114]

问题的根源不是缺乏划界和确权需要的信息和资源[115](政府时常用这种所谓的缺乏来解释不作为的原因),而是阿根廷政府当局缺少这样一种明显的政治意愿,即,针对土著人民的诉求,找到一种令人满意的解决方案。紧张的联邦和地方关系以及一种残缺的治理体系[116]导致土著人民的诉求很容易处于夹缝之中。一旦这样,政治意愿的缺乏加上问责制的缺乏[117]将一定会使问题继续存在。

承认土著土地权利的宪法修正案已经过去了 10 多年,但是仍然没有制定一部框架性法律来全面解决它的实施问题。尽管存在自古以来的占领,只要土著土地仍然没有被授予权利,它将

---

[112] 胡胡伊省发生的一个类似案件得到了报道。See:"Argentina: Indigenous Guaraní Resist Eviction by Soya Growers" (3 September 2008), available at ⟨climateandcapitalism.com⟩.

[113] Minority Rights Group International (1), above n 111.

[114] 其他土著组织以及甚至绿色和平组织都已经就此问题将萨尔塔省政府起诉到了法院。See eg, Corte Suprema de Justicia de la Nación, Recurso de hecho deducido por la Comunidad Indígena del Pueblo Wichi Hoktek T'Oi en la causa Comunidad Indígena del Pueblo Wichi Hoktek T'Oi c/Secretaría de Medio Ambiente y Desarrollo Sustentable (11 July 2002) available at ⟨www.bioetica.org⟩.

[115] 正如卡拉索纪录片中所记录的,几所大学和几家非政府组织已经完成了全面研究,而且做好了提供帮助的准备,并且能够提供帮助。Carrasco, above n 4.

[116] L. K. Barrera-Hernández (3), "Sustainable Energy Development in Latin America and Donor Driven Reform: What Will the World Bank Do?" in *Regulating Energy and Natural Resources* (Barton et al, eds, 2006).

[117] Ibid.

被视为公共所有的财产,可以出售给最高的竞价者[118],而土著权利和诉求则被打入法律并不过问的冷宫。前已提到,联邦制定的暂停驱逐的暂时法律并没有给阿根廷未取得土地权利的土著人民带来任何解脱。少数人权利国际组织的一份报告指出:

> 土著所主张的土地在 2007 年继续被大规模地出售给跨国公司,尤其是用于石油、露天开采矿业和转基因大豆产业。其结果是,阿根廷土著人民继续被从传统土地驱逐出去,为这些公司让路。[119]

相较于一味地等待被授予集体土地权利,或许对于一位土著居民来说,取得对其一直生活于其上的土地的最好方法是,像其他任何个人一样,在自己能够证明 20 年不受干扰的占用的时候,主张反向占用。[120] 这也许是一种非常市场友好型的解决方法。它对开发者来说是一个好兆头,甚至还会得到政府的认可。但是,这一解决方法在文化层面上不适当,在道义上站不住脚。

六、这对开发者意味着什么?

只要现行法律和做法仍然实施,不论是获得有权利凭证的还是没有权利凭证的土著土地,似乎都是开发者最不担心的一个问题。一些公司会非常乐意利用土著财产权的含糊不清,通过先施工后谈判,在社会敏感项目上采取既成事实的做法。但是,如果邻国的经验没有任何好兆头,那么从长远来看,他们凶多吉少。日益增高的冲突和危险水平已经是这样一种强烈的提

---

[118] UNHCR Refworld, Minority Rights Group International (2), *State of the World's Minorities 2008-Argentina* (11 March 2008), available at 〈www.unhcr.org/refworld〉.

[119] Ibid.

[120] 关于这一方法的经常使用情况,桑切斯(Sanchez)曾经提到过;Sanchez, above n 74。

醒,即,如果土著土地问题继续被经常忽略,那么,开发将不可能是持久的。[121]

秘鲁就是一个很好的事例。在当前的秘鲁,类似的法律和做法正在给它的石油和天然气产业造成重大损失。尽管活跃在秘鲁的能源公司已经经历了自己与土著土地有关的问题,但是这些都无法与因政府对土著领土进行土地市场自由化所引起的抗议浪潮相比。[122] 通过一系列鼓励个人土地权利的法令,通过持续忽视土著人民的与其领土有关的不满,现在的秘鲁政府已经试图激发以前和现在的争端[123],这已经将在土著领土上从事石油和天然气的企业置于一种极其危险的处境。[124] 此外,无需提醒的是,政府长期无视合法的社会不满是这类不为私人企业喜爱的政权(如委内瑞拉的乌戈·查韦斯政权以及玻利维亚的埃沃·莫拉莱斯政权)却受到普遍欢迎的根本原因。

在开发者进入土著领土后,分配正义越发成为问题。加之与传统土地和资源有关的一种危险法律环境,正如已经讨论的事例所证明的以及作为该地区的典型模式,土著人民承受着开发的负面影响,而在分享开发利益方面却往往被排除在外。更开明的私人开发者正在寻找确保部分利益到达土著部落手中的方法。然而,私人企业并不能填补由于政府忽视而产生的漏洞,而且它们的行动仅能惠及几个部落。需要找到确保开发与尊重

---

[121] 根据亚历山大(Alexander)和佩纳尔弗 Penalver 的理论,不保护土著权利就意味着不保护私人开发者的权利。See G. S. Alexander and E. M. Peñalver, "Properties of Community" (2009) 10 Theoretical Inquiries in Law 127.

[122] 土著抗议发展变化的最新情况,可见网站〈www. servindi. org/actualidad〉上的文章。

[123] 关于秘鲁处理土著土地权利路径的详细讨论,请参见下列文献:L. K. Barrera-Hernández (4), "One Step Forward, Two Steps Back: Peru's Approach to Indigenous Land and Resources and the Law" in Sustainable Futures: Comparative Perspectives on Communal Lands and Individual Ownership (L. Godden and M. Tehan, eds, 2010).

[124] R. Rumrrill, "Perú: Estado de emergencia contra los pueblos indígenas amazónicos" (12 May 2009), available at 〈www. servindi. org/actualidad〉.

土著权利和文明并存的一种更为持久的方法。

　　正如本章一开始就已提及的,从对美洲人权委员会和美洲人权法院案件目录和决定的检视中可以清楚地看出,土著人民同其政府之间的争端存在着一种日益增长的国际化趋势。[125]让自己公司的活动由于与人权侵犯指控有关而受到一家国际裁决机构的严密审查,这并不是开发者在一个国家投资时希望看到的。政府应当明白,无视土著对土地和资源的权利主张并不是明智的发展政策。

七、结论

　　巴托洛梅·德拉斯·卡萨斯主教梦想在美洲西班牙语地区建立一个土著人民和西方殖民者能够共处的公平社会。[126] 然而,四个多世纪过去了,还没有形成实现这一梦想的一个切实可行的方案。在土著与土地关系的集体性质得到尊重并且转换为集体土地权利的情况下,将土著土地权利制度融入西式财产法模式的尝试业已证明是相对可持续的。然而,一些政府(诸如阿根廷和智利)违背其法律和政策上的承诺,进一步向土著领土推进"生产界线"。他们通过下列做法实现了这一点:在拖延解决集体土地权利主张的同时,让土著个人获得个人土地权利以及进入土地市场比获得集体土地权利更为容易。[127] 然而,与德索托的预想相反的是,个人土地权利并没有让土著的权利持有者过得更好。一旦授予个人土地权利但却失去源于集体所有权和管理的相互保护和力量,土著个人很容易成为市场的猎物,进而

---

[125] Barrera-Hernández (1), above n 20.
[126] B. De las Casas, *Brevísima relación de la destrucción de las Indias* (1542).
[127] 在土著团体对自己保护其集体土地的能力失去信心的情况下,他们选择私人土地权利。T. M. Hayes, "The robustness of Indigenous Commonproperty systems to Frontier Expansion: Institutional Interplay in the Mosquitia Forrest Corridor" (2008) 6(2) Conservation and Society, 117 at 125.

通常会失去土地、变得贫穷。[128] 排他权成为第一位的和最重要的一种"取得权",它由那些了解这一制度并有能力承担合法所有权所需要的交易费用的人予以行使。市场之手对于分配正义并不过问。福祉是财产制度专门设计要保护的对象,正如汉密尔顿和班克斯在本书第 2 章中所阐释的那样,成了掩盖明显不平等的一个抽象概念。一种将财产和管理相结合的制度可以更有能力弥补西式开发与尊重土著文化和生活方式之间的差距。《ILO 第 169 号公约》在强调土地权利保障的同时还重视参与权利,它或许有解决这些问题的答案。

---

[128] M. Colchester et al, "Indigenous land tenure: challenges and possibilities" in *Land Reform* 2004/1 (P. Groppo, ed, 2004), available at ⟨www.fao.org⟩; and, M. Moore, "Negative Impact of World Bank Land Policies" (11 February 2005), available at ⟨www.foodfirst.org/⟩.

第11章

墨西哥烃类能源国家财产原则的范围和局限性

乔斯·胡安·冈萨雷斯[*]

摘要:《墨西哥宪法》第27条建立了关于地下自然资源的国家财产原则。本章分析这一原则的范围和局限性。从比较的视角,本章讨论国有和国家财产之间的差别。此外,关于私人投资在石油勘探和开采的公共垄断中所发挥的作用,本章还描述其宪法和法律框架的发展演变。根据这些分析,本章建议采纳一种新的方法,在不排除私人投资参与石油勘探和开发的可能性的情况下,促使石油资源的国家主权原则有效地发挥作用。

关键词:国家财产,《墨西哥宪法》,石油资源,财产权,石油勘探,国家主权,私人投资

一、导言

《墨西哥宪法》第27条建立了关于地下自然资源的国家财产原则。本章分析这一原则的范围和局限性。从比较的视角,本章讨论国有和国家财产之间的差别。此外,关于私人投资在

---

[*] 乔斯·胡安·冈萨雷斯(Jose Juan Gonzalez),城市自治大学(墨西哥)法律系教授,墨西哥环境法研究所主任;email:jjgonzalez@gonzalezasociados.com。中文译文对一些注释的内容做了简化处理。——译者注。

石油勘探和开采的公共垄断中所发挥的作用,本章还描述其宪法和法律框架的发展演变。根据这些分析,本章建议采纳一种新的方法,在不排除私人投资参与石油勘探和开发的可能性的情况下,促使石油资源的国家主权原则有效地发挥作用。

二、地下自然资源的财产模式

从自然资源法的比较分析中,可以发现三种不同的地下自然资源财产模式:(1)所谓添附制度;(2)国家财产模式;(3)绝对国有财产模式。[1]

在添附制度下,处于土壤中的所有物质都属于土地所有者。因此,如果土地由私人所有,那么,地下自然资源就归私人支配。在美国[2]和加拿大部分区域[3],这一制度**调整着石油资源财

---

[1] See R. Garza Garza, "El derecho Mexicano de la explotación petrolera y los contratos de burgos" (2005), available at ⟨www.itesm.mx⟩.

[2] 在美国,虽然各州之间的石油和天然气法存在差异,但是开采前、开采中以及开采后有关所有权的法律却几乎是共同的。不动产(土地或者房屋)的所有者还拥有地表以下的矿产资源,除非这些矿产根据一份业已存在的契约或者一项协议而与不动产相分离。

[3] 在加拿大,一些石油和天然气的权利由私人以仅凭登记费或者其他的非限嗣不动产形式所拥有。但是,加拿大石油和天然气的来源是对属于各省政府所有的矿产资源的开采。《1867 年不列颠北美法案》第 109 条明确将所有土地、矿山、矿产以及特许税费的所有权授予安大略、魁北克、新斯科舍和新不伦瑞克这 4 个最初的省。在不列颠哥伦比亚、爱德华王子岛和纽芬兰加入加拿大后,它们被联邦政府授予了矿产资源的所有权。只有阿尔伯塔、萨斯喀彻温和马尼托巴这 3 个省没有在加入加拿大时就被授予矿山和矿产的所有权。目前,这些利益仍然赋予联邦政府。除非限嗣不动产外,联邦政府仍然拥有和管理地处各省边界以外的位于 3 个自治地区境内的矿山和矿产。此外,联邦政府还保有加拿大近海海域内矿产的所有权。See Blakes Lawyers, "Overview of oil and gas in Canada" (2008), available at ⟨www.blakes.com⟩.

** 原文作者这一关于美国地下矿产资源法所有权的认识是错误的,或者是极其片面的。事实上,"天空法则"已经基本上不适用于美国联邦政府认定的重要地下矿产资源(特别是地下能源资源);关于这方面的权威讨论,可见胡德胜编著:《美国能源法律与政策》,郑州大学出版社 2010 年版,第 96、100、106 页。——译者注

产。在墨西哥,该制度还被应用于森林资源的财产机制之中。[4] 国家财产模式对土地财产同在性质上与土壤不同的其他自然资源(如烃类能源资源)予以区分。根据国家财产模式,地下自然资源财产属于国家所有。因此,国家享有根据自己所规定的条款和条件,授予勘探开发这类资源的特许权的排他性权利。在墨西哥,这一制度调整着水资源[5]和矿产资源方面的财产[6];在阿根廷[7]、巴西[8]和秘鲁[9],调整着烃类能源财产。

绝对国有(或者政府)财产模式包括承认国家对自然资源的绝对财产权,排斥任何形式的私人财产权。这一模式还禁止私人参与自然资源的开采。在石油和烃类能源资源方面,这种法

---

[4] 根据《关于森林可持续发展的一般法》第 5 条的规定,林木资源的所有权属于林木所处土地的相应土地所有者的个人或者社区。

[5] 参见 1992 年 12 月 1 日《国家水法》(截至 2008 年 4 月 18 日之修改)。

[6] 参见 1992 年 6 月 26 日《矿业法》(截至 2006 年 4 月 18 日之修改)。

[7] 阿根廷于 2007 年制定了一项法律框架。在该框架下,尽管烃类能源资源属于国家,但是勘探和生产烃类能源的特许权可以授予私人。此外,根据同年制定的《转让法》,烃类能源开采出来以后,特许权人享有完全的所有权。作为取得这些的条件,特许权人有义务向开采地所在州缴纳一项特许费;特许税费的计征基础是烃类能源的产量。See A. Hyder and T. Chevalier, "A protected bay for energy investors" (2008) 5 Latinlawyer, available at 〈www.Latinlawyer.com〉.

[8] 1995 年 11 月 9 日,《1988 年巴西联邦宪法》进行了修改。修改打破了对全部石油活动的国家垄断,允许联邦政府与任何私人或者政府公司就烃类能源的勘探、开采、生产、精炼以及配送活动的开展,签订合同。See R. Seroa da Mota et al, "Hydrocarbons in Latin America—Case of Brazil" (2008), available at 〈http://servicios.iesa.edu.ve/〉.

[9] 根据藤森担任秘鲁总统期间通过的 1995 年《土地法》,地下资源仍然是国家财产。See R. Smith, "Can David and Goliath Have a Happy Marriage? The Machiguenga People and the Camisea Gas Project in the Peruvian Amazon" in Communities and Conservation. Histories and Politics of Community-Based Natural Resources Management (J. Broosius, A. Tsing and C. Zener, eds, 2005) 231—57.

律制度目前在俄罗斯[10]、玻利维亚[11]和委内瑞拉[12]仍然有效。

数十年来,决策者以及学者一直坚持认为,1917年通过的《墨西哥宪法》建立了地下自然资源的绝对国有财产权。他们进而声称,国家拥有烃类能源资源的绝对财产权,同时拥有开采此类资源的排他性权利。[13] 然而,正如本章将要分析的,这种观点更多的是以意识形态为基础,而不是以宪法或者法律为基础。

事实上,尽管墨西哥在19世纪对于烃类能源财产根据添附制度模式进行管理[14],但是1917年《墨西哥宪法》建立了一种基于国家财产模式的财产制度,这使得私人通过国家授予的特许而参与石油资源开采成为可能。正如下面将要阐释的,绝对国有财产制度的确立是1940年—2008年期间所通过的一系列宪法和法律改革的结果。

三、1917年《墨西哥宪法》下的烃类能源资源财产制度

私有财产制度中的典型承受模式为1789年《人权和公民权宣言》或者1804年《拿破仑法典》的起草人所明确。1917年

---

[10] 俄罗斯联邦政府对于天然气和石油产业的任何组成部分(包括管道),有权控制以及确定优先事项。See C. Fracese, "Hydrocarbon resources in Russian foreign and domestic politics" in *Energy in the 21st century: risks, challenges, perspective* (2007), available at ⟨http://www.cartografareilpresente.org/article126.html⟩.
[11] 在玻利维亚,总统莫拉莱斯于2006年5月1日颁布了第28701号最高法令,对该国的烃类资源予以国有化。
[12] 在1957年,有关将烃类能源的产业和商业保留给国家的这部法律,对该国的石油资源予以国有化。
[13] 本章将讨论这样一种制度在墨西哥是否真正有效。
[14] 在那些年间,关于确立土地所有者还拥有地下资源的一些法律得到了通过。例见1884年《矿业法典》、1901年《石油法》和1909年《矿业法》。

《墨西哥宪法》并没有采用这一模式。[15]

基于下列原则,1917 年《墨西哥宪法》第 27 条建立了一种财产制度[16]:

  (1) 国家对其领土范围内的所有土地和水享有原始财产权。

  (2) 私有财产权是一种从国家手中获得的权利,因而是国家限制和征收的对象。

  (3) 对经济发展具有战略重要性的自然资源(水、矿产以及烃类能源),国家进行直接控制。

尽管如此,与绝大多数能源法专家所坚持的观点相反,第 27 条的原文并非要对烃类能源资源进行国有化。在作为西班牙殖民地期间,墨西哥实行的是适用烃类能源的公共支配原则。[17] 该宪法条款保留了这一原则,但是允许私人参与石油资源开采。[18] 鉴于此,第 27 条第 6 款规定,国家对烃类能源的支配权是不可剥夺的,不是制定法限制的对象。[19] 然而,该条授权联邦政府,由后者将开采这类资源的特许(权)授予个人或者根据

---

[15] See M. Diaz, "El régimen jurídico ambiental del subsuelo en México" in *PEMEX, ambiente y energía. Los retos del futuro* (C. Carmona, ed, 1995) 35—42.

[16] See J. Ma. Serna de la Garza, "El régimen constitucional de la propiedad en México" in *Derecho comparado Asia-México. Culturas y sistemas jurídicos comparados* (J. Ma. Serna de la Garza, ed, 2007) 473—94.

[17] See Handersson Bady Casafranca Valencia, "Ponencia sobre la propiedad de los recursos naturales en los territorios de pueblos indígenas Perú: La pobreza de los ricos territorios indígenas y recursos naturales" (2008), available at ⟨www.dar.org.pe/⟩.

[18] 1910 年,对于私人公司开采的石油和天然气,弗朗西斯科·马德罗总统规定了每桶石油 3% 的一项税率以及每吨天然气 20% 的一项税率。

[19] 劳尔·希门尼斯(Raúl Jimenez)认为,《墨西哥宪法》第 27 条确立了国家对烃类能源资源的绝对财产权以及直接和排他性的开采制度。See R. Jimenez, "Elementos historicos para la interpretación del régimen constitucional del petróleo de los mexicanos" in *El petroleo en la historia y la cultura de Mexico* (Jose Alfonso Suarez, ed, 2008), 99—118.

墨西哥法律成立的企业。[20]

此外,《关于石油领域的〈宪法〉第 27 条之监管法》于 1925 年由联邦国会通过。[21] 该法根据《1917 年宪法》关于不溯及既往的规定,承认外国石油公司已经获得的权利[22],广泛调整一种包括石油和烃类能源资源的勘探、开采以及运输的特许制度。[23] 最高法院于 1934 年认可宪法第 27 条不具有溯及既往的效力,并据此确认了该监管法的这些规定。其结果是,根据最高法院的判断标准,1925 年《监管法》完全合宪;该法建立了私人当事人要求承认他们所获得权利的程序。[24]

四、烃类能源的国有化进程

关于实施走向石油部门国有化的第一步,直到 1938 年都没有发生。在 1938 年,墨西哥政府征收了外国石油公司的设施。然而,即使是在征收发生之后,也不能说绝对国有财产模式的宪法原则调整着墨西哥的地下资源。

为了对这一部门国有化,有必要在宪法中另外规定这样一

---

[20] See A. Gersherson, "Hechos históricos importantes del petróleo en México" (2009), available at 〈http://prdleg.diputados.gob.mx/〉.
[21] 1925 年 12 月 25 日《联邦政府公报》。
[22] 一些学者认为,该部法律的制定是墨西哥和美国两国政府所签订的数项《布卡雷利条约》(Bucarely Treaties)的结果。在这些条约中,美国承认因墨西哥革命产生的墨西哥政府的一项必不可少的条件是,墨西哥政府不将《墨西哥宪法》第 27 条适用于被推翻的独裁者波费里奥·迪亚斯(Porfirio Díaz)所授予的石油公司的财产权利。
[23] 见该法第 7、8 和 9 条。
[24] See "El Aguila". *Compañía Mexicana de Petróleo v Mexican Government* (1934) AR 88/28.

项原则:国家直接和排他性的开采烃类能源的原则。[25] 为了实现这一目标,1940 年通过了一项宪法改革,将《宪法》第 27 条第 6 款修改为[26]:

> 对于石油以及固体、液体或气体的烃类能源,不得授予任何特许或者合同;就国家实施开采这些资源的方式,应当由专门的监管法律予以规定。

从此,墨西哥政府一直承担着对石油勘探、开采、精炼以及对石油及其产品配送的垄断性经营活动。

一年前,墨西哥制定了石油领域的一部法律,该法禁止特许。[27] 然而,尽管进行了宪法改革,但是该部法律于 1941 年为《关于石油领域监管法》废除。这就使得私人公司可能通过所谓的"风险合同"参与石油产业。[28] 根据该 1941 年法律,私人公司能够通过风险合同从事石油勘探和开采活动,而对此类私人公司所提供服务的补偿可以包括支付货币或者所获得产品的一定比例。[29]

在 1949 年—1951 年期间,墨西哥同外国石油公司签订了不少风险合同。[30] 这些合同涉及墨西哥 4000 平方千米领土以下的烃类能源资源。对外国公司支付的补偿包括它们的成本和

---

[25] 在其提交给国会的 1938 年国情咨文中,拉萨罗·卡德纳斯总统这样陈述:"……为了尽最大可能地避免由于利益疏远而可能导致的对墨西哥产生的未来问题,需要将下列事项作为主权事项:不授予涉及石油的任何地下资源特许权,国家对石油开采实行绝对控制。"See J. Cárdenas, "La irreformabilidad constitucional en materia de petroleo hidrocarburos" in *Exclusividad de la Nacion en Materia de Petroleo* (J. A. Almazan, ed, 2008) 66—7.

[26] 1940 年 11 月 9 日《联邦政府公报》。

[27] 1939 年 12 月 30 日《联邦政府公报》。

[28] 1941 年 6 月 18 日《联邦政府公报》。

[29] See M. Becerra, *Análisis constitucional de los aspectos más relevantes de la reforma energética* (2008), available at ⟨http://www.senado.gob.mx/⟩.

[30] 在玻利维亚,1996 年《资本化法》规定了关于石油勘探和生产的风险分担合同。

投资总回报,加上通过所钻油井生产烃类能源价值的 50%,再加上一个为期 25 年的期间内生产价值的 15%—18.5% 的补偿。[31]

考虑到这类合同与 1940 年宪法所确定的宪法原则存在矛盾,因此,联邦国会在 1958 年通过了第四部《关于石油领域的〈宪法〉第 27 条之监管法》。这部新法律创设了这样一种法律制度,即,建立国家对石油和烃类能源资源的绝对财产权以及石油部门的一种公共垄断,这种垄断包括对涉及基础设施建设和运营的所有活动的垄断。

1958 年的这部法律构成了如下方面的重要一步,即,迈向一种对烃类能源资源的国家绝对支配制度的格局。这部法律是第二次禁止私人参与石油产业。它在第 2 条规定:"只有国家可以从事下一条所规定的构成石油产业的各种石油开发生产活动。"第 3 条规定,石油产业包括:石油的勘探、开采、精炼、运输、储存、配送以及从精炼中所获得石油产品的直接销售,天然气的勘探、开采、提炼和直接销售,以及,与石油和天然气的开采和精(提)炼相关的必不可少而且必要的运输和储存。通过这一规定,第 3 条对第 2 条进行了补充。

走向烃类能源资源国有化方向的一个新的步伐,发生在 1960 年。《墨西哥宪法》第 27 条又被修改,其第 6 款规定了下列内容[32]:

> 对石油以及固体、液体或气体的烃类能源,将既不授予特许也不签订合同,已经存在的特许或者合同也不再继续执行,而且,国家应当根据相应的《监管法》所作出的规定,进行这些物品的开发生产。(着重线为引者所加)

---

[31] 1970 年,这些合同被墨西哥国家石油公司(Pemex)总裁吉泽斯·雷耶斯·赫罗尔斯(Jesus Reyes Heroles)取消。
[32] 1960 年 1 月 20 日《联邦政府公报》。

1960年改革还确立：国家对地下资源的绝对支配范围包括大陆架、岛屿海底区域的海床和底土。[33]

最后，可以对石油产业的国有化进程总结如下：1982年，对《墨西哥宪法》第25条和第28条进行了修改，确立石油产业是一个战略性的经济领域，因而是墨西哥的一个国家垄断领域。因此，到2008年，关于烃类能源资源，《墨西哥宪法》建立了一种绝对的国家财产制度，禁止授予特许和签订合同；一种以国家垄断为基础的石油开发生产制度。然而，正如下文将要分析的，根据这些宪法性基础而制定的立法，已经建立了与此差别很大的诸多机制，这些机制使私人参与石油产业成为可能。[34]

五、次级立法对烃类产业进行的再次私有化

尽管如此，1958年的《监管法》遭到多次修改，以允许在石油部门进行私人投资。1995年5月，联邦议会通过了对《关于石油领域的〈宪法〉第27条之监管法》的修改案。[35] 这次改革允许私人部门建造、运营以及拥有天然气以及源于石油的其他产品的运输、储存和配送。在这些情况下，这类产品未被计划作为基础性产业的产品；在天然气的特别情况下，未被计划作为基础性石化产业的商品。[36] 作为这些修改的产物，联邦行政机关批准了《天然气条例》。该条例规定运输、储存和配送这三种活动是政府许可的对象。同年，一项宪法改革明确将下游的石化产业排除在石油产业的公共垄断之外。[37] 1996年，《监管法》又进行了一次修订，对只有国家才能够从事的天然气以及源于

---

[33] 这一改革使得墨西哥国家石油公司，这一目前负责石油开采的公共垄断部门，对位于坎佩切区域（Campeche Area）的油田进行控制成为可能。
[34] 这一立法显然是违反宪法的。See Cárdenas (above n 25) 69—78.
[35] 1995年5月11日《联邦政府公报》。
[36] 参见该法第3条和第4条。
[37] 1995年3月2日《联邦政府公报》。

石油的其他产品的运输、储存和配送领域,作出了进一步限制,从而允许私人更加广泛地参与这类活动。[38]

最终,2008年对《监管法》又进行了修改,为公有石油公司墨西哥国家石油公司从事多种业务服务提供了一项法律基础,使私有公司能够参与石油勘探和开采活动。[39]《监管法》(2008年修改)第5条规定:"联邦行政机关应当通过能源部,排他性地授予墨西哥国家石油公司及其附属机构从事石油勘探和开采的作业区域。"然而,第6条对前引规定内容的含义作出了如下阐释:"就为了实现其业务最优化所要求的工作和服务,墨西哥国家石油公司及其附属机构可以与私人个人和企业签订合同。这类合同规定的支付应当是货币支付,而且在任何情况下,烃类能源的财产权都不应当因为工作和服务的提供或者工作的实施而转移给承包商;同时,私人个人和企业也不能签订产品分成合同,或者获得一定百分比的产品或烃类能源(或其成品)的销售价值的合同。"

2008年改革在根本上重新规定了过去被1960年宪法改革所禁止的风险合同;有所不同的是,根据新的法律条文,这类合同的支付不能包括转移烃类能源资源的任何财产权。

通过分析这些宪法和法律改革,我们可以断言:尽管墨西哥宪法规定了国家对烃类能源资源的绝对财产模式,但是根据下位法律,墨西哥烃类能源资源的财产权却由国家财产模式予以治理,对这一模式,本章第一部分业已论述。下一部分将对这一问题进行探讨。

六、墨西哥现行宪法财产制度和烃类能源资源的开采

关于烃类能源资源的财产和开发,1917年《墨西哥宪法》

---

[38] 1996年11月13日《联邦政府公报》。
[39] 2008年11月28日《联邦政府公报》。

（历经 1940 年、1960 年和 1982 年修改）包含管理公共政策以及为立法提供基础的三项原则：（1）国家对烃类能源的绝对的和不可剥夺的支配权（不是制定法限制的客体）；（2）国家进行排他性的和直接的开采烃类能源资源的权利（可据此推断禁止在这一领域内授予私人个人和公司以特许或者合同）；以及，（3）将烃类能源以及基本石化产业作为战略性领域对待，保留给公共部门。[40] 然而，立法却在一种完全不同的意义上，对这些原则的实际范围进行了限定。《宪法》第 27 条第 4 款规定：

> 赋予国家对于下列自然资源的直接所有权：大陆架和岛屿海底区域的所有自然资源，所有矿产或物质自然资源。这些自然资源不管是储藏于岩脉还是岩层中，无论是大量还是少量，都构成区别于地球本身组成部分的一种不同性质的储藏。例如……<u>固体矿物燃料，石油以及所有的固体、液体及气体烃类能源</u>……（着重线为引者所加）

此外，第 27 条第 6 款进一步规定：

> ……对石油以及固体、液体或气体的烃类能源，将既不授予特许也不签订合同，已经存在的特许或者合同也不再继续执行，而且，国家应当根据相应的《监管法》所作出的规定，进行这些物品的开发生产。

最后，《墨西哥宪法》没有授权国家对石油产业基础设施的财产权，而是在第 28 条建立了一种国家对烃类能源的直接和排他性的开采权制度。第 28 条规定如下：

> 在墨西哥，禁止任何垄断和垄断做法，不豁免任何商业税收……国家在下列战略领域以一种排他性的方式履行职能的行为不应当构成垄断：邮政服务、电报和无线电；石油

---

[40] See generally J. Cárdenas, "Constitución y normas en materia petrolera" (2008), available at ⟨http://stj.col.gob.mx/⟩.

以及任何其他烃类能源;<u>基本石化</u>;放射性矿产和核能发电;电力;以及,由联邦国会制定法律所明确确定的其他行为。[41]（着重线为引者所加）

尽管如此,《墨西哥宪法》所承认的绝对支配原则远远不及本章第一部分所提及的绝对国有财产模式。事实上,1917年《墨西哥宪法》所确立的关于石油和其他烃类能源的财产制度,是由根据前面提到的宪法原则,通过立法予以调控。

作为前文提及的一系列宪法和法律修改的结果,现行《关于石油领域的〈宪法〉第27条之监管法》允许私人投资从事受立法监管的许多活动。结果是,排他性的烃类能源资源开采权的宪法原则,其适用范围非常有限。因此可以断言,墨西哥国家对石油产业的绝对垄断从未完全建立。

当国家保留对自然资源的财产权的情形下,私人参与石油产业仅限于石油精炼、运输、储存和配送以及与基本石化产业有关的活动。这就导致一项新的宪法改革并没有必要。

对私人参与石油领域的实际限制不是对烃类能源的公共支配原则,而是禁止私人对这些活动进行投资。现在,这些活动留给墨西哥国家石油公司及其附属机构予以公共垄断。

七、关于国家财产原则的新解释

私人参与烃类能源资源开采是主要趋势,甚至是在添附制度规范烃类能源财产制度的拉美国家（如巴西和阿根廷）,以及在那些国家对这些自然资源拥有假定的绝对支配权的拉美国家（如玻利维亚和委内瑞拉）。

---

[41] 对于这一摘录段落,必须在国家对于所提及的战略领域拥有排他性开采权这一意义上进行解释,而且,即使这一排他性构成一种垄断,这种垄断并不为宪法所禁止。

然而,拉丁美洲国家过去几十年中已经经历的烃类能源私有化进程表明,新的争论更多地集中于私人公司参与石油产业的方式上,而不是关于这类参与的禁止还是授权。有鉴于此,可以断言,作为一种可能使私人可能参与石油部门的方式,风险分担合同已经替代了特许。与特许相比,对风险分担合同的争议较少,因为它避免了一次可能的宪法改革问题。

具体到墨西哥而言,石油产业中的私人投资实践中并没有受到限制。现行《关于石油领域的〈宪法〉第 27 条之监管法》(最初于 1958 年通过,现行有效的是 2008 年修改)确认宪法所确立的绝对公共支配原则以及排他性的烃类能源资源国家开采权[42],但同时允许私人建造和营运天然气的运输、储存和配送体系。就此而言,那些对从事这些活动感兴趣的人仅仅需要一份由能源监管委员会授予的许可证。[43] 此外,尽管根据《监管法》第 4 条的规定,石油和天然气的勘探和开采是公有公司墨西哥国家石油公司的一个垄断领域,但是该法第 6 条允许该公司及其附属机构同私人个人和企业签订合同,由后者来从事或提供前者所要求的工作和服务,包括那些与勘探和开采有关的活动。最后,正如前面所注意到的,根据宪法,次要的石化产业不再属于保留给国家的一个领域。

因此,国家对烃类能源的绝对公共支配原则并不意味着对石油产业的绝对公共垄断。[44] 墨西哥关于烃类能源的宪法和

---

[42] 根据《监管法》(2008 年修改)第 1 条的规定,对于位于国家领土(包括大陆架和专属经济区)内的所有烃类能源的直接的、不可分割的以及非时效性的所有权,赋予国家。第 2 条进一步规定,根据宪法第 25 条第 4 款以及第 27 条第 6 款的规定,只有国家才能开采构成石油产业的烃类能源。

[43] 能源监管委员会由《联邦能源委员会法》(1995 年 10 月 31 日《联邦政府公报》)设立。

[44] 《墨西哥宪法》第 27 条确立了自然资源的绝对公共支配原则以及石油开采和石油产品的公共垄断;但是,这一垄断并不涵盖石油产业的所有阶段。这一垄断仅限于一次生产(基础石化)。因而,政府对石油产业的垄断具有一种大于宪法性基础的意识形态范围。See Jimenez (above n 19)。

法律制度似乎更接近国家财产模式,而不是绝对国有(或者政府)财产模式。

需要指出的是,烃类能源国家财产的墨西哥模式并不意味着墨西哥公民参与到石油开采产生的收益中来。[45]

八、作为国家财产原则的一项必要补充的社会投资原则

非常可能的是,墨西哥石油部门的私有化进程未来将会继续下去,而且,可能会采取两种可能路径之一:国家或者对所有的私人外国或国内投资者开放这一部门(如巴西、阿根廷和秘鲁),或者把私人投资限定为某些墨西哥投资者的范围。第一种可能路径遭受着极大的批判,因为它被认为会造成自然资源国家主权的损失。第二种可能路径似乎与公共支配的宪法原则相一致,但仍受质疑,因为它与将这一战略领域保留给国家进行垄断的宪法原则相冲突。

正如本章所分析的,私人参与石油产业在墨西哥制度中并不是新生事物。实际上,绝对禁止就从1958年持续到了1995年。私人投资似乎一直是这一部门中对公共投资的一项必要补充。尽管如此,考虑到在随后数年中似乎不可能进行一项宪法改革,为了发展能源领域,有必要探索其他替代方案。

为了在石油和烃类能源领域形成关于绝对公共支配的一种更为灵活的模式,前三任墨西哥总统都已经尝试过修订宪法。

---

[45] 因此,尽管石油开采的前提是土地所有者与国家之间的一种伙伴关系,但是根据征收规则,只有土地所有者的经济利益才能根据土地的商业价值计算,构成赔偿的组成部分,而不考虑石油和烃类能源资源的价值。为了开发地下自然资源,国家应当根据《墨西哥宪法》第27条第2款及其征收方面的《监管法》所确立的程序,购买、租赁或者征收私人财产项下的土地。在许多事例中,这种碎片化的财产权已经产生了社会矛盾。在其他事例中,土地所有者认为,对于开采位于其土地下的自然资源所产生的结果,他们并没有任何经济上的好处,这是不公平的。

然而,这种改革是不必要的,而且可能被社会压力所阻挡。

公众反对宪法改革大多是由于私有化主要是让外国公司受益这一观念,而不是私有化本身。因此,开发这一部门的一种替代方案是将私人参与的主体限制为墨西哥人民的范围之内,就像已经发生在阿根廷和巴西的一样。

实施这一方案的一种可能路径是,用墨西哥工人的储蓄进行投资,不用修改绝对国有财产模式但是需要强调这类绝对财产的国家特征。换句话说,必须将"国家"这一术语从下列意义上进行解释:不是一种政府垄断,而是一项属于全体墨西哥人民的社会事业。

《社会保障法》在2004年进行了修改,建立了退休人员储蓄体系。[46] 这部法律规定每位工人必须有一个退休账户,并授权被称为AFORES系统的数家私人公司中的一家对之进行管理。[47] 这类公司被允许将工人的储蓄投资于生产领域。

根据官方数据,退休人员储蓄体系目前拥有37513270家下属机构,管理着总额达10亿比索(74亿美元)的资产。[48] 政治家已经声称,这笔钱足以建立许多精炼工厂[49]而无需外国投资者的支持。储蓄还可以投资于石油产业的其他开放领域。[50]

而且,行政机关在2008年向国会递交了一项关于新《墨西哥国家石油公司组织法》的法案。[51] 法案第41条就所谓"居民

---

[46] 2004年8月11日《联邦政府公报》。

[47] AFORES的意思是退休基金管理公司(Companies for Management of Retirement Funds)。

[48] See ⟨www.consar.gob.mx⟩.

[49] 根据官方数据,在伊达尔戈州建造一个新的精炼厂将花费1千万美元。

[50] 例如,一位议员在2008年提出了一项倡议供联邦国会考虑;该倡议建议修改《退休人员储蓄体系法》第43条以及《政府人员保障和社会服务机构法》第109条,从而允许AFORES系统私人公司将退休人员储蓄投资到与能源生产、天然气生产和石化有关的生产活动。

[51] See "Reforma Energética. Iniciativa para fortalecer PEMEX"(2008), available at ⟨www.pemex.com⟩.

红利债券"作出了规定。"居民红利债券"是由墨西哥国家石油公司发行的债务工具,只能向墨西哥公民个人和 AFORES 系统私人公司发行。然而,该法案尚未获得议会批准。

九、结语

正如本章研究所表明的,墨西哥宪法的原文内容并不是要建立对烃类能源资源的国家绝对财产模式。治理烃类能源资源财产以及开采的原则,是旨在建立对烃类能源以及其他自然资源的墨西哥国家主权的宪法改革进程的结果。然而,在下位立法开始转向支持能源领域私有化的情况下,这一进程目前并未结束。

石油产业的私人投资一直是墨西哥经济的一个恒定特点。所有的指标都表明,在随后几年中,即使在不修改宪法的情况下(修宪似乎也没有必要),私有化进程也将会继续。

因此,维持烃类能源国家主权的唯一方式,是允许 AFORES 系统私人公司将墨西哥工人的储蓄投资于石油领域。对于宪法所确立的国家对烃类能源的支配原则,工人和政府之间这种性质的联系能够作出一种不同的解释,将支配原则与排他性开采权进行协调,允许私人投资进入烃类能源部门。

允许墨西哥人民投资于墨西哥国家石油公司并不违反宪法,而是补充现行有效的宪法规则。实施居民红利债券的理念可能意味着,不像在其他国家,在墨西哥,烃类能源资源不是作为一种抽象概念上的国家财产,而是人民的财产。

第 12 章

巴西法中的石油和天然气所有权法律模式

扬科·马修斯·德阿伦卡尔·泽维尔[*]

摘要：长期以来，巴西石油和天然气的勘探和生产一直都由政府垄断经营。在这一模式下，这些矿产资源都属于政府，并且根据国家利益予以利用。自 1953 年成立以来，国营公司巴西石油公司对巴西的全部石油产业活动的独占控制，保持了 40 年。1995 年《1988 年联邦宪法第 9 修正案》改变了这种国家垄断的法律结构，为巴西石油产业建立了一种新的监管框架。尽管政府垄断得到了保留，但是修订后的《宪法》和《石油和天然气法》（1997 年第 9478 号联邦法律）允许私人公司通过特许权合同以及向政府支付使用费和附加费，行使对石油和天气的所有权。石油市场的开放使得从国内和国际公司获得了巨额资金，这已经足以用来增加已探明石油储量和提高能源安全。然而，全球能源危机、不断上涨的石油和天然气价格以及最近在巴西深水海域发现的新的石油储藏（所谓的"盐层下"油田），已经引发了关于石油产业活动法律结构的重新的政治争论，其中提出了将法律结构改回到让政府更大参与这一方向的各种观点。事实

---

[*] 扬科·马修斯·德阿伦卡尔·泽维尔（Yanko Marcius de Alencar Xavier），北里奥格兰德州联邦大学（巴西，纳塔尔）公法系，能源法教授；email：ymxavier @ ufrnet.br。

中文译文对一些注释的内容做了简化处理。——译者注。

上,在过去的一个世纪里,公私部门参与巴西石油产业之间的平衡业已历经许多变化。本章对此予以讨论。

关键词:国家所有权,私人所有权,垄断,石油和天然气,巴西石油公司,财产权

一、导论

长期以来,巴西石油和天然气的勘探和生产一直都由政府垄断经营。在这一模式下,这些矿产资源都属于政府,并且根据国家利益予以利用。此外,很多年来,巴西石油和天然气部门监管的显著特征都是以国家作为融资和计划机构进行活动。国营公司巴西石油公司[1](Petrobras)自其1953年成立以来,对巴西的全部石油产业活动的独占控制保持了40年。[2]

石油产业的国家垄断曾经为《1988年联邦宪法》所确认,并且过去的确得到了扩张。然而到了20世纪90年代中期,巴西成了一个石油进口大国,缺乏扩大石油活动的融资渠道,巴西石油产业需要私人投资。[3] 而且,20世纪90年代市场自由化的全球浪潮、国际石油市场日益增强的竞争本性以及来自热衷于巴西丰富石油和天然气储藏的国际石油公司的压力,都引起了关于向范围更广泛的参与者开放石油部门的诸多争论。

1995年《1988年联邦宪法第9修正案》改变了这种国家垄断的法律结构,为巴西石油产业建立了一种新的监管框架。尽管政府垄断得到了保留,但是修订后的《宪法》和《石油和天然气法》(1997年第9478号联邦法律)允许私人公司通过特许权

---

[1] 巴西石油公司是一家私有公司,其股东绝大多数是私人股东,但是巴西联邦政府拥有绝大多数的具有投票权的股份。

[2] 1953年第2004号联邦法律。

[3] P. Valois, "A evolução do monopólio estatal do petróleo" (2001) Lumen Juris 116—17.

合同以及向政府支付使用费和附加费,行使对石油和天气的所有权。石油市场的开放使得从国内和国际公司获得了巨额资金;这已经足以用来增加已探明石油储量和提高能源安全。

然而,全球能源危机、不断上涨的石油和天然气价格以及最近在巴西深水海域发现的新的石油储藏(所谓的"盐层下"油田),已经引发了关于石油产业活动法律结构的重新的政治争论;其中提出了将法律结构改回到让政府更大参与这一方向的各种观点。事实上,在过去的一个世纪里,公私部门参与巴西石油产业之间的平衡业已历经许多变化;本章将对此予以讨论。巴西总统提交了关于开采盐层下和其他"战略"区域内石油和天然气的新规则的议案。在巴西议会准备对该议案进行辩论时,石油勘探开发法律框架的变化历史可以为法律分析者和投资者预示将会出现的情况。

二、巴西石油产业历史中的私人企业

19世纪晚期以来,调整石油和天然气勘探和生产的法律制度已经不少。《1891年联邦宪法》(第72条第17款)所采纳的制度,保障地表土地所有者对其底土中的所有资源享有充分权利。然而,自《1934年联邦宪法》通过以来,巴西对土壤(地表土地)所有权与底土所有权已经予以区分。这种区分为现行《1988年联邦宪法》第176条所确认,该条规定,在底土中发现的石油和天然气储藏及矿产资源归联邦政府所有。[4] 在联邦政府允许私人个人或者私人企业开采这些资源的范围内,后者必须向巴西联邦政府和/或地方政府交纳特许税费。

---

[4] 自共和国时期开始以来,为了国内法律上的所有目的,联邦政府所有部门一直都根据宪法冠以"同盟"(Union)或者"联邦同盟"(Federal Union)称谓。

(一) 从企业自由走向政府监管

尽管对于巴西境内存在石油有很大怀疑,但是《1934年联邦宪法》还是在自然资源所有权确定路径方面发生了变化。[5] 然而,虽然巴西当时没有自己的石油产业,但是巴西境内的石油勘探寻找活动却在进行之中。尽管将石油所有权保留给了联邦政府,但是《1934年联邦宪法》允许授予勘探许可证,而且赋予联邦及其成员州都对于石油勘探的授权和监管以管辖权(第119条第3款)。在这一制度下,勘探许可证应当仅授予巴西公民或者巴西企业,而且建立了一种"采邑"制度;通过这一制度,地表土地的所有者在勘探或者利润分配方面享有优先权。[6] 根据这些规定,数家企业在巴西全境内寻找石油存在的迹象。然而,私人参与国有石油的勘探活动,针对这种情境下国家主权的含义,产生了激烈争论。[7]

(二) 政府垄断和巴西石油公司

随着1937年—1945年的国内独裁统治的结束,一部新的民主宪法于1946年制定。这部战后宪法重建了个人自由,但是在经济事务方面则允许联邦政府进行一种更为积极的参与。尽管《1946年联邦宪法》没有包括关于石油产业活动的具体规则,但是其在第146条规定,"联邦政府可以通过特别法的方式,干预经济领域,垄断某些产业的活动",这其中应该包括石油产业。

以"石油是我们的"运动为标志的民粹主义情绪在20世纪50年代的影响不断增长,导致了1953年第2004号联邦法律的制定。该法在瓦加斯(Vargas)第二任总统期间(1951年—1954

---

[5] M. Vaitisman, *O petróleo no império e na república* (2nd edn, 2001) 170—1.

[6] A. R. Barbosa, *A natureza jurídica da concessão para exploração de petróleo e gás natural* in *Temas de Direito do Petróleo e Gás Natural II* (P. Valois, ed, 2005) 5—6.

[7] G. Cohn, *Petróleo e nacionalismo* (1968) 170.

年)建立了巴西石油公司。在巴西石油产业的历史上,一个新的时代开始了,这就是政府垄断时代。

根据1953年第2004号联邦法律第1条的规定,依据《1946年联邦宪法》第146条,政府垄断的范围包括:石油、稀有气体以及其他烃类物质的勘探和生产;国产和进口石油的精炼;国内或者进口石油产品的海上运输;以及,石油和稀有气体的管道运输。国家垄断应当由巴西石油公司负责实施,联邦政府应当保留绝大多数的具有投票权的股份(第10条)。于是,巴西石油公司成为巴西国内石油市场的代名词。[8] 国家垄断的治理权授权给了巴西石油公司和新成立的国家石油理事会(第2条第1、2款)。巴西石油公司被赋予征收私有财产的权利,同时,对地表土地的财产所有权人,该公司为其在该土地上的开发活动所造成的损害,负责进行赔偿(第24条和第30条)。

在法律设定的法律义务中,巴西石油公司有责任维持最低石油储备(第31条)以及提供议会要求的关于公司决策的任何信息(第33条)。此外,授予国家石油理事会监督国内石油供应的职能(第30条)。

直到1967年,联邦垄断仅仅以制定法为依据。这是因为,尽管《1946年联邦宪法》对国家垄断进行了一般性授权,但是并没有指出具体明确的垄断产业。然而,尽管对石油产业已有活动的国家垄断仍然只是制定法的一项事务,但是《1967年联邦宪法》不仅重申了矿藏的国家所有权(但是受地表土地所有者既有的从石油收入中获得特许权使用费的权利的限制(第161条第2款))[9],而且还明确地在其条文中规定对石油勘探和生

---

[8] 1953年第2004号联邦法律第6条规定,巴西石油公司的职能范围是下述涉及(来源于储藏或者页岩)的石油及其产品的活动:勘探、生产、提炼、销售以及其他类似活动。

[9] A. R. Barbosa, "A natureza jurídica da concessão para exploração de petróleo e gás natural" in *Temas de Direito do Petróleo e Gás Natural II* (P. Valois, ed, 2005) 3.

产的国家垄断(第162条)。关于将底土中财富的财产与地表土地中财富的财产的分离,也包括在宪法条文之中(第161条)。

石油领域的公共垄断旨在保护公共利益、为国防提供保障以及保持一种非营利的特性。[10] 尽管石油和天然气产业被归类为具有一种公共垄断地位的一项经济活动,而不是一项常规的政府服务,但是,巴西政府既是生产者也是供应者。[11] 国内市场的僵化结构、禁止竞争,其基础是由于石油在世界上的战略地位而产生的保护公共利益的观念。

(三)政府垄断的演变:巴西石油公司和风险合同

1973年第一次石油危机之后[12],为了增加国内石油生产以及减少对国外能源的依赖,产生了对新投资的需求。同年,埃内斯托·盖泽尔总统和国家石油理事会宣布了根据"风险合同"和通过招标程序,授予私人企业在石油勘探活动中享有经营权利的可能性。在这一制度中,受许可人承担企业风险,但是根据它们的石油勘探发现以及勘探和生产成本获得回报。

同一时期,1964年—1985年军事政权制定的《(经济)目标计划》决定,到20世纪80年代末,巴西应该达到每天50万桶的石油产量,这一数量证明了采用风险合同的合理性。

外国油气公司(包括壳牌、英国石油公司、埃尔夫、海扇、埃克森、德士古、道达尔公司、马拉松、康菲、雷普索尔和佩仇索

---

[10] ibid at 21.

[11] L. M. D. Nascimento, *A água produzida na extração de petróleo: o controle estatal sobre o seu uso, tratamento, reaproveitamento e descarte* (2007) 34.

[12] 随着第四次中东战争而发生的石油危机导致石油价格从2.90美元/桶上涨到11.65美元/桶。那时,巴西仅生产其国内石油消费量的20%。1979年第二次石油危机致使石油价格从13.00美元/桶上涨到34.00美元/桶。在此前一年,巴西石油公司建立了其国际经营机构巴西石油国际公司(Braspetro)。See C. Barreto, "Geopolítica do petróleo: tendências mundiais pós-Guerra do Iraque de 2003" in *Brasil: situação e marco regulatório in Estudos e pareceres: direito do petróleo e gás* (M. R. D. S. Ribeiro, ed, 2005) 9.

亚)以及三家巴西油气公司(保里佩特罗(Paulipetro)、阿兹维多(Azevedo)和卡马乔科雷亚(Camargo Corrêa))都与巴西石油公司签订了风险合同。第一份合同签订于1975年,合同期限12年。这是20年呆板的公共垄断之后,开放国内市场的第一次尝试。

由于乏善可陈的业绩和政治上的压力,这一模式失败了。军事政权的政治反对派认为,风险合同是不必要的,因为巴西石油公司自己有能力承担所需要的投资和技术开发。另一方面,政府机构认为,失败是由于合同的过分严格以及合同所授权领域的高风险造成的。[13]

(四) 原《1988年联邦宪法》条文下扩大的政府垄断

随着完全民主的文职政府在1985年的建立,1987年—1988年制宪会议建立了《1988年联邦宪法》原条文中所规定的石油和天然气监管的基础。对石油和天然气的国家垄断进一步扩张,不仅包括勘探和生产,而且还包括精炼、进口、出口和海运及管道运输(第177条)。新的联邦垄断框架甚至不允许签订新的"风险合同"。不过,它保留了将底土资源的财产与地表土地的财产予以分离的规定,对地表土地所有者赋予从石油勘探收入中获得特许权使用费的权利(第20条、第176条)。

国家垄断建立在现行《巴西宪法》所确立的"经济秩序原则"之上(第170条)。这就是,根据一种"民主的法治",石油和天然气勘探基于"国家主权"、"自由竞争"以及寻求"充分就业",具有影响社会变化的目标。然而,不能将私人资本运用到

---

[13] J. Dias and M. Quagliano, *A questão do petróleo no Brasil: uma história da Petrobras* (1993) 131—3; 145. 罗伯托·G·德索萨(Roberto G. de Souza)指出了风险合同失败的一些原因:禁止巴西石油公司的地质学家与巴西石油公司签订合同;外国公司在评估巴西本地工作人员时的缺乏技能;外国缺乏开发巴西项目的兴趣。See R. G. de Souza, *Petróleo: Histórias das descobertas e o potencial brasileiro* (1997) 230—1.

属于国家垄断的石油和天然气活动中来(第177条,第1款)。这一宪法规定确保所有成本和风险都应当由联邦承担,联邦不得向任何其他实体或者公司授予任何权利或者准许其参与。[14]

(五)国家改革和国家垄断的新模式:《宪法第9修正案》和《石油和天然气法》

20世纪50年代以来,巴西石油公司扩展壮大了国内石油生产基础设施,创造了就业机会,培养了新的专业人才,承担了大陆架和沉积盆地资源的测绘工作,收集了数据和技术信息以及向联邦政府支付了股息红利。[15] 对于巴西石油经济的组织,对于巴西能源需求的结构,以及对于巴西的整个国民经济,该公司都具有战略意义。世界石油市场的复苏、巨型近海油田的发现(坎波斯海盆的阿尔巴克拉(Albacora)油田)以及(巴伊亚州和北里奥格兰德州)陆上石油产量的增长都清楚地表明了巴西石油公司继续进行石油活动的技术优势。然而,由于是一个垂直一体化公司,活动涵盖石油供应链的所有阶段,巴西石油公司巨大的组织结构需要巨额的公共投资和创新战略。但是,联邦政府不能提供所需要的公共投资,该公司不愿意或不能提出创新战略。20世纪80年代和90年代早期的数项经济计划失败后,巴西政府有大量的内外债务,而且通货膨胀也失去了控制。随之,严格的财政预算限制意味着为国营公司(包括巴西石油公

---

[14] 例外是,在所开采的联邦所有的资源位于成员州或自治大城市的情形下,与资源所在州或自治大城市划分公共财政收入,或者向其分配适当比例的赔偿款项(第20条第1款)。

[15] 根据2006年的数据,巴西石油公司是世界第14大石油公司,日产石油1912733桶,年利润超过120亿美元。它雇用48558位员工,在巴西和其他国家(包括阿根廷、哥伦比亚、玻利维亚、美国、厄瓜多尔、尼日利亚、秘鲁、特立尼达和多巴哥以及委内瑞拉)进行运营。在巴西,它有遍布全国的超过7200座油气站点和16000千米的输送管道。它不仅在能源(资源)勘探和生产方面而且在燃料配送方面,都是巴西国内的最大企业。See〈http://www.petrobras.com.br〉。

司)提供更少的资源。一个大型、独占型的公共石油公司的明显优势就这样在经济和财政危机的背景下消失了。

在部门组织方面,不同政府机构和巴西石油公司的责任的不确定性、垄断模式经济效率的不断降低以及石油运输和储藏体系的扩大需要,似乎是巴西石油产业的重大问题。[16] 拉美各国政府机构的庞大当时被认为是一项关键的经济问题。例如,巴西宪法所构想的福利国家并不足以满足公民的需求,公用事业糟糕[17],而且提出了关于国有公司活动提供给一般社会公众的实际利益的问题。

在这一背景下,由 1990 年第 8031 号联邦法律建立的、受 1997 年第 9491 号联邦法律监管的《国家私有化计划》通过了。该计划的目标是:在一种竞争环境下扩大发展公用事业;出售国有公司或者公司中的政府股份;以及,通过许可证、许可或者授权将政府义务交由私人实体。

1. 1995 年《宪法第 9 修正案》

在《1988 年联邦宪法》颁布 8 年后,1995 年《宪法第 9 修正案》为石油部门的改革铺平了道路。对第 177 条的规定进行修改,增加了关于减少国家垄断的条款。[18] 尽管联邦政府保留了对石油产业的一种牢固的合法垄断,但是也被允许许可私人公司从事该条规定的活动(第 177 条第 1 款)。根据一些学者的观点,这规定了巴西行政法上所说的"弹性化"或者一种"政府选

---

[16] A. R Chequer, *A flexibilização do monopólio e a Agência Nacional do Petróleo in Direito Empresarial Público* (2002) 317.

[17] B. Brodbekier, *Poder regulamentar da administração pública in* (2003) 233 Revista de Direito Administrativo, 150. 马科斯·朱里拿(Marcos Jurena)认为,一个庞大的政府为社会带来高昂的成本,而高税收在政府并不提供高质量的公共设施的情况下是不公平的;M. S. Vilella, Desestatização-privatização, concessões, terceirizações e regulação (4th edn, 2001) 131。

[18] Brodbekier, above n 17 at 151. 人们已经对 1995 年《宪法第 9 修正案》启动的这一改革进程冠以其他名称。cf A. Ferreira, *A desmonopolização do mercado in Temas de direito do petróleo e gás II* (P. Valois, ed,2005) 32—3.

择性垄断"。换句话说,宪法规则允许政府在如下两者中作出选择:维持一家控制所有石油和天然气活动的单一的政府经营的公司,或者许可公私企业都从事这些活动。[19] 然而,其他学者却认为,如果政府选择不许可私人公司,那么,就是默认巴西石油公司仍然是唯一有权从事所有石油和天然气活动的国家垄断公司。[20]

《1988年联邦宪法》原始条文体现了社会福利主义的政府模式,而经济自由主义思想构成了1995年《宪法第9修正案》的基础。由于这两者之间的对立,引起了关于该宪法修正案的宪法上的有效性问题。然而,巴西最高法院在2005年认为[21],根据《联邦宪法》第20条和第177条的规定,不得将政府在石油产业中的垄断概念与财产的概念相混淆。也就是说:(1)石油、天然气和其他矿产资源公共所有权,与(2)从事与这些自然资源有关的活动,它们是两个不同的法律概念。根据最高法院的观点,在巴西石油公司以外的其他公司的石油开发活动方面,不存在违宪性问题,因为这类经济活动并不意味着对所开发资源享有所有权。

2.《石油和天然气法》以及国家石油、天然气和生物燃料管理局的设立

经1995年《联邦宪法第9修正案》修订后的现行《联邦宪法》第177条第1款的条文,为巴西的石油和天然气监管建立了一种新的框架。为了实施新宪法的规定,必须制定一部新的法

---

[19] A. D. Moraes, *Regime jurídico da concessão para exploração de petróleo e gás natural* (2001), 12 April 2009, available at 〈http://jus2.uol.com.br/〉.

[20] A. R. Barbosa, *A natureza jurídica da concessão para exploração de petróleo e gás natural in Temas de Direito do Petróleo e Gás Natural II* (P. Valois, ed, 2005) 24—5.

[21] 第3273号《违宪诉状》由巴勒那(Paraná)州州长向最高法院提交,诉讼事关《石油和天然气法》所包括具体规则的合宪性问题(available at 〈http://www.stf.jus.br〉, 22 April 2009)。

律,这部新法律应该旨在确保巴西全国的石油和燃料供应,为新的许可证确定条件,以及为负责监管政府垄断新模式的机构建立框架(宪法第 177 条第 2 款)。[22]

于是,议会通过了经其修改的总统提案,这就是《石油和天然气法》。该法规范整个国内的石油产业,并创建了一个政府管理机构[23](后来的国家石油、天然气和生物燃料管理局),该局负责石油和天然气领域公共政策的强制执行、监管和实施。这部法律包括属于国家石油垄断的国家能源政策和活动的指导原则,不仅建立了国家石油、天然气和生物燃料管理局,还建立了国家能源政策委员会,而且废除了 1953 年第 2004 号联邦法律。该法在第 3 章中规定,石油产业活动的政府垄断的实施,可以通过授予特许权或者授权给根据巴西法律成立且总部位于巴西的公司的方式进行(第 5 条)。

对于石油产业的上游,该法界定了涉及石油勘探和生产的活动。这些活动应当通过对勘探开发区块的特许权和公开招标方式予以实施。[24] 这一过程由国家石油、天然气和生物燃料管理局负责进行,而且该法规定了合同中必须明确包括的某些条款或条件(第 43 条)。[25]

国家石油、天然气和生物燃料管理局基本上以美国的监管

---

[22] A. Ferreira, *A desmonopolização do mercado in Temas de direito do petróleo e gás II* (P. Valois, ed, 2005) 45—9.
[23] 根据 2005 年第 11097 号联邦法律,该政府管理机构被重新命名为国家石油、天然气和生物燃料管理局。
[24] 勘探开发区块由国家石油、天然气和生物燃料管理局予以划分;cf Resolution No 08/2003 of the CNPE, available at ⟨http://www.mme.gov.br/⟩。区块划分必须考虑现有地质和地球物理资料、区块的潜力以及环境问题。除其他事项外,招标涉及缴纳签约定金以及就最低勘探开发计划进行介绍。
[25] 例如,特许合同中关于区块的界定,合同的条件和期限。

机构模式为基础。[26] 这些监管机构在一种特定的宪法和制定法框架内运行，包括监管、监督和规划的权力。[27] 他们的监管权力包括三个方面：制定新规则，强制执行法律以及实施行政处罚。[28] 这意味着监管机构的权力相当大，但是受到一定的限制[29]，这就是，尽管国家石油、天然气和生物燃料管理局具有广泛的监管权力（第 8 条），但是它与矿业和能源部以及国家能源政策委员会共享市场监管权。[30]

3. 私人利益和巴西石油产业：授权和特许

根据巴西现行监管结构，私人公司可以对石油和天然气资源进行经济性开发利用，也就是说，它们可以在石油产业的所有阶段（包括勘探阶段）中合法获利。一个私人实体可以被授权对巴西的某一公共物品进行使用或者勘探开发的法律工具有三种，即，特许、许可和授权，其中，《石油和天然气法》中包括授权和特许。

在巴西行政法中，一项"授权"是一种单方的、酌定的和短期的许可证[31]；受许可人据之被授予在不事先招标的情况下，使

---

[26] 在巴西，这些监管机构完全纳入了执行机关，尽管通常情况下其负责人的任职年限是由法律规定的固定期限；cf O. M. de Medeiros Alves, "Agências reguladoras e proteção do consumidor de serviços de telecomunicações" (2001) 226 Revista de Direito Administrativo 219—29。联邦监管机构的负责人在其任职期限届满之前能否由总统予以解职的问题，目前仍未解决；see O. M. de Medeiros Alves, "Demissão de dirigente de autarquia nomeado a termo: discussão renovada" (2002) 13 Revista Jurídica In Verbis 161—71。

[27] C. A. B. de Mello, *Curso de direito administrativo* (13th edn, 2000) 611.

[28] M. Gentot, *Les Autorités Administratives Indépendantes* (2nd edn, 1994) 41.

[29] H. L. Meirelles, *Direito Administrativo Brasileiro* (2000) 326. See also C. A. Sundfeld, "Introdução às agências reguladoras" in *Direito administrativo econômico* (C. A. Sundfeld, ed, 2002) 26—7.

[30] 国家石油、天然气和生物燃料管理局还参加一些由多政府部门参加的委员会，如国家环境委员会和经济国防行政委员会。

[31] 尽管也有一些学者将"授权"在性质上视为双边行为。see S. J. L. D. Farias, *Regulação jurídica dos serviços autorizados* (2005) 66—9。

用公共物品的权利。[32]《石油和天然气法》第5条第2款、第53条、第56条和第60条对授权进行了界定和规范。授权通常用于同石油和天然气运输（管道运输或海运）、进口和出口有关的许可证。因为授权是单方行为，所以政府可以随时基于公共利益的考虑而撤销授权；对投资者来说，这明显增加了风险。

"特许"是另一种不同的行政许可，它具有但不限于下列特征：本质上是双边的（即，它为许可机构和受许可人双方创设具体的合同义务）；它依赖于事先招标；公共资源的勘探和使用在合同中予以规定。[33]《石油和天然气法》规定，勘探和生产活动必须通过特许合同而授予，活动的风险完全由受许可人承担（第23条）。

4."勘探区块"的特许和国家石油、天然气和生物燃料管理局的招标回合

国家石油、天然气和生物燃料管理局是颁发许可证的法定主管机构。根据《石油和天然气法》确立的指南以及其他适用的规则，该局对"勘探区块"进行了限定：可能在其范围内进行石油勘探和生产活动的特定物理区域。这些区块通过公开拍卖程序提供给企业、个人或者财团，后者被授予对区块进行勘探和开发的权利。如果勘探阶段出现令人满意的结果，由后者承担风险，对石油和天然气进行开采。[34] 然而，受许可人对于在区块内开采出来的石油和天然气所有权并不是绝对的，正如商品贸易也受该局的监管一样，尽管市场力量具有压倒性影响（如对

---

[32] M. S. Z. D. Pietro, *Direito Administrativo* (19th edn, 2006) 658.

[33] ibid at 661—3.

[34] L. M. C. D. Castro, *Contratos de concessão*: *uma análise jurídica na indústria do petróleo e gás no Brasil* (2004) 15, 26.

价格的影响）。[35] 1998年以来,该局组织了10次[36]勘探区块公开拍卖"招标回合"[37],同时还有所谓的"零招标"。[38]

三、盐层下巨大储藏和新法律结构的寻找

（一）盐层下储藏的发现和早期的公众争论

2007年1月31日,国家能源政策委员会发布了一项新的决议,旨在为石油和天然气勘探区块组织新的招标回合。该决议授权国家石油、天然气和生物燃料管理局在矿业和能源部的监督下,对具有可观前景的沉积盆地进行地质研究。在国家石油、天然气和生物燃料管理局第九轮招标回合前不久的2007年11月8日,巴西石油公司宣布,在距离桑托斯海岸外280千米处盐层下的超深水区域发现了一处大型油气田（图皮,Tupi油田）,预计储量大约相当于50亿—80亿桶石油。这一消息宣布后,靠近图皮油田的41个勘探区块被排除在第九轮招标回合之外。[39] 在针对盐层下油田的关于税收改革和新监管结构的提

---

[35] 巴西最高法院表态认为,《1988年联邦宪法》第176条允许联邦政府通过合同将石油活动的风险和结果予以转让。关于最高法律意见的其他有关方面,可见前注[21]。

[36] cf 〈http://www.brasil-rounds.gov.br/index_e.asp〉.

[37] 与招标有关的法令、合同以及其他文件,可见于网页〈http://www.anp.gov.br/petro/rodadas_de_licitacoes.asp〉。

[38] 正如根据《石油和天然气法》第33条可以预见的,国家石油、天然气和生物燃料管理局在1998年与巴西石油公司签订了一些特殊协议;这就是所谓的"零招标"。根据这些协议,巴西石油公司保留其对282口油气井的权利,覆盖区域面积达45万平方千米,期限3年。

[39] 尽管由于巴西政府的单方排除行为带来了法律上的不稳定性,第九轮招标回合仍然产生了创纪录的21亿巴西雷亚尔。"Balanço da 9a Rodada da ANP", Estado.com, 14 August 2009, available at 〈http://www.intelog.net〉.

议中,近海勘探区块也从第十轮招标回合中予以移除。[40] 尽管现有法律框架至少在理论上似乎完全与新的大型的油气储藏相适应,但是,变革被认为是必要的,这基本上是出于政治原因。

政府的最初建议涉及适用于这些新资源的税收结构的变化。在这些建议中,至少有两种模式[41]:对于高产区块开采的石油和天然气,增加特许税费;对规范政府特别附加税征收的规则,进行修改。[42] 建议中的税率提高令投资者担心。但是,它的优点是可以避免现行石油和天然气产业监管结构的破裂,因为可以在相对较少的立法变化的情况下,对这一建议进行立法。

然而,后来数个政府机构建议,对于新的盐层下区块,一种全新的监管模式可能是必要的。[43] 支持这一建议的关键理由是:现行的特许模式制定于20世纪90年代,包括了由于相当大的风险而需要的一种高利润,这种风险涉及大多数许可的勘探区块。但是,在盐层下区域的情形下,目前似乎并不存在这种风险。因此,有人认为,保持现有的法律结构并予以适用,甚至适用于盐层下储藏的勘探和生产将会损害国家的合法利益。

2008年7月17日,一项总统法令设立了一个部际委员会。对位于盐层下区域新油田的石油和天然气勘探和生产的法律结构变革问题,由该委员会负责研究并提出建议。[44]

盐层下从圣埃斯皮里图(Espírito Santo)州延伸到圣卡塔琳娜(Santa Catarina)州,面积近16万平方千米。对于区域内的实际石油储量(最高1000亿桶)以及开采的可行性,人们存有疑

---

[40] "The next oil giant?" The Economist Intelligence Unit Viewswire, 12 August2009, available at ⟨http://www.economist.com/⟩.

[41] "ANP defende alteração das normas para pagamento de participações especiais", O Globo Online, 12 August 2009, available at ⟨http://oglobo.globo.com/⟩.

[42] 目前,对于石油产量不超过4.5亿立方米的区域的受许可人,不是必须缴纳特别附加税;对大陆架区域适用特殊条件。

[43] "New regime sought by big hitter", Financial Times, 12 August 2009, available at ⟨http://royaldutchshellplc.com/⟩.

[44] Available at ⟨http://www.planalto.gov.br/⟩.

问。在离海岸线 300 千米以及海平面以下 7000 米的这样一个区域开采石油和天然气,将面临巨大的技术挑战,需要巨大的投资。

来自矿业和能源部的信息估计,勘探这一区域将需要大约 2700 亿美元的投资[45];而其他研究则认为,投资需求可能高达 1 万亿美元。[46] 考虑到这些巨额的和不同的估算,世界市场上的石油价格将是关于盐层下区域任何决策程序的一个关键因素。巴西石油公司已经指出,在每桶石油当量价格从最低价 40 美元到 50 美元的范围内,在盐层下进行勘探投资是切实可行的。[47]

在世界市场油价处于一种新高的情形下(2008 年 6 月,就在关于这一问题的总统法令发布之前不久,每桶油价高达近 150 美元),出现了关于盐层下油田勘探和生产的一种新的法律模式的最初争论。随后 7 个月内的油价急剧下跌(几乎跌至每桶 100 美元)为关于可行性的辩论增加了新的因素,而 2009 年第二季度石油价格的小幅回升又让这一辩论再度出现。

2009 年 3 月 28 日,在智利举行的一个新闻发布会上,巴西总统宣布:可以用盐层下油气收入建立一项基金,用于减贫和加强国内教育。[48] 从关于新勘探领域的公众辩论一开始[49],巴西

---

[45] "Brasil precisa de US $ 270 bi para reservas do pré-sal, diz Lobão" G1, 14 April 2009, available at 〈http://g1.globo.com/〉.

[46] "Petróleo e etanol devem dar novo status ao Brasil até 2020", BBC Brasil, 11 August 2009, available at 〈http://www.bbc.co.uk/〉.

[47] "Gabrielli: crise afetou debate para explorar pré-sal", Agencia Estado, 11 August 2009, available at 〈http://www.estadao.com.br/〉.

[48] "Lula anuncia criação de fundo social com dinheiro do petróleo", G1, 22 April 2009, available at 〈http://g1.globo.com/〉.

[49] "Governo deve anunciar marco do pré-sal em abril", G1, 22 April 2009, available at 〈http://g1.globo.com/〉.

政府就表示,新的监管模式可能会借鉴挪威的双重模式[50],一种产品分成模式将会适用于盐下层区域,而现行的特许模式将会保留并适用于所有其他区块。此外,还将成立一家新的国有公司对收入进行管理。

(二)政府的建议

2009年8月5日,部际委员会将其建议递交总统。[51] 同月31日,总统路易斯·伊纳西奥·卢拉·达席尔瓦终于向全国公布了部际委员会起草的一套法律措施,修改石油勘探开发法律结构的四项法案送交国会审议。[52]

第一项法案[53]建立关于在盐层下和其他"战略"区域勘探开发石油和天然气的一套特别规则。它还对1997年《石油和天然气法》进行了修改。而且,它授予巴西石油公司在石油和天然气分配中以主导地位,甚至独占权利,联邦政府无论何时都可以选择这样做。

第二项法案[54]包括设立一个新的全资联邦国有公司巴西石油和天然气国家资源管理公司(巴西佩特罗油气公司)。与挪威的石油和天然气国家资源管理公司(挪威佩特罗油气公司)

---

[50] 挪威的双重石油勘探开发模式同时通过两种方式涉及国家参与:其一,通过一家半私有化的公司(起初是成立于1972年的挪威国家石油公司,现在是挪威国家石油和水电公司);其二,通过管理特定区域内的石油勘探开发许可证的一项公共基金或投资组合(成立于1985年的国家直接财政利益),自2001年起由一家合资国有公司挪威佩特罗油气公司进行管理。cf R. Solberg, "The new structure of the Norwegian state's interests on the Norwegian continental shelf", International Financial Law Review-Supplement-Nordic Region, 11 August 2009, available at 〈http://www.iflr.com/〉.

[51] "Lobão: Lula recebeu 3 projetos com regras para pré-sal", Estadão.com, 11 August 2009, available at 〈http://www.estadao.com.br/〉.

[52] "Lula encaminha projetos de lei sobre o pré-sal ao Congresso", Agência Brasil, 31 August 2009, available at 〈http://www.agenciabrasil.gov.br/〉.

[53] Projeto de Lei No 5938/2009, available at 〈http://www.planalto.gov.br/〉.

[54] Projeto de Lei No 5939/2009, available at 〈http://www.planalto.gov.br/〉.

一样,巴西佩特罗油气公司将管理矿业和能源部与公司之间的允许后者勘探新发现区域的全部产品分成合同,但是,它将不对任何直接的勘探或者分配活动负责。

第三项法案[55]设立一项社会基金。该基金将接收新区域内石油和天然气勘探开发的部分财政收入,以及支付给联邦政府的部分特许税费。社会基金的目标将包括减贫和环境的可持续性。

第四项法案[56]授权联邦政府,由后者授予巴西石油公司在新区域内对石油和天然气资源进行独占研究和勘探的权利,而不必经任何事先招标程序。

四、结论

政府机构正在研究的法律变革,似乎既存在政治也存在经济动因。正如现在的矿业和能源部最近所陈述的,"起草1997年《石油和天然气法》时,国家进口其石油消费总量的40%,而且认为勘探开发我国沉积盆地的风险高",但是,这种状况现在已经发生了显著变化。[57]

一般而言,为不同类型的油田(陆上、一般深海或者新的盐层下区域)制定不同的监管模式似乎并不存在任何违宪问题,因为《1988年联邦宪法》并没有为国家石油和天然气资源的许可和勘探开发建立一种单一的模式。尽管如此,已有专家提出质疑:在新区域的勘探开发中,政府给予巴西石油公司以优于所有其他公司的特权,是否是宪法所允许的。[58]

---

[55] Projeto de Lei No 5940/2009, available at 〈http://www.planalto.gov.br/〉.

[56] Projeto de Lei No 5941/2009, available at 〈http://www.planalto.gov.br/〉.

[57] Edison Lobão, "Uma nova fronteira", Ministério de Minas e Energia, 11 August 2009, available at 〈http://www.mme.gov.br/〉.

[58] See G. A. de Toledo, "A questão do pré-sal", O Estado de S Paulo, 4 September 2009, available at 〈http://www.estadao.com.br/〉.

这四项法案现在正处于议会的审议之中,在未来几个月内将可能遭到重大改变。* 然而,对于它们的内容,投资者将不得不进行彻底的分析;而且,新的法律文件将肯定会受到巴西法院的审议,审查其具体细节规定是否存在任何违宪的迹象,以及审查永远存在的违反现有合同的风险。

---

* 这四项法案合并成三项后,于 2010 年经议会批准成为正式法律。这三部法律分别是 2010 年第 12276 号联邦法律(2010 年 6 月,规定联邦政府向巴西石油公司的增资问题)、2010 年第 12304 号联邦法律(2010 年 8 月,规定成立新的全资国有公司巴西佩特罗油气公司)以及 2010 年第 12351 号联邦法律(2010 年 12 月,规定产品分成协议这一新的石油开发权利转让形式和社会基金的设立问题)。——译者注。

第13章

谁拥有经济？财产权、私有化和《印尼宪法》：以《电力法》为例

西蒙·巴特 蒂姆·林赛[*]

摘要：《1945年印尼宪法》反映了左派、民族主义和反殖民主义思想的一种广泛混合；这些思想在它首次起草时颇具影响。第33条授予国家控制自然资源和基础工业的权力，期望印尼人民（特别是穷人）将会从中受益。该条规定政府对经济进行重大干预，而且自1997年以来，它一直是针对由多边贷款机构和援助者"助推"的以市场为导向的政策的反对者的一个聚焦点。本章集中讨论宪法法院关于第33条的解释及其对印尼财产权和私有化的影响。本章以阐释第33条以及有权修改宪法的人

---

[*] 西蒙·巴特（Simon Butt），悉尼大学（澳大利亚）法学院高级讲师，亚太法律中心成员；email：s. butt@ usyd. edu. au。

蒂姆·林赛（Tim Lindsey），墨尔本大学（澳大利亚）法学院，亚洲法教授，亚洲法中心主任，伊斯兰法和社会中心主任，澳大利亚研究理事会联邦研究员；email：t. lindsey@ unimelb. edu. au。

本章有些部分根据作者的下列著述改写：S. Butt and T. Lindsey, "Economic Reform When the Constitution Matters: Indonesia's Constitutional Court and Art 33" (2008) 44 (2) Bulletin of Indonesian Economic Studies 239, and S. Butt and T. Lindsey, "The People's Prosperity? Indonesian Constitutional Interpretation, Economic Reform and Globalization" in *Regulation in Asia*: *Pushing Back on Globalization* (J. Gillespie and R. Peerenboom, eds, 2009)。

民协商会议在2001年辩论的有关方面作为讨论的开始。辩论的结果是保留第33条而不对之进行修改。接着,本章依次探讨印尼的新宪法法院及其管辖权,宪法法院对于第33条的态度,重点讨论该法院的第一个判例——《电力法》一案。

关键词:印尼,财产权,宪法,宪法法院,第33条,财产所有权,私有化

一、导论

1998年5月21日,执政了32年的印尼总统苏哈托在经济和金融危机以及社会和政治动荡中下台。这场源于1997年7月泰铢崩溃的经济危机,导致许多外国投资者重新评估自己在印尼的投资策略[1],瓦解了苏哈托执政期间取得的许多经济发展成果。仅在1997年,印尼就损失了其GDP的13.5%,到1998年2月,其货币大幅贬值,从1美元兑换2000卢比跌至1美元几乎兑换20000卢比。苏哈托的辞职迎来了所谓的"改革时代",而且印尼于一年内开始修订其之前被称为"神圣的"《1945年宪法》。

在苏哈托下台之前,印尼政府就已经寻求国外金融援助,主要是从国际货币基金组织获得了金融支持。作为注入100多亿美元资金的条件之一[2],国际货币基金组织要求印尼政府承诺进行"深远的"改革。改革内容实际上是由国际货币基金组织领导的数家多边金融机构组成的一个小组裁判的。[3] 这些所

---

[1] R. McLeod, "Dealing with the Bank System Failure: Indonesia 1997—2003" (2004) 40(1) Bulletin of Indonesian Economic Studies 95 at 95.

[2] See the IMF's website: www.imf.org.

[3] T. Lindsey, "The IMF and Insolvency Law Reform in Indonesia" (1998) 34(3) Bulletin of Indonesian Economic Studies 119 at 119. 这一评价部分上是基于蒂姆·林赛对国际货币基金组织与印尼政府机构之间1998年于雅加答交流活动的个人观察。

谓的"附加条件"要求印尼承诺重组范围广泛的关键国有企业，使其更有效率，其中包括私有化措施。[4] 其中重点之一就是电力部门；该部门主要由国家电力公司经营。印尼政府承诺："提高其绩效"，特别是"恢复商业可行性、提高效率以及吸引私人投资"[5]，以及制定新的电力法，主要是在电力市场上建立一种促进竞争的法律和监管框架。[6]

然而，满足这些条件并不那么容易。障碍之一是所谓"印尼社会主义"所赋予的财产权理念。这一理念包括财产和资源应该具有一种社会功能的观点，而且认为该观点包含于《1945年宪法》第33条之中。在《1945年印尼宪法》首次起草时，左派、民族主义和反殖民主义思想颇具影响[7]；反映这些思想的一种广泛混合，第33条授予国家控制自然资源和基础工业的权力，期望印尼人民（特别是穷人）将会从中受益。很明显，该条规定政府对经济进行重大干预，而且自1997年以来，它一直是针对由多边贷款机构和援助者"助推"的以市场为导向的政策的反

---

[4] 2000年9月7日《意向书》要点62。另见，2000年1月20日《意向书》要点70（available at ⟨www.imf.org⟩）。

[5] 2000年1月20日《意向书》要点77（available at ⟨www.imf.org⟩）。

[6] 1999年3月16日《经济和金融政策的补充备忘录》要点20（available at ⟨www.imf.org⟩）。

[7] See P. Venning, "Determination of Economic, Social and Cultural Rights by the Indonesian Constitutional Court" (2008) 10 Australian Journal of Asian Law, 100; B. Susanti, *Neo-liberalism and Its Resistance in Indonesia's Constitution Reform 1999—2002* (LL. M. Thesis, University of Warwick, 2002) 4; V. R. Hadiz, "The Failure of State Ideology in Indonesia: the rise and demise of *Pancasila*" in *Communitarian Politics in Asia* (Chua, Beng Huat, ed, 2004) 152; M. M. Al'Afghani, "Constitutional Court's Review and the Future of Water Law in Indonesia" (2006) 2(1) Law Environment and Development Journal 5; "Ekonomi Indonesia di Masa Datang", Pidato Wakil Presiden RI 3 Februari 1946 (copy on file with authors); and, generally, S. E. Swasono et al (eds), *Mohammad Hatta: Demokrasi Kita, Bebas Aktif, Ekonomi Masa Depan* (1992) 5—8. 关于进一步改革以及印尼法律制度的更多一般性讨论，请参见下列文献：T. Lindsey (ed), *Indonesia: Law and Society* (2nd edn, 2008)。

对者的一个聚焦点。

在对宪法进行数次修订的1999年—2002年期间,关于第33条可取性的争论十分激烈,然而,该条最终还是保留了下来。在修宪过程中,还建立了具有立法审查权的一家宪法法院,这是几十年来第一次使宪法具有强制执行性。[8] 值得注意的是,从此,在这家新法院中遭到审查的制定法,包括一些为了国际货币基金组织附加条件及其所暗含的财产权概念提供法律基础的而制定的制定法。

本章集中讨论宪法法院关于第33条的解释及其对印尼财产权和私有化的影响,因为这些影响是不确定的。我们以阐释第33条以及有权修改宪法的人民协商会议在2001年辩论的有关方面作为讨论的开始。辩论的结果是保留第33条而不对之进行修改。在简要探讨印尼的新宪法法院及其管辖权之后,我们讨论宪法法院对于第33条的态度,重点讨论该法院的第一个判例——《电力法》一案(Electricity Law case)。[9] 在其裁判中,宪法法院认为《电力法》(2002年第20号法律)违反了《宪法》第33条,因此废除了它。后来,法院又审理了三起案件。在这些案件中,受审查的制定法被判决违反第33条。在《石油和天然气法》一案(Migas Law case)[10]中,原告诉请对《石油和天然气法》(2001年第22号法律)进行审查。在判决中,宪法法院对

---

[8] 关于这些修改以及《宪法》修改前后条文的详细情况,请参见下列文献:T. Lindsey, "Indonesian Constitutional Reform: Muddling Towards Democracy" (2002) 6(1) Singapore Journal of International & Comparative Law 244. 本段据此而撰写。关于印尼的一项宪法性评述的讨论,请参见下列文献:J. Asshiddiqie, "Setahun Mahkamah Konstitusi: Refleksi Gagasan Dan Penyelenggaraan, Serta Setangkup Harapan", in *Menjaga Denyut Konstitusi*; *Refleksi Satu Tahun Mahkamah Konstitusi* (R. Harun, Z. A. M Husein and Bisariyadi, 2004). See also P. Stockmann, *The New Indonesian Constitutional Court*; *A Study into its Beginnings and First Years of Work* (2007).

[9] MK Decision No 001-021-022/PUU-I/2003.

[10] MK Decision No 002/2003.

该法进行了轻微改动,使之符合第 33 条的要求。[11] 在《林业法》一案(Forestry Law case,)[12]中,针对《关于修改〈森林法〉(1999 年第 41 号法律)的暂行规定法律(2004 年第 1 号法律)的法律》(2004 年第 19 号法律),许多原告组成的一个原告集体[13]未能成功地在其合宪性审查之诉中胜诉。[14] 在《水资源法》一案(SDA Law case)[15]中,有近 3000 位个人和数家非政府组织要求宪法法院审查《水资源法》(2004 年第 7 号法律)的合宪性。大多数法官坚持该法合宪,发现它实际上没有剥夺政府对水资源的控制。该法仅使国家授予私人部门以一种水资源开采权成为可能;政府保留制定政策和附属法规、管理水资源以及授予水资源开发许可证的权力。[16]

尽管这 4 起涉及第 33 条的判例都提出了对印尼经济政策而言至关重要的问题,但是,鉴于涉案制定法是作为对国际货币基金组织附加条件的一种直接回应而制定的,为了本章的目的,《电力法》一案是其中最具重要意义的。因此,本章仅就这一案件进行讨论。我们可以看出,通过对第 33 条进行解释,在为私人部门提供参与电力生产和供应的更大范围方面,宪法法院已经尝试阻挠政府的努力。关于该案裁判的许多方面,法院反映或者采纳了在 2001 年宪法修改辩论期间那些赞成保留第 33 条的人民协商会议议员所提出的观点。这些议员主张类似于印尼

---

[11] "MK 'Koreksi' Sebagian Materi Undang-Undang Migas", Hukumonline, 21 December 2004.
[12] MK Decision No 003/2005.
[13] 这一诉讼由 11 家环境或者人权方面的非政府组织,81 位生活于矿业公司在受保护林区内的营运地区的印尼公民,以及其他环境保护积极分子提起。
[14] "Mahkamah Konstitusi Tolak Batalkan UU Kehutanan", Hukumonline, 7 July 2005.
[15] MK Decision No 058-059-060-063/2004 and 008/2005.
[16] *SDA Law* case, at 496—9; "Mahkamah Konstitusi Ogah Membatalkan UU Sumber Daya Air", Hukumonline, 19 August 2005. 然而,有两位宪法法院法官持不同意见; "Mukhti dan Maruarar, Dua Hakim yang Ajukan Dissenting Opinion UU SDA", Hukumonline, 17 August 2005。

社会主义解释的概念,这一概念当时鼓舞着《1945年宪法》的起草者。

尽管如此,我们将会看到,印尼行政机关规避了宪法法院关于《电力法》一案裁判的效力。行政机关是通过制定一项政府法规的方式来做到这一点的,政府法规是附属立法的一种形式。行政机关制定的这一政府法规包含着与《电力法》条款具有一种类似效力的规定,但是宪法法院却无权对其进行审查。因此,在印尼,国家和私人部门之间参与能源和自然资源部门的界限仍然是一个极受争议的问题,无论是在政治上还是在法律上。

二、第33条:人民经济

《宪法》第33条规定:*

(1) 经济应当以家庭原则为基础,作为一项共同事业进行组织。

(2) 对国家重要的以及影响人民基本生活的生产部门,应当由国家控制。

(3) 土地、水及它们蕴藏的自然资源应当处于国家权力的控制之下,并且应当用来实现人民的最大利益。

按照通常理解,"家庭原则"以家长式的视角将一个国家(民族)视为一个家庭,将国家(或者,常常是"统治者")视为家

---

* 《1945年印尼宪法》于1945年8月18日颁布实施,曾经于1949年12月和1950年8月被《印尼联邦共和国宪法》和《印尼共和国临时宪法》替代,1957年7月5日恢复施行。1999年10月至2002年8月间先后历经4次修改(每年1次)。译者在翻译或归结陈述《1945年印尼宪法》的条款或内容时,除了考虑本章原作者的英文翻译或表述外,还参照了印尼驻美国大使馆网站(www.embassyofindonesia.org)上的非正式英文版本(访问日期2013-08-31)。——译者注

长。[17] 根据正式的《1945年宪法释义》,关于第33条的释义原文如下:

> 第33条信奉经济民主。据此,在社会成员的领导或者监督之下,生产活动藉由全民而进行,为了全民而进行。首要任务是社会的繁荣,而非个人的富裕。
>
> 这是因为,经济以家庭原则为基础,作为一项集体事业而进行组织。一个符合这些路线的经营体是一种合作经营体。
>
> 经济以经济民主为基础,服务于全民的繁荣!
>
> 因此,那些对国家重要的以及影响大多数人民基本生活的生产部门,必须由国家予以控制。否则,生产控制就可能落入有权势的个人之手,这些个人可能会剥削人民。只有那些对许多人民的生活并不重要的经营,才可以由私人控制。
>
> 土地、水以及它们所蕴藏自然资源是社会繁荣的基础。为此,他们必须由国家予以控制,并且为了人民的更大繁荣而予以利用。[18]

然而,在宪法法院于2003年成立之前,第33条从来没有成为具有法律约束力的解释的客体。关于其确切含义的问题层出不穷,而这并不仅仅因为起草原文时所使用的风格有些模糊和夸张。因而,宪法法院成立以来,无论是政策制定者还是宪法法院都不得不面临一系列相关的复杂法律问题;对于这些问题,我们将在下文进一步讨论。"由国家控制"的含义是什么?私人

---

[17] Susanti, above n 7 at 4.
[18] 释义(Elucidation)是伴随大多数印尼附属法规的一种正式解释性备忘录,而且通常被视为相关附属法规本身的组成部分。不过,对于《1945年〈宪法〉释义》一直存在争议;因为在《宪法》于1945年8月18日正式生效的时候,该释义并未包括在内。该释义后来颁布于1946年的《政府公报》中。See also Susanti's translation of the Elucidation to Art 33; Susanti, above n 7 at 30.

部门能够参与这些部门的范围有多大?"共同事业"的意思是什么?以及,第33条要求宪法法院对政府政策进行评估吗?

尽管,如上文所述,第33条当初受到了社会主义和民族主义思想的鼓舞,但是在从苏加诺领导下的左派政府向苏哈托领导下的右派政府的转变中,它却得以保留。因为第33条过去不具有可执行性,而且时常被忽视;这就使得苏哈托及其核心圈子成员,通过包括建立对这些自然资源进行开采开发和基础产业的国家垄断的方式,聚敛了巨额财富,但却同时没有根据第33条所似乎要求的方式对这些利益进行分配,即,分配给公民。不过,第33条也在苏哈托下台之后进行的重大修宪中保留了下来。2001年,人民协商会议将"人民经济"作为印尼经济的宪法基础予以保留;尽管关于第33条的释义遭到了删除,但是该条第1—3款却在不可避免的审议中逃过了一劫。[19] 然而,在人民协商会议上,第33条的保留过程并不是在没有重大辩论、反对和政治燥热的情况下完成的,这与在独立前夕第一次起草第33条时所引起的那些争议十分相似。[20]

在人民协商会议议员以及被召集参加辩论的政府高级官员、"专家"和评论家中,关于保留第33条的可取性问题,存在三种主要观点。[21] 可以将第一派别的人视为新自由主义者,尽管他们并不愿意这样描述自己。[22] 这一派别的人大部分是来自立法机关之外的专家和评论家,往往支持国际货币基金组织所推动的各种经济自由化政策。他们中的一些人认为,1997年

---

[19] 不过,存在一些细小修改。人民协商会议在第33条中增加了第4款和第5款。

  (4)国民经济应当基于经济民主,以及正义、可持续、环保和经济独立的和睦相处和效率原则而运行,在国民经济的发展和协调之间维持一种平衡。

  (5)实施本条规定的具体规定应当由法律予以规定。

[20] H. M. Yamin, *Naskah Persiapan Undang-Undang Dasar 1945* (1959).

[21] 这些辩论可见于 www.mpr.go.id。

[22] See Susanti, above n 7, ch 4.

印尼经济的崩溃在部分上是由于政府根据第33条过度控制经济资源所造成的。[23] 另一些人认为,自由市场资本主义已经成为世界经济的"主流",为了在更大幅度上参与全球贸易,印尼只能采纳这一主义,别无选择。[24] 还有人指出,印尼加入世界贸易组织以及国际货币基金组织的附加条件,要求印尼无论喜欢与否,都必须"开放自己,实行自由化,从而在全球市场上变得具有竞争力。[25] 这些观点体现在关于修订第33条、限制国家干预的提案中。例如,有的提案提出应该完全抛弃第33条第2款[26],因为想必该款应该已经允许把诸多生产部门出售给私人部门或由其进行管理。

第二派别的人推动一种居于自由主义和社会主义之间的"中间立场"(一种"社会主义"市场制度)。[27] 根据苏珊蒂(Susanti)的研究[28],支持这一立场的大多数人谋求一种实质上的社会主义经济,但是允许足够的"自由市场",从而使得印尼能够参与全球市场。然而,这一观点的大多数支持者并不能在任何细节上对其特征予以描述。例如,似乎支持这一制度的一位专业集团党党员这样说:

> ……站到左翼一边可以,站到右翼一边也可以,但是向任何一边都不能走得太远……[29]

然而,人民协商会议的大多数成员支持第三种观点,赞成国

---

[23] See Susanti, above n 7 at 11.
[24] Drs Achmad Hafidz Zawawi (F-PG), Risalah Rapat Komisi A Ke-3 L St MPR, 6 August 2002 at 39.
[25] Dr Prasetiono (ISEI), Risalah Rapat Ke-17 PAH I, 21 February 2000 at 14.
[26] See Susanti, above n 7 at 66.
[27] Dr Sri Adiningsih (Tim Ahli), Rapat Pleno Ke-13 PAH I, 24 April 2001 at 28; Drs Achmad Hafidz Zawawi (F-PG), Risalah Rapat Komisi A Ke-3 L S MPR, 6 August 2002 at 39.
[28] See Susanti, above n 7 at 69—70.
[29] Ir Ahmad Hafiz Zawawi, M. Sc. (F-PG), Risalah PAH I Rapat Ke 20, 27 March 2002 at 31—2.

家保护主义,因而赞成保留第 33 条。[30] 该观点的支持者认为自由市场是不正义的,"非常邪恶",或者说,不能保证普通印尼人的富裕。[31] 正如一位评论家在辩论中所指出的:

> 如果有人说竞争是好的,我要说的是:如果能让我们成功,那么竞争就是好的;如果竞争是重新殖民化我们的方式,那么竞争就是坏的。[32]

他们主张一种国家高度参与的经济制度是可取的,主要是因为这种制度最有可能确保"人民的繁荣"。这一制度被该派成员归结为不同的原则:家庭原则,基于家庭原则的集体事业,或者人民经济原则(一般被译成"印尼社会主义")。[33]

国家干预应该采取什么样的形式? 人民协商会议议员强调了两类主要活动。第一类是,国家应该确保全体印尼人民都有机会参与经济,分享经济成果[34],成果包括那些源于自然资源开发的经济成果[35],相对于个人企业而言,应该给予集体企业和中小型企业优先地位。[36]

第二类是,国家应该保护弱者免遭国内或国外经济强者的统治。[37] 根据这一派别的一位成员的观点,这并不要求废止竞

---

[30] See Susanti, above n 7 at 9.
[31] Erfan Maryono (LPTP), Risalah PAH I Rapat Ke-8, 28 February 2002, at 29—30.
[32] Adi Sasono (CIDES), Risalah PAH I Rapat Ke-8, 28 February 2002 at 223.
[33] See Susanti, above n 7 at 10.
[34] H. Ali Marwan Hanan, S. H. (Menkopukm), Risalah PAH I Rapat Ke-5, 25 February 2002 at 22; M. Hatta Mustafa, S. H. (F-UD), Risalah PAH I Rapat Ke 20, 27 March 2002 at 9.
[35] A. H. Hafild, "Membumikan Mandat Pasal" (1999) 33 UUD 45, Wahana Lingkungan Hidup Indonesia, available at ⟨http://www.pacific.net.id/⟩.
[36] Drs Ali Masykur Musa (F-KB), Risalah Rapat Komisi A Ke-3 L St MPR, 6 August 2002 at 41; Drs Hj. Chairunnisa (F-PG), Risalah Rapat Komisi B Ke-2 St MPR, 4 August 2002 at 9.
[37] Mayjen. Tni Affandi, S. IP (F-TNI/Polri), Risalah PAH I Rapat Ke 20, 27 March 2002 at 23.

争,而是要求防止过度竞争:

> 在一个家庭中,我们有(多个)孩子。我们希望所有的孩子都发展进步;他们必须相互竞争,发展进步。但是,他们不能相互残杀。残疾者和弱势者必须得到照顾。如果父亲允许强者获胜,强者将会吃得更多……弱者将会死去,因为弱者不能获得他们需要的食物。[38]

支持第三种观点的许多人认为,他们反对自由市场制度是有道理的。他们强调家庭原则制度已经由印尼"开国元勋"于1945年提出,"开国元勋"包括印尼第一任副总统穆罕默德·哈达(Mohammad Hatta)。该派成员还诉请于由印尼第一任总统苏加诺创设的印尼国家意识形态潘查希拉(Pancasila)。[39]潘查希拉原则包含于《宪法》序言之中,其中一项原则是"社会正义"。[40] 支持这一观点的人们还指向了序言的另外部分;该部

---

[38] Ir A. M. Luthfi (F-Reformasi), Risalah PAH I Rapat Ke 20, 27 March 2002 at 35.

[39] Drs Sutjipno Mayjen. Pol. (Purn) (F-PDIP), Risalah PAH I Rapat Ke 20, 27 March 2002 at 44; Harjono, S. H., MCL. (F-PDIP), Risalah PAH I Rapat Ke 20, 27 March 2002 at 56.

[40] 《1945年印尼宪法》序言的全文如下:

> 鉴于独立是所有民族的固有权利,因此,殖民统治因其不合乎人道和正义,必须从地球上予以铲除。印尼的独立运动斗争指引印尼人民安全而彻底地步入印尼的国家独立之门;独立的国家印尼应当是一个独立、统一、主权、公正和繁荣的国家。这样一个欣喜时刻已经到来。托福于全能的真主的恩赐,同时出于为争取作为一个自由的民族而生存的崇高愿望,印尼人民谨此宣告独立。
>
> 随之,为了成立一个应当保护全体印尼人民以及已经为之而奋斗的整个独立和土地,为了促进公共福祉,为了改善人民生活,为了在自由、持久和平以及社会正义的基础上参加世界秩序的建立,因而,兹将印尼的独立载入印尼共和国的一部宪法之中;印尼共和国将被建设成为一个以信仰神道,公正和文明人道,印尼民族团结,由人民代表所审议通过之思想智慧所领导的民主生活,以及为印尼全体人民实现社会正义为基础的独立国家。

分宣告,独立的目的之一是促进公共福祉。[41] 想必第三派别的成员认为自由市场不能够得当地保证这种福祉。

对印尼独立以来的国家经济业绩的失望在辩论期间不断作为问题提出,进而导致参加辩论的一些成员怀疑家庭原则和/或人民经济原则,乃至就它们是否应该受到指责而进行辩论。然而,大多数成员认为,是对这些原则的错误解释而不是原则本身导致了这些经济问题。[42]

三、宪法法院

2000 年和 2001 年的《宪法修正案》规定,印尼第一个宪法法院应当于 2003 年 8 月 17 日之前成立。修改后的《宪法》第 24C 条[43]规定了这一新法院的管辖权限,授予其在下列事项方面作出初审和终审且具有法律拘束力的裁判的权力:审查附属法规是否符合宪法并作出裁判;就涉及其权力来源于宪法的国家机关职责的争端作出裁判;解散政党;以及,就大选结果争端作出裁判。[44] 此外,在立法机关人民代表会议指控总统和/或副总统违宪的情形下,宪法法院还有权就立法机关的指控意见作出裁判;换句话说,它在任何弹劾程序中具有最终裁判权。[45]

---

[41] H. Ali Marwan Hanan, S. H. (Menkopukm), Risalah PAH I Rapat Ke-5, 25 February 2002 at 19.

[42] Dr Sri Adiningsih (Tim Ahli), Rapat Pleno Ke-13 PAH I, 24 April 2001 at 28; Hobbes Sinaga, SH, MH (F-PDIP), Risalah PAH I Rapat Ke-20, 27 March 2002 at 10; Ir Ahmad Hafiz Zawawi, M. Sc. (F-PG), Risalah PAH I Rapat Ke 20, 27 March 2002 at 31)。例如,有一位学者经认真思考后指出,"家庭原则在过去被错误地解释为一个家族原则,这就是苏哈托家族原则";Dr Sri Adiningsih (Tim Ahli), Rapat Pleno Ke-13 PAH I, 24 April 2001 at 28; see also Ir A. M. Luthfi (F-Reformasi), Risalah PAH I Rapat Ke 20, 27 March 2002 at 34。

[43] 除非另有说明,所有关于"条文"的参考资料都是关于修改后的《1945 年印尼共和国宪法》条文的参考资料。

[44] Art 24C(1); Art 10(1) of the MK Law.

[45] Art 24C(2); Art 10(2) of the MK Law.

因此，宪法法院已经就许多制定法的合宪性问题进行了审查。然而，它不能审查层次低于制定法的其他类型的法律，例如，政府、部长或总统制定的附属法规。政府法规是印尼非常常见的一种法律形式，其法律地位显然低于议会制定法（《立法法》（2004年第10号法律）第7条第1款）。它们不经立法机关的立法程序，而是通常由政府部门起草、经总统签署后成为法律。

这些类型的法律完全而且排他性地属于最高法院的司法审查范围（《宪法》第24A条第1款）。正如下面将会看到的，宪法法院和最高法院之间这种司法审查范围的分工是存在很大问题的；这在很大程度上是由于最高法院没有定期或者积极地行使其司法审查权。因此，制定法规而不是议会制定法已经被政府视为规避宪法法院干预其立法项目的一种方式。

尽管备受争议，到目前为止，新的宪法法院已经对《宪法》修正案的实施作出了重要贡献。它似乎正在成为新《宪法》的一个专业性的、有决断力的——甚至充满活力的——保护者。[46] 有时，这也会引起宪法法院和行政机关之间的紧张关系，正如本章将要展现的，有时也会发生冲突。

四、宪法法院在《电力法》一案中的裁判[47]

前已述及，《电力法》的制定是印尼政府向国际货币基金组

---

[46] See, for example, A. Irmanputra Sidin, "Saat Harimau Itu Diompongkan Hakim: Pasal Eks PKI", Kompas, 26 February 2004 at ⟨http://www.kompas.com⟩. See also Harman, Benny K. and Hendardi (eds), *Konstitutionalisme, Peran DPR, dan Judicial Review*; *Jaringan Informasi Masyarakat (JARIM) dan Yayasan Lembaga Bantuan Huku, Indonesia (YLBHI)*, 1999; and Harun, Refly, "Bikin Lembaga Zonder KKN" in *Menjaga Denyut Konstitutsi*; *Refleksi Satu Tahun Mahkamah Konstitusi* (Refly Harun, Zainal A. M Husein and Bisariyadi, eds, 2004) 309.

[47] 宪法法院在其网站（www.mahkamahkonstitusi.go.id）上公布了裁判，同时还以纸质形式予以公布。

织发出的一份《意向书》中后者所提的一项附加条件的表现。《电力法》以及在其他涉及第 33 条案件中受到挑战的制定法，催生了在媒体和人民代表会议辩论中的重大争议，主要是因为这些制定法寻求对它们各自调整领域内的元素进行私有化。[48]他们还造成了这些恐惧，即，作为放弃国家控制的一种结果，价格将会上涨。[49]

印尼最重要的、具有影响力的法律信息和评论网站 Hukumonline 描述了《电力法》如果将部门政策从垄断改为竞争的影响。[50] 在《电力法》制定之前的 2002 年，国家电力公司实际上是电力领域唯一的生产、配送、输送和销售的公司。[51] 然而，该法为私人部门参与电力领域提供了非常广泛的范围。使用修辞以及常常使用模糊的风格在印尼法律起草中非常普遍，《〈电力法〉情况说明》这样陈述：

> 电力必须通过在一种健康产业环境中的竞争和透明，通过对所有企业一视同仁以及为消费者提供一种公正甚至有利益的监管，得以有效率的供应（第 2 部分）。

---

[48] "Dihujani Minderheidsnota, DPR Setujui RUU Sumber Daya Air", Hukumonline, 20 February 2004; "Pasca Disetujuinya RUU SDA, Petani se-Bandung Somasi Komisi IV", Hukumonline, 20 February 2004; "Undang-Undang Sumber Daya Air Terus Menuai Gugatan", Hukumonline, 4 August 2004; "Mengapa Judicial Review UU Sumberdaya Air?" Walhi website, 28 July 2004, available at 〈http://www.walhi.or.id/〉; "Akibat Privatisasi, Layanan Publik Jadi Barang Dagangan", Hukumonline, 15 February 2003.

[49] "Ini Dia, Kelemahan RUU SDA Versi LSM", Hukumonline, 18 March 2004; "Kampayne menolak privatisasi dan komersialisasi sumberdaya air", Walhi website, 14 April 2005.

[50] See, for example, "Akibat Privatisasi, Layanan Publik Jadi Barang Dagangan", Hukumonline, 15 February 2003.

[51] 尽管印尼在 2002 年以前存在私人电力公司，但是大多数都与国有的国家电力公司签订了独家电力购买协议。See, for example, W. J. Henisz and B. A. Zelner, *The Political Economy of Private Electricity Provision in Southeast Asia* (2001); D. Hall and E. Lobina, "Private and Public Interests in Water and Energy" (2004) 28 Natural Resources Forum 268.

在满足国家电力需求以及创造健康竞争环境的框架内,必须对所有商业企业参与电力产业给予平等的机会(第3部分)。

与该主题相一致,《电力法》在规定的"竞争领域"内禁止政府垄断,把"电力供应""分拆为"若干活动领域(包括发电、输电、电力配送和电力销售),允许不同的实体从事这些活动。[52] 只有在"没有为竞争做好准备"的领域内,国家才能保持其垄断地位。

《电力法》一案的原告使用了对该法这些批评中的一部分,作为其在宪法法院关于合宪性问题观点的基础。下面,我们将讨论这些观点。

(一)双方的观点

《电力法》一案的原告坚持认为,他们的无数宪法权利已经遭受《电力法》的损害。[53] 不过,我们将把我们的讨论限定于涉及第33条的争论上。

第一位原告认为,电力产业是一个重要的生产部门,对它进行私有化违背了《宪法》第33条。[54] 第二位原告认为,《电力法》对电力供应活动的分拆破坏了《宪法》第33条第2款所要求的国家控制。如此一来,将"不再存在对用不起……电的大多数人民的保护"。[55] 第三位原告认为,自由竞争将导致印尼发生电力危机,就像在爪哇岛以外地区已经发生的危机一样;其批判对电力供应活动的分拆,而且认为让市场裁判价格同第33条

---

[52] See Arts 8(2), 16 and 17 of the Electricity Law.
[53] 第一位原告诉称其《宪法》第1(3)、28C(2)、28D(1)、28H(1)、33(2)和33(3)条项下的权利遭受了损害;第二位原告诉称《宪法》第27(2)、28D(2)、28H(1)、28H(3)、33(3)和54(3)条遭到了违反;第三位原告诉称其《宪法》第28A、28C(1)和28H(1)条项下的权利受到了侵害。
[54] *Electricity Law* case at 342—3.
[55] ibid at 343.

关于"人民"繁荣的强调不符合。[56]

在答辩中,政府提出了数项理由。[57] 首先,政府强调《电力法》是其"想望的",因为在由其自己满足电力需求方面,政府目前存在困难。因而,有必要由私人部门的资本来满足这一需求。

其次,政府坚持认为,竞争将有助于使得电力供应更加透明和富有效率,而且将有助于确保"以一种可承受的价格在全印尼有充足的电力供应"。[58]

再次,政府认为自己已经决定注重电力部门的监管而非经营,因为"政府的作用是管理"。[59] 在这一背景下,政府声称它将仍然"控制"电力部门:政府将根据《电力法》裁判政策,监管和监督电力部门。[60] 因而,政府能够确保电力部门的这些经营活动提供一种充足的电力来满足人民的需要。

复次,政府承认电力部门中的"竞争"将不会在全印尼获得成功。预计于此,在竞争将无法确保充足电力供应的那些地区,政府已经允许保留垄断。[61] 在这些地区,价格的设定限于收回成本。[62]

最后,政府特别提出,对于电力产业的某些部门,它将保持完全控制。国家将会继续控制电力的配送和输送,而私人部门只能参与电力的生产和销售。[63]

---

[56] ibid at 343—4.
[57] 的确,有一位政府专家认为,国家电力公司没有能力满足电力需求,尽管电"就其对人类生活的重要性而言,是仅次于食品的第二位重要之物";*Electricity Law* case at 339—40。
[58] ibid at 337, 340.
[59] ibid at 338.
[60] ibid at 337, 340.
[61] ibid at 338.
[62] ibid.
[63] ibid.

（二）宪法法院的裁判

宪法法院的裁判关注的重点是,《宪法》第 33 条项下的国家"控制"重要生产部门的义务。法院认为,《电力法》第 16 条、第 17 条第 3 款以及第 68 条寻求在电力部门推行竞争和分拆,这与《宪法》第 33 条第 2 款相冲突,这是因为,他们将会在实际上导致放弃该宪法条款所意图规定的控制。因此,宪法法院宣告《电力法》的这些条款无效。[64]

不过,宪法法院也发现,竞争和分拆是《电力法》的"核心"。因而,它很不寻常地宣告整部《电力法》无效,理由是《电力法》不符合宪法第 33 条第 2 款的"灵魂和精神";在法院看来,这一"灵魂和精神""构成印尼经济的基础。"[65]宪法法院认为它别无选择,只能这样做;因为它相信,只有《电力法》一小部分的无效对于《电力法》的适用将会"造成混乱,导致法律的不确定性"。[66] 于是,宪法法院恢复了先前的《电力法》(1985 年第 15 号法律);其逻辑基础是:2002 年《电力法》第 70 条宣布 1985 年《电力法》不再有效,但是该法第 70 条本身却不再有效了。

宪法法院裁判的最重要方面是,仅仅监管电力部门不足以构成宪法第 33 条第 2 款所要求的"国家控制"。然而,在对此进行一种更为详细的讨论之前,有必要先谈谈宪法法院对当事人所提其他理由的一些回应。

宪法法院拒绝采纳政府赞同私有化的大部分理由。首先,它认为,推定的由竞争所带来的透明度增加以及腐败的减少,在分量上没有国家履行其宪法第 33 条项下(有法律拘束力的)的

---

[64] ibid at 349—50.

[65] ibid.

[66] *Electricity Law* case at 349—50. 然而,法院并没有走得更远,没有判决根据该法所签订的合同或者所颁发的许可证无效,而是允许其继续履行(执行),直至期限届满。

义务重要。[67]

其次,对于私有化是否必然会在能力、质量和价格方面改善现有状况,宪法法院表示怀疑。法院强调指出了一位英国专家[68]的证词,这位专家认为,英国电力部门的重组没有导致价格下降和更高效率。相反,法院指出,这导致了许多工作岗位的失去,而投资者却享受了更高回报。这位专家还说,出于这些原因,泰国、韩国、巴西和墨西哥已经推迟或者"取消"了重组。[69]宪法法院认为,关于市场将会自然而然地提供充足的、公平分配的以及支付得起的电力的建议,是"极其不现实的"。[70]

在任何情况下,宪法法院都认为,无需私有化,政府能够改善电力部门和吸引私人部门的投资。在法院看来,国家电力公司能够从国内外私人部门获得金融帮助,或者同后者进行合作。法院还建议,国家电力公司将其职能授予其他国家企业或者地区性国家企业,而它自己作为一家控股公司;然而,法院并没有解释这样做将会获得什么样的结果。[71]

最后,宪法法院认为,确保公共繁荣的国家义务并不必然需要通过允许竞争来实现,因为私人部门将优先考虑自己的收益,而且将会集中在业已建立的市场上(主要是在爪哇岛、马都拉岛和巴厘岛)。法院相信,源于这些成熟市场的交叉补贴将被要求用于支持"竞争力较弱"的印尼其他地区,而且此类补贴不可能从私人部门获得。[72] 在这种情况下,竞争将"往往会破坏国有企业,而且不可能保证对印尼全国的电力供应"。[73]

---

[67] ibid at 348—9.
[68] 该专家戴维·霍尔(David Hall)是位于英国伦敦的格林威治大学的公共服务国际研究小组的主任。
[69] *Electricity Law* case at 342.
[70] ibid at 331.
[71] ibid at 348.
[72] ibid at 347.
[73] ibid.

这里值得注意的是,宪法法院的许多理由与那些在 2001 年支持保留第 33 条的人民协商会议议员所提出的观点(前已述及)相似。关于这些相似性,将在本章的结论部分予以讨论。

(三)由国家控制?

前已表明,在涉及《宪法》第 33 条的全部 4 起案件中,一个极其重要的问题是宪法法院关于第 33 条第 2 款和第 3 款都规定的"由国家控制"这一短语的界定。很显然,法院将第 33 条视为《宪法》最基本的条款之一。例如,在《电力法》一案中,法院甚至认为,国家对重要生产领域的控制"可以说是《宪法》的完整范式和法律理想"。[74]

在《电力法》一案中,对于这一短语为政府所设定的义务的性质,宪法法院进行了广泛讨论,而且该讨论被《石油和天然气法》一案和《水资源法》一案所参考。法官对下述问题进行了讨论:第 33 条中的"由国家控制"是否仅仅要求政府监管重要的生产部门,或者,是否它给国家设定了更多的繁重义务(如拥有和经营销售、供应和配送的渠道),甚至是否要求禁止私人部门参与这些领域。而且,对于那些已经由私人部门经营的产业,如果它们变得重要而足以属于第 33 条第 2 款规定的范围时,是否要求国家予以控制?[75]

法院提到了教授哈伦·阿拉希德(Harun Alrasid)博士在听证期间提供的证词;阿拉希德博士是一位备受推崇的印尼宪法专家,把"由国家控制"解释为由国家"所有"。[76] 法院还提到了国有企业部部长提交的书面意见;部长把"由国家控制"解释为"由国家监管、促进和经营",但是要"向国家仅仅监管和促进

---

[74] ibid at 330.

[75] ibid at 329—30. 宪法法院声言,任何此类征收都必须根据公正的法律而进行。

[76] ibid at 332.

的方向不断发展"。[77]

然而,法院自己认为,第33条规定的不仅仅是民法意义上的对重要生产部门的所有权。因为"国家控制"存在于"公法、政治民主和经济民主"(法院并没有予以界定)的《宪法》框架之内。法院强调,印尼人民拥有最终的决定权力,进而对这些生产部门拥有集体所有权。[78] 法院认为,由于民法上的"所有权"概念自身并不必然提供《宪法》序言中所规定的人民福祉或者社会公正,因而它是不全面的。宪法法院的观点是:

> 如果把《宪法》视为一种意图追求的制度体系,那么,第33条中的"由国家控制"具有比民法所有权层次更高或范围更广的意义。无论是在政治(政治民主)上还是在经济(经济民主)上,国家控制的概念是与《宪法》中所坚持的人民主权原则有关的一个公法概念。在人民主权这一概念的范畴内,根据"民有、民治和民享"原则,人民被承认为国家最高权力的来源、拥有者和持有者。这一最高权力的概念包括人民所享有的公共的集体所有权。
>
> 如果"由国家控制"仅仅意味着民法意义上的所有权,那么这种控制将不足以实现"人民的最大利益",从而导致《宪法释义》中所阐释的"促进人民福祉"和"为印尼全体人民实现社会正义"的任务不可能实现。尽管如此……必须承认,民法上的所有权是国家控制的一种符合逻辑的结果,它还包含着人民对这些[自然]资产的来源的集体公共所有权。[79]

进而,对于"由国家控制"仅能解释为政府的监管权利,宪法法院拒绝接受。根据法院的观点,即使"由国家控制"这一短语

---

[77] ibid.
[78] ibid at 333.
[79] ibid at 332—3.

并没有包括在第 33 条之中,政府也会拥有固有的监管权力。[80] 因此,"由国家控制"必须具有一种更为广泛的意义。法院认为,根据对所有自然资源的人民主权以及对这些自然资源的公共所有权,人民通过《宪法》已经"为国家规定了一种职责,由之制定政策、组织、监管、管理和监督,从而为人民实现最大福祉"。[81]

> 政府通过颁发和撤销许可、许可证和特许权,行使国家的行政管理职能。人民代表会议行使立法权,政府通过政府法规,共同行使国家的监管职能。通过共享所有权机制和/或通过直接参与国有法人的管理,行使管理职能……通过国家(即政府)行使其对自然资源的控制,从而使其为了人民的最大繁荣而利用。同样,国家(即政府)行使国家的监督职能……从而确保国家对于这些资产来源的控制是真正地为了人民的最大繁荣而进行。[82]

(四) 私人部门的参与范围?

宪法法院将第 33 条第 2 款解释为:要求国家对现有的重要生产部门进行控制,即便这要求禁止私人部门在这些领域进行经营,或者引起国家对已经变得重要的私人部门予以接管。[83] 然而有意思的是,它并不禁止所有的私人部门参与电力产业,而是认为政府能够允许私人部门参与,条件是政府并没有失去其控制。[84] 法院还认为,包含于控制概念中的民法上的"所有权"并不要求 100% 的政府所有权。相反,宪法法院仅仅要求政府

---

[80] ibid at 333.
[81] ibid at 334.
[82] ibid at 334. *Migas Law* case at 208—9.
[83] *Electricity Law* case at 329—30.
[84] ibid at 336.

在企业中拥有足够的份额,从而使政府能够"控制"决定和决策。[85]

法院进而认为,政府可以不时重新评估这些生产部门的"重要性"。如果政府认为某一特定产业(如电力产业)对于人民来说不再足以重要,那么、政策、组织、监管、管理和监督就可以交给市场来决定。[86]

为了支持这些结论,法院进行了"历史解释"。在这种解释中,它研究了关于第33条的《宪法释义》,就如同该释义在当时存在一样。该条释义在宪法修改过程中被废除了。当然,这样做是一种严重损害宪法法院职权范围的行为,尽管删除释义的总体目标明确是要阻止用释义来解释《宪法》。即使如此,宪法法院强调,为了全体人民的福祉,应该有经济民主,因而,政府应该保持对重要生产领域的控制。这是因为,如果生产落入"有权势的个人之手,那么,社会可能会受到摧残"。对这一主张,法院并没有作出进一步的解释。[87] 宪法法院还提到了穆罕默德·哈达(Mohammad Hatta)提出的关于第33条的解释。[88] 根据哈达的解释,印尼政府应该控制基础性的生产领域。但是,如果政府不能满足需求的话,那么就应该寻求外国资金,而且,作为最后的选择,应该允许外国人在这些生产领域进行投资。[89]

在此,注意到这一点是非常关键的,即,法院已经让国家立法机关来决定某一特定的生产部门是否"重要",以及是否是国家控制的对象。例如,在《电力法》一案中,法院认可电力部门

---

[85] ibid at 334—6, 346. 类似的评论见于《石油和天然气法》一案(at 210—11)。

[86] *Electricity Law* case at 335.

[87] ibid at 331.

[88] ibid at 332.

[89] ibid at 331—2, citing Mohammad Hatta, *Kumpulan Pidato II*, compiled by I. Wangsa Widjaja and M. F. Swasono, PT Toko Gunung Agung, Jakarta, 2002, at 231.

足以"重要"的观点,因为电力的重要性在该法本身中得到了强调。[90] 这是非常重要的一点,因为它能够潜在地为政府提供范围,由后者从立法上——在所有的可能性中,毫无疑问——重新划分某一生产部门是否不再"重要",从而,将关于该生产部门的所有立法从宪法法院的管辖范围内予以清除(至少目前为止,这是第 33 条所涉及的)。

(五)宪法法院和政府政策

在迄今为止已经裁判的一些案件中,宪法法院已竭力强调:它缺乏评估政府政策的管辖权。[91] 在涉及第 33 条的案件中,它并没有讨论自己的司法审查管辖权的界限。然而,第 33 条第 2 款似乎为政府设立了一项制定促进人民福祉的法律的义务,因而,规定了一项公民和法人能够寻求实施的宪法性权利。那么,值得商榷的是,同其避免介入公共政策领域的明显顾虑相反,事实上,宪法法院有义务确保涉及国家控制自然资源情形的立法政策能够促进人民福祉。

事实上,前面所罗列的宪法法院在《电力法》一案中的一些观点,就其本质而言,是对私有化的一种批判。也就是说,法院的立场似乎是,私有化不能保证第 33 条第 2 款所规定的人民的富裕。就政府控制职责的履行是否在促进人民福祉事宜进行裁判,似乎接近或者可能,在事实上形成了这样一种情形,即,宪法法院陷入了它本身界定的宪法性"走廊";在这一"走廊"中,人民代表会议在立法时,能够合法地行使其自由裁量权。[92]

宪法法院在多大程度上将继续介入政策性争论,目前并不明确。随着审理更多的涉及第 33 条的案件,宪法法院应该澄清

---

[90] *Electricity Law* case at 345.
[91] 审查《腐败根除法》(2002 年第 30 号法律)的宪法法院裁判(2003 年第 006 号)(*KPK Law* case)。
[92] *KPK Law* case at 95.

这一点。许多问题依然没有解决,例如,宪法法院将会如何评估公共繁荣是否在事实上得到了实现。可举如下事例:对于设定一种短期经济负担但却有预期的长期经济利益的立法,宪法法院会如何审查?如果印尼电力价格在2005年上涨,而这种上涨是由制定法所规定的,那么,宪法法院会基于这些制定法可能会减少"人民福祉"而进行审查吗?[93] 如果会的话,由于价格上涨给穷人造成了经济困难,即使这些制定法提供了预算资金用于提供其他服务,宪法法院就应该维护这些法律的适用吗?或者,基于能源补贴正在削弱印尼经济从而降低着普遍福利水平,宪法法院就应该宣告有关制定法无效吗?在其他地方,对于强制执行宪法关于私有化的禁止性规定,宪法法院已经犹豫,至少部分上明确是为了避免回答那些不得不回答的诸如此类的难以回答的政策问题。[94]

在作者看来,通过更确切地描述那些它认为自己能够胜任评价的问题以及那些应该留给立法机关决定的问题,宪法法院现在就可能良好运转了。像世界上许多其他进行司法审查的高级法院一样,印尼宪法法院面临着这样的实践性、政治性和长期性问题,即,在何种确切程度上,非选举产生的法官应该能够推翻一个经民主选举产生的立法机关的以绝大多数决定的意见。当然,宪法法院的宪法性职责是准确地做到这一点,即,审查(在某些情况下)立法机关所制定的制定法的合宪性,但是并不要求它不考虑在履行职责中不可避免地产生的政治影响。如果法院在未来的案件中不能全面详尽解释第33条所规定的国家控制的程度,就会尤其如此。

---

[93] 事实上,电力价格的上涨是根据2005年第55号总统附属法规而实施的;"Kenaikan BBM Diajukan Judicial Review", Hukumonline, 14 October 2005。
[94] T. Daintith and M. Sah, "Privatisation and the Economic Neutrality of the Constitution" (1993) PL 465; D. Feldman and F. Campbell "Constitutional Limitations on Privatisation" in *Comparative Law Facing the 21st Century* (J. W. Bridge, ed, 2001)。

正如一开始时就提到的,宪法法院关于《电力法》一案裁判的影响,已经对政府实施国际货币基金组织和其他援助者助推的经济政策制造了潜在的巨大困难。在本章完稿时,这项裁判对援助者的影响还不明确,但是它们大概已经从政府针对宪法法院关于私有化的裁判的进取性的(而在我们看来,是颠覆性的)监管回应中,得到了安抚。对此,我们下面将予以讨论。

(六)制定法的复活:政府法规和先发制人

2005年1月,在宪法法院就《电力法》一案作出裁判后大约两个月,政府颁布了一项全称为《关于修改〈关于电力供应和生产的政府法规(1989年第10号)〉的政府法规》(2005年第3号)。该法规序言的第a部分阐明了制定目的:

> ……在为了公共利益增加电力供应的框架内,集体合作组织、国有企业、区域国有企业、<u>私人部门</u>、社会团体和<u>个人</u>的作用必须得到增强。(着重线为引者所加)

该政府法规并不构成对于被宪法法院裁判无效的《电力法》的一种正式的和直接的替代[95],但是它毫无疑问像是在试图减轻甚至抵消宪法法院裁判的诸多影响。它甚至被描述为,与被宪法法院宣布无效的《电力法》相比"没有太大区别"[96]。雅加达律师霍特马·蒂姆普尔(Hotma Timpul)认为,该法规只不过是"穿新衣"的《电力法》的重新通过。[97] 的确如此,甚至普诺沃(J. Purnowo)这样一位政府高级官员(电力管理行政总监)承认,该法规的颁布在于为私人部门的投资者在宪法法院裁判的

---

[95] 尽管在通过《附属法规释义》时,对宪法法院宣布《电力法》无效的判决给予了注意。

[96] 与非政府组织国家法律改革联盟秘书福尔托尼(Fultoni)的个人交流(2005年5月8日)。See also "PP Listrik Swasta Diajukan Uji Materiil", Hukumonline, 17 July 2005.

[97] "PP Listrik Swasta Diajukan Uji Materiil", Hukumonline, 17 July 2005.

影响之中提供确定性。[98] 更具体地说,他希望这项法规将能够使国家电力公司邀请私人部门参加竞标。[99]

主要的反对意见似乎是围绕该法规的第 6 条和第 11 条而提出的。第 6 条规定,可以向一家集体合作企业或者"其他企业"提供一项许可,由后者为了公共利益或其自身利益而供应电力;这样做的条件是,不得损害国家利益。第 6 条第 2 款和第 3 款规定,这类"其他企业"可以包括私人部门和个人。第 11 条规定,许可证持有者有资格买卖电力。这些条款看起来直接违反了宪法法院关于《电力法》一案的裁判,因为它们允许国家通过放弃其对电力供应的"控制"而交由私人部门,从而规避第 33 条项下的国家义务。因此,似乎是政府已经成功规避了宪法法院的裁判。具有讽刺意味的是,对于该电力法规的这一明显违宪性,宪法法院却无能为力,无法采取救济措施。这是因为,正如前文所说,宪法法院不能审查低于议会制定法层次的法律。因此,很可能的情形是,该政府法规将继续有效和予以适用,这是一个导致整个司法审查程序成为闹剧的结果。[100]

五、结论:磨合期的问题?

宪法法院审理的涉及第 33 条/私有化的案件表明,国家与市场之间以及全球经济这一正统观念与地方政治特定话语之间

---

[98] "Pemerintah Segera Keluarkan PP Kemitraan Swasta Sektor Ketenagalistrikan", Hukumonline, 14 January 2005.

[99] "Pemerintah Segera Keluarkan PP Kemitraan Swasta Sektor Ketenagalistrikan", Hukumonline, 14 January 2005.

[100] 还应该注意的是,政府还试图规避《水资源法》一案的预期效力;对此,前已提及。在宪法法院已经开始审理《水资源法》一案之后、送达判决之前,政府发布了《关于发展一项饮用水供应系统的政府法规》(2005 年第 15 号政府法规)。这一附属法规似乎将实现《水资源法》的部分目标——允许私人部门参与饮用水供应。

的关于宪法第33条"人民经济"的争论,非常明显的是,在后苏哈托时代的印尼依然存在,而且,确确实实地,甚至业由宪法法院予以复活。现在,这一争论仍在继续,无论对于政治还是对于经济都具有潜在的巨大影响。这是实实在在的,特别是对于正在持续进行的将国有资产转移到私人商业手中的进程而言。该进程构成后苏哈托时代印尼经济改革的正统理念的一个非常重要的部分,而且是国际货币基金组织、世界银行和其他援助者所发起的1998年之后改革议程的一项核心特征。

宪法法院的独立性以及它履行自己的宪法职责所秉持的诚意,到目前为止,一直都令人印象深刻。[101] 但是,如果宪法法院过于雄心勃勃而且其裁判涉及范围太广,却又令政府难以接受的话,它就面临着这样的风险,即,被政府视而不见,或者使自己的裁判毫无意义,或者,甚至自己的权力被通过未来的立法或宪法修改而消减。

进一步讲,宪法法院越过多地直接参与关于立法政策的争论,就越有可能面临来自政府的顽强抵制,而且甚至(正如《电力法》一案裁判的情形)遭到颠覆。尽管在本章所讨论的裁判中,宪法法院已经似乎赋予了人民协商会议的许多成员关于国家干预印尼经济的持续性需求的观点以效力,但是,抵制或者不遵守的结果已经发生。这种来自人民代表会议议员和政府的抵制有些不一致,这是因为,赞同保留第33条和设立宪法法院的人民协商会议的绝大多数成员同时还是制定《电力法》的人民代表会议的议员。人民代表会议和人民协调会议之间不同的政治和经济重要急迫事项,导致了不一致,而这种不一致反过来在很大程度上是国际货币基金组织附加条件设定的结果。事实上,宪法法院对于这种不一致已经被迫进行了协调。

---

[101] See S. D. Harijanti and T. Lindsey, 'INDONESIA: General Elections Test Constitutional Amendments and New Constitutional Court' (2006) 4(1) International Journal of Constitutional Law 138.

正如我们已经讨论的,如果宪法法院裁判的一些方面及其影响存在不明确或不一致,导致遵守变得困难,那么,遭到抵制的可能性就会更大。如果宪法法院正面审查经济政策的重大方面(如私有化和财产权)的话,同样如此。

第14章

水服务的所有权模式：对监管的影响

萨拉·亨德里*

摘要：本章关注水服务(饮用水和卫生设施)的提供，卫生设施可能会也可能不会涉及通过污水处理系统进行的水质处理。本章研究英格兰和苏格兰实行的不同所有权模式及其监管和控制体系。本章还援引其他法域(特别是南非和澳大利亚)的一些事例。南非和澳大利亚采用公、私部门都参与的混合模式；这两个国家均存在着由当地政府利用专项拨款、经济审计和商业规划而参与的水服务；两国都对批量供应和个别供应予以区分，而且公共供应正朝着商业化或企业化方向发展。本章评价监管和治理的作用以及所有权结构，并得出与有效监管和善治的作用相比，所有权对该产业具有重要意义的结论。

关键词：水服务，水资源，财产所有权，水事政策

---

* 萨拉·亨德里(Sarah Hendry)，邓迪大学(英国)自然资源法律、政策和管理研究生院，UNESCO IHP-HELP 水事法律、政策和科学研究中心，法学讲师。Email：s. m. hendry@ dundee. ac. uk。

感谢我的同事和编辑团队对初稿提出的意见和帮助。然而，所有错误和不当之处，均由作者本人负责。

一、导论

水为生命以及健康和尊严必不可少,对于农业和工业也具有经济价值;它还可用于娱乐,并在精神和文化层面具有重要意义。水多种用途的复杂性导致用水关系紧张,特别是在那些水资源短缺压力日益增大的地区。传统上,水以某种方式被视为"公共物品",这是与某一社会的文化和法律制度相适应的——无论是罗马法中的共用物[1]、现代民法典中的公共所有权[2],公共信托或公共权利概念[3],还是为需要用水的人类和动物供水的宗教或习惯义务。[4] 同时,在一些诸如天然泉水之类的水资源中还存在着私权概念。[5] 这就使得水资源的财产制度较之土地或者其他"固定"资源的财产制度更为复杂。这些争论属于水资源管理的范畴,而且对于作为资源的水权利,李·戈登将在本书第 20 章中详细探讨。

然而,本章关注水服务(饮用水和卫生设施)的提供,卫生设施可能会也可能不会涉及通过污水处理系统进行的水质处理。实际上,水服务可以被视为国家应该免费提供或者以低于实际服务成本的价格而提供的服务,这在一定程度上基于水是一种公共资源的社会理念。于是,水服务就需要高额的资本成本和运营成本,给国家力图保障公民获取水服务和卫生设施造成诸

---

[1] Institutes of Justinian, Book II Title I, Trans. R. W. Lee, *The Elements of Roman Law* (1956).
[2] 例见《法国民法典》第 538 条。
[3] 例见南非 1998 年《国家水法》第 3 条。
[4] 伊斯兰法系如此规定;D. Caponera and M. Nanni, *Principles of Water Law and Administration* (2nd edn, 2007) ch 5.
[5] 例见民法法系,《法国民法典》第 642 条;see also B. Clark, "Migratory Things on Land: Property Rights and a Law of Capture" (2002) vol 6.3 Electronic Journal of Comparative Law, available at ⟨www.ejcl.org⟩.

多困难。适用于水资源的所有权概念,不同于水服务提供者对资产享有的所有权概念,无论这些提供者采用何种法律形式都是如此。

因为水资源是一个国际性问题,所以解决水服务问题和未能向世界上许多最贫穷的公民提供此类必需服务的问题,在事关水、环境、发展和公共健康的全球政策议程中就显得愈发重要。被广泛用作基准的联合国估计数据[6]显示:在 2000 年,全世界 60 亿人中有 11 亿人缺乏"改善的"供水,24 亿人缺乏"改善的"卫生设施。[7] 供水和卫生设施影响健康、食品安全和消除贫困,联合国千年发展目标[8]包括将无法持续获得安全饮用水的人口减半,以及到 2015 年改善 1 亿贫民窟居民的卫生设施。[9] 在约翰内斯堡首脑会议上,国际社会重申这项承诺,明确了将全球无法获得"安全"饮用水的人口减半的目标,还承诺将全球缺乏基本卫生设施的人口减半。[10] 约翰内斯堡首脑会议以来,2003 年《人类发展报告》[11]强调,通过充分的公共服务实现社会公益(包括水服务);同时《世界水资源发展报告(第二

---

[6] 这些数据由世界卫生组织/联合国儿童基金会首次出示; Global Water Supply and Sanitation Assessment (2000) available at 〈www.who.int〉。后来在服务提供方面已经取得了一些进步,但是世界人口仍然在持续膨胀; see UNDP, Human Development Report 2006 Beyond Scarcity: Power Poverty and the Global Water Crisis (2006) 5 available at 〈www.hdr.undp.org〉。

[7] 关于对"改善的"水服务的解释,请参见下列文献: UN, Water, A Shared Responsibility The United Nations World Water Development Report 2 (2006) 224—5 available at 〈www.unesco.org〉。

[8] UN Millennium Declaration UN General Assembly A/RES/55/2 2000 available at 〈www.un.org〉。

[9] UN Roadmap towards the Implementation of the UN Millennium Declaration UN A/56/326 2001 available at 〈www.un.org〉。

[10] UN Report of the World Summit on Sustainable Development (2002) A/Conf. 199/20, incorporating the Johannesburg Declaration and Plan of Implementation, available at 〈www.un.org〉。

[11] UNDP, Human Development Report 2003 (2003) especially chs 4 and chs 5, available at 〈www.hdr.undp.org〉。

次）》阐明了水资源在改善公众健康中的重要作用[12]，2006年《人类发展报告》对于缺乏全球进步的批评越来越多。[13] 尽管至少在实现水供应目标上已取得一些进展，但是世界人口仍持续增长，城市人口比例也在不断上升。因而，从全球来看，不能低估这一问题的严峻性。

过去30年里，在后工业化世界中，政府倾向于把基本服务"私有化"作为摆脱投资负担的一种方式[14]，以此在服务提供中提高效率。水服务领域存在着自然垄断，资本负担尤为沉重，固定成本高且投资回收期长。[15] 同时，不断增多的证据表明，效率的有效实现并不取决于市场，而是依赖于监管；关于效率的争论越来越少。[16] 然而，基本服务"私有化"的解决方案却在问题严重且需求高度未获满足的发展中国家得到了推动。

"私有化"并不是一个严谨的术语，可以用来描述许多不同的结构体系，对此将在下文进一步讨论；这里它将被用来表示在水服务或卫生服务中私人部门的任何参与。私有化也带来了极端两极分化的社会和政治反应。尽管在整个20世纪90年代私

---

[12] *World Water Development Report 2* (above n ⑦).

[13] UNDP(above n 6).

[14] 关于从英国视角对私有化时代所做的概述，请参见下列文献：J. Vickers and G. Yarrow, *Privatisation: An Economic Analysis* (1988)。"私有化"将在下文进一步界定。

[15] See I. Kessides, *Reforming Infrastructure: Privatisation, Regulation and Competition* (2004) World Bank Policy Research Report WB/OUP, available at ⟨www.econ.worldbank.org⟩; Public Private Infrastructure Advisory Facility and Water and Sanitation Programme, *New Designs for Water and Sanitation Transactions: Making Water Work for the Poor* (2002) available at ⟨www.ppiaf.org⟩; J. Winpenny, *Report of the World Panel on Financing Water Infrastructure* (2003) (The Camdessus Report) available at ⟨http://www.financingwaterforall.org⟩. 这研究了如何增加对水服务的资金支持，以实现联合国千年发展目标以及长远来看，截至实现2025年全部人口获得水供应。

[16] S. Renzetti and D. Dupont, "Ownership and Performance of Water Utilities" in The Business of Water and Sustainable Development (J. Chenoweth and J. Bird, eds, 2006).

人部门的作用日趋增强,但事实仍然是全球仅有约5%的水服务被完全剥离[17],可能有15%的水服务通过其他一些机制出现了私人部门参与。在英国,英格兰和威尔士[18]水服务的剥离是前所未有的。"苏格兰模式"虽然在同一时期由当地政府发展到地区董事会再到公营公司,但是在更大程度上仍与世界其他地区存有共性。英国的水务公司是世界上受管制最严的公司之一,从传统角度来看,私人部门需要高度的经济监管以控制利益最大化驱动和垄断倾向。但是从全球视角来看,关注点正在发生转移——不一定是远离私人部门参与,但一定是更加关注如何监管公共部门。公共部门和私人部门一样也具有一种垄断趋向,但是公共部门仍然能在更严格的经济管理中受益,同时可能更容易实现社会和环境目标。

本章将研究英格兰和苏格兰实行的不同所有权模式及其监管和控制体系。本章还援引其他法域(特别是南非和澳大利亚)的一些事例。南非和澳大利亚采用公、私部门都参与的混合模式;这两个国家均存在着由当地政府利用专项拨款、经济审计和商业规划而参与的水服务;两国都对批量供应和个别供应予以区分,并且公共供应正朝着商业化或企业化方向发展。在澳大利亚昆士兰州,我们注意到,公共部门和私人部门受到平行的但本质上相似的监管、商业规划和报告安排。[19] 本章评价监管和治理的作用以及所有权结构,并得出与有效监管和善治的作用相比,所有权对该产业具有重要意义的结论。或许正确的问题不是"所有权是否重要",而是所有权在哪些方面重要,以及所有权的影响如何能够在监管机制内得到解决?

---

[17] See ibid Chenoweth and Bird, "introduction".
[18] 1989年《水法》。
[19] 就经济监管而言,请参见昆士兰州1997年《昆士兰州竞争管理局法》;该法第三部分适用于公共机构,第5A部分适用于"非政府机构提供者"。

二、竞争和垂直一体化

水服务往往是自然垄断的。水服务系统可能仅有一组管道网络用于供水或污水处理,除非整个系统被剥离,否则这些管道网络至少在通常情况下仍为公共所有。为了把竞争的益处引入水服务,这里提供了一些选择。其一是使用"通过比较来竞争"的英国模式,即经济监管机构比较地区供应者的绩效,将绩效最好者作为设置其他供应者目标的基准。另一种选择是通过吸引私人部门参与服务提供,从而"为市场"建立竞争。第三种选择是分解该产业的构成要素。这些选择并不相互排斥,除非将整个系统出售,或者依据长期合同转让对它的管理,那么在开放部分系统供竞争之前,就有必要分解供应链。

如果水服务行业是垂直一体化的,那么从源头大批量抽取原水、原水的处理以及通过管道网络分送饮用水等服务都将由一个实体提供。因此,通过污水处理管道网络排放污水、处理污水以及排放处理后的污水等服务也将由一个实体提供。或者,特殊机构可能会参与水的大批量供应、处理以及分送给消费者。例如,在地区水董事会负责大批量供应的南非,情况就是如此[20],而且在昆士兰州有两个主要的批量供水机构,尽管它们的法律结构不同但都属于公共部门。[21] 在这两个法域中,大多数城镇水服务由地方当局提供,即使在乡村地区生活用水供给

---

[20] 南非 1997 年《供水服务法》第 29 条。
[21] 根据昆士兰州 1993 年《政府所有企业法》和 2004 年《政府所有企业条例》(第 166 号重印法),昆士兰州水公司是一家政府所有企业。根据昆士兰州 1990 年《企业法》,东南昆士兰州水务公司(SEQWater)构成一家公司,但是它的股份由昆士兰州政府与很多地方政府持有。

服务可能与灌溉用水供给服务相结合[22],同时除地方当局以外的其他服务提供者可能也得到了授权。值得注意的是,在南非如果利用公共部门提供上述服务可行,则必须由公共部门完成。[23] 对于限制私有化的负面看法,这类义务可能是全球范围内一种有益的法律改革选择。

垂直分拆问题可以与公共—私人部门针对水服务任何环节的争论分开。就竞争政策和管理水资源自然垄断趋势而言,拆分供水产业的构成要素是有益的,正如在其他趋向垄断的服务中为人们所接受的那样;这本身就是值得商榷的。然而,一个被拆分的产业也可能会吸引私人部门参与该服务的某些构成要素。伴随着市场自由化,苏格兰通过向商业客户开放零售服务业的竞争已经向产业拆分迈出了一小步(下文将进一步讨论);在英格兰,存在着凭借地区私人公司而高度一体化的组织体系,政府和监管机构目前正在考虑更实质性的拆分。[24] 虽然拆分本身可能会对削弱垄断权力的集中产生积极影响,但是它并不一定能改善对由私人提供这些服务的负面看法。此外,至少供水管网将会保持垄断地位,服务中的其他要素可能也会仅由几个主要参与者提供。

三、水服务的提供模式

(一)公共部门选择

前已提及,全球绝大部分水服务由公共部门且通常是地方

---

[22] 在昆士兰州,根据2000年《水法》第370条第3款,通过水务管理机构或者基础设施的私人所有者提供水服务。在南非,根据《水服务法》第22条(请参见注释20,)通过非市政当局的水服务提供者提供。这些可能包括用水户协会。
[23] 南非1997年《水服务法》第19条第2款。
[24] M. Cave, *Independent Review of Competition and Innovation in Water Markets* (2009) available at ⟨http://www.defra.gov.uk⟩.

政府提供。早在 20 世纪 90 年代中叶之前,苏格兰就是如此——当时水服务由"高层次的"区域市议会提供。[25] 南非和昆士兰州也是这样。[26] 或者,可能由国家或地区董事会、机构或者公营公司提供水服务。在苏格兰,自 2002 年苏格兰水务公司作为公营公司成立以来,至今仍由该公司提供服务。[27] 在污水处理服务方面,公共部门垄断背后隐藏着相当大程度的私人部门参与,这一点将在下文讨论。

水服务由独立机构提供的优点包括:明确关注服务以及成本和价格的透明度。相反,如果由地方政府提供,就会有许多其他对资源的竞争需求,任何特定服务的财务管理可能也是模糊的。另一方面,有或者应该有高水平的政治问责,并且在当地层面能够于价格和服务水平之间进行任何必要的权衡。[28]

(二) 私人部门模式

如果政治决策寻求服务提供中的私人部门参与,几乎可以肯定是为了确保投资。针对这种情况,存在几种不同形式的做法;每种做法都需要不同的合同模式或监管模式,而且需要寻求风险和机会的不同配置。一般情况下,合同期限越短,风险就会越小,因此获利机会也越少。长期的协议往往需要承担更多责任和更大风险,因此,投资公司将寻求更多机会以从协议中获利。从改善发展中国家服务提供的角度,世界银行已经细致地

---

[25] 1973 年《地方政府(苏格兰)法》。
[26] 在南非,根据 1997 年《水服务法》第 20 条,市政当局既是水服务管理机构,也可能是水服务提供者;在昆士兰州,根据 2000 年《水法》第 370 条第 1 款,水服务提供者可以是当地政府,这包括大多数登记在册的提供者。
[27] 2002 年《水产业(苏格兰)法》。
[28] 这样,在昆士兰州,小型乡村水服务提供者可能能够与他们所在的社区达成降低一系列水服务标准的一致意见;Department of Natural Resources and Water, *Guidelines for Implementing TMP*: *Service Standards Implementation Guide* (2001) section 6, available at 〈http://www.nrm.qld.gov.au〉。

分析了这些模式。[29]

前已提及,有关术语并不精确。本章使用的术语"私有化"指的是吸引私人部门的任何模式,而"剥离"是指资产的完全出售。除了对特定词语的使用和误用,下文将讨论的各种选择在不同法域可能会有不同的称呼。和玫瑰一样,气味而非名称是决定性因素;在任何特定法域,都有必要回顾术语以建立切合实际的合同和监管安排。

在短期内,由于服务或管理合同可能持续 3 到 5 年,私人公司可以向现有的公共服务供应者提供特定服务(诸如信息技术支持、运输服务或计量)。这些合同可能涉及对提供者的固定费率支付或绩效改善奖励体系。但是,它们不涉及资产转让,不对投资负责,而且风险很小。尽管这类合同仍然需要认真起草和有效实施,但是它们应用广泛,而且相对来说是没有问题的;然而,它们对所有权不产生影响,这里不作进一步讨论。

(三)长期安排

长期安排包括租赁、特许和建设—拥有—运营机制的变形。租赁和特许可能会持续 25 年或 30 年,不涉及资产转让。特许包括投资基础设施的维护甚至是其扩展,因此会给特许权持有者带来高风险。这些在采用"法国模式"提供水服务的国家已经很普遍,而且世界上两个最大的私人部门供应者(威立雅和苏伊士)都来自法国。然而,鉴于在某些特许合同中近来出现的众

---

[29] 请特别参见下列文献:World Bank/ Public-Private Infrastructure Advisory Facility, *Approaches to Private Sector Participation in Water Services* (2006) available at 〈www.worldbank.org〉。更广泛的分析,请另见下列文献:J. Delmon, *Water Projects: A Commercial and Contractual Guide* (2001)。

所周知的失败[30],较多的私人参与者不太倾向于获取特许合同,而更希望寻找诸如建设处理厂这类更具针对性且规模较小的项目。

建设—拥有—运营机制及其变形对单个处理厂尤其有益,不管是饮用水处理厂还是污水处理厂。[31] 其变形包括建设—运营—转让机制或者建设—拥有—运营—转让机制。尽管它们之间差异显著,但是本章把它们都视作建设—拥有—运营机制。这些机制通常涉及由私人部门运营商建设新处理厂并在既定时间段内经营该处理厂。运营商可以与水服务提供者签订合同,可能会获取以所提供的水或处理后的污水的体积作为计算基础的价款。如果在合同期间需求发生了变动或者在合同内设置了一个特定的价格审查机制,那么以体积计价确实会存在一定风险。

处理厂可能仍为公营供应商所有,或者归私人市场参与者所有。私人参与者负责对处理厂投资,但是处理厂所占土地可能由公营供应商拥有;在这种情况下,合同终止时公营供应商归还剩余资产。或许对政治决策者而言至关重要的是,接受服务的消费者将依然向公营供应商付费以及在其他方面与之打交道。如果消费者只是不知道服务内容以商业方式提供,上述情况就可能有助于实现政治风险最小化。然而,这或许会以牺牲透明度为代价,而透明度是目前政策议程目标之一,有助于更好

---

[30] 它们已经引起政治社会的异议以及诉讼,主要是国际投资争端解决中心的仲裁。see eg in Argentian, *Compañia de Aguas del Aconquija SA & Vivendi Universal v Argentine Republic*, ICSID Case No ARB/97/3 (Award of Tribunal of 21 November 2000) and *Azurix Corp v Argentine Republic*, ICSID Case No ARB/01/12 (Award of Tribunal of 14 July 2006); in Bolivia, *Aguas del Tunari SA v Republic of Bolivia*, ICSID Case No ARB/02/3; and in Tanzania, *Biwater Gauff (Tanzania) Limited v United Republic of Tanzania* (ICSID Case No ARB/05/22) (Award of Tribunal of 24 July 2008).

[31] 对这些机制的详细分析请参见下列文献: J. Delmon, *BOT/BOO Projects: A Commercial and Contractual Guide* (2000)。

地治理水服务。水服务治理将在下文予以探讨。

为了遵守欧共体的污水处理规则,苏格兰在20世纪90年代引入建设—拥有—运营机制,建立新的污水处理厂。[32] 欧盟已成为推动对英国和整个共同体内水服务投资的重要力量,通过数项关键的欧委会水指令[33]要求建立新污水处理厂。发达国家的公共部门能以优惠利率获得借款。因而在一个项目的生命周期内,运行建设—拥有—运营机制相比公共部门投资可能会更为昂贵,但是它可以消除公共资金投资的压力。这一机制已经在英国的项目中得到广泛应用,这些项目涉及学校、医院甚至伦敦地铁,它们通常被称为私人融资方案或被简单称作公私合作,但是它们也招来了批评。苏格兰政府一直在考虑为这类项目融资的普遍替代方法,[34] 但是它们不太可能被再次适用于水服务。然而,苏格兰政府提供了9种方案,产生了超过当时6.5亿的等同资本价值(大约相当于公共部门在随后5年投资污水处理的价值)。[35] 这9种方案涉及建设21个污水处理厂,而且目前能够处理苏格兰50%的污水。虽然管理建设—拥有—运营机制采用与苏格兰水务公司公营供水相同的监管机制,但是该机制为私人部门参与、融资、政治问责和法律问责提供了一种模式。

---

[32] Council Directive 1991/271/EEC on Urban Waste Water Treatment [1991] OJ L 135/40.

[33] Including ibid; also Council Directive 1980/778/EEC on the Quality of Water Intended for Human Consumption [1980] OJ L 229/11, and Council Directive 1976/160/EEC concerning the Quality of Bathing Water [1976] OJ L 31/1. 这些指令后来的修正案已经继续要求追加投资。

[34] Scottish Government, *Taking Forward the Scottish Futures Trust* (2008) available at 〈http://www.scotland.gov.uk〉.

[35] Scottish Executive, *Water Quality and Standards 2000—2002* (1999) available at 〈http://www.scotland.gov.uk〉 para. 4.9.

（四）剥离

有观点认为,将整个资产剥离给私人可能才是最纯粹的私有化方案,但是这在水服务中是很罕见的。特许权可能会持续30年并转让所有投资决策和风险,但是仍会把处理厂的所有权、供水管网以及其他基础设施保留在公众手中。剥离仅仅把资产出售给私人运营商,同时转让投资决策和运营风险。正如世界银行所指出的,特许权和剥离之间的差异可能不会像它们表面上看起来的那么大。[36] 在英格兰,现任供应商也必须持有25年期许可证,如果没有许可证,他们的资产所有权对他们来说是没有用的。正如下文进一步讨论的,许可证是有效监管的另一层面。然而,剥离资产的政治影响往往是重大的。作为撒切尔夫人执政下服务和产业私有化计划的一部分,英格兰和威尔士在1989年以后出售了水服务。为了实现这一点,有必要建立一个经济监管机构以在整个区域垄断中践行"通过比较来竞争"。自此,大致相同的模式一直处在运行之中。

重要的是要注意到,英国模式已经能够(至少在一定程度上)满足企业和消费者的需求。前者要求投资回报,后者要求以可负担的价格获得可接受的服务,而这个价格也可以促进环保和其他更广泛的社会目标的实现。这一模式已经凭借复杂的监管机制实现。伦泽蒂(Renzetti)认为,在发达国家,效率的提高源于对价格、服务标准和环境的监管而不是竞争本身。[37] 他的分析也将为本章的一个结论提供支持,即,不管服务是由公共部门提供还是由私人部门提供,有效的监管是取得更优效果的关键;在对发展中国家的研究中也发现了类似证据。[38] 这个结论

---

[36] See above n 29, World Bank/PPIAF, 11.
[37] Above n 16.
[38] L. Anwandter and T. Ozuna, "Can Public Sector Reforms Improve the Efficiency of Public Sector Utilities" (2002) Environment and Development Economics 7: 687—700.

可以进一步证明所有权不是争议的焦点。苏格兰和英格兰之间的比较表明,适用于公营和私营供应商的非常类似的监管模式既显著削弱了企业界的逐利本性,又明显减少了国有企业的低效做法。

(五) 公司化和商业化

近年来,私人部门提供水服务受到越来越多的批评。[39] 此外,在一些国家(包括玻利维亚、阿根廷和坦桑尼亚)的私有化举措失败后[40],公司本身越来越不愿意在发展中国家进行投资,而发展中国家的资金需求非常巨大。这种不情愿会因当前盛行的金融危机而加剧。因此,注意力转回了由公共部门提供的绝大多数服务,以及如何利用更完备的监管模式使这些服务更有效和更高效。部分做法可能会涉及服务的"商业化"或"公司化",借此,商业原则被适用于公营供应商。

在昆士兰州,管理乡村地区并为乡村提供灌溉用水和生活用水的水务机构是法人团体和法定机构,其由附属法规设立并在特定区域运行。[41] 较大的"第一类"管理机构负有更多法定义务,尤其是在商业化和绩效规划方面。[42] 另外,根据当地政府相关法律[43]的规定,125 个理事会以及 32 个土著居民与托雷斯海峡群岛社区理事会被指定为水服务提供者。供水和污水处

---

[39] See eg M. Finger and J. Allouche, *Water Privatisation* (2002), especially ch 3; World Development Movement, *Going Public-Southern Solutions for the Global Water Crisis* (2007) available at 〈www.euractiv.com〉, or the work of the Public Sector International Research Unit at the University of Greenwich, available at 〈www.psiru.org〉.

[40] Above n 30.

[41] 昆士兰州 2002 年《水条例》(第 166 号重印)。

[42] 昆士兰州 2000 年《水法》第 5 部分。

[43] 昆士兰州 1993 年《地方政府法》。

理服务属于可能会受到《国家竞争政策》调整的商业活动。[44] 如果理事会举行一个由财务标准决定的"大型商业活动",就需要满足某些竞争要求。[45] 理事会必须进行公共利益评估,才能决定该项活动是否应该进行公司化、商业化或者符合全成本定价。商业化要求由仍是委员会一员的营业单位提供服务。公司化要求由具有完整的企业申报程序的独立实体提供服务。这两种情况都适用全成本定价,但是也有可能需要在理事会的指导下承担社区服务义务[46],有效地计算补贴。因此,商业化并不一定等同于收回全部成本,但是肯定可以有助于提高真实成本的透明度。

南非或者可能更欠发达的地区采用类似方法。2000 年《市政体系法》的一些一般规定对作为水服务提供者的当地政府和市政府产生了影响。[47] 理事会应该制定一项关于市政服务(包括服务协议)的资费政策。[48] 该项政策应该体现公平、用户付费原则、基本服务提供以及符合最低限额收费标准的定价。它也应该能够反映所有成本,而且促进资金的可持续性。另外,应该在适宜的情况下为商业用户和工业用户设置附加费及特殊的资费,以鼓励当地经济的发展。这项政策应该有助于实现资源的经济、高效和有效利用,再循环利用和其他环境目标。任何一项补贴都应该得到完全披露,而且只要不存在歧视,资费可以在用户或地区之间区别对待。有关部门有义务制定部门规章以落实政策,而且由水事和林业部(DWAF)颁布的示范规章尤其涵

---

[44] DWAF, Model Bylaws Pack Model Credit Control and Debt Collection Bylaws; Model Water Services Bylaws (2005) available at ⟨http://www.dwaf.gov.za⟩.
[45] 昆士兰州 1993 年《地方政府法》第 8 章。
[46] 在水服务由当地政府提供的情况下,应该遵守昆士兰州 1993 年《地方政府法》第 677—678 条的规定。对于其他提供者而言,请参见昆士兰州 2000 年《水法》第 998 条。
[47] 南非 2000 年《市政体系法》。
[48] Ibid ss 74—75.

盖了大量的有关获得联结、补贴、计量、断开联结和债务追偿的细致规定。[49] 这种商业化的做法在南非已受到严厉批评。[50] 在约翰内斯堡目前关于获得免费基本供水权利的诉讼中,批评者可能会发现一些支持其观点的理由。[51] 然而,对成本和费用透明度以及补贴的向往肯定是毋庸置疑的,这是获得更好服务的一个基本先决条件,无论该服务由公共部门提供还是由私人部门提供。促进获取这些信息是在公共部门进行商业化的目的。一项强有力的政策框架和有效的监管体系进而应该能够保护那些最需要的且能达到适当服务水平的明智的投资决策。

四、水服务中的"善治"

目前,治理问题在决策者和学者中被广为讨论,水的"善治"对于水资源管理[52]和水服务提供而言都十分重要。[53] 下列三项促进治理的目标是密切相关的:透明度、公众参与和问责制。

(一) 透明度

透明度要求提供信息,特别是关于资费和服务水平的信息。要做到这一点,有必要把特定的服务从同一供应者的其他活动

---

[49] DWAF, *Model Bylaws Pack Model Credit Control and Debt Collection Bylaws*; *Model Water Services Bylaws* (2005) available at⟨ http://www.dwaf.gov.za⟩.

[50] D. McDonald and G. Ruiters (eds), *The Age of Commodity*: *Water Privatisation in Southern Africa* (2005). 该书认为,即使是最小限度的私人参与或合作关系,包括公共服务供应者的商业化或公司化,也相当于水服务的"商品化",因而应该加以抵制。

[51] *City of Johannesburg v L Mazibuko* (489/08) [2009] ZASCA 20 (25 March 2009).

[52] P. Rogers and A. Hall, "Effective Water Governance" (2003) Global Water Partnership TEC Paper 7; M. Solanes and A. Jouravlev, "Water Governance for Development and Sustainability" (2006) UN/CEPAL.

[53] M. Rouse, *Institutional Governance and the Regulation of Water Services*: *the Essential Elements* (2007).

中分离出来。当供应者是地方政府时,这种分离就会成为一个特殊问题,但商业化可以帮助解决这一问题。信息可以根据一般的信息自由立法或者部门法的具体规定获取。由此,欧委会《环境信息指令》[54]适用于公共管理机构,但从广义上讲,涵盖了任何根据国家法律提供与影响环境相关的服务的自然人或法人。在审议该指令期间,针对该指令是否需要适用于私营水服务提供者引发了相当激烈的争议。[55] 此外,在英国,水服务中详细的行业规则要求为监管机构提供大量信息。这项要求是商业模式的核心部分。因而,大量信息可供公众获得。

在英格兰,立法对主要的报告要求作出了规定[56],但是这些规定都是最低限度的。作为经济监管机构,水务办公室(OFWAT)[57]每年都必须准备并发布今后的工作方案[58],还需向部长汇报。[59] 该办公室下设一家公共登记机构[60]负责公布部长和水务办公室[61]的建议,而且该办公室对于负责提供信息的单位负有一般监管职责。[62] 办公室还负有具体的职责,要求负责提供信息的单位提供关于因违反供水和污水处理服务标准所付赔偿的信息。[63] 这些基本的报告要求并没有反映水务办

---

[54] Directive 2003/4/EC on Public Access to Environmental Information [2003] OJ L 41/26.
[55] COM 2000/0402/Final section 6.
[56] 1991年《水产业法》。
[57] 最初,经济监管机构是水务办公室。由于2003年《水法》的实施,也为了符合英国最好的监管实践,总干事已经被一个董事会所取代,即,水服务监管管理机构。目前水服务监管管理机构已经被赋予法定职责。我在本章关注的一般做法中提及的"管理机构"是指水务办公室。
[58] 1991年《水产业法》第192条。
[59] ibid s 192B.
[60] 1991年《水产业法》第195条对登记作出规定,包括委任、终止和转让的细致规定;区域变化;指令、许可和决定;执行命令、担保和特殊的行政命令。
[61] ibid s 201.
[62] ibid s 202.
[63] ibid s 38A and s 95A respectively.

公室所报告的大量信息。按照许可证条款,水务办公室需要关于服务提供者的更详细的信息,以确认委任条件有效地形成了适用于英格兰和威尔士信息提供单位的另一层面的监管。水务办公室要求对上一财政年度的活动进行汇报("六月汇报"),这是信息的主要来源。[64] 该办公室会针对六月汇报的要求给予广泛指导,既涉及信息提供单位提供的六月汇报,也事关来自那些确认某些信息的审核员和报告员的六月汇报。[65] 水务办公室继而根据六月汇报的信息作出四份报告。[66] 在一月,信息提供单位会提供一份主要报表和当年的收费计划。这就使监管机构能够审核提价是否在允许的范围内,并随后批准始于四月份的当年收费。水务办公室会在春季发布资费结构和收费报告。这一年度程序符合五年期的价格审核,即定期审查。

有人可能会认为,这类有关监管汇报的大量规定意在控制私人部门的逐利动机。然而,它可以很容易地被解释为仅仅是一个高度集中的收集所有数据的体系,要求有效地控制价格和服务标准。本章假定公营和私营部门提供者都需要此类数据收集。此类体系显然对提高透明度会有所帮助,然而,服务消费者是否有能力理解所收集的材料仍然是一个重要问题。由于大部分信息流所具有的复杂性、大容量和技术性特征,信息不对称问题非常明显,特别是在发展中国家,这可能会对监管机构和消费者产生影响。如果一个力量薄弱、资金不足或缺乏经验的监管机构试图管理一个资源丰富的跨国公司,那么力量的平衡将有

---

〔64〕 OFWAT, "Information Note: Information for regulation and the June return" (undated) available at 〈http://www.ofwat.gov.uk〉.

〔65〕 OFWAT, *June Return 2009 Reporting Requirements* (2009) available at 〈www.ofwat.gov.uk〉.

〔66〕 *On Security of Supply, Leakage and the Efficient Use of Water*; *Levels of Service*; *Water and Sewerage Service Unit Costs and Relative Efficiency*; *and Financial Performance and Expenditure*. OFWAT's Reports are available at 〈www.ofwat.gov.uk〉.

利于公司。相同的情况也会发生在试图与这类公司订立合同的一个小的地方政府机构。信息的获取及使用信息的专业知识即便在发达国家,特别是正在引入经济监管的国家,可能都是一个问题;它对于监管机构和消费者而言也是如此;同时在应对公共部门实体时如同应对私有实体一样,其同样也构成一个问题。有证据表明苏格兰即存在这样的问题。苏格兰早期的水业专员发现从苏格兰水务公司及其前身获取关于运营效率和资本投资的准确数据是非常困难的。[67]

(二) 公众参与

同样地,我们研究了一般规则和部门规则以方便公众参与水服务管理。欧委会在这一方面也发布了指令[68],该指令与有关获取信息的指令一样,源自《奥胡斯公约》[69]和更广泛的全球政策。[70] 如今,公众参与不仅是一项核心治理原则,也属于可持续发展议程的一部分;事实上,它正是可持续发展和治理之间的诸多相似点之一。

当我们转向研究针对公众参与应该怎样在水服务中发挥作用这一问题作出更详细规定的部门规则时,我们就会意识到英国和许多其他国家倾向开展大量的纸质咨询活动,但这并不一

---

[67] Scottish Parliament Finance Committee, 2nd Report 2004 (Session 2), *Report on Scottish Water* (2004) SP Paper 125; Water Industry Commission, *Costs and Performance* 2002—03 (2003) ch5 on efficency, Water Industry Commission, *Investment and Asset Management 2002—03* (2003) ch 5 on the capital programme.

[68] Parliament and Council Directive 2003/35/EC Providing for Public Participation in Respect of the Drawing Up of Certain Plans and Programmes in Respect of the Environment [2003] OJ L 156/17.

[69] Convention on Access to Information, Public Participation in Decision-making and Access to Justice in Environmental Matters(UN/ECE) (Aarhus) 38 ILM (1999) 517.

[70] Declaration of the UN Conference on Environment and Development (Rio) A/CONF.151/26 Principle 10.

定能够促进公众的实际参与。[71] 由此,我们会设想,感兴趣的消费者将获取上文提及的汇报和报告,理解它们并给予相应回应。这是"一个很高的要求",因而可能不是很现实。为了促进公众参与,英格兰设置了监管机构的某些较大职责以增进消费者利益。这些职责将在下文予以研究。

在苏格兰和英格兰设立的特定的消费者组织,不但代表消费者的意见,而且为监管机构、供应者和社会公众提供了沟通渠道。英格兰目前的消费者组织是水消费者委员会,[72]与其前身不同,此委员会独立于水务办公室。[73]它的权力和职能也有所扩大,包括代表消费者面向监管机构、供应者和其他团体,为消费者提供信息,要求服务提供者提供信息,开展调查和解决某些投诉。类似地,在苏格兰,水消费者咨询小组已被赋予更多任务,包括进行独立的调查以及不仅需向经济监管机构还要向部长和其他机构提供建议。[74]

独立机构是一种模式,但是设立独立机构成本高昂,所以也并不总是可行的。苏格兰和英格兰在最后一轮改革之前采用的替代方法是让经济监管机构代表消费者,但这仍然留有如何明晰消费者意见的问题。如果存在大量未得到服务的贫困人口,就会凸显这一问题。社区组织或非政府组织可能不能真实地反映整个社区的观点和愿望。所选择的机制或团体可能被子利益集团或者那些拥有时间和个人资源去参加会议、阅读文件的人"劫持"。尽管如此,我们可以视公众参与为一个关键性目标,

---

[71] 对提升公众参与形式进行讨论而且经多次改编仍然被广泛使用的经典文章是:S. Arnstein, "A Ladder of Citizen Participation" (1969) 35 J Am Inst Plan 217。

[72] 2003年《水法》第2章。

[73] 在英格兰,根据1989年《水法》地区消费者委员会(后来以"水声音"为公众知晓)成立。它们是水务办公室的一部分,而且由总干事任命。随着英国监管理论与实践的发展以及潜在冲突的出现,水声音开始独立于水务办公室行使职责。这一独立通过2003年《水法》第二部分得以完成和颁布。

[74] 2005年《水服务(苏格兰)法》第3条。

帮助供应者和监管机构实现平衡,尤其是帮助他们确定与价格相符的服务水平。

(三) 问责制

问责制在某种程度上是最难论述的治理原则。不管是公营还是私营,水服务都是政治问题;政治家可能希望维持对资费的控制。政治家可能作出短期性的政治决策使资费处于低水平,而不考虑能够确保维持和发展服务的良好战略。可替代方案是把资费交给监管机构,但是这要求监管机构自身必须具备足够的资源,尤其当服务提供者是一个跨国公司时。此外,不管服务是公营还是私营,监管机构和服务提供者都对消费者负有法律责任,关于规定法律责任的规则将不可避免地出现在部门法中。但是,责任的存在并不必然意味着存在有效救济。因此,在英格兰,水务公司也负有某些职责,但是这些职责通常由监管机构而不是消费者强制其履行。而且,监管机构可能还要承担其他责任,包括能够令公司获得投资回报,此类责任将阻碍监管机构优先践行其对消费者所负的责任。[75] 上述情况导致了英格兰最近的法律变化,即转移了监管重点,但这不一定会赋予消费者更多权力[76];在英国,众所周知,关于规定个人履行法律责任的法律存在问题。[77] 公私合作会引发额外的责任制度和法律问责制问题;因此,在苏格兰,水污染控制领域的最近改革采用了令苏格兰水务公司和建设—拥有—运营机制的运营商承担刑事责

---

[75] *Marcic v Thames Water Utilities Ltd* [2004] 2 AC 42 (HL)。

[76] 2003 年《水法》第 39 条将新的第 2 条第 1—5 项增加到 1991 年《水产业法》中,取代了第 2 条第 2 款。这些条款将在下文进一步分析。

[77] S. Hendry, "Statutory Duties: Worth the Paper They Are Written On?" (2005) Journal of Planning and Environment Law 1145; I. Roberts and C. Reid, "Nature Conservation Duties: More Appearance than Substance" (2005) 17 Journal of Environmental Law and Management 162.

任的方式。[78]

改善问责制以及让消费者和监管机构能够强制负有职责的单位履行职责的一种方式是,通过权利法案条款把提供水服务义务载入宪法。[79] 虽然参与关于"水人权"极其复杂的争论不属于本章的论述内容[80],但是,我们可以把最近发生在南非的诉讼作为水服务提供的一个具体范例。诉讼当事人可以把援引宪法条款作为一种途径,但是这仅仅是履行部门法和相关政策机制所规定的普遍服务义务[81]和对最穷苦的人一定水平"免费基本用水"承诺[82]的额外方法。供应职责包括特定的服务标准和较大职责,也被规定在前述部门法之中。供应者承担责任机制也可以发现于水服务立法之中,但需要诸如司法审查等一般法律制度予以补充。有人认为,提供更好服务的关键是改革公共部门,而不仅仅是水服务本身。的确,这是有根据的,这是因为水服务可能部分私有,而且事关"水框架"之外的诉诸法律以及更广泛的治理原则。[83]

---

[78] Water Environment (Controlled Activities) (Scotland) Regulations 2005 SSI 2005/348 rr 5, 40(1)(a), 40(1)(o).

[79] 请参见,例如南非 1996 年《宪法法案》第 2 章第 7—39 条。环境被规定在第 24 条,有关水的规定在第 27 条。

[80] See eg UN General Comment 15, *The Right to Water* (2002) E/C.12/2002/11; C. de Albuquerque, *Report of the independent expert on the issue of human rights obligations related to access to safe drinking water and sanitation* (2009) A/HRC/10/6; S. McCaffrey, "The Human Right to Water Revisited", in *Freshwater and International Economic Law* (E. Brown-Weiss, ed, 2004) 93; P. Jones and R. Ordu, "A Bibliography of Primary and Secondary Sources of Law on the Human Right to Water" (2007) UUSC Environment Program available at 〈www.uusc.org〉.

[81] 南非 1997 年《水服务法》第 3 条第 1 款和第 11 条第 1 款。

[82] DWAF, *Strategic Framework for Water Services* (2003) available at 〈www.dwaf.gov.za〉.

[83] 水管理决策和决策者必须打破"水框架"的理念是世界水资源评估计划《世界水资源发展报告(第三次)》的关键性主题。*The United Nations World Water Development Report 3: Water in a Changing World* (2009).

治理是一个包罗万象的概念,适用于诸多情形和活动,鉴于此,它和可持续发展议程有一些相似之处。有关治理的争论也可能有助于形成将"私有化"争论两极化的更微妙的方法。治理同有效监管一样,不取决于所有权模式,但是它有可能识别公营和私营部门水服务中不好的实践。公营和私营部门都需要良好的监管和治理。

五、英国模式

当苏格兰的法律人士进入世界——不仅仅是水资源领域的时候,他们被用来代表英国法律体系,该体系被自信地描述为"英国法律"或"英国结构体系"。就水服务而言,这尤为不合适;苏格兰和英格兰之间的差异是非常明显的,至少在对所有权的分析方面如此。然而,在其他方面可能会有大量相似之处。因而,占据如此之多其他变量的两种方法之间的比较,可能会给隐藏在意识形态定位之下的论题带来一些启发。

英格兰和威尔士水产业私有化的历史众所周知,在此仅作简单论述。[84] 20 世纪 80 年代,撒切尔时代的剥离接近尾声,注意力转向在当时由地区水务机构提供的水服务和污水处理服务。1989 年《水法》是英格兰和威尔士的私有化立法,同时建立了国家河流管理局以作为水环境监管机构。[85] 在 1991 年,英格兰以《水产业法》的形式进行了巩固立法。尽管 1991 年《水产业法》已被修订,但其仍然是调整英格兰目前水服务最重要的立法。[86]

---

[84] See eg K. Bakker, *An Uncooperative Commodity: Privatising Water in England and Wales* (2003).

[85] 现在该环境机构受 1995 年《环境法》第 1 部分的调整。

[86] 1991 年《水产业法》。1999 年《水产业法》、2003 年《水法》以及现行的《洪水和水资源草案》已经对此作出重大修改,可见于〈www.defra.gov.uk〉。

水服务的完全剥离全球罕见，这是因为大多数国家更倾向保留资产的长期所有权。然而，英格兰是一个例外，它提供了一种不同的关于水服务改革的全球模式。在剥离所有权和管理之后，经济和社会包括环境监管就成为政府的重要职能，并为继撒切尔政府对其他服务（特别是天然气和电信服务）进行私有化之后，在水服务领域采用私有化模式奠定了基础。然而，在水服务领域，人们并不太期望监管随着市场的发展逐渐消失。这部分是因为自然垄断趋向，还部分因为社会和环境影响。从理论上看，剥离所创造的竞争可以推动经济自由化；在实践中，该对策是有争议的，然而即使它真的能够推动经济自由化，对社会和环境监管的需求也肯定不会消失。

尽管资产被全部转让给新公司，但这些公司需持有由部长通过水务办公室授予的许可证才能提供服务。许可证至少存续25年，而且理论上国家可以至少提前10年发布公告终止许可证。水务办公室对信息提供单位所设置的委任条件是除《水产业法》及其次级法规之外有效的并行控制机制。[87] 此类条件明显降低了我们在高度监管领域把所有权等同控制的程度。有关委任条件的争议由竞争委员会判定[88]，而且建立了一个命令执行制度以确保履行法定义务或者遵守委任条件。[89] 对于违反委任条件、与另一家公司共同违反委任条件或者不能达到履行义务的标准都规定了经济上的惩罚。[90] 在一个供水服务提供者进入清算的情况下，还设置了关于发布特殊行政命令的程序，

---

[87] 目前有效的委任文书可从水务办公室网站（〈www.ofwat.gov.uk〉）上获取。1991年《水产业法》第11条对设置条件的权力作出规定。
[88] 1991年《水产业法》第12—17条。
[89] 同上，第18条。这些命令对水务办公室和部长都有效。
[90] ibid ss 22A—22F.

规定违约条款以确保供给稳定。[91]

六、水务办公室的经济监管

英格兰的水事经济监管范围广泛,有关于收费计划的规定,该计划由水务办公室负责批准。委任条件中设有价格控制[92],条件 B 规定了收费控制。为了让"通过比较来竞争"发挥作用,必须有足够多的公司运营以提供强有力的比较,因此,需要根据竞争法律和政策在一定程度上限制兼并。水务办公室对竞争事务负责,但竞争委员会拥有共同管辖权。[93] 公平交易办公室有职责将某些兼并提交给竞争委员会,这些兼并涉及的被兼并公司的营业额不低于 1000 万英镑。[94] 委员会必须考虑兼并是否将损害水务办公室在信息提供单位之间作出比较的能力,同时委员会的决定需要 2/3 多数通过。[95] 鉴于此种损害或负面影响,必须权衡任何与之相对的消费者利益。然而,唯独水服务市场,消费者的利益仅在下列情况下才会被优先考虑,即,消费者利益较之对水务办公室造成的损害在实质上更为重要,或者对消费者利益的考虑并不会妨碍损害的解决。因此,这些规则正是对水服务的特殊性质——尤为缺乏直接竞争作出的回应。

---

[91] ibid ss 23—26. 法院根据部长或者水务办公室的申请发布这些命令,而且将要确保水服务提供者的制定法职责仍然能够由另一家公司履行,如果有必要,可以依据职责或者地区划分水服务提供者。申请公司破产的请求,可能出现的自愿破产或者申请根据《破产法》进行管理的请求都将不会得到批准。这项特殊的管理命令虽然会考虑债权人以及公司成员的利益,但是将会优先确保向消费者提供服务的稳定性;受许可的提供者也要受到这些命令的调整。

[92] Above n 87.

[93] 1998 年《竞争法》。设立竞争委员会以取代垄断和兼并委员会;竞争委员会负有与水产业相关的各种职责。

[94] 1991 年《水产业法》第 32—35 条。

[95] ibid s 34.

通过比较来竞争存在固有困难。一份报告研究了英格兰的产业财务结构,特别是一些公司所趋向的具有较低股本和较高债务特征的财务结构,该报告得出的结论是,财务结构的多样性或许是可取的,监管的稳定性也是如此。[96] 一些预料之中的兼并活动并不必然削弱未来的比较竞争。巴克(Bakker)认为,在为稳定和效率而进行的监管与为合理的股本收益而进行的监管之间存在着矛盾,结果是,监管不断受限,以至于与其他商业领域相比,监管逐渐丧失调控空间,仅此方面就使得公营公司对处在这种情况下的经营不感兴趣。[97]

七、苏格兰之水:"安全、清洁、可负担、公共"

英国保守党政府(梅杰政府和撒切尔政府)领导的苏格兰供水产业非私有化历史并不为人所知。当时,苏格兰正处于政治经济困难时期,呼吁保持"苏格兰的水……安全、清洁、可负担和公共"的公共活动不仅反映了人们对公共供水的依恋,还表达了一些其他的政治不满。[98] 尽管如此,在苏格兰,人们强烈认为水服务仍然应该公有。在1994年斯特拉思克莱德举行的居民公投中,合格选民的比例是71.5%。在这样一个不同寻常的高投票率中,97.2%的选民对私有化投了"反对票"。[99]

斯特拉思克莱德公投是在一系列政府磋商之后举行的。政府磋商主要解决苏格兰水输送和污水处理服务的选择问题,该

---

[96] DEFRA and OFWAT, *Structure of the Water Industry in England: Does it Remain Fit for Purpose?* (2003) available at ⟨www.ofwat.gov.uk⟩.

[97] K. Bakker, "From Public to Private to... Mutual? Restructuring Water Supply Governance in England and Wales" (2003) 34(3) Geoforum 359.

[98] S. Hendry, "Scotland's Water-Safe Clean Affordable Public" (2003) 43 Natural Resources Journal 491.

[99] J. Arlidge, "Scottish Tories Urge Rethink of Water Plan", *The Independent*, 2 April 1994 available at ⟨www.independent.co.uk⟩.

问题的产生源于地区市议会的解散和取而代之的单层级统一行政管理机构的设立。[100] 方案之一是完全剥离,结果,至少在一定程度上由于政治和公众压力,政府决定以非政府部门公共机构的形式设立了三个地区水务机构以维持公共部门的供应。[101] 至少在20世纪90年代,人们并不认为这类公共机构需要像对私人部门那样高水平的监管。尽管如此,公共机构还是需要一定程度的正式经济控制和消费者代表制度,因而1999年《水产业法》规定了水产业专员作为经济监管者。[102] 该专员不具有和水务办公室总干事同等的权力,特别是,他不能收费,不过可以建议部长收费。[103] 在水产业专员开始工作后不久,就可以清楚地看到,深入的机构改革将是有益的,而且出现的提议之一就是合并三个地区机构,并把它们保留在公共部门之中。

水产业专员的第二次战略性收费审查为这项提议提供了相当大的进一步支持。[104] 该审查表明,如果保留这三个管理机构,价格按实值计算将上涨23%到31%。如果仅有一个管理机构,价格将仅上涨8.4%。一项涉及范围广泛的议会调查也强烈建议建立一个统一的管理机构。[105] 这一论证毋庸置疑,而且执行委员会继续建议创建苏格兰水务公司。该议案在2002年2

---

[100] Scottish Office, *The Case for Change* (1991); Scottish Office, *Shaping the New Councils* (1992); Scottish Office, *Water and Sewerage in Scotland: Investing in the Future* (1992); Scottish Office, *Shaping the Future: the New Councils*, Cm 2267 (1993).

[101] 1994年《地方政府等事项(苏格兰)法》。标题中的"等事项"是指水和污水。

[102] 1999年《水产业法》第2章;本法主要是英格兰法,也是解决苏格兰水服务问题的最后一项威斯敏斯特立法。

[103] ibid s 13.

[104] Water Industry Commission, *Strategic Review of* Charges 2002—2006 (2001) available at 〈www.watercommissioner.co.uk〉.

[105] Scottish Parliament, *Report on the Inquiry into Water and the Water Industry* (2001) (Transport and Environment Committee Report No 9 of 2001).

月通过[106],继而新公司在同年 4 月 1 日开始运营。苏格兰水务公司是一个垂直一体化的国家垄断公司,几乎向所有苏格兰人提供服务——为超过 95% 的人口提供水服务,为超过 90% 的人口提供污水处理服务。[107] 剩余部分由私营供水者负责,这些通常是化粪池。前已提及,有限的市场自由化已被引入[108]这一最大的产业,不过仅扩展到了该产业的零售领域(计费和消费者服务),并不涉及供应领域。

适应新的经济和财政规划体制[109]会面临很多困难,包括上文提到的缺乏数据,以及欠缺对小型商业用户耗水率急剧上升所致影响的考量,这为苏格兰议会的财政委员所发现。[110] 正如前文所讨论过的那样,财政委员会建议用一个委员会代替单个委员,目前水产业委员会决定收费而不再向部长提建议。[111] 争端被诉诸英国竞争委员会,该委员会具备审查水产业委员会经济分析、收费计划和许可活动的专业技术。[112] 价格会在部长所设定的政策目标范围内予以确定。[113] 按照这项新制度,苏格兰水务公司被特别要求提供年度汇报,这是被要求提供的规模最大的年度信息。其汇报的格式和内容要紧密依托水务办公室的六月汇报。允许水产业委员会对苏格兰水务公司和英国信息提供单位进行一些对比分析有很多优点。同时,水产业委员会要求苏格兰水务公司提供的技术信息须经《报道者》确认,这种情

---

[106] 2002 年《水产业(苏格兰)法》。

[107] Scottish Executive, The Water Services Bill: The Executive's Proposals (2001) para 2.2.

[108] 2005 年《水产业(苏格兰)法》。

[109] S. Hendry, "Water for Sale? Market Liberalisation and Public Sector Regulation in Scottish Water Services" (2008) 16 Utilities Law Review 153.

[110] See Scottish Parliament Finance Committee (above n 67).

[111] 2002 年《水产业(苏格兰)法》第 29 条第 2 款。

[112] Water Services etc (Scotland) Act 2005 (Consequential Provisions and Modifications) Order 2005 SSI 2005/3172.

[113] 2002 年《水产业(苏格兰)法》第 29 条第 4 款。

况也发生在英格兰、澳大利亚昆士兰州和其他法域。

当我们研究苏格兰的第三次全面战略性收费审查时,该审查似乎开始以监管私人部门的类似方式监管公共部门,从而在公共部门创造与私人部门可比的效率,同时仍然保持着由公共部门提供服务的精神。[114] 这已经通过以下两种方式得以实现,即,建立一个以水务办公室模式为基础的特定的部门监管机构,而且要求提供类似的监管汇报。如果水服务由政府提供,那么分离水服务及其预算就首先需要采用商业化原则——正如将这些原则适用于苏格兰水务公司会使得该公司较其前身更富效率一样。这是运行监管机制的结果。

确实,苏格兰和英格兰都采用比较方法,确定包括服务标准、消费者关系和既存漏洞在内的整个范围的最优效率和目标。其中一些最佳目标无需通过地区比较就可以设定,但是其他目标大概不能如此。始于苏格兰而在英格兰被广泛考虑的一种解决办法是产业剥离,它可以改变产业构成要素的所有权结构。[115] 苏格兰和英格兰存在很多共同点也是事实,包括一般法律制度的某些方面以及许多社会文化、政治和经济环境。尽管如此,在这些比较所呈现的相对狭窄的范围内,一个似乎没有改变监管体系效果的因素就是产业所有权本身。

八、较大职责和社会监管

尽管苏格兰拥有一个混合的法律体系而英格兰没有,但是人们会认为苏格兰现在的法律体系较之于民法法系,跟普通法

---

[114] 《决议草案》已经被颁布以供评论。Water Industry Commission, *The Strategic Review of Charges 2010—2014*: *The Draft Determination* (2009) available at 〈www.watercommission.co.uk〉.

[115] 2005 年《水服务(苏格兰)法》;就英格兰而言,请参见注释 24。

系具有更多相似之处。[116] 当然,就监管法律和监管体系而言,苏格兰人实现这类监管的方法和英格兰稍有不同。相似之处在奥格斯(Ogus)的经典分析中被证实[117],奥格斯从以下几个方面进行了比较,即:普通法系和大陆法系工业化国家的经济和社会监管,特别是法院的作用、在管理私人部门中对合同法的适用、监管机构的特点和形式以及实施机制。

设置制定法职责可以被看做是一种英美的提供受监管服务方法的一部分。苏格兰和英格兰的水服务立法广泛利用制定法职责。英格兰的制定法职责在控制私人部门时尤其有用。鉴于此,较大的一般职责不由服务提供者承担,而是授予部长和监管机构。[118] 2003年《水法》大幅度修改了这些职责,专门提高了对消费者的保护。起初,这些职责首先要"保障水服务信息提供单位职责的履行",其次是确保企业能够获得合理的资本回报。[119] 次于上述职责的是保护消费者、促进经济和效率以及推动竞争。[120] 然后是附属的环境和娱乐责任。[121] 但是,修订后的法律把推动实现"消费者目标"作为首要职责。[122] "消费者目标"进一步被界定为"在任何适当情况下通过推动有效竞争"保护消费者利益。[123] 进一步要求给予某些消费者群体特殊(但不是排他的)关注,包括病人和残疾人、领取养老金的人、低收入者以及生活在乡村地区的人。这可能会使一些人感到满意,这些

---

[116] 当然,尽管普通法系没有比民法法系更多样化。see eg P. De Cruz, *Comparative Law in a Changing World* (3rd edn, 2007) 232—3.

[117] A. Ogus, *Comparing Regulatory Systems: Institutions, Processes and Legal Forms In Industrialised Countries* (2002) Centre on Regulation and Competition Working Paper No 35.

[118] 1991年《水产业法》第2条。

[119] ibid s 2(2).

[120] ibid s 2(3).

[121] ibid s 3.

[122] ibid s 2A(a).

[123] 1991年《水产业法》第2条第2款,反映了2000年《公用事业法》第9—13条对其他服务作出的规定。

人往往担心私有化产业已经造成歧视某些群体的高收费,特别是居住在采用水计量区域的群体。第 2 条规定的其他新职责特别要求部长和主管机构"促进经济和效率"、"促进实现可持续发展"以及"考虑最佳监管实践的原则"。在水资源养护方面设置了适用于部长、信息提供单位和所有公共管理机构[124]的新的一般职责,而且在提高用水效率方面也设置了新职责;信息提供单位已经负有提供"高效且经济的水服务"的职责。[125] 在大多数情况下,这些变化反映了对社会议程的关注;在经济监管环境下,这些变化将涉及环境监管。

在苏格兰,部长和苏格兰水务公司的一般职责仅仅是"促进水资源……的养护和有效利用……以及向整个苏格兰提供充足的水"。[126] 水产业委员会的一般职能是增进消费者利益[127],尽管根据苏格兰 2005 年《水服务法》,这项职能已经被修改为增进生产经营场地与公共系统相连或者可能相连的人的利益。[128] 水产业委员会对接受由私人部门向市场提供的服务的人不负有这一职责,但是它继续通过苏格兰水务公司监管向那些新市场参与者提供的大规模服务。

这些较大职责十分重要,因为它们创建了作出监管决策的环境,而且它们也影响其他职责的履行,特别是践行由服务提供者自己承担的更为具体的供应职责。[129] 另外,正是因为苏格兰和英格兰的所有权模式不同,这些较大职责在两个法域差异显著。在涉及私人部门参与的情况下,服务于最贫穷和最脆弱人的利益的职责就必须由监管机构来承担,因为这类职责将会与公司自身以及那些为其活动提供资金的人的私人利益发生冲

---

[124] 2003 年《水法》第 81—83 条。
[125] 1991 年《水产业法》第 37 条。
[126] 1980 年《水(苏格兰)法》第 1 条。
[127] 2002 年《水产业(苏格兰)法》第 1 条第 2 款。
[128] 2005 年《水服务法(苏格兰)》第 1 条。
[129] Marcic (above n 75).

突。对英格兰和苏格兰经济监管的体系与运行的分析证明了两者之间存在着大量相似之处,但是英格兰对社会监管的规定更加广泛,这是所有权模式导致的直接结果。

九、结论

水服务的供应和监管备受争议,而且两极化严重。它涉及极其复杂的技术、社会、经济和法律问题。细致入微地辩论这一论题的机会很多,但是即便在学术界也很少有人对之进行讨论。事实上并非所有权不重要,但是正确的问题是所有权为什么重要以及如何重要。一方面,由于经济效率,人们通常认为所有权不重要。在竞争适当且可行的情况下,只要通过监管就可以实现所有权。另一方面,由于社会、政治和环境问题,所有权又十分重要。由于人们根深蒂固地认为"水应该是'免费的'"或者至少"不应该受私人利益影响",因而所有权重要。提议引入私人部门,通常会招致强烈反对,特别是在垂直一体化结构中。传统的争论是一种经济性争论,它表明私人部门需要利用经济监管来控制价格和获取资本回报。然而,公共部门可能效率低下,同时再次显现出垄断特征。苏格兰的尝试显示,在公共部门实行严格的经济监管是必要、可行且有效的,这仅仅是因为它控制企业的行为,我们在昆士兰州也可以看到这种情况,该法域的公私部门都受到相似的监管、商业计划和报告安排的制约。于是,所有权就不是经济监管的区分因素了。

然而,当为了消费者和环境而考虑社会监管以及试图管理社会政治议程和改善治理时,所有权可能是一个非常重要的变量。在服务或者产业的关键构成要素仍然由公共部门控制的情况下,只要价格上涨能够带来服务改善,而且存在着与信息透明和公众参与决策相关的适宜机制,价格上涨的阻力就会相对较小。问责制在公共部门中不是没有问题,但是人们的意见相对较少。尽管出于投资需要吸引私人部门的需求尚未减弱,但是私人部门却越来越不愿意如此参与进来。必须找到其他前进的道路,而且它们将会继续与公共管理机构相关。鼓舞人心的是,能够找到监管公共管理机构经济效率的方法。值得考虑的是,关注公共部门可能会消除,或者至少会减少一些水服务中普遍存在的社会问题。随着世界人口不断增多,水质恶化以及水资源需求猛增,有必要改变根深蒂固的立场。如果那些争论术语含义的人能够意识到不同所有权模式的选择及其后果的细微复杂性,那么根深蒂固的立场就更有可能发生改变。然而,人们更容易认识到,在大多数地区,体系完备和管理优良的公共部门才是未来提供这些服务的方式。

第 15 章

国家最高支配权和监管变化

路易斯·艾丽兹*

摘要：国家最高支配权这一概念更多地被认为源于公权力，而不是一种完全的财产权。因而，它指的是主权者制定和阐释适用于私人主体的规则的权力。这一领域反复出现的两个主要问题是：(1) 主权者对地下自然资源所享有的权利和权力（国家最高支配权）与所有权人所享有的开采此类自然资源（关于储藏和产出的烃类能源）的继受权利（也就是财产权）之间的冲突；(2) 对监管权力的限制，尤其是在面临当代被援引为紧急状态的情形下；无论这种限制是作为实施国际法标准的一项例外，还是作为对财产权的修正。国家最高支配权的性质已经在阿根廷《烃类能源法》及其《宪法》中得到了确认，而且新《宪法》第124条把国家最高支配权视为原始支配权。根据国家干预政策与私营企业主动性之间的辩证相互作用，本章分析阿根廷监管的过去、现在和未来。此外，本章还对因这些变化产生的新局面进行论述。

关键词：财产所有权，自然资源，财产法，阿根廷，石油资源

---

* 路易斯·艾丽兹(Luis Erize)，布宜诺斯艾利斯(阿根廷)戈特海尔律师事务所执行合伙人，布宜诺斯艾利斯国立大学(阿根廷)前宪法学兼职教授；e-mail：erize@ abele dogottheil. com. ar。
中文译文对一些注释的内容做了简化处理。——译者注

一、自然资源所有权:起源相同的两个竞争者和租约概念

这些年来,自然资源所有权一直是一个敏感问题,它不但是国际边界冲突的起因[1],而且在国家领土范围内也引发了边界争端。这种情况又引起了诸多相关问题。

首先要考虑的问题同这些资源的性质有关:它们不是由人类创造的,也不是人类劳动和自然相结合的产物,但是它们无需转化就拥有价值。然而,它们并不具备或者至少不完全具备所谓"公地悲剧"的复杂性;这是因为,这类物品需要借助相当多的技术和经济手段才能进行勘探、开发,进而成为交易对象并被消费。

每个人无需付费即可自由获取公产会导致资源(公地)过早枯竭,这是外部性经济理论的起源。这一理论在许多活动中都能发挥作用,尽管程度不同;全球变暖只不过是结果之一,甚至更普遍的是,目前人类的任何干预活动都会对环境造成不可避免的影响。[2]

自然资源勘探、开发和开采的技术复杂性和资本密集性导致了既有(自然)因素和附加值(开采和加工)因素之间的复杂关系,而且也使得技术发达的资本密集型商业实体容易面临采矿风险。

"公地悲剧"指的是一种稀缺资源的非拥有者在这类资源具有商业价值时的过度开采。这需要将外部性内部化,也就是说,

---

[1] 一个悲剧性的事例是玻利维亚和巴拉圭之间的查科战争。战争源于误认为大量珍贵资源储藏位于双方所争夺的区域;事实上,这些珍贵资源储藏位于更西的区域。

[2] J. Roberts, D. Elliott and T. Houghton, *Privatizing Electricity-The Politics of Power* (1991) 15—16 describe such effects with regard to energy production.

在某种程度上不由消费者负担与资源消耗有关的那部分成本。[3] 在市场条件下,外部性及其经济计算可能会通过分配这类成本的多种机制得到解决。即使结论通常是,由环境损害引起的成本内部化机制在某种程度上仍会保留某些成本的外部性,对于能源来说也是如此。一般化的能源消费补贴具有同等效果。

出于政策上考虑,很难确定普通公民更喜欢过一种税收较高而收入较低的生活,而不是最后被收取与他或她消费服务或商品利益相关的费用。因而,"公地悲剧"作为一个经常讨论的经济问题反复出现。总有一个潜在的竞争者能够同时拥有对自然资源的国家最高支配权和开采自然资源的权利,它就是国家。然而,当私人参与同国家活动共存时,就产生了纠纷。阿根廷法院对可以界定为"国家最高支配权"的限制进行了讨论。在布宜诺斯艾里斯省诉布兰卡港电力公司(*Prov de Buenos Aires v SA Empresas Eléctricas de Bahía Blanca*)一案中,联邦最高法院认为:

> 在公司资产通过具有特许性质的途径取得但需要受公共利益制约的情形下,授权国家对适当的服务提供采取合理必要的保护措施。但是,这并没有证明这些保护措施与国家最高支配权的同化具有正当性,也没有解释这些措施与在某种程度上实质忽视财产权的公权力的区别。

假设国家拥有以向世世代代征税为基础的无限的财政资源,而且对贴现后的现金流也无需特别关注,主权者就可以将其重心转向长期规划,从而圈定未开采的自然资源并保留它们由国家直接排他性开发或者由私人运营商以主权者的名义或为其利益而间接开发。国家可以藉由各种各样的合同实现上述

---

[3] See L. Erize, "Dependent Variables in the Selection of Stimuli or Charges for an Environmental Policy" in *Symposium on Tax and Financing Aspects (Including Stimulae) for Environmental Protection* (1978).

目的。

　　然而,这一目标的实现需要同整个经济活动范围相关的大量安排和政策阐释。很少能够在国家大片保留区域内的经济活动与私人主动性之间实现平衡,因而就会明显转向计划经济政策。

　　在最坏的情况下,后代利益可能会为武断的国家目的所牺牲。国家或者国家计划经济和市场经济之间激烈斗争的强度已有所下降,而且意识形态的影响也有所减弱。然而,主权属性(以民族国家的形式)和全球化趋势(依赖竞争优势和开放市场的经济理论)之间的争论从未停息。

　　受移民影响大的国家(美国以及受影响程度较小的其他发达国家,包括阿根廷)从一开始就采用向外来人口开放的模式(既包括他们的积极性又包括他们的储蓄、资本积累),这些国家已达到将开放作为宪法主要目标和信条的程度。

　　这些原则无不是在尝试或者冲突中确立的。美国和阿根廷分别在其独立战争后发生了内战。两国已经用具有相似性的共同悲剧——内战——证明了这一点。

　　这就引发了针对所谓的最高支配权理论的讨论,即,联邦政府或州政府享有的最高支配权是否与自然资源的自由获取和高效开采相矛盾。下面我们将从这一讨论转向监管变化的一个方面。

　　在过去的一份出版物中,莫里诺(Morineau)[4]讨论了许多学者对下列观念的合宪性所持的不同观点,即,地下资源直接归国家所有,而不是将国家最高支配权解释为间接权利并允许将这些权利赋予私人主体并等同于完全的财产权,即使私人主体开采自然资源要受到很多条件的限制。莫里诺认为,不能将开采权同化为对物权,否则就会妨碍国家在未来对开采权予以

---

[4]　O. Morineau, "Régimen Constitucional del Subsuelo de México" in *Los Derechos Reales y el subsuelo de México* (1948) 197—296.

变更。

通过国际仲裁裁决解决这类争端已经成为一种趋势,在劳特派特(Lauterpacht)的一篇文章中可以看到对最为相关的一些争端的早期总结。[5] 该文回顾了英国石油公司/利比亚(BP/Libya)一案、日本拓普康公司(Topco)一案、美国石油公司(Liamco)一案、阿米诺公司(Aminoil)一案、沙特阿美石油公司(Aramco)一案、蓝宝石公司(Sapphire)一案等案例,不是从界定权利法律性质角度,而是从界定权利在国际法中的范围和效率角度提出权利保护。

阿根廷学者马林霍夫(M. Marienhoff)教授对国家最高支配权概念进行了合适的界定[6],即,国家最高支配权这一概念更多地被认为源于公权力,而不是一种完全的财产权。因而,它指的是主权者制定和阐释适用于私人主体的规则的权力(不过,国家最高支配权要受到宪法所赋予私人主体的保障的限制)。

这一领域反复出现的两个主要问题是:

(1) 主权者对地下自然资源所享有的权利和权力(国家最高支配权)与所有权人所享有的开采此类自然资源(关于储藏和产出的烃类能源)的继受权利(也就是财产权)之间的冲突;以及

(2) 对监管权力的限制,尤其是在面临当代被援引为紧急状态的情形下,无论这种限制是作为实施国际法标准的一项例外,还是作为对财产权的修正(可能只起到临时作用,也没有限制赔偿持有损害赔偿裁决的受影响的投资者的义务)。

在阿根廷,《烃类能源法》第 1 条赋予联邦政府以国家最高支配权,将其作为国家对地下石油和天然气资源(储藏)所享有的"不可剥夺的和非依时效取得的"财产。经第 24145 号法律

---

[5] E. Lauterpacht, "Law and Policy in International Resource Development" (1993) 11 JERL 145.

[6] *Tratado del Dominio Público* (1960) 37.

修改后,当现有特许期限届满时,这种最高支配权归于资源所在省。随后,1994年改革后修订的《国家宪法》第124条,承认各省对位于其管辖范围内的"全部自然资源"享有最高支配权。这类权利可能不会限制在联邦政府所授予的现有许可或特许区域内进行勘探和开采烃类能源的权利。根据以授予所有权为目的的特许,开采特许权持有人被赋予开采油田的排他性权利。正如《烃类能源法》和第24145号法律所规定的,原油和天然气一旦生产出来以后,其权利根据特许文件归特许权持有人。

国家最高支配权的性质不仅在《烃类能源法》[7]中的得到了认可,而且在《国家宪法》中得以确认;宪法修订后的第124条将国家最高支配权解释为原始支配权。即便是相同的理念在实践中也存在差异,正如阿根廷《烃类能源法》以及,例如,墨西哥《宪法》第27条所表现的那样。[8]

主权者扩大供应安全的概念,以证明在确定为具有"战略性"的部门进行管制和干预的合理性,以及在需要的时候,将其视为地缘政治的议题,排除在纯粹的市场经济之外。然而,这些决定必然与财政和货币政策相关,与关于能源领域战略性考虑的政策密不可分。贸易平衡可能会受到能源不能自给自足国家支付巨额能源进口款项的需求,以及因货币大幅度贬值造成的人口贫困所引发的社会压力的影响。大幅度货币贬值是国内通货中最臭名昭著的铸币税工具,以此在外汇管制中通过改变贸易平衡来实现收支平衡。

外汇风险问题与货币政策有关,货币政策是国家主权的一个方面,政府通过货币政策具有决定汇率的权力。

"货币权力"是:

---

[7] L. Erize, "Argentina's Exploration Plan: The Return of Exploration Permits and Exploitation Concessions" (1992) 10 JERL 241.

[8] E. Murphy, "The Dilemma of Hydrocarbon Investment in Mexico's Accession to the North American Free Trade Agreement" (1981) 9 JERL 262 n 13 explores the concept applied in this country.

这样一种表述,即,国家选择作为通货的货币符号,在按照官方价值单位将所有其他价值转换为同种价值时,必须以该货币符号进行计量。此外,还有排除其他所有人的高度特权所产生的单位利益,这些特权包括强制使用(强迫接受)、偿付所有债务和信用(法定货币)以及价值在原则上长期固定(名义价值)。[9]

由于国家主权的行使,联邦政府拥有发行和印制货币并决定其价值的权力。在没有任何武断行为的情况下,政府行使这种权力可能不会遭到司法机关的反对。然而,需要对这种主权性货币和外汇政策的滥用行为施加一种限制,否则,这将意味着行政部门为了以最符合其自身利益的方式将收入从一个部门转移到另一个部门,有可能在社会成员的资产净值之间进行套利交易。这显然是违反宪法的。

国家的货币主权及其征收"铸币税"[10]的权力使其有能力确定具有法定货币效果的通货及其价值,但是,这种权力不得被滥用。扩张性货币政策破坏货币的价值,在这种情况下,社会通过降低这类货币的交换价值予以回应,从而引起货币周转率的显著提高[11],降低了货币在每次新交易中的价值。这种螺旋式发展在极端情况下会导致恶性通货膨胀。[12]

科洛姆阿托(E. Colombatto)和梅西(J. Macey)[13]认为:

---

[9] D. Carreau, "The Monetary Sovereignty at the End of the 20th Century: Myth or Reality?" in *Souveraineté étatique et Marchés Internationaux à la Fin de 20ème Siécle* (2000) 491.

[10] A. Nussbaum, *National and International Monetary Law* (1954) 44 ff.

[11] 指单位货币在每年周转的次数。P. Samuelson and W. Nordhaus, *Economics* (12th edn, 1998).

[12] 关于操纵货币政策和财政政策的一项重要回顾,请参见下列文献:Fi Hiemenz and P. Trapp, *Argentina: The Economic Crisis in the 1980s* (1985)。

[13] E. Colombatto and J. Macey, "New Stories on Exchange Rate Policies in Transition" in *Economic Dimensions in International Law-Comparative and Empirical Perspectives* (1997) 371.

汇率制度的选择既不是任意的也不是武断的。特别是,我们认为,传统的外汇经济对许多转型经济体的影响不太大;相反,寻租现象却更可能盛行,尽管它或许会利用技术规则为潜在的政治指责提供辩护或者掩盖部分福利再分配的影响。

通过行使监管权力来分配造成的损失不属于外汇政策的范畴。一项外汇政策在于确定汇率以及作为受其控制对象的主体进入外汇市场的条件。从而,外汇政策加上货币政策使得本国货币供给完全取决于政府自身的意志。然而,政府滥用权力确实会造成严重后果。

政府假装将货币贬值的后果从一个部门转移给另一个部门,却试图在不同部门之间进行套利交易,这就构成对这类权力的滥用。这种损失分配超出了外汇政策的范围。外汇政策加上货币政策构成了外汇平衡的其他方面。

因而,政府决策不仅确定了货币供应量,还产生和扩大了政府监管的其他货币总量(最重要的货币总量由经营信用货币的银行体系中的经常账户和定期存款构成)。然而,如果将本国货币的价值予以固定,那么,对货币增发以及外汇市场准入的控制就会大大有别于建立不同的方法来取消金钱债务的权力,而这种权力超出了货币和外汇政策中主权权力的行使范围。

阿根廷在2002年经济危机期间颁布的《突发事件应对法》未经调整,便将美元牌价降低到本国货币票面价值水平(提前贬值)。该法超出了货币和外汇政策的主权行使范围。该法断言,通过调整各自合同的路径,提前贬值的做法应该能够在4个月内实现特许权人和受许可人经济平衡的恢复。

如果不这样做、不努力遵从立法机关的这种指示,行政机关就会宣布紧急情况仍然存在,并通过一系列行政法规干预整条能源价格链中价格的确定。在这种掩盖下,政府以一种无法预见的方式,继续安排和重新调整由货币和外汇政策所造成的经济和法律后果的转移机制。

专制行为(The Fait du Prince)的理论则具有完全不同的基本特征:国家援用主权者权力中固有的特权,但是这类特权的行使完全源于一项具体政策而不是一种无法预料的即时性事件。不管是由于先前汇率管制的放松(自由或者受限制的浮动汇率制度)还是由于官方汇率的确定,货币贬值与各种各样的价格管制政策不相关。这类政策适用于货币贬值后或者汇率政策变化时商定的合同或者进行的交易。正如下文将要阐释的,再现的争论事关把能源合同的术语条款和以美元计价的价格按照单独适用于它们的差别汇率转换成本国货币,但这不是铸币税的结果,而是实行严格的价格管制政策的结果。严格的价格管制政策应该负有尊重财产和既得权利的义务,否则,就应该赔偿因违反这类义务而造成的损失。

同货币政策一样,财政政策能够掩盖其他不太明显的操纵经济因素的目的,以便对目标活动进行事实上的征收或者间接征收,或者改变投资者的国籍、投资者与该国的关系、活动进入该国的渠道或者这项活动的大部分收入。

很多人察觉到了这一转变。福斯特(G. K. Foster)[14]认为:

> 国家已经认识到,公然实施国有化计划……会对投资产生寒蝉效应,造成外交关系紧张,而且国家需要面对有利于投资者的巨额损害赔偿裁决。因此,最近几年,当国家意图影响投资者的收入时,它们往往采取更为狡猾的方式。目前,国家一般只是通过受其规制的国内实体或者通过设置监管负担以及减损投资价值的税收惩罚来间接控制外商所有的资产。

---

[14] G. K. Foster, "Managing Expropriation Risks in the Energy Sector: Steps for Foreign Investors to Minimize their Exposure and Maximize their Prospects for Recovery when Takings Occur" (2005) 23 JERL 37.

根据国家干预政策与私人企业主动性之间的辩证的相互作用,接下来的两部分分析阿根廷监管的过去、现在和未来。第四部分将对这些变化造成的新局面予以论述。

二、阿根廷烃类能源的开发历史

阿根廷同样存在上文提及的辩证关系。石油和天然气主要保留给国家,通过不定期的[15]且有争议的钓鱼政策引诱投资者和石油公司在不同阶段不同程度地参与勘探开发活动。两次尝试的失败(以石油生产国的商业贸易赤字所表明的客观效果来衡量)[16]导致军政权在20世纪60年代末(但是该法目前基本上仍然有效,因为它被证明是一种合适的法律工具)制定了一部烃类能源法,以受到充分肯定的岔路政策(fork-in-the-road policy)来监管上游能源部门。这是因为军政权基本上考虑了两条道路,但是把选择哪条道路的难题留给了政府。

现行法律框架实施1967年制定的《烃类能源法》(第17319号法律)和1992年10月13日制定的第24145号法律,通过新规定进一步将最高支配权授予各省[17](这就是所谓的权力下放法,第26197号法律)。《烃类能源法》允许实行不同的石油政策:

---

[15] "加利福尼亚"曾有过一段类似经历,但是从未切实实施,这就是一个实例;另一个事例是1958—1962年间短暂的"石油战争",它以废除阿根廷总统弗朗迪西时代的石油服务合同而告结束。

[16] 我们指的是1963年(第744/63号法令)对原油生产合同的废除。关于20世纪80年代原油生产储量的下降情况,请参见 *The Argentina of the 90's—Economical Performance in a Context of Reforms* (D. Heimann and B. Kosakoff, eds, 2000) 1—82。1972—1975年期间和20世纪80年代的大部分时间,也出现了烃类能源生产的停滞和下降;与此同时,国内价格与国际价格相分离。

[17] Court of Appeals, Rosario, Panel IV, 5 April 1982, Jurisprudencia Argentina. 982-III-753; T. de Pablos, in *Comentarios a la Ley de Hidrocarburos* (La ley, 134—1403); E. Catalano, *Mining Law Course* (1995) 413。

(1) 与石油矿藏管理局(当时的国有石油公司)签订产品分成合同或者服务合同;或者

(2) 授予私人部门勘探许可和开采特许。

增加第 124 条最后一款的宪法改革于 1994 年通过。该款规定"各省对位于其管辖范围内的自然资源享有原始的最高支配权",从而结束了地方各省和国家之间长期争夺包括石油、天然气在内的自然资源最高支配权的历史。这种"原始的"或者最高支配权不是被作为财产权而授予的一项对物权。对地下石油和天然气资源的这种权利是准许对油气资源的提取和开采活动实施一种广泛监管以及准许依据产量收取费用或矿业特许税费的权利的基础;但是,石油和天然气一旦开采出来,其所有权就属于获准生产它们的实体,尽管该实体是上述监管的对象。

开采特许权的持有人享有占有和自由处分从油田开采出来的全部烃类能源的权利,这类权利源于根据矿业法和行政法规所规定的特许权的性质。开采权可能被同化为《矿业法典》第 128 条所规定的权利(尽管类推适用可能会引起争议,因为《矿业法典》第 388 条已经对此作出限制)。矿藏只需在特许期限届满后归还国家。即使是委内瑞拉政府,最近也间接承认了这一点,它声明它具有在相应的特许期限届满之后,收回对这些矿场的权利的意图。

在 1967 年进行首次招标之后,阿根廷军政要颁布的《烃类能源法》在接下来的数十年间并没有适用于特许权(例如这里探讨的特许权)的授予。然而,该法在 1983 年—1989 年间反而被政府广泛适用。不过,1985 年推出休斯敦计划后,该法被一系列勘探许可、开采特许以及私营石油公司同国有公司石油矿藏管理局签订的联营协议取代;石油矿藏管理局后来也成为私有化的对象。

继《烃类能源法》之后的第二种替代方案是允许行政机关委托私人部门勘探和开采石油和天然气。20 世纪 60 年代末,行政机关颁发了 20 个勘探许可证。此后,再没有依据《烃类能源法》颁发过新的勘探许可证。直至第 21778 号法律(1978 年《风险合同法》)通过,私人部门才得以重新开展勘探活动。

1985 年休斯敦计划为勘探开采石油和天然气制定建立了服务合同制度,规定了有关勘探和开采期间;这种制度不同于《风险合同法》或《烃类能源法》所规定的制度。该计划还就工作条件(地震波反射法勘探方案或探井方案)作出了规定。根据石油矿藏管理局所承担的成本份额,允许其享有合资企业最高 50% 的参与权益;生产出来的全部原油按照国际同等原油价格减去 20%—30% 折扣后的价格交付给石油矿藏管理局,该折扣用于向该局支付矿业特许税费。按照休斯敦计划在 1989 年末进行的最后一次招标并不成功,因为几乎没有公司对此感兴趣。

通过一个实质上完全不同的框架,勘探许可证得以重新颁发。这些许可证是根据 1991 年 10 月 31 日第 2178/91 号法令所规定的《阿根廷勘探计划》进行招标活动的结果,[18] 以及对某些所谓"休斯敦合同"予以恢复的结果。对此,将在下文讨论。

能源部门是一个特别敏感的领域,这是因为它在过去完全由政府垄断,而且是掩盖财政赤字的一个富有部门。早在 1993 年之前,石油矿藏管理局当时作为国有公司已受托负责(1)全部油田的经营,它在这里通过与私人部门石油公司签订服务合同的方式努力弥补自己的低效率;(2)输送管道;以及(3)下游产业监管。它通过确定所有原油和汽油的价格、运费以及精炼厂的利润来监管下游产业。石油矿藏管理局拥有阿根廷超过 60% 的总炼油能力。

由于能源政策不可能不受政治的影响,因此,20 世纪 60 年代末和 70 年代的军政权延续了对这些资源的国家垄断以及多

---

[18] See L. Erize, "Argentina's Exploration Plan: The Return of Exploration Permits and Exploitation Concessions" (1992) 10 JERL 233.

种多样且不断变化的私人部门协助模式。

阿根廷已经尝试过许多不同形式的勘探服务合同,而且这些不同时期的合同存在部分重叠。一些格式合同层次叠加,从市政工程合同到服务合同、偿付账户或资本账户合同、风险服务合同(该类合同从军政府视角看是"外围私有化"的结果)、增产曲线合同以及最后的所谓"休斯敦合同"。

这种情况直至20世纪90年代才结束,回归到传统的颁发勘探许可证和开采特许证模式,这一模式如今也遭到指责。目前在对"管线末端"实施一种渐进的国有化,方式是再次(1)以受监管的或被干预的能源价格来控制整个下游产业;(2)建立国家(联邦和省)石油公司(这些公司从其特权地位中获利)。除此以外,没有实施任何计划。

为解决20世纪80年代的能源危机而在20世纪90年代出现的根本性的私有化趋势,不仅导致了石油和天然气产业,还导致电力产业作为一个整体托付给了私人部门。这种结果伴随着下列举措而完成,即,大规模重构中下游产业规则,以及充分利用《烃类能源法》所规定的关于授予新的石油和天然气勘探许可证和开采特许权的方案。

第1589/89号法令第1条赋予休斯敦计划的承包商根据新的放松监管规定对合同进行变更的一种选择权,从而在发现具有商业开发价值的油田时,使其能够自由处分生产出来的原油。第2411/91号法令赋予石油矿藏管理局重新商定合同以及第21778号法律所规定的风险服务合同的权利,并有权根据同阿根廷计划所确立规则的相似规则,将它们转化为勘探许可证和开采特许证。因而,根据《烃类能源法》第6条(第2411/91号法令第5条是对《烃类能源法》第6条的重述)的规定,所生产石油和天然气的财产权归新的开采特许权持有人所有。

1989年的第1055号、第1212号和第1589号法令针对国内烃类能源产业制定了一项重要的放松监管政策。[19] 第1055号法令规定通过国际竞标,把先前由石油矿藏管理局所拥有的开发(边际)区域,以特许权形式授予私人部门,以及让私人部门与管理局(通过联营协议)进行联合经营开发,以此增加为石油矿藏管理局保留的某些主要油气田的能源产量。该法令还确立了承包商有权自由处分通过这类合同及其他合同所获石油的原则。

为了与私人部门经营者达成联营协议,阿根廷在1990年对四个所谓核心区域进行了一次招标;这些区域占当时阿根廷石油产量的14%。后来,阿根廷又举行了几次招标,让私人部门与石油矿藏管理局在合资企业中平分利益。合资企业享有相关区域未来25年的权益。这一比例之后有所增长,如今在一些情形下私人部门可高达90%。

在第1055号和第1212号法令实施之前,所有承包商都必须将石油和天然气交付给阿根廷境内的精炼公司(主要是石油矿藏管理局、壳牌和埃索石油公司)进行精炼。能源部根据"原油表"来分配待加工的原油,该表确定每家精炼厂的配额和油价。自此,政府不再对配额和价格作出要求,而且免除了进出口烃类能源及其副产品的全部进出口税收、关税、进口税以及现在或将来的预扣税。

大规模投资导致了能源产量的显著增加,能源价格的下降,而且在避免世界各地类似改革的陷阱方面取得了卓越成就。[20]

---

[19] 第23696号法律规定的框架及这些法令得到了第25148号、第25645号及第25918号法律的确认,它们的有效性也在法院审理的案件中有所体现,例如,*Pérez Companc v DGA* (14.09.00 (El Derecho, 196) 27)。

[20] A. Ramos and R. Martínez, "The Investment Process in Argentina. Impact of Political Reforms and Decision Making Process in Scenario of Certain Changes", in Heimann and Kosakoff (above n 16) at 177—233. 请参考附录中外商在阿根廷基础设施部门进行直接投资的重要过程。得出的结论是,在20世纪90年代的投资过程中:"(1)投资……再度兴起;(2)很大程度上获得外部储蓄的大力支持……(5)私营部门贡献增加;(6)外国资本参与程度更高。"

巨大的资本和资金流带来了天然气、原油生产和发电规模的不断扩大，以及压缩天然气运输系统能力和网络的扩张。

如果没有一种合理稳定的盈利水平，就不可能得到相关的资本流，目前看来，对此要打一个问号。

阿根廷石油和天然气研究所的《阿根廷石油技术》杂志以及作为电力和天然气监管机构的国家电力管理委员会和国家燃气管理局的报告，都清晰地显示了20世纪90年代除价格外所有变量的增长指数。在国家电力管理委员会和国家燃气管理局的报告中，可以看到电力和天然气市场吸收新经济主体[21]的过程，也能发现资本的来源以及这些经济主体的高度分散性。10年间，电力市场中的电力生产商数量大幅上升，并且通过兼并和新的计划引进了大量的高水平技术，获得了120亿美元的投资。[22]

始于20世纪90年代末的经济危机最终在2001年年底爆发。由于经济危机的爆发和产业规则的延续，国家在货币政策和法律承诺方面都大量违约，以实现不同经济部门之间的平衡。

三、能源作为财富再分配的一项平衡因素

最终结果是，在度过经济危机之后，作为一种负担施加给能源部门的交叉补贴导致投资停滞。这致使能源危机不断加剧，即，政府控制的荒谬的能源消费低价导致需求暴涨，天然气和燃油进口不断增长，而石油和天然气储备却不断减少。在被视为因经济危机而导致的风险转移不对称分配中，将监管风险转移给投资者成为一种选择性价格管制方法，并且将之作为一种具

---

[21] "代理"包括各不同受监管的市场中存在的所有不同实体：电力生产商、石油和天然气生产商、管道受许可人、分销商等。

[22] F. Mezzadri, President of the Argentine Chamber of Investors in the Electric Energy Sector, El Cronista, 10 July 2003.

体的通货膨胀工具来应对紧急情况。

就这样,财产权权能由于监管而与财产所有权相脱节。财产权属性包括开采资源的权利,以及以具有竞争力的价格在迟早要与国际价格接轨的市场中出售资源产品的权利。在极端情况下,监管可能会导致投资者无法享有经营所带来的任何经济利益。

国家已经作出明确承诺,尊重关于勘探开采烃类能源的监管法令所规定的以及特许权法令通过援引而纳入的一系列保障措施。在双边投资促进和保护条约规定有所谓"保护伞"条款的情形下,如果启动国际仲裁,这类投资协议尤其与这一条款的实施相关。但是,其他双边条约则包括一项特别条款,允许投资者享有更为优惠的待遇。[23]

对于成熟项目,这种保护尤为必要。在投资完成后(如在发电、输送和配送、天然气下游产业以及成熟油气田),这些项目具有沉没成本、高负债经营或者极长的投资回报期的特点。

由此产生的投资缺乏引起了政府的关注。政府通过市场划分、为新消费者(或"新增"消费量)或生产者设置不同的价格以及/或采用激励措施或者免税期间来改变投资缺乏的局面。但是,这种双轨制政策的持久性值得怀疑。

根据紧急情况制定的后续法规不断增加,一直在不断地通过一项新的再次调整的制度取代正在实施的制度。由于搁置过去建立起来的定价机制,长期合同条款的一项重大变化已经受到了影响。就天然气而言,政府在过去仅仅通过根据一种技术

---

[23] W. Ben Hamida, "La Clause Relative au respect des Engagements dans les Traités d'Investissement" in *Le Contentieux Transnational relatif à l'Investissement* (2006) 97. 该文引用由法国签署的普遍纳入双边投资保护条约的条款,包括保存最有利标准条款(*la clause relative à la preservation de la norme la plus favorable*)而非保护伞条款。保护伞条款允许投资者主张源自与东道国所签特定协议的权利,在某种程度上,这些权利比特定双边投资保护条约中规定的原则更为有利。因而,对它们赋予国际保护并且东道国也不得不予以尊重。

估算所得的一个参考价格(估算已经签订的供应合同总额的中间价格)进行干预。基于市场条件已经发生了深刻变化的理由,这一机制被废除了。政府参考了一项先前的估算,即,以2001年比索票面价值计算的天然气价格(如第2614/02号决议)。此后,在后续决议中,这种价格冻结不仅适用于天然气价格,而且还间接适用于电力能源价格,并在每一相关时期,通过货币贬值前的比索票面价值将下降的天然气价格予以全部转嫁[24],尽管政府总是坚称这种状况是暂时的。

行政部门实行的、同时还得到监管机构确认的改革导致财富从能源供应者转移到消费大户。这时,在社会背景下讨论这一问题不再具有意义。[25]

根据第181/2004号法令,联邦规划和公共工程部第208/2004号决议批准了一项与石油和天然气生产商达成的关于天然气价格的协议,规定(从2002年起)到2007年年底逐步提高此前受到限制的价格的一种路径。

这种转变完成之后,政府承诺实现的这一目标,即,恢复不受监管而仅受自由市场规则调整的价格被一项言辞模糊的政策所取代。这种价格就意味着在实践中,天然气价格将不得不寻找由替代燃料根据进口平价构成的一个自然最高限价。正如政府所阐明的,该政策把这一承诺与未来的一系列条件联系起来,只有当条件具备时才能出现多个天然气生产商、建立透明的市场和确保供应安全。这项政策违背了《烃类能源法》的规定和范围,也违反了1989年年底制定的保证本国价格将会与国际市

---

[24] 阿根廷50%的电力用天然气产生;天然气价格通过纳入消费者应支付的税中而被转嫁给了电力消费者。当政府为减少电力税负而采取降低天然气价格上限的措施时,天然气生产商被迫相应地调整价格。

[25] See statements of Repsol in the Argentine newspaper of 4 August 2003, *El Cronista* (at 3); *Ambito Financiero* (at 7); and *La Nación* (at 2).

场价格接轨的三项法令。[26]

第 503/04 号决议违背了《烃类能源法》,因为该法针对可能发生的限制天然气营销的情形建立了一项保障制度。实际上,在《烃类能源法》实施期间,天然气的商业化事项由政府保证。然而,该决议规定,无论政府何时要求这类天然气生产,价格应当确保实现"在考虑油气田特性和条件的前提下,与投资相应的一种公平收益"。只有在法律规定的这一条件下,政府才能进一步监管天然气的商业化。在任何可以产生石油和天然气开采特许权的转化过的合同或招标文件中,都规定了更多明确的保障条款。

第 503/04 号决议还建立了一项天然气消费和输送优先权制度,该制度对与特定消费者签订不可中断合同的自由权利进行了干预。决议附件一所载调度指令规定了需输送天然气数量。通过援引供应安全,授权国家燃气管理局对上述天然气数量进行重新确定,以维持输送管道的负荷。这就意味着,在可能的供应不足的情形下,对于由已经签订可干扰输送能力合同的天然气生产商注入输送管道的天然气,天然气输送者需要按照能源部第 208/04 号决议所确定的价格,改道输送,向配送商优先供应天然气。天然气生产商的供应不足被认为会对享有配送优先权[27]的消费者产生影响。然而,不可干扰合同包括电力生产商在过去签订的那些稳定供给合同就被搁置了。天然气生产商和借助管道输送天然气的承运人受到了这类监管的影响,而且不得不面对与外国同行之间的冲突,因为重新指定天然气输送量或者改变线路都会导致部分天然气得不到输送。

《恢复价格路径协议》的目标从未实现过。关于建立工业消

---

[26] 第 1055/89 号、第 1212/89 号、第 1589/89 号法令是放松石油和天然气上游产业管制的根据。

[27] 国家燃气管理局第 305/04 号通知借助优先供应权列明了特定等级:首先,每天消费高达 9000 立方米天然气的居民和消费者;其次是稳定运输和分销合同的持有者;最后是签订稳定合同和拥有计量设备的压缩天然气站。

费者和电力生产商的自由市场以及实施价格路径的最后一步，能源部第752/05号决议实行了一项被称作"额外永久注入"的新保护机制；该机制先后根据能源部第659/04号和第752/05号决议所规定的水平设定了天然气价格。因而，为消费大户建立自由市场的承诺就这样放弃了，取而代之的是违背《恢复价格路径协议》内容和目的的一种新价格干预。

根据第645/04号法令的规定，天然气可以自由出口，但是要支付出口价格20%的预扣税。2006年，经济和生产部颁布了第534/06号决议，将出口预扣税税率提高到45%。能源部第503/04号决议建立了不同的规则，以确保国内市场天然气调度的优先权的新规则，这与2004年4月21日达成的《恢复价格路径协议》相抵触。为了降低国内天然气价格，阿根廷和玻利维亚在2006年6月达成框架协议，对于根据该协议确定的天然气销售价格，以上述变化为基础核定天然气出口预扣税。后来，海关当局在第57/08号公函中通知，核定出口预扣税所参考的合同价格已经上涨到每百万英制热量单位17美元以上（包括为再气化目的而用临时进口的原料生产的天然气的出口）。2008年3月13日，经济和生产部发布了第127/2008号决议，为天然气确立了100%的固定出口预扣税税率[28]，该税率以"任何这类天然气进口协议中所规定的天然气最高价格"为基础计算而来。实际上，上述规定起到了禁止出口的作用，因为它把从阿根廷出口的天然气价格提高到从玻利维亚出口到阿根廷的天然气价格之上。

2006年10月10日，经济和生产部发布了第776/2006号决议，这项决议适用于出口关税。2006年12月，阿根廷国会通过了第26217号法律，将第25561号法律第6条规定的出口关税

---

[28] 决议修改了由第534/06号经济和生产部决议设定的45%的固定税，这一固定税基于阿根廷能源有限公司和玻利维亚国有能源公司所签协议设置的价格计算而来。

适用期限延长了5年(直到2013年),而且根据突发事件应对立法制定的规则,出口关税在应对期间仍然适用,但另有规定的除外。

2007年6月14日,国家能源部发布第599/2007号决议,批准了《与天然气生产商的协议(2007—2011年)》的提案。天然气生产商需要在5日内签署,否则他们将会遭受歧视性的甚至更具损害性的待遇。这项协议旨在在供给不足的情况下,保证当时的国内天然气消费总量的供应水平,然而这以牺牲之前的对智利出口承诺为代价,以威胁大幅度降低非签署方分销价格以便用低价满足国内需求作为首选方案。

因此,这项决议既适用于签署协议的生产商,也适用于没有签署协议的生产商,然而后者的地位要比前者低,这是因为,根据能源部第882/05号和第1886/07号决议的规定,后者被以决议规定的最低价格首先调度。决议还建立了价格区分制度。该制度在有关储量和供气目的地以及价格条款方面,与先前2004—2007年协议所规定的承诺不一致。先前的协议没有得到履行,而是被新的协议所取代。政府警告生产商可能会以低于先前价格计划协议所规定的价格征用其全部天然气产量,从而将新协议强加给生产商。这就破坏了该领域投资者的合法期待。

国际投资争端解决中心的许多仲裁裁决都考虑了破坏合理期待这一问题。[29] 在一种稳定的法律和商业制度的基础上,合理期待应该值得信赖。多尔查就这一问题进行了全面分析[30]:

> 满足投资者对法律的一致性、稳定性和可预测性的核心合法关切,仍是一个友好型投资环境中一项重要但不唯

---

[29] Enron: § 252; Tecmed 115; CME 611; Occidental v Ecuador; Pope & Talbot, Oxy v Ecuador, 1 July 2004, § 183, Enron, § 267, CMS final, § 274.

[30] R. Dolzer, "Fair and Equitable Treatment: A Key Standard in Investment Treaties", The International Lawyer, Spring 2005 at 87.

一的要素。在友好的投资环境中，东道国也能相应地合理期望吸引外国投资。因此，就建立东道国稳定的法律制度而言，东道国和投资者之间利益的一致性将得到确认。基于东道国和投资者的这一共同视角，作为达成投资条约协议基础的公平和平等待遇标准将不能等同于稳定化条款，而且将会给监管留下空间……政府的变更在法律的一致性和稳定性方面，都可能导致一些特殊问题。对于法律的稳定性，即长期安排和承诺的稳定性，接替原先对投资者负有义务政府的政府可能会重新评估这些安排和承诺。

就原油出口而言，出口预扣税一开始按照第310/02号和第809/02号法令被确定为20%，后来根据经济部2004年第337/04号决议提高到25%，不久又通过同年8月4日经济部第532/04号决议进一步提高。如果出口价格上涨，那么就会在25%的预扣税之上再额外增加3%到20%不等的暴利税税率。当出口价格达到相当于每桶西德克萨斯州中质原油当量45美元的水平时，出口将总计产生大约37%的预扣税，而上述所有税负总和相当于45%的预扣税。

此外，秉承国内供应安全原则的能源部第876/05号决议重新确立了出口合同登记制度，并使之受先前能源部第1679/04号决议以及第645/02号法令的约束。第1338/06号决议将诸如天然气、燃料油及其混合物（柴油、航空煤油或喷气燃料、润滑剂、沥青、焦炭和石油化工衍生物）也纳入第645/02号法令所规定的体系当中。

能源部第394/07号决议（及其第127/08号决议）规定，预扣税将会随着国际油价的上涨而提高。根据一项特定公式，设置了一个界线值，实际上就是当国际油价高于45美元/桶时，出口商将会取得的征收出口税后的收入。这样，出口商的收入仍然是固定的，并且不与国际油价挂钩。通过这一方式，同时在出口市场和国内市场都确立了一个价格上限。与之不同的是，在

第 15 章 国家最高支配权和监管变化 399

油气田产能比阿根廷更高的委内瑞拉,只有当布伦特原油价格超过 70 美元/桶时(高于阿根廷的门槛),才会适用一项类似的出口税(它被认为是国际市场中的暴利价格贡献或暴利税),但是"仅仅"征收差额的 50%(在阿根廷则是 100%),在国际油价上涨到超过 100 美元/桶时,该税税率也只提高到 60%。

石油和天然气出口预扣税还适用于已有免税区(包括火地岛省特别关税区)。这样,就导致关税法律规则的适用具有溯及力。

政府声称,它将通过利用第 645/04 号法令产生的这些资金资源建立一个新的石油和天然气竞争者,即,一家将由联邦设立的公司。因此,从天然气上游产业中获取的这些资金资源将被政府用于提供国内天然气生产商因这种资源剥夺损失而无法提供的同种基础设施和资本。

因可交易产品(如原油)国内价格出口预扣税的增长而产生的间接影响是明显的,尽管需要建立模型以评估不同价格水平的国内需求弹性,从而推断出口预扣税如何影响国内价格。

经济主体据以作出决策的规则十分重要,这是因为,他们的决策在计划经济、放松监管的市场经济或自由市场经济中的结果可能会有所不同。藉由征税减少一个部门的收入以及预测这对其他部门所造成的影响,至少需要在整体经济中以及对储蓄、投资和消费之间平衡方面的影响进行权衡分析,而投资、储蓄和消费之间的平衡对于进一步估算货币流通速度、信用货币膨胀($M3$)、赤字和税收来说是极其重要的。禁止出口、设置数倍于出口价格的出口关税、强迫重新确定供应方向和适用歧视价格,成为对抗非自愿天然气生产商的工具。这种不受限制的权力的行使以一个持续的紧急状态为借口,但是从那以后却一直保留下来,尽管 2002—2008 年出现了国民生产总值的显著增长。

根据天然气产业与政府达成的协议,天然气产业仅承诺保证供应历史总产量。然而,通过监管进一步增加的供应量则超出了该协议的范围。

为了避免遭受最低天然气价格的惩罚,石油公司签署了上文提及的《与天然气生产商的协议(2007—2011年)》。这项协议不仅终结了先前协议作出的将市场恢复到放松监管状态和建立自由市场的承诺,而且也很快受到一项补充决议(第1070/08号)的调整。该补充决议使得价格变化最终被这一任务所吸收,即,为政府补贴液化石油气消费的计划提供资金。

《天然气补充协议》(能源部第1070/08号决议)规定,应当按照下列规定分配因协议而增加的收入:

(1) 65%分配给具有专门年度预算的信托基金,用以补贴液化石油气销售价格(液化石油气基金)。

(2) 剩余的35%归生产商所有,条件是加入与阿根廷政府所达成的协议(《与天然气生产商的协议(2007—2011年)》和《天然气补充协议》2007—2011年及其协议))。

如果用于液化石油气基金的比例(65%)不足以满足年度预算中的预计收入,能源部有权通过国家燃气管理局的干预,提高该比例以弥补差额。然而,这种提高"不应当超过生产商因价格调整而有效获得的资金的100%"。对于根据第1070/08号决议授权因满足居民需求和向压缩天然气站供应的天然气价格上涨而获得的收入,能源部在2009年2月9日通过一封信件要求签署协议的生产商将其全部转移给液化石油气基金。而且,它还规定,只要信托基金财政需要,就应当继续采用信件中规定的方式。

采取上述举措的背景是,因所谓紧急监管措施而引起的严峻能源供应危机。紧急监管措施严重影响了整个能源市场的经济均衡,导致了一定时间内选择性电力和/或天然气供应的削减,以及对电力和天然气出口的限制。这样一来,政府将危机转嫁给了邻国,全然不顾已授予天然气生产商的进行出口的稳固授权。政府就这样干预了使修建国际天然气管道成为可能的融资协议,导致国际市场上产自阿根廷的天然气处于一种高度不确定状态。这种不确定状态表现在批准的数量上和价格上。不久,阿根廷对修建管道的投资回报以及用于出口的天然气生产,增加了额外负担(第 645/04 号法令)。

经济在 2002 年经历最低迷阶段后,产业活动增长率提高,导致能源消费需求扩大,继而膨胀的天然气需求超过了过去的增长率;为了利用天然气的冻结价格,汽车发动机以压缩天然气替代汽油,这进一步导致的增长率的提高。降低与冻结天然气和电力价格导致了天然气产业的供应不足,这就解释了自 2002 年以来缺乏足够的探井以及现有气井开发不足的原因。[31] 如果考虑冬季每天的需求高峰,天然气输送也达到了极限,而且管道输送能力的提高也需要通过政府由信托基金给予融资。人们认为该基金通过对特定天然气消费群体在关税之外征收特殊的"税"或"费",收回融资,从而取得供应回报的部分现有租金。正如下文将要讨论的,需要在一些季节取消限制,以便获得不可撤销的购买要约。

供需不平衡就会导致短缺。构成运输体系自由准入基础的"先到者先获得服务"的做法不复存在,不同部门之间的冲突也随之产生。限量供应是第一种解决方案,它首先表现为根据每个消费者过去的需求模式限制天然气供应量。它是一种新形式的供应券。为了避免采用这种方式,就必须提高价格,阻止过度消费,扩大必要的生产和投资。[32] 对能源短缺的预测被证明是正确的,这种对用于工业目的的天然气[33]和电力供应的限制甚

---

[31] 2004 年 2 月 23 日,阿根廷新闻网站报评论,阿根廷石油和天然气研究所的数据表明,油井钻探下降;然而天然气需求即便在萧条年份(2001—2003 年)也在持续扩张。2003 年最后一季度与 2002 年同时期相比,电力生产商、压缩天然气、工业的需求分别增长了 85%、23% 和 16%。

[32] The concept is taken from Samuelson and Nordhaus (above n 11) at 392—3.

[33] *Ambito Financiero*, 17 February 2004, at 7, announcing such shortages for the northwest of the country; *El Cronista*, 29 January 2004, to the same effect.

至发生在夏季,除非水文条件提供帮助,预计冬季的情况会更严峻,因为阿根廷的能源构成包括50%的水电(干旱季节除外)。出口到智利的天然气[34]和出口到乌拉圭的电力急速缩减,使得这些国家十分沮丧,而且进口迅速增多,从巴西进口电力[35]、从委内瑞拉进口燃油[36]以及从玻利维亚进口天然气(但需要一个必要的交付期)。

这些天然气流量重新定向,供应给配送网络,最高数量是国内输送系统所允许的量。首先是削减出口,从玻利维亚进口的天然气也在一定程度上填补了能源缺口,2004年天然气进口价格是国内冻结价格的3倍,而它的热能单位替代品燃油的价格相当于同等热量国内天然气价格的6倍。

为了将这类措施与定量配给理念进一步融合,能源部燃料司第27/04号部署(能源部第265/04号和503/04号决议对其进行了补充)落实"天然气出口合理化计划",规定天然气只有在满足国内消费者需求之后才能出口,将出口量上限恢复到2003年的水平,而且在某些情况下,改道输送的天然气价格按照国际价格水平予以核定。

后来,对于应当向签署出口供应合同的天然气供应商支付的款项,2004年6月17日能源部第695/04号决议对这些措施进一步作出了限制。因为这些改向国内市场的天然气将会以无差额的方式获得支付(第27/04号决议此前规定,在某些情况下,对用新线路输送的天然气采用国际价格)。这就使得这些供

---

[34] *Ambito Financiero*, 1 April 2004, at 4; *El Cronista*, 1 April 2004, at 4; Infobae, 31 March 2004, at 9.

[35] *Ambito Financiero*, 1 April 2004, at 3. Infobae, 20 May 2004, at 9. 后文中声称已经签署了涉及巴西、乌拉圭和阿根廷的复杂的三国出口计划,以此解决从阿根廷到乌拉圭的能源供给赤字。然而,第161/06号决议(2006年2月2日)按照巴西和阿根廷之间的相关协议制定了一个暂时的电力能源贸易制度,在2006—2008年间允许达成稳定容量和不间断供应合同。

[36] *El Cronista*, 31 March 2004, at 4.

向国内市场的天然气供应得以在 2005 年 7 月为消费大户指定的国内市场价格水平上获得支付。尽管这种价格比目前国内价格要高得多,但是却比当时的出口价格低。

最后,国家试图通过能源部第 24/2008 号决议建立一项新的(再次)放松天然气价格监管的天然气计划(即"天然气增加计划"),以此缩小投资(与特许条款相比,因政府采取抑制措施而造成的结果)和需求之间不断扩大的差距。但是,这项新计划仅适用于"新天然气项目"(即"天然气增加项目")中的天然气。该计划只有在能源部将一项特定项目批准为天然气增加项目时才予以适用。该项计划进一步加剧了对已有项目当前生产和储量方面的消极影响,这些生产和储量是因天然气价格干预而趋于停滞的。

2008 年,政府实施了天然气增加计划,激励参与前已提及的供应协议的生产者增加某些区域的产量。这些特定区域包括未开采区域、具有特殊地质特征的正在开采的区域(如致密地层天然气区域)、自 2004 年以来不再生产的区域以及本应处于生产中的新区域(能源部第 24/2008 号决议)。从这些新区域生产出来的天然气可以在市场上自由销售,不受制于天然气生产商所签协议中设置的条件,但是,能源部(经联邦计划公共投资和公用事业部批准)必须核定相关成本并为每一项目批准一个合理的投资回报率(实际上,这是一种成本加成的监管模式)。

第 2014 号法令规定了以原油为重点的相似计划。石油增加计划以 2008 年上半年的产量为基准,为提高石油产量规定了激励措施。超过该基准的每桶石油都将会被授予税收抵免证书,但是需要证明其符合提高储备替代指数的要求。"战略性"投资(如石油和天然气勘探开发)受第 26360 号法律所规定的税收激励措施的调整。

"旧"天然气(由现有油田和设备生产出来的天然气)与"新"天然气(从新油田生产出来的天然气)仅是在投资时间上

有所不同,并没有其他区别。先前的投资建立在对20世纪90年代早期法律制度和所授特许权合理期待的基础上,而新的投资则是在新的放松监管的制度中进行的。尽管如此,阿根廷仍保留了对现有生产项目的价格监管。同样的天然气获得的付款却不相同:一方面,对于先前授予旧投资的根据法律制度所设定的回报,拒绝承认;另一方面,通过否定先前承诺给予的权利,却在最近的监管条款中对新产量赋予新的额外权利,从而给予新投资一种更优惠的待遇。这样就出现了在相似情形下,对于相同的活动和产品种类给予不同待遇的情况,而这种不同的基础仅仅是投资是在现任政府规定的时间之前还是之后进行的。

新旧投资的差别定价(不论是在电力生产[37]中的还是在天然气生产[38]中的)是一种明显的歧视,这种歧视又通过要求生产者同时接受这种双重标准而加剧。这是因为,除非同一生产者能够保证在低价水平上现有生产的供应持续性,将不适用新天然气定价机制。上述要求是减少对新天然气或者新石油原本可以施加的价格限制的一项先决条件。天然气增加计划下的市场价格并不是自由市场的产物,因为这种价格必须由能源部根据相关成本加上对每一项目一个合理回报率的一项允许额,予以批准。

当政府在不承担财政负担的情况下为了特定消费群体(本质上,由能源生产者提供资金对特定消费者予以补贴)的利益而不考虑已达成的能源价格(根据顾及投资者所有权和权利的完善的市场规则)时,歧视也是显而易见的。因此,为了将供应者的既得利益转移给消费者,就需要把利益从一个主体转移给另一个主体;这对消费者和供应者的收益和损失都产生了一种直

---

[37] Resolution SE 1281/2006(Programme Energía Plus)。根据第234/2008号能源部通知的规定,2006年9月5日之后授权的商业发电("新发电")免除第406/2003号能源部决议对生产商施加的费用限制。

[38] Resolution SE 24/2008(Programme Gas Plus)。

接影响,即,供应者遭受损失,消费者获得收益。

把财富转移给消费者的更多证明,是下面的措施:

(1)根据第 127/08 号决议的规定将出口预扣税增加到惩罚性出口关税的水平,从而在不正式撤销先前许可或者新许可的情况下,迫使生产者把这些禁止出口的天然气在国内市场上销售,强化了额外注入机制(根据任何消费大户的要求,将本要出口的天然气重新投向国内市场)的目标。

(2)对于阿根廷国家能源公司提供的替代性燃料或者从玻利维亚以比当地控制价格更高价格进口的天然气提供补贴,减少国内天然气需求,而资金来源于通过对一定水平的消费者设征特定"收费"。

第 2067/2008 号法令规定了所谓的甚至可溯及征收的"各种税费"。这类"税费"由输送和配送天然气的消费大户以及已与生产者签订供应协议的消费者支付,无论他们获得的天然气是否是阿根廷国家能源公司以较高价格购自玻利维亚的天然气。

这一封闭循环导致天然气生产部门对满足需求所必需的替代燃料付费,因而它们必须相应地降低天然气价格,应对天然气需求的减少。

这种天然气总需求已经从这一封闭的国内市场中受益,从而将国际价格与国内价格予以分开。一旦政府管理的供应和替代进口业务使消费者免受任何可能出现的能源价格上涨,就再次确认了能源构成向这一方向的转变。阿根廷国有能源有限公司通过完成诸多任务,加强了自己的经纪业务。例如,作为又一个被赋予能源产业中利益的监管者,作为一个辅助控制机构,以及作为新的近海项目中的一个被强加于人的合作伙伴。

因电力生产者消耗替代燃料而非天然气,替代燃料对确定实时电价不应该产生影响,但是其效果却已经受到了违反电力法原则的电力法规修正案的影响。消耗取代天然气(或者来源于停靠在阿根廷码头的、用于解决冬季天然气供应短缺问题的再气化工厂船舶的天然气)的替代燃料的总成本得到政府源自天然气出口预扣税收入的补贴(生产部第121/08号决议以及控制和协调部第30/08号部署)。

2009年上半年的国际油价下跌缩减了国际油价与国内油价之间的差距,但是也耗尽了预扣税收入。由于帮助政府从国际价格中获取额外收入的法规仍然有效(但是不包括主要掌握在新参与者手中的友好的新石油和新天然气增加计划),可以预测,即便未来国际原油价格上涨,石油产业也不会作出回应。2009年下半年,因石油和天然气上游产业缺乏勘探和开发活动而引发的严重劳资冲突可能会表现出来,从而导致工人失业,尽管这种冲突由于政府施压至今尚未爆发。

四、政治选择及其后果

当国家从下列两种方案中作出选择时,国家应该时刻铭记全球投资资源的有限性,从而为了保障竞争和促进经济增长的目的而促进资源优化配置:(1)国家最高支配权,配以矿业特许税费主导的立法;(2)有效的国家所有权和生产垄断,辅以与私人部门签订服务合同或者风险服务合同从而。

像联邦政府设立阿根廷国家能源公司一样,省级政府也已经设立了为其所有的企业。[39] 这些企业将自然而然地致力于开采(1)不属于已经授予私人主体的现有许可或特许范围的区域,或者(2)一旦现有许可或特许期限届满就回归国家的区域。但是,这些企业的开发区域将会不断扩大,从而成为能源生产领域享有特权的经营主体。

---

[39] Petrominera SE was created by Law No 3422 (modified by Law No 3919 and Law No 5231) and Provincial Decree 1814/1990. Formicruz SE (Law No 2057, modified by Law No 2690).

阿根廷国家能源公司的职能正在扩张。一方面，作为一家真正的石油公司，在理论上与其他公司一样受相关法规制约；另一方面，它是一个决策者，通过从再气化厂大量购买天然气来弥补冬季供应不足，从而成为监管机构强力干预市场的助手。

五、阿根廷监管的未来以及如何吸引新的投资

对于提供公共服务的行政法上的特许权，《突发事件应对法》(第25561号法律)已经允许进行重新协商。第25790号法律赋予行政部门下列权力：签订局部和/或过渡协议，根据已建立的指南和重新界定的质量标准开展定期审查(第3条)；赋予行政部门重新制定特许条款的充分灵活性，使其不受制于专门立法体制所规定的限制(如《天然气法》和《电力法》所规定的限制)。之后，上述权力授予给了公用事业合同再谈判和分析机构(政府公共合同的重新谈判单位)。然而，由于针对行使这些权力的具体指南尚未制定，这一事项仍在讨论之中。

由于无需考虑重新协商，不涉及公共服务的石油和天然气开采特许则有所不同。通过确立不同等级的新旧烃类能源、差别定价和居民消费价格等级，进行交叉补贴、从石油产业中取得利益以及将利益转移给消费者，石油和天然气市场已经被分割到无法识别的地步。

问题的解决不仅依赖国家开展这些新的"石油和天然气增加"尝试，还要依靠展期现有的石油和天然气开采特许。《烃类能源法》规定，在特许期限届满时可获得一个为期10年的展期，以此避免在这种特许即将结束时出现投资停滞。

由于省级政府重新获得对烃类能源储藏的最高支配权，尽管是根据联邦法规的规定，但是省级政府法令不但根据《烃类能源法》第35条的规定授予现有特许自其期限届满之日起10年的展期(不同于第35条，因为这类展期同样适用于生产者已履

行完特许所规定的义务但特许距届满还有数年的情况）[40]，还在这种展期结束时授予省级政府所有的石油公司承包商以其他权利。

概言之，回归一种不受监管的开放市场的以及对过去保证的承诺，只是为了一个假设的未来而重新作出，并以接受目前受限制的状况作为条件。

六、政策制定、政治智慧和路径选择

在整个拉丁美洲，这样的看法越来越强烈：产业状况最好的时候，政府收入不能令人满意；行业状况差的时候，新一轮国家干预接踵而至，而且干预深度已经超出代表性的权益百分比临界值。更糟糕的是，最近已经出现了宣布对自然资源尤其是烃类资源的开采进行国有化。

一般认为，早期的一代政治家已经建立了石油产业对油田权利的所有权。政府通过审查勘探开发合同条款，开始违反承诺；通过征收关税或预扣税或者通过一系列税费，寻求价格管制、间接增加政府收入。同情不断增长的激进罢工，容忍暴力行为，破坏行为，以及政府防治，这构成了一种社会画面。

监管机构和司法部门因政治压力而允许一轮持续不断的罚款。设立的监管目标提高了他们的容忍度，从而允许在大量的媒体报道中，对理论上的环境问题进行无休止的敌视性报道。最有力的证明是爆发在安第斯山地区的冲突：最近发生的秘鲁土著居民冲突和厄瓜多尔事件。[41] 削减出口以满足国内消费

---

[40] 但是，因为碳氢化合物法不仅规定了不少于六个月的事前通知，也不是一个时间限制，所以，从总体上讲这是可行的。

[41] A. Esan, "Preventing Violent Conflicts Caused by Infringements of Indigenous Peoples' Rights: The Case of the Ecuadorian Amazon" (2005) 23 JERL 529, also quoting the long struggle of the *Aguinda v Texaco* case.

需求成为国际政治的一个活跃领域,尽管其目标超出了能源供求问题。

拉丁美洲许多国家的政府已经对石油和天然气开采特许权或石油服务合同实行具有溯及力的变革。变革主要通过下列方式进行:(1) 审查合同条款,为了加大征收具有溯及力的税种而对条款进行重新分类;(2) 基于不明确的标准,取消、重新协商或者修改合同条款;或者,(3) 国家作为全面的合作伙伴直接参与(将由原始所有权持有者在资金上或经济上予以承担)。新国有能源公司的设立预示着这些将会随着政府收入的增加而被资本化。

在委内瑞拉,废除了先前的石油开放政策,政府要求向联营协议转变、提高征税限额、终止已有《运营协议》以及对持少数股份的投资者提出不合理的要求。这是在下列两者之间冲突中进行的:(1) 所宣称的国家公共利益、公共政策和主权者特权,(2) 在先前的双边投资保护条约作出的国际承诺。[42]

利用市场集中和监管扭曲导致的价格形成中的信息不对称,国家或者要求投资者将他们的部分收入"资本化"(在由国家主导的项目的产能扩张过程中)而予以扣留,或者无限期推迟归还这部分收入的期限。最后,通过一系列新规定抑制需求以及为每个细分市场确定不同的价格,间接实施价格管制。

能源产业的典型回应是:停止投资(暂停或者终止勘探和开发项目,输送瓶颈仍未解决等)。在受到公权力的严重不公平对待甚至进一步的威胁报复时,能源产业企业很不情愿地诉诸法院或者仲裁。这些措施的综合效应等同于间接征收:这条道路的终点是剥夺财产权。

诉讼、听证、反垄断审查、普通许可、特许权转让审批程序和消除环境影响程序往往持续多年,而且都受不断变化的规则或

---

[42] E. Eljury and V. J. Tejera Pérez, "21st Century Transformation of the Venezuelan Oil Industry"(2008) 26 JERL 475.

其解释的影响。这就增加了争端解决成本,导致重新注入或增加在国营公司的股份成为解决问题的一种方法。新投资适用新规则,旧投资则适用旧规则。就这样产生了冲突,在一些情况下,就会诉诸投资仲裁。对此将在下文讨论。

七、期待改变和冲突:投资保护和国家利益

下文将详细讨论:投资争端产生的一般原理、谁具有诉讼主体资格、争端的性质、国际承诺的范围和相关条约的适用范围,以及东道国和投资者在争端中所援引的法律依据。为了确定是否发生了一项国际违约,有必要考虑不同方面的所有行为,这些行为可能共同导致了国家违反其国际承诺。[43]

从政府行为的演替中可以发现其目的的一致性。这些行为首先产生了对协议中权益的征收;由于协议通常会包允许发生某些变化。接着是对出现的损失进行补偿。但是这种补偿很快被后来出现的这一情况所取代,即,生产者获付的价格持续下跌,而通过在已下降的价格基础上向政府支付费用的方式,某些消费者的支付价格上升。由于之前的价格冻结与后来的价格下降,私人部门无法发展。

一系列措施可能相当于征收。福捷(Fortier)认为[44]:

> [征收]这一术语包括可能会干预投资者对其投资所享财产权的范围广泛的各种潜在的国家监管活动……例如,税收措施,就其本质而言,是可以构成征收的。尤其是,它

---

[43] 正如在霍茹夫工厂案(*Chorzow Factory*)(1927, A/9 at 31)一案中所表述的那样,常设国际法院阐述了这样一项原则,即,一方当事人不能利用自己的错误作为一项"为国际仲裁规程和市政法院认可的"原则;D. J. Harris, *Cases and Materials on International Law* (1998) at 48. 就违反国际义务而言,国家"不能以其国内法律条件为借口而得以豁免";ibid at 70.

[44] L. Y. Fortier (2003) 20(1) ICSID News.

们构成间接征收;它们具有相当于征收的效果;而且,当这些措施实施一段时间后,它们也可以被称作"间接征收"。

美国法律协会《美国对外关系法重述(第三次)》将"间接征收"界定为这样的国家行为,即,谋求"通过旨在使不经济的以至于应当被放弃的项目得以继续运行的税收和监管措施,取得[如同一项直接征收]相同的效果".[45] 在同这一意义上,"间接征收意味着,在典型情况下,于持续较长的一段时间内凭借一系列累积的监管行为或不作为而实现的征收,其中的任何一项行为或者不作为都不必然被认为是剥夺外国国民投资价值的决定性事件".[46]

征收实践并不限于对固定资产的完全剥夺。托马斯·弗兰克认为:

> 如果甲公司(在假设的事例中,由投资者成立的公司)能够证明:只要新的成本机制和管制制度继续存在,它就不能公平地期望继续盈利或找到买家,税收制度明确对其不利并使其无法经营。那么,政府的行为就不能仅仅由于政府自己宣称是一项收入措施而被排除在"无偿征收"之外。例如,如果甲公司一项足以弥补新税费的收费增加被法律所禁止,或者通过其他运营商的经济竞争,可以推断出甲公司已经不可能继续运营下去,那么,甲公司在事实上已经被政府无偿征收了。[47]

---

[45] Restatement, vol I, section 712, reporter's note 7 (1987).

[46] W. M. Reisman and R. Sloane, "Indirect Expropriation and its Valuation in the BIT Generation" (2003) 74 British Yearbook of International Law 128. Boston University School of Law, Working Paper Series, Public Law and Legal Theory, Working Paper No 06—43, 〈http://www.bu.edu/〉.

[47] T. Franck, Fairness in International Law and Institutions (1997) at 464; quoting Sir Robert Jennings and Sir Arthur Watts in Oppenheim's International Law, Vol 1 (9th edn, 1992) at 915.

当上文所述的这类政府举措可能构成间接征收时,与此相关的很多问题在英国天然气集团诉阿根廷(*BG Group Plc v Argentina*)一案中(《联合国国际贸易法委员会仲裁规则》,2007年12月24日裁决第258—266页)得到了考量。裁决援引施泰房屋公司(*Starret Housing Corporation*)、英波基洛(*Impregilo*)、劳德(*Lauder*)以及波普与塔尔博特(*Pope & Talbot*)四案的权威裁决,得出如下结论:当政府采取的措施(虽是逐渐地却具有累积性地)已经有效地抵消了投资者的财产利益时,就会出现了间接征收;如果投资者继续开展活动,那么问题便是,对因政府违反相关条约所包含的公平和公正待遇而造成的损失,确定政府所给予的赔偿是否合理。[48] 正如库诺伊(Kunoy)所说的那样[49]:

> 诸如"变相征收"[50]、"征收"[51]这些术语,是指这样一些措施:"相当于征收或国有化"[52]或"任何直接或间接措施……对投资产生相同的效果"[53],因而它们应该被视为

---

[48] The BG Tribunal relied on the award in Waste Management II: (*Waste Management Inc v United Mexican States*, ICSID Case No ARB(AF)/00/3, award of 30 April 2004, § 98), and it referred itself to the SD Myers, Mondev, ADF and Loewen decisions (BG, § 292) to conclude that a breach had been incurred, quoting (§ 296) as also *Revere Copper and Brass Inc v Overseas Private-Investment Corp.* award of 24 August 1978, 56 International Law Reports 258 at 1331.

[49] B. Kunoy, "The Notion of Time in ICSID's Case Law on Indirect Expropriation" (2006) 23 J International Arbitration 341.

[50] Elettronica Sicula SPA (ELSI), Judgment, (1989) 15 ICJ Reports § § 116—119.

[51] 在《重述(第二次)》中,"征收"被界定为一种"行为可归因于国家打算或确实有效地在实质上剥夺了外国人从其财产利益中获得的好处,即使国家没有剥夺其财产中的全部合法利益"。American Law Institute, *Second Restatement on Foreign Relations Law of the United States* (1962), s 192.

[52] See *United Kingdom-Ukraine BIT*, 10 February 1993, TS (24) 1993 Cm 2192, Art 6(1).

[53] 请参见1991年11月22日签订的阿根廷—瑞典双边投资保护条约,该条约1992年9月28日生效,第24117号法律第4条第1款(阿根廷)。

间接征收。[54] 贯穿这类术语的主线是,投资者在不同情况下都没有被任何正式的措施剥夺财产权益。因此,为了评估被征收财产价值的目的,确定间接征收的时间是非常困难的。确定"政府干预广义上的财产权的行为何时……从有效监管转变成了需予以赔偿的征收"[55]是非常复杂的。

托马斯·沃尔德(Thomas Waelde)[56]认为:

如今,几乎所有现代双边和多边投资协议都达成了一项正式共识,即,征收不仅可以包括正式的财产权转让,还包括通过"监管征收"。后者是指这些监管和其他政府行为,即实际上破坏对经营的正常运作和经济价值的通常且合理的期待。

危急情况不是豁免赔偿义务的理由;同时,如果这种危急情况在一定程度上是由国家自己所造成的,也不得援引。国际法委员《国家责任条款草案》第 25 条规定,为了确认免除国家责任的危急情况存在,这类措施必须:(1)是该国保护其基本利益、对抗某项严重迫切危险的唯一办法;而且(2)并不严重损害作为所负义务对象的一国或数国或整个国际社会的基本利益。此外,危急情况在下列情形下不能援用:(1)有关国际义务排除援引危急情况的可能性;(2)该国促成了该危急情况;或者(3)如果它不给予赔偿。根据草案第 27 条第 2 款的规定,一旦紧急情况解除,对于因这类行为造成的实际损失,就应当尽快

---

[54] 对不同类型间接征收的范围和影响的评论,请参见下列文献:B. Kunoy, "Developments in Indirect Expropriation Case Law in ICSID Transnational Arbitration" (2005) 6 J World Investment and Trade 474。

[55] *Marvin Feldman v Mexico*, ICSID case No ARB (AF)/99/1, 16 December 2002, § 100.

[56] T. Waelde, "Multilateral Investment Agreements (MITs) in the Year 2000" in Souveraineté étatique et marchés internationaux à la fin du 20 ème siècle (2000) at 408.

(根据第 27 条第 1 款)给予充分赔偿。正如国际法院在盖巴斯科夫—拉基马洛工程案中的所阐释的,当事国并不是评判是否满足这类要求的唯一裁判者。[57]

国家行为理论不构成违反国际承诺的理由,否则,上述原则将无效;而且,即使危急情况也不能被认为是可以违反国际承诺的可能的借口。必须在对抗公权力特权的合同稳定性(条约必须遵守)与因情势变更原则而需要应对的根本变化(这些变化可能颠覆合同订立时所适用的法律制度)之间实现平衡。[58]

国际法委员会的报告认为,如果国家行为不构成保护其基本利益免受某项严重迫切危险的唯一办法(第 26 条)或者国家自己促成了这种危急情况,国家就不能援引危急情况作为解除其任何违反国际义务行为之不法性的理由。[59] 如果不可抗力的出现与援引这种情况的国家行为有关,上述原则也适用于援引不可抗力作为解除国家责任理由(第 24 条)的情况。第 27 条规定,如果(当)排除行为不法性的情况不再存在时,以及解决该行为所造成的任何物质损失的赔偿问题时,即使宣布了存在危急情况,也不妨碍国际义务的履行。[60]

对于因稳定条款(无论是国内法规定的还是合同约定的)而导致的事态,一直存在重大争议。[61] 史蒂文斯(P. Stevens)教

---

[57] Gabcikovo-Nagymaros (Hongrie-Slovaquie), CIJ Recueil 1997, 40; quoted by J. Crawford, *The Articles of the ILC on the Responsibility of the State* (2003) at 219.

[58] Prologue by A. El-Kosheri, to S. Salama, L'Acte *du Gouvernement-Contribution à l'étude de la force majeure dans le contrat international* (2001) V—VI.

[59] *Obligations Multilatérales, Droit Impératif et Responsabilité Internationale des états* (2003) at 271.

[60] Ibid.

[61] See A. Maniruzzaman, "The Pursuit of Stability in International Energy Investment Contracts: A Critical Appraisal of the Emerging Trends" (2008) 1 J World Energy Law and Business 121. See also A. Faruque, "Validity and Efficacy of Stabilization Clauses, Legal Protection vs Functional Value" (2006) 23 J International Arbitration 317.

授介绍了变幻莫测的政治、主权理论以及涉及该主题的摇摆不定的变化的全部历史[62]，他清楚地阐释了这一问题的本质：

> 一旦发现了石油，投资便沉淀于开发之中，相关的讨价还价权就发生了有利于东道国政府的转移。然后，东道国政府就会变更原合同条款，力图增加自己的财政收入……实行资源国家主义的一段时间会不可避免地造成投资减少和原油短缺。

福查德（Fouchard）、盖拉德（Gaillard）和戈德曼（Goldman）[63]阐述了稳定条款，认为仲裁法庭的先例普遍证明了稳定条款的存在。在讨论中，他们从德士古公司（Texaco）一案（包括皮埃尔·拉利维（Pierre Lalive）的评论）[64]、阿米诺公司（Aminoil）一案[65]、阿吉普公司诉刚果（Agip v Congo）案[66]及其他案件谈起，引用了大量国际法庭先例。

八、自然资源主权：无碍践行国际法和国际承诺

在能源部门，国家主权与私人投资之间不应该存在任何冲突。就自然资源及其开采作出其认为更好的选择，是主权者的权利。一般而言，国内政策的制定属于主权权力事项，只有在认为一项违反国际法的行为已经发生的情形下，其才受国际法（习

---

[62] P. P. Stevens, "National Oil Companies and International Oil Companies in the Middle East: Under the Shadow of Government and the Resource Nationalism Cycle" (2008) J World Energy Law and Business 5.

[63] P. Fouchard, E. Gaillard and B. Goldman, *Treaty of International Commercial Arbitration* (1996) 806.

[64] J. Lalive, Un grand arbitrage pétrolier entre un gouvernement et deux societies privées étrangères (arbitrage *Texaco Calasiatic v Gouvernement Lybien*), JDI (1982) 844.

[65] Aminoil, JDI (1982) 869.

[66] *Agip v Congo*, Rev, Crit. DPI (1982) 92.

惯国际法或条约国际法)的制约。

尽管存在关于国际法的一般原则能否适用于限制使国内法优先于国际法的讨论,条约都规定了明确的标准。由之产生的投资者的合理期待限制了主权者的自然资源权利及其制定规则的权力,以维持合同平衡。[67]

有人认为,应当承认国际法一般原则是除习惯和条约以外的第三种国际法渊源。[68] 前已提及,国际仲裁多次肯定了这种一般原则的效力,无论是作为单独的渊源种类,还是经由习惯国际法或条约国际法认可。许多裁决都已经允许在征收发生的情形下进行赔偿(蓝宝石诉伊朗国家石油公司一案[69]、德士古公司诉利比亚一案[70]以及国际投资争端解决中心的判决,如美国铝业公司一案[71]、凯泽铝土矿公司一案[72]、雷诺牙买加矿业公司一案[73]、克吕克内公司一案[74]、利比里亚东方木材公司一案[75]以及里维尔铜和黄铜股份有限公司案一案[76]),而且它们早已为监管征收或直接征收建立了一种明确的赔偿途径,甚至

---

[67] Such as in Aminoil, § § 96 and 159.

[68] C. Leben, "Quelques Réflexions théoriques à propos des contrats d'état" in *Souveraineté étatique et marchés internationaux à la fin du 20 ème siècle* (2000) at 159 ff.

[69] *Sapphire International v NIOC*, Award (15 March 1963) (1967) 35 International Law Reports 136.

[70] *Texaco Overseas Petroleum Company and California Asiatic Oil Co v Libya* (1978) 17 ILM 1.

[71] *Alcoa Minerals of Jamaica Inc v Jamaica* (ICSID Case No ARB/74/2).

[72] *Kaiser Bauxite Company v Jamaica*, ICSID Case No ARB/74/3, Decision on Jurisdiction, 6 July 1975 (1993) 1 ICSID Reports 296, 303.

[73] *Reynolds Jamaica Mines Limited and Reynolds Metals Company v Jamaica*, ICSID Case No ARB/74/4.

[74] *Klockner v Cameroon*, Award, 21 October (1983) 2 ICSID Reports 4.

[75] *Liberian Eastern Timber Corporation (LETCO) v Republic of Liberia*, ICSID Case No ARB/83/2, Award (31 March 1986).

[76] *Revere Copper and Brass Inc v Overseas Private Investment Corporation*, Award (24 August 1978) (1978) 17 ILM 131.

是在这些征收与开采自然资源有关的情形下。

就缓慢征收或间接征收而言[77],监管征收[78]可以采用多种措施。每项措施似乎都是行使监管权力的结果,但是在本质上,其适用都旨在严重损害投资所产生的经济平衡。

---

[77] 国际法委员会《国家责任条款草案》第15条指出,认定一系列作为或不作为连同其他的作为和不作为构成国际违约行为,在这种情况下,该违约行为自一系列作为和不作为中的第一个开始时发生。

[78] R. Higgins, "The Taking of Property by the State: Recent Developments in International Law" (1982) 176 Recueil des Cours 331.

第16章

基于国家安全考虑的能源部门外国投资限制：以日本为例

中谷和彦[*]

摘要：《经合组织资本流动自由化准则》第3条规定，在认为为了维护公共秩序或保护其基本安全利益而必要的情形下，国家可以限制外国投资。然而，公共秩序和基本安全利益的概念模糊不清，而且这些概念由每个国家自己解释。在能源部门，各国时常对外国投资进行限制，日本也不例外。2008年5月，日本政府作出了一项史无前例的举动，指令儿童投资控制基金（一家英国对冲基金）撤回其旨在提高其持有日本电力公司（日本最大的电力批发公司）股份份额的竞价收购。本章首先对关于外国投资的国际规则以及日本法律进行检视。然后探讨日本政府在日本电力公司／儿童投资控制基金事例中指令的性质和内容。

关键词：外国投资，财产法，财产权，国家安全，日本，外资持股

---

[*] 中谷和彦(Kazuhiro Nakatani)，东京大学（日本）国际法教授；email：nakatani@j.utokyo.ac.jp。
中文译文对一些注释的内容做了简化处理。——译者注

一、导言

《经合组织资本流动自由化准则》第 3 条规定,在国家认为为了维护公共秩序或保护其基本安全利益而必要的情形下,国家可以限制外国投资。[1] 然而,公共秩序和基本安全利益的概念模糊不清,而且这些概念由每个国家自己解释。

在能源部门,各国时常对外国投资进行限制,日本也不例外。[2] 2008 年 5 月,日本政府作出了一项史无前例的举动,责令儿童投资控制基金(一家英国对冲基金)撤回其旨在提高其持有日本电力公司(J-Power)(日本最大的电力批发公司)股份份额的竞价收购。

日本电力公司/儿童投资控制基金的事例[3]产生了这样的问题,即,在诸如日本电力公司这种战略性能源公司中的外资持股是否会威胁到日本的国家安全和/或公共秩序。日本电力公司对日本大量的能源基础设施(包括水电大坝、输电设施以及核设施)拥有控制权。即使公司部分股份的外资持股远低于公司总股份的 50%,但是外资股东可以通过在股东大会上扮演一种积极的角色来影响公司的基本政策。因此,从长远来看,这种影响能力可能会影响日本的能源安全。与此相反,在现代日本,政府征用任

---

[1] 关于国际社会不断增长的对能源安全的关切,请参见下列文献: B. Barton, C. Redgwell, A. RØnne and D. N. Zillman, "Introduction", in *Energy Security: Managing Risk in a Dynamic Legal and Regulatory Environment* (B. Barton, C. Redgwell, A. RØnne and D. N. Zillman, eds, 2004) 3; D. Yergin, "Ensuring Energy Security" (2006) 85 Foreign Affairs 69.
[2] 例见,美国的控制机制由 2007 年《外国投资与国家安全法》的规定实施,另见《加拿大投资法》的变化;或见,俄罗斯 2008 年制定的法律《外国投资者对保障俄罗斯国防和国家安全具有战略意义的商业公司投资程序法》。
[3] 尽管为了方便起见我们可以称之为一个"事例",但是日本电力公司/儿童投资控制基金纠纷没有诉诸法院或者提交仲裁,而是通过一项最后的部长指令所规定的行政管理和政府程序予以解决。

何公司(甚至具有战略意义的公司)是困难的,这是因为,征用被认为侵犯了私人所有权,而且需要一大笔赔偿。[4] 因此,除非为了解救破产银行的目的而作为一项审慎的金融稳定措施以外,这类征用在现代日本几乎是不可能的。因此,考虑到对征用的这种限制,在日本电力公司事例中,禁止性指令是唯一可供采取的措施,而且是能够采取的最强有力的政府干预形式。这是日本政府第一次根据《外汇和对外贸易法》行使这项权力。[5] 这一事实正好表明,为了日本的能源安全,政府把日本电力公司看得十分重要。[6]

尽管这项决定是根据《外汇和对外贸易法》实施的,但是一些评论家仍然质疑这项决定。他们认为该决定将会削减外国投资,而且会与日本政府促进外国投资的努力背道而驰。[7]

本章首先对关于外国投资的国际规则以及日本法律进行检视,然后探讨日本政府在日本电力公司/儿童投资控制基金事例中指令的性质和内容。[8]

二、限制外国投资的国际规则

《经合组织资本流动自由化准则》对成员国具有拘束力[9],

---

[4] 1946 年《日本宪法》第 29 条。
[5] 1949 年 12 月 1 日第 228 号法律。
[6] 关于日本的能源安全,请参见下列文献:K. Nakatani, "Energy Security and Japan: The Role of International Law, Domestic Law, and Diplomacy" in *Energy Security: Managing Risk in a Dynamic Legal and Regulatory Environment* (B. Barton, C. Redgwell, A. RØnne and D. N. Zillman, eds, 2004) 413。
[7] 2008 年 1 月,在达沃斯举行的世界经济论坛年会上,福田首相表示,他的目标是将在日本的外国直接投资总额翻一番,使总额于 2010 年提高到 GDP 的 5% 的水平。
[8] 一些外国基金和(特别是)主权财富基金将来可能有兴趣持有日本能源公司(如日本电力公司和东京电力公司)的更多股票。
[9] 关于《准则》的拘束力性质,请参见 G. Guillaume, "L'Organisation de cooperation et de développement économics et l'évolution recent de ses moyens d'action" (1979) Annuaire français de droit international 79。

旨在消除对成员国之间资本流动的限制。然而,《准则》第 3 条明确规定,基于公共秩序或国家安全对资本流动的限制是允许的。该条规定如下:

本《准则》的规定不得阻止成员国为了下列目的而采取其认为必要的行动:

(1) 维护公共秩序或保护公众健康、道德和安全;
(2) 保护本国基本安全利益;
(3) 履行其与国际和平与安全有关的义务。

该条允许经合组织每一成员国采取"其认为必要的"措施,这意味着该条具有明确的主观性。[10] 根据《使用者指南》[11],该条本意是解决例外情形的。原则上,这一规定允许成员国实施、再次实施或者维持《准则》第 2 条[12]保留条款中没有包括的限制,同时,从逐步自由化原则中豁免这些限制。然而,近些年来,在成员国为了国家安全问题而实施限制时,鼓励成员国提出保留条款,而不是将这些限制排除在《准则》纪律之外。这不仅具有为《准则》使用者提高透明度和信息的优点,而且还构成迈向最终自由化的第一步,尤其是在国家安全并不是进行限制的主要动机时(这就是当限制伴随经济考虑时)。[13]

---

[10] See K. Yannaca-Small, "Essential Security Interests under International Investment Law", in *International Investment Perspectives* (OECD, 2007) 93 at 95. "主观性"意味着成员国可以决定本国情势是否需要采取措施。

[11] OECD, *Code of Liberalization of Capital Movements and Current Invisible Operations: User's Guide* (2008) 34.

[12] 《经合组织资本流动自由化准则》第 2 条第 2 款规定:在下列情形下,对于由第 1 款所产生的义务,一个成员国可以提出保留:
(1)《准则》附件一中目录 1 所列项目;
(2) 被扩展的与该目录 1 中所列项目有关的义务;
(3) 与任何此类项目有关的开始适用于该成员国的义务;
(4) 任何情形下,涉及目录 2 所列项目的。
保留应当在《准则》附件二中予以阐明。

[13] ibid.

日本认为存在着几种对外国投资的限制。第一种是基于"维护公共秩序或保护公众健康、道德和安全"(《准则》第 3 条第 1 款),这包括在药品生产和生物产品制造部门对外国投资的限制。第二种对外国投资的限制是基于"保护本国基本安全利益"(《准则》第 3 条第 2 款),这包括在飞机制造、武器、核能和空间开发部门对外国投资的限制。[14] 在一家电力批发企业(如日本电力公司)限制外国投资被认为属于第二种。

根据《准则》第 2 条的规定,日本在下列领域已经提出了关于非居民投资的保留条款:(1)与农业、林业和渔业相关的第一产业;(2)矿业;(3)石油;(4)皮革及皮革制品制造业;(5)航空运输;以及(6)海上运输。[15] 在外资直接和/或间接参与日本电报电话公司方面,日本也提出了保留条款,规定外资持股必须低于总股份所有权的 1/3。[16]

在作出这类保留时,日本遵循一种与许多其他发达国家类似的路径。事实上,八国首脑会议最近发表的声明(作为成员之一,日本支持这一声明)指出,国家可以基于国家安全理由对外国投资进行限制。例如,2007 年 6 月 7 日《关于世界经济增长与责任的海利根达姆首脑会议宣言》第 11 段规定如下:

> ……我们将继续致力于最大限度地减少任何国家对外国投资的限制。这种限制应该适用于非常有限的情形,主要涉及国家安全。在这种情形下,应当遵循的一般原则是非歧视性、透明度和可预见性……[17]

同样地,2008 年 7 月 8 日《关于世界经济的北海道洞爷湖

---

[14] See Gaikoku Kawase Boeki Kenkyuu Group (ed) [Study Group on Foreign Exchange and Trade (ed)], *Kaisei Gaitame Hou* [Revised FEFTA] (1998) 481—2.

[15] OECD, *Code of Liberalization of Capital Movements* (2009) 84.

[16] ibid.

[17] 〈http://www.g-8.de〉.

峰会领导人宣言》第6段规定如下：

> 对外国投资的任何限制都应该是非常有限的，主要集中在国家安全问题上，应该坚持透明度、可预测性、比例性和责任制原则。[18]

尽管这些宣言是软法文件，根据国际法不具有法律拘束力，但是，它们有很高的政治说服价值。在这一点上，这些声明建立了国际标准，而且成为对一个成员国基于国家安全理由所提出保留条款的事实上的限制。

总之，如果国家坚持透明度、可预测性、比例性和责任制原则，他们可以限制外国投资。[19]

三、限制外国投资的日本法律

根据日本法律，对外国投资的限制有两种类型。一种是基于《外汇和对外贸易法》[20]的限制。包括涉及能源的部门在内的许多产业属于这一种。另一种是基于监管特定产业（例如航空运输和广播）的法律的限制。

就前一种而言，《外汇和对外贸易法》第27条规定如下：

---

[18] http://www.mofa.go.jp/policy/economy/summit/2008/.

[19] 在服务部门限制外国投资还必须符合《关贸总协定》的规则。根据《关贸总协定》，服务部门的投资归类于服务贸易的第三种模式（第1条第2款第3项）。在服务部门限制外国投资可能违反第2条（最惠国待遇）、第16条（市场准入）以及第17条（国民待遇），尽管后两项条款的规定仅适用于作出具体承诺的部门。然而，在为保护公共道德和维护公共秩序所必须时（第14条第1款第1项）以及在为保护基本安全利益所必须时（第14条之二第1款第2项），限制可能被认为是正当的。根据《评论：世贸组织服务贸易总协定》（日文版）（外务省经济司，1996年）第144页，第14条到第1款第2项使用"基本"一词旨在防止对该条款的滥用。

[20] 1949年12月1日第228号法律。关于该法的非正式英文译本可见于〈http://www.cas.go.jp/〉。

(1) 当一位外国投资者意图进行管理性直接投资时，这意味着持有一家日本公司股份的10%或者以上，那么，这一投资就被认为有可能扰乱国家安全、公共秩序的维护或公共安全的保障，投资者应当提前向大藏大臣和产业主管大臣进行申报。

就能源部门而言，产业主管大臣是指经济、贸易和工业大臣。申报必须包括事业目的、金额、进行投资时间以及内阁法令所规定的其他事项(第1款和第3款)。

(2) 投资是否被认为具有可能扰乱国家安全、公共秩序的维护或公共安全的保障，根据该公司所属产业部门，由政府指令予以决定。

下面讨论的电力产业就属于这种产业(第3款)。

(3) 大藏大臣及产业主管大臣，在对投资进行审查以及听取海关关税外汇和其他交易评议委员会的意见后，如果认为该项投资扰乱国家安全、公共秩序的维护或公共安全的保障，可以建议投资者变更或者停止投资(第5款)。

(4) 如果投资者拒绝接受建议，大臣可以指令投资者变更或终止投资(第10款)。

关于在实施投资之前需要事先申报的产业领域，内阁法令作出了规定(前文提及的第27条第1款)。就能源部门而言，包括以下领域：(1)核反应堆、核能涡轮机、核能发电机和核材料的制造；(2)石油和天然气开采；(3)电力产业(电厂、变电站、电力事业机构)；(4)天然气产业(天然气生产厂、供气设施、天然气事业机构)；(5)供热产业；(6)石油批发产业；以及(7)燃料再销售产业(包括加油站和加气站)。日本电力公司是一家重要的能源公司，属于电力产业这一类别，因此，当一家外国公司意图持有日本电力公司股份的10%或者以上时，第27条就可以适用。下面的讨论中研究在日本电力公司事例中内阁所签发的指令的性质。

四、停止对日本电力公司继续投资的日本政府指令

儿童投资控制基金是一家总部位于伦敦的对冲基金。电力开发有限公司（日本电力公司）是日本一家重要的电力供应商和最重要的电力批发公用事业。日本电力公司作为政府的一家附属公司成立于1952年。1997年，日本政府决定对日本电力公司予以私有化。日本电力公司于2003年在东京证券交易所上市，所有的国有股份都被销售一空。2004年，私有化进程彻底完成。日本电力公司是日本电力供应系统中的一家核心机构，而且在日本能源部门具有广泛的职能。首先，它被定位成日本核燃料循环中的关键角色，因为它正在建设大间（Ohma）核电站。其次，它通过运营输变电设施承担维护国家电网的责任。最后，日本电力公司还包括一家电力批发公司，而该批发公司是全国范围内电力供应的支柱。[21]

2008年1月15日，大藏大臣及产业主管大臣收到了儿童投资控制基金根据《外汇和对外贸易法》第27条第1款提交的一项申报。儿童投资控制基金已经持有日本电力公司发行股票份额的9.9%。此时，儿童投资控制基金向上述大臣申报其有意增加股份，将在日本电力公司的股份份额增至高达20%。随后，大藏大臣及产业主管大臣通过6次会议，与儿童投资控制基金进行了一系列会晤。此外，海关关税外汇和其他交易评议委员会之海关关税外汇和其他交易委员会的外国公司特别分委会还召开了两次会议。这两次会议分别在4月11日和15日举行。会上，儿童投资控制基金被给予充分表达其意见的机会。

---

[21] Ministry of Finance, Ministry of Economy, Trade and Industry, *Recommendation to TCI* (16 April 2008), 〈http://www.enecho.meti.go.jp/〉.

在4月15日举行的第二次会议上,特别分委会就以下结论达成共识:

(1) 我们承认这种可能性的存在,即,"公共秩序的维护"可能会受到通过该投资的扰乱。因此,我们要求日本政府采取一种适当措施,处理这一威胁。

(2) 日本电力公司在全国拥有长达2400千米的输电线路,包括分别连接日本四岛的跨区域输电线路。日本电力公司还拥有一座变频电力换流站,该站使得在日本东部和西部地区之间能够进行电力交换。该公司的长期资本支出对于国家的稳定电力供应作出了贡献;而且,该公司正计划在大间建造一座核电站,该核电站对于实施政府的核政策/核燃料循环政策至关重要。

(3) 如果儿童投资控制基金增加其在日本电力公司的股份,即使同时实施儿童投资控制基金提出的建议,也不能否认这种可能性的存在,即,关键电力设施的规划、运营和维护以及核政策/核燃料循环政策的实施可能受到不利影响,因为这将会取决于儿童投资控制基金作为一个重要股份持有者的行为。

(4) 显然,吸引更多外国直接投资进入以促进日本经济增长是重要的。这是因为,一般情况下,外国直接投资通过引进先进的技术、人力资源和管理技能,促进我们产业的生产能力提高和经济效率。此外,外国直接投资对于加强日本公司的合理的公司治理具有一种积极影响。因为《外汇和对外贸易法》在1980年已经采纳了交易自由的一般原则,所有外国直接投资的事先申报(其中包括过去三年的约760项事先申报)都已经获得了批准。我们相信,我们必须保持日本对外国投资的这种开放。

(5) 另一方面,如果公共秩序的维护由于一项不受限制的投资活动而将受到扰乱,那么,我们就应该采取适当的行动。从这一点来看,许多政府(包括日本政府)根据《经合组织资本流动自由化准则》的规定,对于作为一项关键基础设施的电力产业中的外国直接投资进行监管,和/或对拥有国家电力公司进行监管,从而对作为一项国民基本公共服务的稳定电力供应,保障其长期性。

第(2)和(3)段强调日本电力公司在日本能源安全中的至关重要性。第(4)和(5)段解释有关限制不仅符合《经合组织资本流动自由化准则》,也符合日本吸引更多外国直接投资的一般政策。因此,特别分委会得出这一结论是合理的,特别是它考虑到了日本电力公司对日本经济的重要性。特别分委会并不认为儿童投资控制基金是一个值得信赖的股东。

考虑到这一意见,2008年4月16日,大藏大臣以及产业主管大臣根据《外汇和对外贸易法》第27条第5款的规定,向儿童投资控制基金提出了一项建议[22]。根据有关立法,建议儿童投资控制基金停止申报中载明的拟议管理性直接投资。所提停止投资的理由是,该项投资可能妨碍稳定的电力供应以及日本的核能及核燃料循环政策,扰乱公共秩序的维护。当天,两位大臣发表了一项声明,说明日本促进外国直接投资的政策没有改变。两位大臣的意图是要表明,基于国家安全理由的外国投资限制是非常特殊的情形,它符合促进外国直接投资的一般原则。

2008年4月25日,儿童投资控制基金通知两位大臣,它拒绝接受这一建议。5月8日,儿童投资控制基金根据《行政程序法》的规定向两位大臣提交了一项解释。[23] 同月13日,两位大臣根据《外汇和对外贸易法》第27条第10款的规定,责令儿童投资控制基金停止申报中所载明的管理性直接投资。[24] 这是日本政府第一次根据这一规定签发指令。关于扰乱公共秩序的

---

[22] Available at ⟨www.enecho.meti.go.jp/english/080416.htm⟩.
[23] 1993年第88号法律。
[24] Available at ⟨www.enecho.meti.go.jp/english/report/080513-3.pdf⟩.

维护的可能性,该指令指出:

（1）作为股东,儿童投资控制基金已经正式和非正式地向日本电力公司提出了多项建议。例如,它要求日本电力公司承诺一项10%的最低股权收益目标和一项4%的最低资产收益目标,并且要求管理机构负责实现这些目标。然而,它并没有明确提出实现其要求的具体方法。

（2）在回应我们要求其详细解释改善日本电力公司管理的具体想法中,儿童投资控制基金披露了其引进外部董事和解决交叉持股以促进合理的公司治理的政策。然而,儿童投资控制基金在涉及下列方面的问题上并没有提出其管理政策:建设和运营大间核电站的负面影响,资本投资和核心设施维修费用的减少,以及日本电力公司融资能力的损害。

（3）由于这一原因,我们认为存在这种可能性,即,通过儿童投资控制基金对日本电力公司股份的进一步收购及其股东权利的行使,日本电力公司的管理及其骨干设施(如电力输电线路和核电站)的规划/运营/维护可能会受到影响,从而,稳定的电力供应以及日本的核政策及与核燃料循环有关的政策可能会受到影响。

（4）同时,儿童投资控制基金在其解释中表示,它从未意图扰乱日本稳定的电力供应或日本的核/核燃料循环政策,而且也不会提出这样一项建议。然而,儿童投资控制基金要求日本电力公司采用目标管理,而且要求后者的管理部门对目标的实现负责,但是它没有明确提出完成这些目标的方法。因此,在审查申报的过程中,政府承认这种可能性的存在,即,通过日本电力公司实现儿童投资控制基金要求而产生的直接或间接影响(例如,大间核电站建设的冻结或显著延迟,或者资本投资和核心设施维修费用的减少),稳定的电力供应或日本的核/核燃料循环政策可能会受到影响。[25]

指令的第(1)和第(3)段揭示出,虽然儿童投资控制基金仅是作为一个积极的股东行事,但是对日本的长期能源安全或者成为一个稳定的股东,它的兴趣很小。第(2)段解释了儿童投资控制基金对日本电力公司的更大影响将会严重影响日本的长期能源安全。

此外,指令对儿童投资控制基金提出的观点进行了反驳。儿童投资控制基金在其解释中认为,这样一项决定与最高法院在泉佐野市市民中心(Izumi-Sano City Civil Centre)一案[26]中作出的决定相矛盾,因为根据该案判决,"明确的和迫在眉睫的违背法律所保护的权益"和"明确的可预测性"对于构成指令所关注的"可能性"是必不可少的。在回应这一点时,指令指出:

……儿童投资控制基金所提最高法院的案件是这样一起案件:泉佐野市根据相关条例中规定的"扰乱公共秩序",拒绝允许某一特定团体使用市民中心。根据这一拒绝决定与《宪法》第21条所保护的"自由表达"之间的关系,最高法院作出了裁判。[27] 然而,该案与《外汇和对外贸易法》的解释几乎没有关系,因为它涉及的是《宪法》第29条所保护的财产权。[28]

儿童投资控制基金还提出了这样一个论点,即,不存在投资和骨干设施维修费用将会不恰当的减少的可能性,因为经济贸易和产业大臣可以责令日本电力公司根据《电力企业法》的规

---

[25] ibid 3—4.
[26] 1995年3月7日最高法院(第三法庭)判决书;日文判决书可见于〈www.courts.go.jp〉。
[27] 《日本宪法》第21条规定:"保障集会、结社、言论、出版以及其他一切表达形式的自由。不得进行检查,并不得侵犯通信秘密。"
[28] 《日本宪法》第29条规定:"不得侵犯财产权。财产权的内容应当适合于公共福祉,并由法律规定之。私有财产在正当的补偿下得收归公用。"

定维持企业的资金储备。[29] 在回应这一点时,指令指出:

  ……《电力企业法》监管电力公司活动的假设条件是,它们在<u>一种自愿的基础上</u>兴建核电站和其他设施。[30] 因此,法律并没有为私人电力公司未来的投资活动设定任何法律义务;例如,该法并没有要求私人电力公司进行资本投资或支付维修费用或者经营核电站及核燃料循环。因此,法律并没有排除公共秩序的维护遭受扰乱的可能性。[31]

五、日本电力公司事例之分析:为了能源部门的外国投资

  为了澄清有关日本能源部门外国投资限制的法律问题,有很多问题需要注意。

  首先,正如前文提到的,十分清楚的是,国家享有限制外国投资的自由裁量权,条件是在设定这种限制时不违反透明度、可预见性和比例原则。由于针对儿童投资控制基金的指令完全根据《外汇和对外贸易法》作出,指令似乎在形式上符合这些原则。

  其次,根据日本经济贸易和产业省的资料,在经合组织成员国中,有10个国家[32]根据《经合组织资本流动自由化准则》的规定限制国家电力产业中的外国投资。鉴于这类措施,日本在能源部门(包括电力部门)对外国投资进行监管就是平常的。此外,应该强调的是,日本电力公司/儿童投资控制基金这一事例是日本政府唯一的禁止外国直接投资的事例。这一情形的极

---

[29] Available at ⟨www.enecho.meti.go.jp/english/report/080513-3.pdf⟩.
[30] 着重线为作者所加。
[31] Above n 24.
[32] 日本、美国、斯洛伐克、瑞士、冰岛、法国、芬兰、奥地利、加拿大和韩国。ME-TI, *Annex 2 to the Order of 13 May 2008*, ⟨http://www.meti.go.jp/⟩.

其特殊的特征不应该被普遍化,以至于给人的印象是日本不对外国投资开放。

再次,不可否认的是,作为一家重要的电力供应商,日本电力公司对于居住在日本的1.27亿人来说至关重要。稳定的电力供应要求长期的管理规划。因此,如果不充分考虑涉及发电站建设以及基础设施和发电站维护措施的其他长期成本的长期投资需求,在短期内向电力公司股东支付过多的股息是不明智的。

复次,需要考虑所谓"特别股"(golden shares)的功能。作为一种防止兼并与收购的手段,私人公司有时实施一种特别股制度。这些特别股允许持有人(通常是政府)在公司至关重要的问题上享有否决权。根据日本公司法的规定,对于一家在证券交易所上市的公司来说,它有可能实施特别股制度。[33] 东京证券交易所的内部规定并不能完全禁止一家已上市公司实行特别股制度。然而,在允许一家上市公司发行特别股方面,东京证券交易所是非常谨慎的;这是因为,它认为特别股可能不符合股东平等原则,而且它们可能损害已有股东的权利。不存在任何阻碍日本公司实行特别股制度的国际规则。这种缺乏监管与欧盟公司的情况完全不同。在欧盟,欧洲法院通常业已认为,特别股不符合《建立欧共体条约》第43条(设立自由)和第56条(资本

---

[33] 公司可以根据《公司法》(2006年第109号法律)第108条的规定发行特别股。该条规定:

股份公司可以发行两种或两种以上具有不同特性的股票。对这些不同种类的股票基于下列事项而有不同的规定……

(8) 需要在股东大会上解决的这类事项,而且除股东大会关于这类事项的决议之外,还需要由这类股票的持有人所组成的该种股票股东会议的一项决议。

自由流动)的规定。[34] 然而,已经实施特别股制度的唯一一家日本公司是国际石油开发株式会社,该会社是一家重要的石油和天然气勘探和开发公司。国际石油开发株式会社2006年在东京证券交易所上市时实行了特别股制度。日本电力公司2003年在东京证券交易所上市时没有实行特别股制度。尽管如此,并不禁止已在一家证券交易所上市的一家公司实行特别股制度,而且在儿童投资控制基金寻求增加股权时,日本电力公司没有选择实行这种制度。假如日本电力公司当时已经实行了这种制度,那么,停止投资的指令可能就不会出现了。

泛而言之,需要考虑的是,日本政府的大方向毫无疑问是促进外国直接投资。因此,针对儿童投资控制基金的指令是基于国家安全的一项非常特殊的例外。在签发指令的当天,两位大臣不厌其烦地强调:日本促进外国直接投资的政策没有改变,而且也不会改变。随后,在达沃斯举行的世界经济论坛年会上,福田首相在2008年1月26日声称,他将会继续努力推进市场自由化,包括对日本的外国直接投资领域进行改革。[35]

在研究日本电力公司事例情境中的实际适用的立法时,存在一些具体问题。《外汇和对外贸易法》的关键问题之一是,在作出关于是否"国家安全遭受了损害、公共秩序的维护受到了干扰、或公共安全的保障受到了阻碍"的决定时,需要考虑的因素在立法中并没有作出规定。为了提高任何要求停止外国投资的指令的透明度、可预见性和比例性,《外汇和对外贸易法》值得做的应该是,就作出这种决定时要考虑的因素,明确予以规定。在这方面,应该借鉴美国有关法律的做法。在美国,1950年《国

---

[34] See, eg, *Commission v United Kingdom*, C-98/01, [2003] ECR I-4641. 但是,在委员会诉比利时(*Commission v Belgium*, C-503/99, [2002] ECR 4809)一案中,法院认为,根据在发生危机时保证能源供应的目标,授予国家管道输送公司和比利时天然气公司特别股的比利时立法是正当的。

[35] The Prime Minister's comments are available at 〈www.mofa.go.jp/〉.

防生产法》第 721 条第 6 款[36]经 2007 年《外国投资和国家安全法》的修改[37]后规定,总统在考虑到国家安全要求时,可以考虑一系列因素。需要考虑的 11 项因素包括:

(1) 规划的国防要求所需要的国内生产;

(2) 国内产业满足国防要求的能力和效能;

(3) 外国公民对国内产业和商业活动的控制,因为这影响美国满足国家安全要求的能力和效能;

(4) 拟议的或正在进行的向任何国家销售军用物品、设备或技术的交易的潜在影响;

① 被认定为支持恐怖主义的国家,受关注的涉及导弹或生化武器扩散的国家;

② 被认定为对美国利益构成一种潜在的地区性军事威胁的国家;

③ 被列在《核不扩散核特殊国家名单》上的国家;

(5) 拟议的或正在进行的交易在影响美国国家安全的领域中,对美国的国际技术领先地位所具有的潜在影响;

(6) 对美国关键性基础设施(包括重要能源资产)的潜在的与国家安全有关的影响;

(7) 在对美国关键性技术方面的潜在的与国家安全有关的影响;

(8) 所涵盖的交易是否是一项受外国政府控制的交易;

(9) 对现有评估的审查:

① 国家不扩散控制制度的遵守情况;

② 所涉国家与美国的关系,特别是其在反恐措施合作方面的记录;

---

[36] 50 USC App 2170.

[37] Public Law 110—49.

③ 转运或转化具有军事用途的技术的潜力,包括国家出口管制法律和法规的分析;

(10) 美国对能源及其他关键资源和材料来源要求的长期规划;

(11) 总统或美国外国投资委员会可以决定的被认为适当的其他这种因素,一般情况下的或与某一具体的审查或调查有关的。[38]

假如日本已经拥有了列出上述同样因素的立法,日本电力公司/儿童投资控制基金事例很可能已经归入这种因素,即,涵盖潜在的与国家安全有关的对日本关键基础设施(包括其重要能源资产)具有影响的因素。非常值得做的是,为了证明对外国投资限制的合理性,《外汇和对外贸易法》第27条应该明确规定这类因素。依据明确的标准将会更好地服务于符合透明度、可预见性、比例性和问责制原则。

最后,日本电力公司/儿童投资控制基金事例的情形暴露了《电力企业法》的一个严重漏洞。[39]《电力企业法》第29条第3款规定:

> 当经济贸易和产业大臣发现,通过大范围的运营,《供应计划》对于实现电力事业的全面和合理发展并不适当的情况下,他/她可以建议电力公用事业应该修改《供应计划》。

接着,第29条第4款规定:

> 在经济贸易和产业大臣根据前款规定已经作出建议的情形下,当他/她认为这样做特别必要和适当时,他/她可以

---

[38] 在11项因素中,第(3)、(6)、(10)项与能源公司(如日本电力公司)直接有关。

[39] 该法也可译为《电力事业法》(1964年7月11日第170号法律)。其非正式英文译本可见于〈www.cas.go.jp/jp/seisaku/hourei/data/FTA.pdf〉。

指令电力公用事业采取以下措施;然而,这样做的条件是,大臣们不得指令一家电力批发企业采取第3款所规定的措施,以:

(1)向普通电力公用事业供电;

(2)提供一种跨区域的流动服务;

(3)获得电力供应。

第29条第3款存在的问题是,大臣不能指令诸如日本电力公司之类的一家电力批发公司修改供应计划,即使为了日本能源安全,紧急修改供应计划是绝对需要的。大臣也只能建议修改。法律上的这一漏洞应该立即得到修正。

六、结语

2008年5月13日签发对儿童投资控制基金的指令之后,出现了一系列其他方面的发展。在同年6月26日的股东大会上,儿童投资控制基金输掉了对日本电力公司的代表权争夺战。[40] 股东们拒绝了儿童投资控制基金提出的五项建议;这些建议中包括增加一倍的股息以及拒绝某些董事会成员。儿童投资控制基金和日本电力公司之间的斗争最终在2008年11月结束;当时,儿童投资控制基金把其所持全部股权回售给日本电力公司,并从日本股市中消失。这一事实似乎证明,儿童投资控制基金对于作为日本电力公司的一个稳定股东并没有兴趣。

据一篇新闻报道,日本政府目前正在考虑修改那些属于限

---

[40] 儿童投资控制基金要求给予日本电力公司股东就以下五项提案进行投票的机会:(1)关于股票市场和交叉持股的提案(限制股票市场和交叉持股);(2)关于独立董事的提案(规定最少三名独立董事);(3)关于分红的建议(每财政年度年底分红每股90日元,年度总分红每股120日元);(4)关于替代分红方案的提案(财政年度年底分红每股50日元,年度总分红每股80日元);以及,(5)关于股票回购的提案(授权公司使用70亿日元收购本公司股票)。

制外国投资的产业目录。如果要维持限制,必须提出明确的理由。[41] 根据报道,尽管目前尚不清楚正在形成中的政府政策是否会将修订《外汇和对外贸易法》以及在作出一项限制外国投资决定时需要考虑的因素包括在内,但是,对于促进这一程序中更大的责任制和透明度,那肯定会是一个有利的步骤。

七、附录

《外汇和对外贸易法》第 27 条(节选)

（一）可能属于管理性直接投资的外国投资,需要根据第 3 款的规定进行审查。当外国投资者意图进行内阁法令明确规定的管理性直接投资等(不包括那些内阁法令明确规定不予考虑的继承、遗赠、法人合并或者其他情形；本条下文中,含义相同)时,他/她应当根据内阁法令的规定,就该管理性直接投资等的事业目的、金额、投资时间以及内阁法令所明确规定的事项,向大藏大臣以及产业主管大臣提出事先申报。

（三）在大藏大臣和有关产业的主管大臣收到根据第 1 款规定提交的申报的情形下,如果他/她认为有必要审查与该申报有关的管理性直接投资等是否属于下列管理性直接投资等(所指"与国家的安全等有关的管理性直接投资等"规定于第 4、5 和 11 款)中任何项目时,他/她可以将禁止与该申报有关的管理性直接投资等的期限延长为从收到该申报之日起 4 个月。

1. 管理性直接投资等很可能导致(a)目或(b)目中列举的任何情形的。管理性直接投资等限于下述两种,即,由来自一项关于管理性直接投资等的多边条约或者其他国际

---

[41] *Nihon Keizai Shimbun*〔Japan Economic Newspaper〕, 28 December 2008.

协定(内阁法令明确者以及日本参加者;下文中称此类为"条约等")的一个成员方的一位外国投资者所进行的管理性直接投资等,以及来自不是条约等的成员方的一个国家(即使该国被视为该条约等的成员方,该国也不承担义务)的一位投资者所进行的管理性直接投资等。

(1)国家安全遭到损害的、公共秩序的维护受到干扰的或者公共安全的保护遭受阻碍的;

(2)对日本经济的顺利管理造成严重不利影响的。

(五)在大藏大臣和有关产业的主管大臣根据第3款规定已经延长禁止进行管理性直接投资的期限的情形下,通过根据该款规定所进行的检视,如果他/她发现与根据第1款规定所提出的申报有关的管理性直接投资等属于与国家安全等有关的管理性直接投资时,在听取海关关税外汇和其他交易评议委员会的意见后,他/她可以根据内阁法令的规定,建议提出管理性直接投资等的申报者变更与管理性直接投资等有关的内容或者停止该管理性直接投资等。但是,提出关于变更或者停止投资的建议的期限,不得超过根据第3款或者第6款规定的延长期限的届满之日,期间自收到申报之日起计算。

(七)接到根据第5款规定所作建议的申报者应当自接到建议之日起10日内,通知大藏大臣和有关产业的主管大臣,其是否接受该建议。

(十)在接到根据第5款规定所作建议的申报者没有根据第7款规定的进行通知或者通知不接受该建议的情形下,大藏大臣和有关产业的主管大臣可以指令申报者变更或者停止该管理性直接投资等。但是,签发变更或者停止的指令的期限,不得超过根据第3款或者第6款规定的延长期限的届满之日,期间自收到申报之日起计算。

第17章

欧盟能源部门的所有权拆分和财产权

伊尼戈·德尔瓜伊　冈瑟·屈内　玛莎·罗根坎普[*]

摘要：2007年9月19日，欧盟委员会提出多项现行欧盟能源立法修正案，包括逐步实施能源活动拆分（即，所谓的所有权拆分）的进一步措施：参与管网（运输和/或配送）和商业（供应和/或生产）活动的电力与天然气公司，将不再被法律允许从事这两种类型的能源活动，因此，此类企业将被要求剥离其在上述一项或两项活动中的所有权。2009年4月22日，欧洲议会通过了一项有关欧洲理事会共同立场的决议。连同欧盟委员会提议中最初设想的两种方案，这项决议给予成员国一种新的拆分方案。两个月后，即，2009年6月25日，欧洲理事会通过了有关内部能源市场的新规则。新的电力和天然气指令在2009年8月14日都刊登于《欧盟官方公报》，并于公布后第20日正式生效。成员国被要求在这些指令生效后18个月内在国内法中规定这些指令的内容，但是有关拆分的规则除外。本章对当（和如

---

[*] 伊尼戈·德尔瓜伊（Iñigo del Guayo），阿尔梅里亚大学（西班牙）行政法学教授；email: iguayo@ ual. es。冈瑟·屈内（Gunther Kühne），哥廷根大学（德国）名誉法学教授；克劳斯塔尔技术大学，矿业和能源法的名誉教授；email: gunther. kuehne@ tu-clausthal. de。玛莎·罗根坎普（Martha Roggenkamp），格罗宁根大学（荷兰）、荷兰格罗宁根能源法中心，能源法教授，以及阿姆斯特丹（荷兰）律师；email: m. m. roggenkamp@ rug. nl。

果)任何成员国实施所有权拆分方案时,所有权拆分规则将如何影响天然气和电力管网所有者的财产权进行评估。

关键词:欧盟,所有权拆分,财产法,财产权,天然气企业,电网

一、导论

20世纪80年代末以来,欧洲能源部门一直经历着许多根本性变化。继欧盟委员会1985年和1988年《关于内部能源市场的通讯》[1]之后,显然《欧共体条约》的一般规定也应该适用于能源部门。与以前的立场相反,成员国再也不能依赖那种概念,即,能源企业因提供一般利益服务,可以免于适用关于商品、服务、资本自由流通的规定以及竞争法的一般规定。[2] 基于这一新路径,欧盟委员会颁布了数套立法,促进把欧盟法律的一般理念应用到能源部门中。对于"传统的"能源公用事业(电力和天然气供应部门),《1996年电力指令》[3]和《1998年天然气指令》[4]开启了一个影响广泛的变革过程。之后,2003年电力和

---

[1] Completing the Internal Market: White Paper from the Commission to the European Council (Milan, 28—29 June 1985), COM(85) 310, June 1985, and The Internal Energy Market. Commission Working Document, COM(88) 238 final, 2 May 1988.

[2] 《欧共体条约》第86条第2段。

[3] Directive 96/92/EC of the European Parliament and of the Council of 19 December 1996 concerning common rules for the internal market in electricity (OJ L 176, 15.7.2003).

[4] Directive 98/30/EC of the European Parliament and of the Council of 22 June 1998 concerning common rules for the internal market in natural gas (OJ L 204, 21.7.1998).

天然气两项指令[5]引发了一个拆分的过程,也就是,受监管的管网活动与商业供应及贸易活动的分离。关于能源部门的欧盟指令中的发展趋势已经带来了连续拆分行动,而最近的变革则涉及管网和商业活动中的所有权安排。所有权拆分有可能从根本上重新调整欧盟能源部门中的所有者权益,从而影响现有的财产形式。

2007年9月19日,欧盟委员会提出多项现行欧盟能源立法修正案[6],包括逐步实施能源活动拆分(即,所谓的所有权拆分)的进一步措施:参与管网(运输和/或配送)和商业(供应和/或生产)活动的电力与天然气公司,将不再被法律允许从事这两种类型的能源活动,因此,此类企业将被要求剥离其在上述一项或两项活动中的所有权。2009年4月22日,欧洲议会通过了一项有关欧洲理事会共同立场的决议。连同欧盟委员会提议中最初设想的两种方案,这项决议给予成员国一种新的拆分方案。两个月后,即,2009年6月25日,欧洲理事会通过了有关内部能源市场的新规则。新的电力和天然气指令在2009年8月14日都刊登于《欧盟官方公报》,并于公布后第20日正式生效。成员国被要求在这些指令生效后18个月内在国内法中规定这些指令的内容,但是有关拆分的规则除外。本章对当(和如果)任何成员国实施所有权拆分方案时,所有权拆分规则将如何影

---

[5] Directive 2003/54/EC of the European Parliament and of the Council of 26 June 2003 concerning common rules for the internal market in electricity and repealing Directive 96/92/EC (OJ L 176, 15.7.2003), and Directive 2003/55/EC of the European Parliament and of the Council of 26 June 2003 concerning common rules for the internal market in natural gas and repealing Directive 98/30/EC (OJ L 176, 15.7.2003).

[6] Proposal for a Directive of the European Parliament and of the Council amending Directive 2003/54/EC concerning common rules for the internal market in electricity COM(2007)0528, and Proposal for a Directive of the European Parliament and of the Council amending Directive 2003/55/EC concerning common rules for the internal market in natural gas COM(2007)0529.

响天然气和电力管网所有者的财产权进行评估。30个月后,这些规则将转化为国内法。[7]

本章对当(和如果)任何成员国实施所有权拆分[8]方案时,所有权拆分规则将如何影响天然气和电力管网所有者的财产权进行评估。为了清楚理解这种所有权将如何受到影响,第二部分简要介绍欧盟的能源部门及其逐步自由化的历史背景,目的是为接下来探讨拆分奠定基础。第三部分接着对拆分的各种含义进行分析。这一分析特别针对所有权拆分以及此类拆分是否可以被视为针对管网所有者财产权的征收措施。因此,本章对所有权拆分的实施是否可能导致必要的赔偿进行探讨。在此背景下,第四部分从一般欧盟法的广泛视角并且参照《欧洲人权公约》对赔偿问题进行分析。然后,我们从观点和政策截然相反的两个成员国(德国和荷兰)的视角探讨所有权拆分。德国可以被认为是欧盟所有权拆分的主要反对者之一,而荷兰已经采取了强有力的拆分政策。荷兰不仅在输送层面上实施了所有权拆分,而且还在能源配送企业实施了所有权拆分。这两个案例阐释了建立一个内部能源市场的困难以及近期指令对组织结构和所有权结构产生的不同影响,最后一部分反映了这一情况。

二、欧盟能源自由化进程

(一)能源部门的演变

20世纪初,大多数能源企业在地方层面上进行能源生产和供应。市政企业或区域企业承担电力与(人工制造的)燃气的

---

[7] OJ L 211, 14.08.2009 and Press release of the EC of 25 June 2009, IP/09/1038. 本章最终定稿是在2009年电力和天然气指令公布于《欧盟官方公报》之前;但是,出于对法律讨论更好地理解,作者参考了已经公布的2009年电力和天然气两项指令。

[8] 对拆分这一概念根据最近通过的欧盟指令来理解。

生产和供应。由于技术的发展，20世纪30年代建造长距离运输管道和电缆成为可能。这导致了二战后能源部门组织的重要变革。一些成员国（如荷兰和德国）选择了对电力和天然气供应部门进行横向一体化，而其他成员国（如英国和法国）则决定对能源部门进行垂直一体化，即，对电力或天然气进行集中生产、输送和供应。[9] 此外，以供应的安全性为由，国家能源市场逐渐相互连接，而通过一套复杂的运输和配送管网基础设施，远程生产单位和客户也实现了连接。

（二）能源市场自由化

当为建立一个欧盟内部能源市场而进行努力时，在大多数国家，仅有为数不多的且通常属于国家和/或较低级别政府所有的能源企业控制着从生产到供应的整个能源链。大多数情况下，这些能源企业享有法律或事实上的垄断。25年前，人们普遍认为不存在为消费者提供安全、有效和普遍的能源供应的其他安排方式。

这种状况严重阻碍了欧盟基本经济自由（如能源商品和服务的自由流动）的实现。事实上，欧盟委员会1988年《关于内部能源市场的通讯》（它是对关于内部市场的1985年《白皮书》的发展）[10]认为行业的横向和/或垂直一体化（特别是把管网业务与生产和供应业务进行一体化）是建立一个真正的欧盟内部能源市场的主要障碍之一。由于一体化垄断拥有管网，而电力和天然气供应是管网捆绑型服务，因此对于竞争者来说（如果有的话），也很少有进入此行业的机会。就成本没有明确地归入能源产业链中的一个特定环节而言，能源关税和/或价格透明度的缺乏根源于一体化，而这就在消费者和产业活动之间导致了交

---

[9] 就《2003年电力指令》和《2003年天然气指令》而言，关于垂直和横向一体化的定义请分别参见各自鉴于条款的第20段、第21段。

[10] Above n 1.

叉补贴,并进而导致了竞争的扭曲。无论法律上的还是事实上的垄断,消费者都要面临任何垄断带来的风险,即,或者是对商品或服务供应的无效率收费,或者是缺乏充足的商品或服务供应。

基于规模经济及电力和天然气配送与运输的自然垄断特征,为消费者进行最终能源供应的各项活动的一体化是一个管网捆绑型行业自然发展的结果。与大多数的经济活动相反,在一个特定的地理区域内唯一的供应商符合运输和配送效率的要求。同时,由于对电缆和管道的高资本投资强度,企业投资一套新的管网基础设施的主要动因是,企业将不仅有权通过管网运输天然气或进行电力供应,而且还将享有这样做的垄断地位。虽然配送和运输管网是自然垄断,但生产和供应却不是。

(三) 监管能源市场

欧盟自由化进程是基于这样一种路径,即,市场自由化必须伴有足够的管网监管。有人认为,自由化能源市场中的特定管网监管将会导致电力部门和电力部门以及天然气部门和天然气部门之间竞争。因此,《1996年电力指令》《1998年天然气指令》和2003年两项指令为这样一种可能性做了规定,即,消费者和供应商应该(逐步)有选择在哪里购买和/或出售电力和/或天然气的自由。这种自由不应该局限于自然边界,而应该存在于整个欧盟之中。作为这一路径以及能源管网由国家垄断这一事实的结果,对这些管网的使用需要进行监管。因此,这些指令规定了两个重要的监管工具:管网企业负有给予第三方连接管网的义务以及在一体化企业中拆分能源供应和管网业务的义务。欧盟成员国进行此次拆分活动的方式不同,而且依赖于自由化之前的国家情况。然而,可以指出的是,从一开始就有几个成员国已经超出了指令的最低要求。

三、拆分和欧盟能源法

(一) 简介

为了实现能源市场自由化,欧盟已经制定了有关拆分的专门立法。这些立法适用于垂直一体化能源企业,也就是从事输电或配电中的至少一项业务以及发电或供电中的至少一项业务的企业或者企业集团。[11] 一项决定性的因素是生产/供应企业在何种程度上控制管网企业,或者管网企业在何种程度上控制生产/供应企业。[12] 这一定义还表明,与以前相比,垂直一体化能源企业这一术语现在具有略微不同的含义,而且可能包括过去被认为是横向一体化的能源供应企业,也就是,供应天然气和电力的企业。

一般来说,欧盟实施的自1985年以来的能源自由化过程一直受两种基本的能源监管路径支配:结构监管模式和行为监管模式。结构监管模式专注于为能源市场建立正确结构的需要并因而允许竞争;行为监管模式强调为避免反竞争行为需要对企业行为进行规范,而不是设置一种市场结构。总体而言,欧盟指令和条例是基于行为监管模式。当把2007年关于新指令的最初提案的措辞(当时成员国只有2项选择)与最终在2009年4月(当时成员国获得了3项选择)被欧洲议会通过的文本进行比较时,可以清楚地发现,行为监管模式涉及更多的监管。由于新指令,进一步的规则被添加到了最初的规则之中,以确保管网业务将真正独立于商业生产和/或供应企业而运营。换言之,行为

---

[11] See Art 2 ED and GD. 该定义引用了1989年12月21日理事会《关于管制企业主要领域的第4064/89号条例》第3条第3款。

[12] See Note 14 January 2004 of DG Energy and Transport on Directives 2003/54/EC and 2003/55/EC on the Internal Energy Market in Electricity and Natural Gas-The Unbundling Regime.

模式需要更规范、更全面的规则,因为,如果管网的所有权完全与供应企业的所有权拆分,那么就不再需要保证每一个实体独立运营的规则。

(二)电力和天然气指令与拆分的概念

1. 拆分的类型

为管网捆绑型能源市场自由化所必需的监管越来越多地聚焦于这样一个问题上,即,作为一个使能源管网运营商独立于商业企业的主要工具的拆分。此外,立法的发展表明,拆分程度与自由化进程相一致。换言之,尽管第一个1996年电力指令和1998年天然气指令分别规定了有限度的拆分,但是最近批准的2003年电力和天然气两项指令修正案的目标是实现最高程度的拆分,即,在所有权层面上的拆分。下面我们将介绍所有现有的和新的拆分方案。

第一种而且程度最轻的拆分类型是会计或行政拆分,通过这种拆分,一体化能源企业被要求将其生产、运输、配送和供应活动(就天然气、液化天然气和地下天然气储藏而言)计入独立的账户。相关企业应当以仿佛这些活动由独立的企业实施的方式来编排这些账户。这样做的目的在于避免歧视、交叉补贴和竞争扭曲。《1996年电力指令》和《1998年天然气指令》要求为这种有限的拆分提供足够的透明度。一体化国家天然气和电力企业有义务为生产、运输、配送、储存活动设置独立账户,而且如果核实,其还有义务为非天然气或非电力业务设置合并账户,要求为每一项业务制定资产负债表和损益账户。可以把用于运输和配送业务的账户结合起来,只要对这一系统的接入是基于对这两种业务的单一收费。每个输送企业均被要求就其从其他系统或系统使用者获得的任何商业敏感信息保密。实践中,这就导致在受监管管网业务和商业供应业务之间产生了所谓"难以逾越的障碍"。运输和配送企业应该在商业原则基础上进行运营。

2003年两项指令规定了第二种类型的拆分,即法律上的拆分,按照这种拆分,一体化能源企业必须为企业进行的每一项业务,特别是生产、运输、配送和供应,维持独立的法人实体。实施此种拆分是为了在输送系统运营商和配送系统运营商之间创造更大的透明度和更公平的竞争环境。所有垂直一体化企业被要求从法律上对这些职能进行拆分,以便其中一项职能由一家独立的企业履行。这些垂直一体化企业在供应天然气和/或电力的同时通过高气压或高电压输送天然气和/或电力。然而,这一独立的企业既可以被其他企业控制,也可以属于同一企业集团或同一控股企业。如果配送管网是垂直一体化供应企业的一部分,那么同样的要求也适用于配送管网。经验表明,法律上的拆分的有效性的确依赖于供应企业和管网企业的运营被进一步监管的方式。法律上的拆分的成功似乎取决于法律上拆分后的管网企业在何种程度上能够独立于供应企业而运营(包括作出投资决定的权力)。法律上的拆分被认为不足以建立所需水平的独立,而且它应该伴有功能性拆分。

2003年迈出了第三步也是更具挑战性的一步,即,功能性(或管理)拆分。[13] 功能性拆分规定了更大程度的分离,因为它要求一体化能源企业实施一套详细的规则,以确保其内部处理管网业务的附属企业在运营和决策方面的有效独立。它要求各企业运营的严格独立。这种独立性要通过负责生产和供应的管理人员不参与管网活动而得到保证。这意味着,运输和配送的日常运营应该由管网运营商承担。企业总部的控制应该限于一般监管,如批准企业的年度财务计划。所谓"难以逾越的障碍"的建立旨在防止管网运营商和能源企业的其他部分之间进行商

---

[13] Arts 15 ED and 13 GD.

业敏感信息交换,而这一措施被认为是功能性拆分的一部分。[14] 然而,必须对这两个方面(商业敏感信息的处理和功能性拆分)进行明确区分,因为机密信息的保护不受拆分要求的影响,而且其本身是一项自治的法律标准。[15]

2. 关于拆分的电力和天然气指令的实施

继《1996年电力指令》和《1998年天然气指令》之后,大多数成员国在其立法中都包含了行政拆分的要求。然而,一些国家超出了这一最低要求,或者在天然气和电力输送部门的其中之一或者两者实施了法律上的和/或所有权拆分。虽然《1996年电力指令》没有作出要求,但是英国、意大利、卢森堡、葡萄牙、荷兰、瑞典、丹麦和西班牙全部选择对它们的电力输送部门进行法律上的拆分。英国实施了最先进的制度。在欧盟自由化进程开始之前,英国已经就管网和供应业务的所有权进行了拆分。由于国家(生产)利益,超出《1998年天然气指令》要求的成员国的数量相当有限。只有西班牙、意大利和英国实现了在天然气输送部门进行法律上的拆分。

2003年两项指令要求各成员国实施法律上和/或功能性拆分。在执行2003年两项指令时,一些成员国超出了指令的最低要求,并实施了所有权拆分。与其他成员国一样,在英国,经验表明,仅仅在输送和供应活动之间建立"难以逾越的障碍",并不能充分保护能源企业免受竞争主管机构的挑战,因此,需要进

---

[14] 必须在功能性拆分和信息拆分之间作出区分。功能性拆分中存在保证属于同一集团的公司的独立运营规则;信息拆分中存在保证信息适当流通的规则(例如,管网公司不能向供应商发布敏感信息,而且就信息而言,管网公司并不优先向属于同一集团的供应公司发布信息)。

[15] Z. Zafirova, "Unbundling the Network: the Case of Ownership Unbundling?" (2007) 2 IELTR 29—36.

行所有权拆分。[16] 目前,在欧盟,由于所有权拆分,大约有 15 个电力输送系统运营商和 8 个天然气输送系统运营商被认为是"独立的"。[17] 另一种倾向是(可能是出于所有权拆分问题)对管网企业进行进一步的一体化。

2009 年 7 月 13 日,欧盟通过的新立法使欧盟的自由化进程又向前迈进了一步。同先前的指令一样,拆分仍然是一个关键问题。虽然最初的目标是要求成员国实施更严格的拆分制度,而这意味着对该企业的一些资产进行剥离(即,所有权拆分),但是,最终谈判达成的协议允许成员国在这 3 种方案之间进行选择。

(三)第三次能源改革方案的新拆分规则

1. 第三次能源改革方案

一些成员国因各种原因决定,法律上的和功能性拆分不能实现足够的独立性,并因此自愿选择所有权拆分。这些措施符合欧盟委员会的观点,即,2003 年两项指令的规定并不能保证一个运行良好的市场,因为:(1)输送系统运营商可能会比竞争对手更好地对待其联营企业;(2)根据 2003 年两项指令的拆分规则,不能保证信息的非歧视性获取,因为防止输送系统运营商向一体化生产或供应公司披露市场敏感信息的手段是有限的;(3)一体化企业的内部的投资激励机制能够被扭曲。

为了避免这些问题,欧盟委员会为欧盟内部天然气和电力市场提出了第三次立法方案("第三次能源改革方案")。也许,2009 年 4 月 22 日欧盟议会通过的这项方案的最重要特点是,

---

[16] I. del Guayo, C. Redgwell, M. Roggenkamp, A. RØnne, "Energy Law in Europe: Comparisons and Conclusions" in Energy Law in *Europe*: *National*, *EU and International Regulation* (M. Roggenkamp, C. Redgwell, I. del Guayo, A. RØnne, eds, 2nd edn, 2007) 1265. See also Platts, EU Energy, Issue 72—73, 19 December 2003, 30.

[17] Platts, EU Energy, 209, 5 June 2009.

对垂直一体化能源企业实施更严格的拆分制度。[18] 随后,欧洲理事会最终通过了这项新能源立法方案;该项方案生效后,各成员国将有 30 个月的时间在国内法中规定其中一项新的拆分选项。

2. 第三次能源改革方案中的拆分

作为对欧盟委员会建议的全面争论和政治商议的结果,成员国可以选择的方案包括:严格的所有权拆分、独立系统运营商和独立输送运营商。

严格所有权拆分意味着成员国必须保证,在对供应企业行使控制权的同时,同一个人或一群人不能持有系统运营商中的任何权益或对其行使任何权利;这项规定也适用于相反的情况,即,对一家系统运营商的控制权排除持有供应企业中的任何权益或对其行使任何权利(至少是绝对多数份额)的可能性。欧盟委员会意识到了这一方案对财产权所产生的影响。可以通过对一体化企业进行直接剥离或将其股份分隔为管网企业股份以及剩余的生产和供应企业股份来实施所有权拆分。一项修正案试图应对这样一种状况,即,一些成员国已经基于不同的法律基础/定义实施了所有权拆分制度。为了促进这些成员国的实施,修正案包含了中止诉讼手续的申请。[19]

欧盟委员会认为,所有权拆分是更可取的选择,但也为没有选择所有权拆分的成员国提供了替代方案。然而,这一替代方案必须提供同样的关于管网活动独立性的保证,并且必须为管网运营商投资新的基础设施提供相同的激励水平,而这可能让所有竞争者都受益。这一替代方案被称为独立系统运营商。[20]

---

[18] Legislative Resolution of 22 April 2009 (14539/2/2008-C6 0024/2009-2007/0195(COD))。2003 年两项指令被废止。
[19] 2009 年两项指令的第 9 条。
[20] ibid Art 14.

该方案使垂直一体化企业能够保留其管网资产的所有权[21]，但同时要求输送管网本身由独立系统运营商进行管理。独立系统运营商是一家完全独立于垂直一体化企业的企业或实体，而且履行管网运营商的所有职能。为了确保这类运营商真正独立于垂直一体化企业而维持和行事，必须建立专门的监管机制。

尽管欧盟在 2007 年 9 月表示，没有前两种方案的其他替代方案，但是由 8 个成员国（法国、德国、奥地利、保加利亚、希腊、拉脱维亚、卢森堡和斯洛伐克）所提议的修正案表明了第三种替代方案的存在。理事会于 2008 年 9 月 1 日[22]通过的共同立场迫使欧盟委员会接受了第三种替代方案：实施一家独立输送运营商。[23] 一家独立输送运营商允许输送系统运营商继续作为一体化企业的一部分，但是它还提供了详细的规则，以确保其独立性，包括关于投资、日常经营、遵从、监事会和一项可能引起立法建议的专门修订条款。欧盟委员会认为，这些详细规则允许一种可以接受的有效拆分，因此作为一般妥协的一部分，独立输送运营商方案是可以接受的，但前提是这种方案并不弱于共同立场中的方案，而且包含政治妥协将允许的最有可能的特征。按照我们的理解，新的独立输送运营商制度不仅试图避免剥离（即，所有权拆分），而且也试图避免独立系统运营商制度的不利之处（从所有者的角度来看）。根据独立系统运营商制度，管网运营被委托给一家独立的不拥有管网所有权的法人实体。就独立输送运营商而言，管网系统的运行被委托给一家拥有管网所有权的实体，但这一实体要受到与其管理独立性有关的详细

---

[21] 请注意，欧盟（底土）能源电网所有权的法律制度可能有所不同。按照传统规则，土地所有者似乎永久拥有其所位于的土地上或其手中的一切事物。关于"永久"一词意味着什么，存在一定差异。按照德国的传统理论，例如，电网被认为只是暂时安装，尽管其生命周期可能持续数十年。最终，电网由其运营公司所有。

[22] 即，欧洲议会二读之后。

[23] 2009 年两项指令第 17—22 条。

规则的约束。

无论选择哪一种替代方案,三种方案都对灵敏的管理职能和投资决策作出了规定,要求管网运营商每年将一份10年管网发展计划提交国家监管机构批准。[24] 事实上,《2009年天然气指令》第4章的规定和《2009年电力指令》第5章的规定可以理解为一组应用于每一输送系统运营商的最低限度规则。监管机构必须监测和评估计划的实施,而且在管网运营商不进行投资的情况下,国家监管机构可以采取进一步的措施,以确保投资的作出。例如,国家监管机构可以强制管网运营商建设/运营新的资产,或接受任何第三方对新资产的融资/建设。[25]

3. 评估

2007年的指令草案的最初规定包含与先前指令相比具有创新性的方面。然而,独立输送运营商方案不过是强化的功能性拆分,其具有监督管网与供应业务之间关系的更严厉的规则。显然,一些欧盟成员国所采用的所有权拆分仍然只是一种可能性,而不是一项强制性替代方案。从理论上来讲,所有权拆分不是强制性的,但在实践中它却变得具有强制性,因为独立系统运营商方案在现有成员国中并不受欢迎。[26]

(四)拆分和(国家)财产权

具有多面性的拆分和所有权拆分引发了一些关于财产保护的关键事项。在考虑这些关键事项时,应该注意在基本的欧洲宪法性框架内对财产保护的一般传统。其基本内容是,原则上通常保护私有财产免受国家征收;同样成立的是,出于公共利益考虑,国家可以征收私有财产,但要提供足够的赔偿。立法机关

---

[24] 2009年两项指令第22条。
[25] 2009年两项指令第22条第7款。
[26] 有关欧盟和各国法律中拆分所涉及问题的进一步信息,请参见一个研究项目的网站〈www.unecom.de〉。该研究项目由不来梅雅各布大学、维也纳经济与工商大学、蒂尔堡大学、代尔夫特理工大学、鲁尔波鸿大学联合领导。

也有权决定有关财产使用的限制。

除了这些有关财产保护的无可争议的普遍原则,还存在与拆分和财产保护问题密切相关的"灰色地带"。首先,除了有形物,什么可以被视为"财产"。例如,附属于法人股份的无形权利(表决权)也可以被视为"财产"吗?其次,"征收"(需要进行赔偿)和"财产使用限制的决定"(通常不需要进行赔偿)之间的界限存在于什么地方?再次,"比例"要素和要求;最后,赔偿功能。赔偿问题主要集中在这样一个基本问题上,即,财产保护的主要目标是否是保护持有人免受财产的物质损失或者经济损失。

这些问题在所有权拆分的探讨中产生了共鸣。反对所有权拆分的国家认为,除其他事项外,所有权拆分是违反宪法的,因为在没有任何赔偿的情况下进行征收违反了基本的财产权。与这一立场相反,其他国家认为这种违反只会发生在这样一种情况中,即,如果管网所有者(或管网企业所有者)根据指令被迫以不完全的市场价值出售他们的资产。有人认为,这种情况不会出现,因为管网和/或电力资产的出售必须基于完全市场价值。因此,所有权拆分不能被视为一项征收。相反,它应该被理解为按照市场价值的强制出售,而且这种出售是按照市场自由化的公共利益而实施的。

下面列出反映这种论点的两种不同的处理财产保护和所有权拆分交集的路径。首先,所有权拆分在德国得到了非常彻底的审查,因此德国的做法可以作为对财产保护原则的一项示范性应用。相比之下,可以从国家在能源基础设施中的战略利益的角度看待所有权拆分,在这方面,可以把荷兰作为一个案例来研究。

四、欧盟财产权和所有权拆分

(一) 导语

新欧盟指令中所有的拆分方案对垂直一体化能源企业及其资产和所有权功能的行使产生了或多或少严重的影响。在探讨这些措施是否构成不可接受的对财产权的侵犯时,本部分将对主要的欧盟法律进行仔细研究。然后,我们将讨论关于拆分的欧盟反垄断法的影响。就这一点而言,似乎需要注意的是,根据目前欧盟程序性反垄断法,所有权拆分已经是一个现实(除了一些成员国在自愿的基础上实施)。最后,我们将探讨《欧洲人权公约》的影响。

(二)《欧共体条约》第 295 条的作用

作为一项一般规则,《欧共体条约》不调整国家所有权。《欧共体条约》第 295 条明确规定,"本条约在任何意义上也不得妨碍成员国关于财产所有权制度的规则"。因此,欧盟法律可以调整能源部门的自由化,但不调整其所有权组织方式,也就是说,欧盟法律不能要求国家能源企业私有化。

一些评论家也把《欧共体条约》第 295 条作为所有权拆分的一个障碍。[27] 这种观点的正确性值得商榷。尽管《欧共体条约》第 295 条旨在尊重成员国关于本国所有权意义(私人—公共)的经济哲学,但通过声明国家所有权理念受到条约原则(例如基本自由和禁止歧视)制约,欧洲法院已经缩小了《欧共体条

---

[27] J. F. Baur, K. U. Pritzsche, S. Pooschke and F. Fischer, *Eigentumsentflechtung der Energiewirtschaft durch Europarecht-Mittel, Schranken und Rechtsfolgen* (2008) 22.

约》第295条的影响。[28] 特别是,为了推进《欧共体条约》目标的实现,经济职能的行使可能受到共同体行为的限制。[29] 这意味着,无论是独立系统运营商模式还是独立输送运营商模式均不得被视为违反《欧共体条约》第295条。严格所有权拆分似乎是更接近界限的一种情况。从建设性的角度来看,《欧共体条约》第295条的理论基础显然是,而且现在仍然是,防止欧盟通过命令转让(转让人与受让人之间的交易)财产(尤其是从公共所有权转为私人所有权,或者相反)干预成员国的财产制度。[30]然而,拆分仅仅关注损失的部分(转让人)。剥离或损失本身就是目标,而不是增加任何其他特定个人或实体的财产。因此,变更所有权并不是受到重新分配财产这一普遍经济政策问题的驱动,而是受到具体公共利益的驱动(强化管网捆绑型能源产业的竞争)。因此,不能认为《欧共体条约》第295条是欧盟所有权拆分的障碍。

(三)欧盟反垄断法中的拆分

尽管一些成员国对所有权拆分提出了反对意见,但根据现行程序法,所有权拆分已经得到了实施。根据第1/2003号条例第7条第1款的规定[31],如果违反《欧共体条约》第81条或第82条的规定,欧盟委员会可以要求企业或企业联合组织终止侵害。欧盟委员会的权力包括有权施加行为性或结构性救济措施义务。所有救济措施必须受到比例原则的约束。

---

[28] See Case C-302/97, *Klaus Konle v Republic of Austria* (1999) ECR I-3099, 3134, marg N 38.

[29] See Case C-309/96, *Daniele Annibaldi v Sindaco de Comune di Guidonia and Presidente Regione Lazio* (1977) ECR I-7493, 7512 marg N 23 (common agricultural market).

[30] 《欧共体条约》第295条的历史目的是使欧盟承担尊重基本经济传统(公/私经济)的义务。

[31] Council Regulation (EC) No 1/2003 of 16 December 2002 on the implementation of the rules on competition laid down in Arts 81 and 82 EC Treaty.

只有在没有可适用的行为性救济措施,或任何行为性救济措施均会比结构性救济措施给相关企业带来更大负担的情况下,才可以施加结构性救济措施。[32] 毫无疑问,结构性救济措施,如果不是对财产的征收,也会经常导致对财产的限制。不足为奇的是,第1/2003号条例第7条中的反垄断拆分条款所明确提及的比例原则,已经强调了所有权拆分探讨中的紧迫问题,即,比例问题。

受影响方进行自我承诺的自愿程度是比例原则的一个不同方面。欧盟委员在最近的一项决定中已经对比例原则的这一方面进行了探讨。这项决定涉及德国最大的能源企业,即,位于杜塞尔多夫的德国意昂能源集团(E. ON AG)所作的拆分承诺。该项决定取决于欧盟委员会对第1/2003号条例第9条第1款的解读。[33] 第9条规定,当欧盟委员会有意下令终止限制性做法,而且相关企业作出承诺以满足欧盟委员会在初步评估中要求的事项,欧盟委员会有权通过一项决定使企业作出的承诺具有拘束力。除其他事项外,在意昂能源集团作出的承诺中包括对高压电网资产的剥离。欧盟委员会强调承诺的自愿性,把这种自愿性以及其他方面(例如,监督行为性义务的困难)作为使得剥离符合比例原则的一项因素。

这项决定遭到了批评,尤其因为,在与结构性措施有关的比例原则适用方面,同第1/2003号条例第7条中的适用相比,其对该原则在第9条中的适用没有那样严格。[34] 此外,仍然存在疑惑的是,欧盟委员会通过第9条在行政层面上所规定的程序,试图达到其在立法层面无法达到的一项干脆的所有权拆分的政

---

[32] Art 7 para 1 sent 3 Reg 1/2003.

[33] EC-Commission, Decision of 26 Nov 2008-COMP/39.388 and COMP/39.389 (*Deutscher Stromgroßhandels-und Regelenergiemarkt*).

[34] See A. Klees, "Das Instrument der Zusagenentscheidung der Kommission und der Fall E. ON '-Ein (weiterer) Sündenfall'" in *Wirtschaft und Wettbewerb* (WuW) (2009) 374.

治目的。2009年3月,根据第1/2003号条例第9条的规定,欧盟委员会与德国第二大能源企业——德国莱茵集团——达成了一项类似的协议,这项协议涉及德国莱茵集团剥离其高压天然气输送管网的承诺,但是这一事实当然不能减轻所存在的疑惑。[35]

第1/2003号条例第7条和第9条的强制执行制度显然还没有受到有关财产保护方面的反对。原因是,在第7条规定的框架内,拆分构成了对违反《欧共体条约》第81条和第82条规定的制裁,而在第9条规定的框架内,拆分是从鉴于推定侵权的观点进行自愿承诺的客体。在第三次能源改革方案所呈现的拆分方案中没有包含个体责任(第7条)和责任归属(第9条:"自愿承担风险")事项。与旨在制裁基于所有者个人行为的剥离命令相比,在电力和天然气部门中被普遍作为一种竞争政策工具的所有权拆分,似乎引发了关于财产保护的更为严重怀疑。[36]

(四)参照《欧洲人权公约》的欧盟法律下的财产权保护:关键事项

1. 简介

在没有对欧盟法律中的人权部分进行法典化的目录编写的情况下,多年来,在个案分析的基础上欧洲法院已经发展了一套作为共同体法律一部分的涉及人权保护的原则,包括财产。这些原则根据欧盟成员国的法律传统以及参照《欧洲人权公约》及其《第一议定书》而制定。[37] 主要的欧盟法律规定了相当完

---

〔35〕 EC-Commission, Decision of 18 March 2009-COMP/B-1/39402-RWE.
〔36〕 Baur, Pritzsche, Pooschke and Fischer(above n 27)at 6. 他们明确反对在第1/2003号法律第7条和有关能源企业拆分的一般讨论之间作出任何类推。
〔37〕 《欧盟条约》第6条第2款规定,欧盟要尊重由《欧洲人权公约》所保证的基本权利。

善的财产权。[38] 这种保护进一步反映在了《欧盟基本权利宪章》的条款中,而且《欧盟基本权利宪章》被认为是欧洲人权法的权威渊源。尽管仅在《里斯本条约》生效后,《欧盟基本权利宪章》才成为了具有直接约束力的欧盟法律。欧洲法院对财产保护的范围也就是财产概念进行了广义理解。在这一概念中"财产"包含了所有专属于特定人的所有者权益。[39] "人"被理解为自然人或法人实体,例如企业。因为这三个拆分方案(严格所有权拆分、独立系统运营商、独立输送运营商)将影响垂直一体化能源企业行使与输送管网有关的经济职能,所以垂直一体化能源企业本身所拥有的"财产"范围将会受到影响。垂直一体化能源企业母公司中的股东权益也将受到间接影响。

2. 财产征收与(单纯的)财产限制之间的区别

根据欧洲法院的判例法,确定干预个人财产的法律效果在法律上产生的影响,将取决于相关立法或行政行为是否必须归属于财产征收,或者仅仅属于对财产使用的限制。[40] 如果欧盟委员会所实施的任何行为造成了合法所有权的损失,但基于足够的赔偿支付,这种行为是允许的。[41]

然而,这并不仅仅适用于正式意义上的征收,也就是说,把财产从个人转移给公共实体或第三人。根据《欧洲人权公约第一议定书》第1条的规定,按照欧洲人权法院的实践,欧洲法院已经把征收概念扩展到了所谓的事实上的征收,即,对财产使用的限制。尽管这种征收并不影响正式所有权的地位,但是它却

---

[38] See Case 44/79, *Liselotte Hauer v Land Rheinland-Pfalz* (1979) ECR-3227, 3746, marg N 19 (1979).

[39] See Baur, Pritzsche, Pooschke and Fischer (above n 27) at 22.

[40] See Case 44/79, *Liselotte Hauer v Land Rheinland-Pfalz* (1979) ECR-3227, 3746, marg N 19 (1979); Case C-347/03, *Regione autonoma Friuli-Venezia Giulia-Agenzia reginale per lo sviluppo rurale* (ERSA) v *Ministero delle Politiche Agricole e Forestali* (2005) ECR I-3785, 3867 s, marg N 119 ss (2005).

[41] See ibid at 3868.

剥夺了所有者使用或销售财产的所有合理替代方式。[42]

在法律上或事实上并不构成征收的国家对财产的干预被欧洲法院归为仅仅是对财产的限制，例如，禁止使用某些名称的产品（葡萄酒）。[43] 单纯的限制并不会带来对这样的限制可能造成的经济损失进行赔偿的义务。

3. 公共利益，特别是共同体权益

可以对财产使用施加一定的限制，但是这类限制应该与服务于公众利益的共同体目标相一致。欧盟委员会目标最明显的形式是那些在《欧盟条约》（第 2 条）和《欧共体条约》（第 2 条）中所阐明的，例如，实现内部市场或高水平的环境保护。

4. 比例原则

干预个人财产的行为与追求欧盟委员会目标之间的必要联系是《欧共体条约》第 5 条第 3 款规定的比例原则。这项原则包含三个方面：（1）行动必须适合于实现目标；（2）必须是为实现追求的目标所必需；（3）在行为的不利影响和目标本身之间必须有充分的关系（狭义的比例原则：目的和手段之间的关系）。

多年来，欧洲法院已经在一系列判决中详细阐述了比例原则及其先决条件，而且最近更清楚地阐释了，在基本权利受到威胁的情况下如何运用这些原则。[44] 同时，法院一贯强调，在处理比例原则时，欧盟立法机构享有相当多的评估空间。[45]

作为一项一般性结论，关于对欧盟委员会行动（立法）提起的侵犯基本权利之诉案件，欧洲法院的实践具有相当程度的克

---

[42] See ibid at 3868, marg n 122.

[43] See *Regione autonoma* (above n 40) at 3785.

[44] See, eg, Cases C-20/00 and C-64/00 *Booker Aquaculture Ltd (Marine Harvest Mc Connell) and Hydro Seafood Ltd v The Scottish Ministers* (2003), ECJ I-7411, 7474 ss, marg N 67 ss.

[45] See, eg, Case C-280/93, *Bundesrepublik Deutschland v Rat der Europäischen Union* (1994), ECR I-4973, 5068, marg N 90 ss.

制特征。这种路径遭到了德国学者的批评[46];与德国联邦宪法法院相一致,这些学者提倡更积极地利用比例原则,而且赞成废除不符合欧洲基本权利的制定法条文。这一限制的原因之一可能是,与国家公共利益相比共同体利益更具动态特征。在比例原则评估所固有的权衡程序中,共同体利益往往比财产和经济利益更具优势。经验表明,这也将与建立一个有效的内部能源市场这一共同体利益有关。并不令人惊讶的是,对欧盟委员会提起的侵犯自由权或者财产权之诉至今也没成功。

(五) 财产保护和第三次能源自由化方案

毫无疑问,按照三个拆分方案,对垂直一体化能源企业的财产或个人股东的财产所施加的限制构成了对相关财产持有人的财产范围的严重干预:或正式解除所有权(严格所有权拆分)或所有者,而正式保留的财产被剥夺了其基本的与企业财产相联系的功能,例如,特别是投资决策(独立系统运营商和独立输送运营商方案)。在独立输送运营商方案中,保留的正式所有权在很大程度上没有实质性内容。假设拆分的替代方案可以被视为法律上或至少是事实上的征收,但由于没有制定相应的赔偿方案,采用拆分方案就构成了对财产基本权利的侵犯。事实上,当实施拆分方案时,垂直一体化能源企业及其股东仍然可以从他们的所有权地位中获得经济利益(在严格拆分情况下,按照独立系统运营商和独立输送运营商方案所产生的购买价格)。从这一角度来看,由于购买价格可能会低于市场价值,而且独立系统运营商和独立输送运营商所获得的收益可能不等于垂直一体化能源企业通过投资所直接获得的收益,此时就需要差额赔偿。

新指令中所认可的共同体利益,例如运作良好的内部电力

---

[46] See, eg, Th. von Danwitz, *Der Grundsatz der Verhältnismäßigkeit im Gemeinschaftsrecht*, in: *Europäisches Wirtschafts-und Steuerrecht* (*EWS*) (2003) 393, with further references.

和天然气市场(鉴于条款 4b 和 5)以及促进对管网基础设施的投资(鉴于条款 8),是支持欧盟委员会行为的正当公共利益。

然而,拆分方案中与财产相关的评估的最困难方面在于比例原则。与在第 1/2003 号条例第 7 条和第 9 条环境下的评估(针对的是具体的、个别的情况)不同,新指令引起了全面系统的适用于所有成员国的制度变革。这些成员国展现的是广泛的与其能源企业有关的不同的财产概念(这种情况势必会对新的欧盟拆分制度产生不同影响)。因此,任何评估被限定于具有大量推测性因素的概括性话语。这当然涉及第一个前提条件:制度变革的适当性。当然,据此可以推定的是,在生产和供应层面(竞争)与管网层面(垄断)之间划定清晰的界限将有助于消除反竞争的做法。然而,根据一体化所有权是公有还是私有,拆分可能会产生不同的影响。尽管需要设立两个独立的生产/供应和输送公共机构,但最终的责任都由公共部门来承担,而且没有对责任作出严格的区分。因为此类制度变革将对现有的(私或公)国家所有权模式产生歧视性影响,这本质上可能会引起法律问题。无论拆分制度的实施是否如新指令鉴于条款 8 所宣称的那样促进对(跨境)管网的投资,都只是一种推测。然而,也有可能的是,自愿实施所有权拆分的成员国的经验可以作为一个榜样或一项标准。

更困难的是评估的必要性。如果存在(作为一种替代性的方案)一种比较温和的至少会产生与实施拆分方案相同结果的方法,拆分制度的实施将不是必要的(在三种方案的分期实施中:严格所有权拆分、独立系统运营商和独立输送运营商),进而也是不相称的。为了拥有一个更好的评估当前情况潜在缺陷的基础,一种替代性方案可能会延长现行制度的试用期。如果需要延长的话,我们可以设想进行部分修订且实施更严格的执行策略。在这种情况下,必须指出的是,2007 年在欧盟委员会提交其建议之后,欧盟委员会因其实证研究结果和数据库中的缺陷遭到了严厉地批评。[47] 监管执行体系的加强,特别是能源合作监管机构的建立(除了拆分制度,监管执行体系现在也是新指令的一部分),就其本身而言至少目前可能是一种替代性方案。比例原则也包含一个时间因素:如果可以通过使用现有工具作出改善(包括局部修订),那么立法机关可能会推迟深刻的制度变革,因为这种变革可能带来高度不确定的影响。因此,对制度变革的分析充满了不确定性。当对第三个前提条件进行评估时,这种不确定性将会成倍增加:目的和手段之间关系的适当性。然而,有人主张,确切地说,正是这种过多的不确定性将阻止欧洲法院取消违反财产保护原则的指令。

五、德国和德国宪法财产权保护中的拆分

(一)输送层面上德国的情况

在某种程度上,德国的情况不同于其他欧盟成员国。首先,与其他成员国相比,德国有数家输送系统企业。高压输电系统归4家公司(德国意昂集团、德国莱茵集团、巴登符腾堡能源公司、瓦腾福欧洲能源公司)所有,并由这4个公司通过其附属输送企业进行经营(作为法律上的拆分要求的结果)。在天然气领域,高压长输管线大约归8个企业拥有和经营,这些企业大多附属于电力部门。主要的天然气管道运营商是德国意昂集团鲁尔天然气公司、德国莱茵集团和联网天然气集团。其次,这些输送企业的所有权通常由私人持有。因此,在输送层面上,不对私有化进行讨论。最后,从上文可以看出,所有权拆分不是实施指令或政府倡议的结果,而是欧盟层面上反垄断行为的结果。事实上,政府是进一步实施拆分的激烈反对者,而且是第三种拆分

---

[47] See Baur, Pritzsche, Pooschke and Fischer (above n 27) at 52.

替代方案(独立输送运营商)的发起人之一。反对进一步实施拆分的主要理由之一以对财产权的侵犯为基础(鉴于德国的具体情况,这一理由可以得到理解)。

(二)鉴于财产保护的拆分

1. 欧盟委员会财产保护原则和德国宪法财产保护原则之间的相互作用

在探讨德国财产宪法保护原则之前,必须澄清的是,除了欧洲财产保护原则以外,德国宪法是否适用于所有的财产保护。

只有基于欧洲基本权利保护原则,才可以对欧洲次级立法(指令、条例)进行司法审查。目前,这是欧洲法院[48]和德国联邦宪法法院[49]判例法中的一项既定规则。然而,事实上,德国联邦宪法法院已经为根据德国宪法标准审查欧洲次级立法打开了一个后门,以防欧洲保护水平明显低于德国保护水平(对下文进一步讨论的第三次能源改革方案实施之前的活动进程,产生一定影响的限制性条款)。

然而,关于德国实施欧盟立法的宪法审查的情况是不同的。在这一点上,德国的宪法审查取决于潜在的欧盟指令是否是强制性的,或者它们是否为国家立法机构留有余地。如果没有,也就是说,就指令是强制性的而言,德国实施立法就不会根据德国的原则而仅仅是根据欧盟的标准受到司法审查。就欧盟立法赋予德国立法机关独立的决策空间而言,事情是不同的。在这一空间内,德国立法机关可以作出选择。在作出选择时,立法机关受到国家(德国)基本权利保护标准的约束。如果欧盟指令留

---

[48] See Case C-540/03, *European Parliament v Council of the European Union* (2006), ECR I-5769, marg n 105.

[49] Decision of the BVerfG of 22 October 1986 (*Solange II*), Amtliche Sammlung der Entscheidungen des BVerfG (Official Collection of the Decisions of the BVerfG), BVerfGE 73, 339, 387; Decision of 7 June 2000 (*Bananenmarktordnung*), BVerfGE 102, 147, 162.

出了空间,例如,通过授予成员国选择权,那么在执行层面上选择的范围可能会被缩小,因为其中一个选择不符合德国国家标准。[50]

然而,对欧盟法律和德国(宪法)法律之间关系的基本德国立场必须得到一个方面的补充。这一方面显然在有关所有权拆分的欧共体(欧盟委员会)政治战略中发挥了一定的作用。

尽管承认欧盟法律甚至高于德国宪法的最高性,因而承认欧洲法院基本权利审查高于德国联邦宪法法院审查的最高性,但是德国联邦宪法法院对此附加了一项保留。1993年10月12日[51],在德国具有标志性的马斯特里赫特(Maastricht)判决中,德国联邦宪法法院宣布,如果在欧盟范围内基本权利保护的整体水平低于德国宪法所要求的以及在基本权利本质的保护中的保护标准,它保留对基本权利进行控制的资格。[52] 在随后作出的判决中,德国联邦宪法法院基于马斯特里赫特判决中的论证,拒绝行使对基本权利的控制。[53] 然而,处理所有权拆分的欧盟委员会机构明显意识到了德国联邦宪法法院在保留资格的存在方面的立场以及该资格行使前提条件的模糊性。因此,在欧洲层面上,一项长期存在的担忧是,基于这一保留资格,德国联邦宪法法院将可能认为,在第二代指令(2003)生效后不久,严格所有权拆分的强制实施不符合比例原则,而且还可能引起其对基本权利的控制。[54]

就目前的拆分而言,欧盟强制成员国接受,管网运营必须独

---

[50] See decision of the BVerfG of 18 July 2005 (EU Haftbefehl), BVerfGE 113, 273, 300; Baur, Pritzsche, Pooschke and Fischer (above n 27) at 25.

[51] BVerfGE 89, 155 ss.

[52] BVerfGE 89, 174 ss.

[53] BVerfG, Neue Juristische Wochenschrift (NJW) (2000), 2015; BVerfGE 102, 147.

[54] 2009年6月30日,在另外一项涉及《里斯本条约》合宪性及其附属批准立法的具有标志性意义的判决中,德国联邦宪法法院确认其在《马斯特里赫特决定》中的立场。

立于相互竞争的能源供应部门(生产、配送)。然而,为了实现这一目标,欧盟立法机关批准了三种方案(严格所有权拆分、独立系统运营商和独立输送运营商)。德国立法机关是否可以充分利用这一空间,取决于德国宪法的一般原则,特别是财产保护原则。

2. 德国财产保护原则

(1)《德意志联邦共和国基本法》第 14 条

《德意志联邦共和国基本法》第 14 条规定了财产宪法保护的规范基础。《德意志联邦共和国基本法》规定:

> (1)保障财产权和继承权。有关内容和权利限制由法律予以规定。
>
> (2)财产应当履行义务。财产权的行使应当有利于社会公共利益。
>
> (3)只有符合社会公共利益时,方可准许征收财产。对财产的征收只能通过和根据有关财产补偿形式和程度的法律进行。确定财产补偿时,应当适当考虑社会公共利益和相关人员的利益。对于补偿数额有争议的,可向普通法院提起诉讼。

因此,德国联邦宪法对如下两种财产限制做了区分:

(1)内容和限制(《德意志联邦共和国基本法》第 14 条第 1 款第 2 项);

(2)征收(《德意志联邦共和国基本法》第 14 条第 3 款)。

文义解释似乎已经得出这样的结论,赔偿方面的不同之处在于:《德意志联邦共和国基本法》第 14 条第 1 款第 2 项并没对赔偿作出任何的规定,然而,《德意志联邦共和国基本法》第 14 条第 3 款对赔偿作出了十分明确的规定。源自德国联邦宪法法院的现代判例法试图从广义上对《德意志联邦共和国基本法》第 14 条这两个段落规定的范围进行区分。

（2）财产内容和范围的决定与征收之间的关系

在德国联邦宪法法院的带领下,根据《德意志联邦共和国基本法》第14条第3款的规定,现代判例法已经对征收概念作出了一项正式的狭义解释：

> 针对个人的征收是指对财产的剥夺,用于把财产从一个人转移到另一个人手中,以实现公共利益目标。[55]

这意味着,就《德意志联邦共和国基本法》第14条第1款第2项的规定而言,法律对财产所施加的所有一般限制仅仅决定了财产的内容和范围。[56] 不存在由制定法规定的监管征收。因此,德国的财产保护制度不同于欧洲法律。

（3）比例原则

在德国宪法性法律中,比例原则还起到了至关重要的作用。它在如下两个层次上具有相关性：

① 只有符合比例原则,国家机关对财产的限制才是合法的。它的基本原则(适当性、必要性、目的和手段充分关系)与欧盟法律中的一样。

② 假使按照这些前提条件的限制是适当的,即使不构成征收(《德意志联邦共和国基本法》第14条第3款),(仅)确定其内容和范围(《德意志联邦共和国基本法》第14条第1款第2项),可能也需要赔偿。第二个层面需要比例原则的介入。如果制定法限制是如此严重,以至于对财产所有者来说超出了限制的合理性,比例原则要求"受害者"必须得到赔偿(所谓"平衡责任内容和限制范围")。[57] 从方法论上讲,为了使不合乎比例的限制变得合乎比例,在这种情况下,赔偿就是比例原则的一部分。

---

[55] See the landmark decision of 15 July 1981 (Nassauskiesung), BVerGE 58, 300.
[56] See the decision of 9 January 1991 (Vorkaufsrecht), BVerfGE 83, 201, 211.
[57] See, eg, BVerfG decision of 2 March 1999 (Rheinland-pfälzisches Denkmalschutzgesetz), BVerfGE 100, 226, 244.

这就使得欧洲法院概念和德国概念之间的差距显而易见。征收、动态的共同体利益、简化的比例概念（《欧共体条约》第5条第3款仅仅提及了必要性）与赔偿的有限作用（作为纯粹的征收的后果）之间的联系倾向于缩小财产的保护范围。另一方面，把保护和征收相分离、把比例原则的三个层面延伸到对所有财产的限制以及增强赔偿功能（不仅作为征收的结果，而且也可以作为征收之外比例原则之内的一项平衡因素）都倾向于扩大对财产的保护。这种更宽泛的概念导致德国法院基于非法侵犯财产的理由而废除了相当多的相关制定法条款，特别是在财产保护与环境保护相冲突的领域。

（三）根据德国财产宪法保护原则的不同拆分模式

独立系统运营商模式和独立输送运营商模式意味着，垂直一体化能源企业将会失去对管网运营商所拥有的基础性的经营影响，同时保留所有权本身。此外，严格所有权拆分意味着，垂直一体化能源企业将会被剥夺其正式所有权。从上文所描述的德国法律原则似乎可以看出，只要存在对企业结构（垂直一体化）产生较温和影响的工具，不同的"严格所有权拆分"（甚至法律上的财产的损失）会被认为是没有必要的，因此也是不相称的。准确来讲，这就是为什么欧盟委员会从一开始就采用独立系统运营商的不同形式来缓解其支持严格所有权拆分的立场，而且随后甚至采用了更温和的独立输送运营商方案。即使最终的结果是一种政治妥协，这也反映了一些在财产保护概念范围内的法律逻辑。然而，未知的因素是，不同方案促进竞争的相对能力的不确定性。

当涉及在独立系统运营商模式和独立输送运营商模式之间进行选择时，比例原则是相当不明确的。此外，最终评判将取决于落实其实施的制定法的具体内容。

独立系统运营商模式和独立输送运营商模式以同样的方式

对与管网运营有关的垂直一体化能源企业的权利产生了重大影响。同时,垂直一体化能源企业股东参与管网运营的职能也受到了重大影响(如通过行使表决权而参与决策)。鉴于这两种模式所产生的影响的严重性,在实施这两个模式时,按照上文第五部分(二)之 2 和 3 部分所讨论的财产保护原则,德国立法机关有义务对差额赔偿在立法上予以规定。

"信赖原则"是《德意志联邦共和国基本法》第 20 条第 3 款所蕴涵规定的"法治"原则的一项要素;在对法律进行体系性变革的情形下,为保证现有权利的"平稳过渡",这一原则要求立法机关制定过渡标准,这也是一项已经确立的法律。[58]

(四)小结

从成员国角度来看(例如,德国,其本身具有普遍基本权利保护和财产保护的高度复杂的制度),前文对欧盟和德国财产保护原则的探讨表明了所有权拆分问题的重要性和复杂性。这种法律状况已经产生了其政治意义,而且促进了更具差异性的选择方案而不是一种激进且严格的所有权拆分。

六、荷兰的所有权拆分

(一)概况

本部分介绍荷兰的发展状况。就能源市场的组织和与能源企业拆分有关的财产权的讨论而言,荷兰与德国之间存在重大差异。对财产权问题的探讨更多的是关于电力和天然气管网的所有权,而对有关财产保护的探讨则相对较少。

同德国相比,荷兰输送系统运营商的数量被限制为两个:一

---

[58] See decision of 9 January 1991 (above n 56).

家是负责电力输送的公司；一家是负责高压天然气运输的公司。在自由化进程开始之前，仅后一家公司被部分地为私人所有（见下文）。配送部门进行了横向一体化，而且被逐步转变为20世纪70年代的股份制公司。这些公司的股份由较低级别的政府（市或省）持有。从自由化进程一开始，荷兰政府就已经超过了指令的最低要求。结果，在实施《1996年电力指令》和《1998年天然气指令》时或者之后，荷兰实施了法律上的拆分。此外，在自愿基础上，从2000年电力输送部门开始到2005年的输气部门，整个管网捆绑型能源部门实施了所有权拆分。在输送层面上进行的股东层面拆分并没有引起任何重大争论，而且导致出现了这样一种状况，即，输送系统运营商作为基础设施企业而积极运营。然而，有可能受到争论的是，一项特定的活动（例如，作为最后应急的或开发地下天然气储备的供应商的分派任务）是否是一项基础设施或者商业供应活动。

最近，荷兰政府还已决定在配送层面上实施所有权拆分。这样做的原因有两个。第一，创造更大程度的金融和市场透明度。这样一来，管网企业将只专注于自己的核心业务（即，管网经营）。第二，促进配送企业一定程度的私有化。这涉及仅对商业供应企业进行私有化的可能性，因为管网企业的所有权应该保留在政府手中。

与输送层面上的所有权拆分相比，建议在配送层面上实施所有权拆分引起了激烈的争论。这些争论包括财产权问题以及这种拆分事实上是否应该被视为征收这一问题。根据财产保护的主要原则，《荷兰宪法》[59]第14条规定：

> 征收仅能在公益所需且事先保证给予充分补偿时，根据或者符合议会法律之规定而进行。……在根据或者符合议会法律之规定而进行征收的情形下，政府有关部门如因

---

[59] 《宪法》源自1814年，但是1983年对其进行了大幅度修改。

公共利益所需而毁坏财产,或使之无法使用,或限制所有者之使用权,财产所有者有权获得全部或部分赔偿。

根据该条后半部分的规定,对个人财产权进行限制是可能的,如果此类限制是基于法律规定、符合公共利益且获得全部或部分赔偿。尽管这一规定的措辞没有明确提到财产权,但是一般认为其适用于财产权。《欧洲人权公约》及其《第一议定书》的原则(见上文)通常在政府和公民之间的财产权纠纷中发挥重要作用。四个主要的垂直一体化能源配送企业(纽昂公司、埃森特公司、三角洲公司、荷兰能源公司)与按照决定在配送层面上实施所有权拆分的政府之间的纠纷说明了这一点。2009年4月,海牙法院对这一问题作出裁决。考虑到这些发展,我们将探讨下列问题:荷兰采用的所有权拆分;它与第三次能源改革方案所使用定义的一致性;它如何影响私有化进程;上文提及的海牙法院对在配送层面上意图实施所有权拆分的裁决。

(二) 在输送层面上的所有权拆分

荷兰的所有权拆分与对私有化的讨论有直接联系。根据政府的规定,只能在能源市场自由化过程中而不是之后限制能源企业的私有化(把政府享有的所有权转移给私人投资者)。因此,在这一过渡期,能源生产和供应部门所发生的任何所有权变动都需要获得经济事务部长的许可。[60] 第一项私有化要求涉及电力生产部门。由于经济事务部长(议会)没有收到任何反对意见,大多数电力生产企业的股份被许可出售。[61]

因为,生产企业共同持有实施法律上拆分的电力输送系统运营商(TenneT BV)的全部股份,所以,所有权的任何变化都会

---

[60] Art 93 E-Act and Art 85 G-Act.

[61] 四个公司中的三个公司(UNA、EZH、EPON),大约在2000年被出售给了意昂公司(德国)、Electrabel公司(比利时/法国)、Reliant公司(美国)。一些年后,Reliant公司(美国)再次将其股份出售给了荷兰能源配送公司纽昂公司。

直接影响所有权状况。换言之，对 TenneT 公司多数股份进行私有化将会导致这样一种情况的出现，即，外国能源企业也将持有 TenneT 公司中的多数股份。由于这种情况被认为是不利的，因此 2000 年 12 月 21 日[62]制定的法律作出决定，国家将收购管网公司 TenneT 的所有股份。[63] 2001 年，国家（财政部）以 115.7 万欧元（合计 255 万基尔德）买下了 TenneT 公司的全部股份。目前，TenneT 控股公司持有 TenneT 输送系统运营公司的所有股份，TenneT 输送系统运营公司不仅负责管理原有的高压电网，而且按照 2006 年的法律规定[64]，它还负责所有 110 千伏及以上电网的管理。这样一来，能源配送企业被要求把部分电网的管理转让给 TenneT 输送系统运营公司。

天然气输送部门被以不同的方式进行组织管理。1959 年格罗宁根天然气田的发现和天然气行业重组的需要，产生了一个早期公—私合营的例子，因为天然气输送和供应企业荷兰天然气公司（Gasunie）中的股份部分归私人所有（25% 归壳牌所有，25% 归埃克森所有），部分归（由国家直接和间接）公共所有。与电力输送部门不同，较低级别的政府不持有股份，而且在自由化进程开始时并没有打算进行法律上的拆分。在自由化进程开始之初，存在行政和会计拆分以及输送和供应之间"难以逾越的障碍"。为了为各市场主体提供更多透明度，荷兰天然气公司开始自己主动地提高拆分水平。[65] 继 2002 年政府变更之后，新的经济事务部长的目标是更高水平的自由化，以及对荷兰

---

[62] Stb 2000, 607. 该法也为这些公司的非商业搁置成本提供了解决方案。

[63] Art 10 of the Act of 21 December 2000, Stb 607. 从此，《电力法》一般规定国家拥有 TenneT 公司的全部股份（《电力法》第 93 条第 1 款）。2005 年 TenneT 公司的法律结构再次发生变化，国家持有 TenneT 控股公司全部股份而且持有 TenneT 输送系统运营公司的全部股份。

[64] Act of 23 November 2006, Stb 614. 该法也对能源配送公司的拆分作出规定。

[65] 起初，荷兰天然气公司于 2000 年 4 月 1 日为运输和辅助服务建立了一个独立的办公室。

天然气公司实施涉及所有权拆分的彻底重组。[66] 基于这一理念,政府开始与荷兰天然气公司的其他股东(壳牌和埃克森)就打算进行的拆分进行谈判。由于荷兰运输关税和国家内外状况以及所提议的新天然气指令具体内容的不确定性,在欧盟第2003/55 号指令生效之前并不能达成协议。然而,由于荷兰天然气公司刚刚进行了法律上的拆分,2004 年 11 月 1 日关于股东已经达成公司重组协议的宣告让人感到意外。[67]

荷兰天然气公司于 2005 年 7 月 1 日完成了所有权拆分,其效力可以追溯到 2005 年 1 月 1 日。结果,(前)荷兰天然气公司被分成两家独立公司:一家是天然气运输公司,继续以"荷兰天然气公司"的名称运营(仍然称为荷兰天然气公司);另一家是天然气采购和销售公司(称为荷兰天然气贸易和供应公司),2006 年 9 月 1 日更名为"Gas Terra"。[68] (新)荷兰天然气公司由其所属的所有运输资产、国家输送系统运营商(GTS)及其所签订的相关合同组成,包括那些承担运输服务和质量转换的合同。[69] 作为协议的一部分,从 2005 年 1 月 1 日起,国家财政部成为新荷兰天然气公司的唯一股东。扣除所有税费之后,国家

---

[66] TK 2002—2003, 28109, no 4 and TK 2003—2004, no 5 as well as TK 29372, no 10, 35 and 46. 拟议中的所有权拆分会产生 100% 的国有管网公司以及由壳牌石油和埃克森石油公司所拥有的供应和贸易公司。为提高市场竞争力,埃克森石油公司最终可能被分成两个公司。

[67] TK 2004—2005, 28109, no 6.

[68] 所有权拆分是基于管理企业转型的《荷兰民法典》第 7 条第 662 款的规定。荷兰天然气公司的人事工作被部分转移给了新的荷兰天然气公司,部分被转移给了 Gas Terra 公司。

[69] 这包括整个高压和区域管道管网、马斯莱可迪地区的相关设备和液化天然气装备、荷兰天然气公司在联网或 Balgzand-Bacton 管道中的 60% 利益、荷兰天然气公司工程和荷兰天然气公司研究以及数项资产(如公司位于格罗宁根的主要建筑和公司名称)。

支付了27.8亿欧元来收购壳牌和埃克森的股份。[70] 新企业的经营后果和风险完全由国家承担。

(三) 配送层面上的所有权拆分

1. 所有权拆分的背景

电力生产部门进行私有化之后不久,政治形势发生了根本性改变,而且关于私有化需要的更为关键的方法出现了。经过长时间争论和法律制度的几次变革,实施了一项政策,即,为了供应安全,能源管网和管网企业需要保留在政府手中。换言之,能源供应企业可能被私有化,只要它们在股东层面上与管网企业进行拆分。2004年,经济事务部长提出了更进一步的建议,即,应该在整个配送部门实现所有权拆分。

所有权拆分的一个重要原因是,从结构上确保安全、可靠、合理的能源供应方面的公共利益。根据经济事务部长的建议,把管网自由连接和高质量管网与一体化能源配送企业的商业利益相结合是不可能的。此外,一体化能源配送企业可能会倾向于获得非法利益;例如,在金融交易中,把管网作为担保措施来使用。因此,一体化能源配送企业的拆分将促进荷兰能源市场的运行,因为拆分将会产生一种透明的企业文化和更好的监督。[71] 经济事务部长的政策意图得到了能源监管机构的一份报告的支持。该报告声称,现行立法并不能保证电网企业的完全独立,因此所有权拆分将是一种选择,原因在于拆分可以保证这种独立性并把监管机构的任务简化为能源部门监督者的任务。[72]

---

[70] 一些政党认为,协议价格太高,可能构成(非法)国家援助。他们呼吁进行调查。尽管荷兰审计法院(Algemene Rekenkamer)承担此项调查。但是,后来并没有提供关于这一问题的信息。

[71] 2004年3月31日经济事务部长给下议院主席的信件。Tweede Kamer, 2003—2004, 29892, no 18 and Tweede Kamer, 2003—2004, 29892, no 29.

[72] Tweede Kamer, 2003—2004, 28982, no 24.

逐渐清晰的是,设立一家独立的管网企业(即,法律上的拆分)并不足以设立一家独立的管网运营商。缺乏独立性的主要原因在于这样一个事实,即,(当时的)经济事务部长[73]同意建立所谓的"瘦"管网企业,而不是设想的"胖"管网企业。在"胖"管网企业的概念中,所有金融和经营活动都必须独立于控股企业而进行,以便这种管网企业有足够的财政资源来独立决定管网的维护和/或投资。例如,如果将管网的收益所有权赋予管网企业,以便管网企业可以独立进行管网管理,那么管网企业将会遵循这些要求。[74] 然而,"瘦"管网企业的设立使这些基本原则被搁置,以至于管网所有权可以保留在控股企业的资产负债表中。时间和实践都表明,"瘦"管网企业比立法者的预期具有较少的独立性。为了确保管网企业的独立性,荷兰对《天然气法》和《电力法》进行了修订。现行法律明确规定,管网企业应当持有企业管理的所有管网的收益所有权。[75] 基于上述原因,经济事务部长并不认为这一规定足以设立一个独立的管网企业,而且要求所有能源配送企业进行所有权拆分,也就是说,需要在股东层面上对企业进行拆分。

2.《所有权拆分法》

2006年《所有权拆分法》[76]禁止能源管网的运营以及能源生产、贸易和供应(无论是荷兰还是外方进行的)在同一集团企

---

[73] 应该注意的是,几个具有不同政治背景的部长被牵涉进了私有化和拆分的进程中。

[74] 请参见1999年关于确定电网运营商的政策规则(第6项)以及2000年关于确定电网运营商的政策规则(第9项)。

[75] 《天然气法》第3条第2款和《电力法》第10条第1款于2008年7月1日对已有管网运营商生效,自2007年1月1日起适用于新的运营商。在实施2003年两项指令时,这些条款被包含在了法律当中,但是由于立法者想要避免许多配送公司的重组,这些条款当时并没有生效。

[76] 2006年11月23日第614号法律。拆分条款的生效取决于这样一项评估,即,一家公司是否作出了与管网利益冲突的投资决策(EK 2006—2007、30212,H)。2007年4月3日,经济事务部长宣布,这种情形已经出现,有必要采取措施启动配送公司的所有权拆分。See TK 2006—2007,30212,55。

业内进行。[77] 打算实施的拆分发生在控股层面（也就是，核心控制），而且会导致这一状况，即，现有股东（市和省）将在经营电网和商业能源供应和/或生产的企业（或集团企业）中持有股份。假使管网企业是集团企业（这一集团企业不包括进行商业化生产和/或供应的企业）的一部分，那么，将不允许这一集团企业实施这样的行为或活动，即，可能违反所涉及的管网管理利益的行为或活动。这既包括与基础设施供应或活动不相关或不相联系的所有行为和活动，而且也包括管网运营管理者为集团所属实体或企业融资活动提供担保。[78] 此外，管网的收益所有权需要转移给管网运营商。这样做的目的在于设立"纯粹"的管网企业。

配送企业可以自由决定如何实施这样的所有权拆分，也就是说，配送企业可以把管网或供应企业从其控股企业中分离出去，或者实施其他合适的法律安排。[79] 这意味着，商业生产/供应企业与管网企业之间将不再存在直接的法律联系。这样一来，商业生产/供应企业将不能参与涉及管网企业的决策过程。然而，这并不反对原始股东（国家和/或较低级别的政府）持有独立管网企业和独立商业生产/供应企业股份的情况。这样，所有权拆分将导致自由化之前的情况，因为原始股东（较低级别的政府）在管网运营中再次拥有直接的发言权。此外，在没有任何政府参与的情况下，商业供应企业的股东可以决定他们是否希望出售其股份，也就是，对供应企业进行私有化。

目前，所有配送企业都处于所有权拆分的准备过程之中。所有权拆分需要在 2011 年 1 月 1 日之前完成，其中包括在 2009

---

[77] 1998 年《电力法》第 10b 条和《天然气法》第 2c 条规定，管网公司不得成为《荷兰民法典》第 2:24b 条意义上的集团公司的一部分。

[78] 《电力法》第 17 条第 2、3 款以及《天然气法》第 10b 条。

[79] 关于拆分的其他形式，请参见下列文献：M. M. Roggenkamp, 'Ownership Unbundling of Energy Distribution Companies: the Netherlands' (2006) 10 IELTR 240。

年7月1日之前提交一份拆分计划的要求。这份计划需要说明:(1)应该如何在商业供应/生产企业与管网企业之间分割资产;(2)应该如何实施拆分,以及在不对税费产生影响的情况下,如何支付拆分成本。拟议拆分计划将被提交给有权对其进行修改的竞争管理局。竞争管理局把拆分计划连同其详细意见提交给经济事务部长作出最后决定。[80]

因为目标是设立一个真正独立的管网企业,所以《拆分法》也带来了几项附属法规。这些附属法规对管网运营商应该如何独立运营作出了进一步规定。2008年7月《拆分条例》中包含了具有约束力的条款。[81] 另外,竞争管理局发布了指南,用以解释管网运营商应该实施哪些活动以符合有关"胖"管网运营商的法律要求。[82] 在需要建立一个独立管网运营商的背景下,对管网运营商的财务管理也提出了要求。在这方面,一项政府法令制定了关于管网运营商适当财务管理的规则。[83] 这样做的目的在于保证管网企业有足够的财政手段能够对管网维护和升级进行投资。这也意味着,在拆分过程中应该避免把任何(除直接和管网企业相关的以外)损失添加到管网企业的资产负债表中。政府法令包括这样的规定,即,管网运营商必须满足某些有关其资信的要求,包括债务/权益比率。2008年12月,经济事务部长同意修改最初的条件和要求。结果,在拆分时,管网企业必须拥有3/2的债务/权益比率。[84]

3. 能源配送企业的立场

拟议的《拆分法》在荷兰引起了激烈的争论。尽管经济事务部长认为,所有权拆分将产生大量的积极影响,例如,市场和财

---

[80] Art IXb jo IXa Unbundling Act.
[81] Regulation Unbundling Plans, Stc 2008, nr 140, 9。
[82] Guidelines regarding supervision of Art 16Aa E-Act and 7a G-Act, Stc 2008, nr 70, 21.
[83] Decree financial management network operator, Stb 2008, 330.
[84] Tweede Kamer, vergaderjaar 2008—2009, 31 510, nr 30.

务透明度(无交叉补贴)、专注于管网活动(投资和经营管网)、流通股股东退出波动性较大的生产和供应市场的可能性。但是,配送企业提出了一系列不同的观点。配送企业认为,所有权拆分将触发跨境租赁中的"所有权变更"条款。这些条款是先前他们与美国投资者订立的,而且可能会引起严重的罚款。此外,它们还认为,所有权拆分事实上会构成某种非法征收,从而妨碍资本的自由流动这一欧盟法律的主要原则。

三家能源配送企业(三角洲公司、埃森特公司、荷兰能源公司)于2007年8月开始对荷兰提起诉讼。以经济事务部长的公告为理由,它们主张有关拆分条款的不合法性;前述公告规定这些条款的生效将取决于第三次能源改革方案是否采纳所有权拆分条款。此外,它们还主张,只得把股份转让给公共实体的限制性规定事实上阻碍了资本的自由流动。除了这些方面以外,它们还认为,根据《欧洲人权公约第一议定书》第1条的规定,所有权拆分被认为是财产征收。[85]

2009年3月11日,海牙法院作出了裁决。[86] 法院认为:前部长所作出的公告不能约束其继任者,因为它仅表示一种政治意图;这样的公告是一项政治声明,并不具有与法律规则同等的约束力。法院接着指出,所有权拆分规定并不违背《欧共体条约》第295条的规定,因为该条规定,只要适用资本自由流动等普遍规则,各成员国可以自己决定是否希望实施私有化规则。由于所有权拆分仅仅间接影响《电力法》和《天然气法》中有关私有化的规定(禁止管网企业私有化),法院认为没有必要讨论《欧共体条约》第295条的影响。关于所有权拆分条款是否违背

---

[85] 另一个论点涉及对跨境租赁合同的影响以及这样一个事实,即,所有权拆分可能被认为是一个"损失事件"。对这一因素将不会在本章中作进一步的探讨,因为它似乎是荷兰发展中所特有的,而且在关于欧盟所有权拆分的一般性讨论中重要性不大。

[86] *Rechtbank's Gravenhage*, case Nos 293142/HA ZA 07-2538, 296094/HA ZA 07-3089 and 306147/HA ZA 08-756.

了《欧共体条约》的基本自由原则这一问题，法院认为能源管网对于供应安全和普遍的公共利益而言至关重要。因此，法院认为，存在一种限制资本自由流动而且要求实行所有权拆分的正当理由，以使得管网企业不会面临由一体化商业生产和/或供应企业所承担的商业风险。最后，法院讨论了是否存在财产"征收"的问题。法院认为，所有权拆分导致了控股企业不再持有管网企业股份的状况。然而，原有股东将不会被剥夺任何所有者权益。实行所有权拆分之后，原有股东（较低级别的政府）仍将在两家独立企业而不是在一体化企业中持有所有股份。考虑到所有权拆分的原因和比例原则以及供应安全这一普遍公共利益，法院认为，《拆分法》的有关条款在普遍利益和能源企业的私人利益之间实现了一种公平的平衡。

（四）欧盟视角下的荷兰所有权拆分

2009年新的电力和天然气两项指令把所有权拆分定义为"要求各成员国确保同一个人或法人不能在对一家供应企业行使控制权的同时持有输送系统运营商或输送系统中的任何权益或对其行使任何权利".[87] 这一规定也适用于相反的情况，即，对输送系统运营商的控制排除持有供应企业的任何权益或对其行使任何权利的可能性。新指令允许这种情况的存在，即，同一个人可以同时在输送系统运营商和供应企业中持有非控股性少数权益。然而，这类少数股东在这两个企业中不能享有否决权，也不能任命董事会成员，而且任何人也不能同时是两家企业的董事会成员。[88]

由于新指令关于所有权拆分的这一要求，同样的人不能对管网企业和商业生产/供应企业同时行使控制权。初看之下的

---

[87] Art 9 Directive 2009/72/EC and Directive 2009/73/EC. See also above section III. A. 2.

[88] Art 9 of the new Directive.

情况似乎是,荷兰尽管已经在一定层面上实现了拆分,但是并不符合所有权拆分的标准。这与最后共同立场之前的情况相符。原因在于,国家不仅持有荷兰天然气公司的全部股份,而且持有 Gas Terra 公司 50% 的股份,因此,违反了相同的人无权直接或间接同时控制供应企业和管网企业的要求。国家的不同实体(财政部、经济事务部和国有参与者 EBN)持有这些股份的事实基本上不会对此产生影响。[89] 为了避免荷兰天然气公司已经完成的所有权拆分不能被认为是欧盟法律中的所有权拆分这种情形的发生,关于新指令的有关内容在最后共同立场中遭到了修改,结果是把直接或间接控制限制修改为持有大多数股份。

七、结 论

从自由化之前到 20 世纪 90 年代,电力和天然气供应系统普遍进行了垂直一体化而且具有垄断性。管网的自然垄断在所有增值层面上决定了市场结构:生产/进口、运输、批发和零售配送。在一些欧盟成员国中,垂直一体化是集中式的(国家垄断,如法国和意大利),而在其他一些成员国中则是分散式的(跨区域、区域和地方垂直一体化垄断,如德国和荷兰)。

自由化的关键思想曾经是,而且现在仍然是:开放所有层面的活动(除了不可避免的垄断性管网)的市场,从而使市场具有竞争性结构。确保竞争的唯一方法是对垄断性管网的第三方连接,因为建设大规模相互竞争的管网在经济上是不利的,而且从生态角度上讲也是不受欢迎的。如果要在竞争性制度中发现任何价值,那它必须就是一种公平的、非歧视的和非扭曲的制度。鉴于能源市场结构中的垂直一体化是一个长期存在的现实,一

---

[89] 如果出于任何原因,相同的所有权拆分原则未来应用于配送部门,那么对于这一部门来说,结果可能是相似的,而且先前的一体化商业生产/供应公司中的股份将不会被出售给其他(私有)主体。欧盟委员会知道这种情况。

体化企业的不同分支内存在反竞争行为的固有危险。在这一点上,拆分的理念开始发挥作用:会计层次的分离(会计拆分),商业信息的获取及运营的分离(功能性拆分),以及独立的法律实体的设立(法律上的拆分)。这些拆分形式可能会影响垂直一体化企业的身份,近而通过协同效应的损失侵害垂直一体化实体本身及其股东的财产。这就是为什么欧盟在其第一次自由化方案(《1996 年电力指令》和《1998 年天然气指令》)中非常谨慎地把拆分的要求基本上限于会计层面。

因为欧盟委员会怀疑一体化企业在不同层面上扭曲市场竞争,尤其是德国的一体化企业(见上文第五部分),所以在第二次电力和天然气自由化方案(2003 年)中,拆分被扩展为功能性拆分和法律上的拆分。

仍然不满意的欧盟委员会于 2007 年提出的议案,意在调动拆分的最后一个环节:把管网所有权从垂直一体化企业中分离出来(所有权拆分)。这项提议带来了严峻的考验。所有权拆分引起敏感问题的原因主要有两个:(1)所有权拆分对企业以及股东所有权的完整性构成了严重干预;(2)所有权拆分使得部分战略性基础设施处于市场经济的不可预测性(资本转移自由)之中。这两个方面分别在德国和荷兰的讨论中起到了主导作用。

迄今为止,在德国的讨论中,欧盟和德国宪法性法律视角下的财产保护是最具争议的方面。即使这两种财产基本权利保护体系基本上非常相似,而且欧盟法律高于德国宪法性法律已被广泛接受。但是在德国,批评的声音似乎产生了一定的影响:最初把独立系统运营商方案添加到欧盟委员会的提议中,以及最终接受独立输送运营商这一替代方案,都可以在一定程度上归因于在德国关于这一问题的激烈讨论,即,欧盟委员会和欧洲议会所倾向的立场(清晰的剥离)是否符合财产保护原则的要求。

与德国的情况相比,从公共/私人所有权(私有化)对立的角度来看,荷兰实施了普遍性的拆分,尤其是在很大程度上的所有权拆分。能源基础设施中的国家战略利益在这一背景下隐约可见。因此,所有权拆分,至少由国家实施的所有权拆分,似乎主要不是从财产保护的角度进行处理,而是作为重新主张战略性基础设施中的公共利益的一种工具。这导致了,与德国相比,荷兰对欧盟委员会的所有权拆分计划存有较少的敌对态度。另一个原因是,荷兰已经在输送层面上实施了所有权拆分,并对其做了进一步的讨论,因为政府希望在配送层面上也实施所有权拆分。作为拆分的结果,与德国相比,荷兰最近对配送层面可能的征收进行的讨论似乎相对温和。

作为一项一般性结论,在下述基础上对不同路径进行合理化可能是正当的:正如上文关于拆分的讨论所表明的,在为了促进战略性公共利益而通过国家干预实施限制时,一项战略性公共利益(能源供应安全)所依附的财产权是相对脆弱的。无论以何种概念性形式存在的公共利益(国有化、比例原则)都会找到得到重视的方式。

最后,新的 2009 年两项指令是这一进程的最后阶段还是其他(第 4 次)能源自由化改革方案会在几年内生效?第四次改革方案的核心很可能是强制性的严格所有权拆分。过去所遵循的进程是一种缓慢的关于拆分事项的循序渐进的方法。这一方法给予了成员国可选择的拆分方案。这种方法显然是最终目标和现实之间的一种必要妥协,正如 27 个成员国的不同实施进展情况所表明的。其中一个关键性障碍是有关财产保护的不同概念性观点。是否将实施强制性的所有权拆分仍有待观察。未来的情况很可能是这样,即,基于 2009 年两项指令的实施进展的现实情况,即使从一种高水平的财产保护和比例原则角度来看,最后的步伐将迈得很小,从而使其容易得到接受。

第 18 章

英国和欧盟的所有权社会义务与能源公用事业监管

艾琳·麦克哈格*

摘要: 本章探讨与能源公用事业监管有关的所有权社会义务观点的影响,而且涉及两个具有重叠性的法域:英国和欧盟。这使得我们可以同时对普通法和大陆法上关于所有权社会义务的路径以及它们之间的互动进行考察。这也和一些重新唤起当代财产法学者对此问题兴趣的关注产生了共鸣。一个是环境保护论,该理论使得一些学者提倡能够促进可持续性的财产权模式。另一个是希望通过法律来提升公共服务的价值,以抵消私有化和自由化政策可能造成的不良社会后果。因为能源公用事业提供必要的服务,但可能会造成巨大的环境破坏(以及出于更多技术原因),所以无论是在英国还是在欧盟,它们都受到了广泛的制定法监管的制约,并且近些年制定法监管更加密切关注社会和环境目标。本章探讨关于所有权社会义务的更普遍的观念如何可以支持、塑造和/或补充这些明确的监管回应。

关键词: 英国,欧盟,社会义务,所有权,能源监管,能源政策,普通法,财产权

---

* 艾琳·麦克哈格(Aileen Mcharg),格拉斯哥大学(英国)公法高级讲师;email:a.mcharg@ law. gla. ac. uk。

一、导论：财产权和监管

对于财产权和监管之间的关系，可以用多种方式予以概念化。也许最常见的概念化是将财产权视为对监管行为的限制。基于这一自然法[1]方法，财产权被认为优先于政治，并赋予所有者受保护的自治范围。因此，它们可能会被用来抵御监管的干预，除了监管对保护公众利益是绝对必要之外，而且即便是在这种情况下，通常还要进行赔偿。从带有成见的角度来看（虽然不完全准确）[2]，这种做法与《美国宪法》中所谓的"征用"条款相关。[3] 按照这一条款的规定，法院对合法和非法干预财产权之间的界限进行监督，"征用"概念中不仅包括公开剥夺，还包括对财产使用或享用的过多限制。

另一种概念化方法是实证主义。[4] 基于这一方法，财产权并不优先于国家监管，相反，实际上由国家监管设立。基于这种观点，大多数现代财产学者赞成财产是一种被创造以履行社会职能的社会制度。一个特别明显的例子是在大气排放许可证中所创造的财产权，其被作为环境保护的一项技术。[5] 从这个角度来看，由于财产权通过监管而创造，监管的重新配置可以推定为合法，而且在一定程度上受到全面保护，这基本上依赖于其他

---

[1] U. Mattei, *Basic Principles of Property Law: A Comparative Legal and Economic Introduction* (2000) 4.
[2] See, eg, J. W. Singer, *Entitlements: The Paradoxes of Property* (2000); G. S. Alexander, "The Social Obligation Norm in American Property Law" (2009) 94 Cornell LR 745; see also F. I. Michelman, "A Skeptical View of 'Property Rights' Legislation" (1995) 6 Fordham Envtl L J 409 at 416; and see further Section II A below.
[3] 第5和第14修正案。
[4] Mattei (above n 1) at 4.
[5] 请参见本书第20章。

的宪法价值,例如保护人的尊严、不专制或不歧视。[6] 然而,仍然有一种倾向,从本质上把财产权视作个人主义和利己主义[7],因此,财产持有人的利益有时会与社会目标相冲突。

显然,这两种立场之间的差别不是简单地财产权是否受宪法保护。并不是所有的宪法都保护财产权[8],而且那些保护财产权的宪法也并不是全部绝对遵循自然法模式。例如,继保证(私人)财产权的《德国基本法》第14条第1款之后,《德国基本法》第14条第2款规定了"财产权所应当承担的义务。财产权的使用还应当服务于公共利益。"[9] 相反,尼戴尔斯基(Nedelsky)所描述的是作为一个前政治权利的"财产神话"(myth of property)[10],其可以得到强有力的法律保障,即使只得到了较弱的宪法支持(例如,在美国,事实上财产并没有被明确宣布为一项基本权利),或者事实上没有得到任何支持。例如,《布莱克斯通英格兰法释义》非常经典地将普通法上的财产概念描述为不可侵犯的自然权利[11],而且在历史上,财产权在英国不成文宪法中得到了免遭政府干预的强有力保护,这种保护是通过制定法解释的推定以及普通法对行政活动的控制来实现的。[12]

---

[6] See J. Nedelsky, "Should Property be Constitutionalized? A Relational and Comparative Approach" in *Property Law on the Threshold of the 21st Century* (G. E. van Maanen and A. J. van der Walt, eds, 1996) 432; A. J. van der Walt, "The Constitutional Property Clause: Striking a Balance Between Guarantee and Limitation", in *Property and the Constitution* (J. McLean, ed, 1999) esp 127—34.

[7] cf J. B. Baron, "The Expressive Transparency of Property" (2002) 102 Columbia LR 208 at 226.

[8] See van der Walt (above n 6) at 109—33.

[9] 本章第三部分(一)将进一步讨论。

[10] See J. Nedelsky, *Private Property and the Future of Constitutionalism: the Madisonian Framework and its Legacy* (1990).

[11] *Commentaries on the Laws of England* (1765—79) Vol. 2, 2.

[12] See M. Taggart, "Expropriation, Public Purposes and the Constitution" in *The Golden Metwand and the Crooked Cord* (C. Forsyth and I. Hare, eds, 1998) 104—5.

然而,本章并不打算讨论财产权的宪法保护,也不打算争辩其合法来源。相反,本章意在讨论财产权与其监管之间关系的第三个概念,这一概念从根本上背离前两个利己主义的假设。基于此第三种观点,财产权被视为(至少和某些类型或用途的财产相关)必然具有社会性义务。换言之,财产被视为一种社会制度,而不仅仅(或者甚至必然)因为它是在社会中形成的;恰恰相反,财产权概念本身蕴含固有的社会关系而且要受到他人权益的限制。因此,从这一角度来看,财产权实际上可能被视为监管义务的来源。

事实上,对所有权社会义务的关注在财产理论和法律学说中具有悠久的历史。17、18世纪的自然法学家认为财产权要受到固有的道德限制。[13] 例如,洛克认为,原始取得物是合法的,只要有足够的财产留给他人,此外,一旦所有者自己的需求得到满足,其有义务帮助其他人。[14] 这种方法在当代财产法思想中也形成了一项重要理论[15],虽然因为这是一项有关财产权内容而非有关其来源的理论,但它并不一定承担自然法上的义务。

就法律学说而言,给予所有权社会义务法律认可的两大方法可以得到认定。一个是通过宪法许可对特定类别或用途的财产设定法律义务;另一种是通过法律的实施将普遍义务附加给(特定类别或用途的)所有权,以及通过司法裁判确定它们的精确范围和内容。而且从广义上来讲,按照塞缪尔(Samuel)的观点,这些方法符合这样两种巩固了西方法律思想中财产概念的

---

[13] See S. Coyle and K. Morrow, *The Philosophical Foundations of Environmental Law: Property, Rights and Nature* (2004) ch 2.
[14] *Two Treatises of Government* (1690) II. 5. 27, I. 42. 170.
[15] See, eg, references in n 2 above, and in nn 20—22 below.

模式。[16] 第一种模式源自罗马法,而且影响了现代大陆法系。罗马法对所有权(*dominium*)和统治权(*imperium*)这两种权力性质进行了区分。虽然,所有权涉及作为私法问题的一种单方的和排他性的所有权概念,但财产所有者实际上并不能根据自己的意志自由地处置自己的财产,因为统治权允许政府将之作为公法问题而进行监管。第二种模式源自分封制,并且对现代普通法体系产生了影响。分封制法律与罗马模式的不同主要体现在两个关键方面。第一个方面是,就土地而言,所有权承载着其自身形式的统治权。因此,在罗马法中,公法和私法之间没有明显的区别。第二个方面是,所有权远非一项排他性的权利,分封制模式是基于这样一种观点,即,人们可以同时在同一块土地上享有不同的利益。这就得出这样一种观点,即,财产是由一个"权利束"组成[17],而不是所有者和事物之间的单一关系。

本章旨在探讨与能源公用事业监管有关的所有权社会义务观点的影响,而且涉及两个具有重叠性的法域:英国和欧盟。这使得我们可以同时对普通法[18]和大陆法[19]上关于所有权社会义务的路径以及它们之间的互动进行考察。这也和一些重新唤

---

[16] G. Samuel, "The Many Dimensions of Property" in McLean (ed) (above n 6). See also Mattei (above n 1) ch 1; G. Amato, "Citizenship and Public Services-Some General Reflections" in *Public Services and Citizenship in European Law* (M. Freedland and S. Sciarra, eds, 1998) 146.

[17] On which see A. M. Honoré, 'Ownership' in *Oxford Essays in Jurisprudence* (A. G. Guest, ed, 1961) 112—28.

[18] 在谈论英国法时需要格外注意的是,英国法实际上有三种不同的法律制度:英格兰和威尔士、北爱尔兰、苏格兰。苏格兰法律通常被归类于普通法系和大陆法系的混合,而且苏格兰财产法与英格兰和威尔士及北爱尔兰的截然不同。虽然苏格兰财产法目前仍然受封建主义非常强烈的影响,但是考虑到本章所涵盖的问题,对它在很大程度上遵循与英格兰和威尔士同样的分析路径。

[19] 技术层面上,欧盟在财产所有权问题上是中立的(《欧共体条约》第295条)。然而,下文第三部分(二)将会证明,其演变而来的路径与大陆法系的模式更具相似性。

起当代财产法学者对此问题兴趣的关注产生了共鸣。[20] 一个是环境保护论,该理论使得一些学者提倡能够促进可持续性的财产权模式。[21] 另一个是希望通过法律来提升公共服务的价值,以抵消私有化和自由化政策可能造成的不良社会后果。[22] 因为能源公用事业提供必要的服务,但可能会造成巨大的环境破坏(以及出于更多技术原因),所以无论是在英国还是在欧盟,它们都受到了广泛的制定法监管的制约,并且近些年制定法监管更加密切关注社会和环境目标。本章并不打算详细地描述或评价这些制度。相反,本章的目的是探讨关于所有权社会义务的更普遍的观念如何可以支持、塑造和/或补充这些明确的监管回应。

二、所有权社会义务和英国能源监管

(一)普通法传统中的社会义务

在普通法传统中可以发现不止一个所有权概念,这并不令人惊讶。不可否认的是,基于布莱克斯通模式存在一个强大的把社会义务视作所有权概念主要外延的思想体系,它们可以对财产权所能做的事情进行监管,但并没有界定其性质或范

---

[20] 另外一个重要主题涉及分配正义问题,特别是在土地再分配的背景中,例见下列文献:A. J. van der Walt, "Dancing with Codes: Protecting, Developing and Deconstructing Property Rights in a Constitutional State" (2001) 118 S A L J 258; G. S. Alexander and E. M. Peñalver, "Properties of Community" (2008) 10(1) Theoretical Inquiries in Law.

[21] See, eg, Coyle and Morrow (above n 13); K. Gray and S. F. Gray, "The Idea of Property in Land" in *Land Law: Themes and Perspectives* (S. Bright and J. Dewar, eds,1998).

[22] 这些争论一直特别集中于但并不限于公用事业产业(见下文注释);see, eg, K. Gray and S. F. Gray, "Private Property and Public Propriety" in McLean (ed) (above n 6).

围。[23] 然而,普通法早已认可了这些方法,藉此财产权本质上受他人义务的限制。[24] 例如,土地所有权要符合合理使用的普遍要求,因不合理使用而对他人造成的不利影响需要承担相应责任。此外,许多相关的普通法学说(公共服务行业,"受到公共利益影响的商业"概念和"主要必需品"学说)在不同时期和不同法域经常被用来给某些商业设立财产使用义务,以此允许不受歧视地获得服务或设施以及收取合理的费用。[25] 在特别重要的公共服务供应中,这些学说主要适用于,尽管不是排他性的,法律上或者事实上的垄断。

历史上,一些私人机构也要受到现在属于行政法原则的影响,这反映出,在普通法中没有一种明确的公/私的区分。例如,自然正义原则曾一度被广泛应用于私人团体,以保护其成员免受任意驱逐。同样地,在被扩展适用于政府机构之前,越权无效规则第一次提出是适用于控制议会通过私法所设立的(私有)股份制铁路公司。[26]

在19世纪的美国,普通法的非歧视原则和公平定价理论具有很大的影响力。在那里,早期的英国判例法被作为独立的公用事业法律规则体的发展基础。这种情况的发生,一方面是直接通过设定普通法上的义务,特别是通过把公共承运人理念扩大到新发展的公用事业行业;另一方面间接通过使用受公共利

---

[23] cf Coyle and Morrow (above n 13) at 82, 160.
[24] 其他事例可能包括要求河岸所有者尊重其他使用者的利益。奥诺雷还列出了执行债务、税收和国家征收行为的责任,并以此作为社会所有权方面的事例;A. M. Honoré (above n 17) at 145。
[25] 关于这些学说的详细解释,请参见下列文献:M. Taggart, "Public Utilities and Public Law" in *Essays on the Constitution* (P. Joseph, ed, 1995). See also P. P. Craig, "Constitutions, Property and Regulation" (1991) PL 538。
[26] Sedley LJ, "Public Power and Private Power" in *Judicial Review and the Constitution* (C. F. Forsyth, ed, 2000) 296—8.

益影响的商业概念来证明征收条款下制定法价格管制的合理性。[27] 除了广泛的制定法管制的发展，普通法仍然是美国公用事业法律义务的来源。[28] 此外，在美国[29]，公法救济措施（如执行令）可用于控制公共服务行业，同时根据国家行为学说，公用事业服务提供者可能受到《权利法案》的约束。[30]

然而，在英国（以及在普通法世界的其他法域，于较轻程度上），发展模式是不同的。普通法的非歧视原则和公平定价理论在很大程度上已经变得过时了，而且也没有发展出等同的公用事业或公共服务法律规则体。这部分是由于明确的制定法规定了类似的义务[31]，而且基于制定法条款而提起的诉讼有时假定，同等的行为在普通法中也是有效的。[32] 然而，与美国法院不同，英国法院实际上拒绝把公共服务行业的种类扩大到包括新公用事业服务的提供者[33]，而且塔格特（Taggart）认为，这反映了一个总体趋势，即，在接近19世纪末的时候英国向财产权绝对主义模式发展。[34] 应对私有制的不良社会后果逐渐被视为是议会的职责：

> 但议会所做的重大法规修改仅仅对普通法进行了复述，并没有对其作出改变。这加大了私法和公法之间的界

---

[27] See Taggart（above n 25）. 这后来被一项基于公共利益对所有经营事项进行监管的一般权力所取代；*Nebbia v New York*（1934）291 US 502。

[28] See, eg, *Gay Law Students Association v Pacific Telegraph and Telephone Co* 595 P 2d 592（Cal 1979）.

[29] D. Oliver, *Common Values and the Public/Private Divide*（1999）203.

[30] J. McLean, "Public Function Tests: Bringing Back the State?" in *A Simple Common Lawyer: Essays in Honour of Michael Taggart*（D. Dyzenhaus et al, eds, 2009）189.

[31] Craig（above n 25）at 540—1; Taggart（above n 25）at 249.

[32] ibid at 237; Oliver（above n 29）at 202.

[33] M. Taggart, *Corporatization, Privatization and Public Law*（1990）30.

[34] See M. Taggart, *Private Property and Abuse of Rights in Victorian England*（2002）.

限,并为其绝对主义模式的继续提供了合理性依据。[35]

有关环境监管的发展,科伊尔(Coyle)和莫罗(Morrow)讲述了一个类似的故事。环境监管也被视为一个公法问题,这类问题以本质上的任意政策选择为基础,而且不受调整私人权利的理论原则的拘束。[36] 但是,在这种情况下,虽然妨害法受到制定法监管的排挤,但是并没有因此失去其应有的作用[37],也许是因为妨害法的目的是保护其他财产所有者的利益。然而,公法和私法之间差距的不断扩大最终削弱了对私有财产所有者的行政法监管。20世纪下半叶,英国的司法审查呈普遍下降趋势。然而,在其自20世纪60年代以来再次振兴时,它(至少在英格兰和威尔士)被明确视为公法事项,而且仅仅适用于那些履行公共职能的主体。[38]

自相矛盾的是,在英国,绝对所有权模式的发展趋势以及成熟的公用事业法体系的缺失都被这样一种偏好强化(尤其是1945年以后),即,对国有化而不是受监管的私人所有权的偏好。国有化已被描述为"一个减少法律冲突的有效方法"。[39]由于英国的法律制度不认可任何独特的公共财产法,所以从本质上来讲,国有化涉及把公用事业行业转变为国家"私人"所有。[40] 虽然国有化法律的确设定了某些法律义务,但这些很少成为诉讼对象,而且在许多情况下,国有化法律太过于模糊而难以强制执行。因此,国有化不可避免地要依靠政治性而非法律

---

[35] ibid, 140.

[36] Above n 13 at 160. 科伊尔和莫罗以及塔格特把这种趋势归于受到实证主义的影响;Coyle and Morrow (ibid, 161), Taggart (above n 34)。然而,更准确来说,这反映出形式主义的兴起。

[37] See generally Coyle and Morrow (above n 13) ch 4.

[38] *O'Reilly v Mackman* [1983] 2 AC 237; *R v Panel on Takeovers and Mergers ex p Datafin plc* [1987] QB 815.

[39] B. Schwartz and H. W. R. Wade, *Legal Control of Government: Administrative Law in Britain and the United States* (1972) 39.

[40] Honoré (above n 17) at 146.

性管理措施来执行所讨论的行业公共服务任务。[41] 这没有对在普通法中占有一席之地的财产权绝对主义概念提出挑战,相反,国有化有效地对其进行了强化,因为它对允许基本服务受所有者纯粹私利支配的缺乏的回答,将改变所有者的身份及其动机,但不会改变其固有的所有权义务。

因此,到 20 世纪,在英国,对财产持有者所施加的社会义务在很大程度上已经逐渐被视为是一种政治选择问题,而不是作为私法概念的所有权的必然要求。此外,议会主权这一根本宪法原则意味着,以所有权社会义务的宪法原则形式存在的财产权立法监管不需要任何法律支持。正如上文所述,虽然英国法院的确保护财产权免受立法"干预",但在知道议会拥有最终决定权的情况下,英国法院在很大程度上暗地里这样做。[42] 这有效地阻止了对这样一种现象所做的任何复杂的法律理解的发展,即,以服务社会为目的而对私有财产权进行限制。

(二) 所有权社会义务和当代能源监管

然而,20 世纪末公用事业服务私有化和自由化的趋势重新点燃了研究所有权社会义务的兴趣。许多学者开始思考有关先前存在的普通法非歧视原则和公平定价理论的复兴,和/或倡导作为控制基本服务私人提供者和维护公共服务价值的司法审查方式的扩张。[43] 这一观点在新西兰得到了强烈的支持,在新西兰,国有企业首先被公司化,然后被私有化,这一过程最初除了

---

[41] T. Prosser, *The Limits of Competition Law: Markets and Public Services* (2005) 40.

[42] See, eg, the immediate overruling, by the War Damage Act 1965, of the House of Lords' decision in *Burmah Oil Co Ltd v Lord Advocate* [1965] AC 75. 战争期间,为防止落入敌人之手而遭故意毁坏的财产的所有者有权获得赔偿。

[43] See, eg, Taggart (above n 33) at 23—31 and (above n 25); Craig (above n 25); Oliver (above n 29) at 205; G. Borrie, "The Regulation of Public and Private Power" (1989) PL 552 at 558—61.

受到一般竞争法的监管之外,不受其他任何监管。[44]

相比之下,在英国,私有化的公用事业受到独立的、专业的监管机构的控制,例如,在能源领域,1986 年成立了天然气供应办公室,1990 年成立了电力监管办公室,二者于 1999 年被合并成天然气和电力市场办公室(天然气电力市场办公室)。[45] 这些监管机构的存在可能被认为致使其他的司法监管变得没有必要。[46] 按照最初的设想,监管制度的目的只是作为对私有化公司自主权的有限干预;暂时应用最小定价、获取和服务质量规则,直到建立合适的竞争机制。监管是一个技术层面的、以效率为导向的过程,而且不受政治的影响。事实上,尽管如此,这些制度与轻度规制所暗含的官方哲学相比具有更广泛的范围和更多的自由裁量。此外,私有化的公用事业在政治上是不受欢迎的,而且公用事业具有持续的公共重要性,这意味着监管已逐步变得更强大和更广泛。[47]

有些讽刺的是,赋予监管机构广泛的自由裁量权的最初原因是使它们免受司法干预,因为,根据美国的经验,这被视为可能破坏对兼顾公平的效率的追求。[48] 然而,监管制度的自由裁量本质也可以被理解为是公用事业行业社会义务的一个强有力的表达,因为它意味着,监管规则从来不是固定的,也不是最终的;因此,公用事业公司要受到一个强大的持续性公共责任的约

---

[44] 关于新西兰能源监管的后继发展,请参见下列文献:B. Barton, "Self-Regulation, State Regulation and Co-regulation in Energy in New Zealand" in *Regulating Energy and Natural Resources* (B. Barton et al, eds, 2006)。

[45] 关于英国能源监管后私有化的探讨,请参见下列文献:A. McHarg, "The Political Economy of Regulation: Developments in British Energy Regulation Under Labour" in Barton et al (eds), ibid.

[46] 事实上,塔格特注意到,他建议新西兰采用的普通法监管是如此之细小,以至于别的地方几乎不可能需要;Taggart (above n 25) at 264。

[47] 有关能源公用监管,请参见下列文献:McHarg (above n 45)。

[48] C. D. Foster, *Privatization, Public Ownership and the Regulation of Natural Monopoly* (1992) 194; T. Prosser, *Law and the Regulators* (1997) 32.

束（但公共责任受到了程序性和实质性保护的制约，以对抗公司所认为的不合理要求）。因此，出乎意料的是，这使监管制度成为有关基本服务控制适当形式的争论的焦点，而且按照普罗瑟（Prosser）的观点，这也第一次在英国促成了明显的公共服务法律规则体的诞生。[49]

尽管如此，可以说，所有权社会义务更普遍的法律概念与具体部门的监管共同发挥着应有的作用。一方面，正如上文所述，制定法监管的存在及其当前范围反映的是一个政治选择，而不是一个将来可能会改变的法律命令。此外，正如亨德里在她所写的再次反映了公/私差别的第 14 章中所指出的，制定法制度下是监管者而不是公司本身受到一般法律义务的约束，公司仅仅不时地受到许可证或者次级立法施加在它们身上的任何具体职责的约束。当然，如果这些义务被证明是不适当的，可以对它们进行变更。然而，受害人必须说服监管机构改变规则[50]，在这一过程当中，权力的天平朝向公司一方倾斜。最后，尽管在近几年的能源监管中非经济价值更加突出，但天然气电力市场办公室仍然被宣称偏向于支持市场，以至于不愿干预，尤其是在追求社会和环境目标中不愿干预。[51]

因此，虽然原则上有可能出现一种以司法监管补充部门监管的情况，但仍然需要考虑的是（考虑到现有的专业监管），实践中在多大的范围内可以对能源公司直接提起法律诉讼，以及实际上法官在多大程度上愿意干预。

---

[49]　See T. Prosser, "Public Service Law: Privatization's Unexpected Offspring" (2001) 63 Law and Contemporary Problems 63.

[50]　Borrie (above n 43) at 559—60.

[51]　See, eg, Consumer Focus, *Rating Regulators*: *Ofgem* (2009) ch 6. 然而，监管者的一般义务最近得到了修改，以提高可持续发展目标的形象（2008 年《能源法》第 83 条）。

第18章 英国和欧盟的所有权社会义务与能源公用事业监管

1. 私法义务

（1）非歧视和公平定价

尽管最近新西兰尝试采用普通法上的服务供应和公平定价义务[52]，但是目前英国还没有这样的做。在国有化之前，由于制定了类似的制定法规定，已经使得普通法上的监管在很大程度上变得没有必要。因此，天然气和电力核心网络的运营商负有许可证项下的义务，应当允许消费者不受歧视地接入和使用他们的系统，而且还要接受价格管制。然而，批发电力生产商和燃气体输送商以及零售能源供应商目前都不受这类义务的约束（虽然零售能源供应商必须根据国内消费者请求与后者订立合同，并承担保护消费者的一系列义务）。当然，与网络不同，批发和零售市场完全开放、允许竞争，而且天然气电力市场办公室早已通常采纳这样的观点，即，只要有可能，最好依靠竞争而不是监管来保护消费者。[53] 因此，举例来说，价格管制最终在2002年从供应市场中取消；当时，监管机构认为竞争已经充分而完善地建立起来，价格控制变得没有必要。

然而，批发和零售能源市场都遭到了反复批评，批评竞争没有效果；从而迫使监管机构，通常只有在巨大的压力下，进行大量的调查，并导致规则的不断改变。例如，最近的《能源供应调查》研究了很多方面，认为零售市场没有发挥其应该发挥的作用。[54] 虽然天然气电力市场办公室驳回了关于六大能源供应商进行垄断的指控，但是却的确发现了接入壁垒、缺乏透明度的证据，而且最重要的是从本研究的目的来说，发现了存在不合理的区别定价的证据，而区别定价特别影响弱势消费者群体。

---

[52] See particularly *Mercury Energy Ltd v Electricity Corp of New Zealand Ltd* [1994] 2 NZLR 385; *Vector Ltd v Transpower New Zealand Ltd* [1999] 3 NZLR 646.

[53] 事实上，它的主要职责是"保护已有以及未来消费者的权益……在促进有效竞争是合适的情形下"（1986年《天然气法》第4AA条第1款；1989年《电力法》第3A条第1款）。

[54] Ofgem, *Energy Supply Probe-Initial Findings Report* (October 2008).

在对上述调查结果的处理中,天然气电力市场办公室事实上已经对服务提供者强制实行了一项临时许可证规定,禁止不正当歧视,并且还要求服务提供者使用反映成本的付款方式。[55] 然而,发起针对不合理价格歧视的正式行动所需要的时间表明,普通法有可能在这一领域中发挥补充性监管控制的一种潜在作用。直接对其服务提供者提起诉讼的能力不仅为受影响的消费者提供了迅速的救济,而且也给监管者施加了采取行动的压力。重要的是,虽然普通法理论以存在市场力量为假设,但是并不允许存在法律上的垄断。例如,在美国最重要的芒恩诉伊利诺伊州(Munn v Illinois)一案[56]中,关于确定芝加哥谷物仓库最高价格的一项制定法的合宪性,最高法院予以支持。该案中,并不存在任何实际垄断,但是仓库所有者之间长期勾结,以至于没有在价格上进行竞争。

公认的是,即使没有明确的监管义务,违反普通法规则的某类行为也可能构成一种违反竞争法的行为。例如,在威尔士水有限公司诉水服务监管局(Dwr Cymru Cylyngedig v Water Services Regulatory Authority)一案[57]中,发现一家供水公司滥用其市场支配地位,对散装水供应输送服务收费过高;法院认为,该供水公司违反了1998年《竞争法》第2章的规定,尽管当时在水事部门并不存在明文规定的公共输送义务。同样地,天然气电力市场办公室为其取消能源部门零售价格管制进行辩护,部分原因是存在作为一个安全网的《竞争法》。[58] 然而,《竞争法》并不能由权利受到不法侵害的个人直接强制执行,这样其实施又要取

---

[55] Ofgem, *Notice of Modification of the Standard Conditions of Electricity Licences Requiring Cost Reflectivity Between Payment Methods and Prohibiting Undue Discrimination in Domestic Supply* (August 2009).

[56] (1876) 94 US 77.

[57] [2009] 2 All ER 279.

[58] Ofgem (above n 54) at para 2.5.

决于监管者进行干预的意愿。[59]

假设存在普通法上的非歧视原则和公平定价理论有可能填补的一项空白,仍然存在的问题是,法院是否可能愿意重新启用这些原则和理论。新西兰的经验并不令人鼓舞,特别是考虑到英国有关判例相对缺乏和陈旧的情况。[60] 在水星能源有限公司诉新西兰电力有限公司(Mercury Energy Ltd v Electricity Corp of New Zealand Ltd)一案[61]中,英国枢密院在这一问题上表现谨慎,即,被告是否负有普通法上的义务,以一种公平、合理的价格供应一种基本必需品的,即使在该义务为当事人双方所共同接受的情形下。然而,在该案之后的维克多有限公司诉新西兰电网有限公司(Vector Ltd v Transpower New Zealand Ltd)一案[62]中,新西兰上诉法院果断地处理了这一问题。法院认为,基本必需品理论已经被 1986 年《商业法》所取代;其理由是,如果法院介入对被告的价格管制,将与该法所确立的宽松监管体制不符。

该法院对基本必需品理论的拒绝适用,部分是由于对法院能否胜任的担心:害怕永久卷入定价事务,而这一任务并不适合对抗性程序,而且普通法对此并没有提供充分的指导。然而,在一份独立的附带意见中,托马斯(Thomas)法官认为,如果专注于供应义务,普通法仍有可能发挥一定作用。他认为供应义务是支持基本必需品理论的关键原则,其中公平价格理念基本上也起到了一种支撑作用。因此,举例来说,在有明显证据证明存在不合理价格歧视的情形下,法院可能不会过多担心实施干预,而是担心在这类情形下进行干预,即,仅被要求就价格的合理性作

---

[59] 尽管在本案中第三人和受监管公司都享有上诉权。
[60] 涉及受一项公共利益影响的商业的案例只有这两起,而且非常古老:*Bolt v Stennett* (1800) Term Rep 606;*Allnutt v Inglis* (1810) 12 East 527。正如上文所述,在英国,公用事业并没有被视为公共产业;因而,基本必需品理论似乎从来不是英国法的一部分。
[61] Above n 52.
[62] Above n 52.

出一般性裁决。尽管如此,维克托一案的其他法官也担心法院进行干预的合法性:

> 对某一特定监管形式的选择,涉及政府和议会对社会和经济政策的基本问题考量,而且明显包括对与特定监管制度相联系的成本同其预计产生的利益之间权衡的评估。在本案中,如果赞成基本必需品理论,那么就会必然涉及一种严格的监管干预,而这种干预是议会决定其并不希望施加的……[63]

其他地区的经验表明,英国法院很可能会有同样的担忧。

(2) 妨害

另外一项用于援引针对私人能源公司私法责任的基础是妨害法。在尼科尔斯诉鲍尔根可再生能源有限公司(*Nicholls v Powergen Renewables Ltd*)一案[64]中,一项制定法上的妨害之诉[65]因产生于风力涡轮机的噪音而提起。原告败诉,原因是,被告公司已经采取了减轻噪音的措施,而且,其符合规划条件中的噪声限制,尽管授予的规划许可证并不具有决定性。然而,在克利夫顿诉鲍尔根可再生能源有限公司(*Clifton v Powergen*)一案[66]中,由于附近的一座电站燃烧奥里乳化油所产生的酸雨导致了农作物受损,有两位农场主成功地获得了赔偿。

妨害法的适用范围有限,而且可能会带来巨大的证据方面的挑战[67],从而降低了其解决能源企业所造成的非常严重的环境问题的潜在可能性。相反,在任何情况下,通常都存在可以适

---

[63] ibid, para 61.

[64] South Lakeland Magistrates Court, unreported, 20 January 2004. For details, see S. Tromans, "Statutory Nuisance, Noise and Windfarms", available at ⟨www.39essex.co.uk⟩.

[65] 1992 年《环境保护法》第 82 条。

[66] Queen's Bench Division (Technology and Construction Court), unreported, 1 August 1997.

[67] See generally, Coyle and Morrow (above n 13) ch 4.

用的制定法上的环境责任。然而,在有关政府机构拒绝采取行动的情形下,正如上述案例中的情形,对于直接受到环境损害影响的相邻财产的所有者,妨害之诉提供了一项有用的其他强制执行机制。

然而,现在必须根据英国上议院马克西诉泰晤士水务公用事业有限公司(*Marcic v Thames Water Utilities Ltd*)一案[68]判决,考虑将妨害法适用于受监管的私人公司的问题。由于排水系统容量不足,马克西的财产已经被洪水淹没多次。马克西没有向水事监管机构提出申诉,而是以妨害和违反1998年《人权法》(对此,将在下文进一步讨论)对其排水系统服务提供者提起了诉讼。关于前一项诉求,法院认为,妨害的普通法不能够对被告施加与制定法计划不相符合的义务。根据1991年《水事产业法》的制定法计划,被告公司提供排水系统服务。该法第18条第8款将强制被告公司履行制定法义务的权力赋予水事监管机构,尽管原告明确表示诉讼理由不是基于制定法,但是法院认为,本案中的妨害之诉将"致使制定法的计划成为泡影",从而实际上导致在出现排水泛滥问题时监管机构应当发挥的作用无法发挥。[69]

很难知道这项判决能在多大程度上适用于其他情况。实际上,该案肯定了授予排水系统服务提供者免遭妨害之诉的豁免权的一系列授权。[70]但是,这一路径从来没有适用于能源公司,即使是在能源公司根据制定法权限行事的情形下。[71]豪沃思(Howarth)认为,英国上议院忽略了这一事实的重要性,即,从

---

[68] [2003] All ER 89.
[69] Per Lord Nicholls of Birkenhead at para 35.
[70] See Coyle and Morrow (above n 13) at 175—6.
[71] See, eg, *Shelfer v City of London Electric Lighting Company* [1895] 1 Ch 287; *Farnworth v Lord Mayor, Aldermen and Citizens of Manchester* [1930] AC 171.

前的排水系统案件都涉及地方政府而不涉及私人公司。[72] 然而,马克西一案似乎主要是基于不干扰由监管机构决定的冲突性优先事项之间平衡(本案中是基础设施投资与可承受价格之间的平衡)的一种普遍意愿。因此,同样的理由对于能源部门似乎也可以适用,在能源部门存在将执行权赋予天然气电力市场办公室的类似规定。[73] 这将在实践上将妨害之诉限于监管范围以外活动所造成的损害。

2. 公法义务

法院不情愿干扰监管机构的选择,也可能成为使用公法救济措施来对付私有化了的公用事业的一个障碍。对于公法面临的挑战,存在两个可能的根据。一是普通法上的司法审查,审查适用合理性和程序正义的一般标准。二是由1998年《人权法》第6条所产生的根据,该条要求"公共当局"遵从《欧洲人权公约》中包含的权利。[74] "公共当局"被界定为包括"其某些职能具有一种公共性质的任何人",[75] 这显然旨在至少包括一些私有化了的职能。[76] 这些公法责任的广度和弹性使其在补充更明确的监管义务中具有潜在的有用性。已经发生了基于这两项根据的数起针对私人能源供应商以及其他公用事业的案件。然而,到目前为止,没有一个原告胜诉。

在对涉及公法管制的问题进行司法审查时,必须回答两个问题:一是有关机构或单位是否司法审查的对象;二是,如果它是,是否存在违反公法义务的情形。

---

[72] D. Howarth, "Nuisance and the House of Lords: Squaring the Triangle" (2004) 16 JEL 233 at 259.

[73] 1986年《天然气法》第28条第3款b项;1989年《电力法》第25条第3款b项。

[74] 在最重要的立法导致不可能遵从《公约》所规定的权利时,就要符合相应的条件(第6条第2款)。

[75] 第6条第3款b项。除非有关的特定行为在性质上是私人行为(第6条第5款)。

[76] See *Rights Brought Home: The Human Rights Bill* Cm 3782, 1997, para 2.2.

第 18 章 英国和欧盟的所有权社会义务与能源公用事业监管

已经明确考量私有化了的公用事业是否是普通法上司法审查对象的唯一案例,是夏洛克和莫里斯司法审查申请事项(*In the Matter of Applications by Sherlock and Morris for Judicial Review*)[77]一案。尽管也存在涉及这一问题的其他案例,但都是作为未经论证的假设。[78] 该案中,北爱尔兰电力公司对于涉嫌篡改电表的客户切断线路,因此被指控非法行使其权力。然而,该公司认为,它不是司法审查的对象:其电力供应义务一项属于纯粹的私法事项,而且原告在任何情况下都拥有这样一种合适的替代性救济选择,即向北爱尔兰电力监管机构进行投诉,然而他们并没有选择这样做。克尔(Kerr)法官拒绝接受这些论点,他认为,这一观点是不可思议的,即,公共电力供应商不履行其制定法职责的行为应该排除在普通法上对公共职能控制的范围之外。此外,替代性救济的存在原则上并没有影响审查的适用,虽然作为自由裁量权事项,它可能是一项司法救济请求可以被拒绝的一项根据(这一根据最终发挥了作用)。

尽管克尔(Kerr)法官在决定北爱尔兰电力公司是司法审查的对象时,将该公司所履行职能的公共性质作为一项关键因素,但是值得注意的是,已经寻求普通法上司法审查的所有案件都涉及根据制定法授权行事的公司。这一点非常重要。这是因为,由于能源供应市场已经全面开放竞争,能源不再根据制定法进行供应。现在,能源供应是一项合同事项,尽管它仍受供应商许可证条款以及《天然气和电力章程》这一制定法规的调整[79],

---

[77] Northern Ireland High Court, unreported, 29 November 1996 (but see discussion by A. McHarg at (1997) 8 Util Law Rev 123).

[78] *R v Minister for Energy ex p Guildford*, *The Times*, 6 March 1998; *R v Northumbrian Water ex p Able UK Ltd* [1996] 2 PLR 28; *R v Northumbrian Water ex p Newcastle and Tyneside Health Authority* [1999] Env LR 715.

[79] 1986 年《天然气法》第 2 章第 2B 节;1989 年《电力法》第 6 章。

但是明确的授权是,纯粹基于合同的决定不是司法审查的对象。[80]

当然,对于能源供应是否是一项"纯粹"的合同事项是存在争议值的。然而,根据1998年《人权法》所起诉的詹姆斯诉伦敦电力有限公司(*James v London Electricity plc*)一案[81]判决确认,竞争的引入已经改变了所履行职责的法律性质。在这种情况下,原告认为,电力供应是这样一项基础性的社会公用事业,即,供方必须是一家公共机构。此外,尽管尝试鼓励竞争,但是议会没有设法放弃确保电力供应得到适当监管所必要的控制。就公司而言,有人认为议会在2000年《公用事业法》中故意将电力供应基础设施(被认为是一种公共职能)与向终端用户供电予以分开;后者是一项以某种方式受到监管的私人合同问题,并不授权终端供应商成为一家公共机构。威尔基(Wilkie)法官发现这两种论点之间势均力敌,但是他同意被告的这一观点,即,竞争机制下的电力供应是一项私人事务,尽管对供应条款存在持续的公共监管。的确,他注意到了这一事实,即,由一家公共监管机构所监督的行为并不必然表明它们具有公共性质。

詹姆斯一案判决的观点与一种关于审查范围的高度形式主义的路径更为大体一致,据此,法院似乎假定,在无需调查所选择的质量是否确实存在的情况下,契约自由就提供了足够的保护,使原告免受企业权力的损害。虽然议会可以决定明确的监管保护措施是必要的,但是法官并不准备根据一般审查标准,通过补充的明确义务来增加企业的负担。事实上,在YL诉伯明翰市议会(*YL v Birmingham City Council*)一案[82]中,曼斯(Mance)勋爵走得更远,竟然认为监管的事实就表明涉案行为的性质实

---

[80] *R v Panel on Takeovers and Mergers ex p Datafin plc* [1987] QB 815. 在苏格兰,司法审查履行的是司法管辖功能而不是公共职能,但是这也排除单纯的契约关系;*West v Secretary of State for Scotland* 1992 SC 385。
[81] [2004] EWHC 3226 (QB).
[82] [2008] 1 AC 95 at para. 116.

际上是私人事务。[83]

因此，实践中似乎是，无论是根据普通法还是1998年《人权法》，在能源部门（最好的情况下）[84]，只有针对垄断性的网络运营商的诉讼，司法审查才将进行。然而，即使在这些领域，监管的存在可能限制公法救济的范围。除了在程序上要求用尽其他救济措施（这一点突出地表现在夏洛克和莫里斯一案中）以外，马克西一案判决表明，监管制度可能对是否已经违反公法义务的问题具有一种实质性影响。

正如上文所述，马克西在诉讼中还主张，他的住宅受到尊重的权利（《欧洲人权公约》第8条）以及和平享有财产的权利（《欧洲人权公约第一议定书》第1条）都已经遭到了侵犯。不可争辩的是，泰晤士水务公用事业有限公司履行着公共职能，而且上议院承认马克西的权利表面上受到了干扰。尽管如此，马克西的诉求没有得到支持，基本上是由于妨害之诉败诉的同样原因。对于涉案权利并不是没有资格拥有，而是基于公共利益的必要可以对其进行限制。上议院认为，制定法制度赋予监管机构在下列情形下作出决定的权力，即，在房屋所有者免受水淹的权利与竞争性的公共利益考量之间，需要实现平衡的情形下；公共利益考量包括防洪涝的高成本，这种成本应该由用水消费者作为一个整体承担。上议院还认为这是议会所采取的一种合理的方法。尽管在这一具体案件中有些事情"显然不合理"，但是这并没有让人对作为一个整体的制度的公平产生怀疑。合适的救济应当是向监管机构进行投诉，备选方案是寻求针对监管机构的司法审查，而不是通过直接对排水系统服务提供公司提起诉讼，绕过制定法计划。

---

[83] See also *Cameron v Network Rail Infrastructure Ltd* [2007] 3 All ER 24。就铁路安全职能而言，英国铁路公司不是一家公共权力机构，因为保障铁路安全是健康和安全署的职责。

[84] cf Cameron, ibid.

最后一个实际限制是针对使用司法审查为私有化了的公司施加社会义务的最后一项可操作性的限制,是为 R 诉诺森伯兰纽卡斯尔和泰恩赛德卫生监管机构(*R v Northumbrian Water ex p Newcastle and Tyneside Health Authority*)一案[85]判决所接受的观点:

> 完全清楚的是,作为一个商业组织,不能说被告公司拥有权力仅仅是为了可以把有关权力用于公益事业。它对自己的股东负有商业义务。它必须根据这些义务来行使其权力。

因此,公司有权拒绝当地卫生部门要求其为供水加氟的要求,因为公司担心会面临潜在的责任。

(三)社会责任和政治干预

除了通过天然气电力市场办公室和法院以外,可以明确阐释私人能源供应商社会义务的一种最后方式是通过政治程序。与天然气电力市场办公室和法院中的任何一个相比,政府和立法机关都拥有更大的干预自由,而且事实常常证明政治家更愿意对这一要求作出回应,即,应该让能源公司以对一种对社会责任的方式行事,或通过改变部门的监管制度,或在监管架构之外实施特别干预。

这类特别干预可以会采用多种形式。其中一种形式是政府直接干预一个特定服务提供者的所有权(也就是直接国有化),目的或是改变其激励结构,或是获得可以用来追求更广泛利益的手段。例如,2002 年,当英国铁路公司(一家股份公司)资不抵债的时候,在把英国的铁路基础设施从英国铁路公司转移给一家非营利性公司(网络铁路公司)中,政府起到了一定的帮助作用。因为对该公司不断地向其股东支付红利这样一个事实感到愤怒,政府拒绝了英国铁路公司更多公共补贴的要求。在能

---

[85] Above n 78.

源部门,不存在这样激进的对所有权的干预。[86] 然而,所有私有化了的能源公司最初都要接受所谓"黄金股"的条件。"黄金股"有效地赋予了政府权力,对所有权变更的提案予以否决,而且还可用于获取特许权。例如,在1995年一些区域电力公司希望出售国家电网公司时,政府利用其黄金股来确保公司价值的显著增加(因为私有化的收益由股东和电力用户共享)。[87] 然而,所有黄金股后来要么因期限届满而失效,要么被赎回。[88]

另一项已经用于对能源公用事业施加特别义务的工具是所谓的"暴利税"。1997年,新当选的工党政府对私有化了的公用事业的利润设征了52亿英镑的暴利税。[89] 政府认为其正当的根据是,这些产业已被以过分优厚的条件出售了。因此,暴利税是代表纳税人对公司部分价值的弥补性收回。然而,政府显然是利用了公众的这一普遍看法,即,(近乎)垄断的基础服务提供者的利润最大化行为的合法性是应该受到质疑的。

2008年,为征收另一项暴利税而进行的活动获得了相当大的支持。这次是专门针对能源公司的[90],获得支持的原因是基于这样的担心,即,能源公司正在从全球石油价格上涨所引起的能源价格上涨以及欧洲排放交易计划的实施中谋取暴利。存在这样一种观念:在物价上涨给消费者造成经济困难的时候,公司却正在从基本服务的提供中获得利润。同样,这种观念对私人所有权的合法性产生了真正的威胁。[91] 最终,政府决定不征收

---

[86] 在核电商英国能源公司2002年出现财政困难的时候,政府买下了这家公司的大部分股份,防止公司破产。然而,这是旨在作为保护电力供应安全的临时措施;后来,这家公司于2008年出售给了法国电力公司。

[87] See A. McHarg, "Government Intervention in Privatized Industries: The Potential and Limitations of the Golden Share" (1998) 9 Util Law Rev 198.

[88] 最终以英国能源公司在2008年的售出而结束。

[89] 1997年《财政法》(第2号)第1条。

[90] 包括但不限于能源公用事业。

[91] 例如,在英国工党大会上有对天然气和电力产业再国有化的呼吁;*The Guardian*, 23 September 2008。

第二项暴利税,尤其是因为能源公司威胁,如果政府征收这项暴利税的话,就要对急需资金的基础设施停止投资。[92] 然而,政府代之以利用政治压力来说服能源公司;最初是要求它们增加在自愿社会税上的开支[93],后来又要求它们在家庭能源效率措施投资方面,接受一项大幅增加投资的义务。[94]

不足为奇的是,这些各种各样的临时干预措施往往是非常有争议的,尤其是因为私有化应该使这些产业免受短期政治的影响。有人认为,无法预见的干预措施提高了资本的运营成本而且阻碍了投资,而且对特定公司施加特殊的义务的做法扭曲市场,导致进一步的效率低下。此外,部门监管框架之外的干预可能会被认为是不公平的,因为它忽视了对公司的法律保护。

如上所述,在过去,这些措施的优点或缺点一直是一个纯粹的政治问题。然而,20 世纪后期宪法的发展意味着,英国议会在法律上不再不受约束,这就为解决监管选择的法律挑战问题创造了新的机遇。事实上,《欧洲人权公约》转化为国内法后,和平享有财产的权利目前在英国法律制度中得到了明确承认。[95] 虽然《公约》中的权利仍然可以通过立法改变,但是 1998 年《人权法》第 3 条就审查制定法是否符合《公约》事宜,为法院创设了在任何情形下的一种强大的解释义务。

但是在实践中,财产权是最弱的公约权利之一。虽然《欧洲人权公约第一议定书》没有明确承认所有权社会义务,但是第 1 条允许基于公共利益对财产的使用予以剥夺和进行监管。此外,欧洲人权法院已经反复确认,对于在何处确定财产权与其他

---

[92] *The Guardian*, 4 September 2008.

[93] HM Treasury, *Budget 2008*: *Stability and Opportunity*: *Building a Strong and Sustainable Future*, HC 388 (March 2008) para 4.34.

[94] Department of the Environment, Food and Rural Affairs, News Release 300/08, 11 September 2008.

[95] Art 1, Prot 1, ECHR.

利益之间的平衡成员国享有一种广泛的自主决定权[96]，而且国内法院也同样表示，在这一领域，它们将遵从民主决策。[97]

对政府监管自由的一项更重要的制约源于欧共体法。在英国法律规范的效力位阶中，欧共体法的最高地位已经取代了议会主权，而且欧共体法对能源公用事业监管有着一种直接而不断增长的影响。[98] 正如下面将要讨论的[99]，欧共体法对英国社会性监管的影响在一定程度上一直是积极性的。但是在某些情况下，它也迫使英国政府改变监管方法。一个事例是黄金股使用的下降；部分原因是，在欧盟委员会的鼓动下，欧洲法院对这类工具的合法使用规定了严格的限制。[100] 因此，本章的其余部分将讨论欧共体法中所有权社会义务观点的作用。

三、所有权社会义务和欧盟能源监管

（一）大陆法传统中的社会义务

前已指出，大陆法的法律制度往往在公法和私法中采用不同的财产概念。例如，根据《法国民法典》第 544 条规定："所有权是指以完全绝对的方式，享有和处分物的权利"，然而，条件是，"所有权不得以法律或者条例禁止的任何方式行使"。因此，就支持财产权界定和使用方面的公法监管而言，所有权社会义务的观点最具相关性，而且这往往会对财产持有者的自由产

---

[96] See, eg, *Sporrong and Lönnroth v Sweden* (1983) 5 EHRR 35; *Hatton v United Kingdom* [2003] 37 EHRR 28.

[97] See, eg, *Marcic* (above n 68); *R (Countryside Alliance) v Attorney General* [2008] 1 AC 719.

[98] 事实上，最近已经同意建立一家整个欧盟的能源监管机构，尽管这将主要处理涉及跨境网络整合的技术问题；Regulation 2009/719/EC, OJ 2009 L 211/1.

[99] Section III C(2).

[100] 请见下文的进一步讨论。

生明确的限制,而不是针对第三人的无限义务。[101]

关于财产社会功能的最著名的原则性表述包含在《德国基本法》第14条第2款之中(前已引用)[102],尽管在意大利[103]和西班牙[104]的宪法中也有类似的规定。由德国宪法法院发展的"社会模式"(它与《德国民法典》中的个人主义路径相反,而且有时存在冲突)[105]在某种程度上对财产所有者具有一定的保护意义。由于财产权的功能是促进个人的自我管理,《德国基本法》第14条第2款有时为反对国家干预提供了一个绝对的保障,而不仅仅是获得赔偿的权利。然而,该《基本法》同时要求财产所有者应当以一种对社会负责的方式行事,而方式则由立法机关授权制定的行政法规予以决定。此外,立法机关本身也有义务履行其《德国基本法》第14条第1款项下的职责,以一种旨在发展一种"符合社会正义的财产秩序"的方式,界定财产权的内容和界限。这就要求立法机关按照一种比例性标准,在所有者的利益与公共利益之间寻求平衡,这在实践中创建了一种社会义务"浮动计算方法"。换言之,允许干预的程度因情形不同而不同,尤其因有关财产种类的社会重要性的不同而不同,而且,干预程度可以随时间而改变。

法国法对所有权社会义务采取了一种不同的甚至有些狭义的路径,但是,这一路径在欧共体法的发展中一直特别具有影响

---

[101] Mattei (above n 1) at 150.
[102] See text accompanying n 9. The following account draws upon G. S. Alexander, "Constitutionalizing Property: Two Experiences, Two Dilemmas" in McLean (ed) (above n 6); R. Lubens, "The Social Obligation of Property Ownership: A Comparison of German and US Law" (2007) 24 Arizona J of Int and Comp L 389; H. Mostert, "Engaged Citizenship and the Enabling State as Factors Determining the Interference Parameter of Property: A Comparison of German and South African Law" (2009), unpublished manuscript on file with the author.
[103] 第42条第2款。
[104] 第33条第2款。
[105] 例见《德国民法典》第903条:"物的所有人可以随意处分其物,并排除他人的干涉,但是以不与法律或者第三人权利发生冲突为限。"

力。与德国的情况不同,法国法不存在财产权社会性质的原则概念。的确,《法国人权宣言》把财产描述为"一种神圣不可侵犯的权利"[106],尽管这受禁止权利滥用学说的一般限制,该学说禁止仅仅为了损害其他人而行使权利。然而,1946年《法国宪法》序言(参照《第五共和国宪法》制定)宣告:"任何财产和企业,如果其运行具有或者取得了一种全国性的公共服务特征或者一种垄断的特征,都可以成为公共财产"。这里所规定的"公共服务"原则,被描述为法国公法的一个"基础神话"[107],同样,可以在意大利和西班牙的法律中找到类似概念,尽管在文化上和法律上并不那么根深蒂固。

尽管有宪法的上述措辞,法国的公共服务概念并不要求公共所有权或者事实上的垄断。然而,所有的公共服务,即使是私人提供的,都要受到专门法律制度的调整(至少是部分调整),而且它们最终仍然被视为是国家的责任。此外,由议会或者政府决定什么是一项公共服务以及它应该如何进行组织。就专门法律制度的内容而言,公共服务主义的确切含义有点模糊。一般认为,应当符合这种服务的持续性、平等性和适应性原则。这些原则在行政法院上会据以产生针对服务使用者的具体义务(以及服务提供者的具体权利)的强制执行。然而,近些年来,另有一些原则已经通过立法应用于特殊的公共服务之中。

因此,与德国的社会条款相比,法国的公共服务概念可以被视为为所有权社会义务的政治决定提供了一般性的宪法支持,两者都允许灵活地应对不断变化的社会需求。

---

[106] 第17条。
[107] J. Bell, "The Concept of Public Service Under Threat From Europe? An Illustration from Energy Law" (1999) 5 EPL 189 at 189. The following account draws upon this article, as well as E. Malaret Garcia, "Public Service, Public Services, Public Functions, and Guarantees of the Rights of Citizens: Unchanging Needs in a Changed Context" in Freedland and Sciarra (eds) (above n 16); and Prosser (above n 41) ch 5.

(二) 财产权和欧共体法

《欧共体条约》第 295 条规定:"本条约在任何意义上不得妨碍成员国关于财产所有权制度的规则。"然而,欧共体在实践中并未保持一种严格的中立路径。"自由竞争的开放市场经济原则"[108]在欧洲法律秩序中的最高地位意味着,欧共体法事实上采用了一种自由主义的财产权模式。[109] 所有经济[110]主体(不论是公有的还是私有的)[111],在形式上都是自由流动、竞争和国家援助规则的调整对象。而且,在《欧共体条约》规则允许的情况下,并受一种比例标准的限制,成员国才可以背离市场原则。因此,举例来说,在关于黄金股的案件中,欧洲法院拒绝接受这一论点,即,这是一个受《欧共体条约》第 295 条保护的财产所有权问题。相反,欧洲法院认为,即使在没有明确禁止外国国民所有权的情形下,黄金股的规定也构成对资本自由流动和权利自由设立的一种限制。因此,它们的正当性仅仅可以用压倒一切的国家利益考量,并且政府权力的这一行使是非歧视性的、非任意性的以及没有超过为实现特定目标所必需的限度,予以证明。[112]

---

[108]　《欧共体条约》第 4 条。
[109]　另见《欧盟基本权利宪章》第 17 条。
[110]　欧共体法对经济和非经济活动进行了明确区分;J. -L. Buendia Sierra, *Exclusive Rights and State Monopolies Under EC Law* (1999) ch1。
[111]　《欧共体条约》第 31 条和第 86 条第 1 款。结果是,欧共体法间接支持对公共所有权进行私有化;see, eg, W. Devroe, "Privatizations and Community Law: Neutrality Versus Policy" (1997) 34 CMLR 267。
[112]　*Commission v Italy*, C-58/99, [2000] ECR I-3811; *Commission v Portugal*, C-367/98, [2002] ECR I-4731; *Commission v France*, C-483/99, [2002] ECR I-4781; *Commission v Belgium*, C-503/99, [2002] ECR 4809; *Commission v Spain*, C-463/00, [2003] ECR I-4581; *Commission v UK*, C-98/01, [2003] ECR I-4641; *Commission v Netherlands*, C-282 & 283/04, [2006] ECR I-9141; *Commission v Germany*, C-112/05, [2007] ECR I-8995. See E. Szyszczak, *The Regulation of the State in Competitive Markets in the EU* (2007) 33-6.

这种模式有时被描述为盎格鲁—撒克逊模式。例如,阿马托(Amato)认为,所有经济活动都是私人的(即使是在国家从事或者控制的情形下)这一假设所反映的是一种普通法上的而非大陆法上的路径。[113] 然而,也可能有人认为,欧共体法中所包含的严格的公/私区别以及限制国家干预,具有更深的大陆法渊源而非普通法渊源。尽管如此,似乎所忽视的是支持和塑造国家干预的关于所有权社会义务的任何制衡观念。与此相反的是,似乎存在反对监管行为合法性的一种普遍假设。[114]

一直到20世纪80年代末,这种模式的现实意义是相对有限的。然而,一经欧盟委员会开始将其应用到公用事业和电力行业(这在很大程度上过去一直被欧共体法所忽视),作为完善内部统一市场动力的一部分,这一模式变得极具争议性。一些成员国(特别是法国)以及其他团体都非常关注自由化政策对公共服务价值的影响。结果就导致了关注以前鲜为人知的"一般经济利益服务"(services of general economic interest)概念。在目前的欧共体法中,它被赋予了特殊地位。[115] 作为调和竞争价值与公共服务价值之间紧张关系的一种工具,这一概念正在变得越来越重要,进而,可能有人会为,在欧洲层面上,这一概念已经发展成为所有权社会义务的一个代名词。

(三)一般经济利益服务与所有权社会义务

1. 一般经济利益服务以及《欧共体条约》规则的不适用

一般经济利益服务的概念源于《欧共体条约》第86条第2款。该款规定:

> 负责管理一般经济利益服务的企业,或者具有财政垄

---

[113] Above n 16 at 146, 152.
[114] Szyszczak (above n 112) at 14.
[115] 关于这一概念的一般讨论,请参见下列文献:Buendia Sierra (above n 110); Prosser (above n 41) chs 6—8; Szyszczak (above n 112)。

断性质的企业……应当遵守本条约的各项规定,特别关于竞争的规则,只要上述规则的适用不妨碍上述企业完成其法律上或事实上所应当担负的特殊任务。对贸易发展的追求不得以违反条约的利益为条件。

正如这一规定所使用的,一般经济利益服务概念只是被恰当地描述为所有权社会义务的一个代名词。首先,对于成员国来说,这一概念仅构成一项允许而不是义务,即,允许成员国对经济主体施加公共服务义务。其次,对于所可能施加的义务的性质,《欧共体条约》并没有做任何的界定。在欧共体法中,一般经济利益服务一词没有得到界定[116],更不用说这样一个名称的规范性含义了。相反,《欧共体条约》第 86 条第 2 款的重点只是结构上的:在为了履行公共服务义务以致一项业务需要特殊的或者排他性的权利的情形下,它允许背离《欧共体条约》的有关规则。[117] 它的作用是,在一种市场秩序内,为促进公共服务目标的实现提供空间,因此,它的关键实际影响是这一塑造方面的,即,对公共服务的干预必须是为了遵从欧共体而实施。

这一塑造通过对一项比例性标准的运用而实现。由于《欧共体条约》第 86 条第 2 款最初被解释为条约规定的一种减损,因此这一比例标准的适用最初是严格的。[118] 然而,20 世纪 90 年代的适用有所放宽,因为竞争、国家援助和自由流动规则越来越多地适用于基础性服务领域。[119] 根据巴奎罗·克鲁斯(Baquero Cruz)的观点,比例性标准已经成为一项"二元转换规

---

[116] 然而,明确的是它包括能源公用事业;*Commission v Netherlands, Italy and France*, C-157, 158 and 159/94, [1997] ECR I-5699, 5789 and 5815 (*Gas and Electricity Monopolies*)。

[117] 《服务指令》中规定了一项类似的关于一般经济利益服务的免责条款;Directive 2006/123/EC, OJ 2006 L 376/36。

[118] See, eg, *BRT v SABAM*, C-127/73, [1974] ECR 313.

[119] See: *Corbeau*, C-320/91, [1993] ECR I-2533; *Almelo*, C-393/92, [1994] ECR I-1477; *Gas and Electricity Monopolies* (above n 116)。

则";这项规则为受托负责一般经济利益服务的市场主体建立适用或不适用《欧共体条约》的条件。[120] 尽管如此,第86条第2款的成功适用仍然要符合一些条件。例如,在天然气和电力垄断系列案件中[121],欧盟委员会试图迫使一些成员国在签订有关部门的自由化立法性协议之前,取消天然气和电力的进出口专营权。法院认为,成员国并没有必要指出这一点,即,如果取消它们的专营权,有关企业的经济生存将会受到威胁,而且又没有别的实现托付给这些企业的公共利益目标的方法。然而,法国根据法国电力公司和法国天然气公司的对一般环境的和区域的政策的贡献,并不能证明授予这两家公司专营权的合理性,因为这两家企业在这些目标上没有明确的特别义务。同样地,在阿尔特马克(Altmark)一案[122]中,欧洲法院确认,针对履行公共服务义务而提供补偿的国家措施不构成国家援助,因而,成员国不必通知欧盟委员会,也无需证明《欧共体条约》第87条所要求的合理性。然而,有关公共服务义务必须得到清晰界定,据以计算补偿的基础必须提前以一种客观和透明的方法建立起来,补偿不得超过履行义务的成本,允许一项合理的利润。而且,如果履行公共服务义务的责任没有通过一种公共采购程序而进行分配,那么,所需的补偿水平就必须参照一家典型的运营良好的市场主体所产生的成本予以确定。

因此,一般而言,《欧共体条约》第86条第2款的法哲学是试图通过促进一种公共服务义务模式来协调一般经济利益服务的保护与竞争目标之间的关系;这种公共服务模式是以规则为基础的、平衡的、与基础服务提供者的经济目标相分离的。

---

[120] J. Baquero Cruz, "Beyond Competition: Services of General Interest and European Community Law" in *EU Law and the Welfare State: In Search of Solidarity* (G. de Búrca, ed, 2005) 176.

[121] Above n 116.

[122] C-280/00 [2003] ECR I-7747.

2. 一般经济利益服务与欧洲法律秩序的目标

尽管一般经济利益服务概念继续发挥着《欧共体条约》第86条第2款所设想的本质上的负面作用，但是，作为欧共体法的一般原则之一，它最近还是发挥了一种积极作用。尽管第86条第2款的目的是维护成员国关于追求公共服务目标的自主权，但是，现在成员国和欧盟委员会机构都负有保护和促进一般经济利益服务的一种积极责任。这在欧盟法律秩序范围内赋予了一般经济利益服务以一种宪法上的地位，这一点与大陆法国家法律制度中的所有权社会义务的路径十分相似。

这一转变的起点是通过1997年《阿姆斯特丹条约》在《欧共体条约》中增加一个新的第16条（受法国启发）。该条规定：

......考虑到一般经济利益服务在欧盟共同价值中所占的地位以及他们在促进社会和地区凝聚力中的作用，欧盟委员会和各成员国在各自的权力范围内及条约的应用范围内，应当注意的是，这类服务的经营应当建立在使它们能够履行其使命的原则和条件基础之上。

2000年通过的《欧盟基本权利宪章》第36条也明确规定：

为了促进欧盟社会的和地域的凝聚力，欧洲联盟承认并尊重依符合欧洲共同体条约规定的国内法律与实践所享有的获得一般经济利益服务的权利。

另外，2007年《里斯本条约》在其生效时对第16条进行了修正（将其重新编号为第14条），赋予欧盟机构一项新的法律权力。欧盟机构据此可能制定立法，确立原则和设置条件，使一般经济利益服务完成其使命。《里斯本条约》还包含一项解释性的《一般经济利益服务议定书》，其中规定了一些"在第14条的含义范围内，与一般经济利益服务相关的欧盟共同价值"。这其中特别包括：

——在提供、委任和组织一般经济利益服务以尽可能

第 18 章　英国和欧盟的所有权社会义务与能源公用事业监管　**513**

满足使用者需求方面,国家、区域和地方当局具有基础性一般经济利益服务作用和广泛的自由裁量权;

——丰富多彩的一般经济利益服务与可能产生于不同地域、社会或者文化背景下的使用者需求和偏好差异之间的多样性;

——高水平的质量、安全和支付能力,平等对待,以及促进普遍获取和使用者权利。

除了这些正式文件,欧盟委员会还发布了一系列有关一般经济利益服务的信息。[123] 欧盟最初似乎把公共服务义务视作实现内部统一市场的一种不方便处理的障碍。与这一最初的态度相比,它现在认可了一般经济利益服务的作用,将之作为"欧洲社会模式的一项基本要素"和"欧洲公民的一个支柱"[124]。尽管它仍然强调,"发展高质量的、可获取的和价格合理的一般经济利益服务的目标,与发展开放的和竞争的内部统一市场的目标之间是兼容的而且应该是相互支持的。"[125]

对于这些发展的意义,是一个存在某些争议的事项。[126] 对于一些人来说,他们只是为了消除自由化反对者的疑虑并使其中立,同时又完整保留欧共体法的实质内容。这一观点的支持者指出第 16 条具有模糊性,其中的关键条款(包括一般经济利益服务概念本身)仍然并不确定,而且指出《阿姆斯特丹条约》所附《宣言》规定将在充分尊重欧洲法院判例的基础上实施第

---

[123]　*Services of General Interest in Europe*, OJ 1996, C 281/3; *Services of General Interest in Europe*, OJ 2001 C 17/4; *Report to the Laeken European Council: Services of General Interest*, COM (2001) 598 final; *Green Paper on Services of General Interest*, COM (2003) 270 final; *White Paper on Services of General Interest*, COM (2004) 374 final; *Services of General Interest, Including Social Services of General Interest: A New European Commitment*, COM (2007) 725 final.

[124]　eg, Green Paper, ibid, para 2.

[125]　2007 Communication (above n 123) at para 2.2.

[126]　See Szyszczak (above n 112) at 219—21.

16 条。此外,即使当《欧盟基本权利宪章》基于《里斯本条约》[127]的批准而具有法律约束力时,可以接受的是,第 36 条不会产生任何可以强制执行的权利。[128] 就《里斯本议定书》而言,根据索特(Sauter)的观点:

> 这似乎几乎没有加入了关于一般经济利益服务的实质性内容……如果确实有的话,那么,这就阐释了成员国在欧盟法律框架内对于他们希望从一般经济利益服务中所获得的事物予以概念化方面的无能为力。[129]

然而,其他人(最著名的是罗斯(Ross)[130])认为,把第 16 条纳入《欧共体条约》的一般法律原则,就为欧共体法创设了一种新的目的论,这样就把一般经济利益服务与竞争置于同等地位。根据埃斯萨克教授(Szyszczak)的观点:

> 第 16 条符合这一变动模型,即,在欧盟范围内,从一个纯粹的成员国<u>经济</u>共同体……转变为一个"在一种高度竞争的社会市场经济"中成员国<u>以及</u>公民的共同体。在这一共同体中,国家利益作为需要在跨国家层面上解决的利益进行重新安排。[131]

从实际情况来看,这一新规定的影响到目前为止是多方面的。一方面,对于欧洲议会和部长理事会准备起草一份关于一般经济利益服务框架指令的要求,欧盟委员会已经多次拒绝。拟议中的这项指令将制定公共服务的最低标准以及组织和监管

---

[127] 需要注意的是,英国(以及波兰)通过《里斯本议定书》,不接受涉及《宪章》的司法裁判的影响。

[128] Szyszczak (above n 112) at 221.

[129] W. Sauter, "Services of General Economic Interest and Universal Service in EU Law" (2008) 33 E L Rev 167 at 173.

[130] M. Ross, "Article 16 EC and Services of General Interest: From Derogation to Obligation" (2000) 25 E L Rev 22.

[131] Above n 112 at 221. 强调线系原文作者所加。

这些服务的一般原则。欧盟委员会2004年《白皮书》结论性观点是，就是否需要这样一份指令或者其内容缺乏充分的共识[132]，而且，《白皮书》似乎已经采取了这样的观点，即，《里斯本议定书》强调公共服务任务的多样性和成员国对广泛的自由裁量权的需要，这就使作出进一步规定变得没有必要。[133] 因此，即使增加了这样一项新的法律基础，由于欧盟委员会对于欧盟立法创制权的享有一种独占地位，在可预见的将来，一般经济利益服务的一般权利和义务也不可能得到任何进一步的充实。

另一方面，越来越多的公共服务义务被纳入到专门的部门立法之中。对于自由化指令的可接受程度一直存在一项重要的条件，而且，无论是在承认合法公共服务目标的一种更广范围方面，还是在对有关条件的日益增加的规范性要求方面，这种趋势都在不断增长。例如，第一个电力[134]和第一个天然气[135]自由化指令允许成员国从五个方面施加公共服务义务（安全、规则性、质量、供应价格以及环境保护），而且在为确保实现这些目标而有必要时，准许成员国对指令的一些条款减损执行。在2003年的指令[136]中，这些允许性条款得到了保留。但是关于电力，成员国还有义务确保所有家庭（和规定范围内的小企业）消费者享有普遍服务，这一普遍服务被界定为，在相应地域内以合理的、简单和容易比较的以及透明的价格，获得供应一种明确规定的质量的电力的权利。此外，就天然气和电力而言，指令要求成员国采取"适当的措施"，保护顾客，确保给予消费者（特别是弱

---

[132] Above n 123. 到目前为止，所制定的唯一一项一般措施是一项有关国家援助和公共服务补偿的委员会决议，它为阿尔特马克（*Altmark*）一案的裁决所采纳；above n 122：OJ 2005 L 312/67。

[133] See 2007 Communication (above n 123).

[134] Directive 96/92/EC, OJ 1997 L 27/20.

[135] Directive 98/30/EC, OJ 1998 L 204/2.

[136] Directive 2003/54/EC, OJ 2003 L 176/37 and Directive 2003/55/EC, OJ 2003 L 176/57.

势群体)以高水平保护,实现经济和社会凝聚力、环境保护以及供应安全的目标。最近达成的自由化措施"第三综合计划"[137]将通过进一步阐述现有公共服务要求以及增加新的强制性义务(例如,采取适当措施以解决能源贫乏问题的一项义务),继续推动这一进程。

至少,对于公共服务要求规范性的日益增强,部分原因是对各成员国进行协调的愿望,这是因为不同层面的社会干预可能成为内部统一市场竞争的一个障碍。这在一些成员国内具有提高保护标准的效果。例如,布鲁斯伍德(Brothwood)在其2004年所写的一篇文章中认为,英国能源部门中的公共服务义务没有满足2003年指令所规定的条件。[138] 尽管英国政府不同意这一观点[139],但是该指令至少产生了巩固现有社会保护水平的效果。

然而,就公共服务义务可以采取的形式而言,根据自由化指令,适用《欧共体条约》第86条第2款规定的模式。这样,明确的规定是:公共服务义务必须是得到明确界定的、透明的、非歧视性的,以及是可核查、可公布的,而且必须通知欧盟委员会。此外,不适用促进竞争要求的权利要符合一种比例性标准(proportionality test)的要求。正如已经指出的,《欧共体条约》第86条第2款的法哲学将继续适用,而且事实上,根据索特的观点,一种更严格的比例性标准在那些已经制定有欧共体立法的部门中使用。[140]

换言之,对于私人能源公司来说,欧共体法只不过是非常明

---

[137] Directive 2009/72/EC, OJ 2009 L 211/55 and Directive 2009/73/EC, OJ 2009 L211/94.

[138] M. Brothwood, "Public Service Obligations in the Electricity and Gas Sectors" (2004) 3 IELTR 48.

[139] Department of Trade and Industry, *Implementation of EU Directive 2003/54 Concerning Common Rules for the Internal Market in Electricity* (2004).

[140] Above n 129 at 186.

确的社会义务的一个来源。似乎清楚的是,第 16 条因其太模糊而不能具有直接效力,不能够作为这些义务的一个广泛且富有弹性的来源,即,可能补充特定监管要求的义务。有人已经建议,如果成员国和/或欧共体机构未能充分保护一般经济利益服务,第 16 条能够用于启动司法审查(甚或是责任)诉讼程序。[141] 然而即使是这样,第 16 条也有可能因其过于含糊,不能用于作为解释《欧共体条约》或次级立法中更为具体的规定的助手。相反,《欧共体条约》第 86 条第 2 款就能够产生直接的效力[142],因而能够用来挑战被视为产生过重负担的公共服务义务。

四、英国和欧盟的所有权社会义务:评估

回顾过去 200 年所有权社会义务观点在英国的发展,可以发现一个清晰的(虽并不完整的)的趋势,这就是公/私区别不断增长。传统普通法上的路径将所有权作为内在蕴含的社会义务;然而,与此不同的是,当代的英国路径更接近于大陆法系的模式。换言之,通过立法来明确规定特定类别的财产拥有者(如私人能源供应商)应当承担的社会义务,现在被视为主要是国家的责任;尽管这些财产拥有者有权将之作为一种私法上的事务,追求自己的私人利益。

发生这种变化的部分原因是,国内法院不愿意用理由广泛的法律义务来补充专门性的制定法附属法规,特别是私人公司在一种竞争环境中运营的情形下。然而,公/私之间的区别已经得到了欧共体法的进一步强化,欧共体法把一种自由的、市场的所有权观念作为其默认模式。

前已讨论,一般经济利益服务概念可以被看做所有权社会

---

[141] Szyszczak (above n 112) at 220.
[142] *Corbeau* (above n 119).

义务的一个代名词,其重要性近年来不断增加。目前,这种变化已经得到了平衡,一般经济利益服务证明了对基础服务供应商设定一系列公共服务义务的合理性。虽然在国内法中是否以及如何设定社会义务的问题在很大程度上仍然是一个政治性选择的问题,但是欧共体法现在迫使成员国在能源和其他公用事业领域提升某些公共服务价值。然而,这也可能对国家干预可以采取的形式产生一种规范性影响。为了做到对竞争干预的最小化,需要促进一种有层次的、符合法律规定的公共服务保护模式的发展;这一模式要求明确的、以规则为基础的义务,而不是更为原则、更随意的监管回应。

可以发现采用这一路径的两项主要理由。一是,国内法院似乎主要受到了以权力为基础对事项予以不同方向关注的推动,关注的是事后审查决定的合法性。这项事后审查已经托付给了应该对私有化了的公用事业实施适当监管的专业监管机构。二是,也是与欧共体法有更加明确关系的一个关注事项是,随时的和临时的监管承诺将会产生法律上的不确定性、市场之间的差别对待,并进而损害有效率的市场成果。

然而,这两项理由都是有问题的。首先,对监管权力进行定位的这一形式主义方法与当代监管分析并不一致,因为当代监管分析强调的是其多元化和"去中心化"的性质。[143] 这些因素强调了在一系列正式和非正式的渊源中监管权力的分散,而且强调了为支配地位而竞争的监管价值的多重性,因此各部门的监管者不是行业标准的唯一的、排他的解释者。管理财产权的法律规则的背景是这种混合监管不可或缺的一部分。因此,通过拒绝对私人公用事业供应商设定更多的社会义务,法院不再

---

[143] See, eg, C. Scott, "Analysing Regulatory Space: Fragmented Resources and Institutional Design"(2001)PL 329; J. Black, "Decentring Regulation: Understanding the Role of Regulation and Self-Regulation in a 'Post-Regulatory' World"(2001) 54 Current Legal Problems 102.

第18章 英国和欧盟的所有权社会义务与能源公用事业监管

是中立的,而是正在为维护相关部门内部一种特定的权力配置服务。

在效率争论方面,这里的主要问题是,就公共服务保护的有效性而言,关注新的监管模式的影响。严格界定的、层次分级的监管可能没有充分体现被提升的价值,可能会对公共服务需求的动态性反应迟滞,同时还导致了部分受监管公司形式上的遵从和守法行为。[144] 此外,在高度不完全的市场(如天然气和电力市场)中,或许值得怀疑的是,更广泛和更富有弹性的社会义务的效率成本是否真的如其所蕴含的那么大。

当然,建议放弃特定的监管职责是愚蠢的。对公共服务价值的明确的监管保护的发展是能源和其他公用事业产业私有化和自由化的一项主要收益。不过,我一直在努力证明,所有权社会义务的更广泛的法律观点在支持、补充和塑造这些部门的监管回应中,能够而且确实在发挥作用。

---

[144] See H. De Bruijn and W. Dicke, "Strategies for Safeguarding Public Values in Liberalized Utility Sectors" (2006) 84 Pub Admin 717; C. Scott, "Services of General Interest in EC Law: Matching Values to Regulatory Technique in the Public and Privatized Sectors" (2000) 6 European LJ 310.

第 19 章

普通法在促进财产领域可持续能源发展中的作用

阿德里安·布拉德布鲁克[*]

摘要：本章认为，尽管立法机关在促进可持续能源发展方面发挥着无可争议的作用，但是法院也有能力在这一方面发挥重要的支撑作用。本章探讨普通法法域的法院所能够利用的影响和改变不动产法律的选择路径，以充分考虑早日实现可持续能源发展这一目标的社会需要。本章还研究可持续能源发展的主要构成因素，探讨不动产法律与可持续能源发展相关联的程度，然后仔细探究为了实现这一目标，法院所能够利用的法律解决方案的范围。

关键词：法院，可持续能源发展，财产权，普通法法域，不动产法

一、导论

在绝大部分普通法法域，不动产法可以追溯到封建时期的土

---

[*] 阿德里安·布拉德布鲁克（Adrian Bradbrook），阿德莱德大学（澳大利亚）法学院博奈森法学教授；email：adrian.bradbrook@adelaide.edu.au。

第19章　普通法在促进财产领域可持续能源发展中的作用　　521

地保有制度。在中世纪,这一制度与合同法和侵权法共同构成普通法的三大支柱。尽管关于财产权的一些基本原则是通过立法建立的,但是,有着惊人数量的原则则是通过法院在数个世纪中逐渐发展而来的。这些原则包括关于公开占有、时效、自然添附、土地的突然变迁、获取权、地役权、租约和限制性合同的原则,不一而足。即使在这些基本原则最初是由立法确定的地区,其很多重要的发展和修改则是通过判例法确立的。普通法上的这些重要发展包括:最早在塔尔克诉莫克海(Tulk v Moxhay)一案[1]中得到详细阐释的限制性合同的发展;最早在澳大利亚马伯诉昆士兰州(第2号)(Mabo v Queensland[No2])一案[2]中提出的原住民土地所有权的概念;作为合同的租约观念以及[3]地产权。

尽管有着悠久的历史,但不动产普通法却因其在回应社会价值变化方面的迟滞受到批评。在这些原则中,很多富有意义的原则在其首次被采纳时便已经被证明是过时的,并且由于社会价值的变化而在其后的时间里变得不再合适。这其中包括租约法[4]、禁止恒继权规则(在某些法域,对该原则的解释仍然包含一些荒谬的、不合时宜的内容[5])以及关于寡妇和鳏夫财产

---

[1] (1848) 2 Ph 774; 41 ER 1143.

[2] (1992) 175 CLR 1. 关于澳大利亚原住民土地所有权问题,高等法院在下述案件中进行了进一步的讨论和发展: *Wik Peoples v Queensland* (1996) 187 CLR 1; *Fejo v Commonwealth* (1999) 195 CLR 96; and *Western Australia v Ward* (2002) 76 ALJR 1098。

[3] See eg *Javins v First National Realty Corporation* (1970) 428 F 2d 1071; *Lund v MacArthur* (1969) 462 P 2d 482; *Shevill v Builders Licensing Board* (1982) 149 CLR 620; *Progressive Mailing House Pty Ltd v Tabali Pty Ltd* (1985) 157 CLR 17; *Laurinda Pty Ltd v Capalaba Park Shopping Centre Pty Ltd* (1989) 166 CLR 623.

[4] A. Bradbrook, "The Role of the Judiciary in Reforming Landlord and Tenant Law" (1976) 10 Melbourne U L Rev 459.

[5] See A. Bradbrook, S. MacCallum and A. Moore, *Australian Real Property Law* (4th edn, 2007) 402—4. See especially Shelley's case (1581) 1 Co Rep 93b; 76 ER 206.

权的法律。问题并不在于法律在其最初施行之时不适宜或者不正当,而是在于其后的许多年里,无论是法院还是立法机关都没有对其进行必要的改革。尽管法院判决使得合同法和侵权法在许多方面都发生了根本性的变化,但是不动产法律的变革进展却相当缓慢。目前尚不清楚这一问题的原因。一种观点认为,原因在于缺乏考虑改革的准备时间,并且不动产中的许多事项都具有模糊性以及不能带来选举利益。另一种观点则认为,原因在于法院固有的保守性以及法院并不情愿对土地这一最为重要的财产作出改变。

尽管毫无疑问的是,立法机关在促进可持续能源发展方面具有重要作用,但是法院在这一方面也具有支撑作用。本章的目的在于探究在普通法中,为了影响或者修改不动产法以充分考虑促进可持续能源发展的社会需求,法院所能够作出的选择。本章将探究可持续能源发展的构成要素并且探讨不动产法在多大程度上与可持续能源具有相关性,然后将讨论法院为实现这一目标所能够选择的法律解决方案的范围。

二、可持续发展的要素

在讨论的开始,首先准确地理解可持续能源发展的含义是至关重要的。这一术语以能源是可持续发展的组成部分为先决条件,并且已经在许多情景下得到了界定。最为著名的定义是由世界环境与发展委员会(《布伦特兰报告》)提出的。[6] 该委员会在报告中将可持续发展定义为"既满足当代人的需要,又不对后代人满足其需要的能力构成危害的发展。"[7]

---

[6] World Commission on Environment and Development, *Our Common Future* (1990).

[7] ibid at 87. A comprehensive list of definitions is given in D. Pearce et al, *Blueprint for a Green Economy* (1989).

为了穷尽"可持续能源"的内容而进行的唯一一次综合性尝试,是由国际能源机构作出的。在《化石燃料生产公共电力能效指标》报告中,国际能源机构列出了可持续发展的能效指标清单。它包括 30 项指标,可以分为社会、经济和环境方面的指标。[8] 尽管所列举的事项被称为"指标",在不存在关于可持续能源发展内容的其他阐释的情况下,该清单可以作为进行本项研究的研究对象。

对其中的某些指标进行改写和结合从而使之成为可持续能源发展的要素,将使我们得到下列关于可持续能源发展的综合要求:

- 能源必须可普遍获得;
- 能源必须在价格上负担得起;
- 能源开发必须符合健康和安全的要求;
- 必须确保能源转换和输送的效率;
- 能源效率必须在所有的经济部门——农业、商业、家庭使用和运输业中得到提高[9];
- 能源供应多元化至关重要,而且可再生能源和无碳能源应当构成电力生产能力的重要组成部分;
- 能源安全必须最大化;
- 必须维持战略能源储备;
- 必须考虑能源使用和生产对气候变化和空气质量的影响;
- 能源使用和生产不得危害水质;

---

[8] International Energy Agency, *Energy Efficiency Indicators for Public Electricity Production from Fossil Fuels* (2008) 11 ff. See also European Energy Agency, *Energy Subsidies in the European Union: A Brief Overview*, Technical Report 1/2004 (2004); European Energy Agency, *Energy and the Environment in the European Union*, Environment issue report no 31 (2002).

[9] 新西兰 2000 年《能源效率和节约法》第 3 条将能源效率定义为:"一种使得单位能源净收益增加的能源利用的改变。"

- 必须保护土壤质量并且对能源生产造成的土壤酸化给予特别关注；
- 能源使用和生产不得导致森林的过度砍伐；和
- 必须考虑放射性废弃物的累积性数量并将之与其生产的能源数量结合起来进行分析。

三、可持续能源发展中的不动产问题

认识到可持续能源发展的要素之后，我们必须考虑在不动产法的情境中促进可持续能源发展的潜在空间。不动产法能够作出贡献的领域包括能源效率、可再生能源以及碳捕获与碳封存。

（一）能源效率

尽管能源效率法律能够事实上或者潜在地适用于所有经济部门，但是在建筑领域则直接适用不动产法。[10] 住宅和商业建筑占能源耗的30%[11]，因此这一部门对能源效率有着很强的需求。在很多法域，通过采用控制新建筑最低标准的立法，已经取得了很大成效。这些标准通常规定了对房顶和墙体隔热最低要求水平，创设了能效等级或标识制度，或者建立了能源和节能选项积分制度（该制度要求所有新建筑必须从法律规定的选项表

---

[10] See J. Waters, *Energy Conservation in Buildings* (2003); House of Commons Select Committee on Energy, *Energy Conservation in Buildings*, 5th Report (HC Paper (1981—82) no 401-I); A. Bradbrook, *Energy Conservation Legislation for Building Design and Construction* (1992).

[11] United Nations Development Programme, *Public Policies Promoting Energy Efficiency in Buildings*, Draft (February 2008) at 13. 30%是各国的平均水平。发展中国家处于20%—25%的范围内而发达国家的数据则增加至35%—42%。

中累积一定数量的分数)。[12] 虽然增加房顶隔温层和/或建立绿色建筑和绿色积分计划仍然是可能的,但是提高既有建筑的能源效率则会更加复杂。[13]

由于建筑法律主要是以制定法为基础的,法院在这一部门所起的作用似乎是有限的。当建筑由所有者占有时,除非所有者出售或者以其他方式处分该财产,否则在这一领域将几乎不可能取得任何成效。在这种情况下,我们可以找出两种替代性解决方案。第一种方案是,把普通法中由美国法院确立的可居住性担保的理念从租赁法领域扩展到土地合同领域。[14] 卖方将向买方保证所售建筑中存在符合公认的社区最低能效标准的材料。当违反这一担保时,买方可以通过法院就其损失获得赔偿。

另一个替代性方案是,法院通过创设一种新的默示责任,要求卖方告知买方前 1 年或者 2 年内所有者负担的该房产的所有天然气和电费账单,以增加制定法规定的卖方责任。尽管这并不能给买方提供绝对准确的能源成本,毕竟买方计划的对该房产的使用可能与卖方之前的使用有很大不同,但是这将仍会为其提供很可能要发生的能源成本的粗略近似值。同样重要的是,这种默示责任将建立在制定法上的能源标识制度的基础之上,并且将会使得能源效率问题作为决定购买哪一财产时的一种有效考虑因素进入潜在买受人的意识。这种默示责任与把建筑购买人作为消费者并向其提供尽可能多的信息这一理念是一致的。

---

[12] See generally V. Schwarz, *Public Policies Promoting Energy Efficiency in Buildings: Examples and Results* (2008).

[13] 一个例外情况是科罗拉多州《顽石城(Boulder)修正法典》第 10—7.5 章。这一制度最初被称作"能源和节约选项积分制度"。关于这一类型立法的解释,请参见下列文献:Bradbrook (above n 10) at 29 ff.

[14] See *Pines v Perssion* (1961) 111 NW 2d 409;*Reste Realty Corp v Cooper* (1968) 53 NJ 444, 251 A 2d 268.

与由所有者占有的建筑相比,对于出租的建筑则需要由不同的法律来促进能源效率的提高。[15] 无论是出租人还是承租人都不存在就私人商业建筑或住宅使用提高能效措施的动机。从承租人的角度来说,根本问题在于,承租人并非房产的所有者,他们非常不愿意通过采用节能措施对出租人的财产进行投资。[16] 根据传统普通法规则,承租人在出租人房屋上所安装的任何节能设施将成为其附属物并且其所有权由所有者获得。[17] 房屋所有者不承担任何就改进带来的价值向承租人进行补偿的义务。尽管普通法给予承租人在租赁终止前清除附属物的权利,但是这些权利仅限于商用、装饰性、家用的附属设施。[18] 这似乎是把提高能效的设施排除在外。从出租人的角度来说,由于他并不支付出租房产所发生的燃气和电力费用以及其他消耗费用,所以他也基本上没有投资于提高能效设施的积极性。[19] 而且,对提高能效的设施进行投资似乎并不会增加房产出租或转让的价值是造成出租人缺乏积极性的进一步原因。[20]

---

[15] See R. Counihan and D. Nemtzow, "Energy Conservation and the Rental Housing Market" (1981) 2 Solar Law Reporter 1103; A. Bradbrook, "The Development of Energy Conservation Legislation for Private Rental Housing" (1991) 8 EPLJ 91.

[16] Counihan and Nemtzow (above n 15) at 1105.

[17] 关于附属物的普通法规则的讨论,请参见下列文献:Bradbrook, MacCallum and Moore (above n 5) 637 ff; A. Bradbrook, C. Croft and R. Hay, *Commercial Tenancy Law* (3rd edn 2009) [10.5]。

[18] See eg *Smith v City Petroleum Co Ltd* (1940) 1 All ER 260; *Spyer v Phillipson* (1931) 2 Ch 183; *Concepts Property Ltd v McKay* (1984) 1 NZLR 560; *New Zealand Government Corporation v HM&S Ltd* (1982) QB 1161; *D'Arcy v Burelli Investments Pty Ltd* (1987) 8 NSWLR 317.

[19] 在北美,有相当大比例的商业和住宅多单元建筑是主控计量表式的。房主对各项费用向公用事业公司负责。尽管主控计量表式的建筑增加了房主采用提高能效措施的积极性,但是它却降低了承租人使其能源利用节约化的动机,并且由于房主寻求收回支出,租金水平会被提高。

[20] California Energy Commission, *Energy Conservation in Rental Housing: Conference Proceedings*, Report P400-85-013 (1985) 3.

提高出租房产能效的一种方法是,由立法机关制定关于出租房产最低能效标准的法典。这类法典可以规定这样一个要求:除非5年以内检查员已对该房产进行检查并颁发声明该房产符合规定标准的证明,任何房屋所有者均不得转让所出租的房产。另一种方法是制定如同纽约州那样关于"制热的真相"的法律。这类法律规定所有潜在住房购买人或者承租人均有权就其所考虑购买或者出租的住房获得关于其过去制冷和制热成本的信息。[21]

在缺乏关于该事项的立法时,法院可以对租赁合同增加这样一个默示条款,即,此项房产符合合理的能源效率标准。这一默示条款可以被视为一份合同或者一项条件;两者的效力区别在于一项条件将被视为合同的核心条款,并且,一旦违反这一条款,对方当事人将有权终止合同。[22] 虽然大部分现存的默示条款被视为合同,但是出租人承担这样一个默示条件,即,所提供的房产在租赁生效之时适合居住。[23] 尽管,法院作出此类判决将会扩大这样一项一般性原则,即,只有当为赋予合同"商业效率"所需要时才会对租赁合同中的条款进行默示推定[24]。当前各式各样的默示租赁合同条款已经为普通法法理学所接受。关于能源效率要求的附加条款所带来的影响,仅仅是使得相关法律与现代社会条件以及标准相适应。

---

[21] NY Stat s 17-103 (1983). The regulations are contained in 9 NYCRR, s 7835.

[22] *Associated Newspapers v Bancks* (1951) 83 CLR 322; *Progressive Mailing House Pty Ltd v Tabali Pty Ltd* (1985) 57 ALR 609.

[23] *Smith v Marrable* (1843) 11 &W 5; 152 ER 693; *Penn v Gatenex Co Ltd* [1958] 2 QB 210; *Sarson v Roberts* [1895] 2 QB 395.

[24] *Liverpool City Council v Irwin* [1977] AC 239; *Karaggianis v Malltown Pty Ltd* (1979) 21 SASR 381; *Chorley Borough Council v Ribble Motor Services Ltd* (1996) 72 P&CR D32; *Edward Kazas & Associates Pty Ltd v Multiplex Pty Ltd* [2002] NSWSC 840.

(二) 可再生能源

不动产法与太阳能、陆上风能和地热能的发展存在直接关联。

1. 太阳能

太阳能使用者所面临的重要问题是,在非热带地区太阳从不直射:阳光必须穿过一个或者多个邻近财产的上空才能到达太阳能装置。在穿过邻居上空这一过程中,阳光可能被植物或建筑物所阻挡,因此太阳能收集板将会被遮蔽。如果应用效果能够随时因相邻建筑物的建造或者植物的种植而被毁掉,那么私人土地所有者或者某一行业将几乎没有任何安装太阳能设施的积极性。

必须找出对太阳能使用者给予法律保护的某些形式。在一些法域,尤其是在美国,立法机关已经介入该领域并且已经建立了必要的法律保护;其形式是,为太阳能使用者创设新形式的财产权,或者新的规划法在新开发中考虑太阳能。[25] 在某些法域,地方政府则通过把能够获取太阳能作为批准新房产开发规划的考虑因素介入其中。[26] 然而,在很多普通法法域,尚未制定对太阳能使用者进行救济的法律。

在普通法中,可以通过地役权或者限制性合同规则来保护太阳能收集板对阳光的获取。这两种方法可以用来规定,在一天中的特定时间内,禁止邻居在其土地上以植物或者建筑物阻挡阳光到达太阳能收集装置。这类规则的使用已经有相当完善

---

[25] See eg New Mexico Solar Rights Act s 47-3-4; Environmental Planning and Assessment Act 1979 (New South Wales, Australia) ss 26, 54, 79C.

[26] For illustrations, see A. Bradbrook, "Solar Access Law: Thirty Years On", forthcoming (2009) EPLJ.

的记录。[27] 然而,从阳光获取权法律保护的立场上讲,地役权和限制性合同的作用是有限的,毕竟这两种方式都是合意的交易并且不能施加于不情愿的一方。就目前的判例而言,在太阳能领域似乎并不存在适用默示权利的空间。

在缺少立法的情况下,法院可能认为阻挡邻居太阳能收集装置获取阳光构成私人妨害。[28] 尽管妨害属于侵权法领域,它与对土地或与土地相关的权利造成不法干扰存在联系。[29] 在美国,存在两项相互矛盾的判决。在普拉诉麦雷蒂(*Prah v Maretti*)一案[30]中,原告(太阳能供暖住宅的所有者)向法院寻求限制其邻居(被告)在其土地上能够干扰原告太阳能板获得不受干扰的阳光照射的位置建造住宅的行为。原告的住宅是本区内最早建造的并且邻近原告的土地界线。这使得在相邻土地上建造的任何建筑带来遮蔽问题的可能性最大化。被告已经从规划委员会获得必要的规划和建造许可。

原告认为由于遮蔽问题,被告的住宅构成了私人妨害。威斯康星州最高法院以 2∶1 的多数支持了原告的主张。作为多数意见的持有者,亚伯拉罕森(Abrahamson)法官指出:被告主张他有

---

[27] See eg A. Bradbrook, "The Development of an Easement of Solar Access" (1982) 5 U New South Wales LJ 229; J. Goudkamp, "Securing Access to Sunlight: The Role of Planning Law in New South Wales" (2004) 9 Australasian J Nat Res L & Policy 59; T. Alvarez, "Don't Take My Sunshine Away: Right to Light and Solar Energy in the Twenty-First Century" (2008) 28 Pace L Rev 535.

[28] 提起公害之诉的可能性已经被下列文章所讨论和否定。请参见下列文献: A. Bradbrook, "Resource-Use Conflicts: The Role of the Common Law" in *Growing Demands on a Shrinking Heritage: Managing Resource-Use Conflicts* (M. Ross and O. Saunders, eds, 1992) 344; A. Bradbrook, *Solar Energy and the Law* (1984) [602] ff.

[29] *Gartner v Kidman* (1961) 108 CLR 12 at 22; *Read v J Lyons & Co Ltd* [1945] KB 216 at 136; *Newcastle-under-Lyme Corporation v Wolstanton Ltd* [1947] Ch 92 at 107.

[30] (1982) 108 Wis 2d 223, 321 NW 2d 182. Analysed recently in R. Zerbe, Jr, "Justice and the Evolution of the Common Law" (2006) 3 J L Econ & Policy 81.

权按照当前的立法和私人合同开发其财产,而不必考虑其行为对原告获取阳光所产生的影响;这一主张相当于这样一种观点,即,不能在本案中适用私人妨害原则。法院拒绝了这一观点,并且否认了被告所认为的对于阳光不存在任何财产性利益的主张。关于土地所有者按其意愿开发其财产的权利,亚伯拉罕森法官指出,为了普遍的公共福祉,社会已经加强了对土地所有者利用其土地的限制。至于阳光的价值,法院指出,作为一种能源的阳光无论是对投资于太阳能的使用者而言,还是对在发展替代性能源方面享有利益的整个社会而言,都具有重要意义。法院同时指出,在一个扩张的经济环境中存在的不受限制的私人开发这一政策倾向已经与现代社会的现实格格不入了。[31]

法院最终认为,普通法上的私人妨害原则必须与变化着的社会价值和条件相适应,并且在当代被从法律上视为私人妨害的事物在以前则被毫无疑问地容忍着。法院同时指出,尽管原告遵守相关不动产区分法和建筑法的事实具有一定的价值,但是这一事实并不能自动地对抗私人妨害主张。

这一判决并没有被加利福尼亚州第6地区上诉法院在谢尔诉莱德曼(Sher v Leiderman)一案[32]中所遵循。在该案中,原告建造了被动式太阳能房屋[33],利用冬季的阳光进行取暖和照明。一位邻居在毗连土地上种植的树木长到了足以在冬季白天的部分时间里阻挡阳光到达原告房屋的高度。原告认为,这种遮蔽构成了私人妨害。尽管赞同把阳光作为一种能源具有重要意义,而且促进太阳能的开发也是主要的社会利益所在,但是法院仍然持更有利于被告的观点。[34] 法院认为,通过规划法和地方指令而不是妨害

---

[31] Above n 30 at 190, citing *State v Deetz* (1974) 66 Wis 2d 1, 224 NW 2d 407.

[32] (1986) 181 Cal App 3d 645, 226 Cal Rptr 698.

[33] 被动式太阳能装置并不使用任何太阳能收集板,而是寻求通过建筑物自身的建筑特性来调节温度。这些特性包括:窗户的尺寸和位置,墙体建造使用的材料类型以及建筑物的阳光朝向。

[34] 226 Cal Rptr 698 at 702.

法更适合保护太阳能获取权,而且评估各事项的相对社会重要性以及决定是否修改法律是立法机关专门享有的职权。法院同时指出,妨害法在这一领域的扩展将会带来邻居间敌意的增强和诉讼增加等并非期望的结果。

美国之外并不存在关于这一问题的直接判例法依据。对于能否在其他地方基于类似的判例通过妨害法来保护太阳能获取权是存有疑问的。尽管对于一些利益的干扰可能给土地所有者造成经济损失,但是这些利益并未受到保护。这种未受保护的利益的例证主要有:欣赏风景、自由观测和侦测带来的享受以及水从未人工固定的通道弥散开来的乐趣等等。采用类推的方法,可以把太阳能获取权类推为传统的采光权、不受干扰的风景欣赏权或者隐私权。尽管某些普通法法域已经确认了采光权,其他类似的权利却遭到了法院的拒绝。当前,在妨害法中存在的一个深层次问题是,太阳能获取权可能被视为对土地的敏感和不同寻常的一种使用,并因而从妨害法的运行之中排除出来。[35] 因为对阳光的阻挡并不能对原告的土地造成任何实际有害的后果,所以不存在普通法所要求的对财产的实质损害[36],因而妨害法也可能被排除适用。

尽管这一对妨害法现状的总结暗示了对于太阳能使用者能否援引这一原则来保护太阳能获取权是存有疑问的,从谢尔诉莱德曼一案中可以清楚地看出,在这一领域可以利用司法创造性来创设这样一种权利。这样做所需要的则是意识到这一事项的重要性以及认识到法院能够在这方面起到一定的作用,而不必考虑地方立法机关对此的行动或者有无行动。

2. 陆上风能

希望建设和运营风力发电机或者风电场的个人或者电力主管

---

[35] See eg *Robinson v Kilvert* (1889) 41 Ch D 88; *Hoare & Co v McAlpine* (1923) 1 Ch 167; *Rattray v Daniels* (1959) 17 DLR (2d) 134.

[36] *St Helen's Smelting Co v Tipping* (1865) 11 HL Cas 642, 650; 11 ER 1483, 1486; *Halsey v Esso Petroleum Co Ltd* (1961) 2 All ER 145; *Kraemers v Attorney-General* (*Tasmania*) (1966) Tas SR 113.

部门可能面临着重大法律问题。其中,主要与财产有关的问题是,为风力发电机的建设获取规划许可。在高楼林立的城镇地区,获取许可似乎是困难的,因为风力发电机可能会违反有关规划或者分区的法规并且在某些情况下也很难符合相关的建筑法规。由于风力发电机在地面上十分突兀,相邻土地所有者常常以审美方面的理由提出反对。第二个问题是,获得有保障的风能利用权。即使风力发电机被理想地放置在多风的地点,如果相邻土地上的建筑开发阻碍或者限制了吹向桨叶的风的自然流动,其可能变得无效果或者无效率。[37]

由于多数法域的规划立法或者地方规划框架几乎并不包含有关单个风力发电机或者风电场选址的特定和精确的管理规定,规划事项引发了很多复杂问题。风力发电机或者风电场通常是一种允许的利用,但是每一案例中均需要一项许可。一项许可的颁发通常由国家规划机构作出决定,对其不服也将由该机构作出裁决;国家规划机构对于是否授予以及以什么条件授予规划许可通常享有广泛的自由裁量权。出于转速方面的考虑,风电场通常建设于开阔的和高度可见的地点或者小山顶或者海洋之上,而这导致很多风电场的计划受到当地土地所有者的挑战。其他问题还包括:桨叶旋转给周边区域带来的噪音,对当地电视和无线电信号接收造成的干扰,当鸟类试图穿过旋转的桨叶时发生的鸟类死亡(尤其是当风力发电机位于候鸟的迁徙路线上的时候)。[38] 因此,风电开发使得环境运动出现分歧:尽管环保主义者支持清洁能源,报告

---

[37] A. Bradbrook, "The Access of Wind to Wind Generators" (1984) AMPLA Yearbook 433 at 434.

[38] 关于风能带来的不利环境影响问题的讨论,请参见下列文献:A. Bradbrook, "Liability in Nuisance for the Operation of Wind Generators" (1984) 1 EPLJ 128。

第 19 章 普通法在促进财产领域可持续能源发展中的作用

出来的其他问题通常超过风力发电目标的重要性。[39]

有观点认为,规划裁决机构在行使自由裁量权以决定是否批准建设新的发电机或者风电场时所起的作用应当是更加注重气候变化问题以及发电使用化石能源最小化的需求。虽然与之相对的对审美造成的损害和其他环境考虑也理所当然地在考虑之列,但是这些事项与气候变化相比应当被认为具有较轻的分量。虽然气候变化是一个相对而言于近期才出现的问题,但却被认为是 21 世纪最大的环境挑战。这一挑战要求裁决机构和法院重新权衡不同的规划考虑因素来反映这一现实。当前,存在一种模糊不清的迹象。有些裁决机构作出了反应,其他的则没有。以澳大利亚为例,我们可以把倾向于风能开发的案例与较不倾向于风能开发的案例进行对比。前类案例如萨克雷诉南吉普斯兰郡(*Thackeray v Shire of South Gippsland*)一案[40]、佩里诉赫本郡议会(*Perry v Hepburn Shire Council*)一案[41]以及基特尔和范德皮尔诉卡里拉地区议会(*Kittel & Vandeeper v District Council of Yankalilla*)一案[42];后类案例如希斯洛普诉格莱内尔格郡议会(*Hislop v Glenelg Shire Council*)一案[43]。这些判决似乎反映了正在形成的关于气候变化诉讼的法律理论。这些案例中关于规划争议的结果有时会取决于每一个法

---

[39] 关于与风能开发有关的规划事项的讨论,请参见下列文献:A. Wawryk, "Planning for Wind Energy: Controversy Over Wind Farms in Coastal Victoria" (2004) 8 Australasian J Nat Res L & Policy 103; A. Wawryk, "The Development Process for Wind Farms in South Australia" (2002) 19 EPLJ 333。

[40] (2001) VCAT 739.

[41] (2007) VCAT 1309.

[42] (2002) SAERDC 131.

[43] Unreported, Tribunal Application No 1997/88762, available at 〈www.austlii.edu.au/au/cases/vic/aat/1997/088762〉.

官或者裁决机构人员对于气候变化的关切或者对其重要性的认识。[44] 一般而言,通过裁决机构对风电开发设置一定条件或者限制而不是对计划予以彻底否决,能够使得与个人风电场规划申请相关的环境考虑因素与气候变化和能源方面的考虑因素令人满意地相互协调。司法教育在这方面可能成为长期的解决方案。

关于受保障的风能利用权的需求,风能利用者所面临的仅有的几个有效方法似乎是:购买位于上风向的土地的所有权或长期租约以确保没有障碍物阻挡对风能的利用;或者,购买一份限制上风向邻居对其土地进行利用的合同或地役权;或者,将妨害之诉作为最终的方法。

显然,在这些方法之中,最为有效的是取得邻近土地的非限嗣继承地产权。然而由于经济方面的原因,这一方法在大多数情况下很可能并不现实。除非风能利用者能够将这一土地进行可获利的使用,并且其使用并不妨碍风力发电机对风能的利用,那么获得这一土地的成本似乎显得过高。唯一的例外也许是,风电场是由公共电力主管机构或者为向电网供电而设立的私人公司建造的这种情形。在经济上更为现实可行的是,风能利用者购买土地上的一项权益而非土地的不动产权利。这项权益可以以限制性合同或者地役权的方式表现出来。当然,在任一情况下,就为风力发电机提供保障而授予一项适当的权益事宜,邻居都可以简单地拒绝进行协商;因为根据普通法,无论是以公共利益还是其他原因为由,都不能将这种权益施加于无此意愿的邻居。

---

[44] cf *Minister for the Environment and Heritage v Queensland Conservation Council* (2004) 134 LGERA 272; *Gray v Minister for Planning* (2006) 152 LGERA 258; *Border Power Plant Working Group v Department of Energy* (2003) 260 F Supp 2d 997; *Mid States Coalition for Progress v Surface Transportation Board* (2003) 345 F 3d 520; *Pembina Institute for Appropriate Development v Attorney-General of Canada* (2008) FC 302; *Connecticut v American Electric Power* (2005) 406 F Supp 2d 265; *Massachusetts v EPA* (2007) 549 US 1; *Australian Conservation Foundation v Latrobe City Council* (2004) 140 LGERA 100. See generally J. Smith and D. Shearman, *Climate Change Litigation* (2006).

第 19 章　普通法在促进财产领域可持续能源发展中的作用　**535**

　　这就给风能利用者就其邻居阻碍风力发电机利用风能提起妨害之诉提供了可能性。[45] 至今,在普通法法域尚不存在关于这类事项的公开案例。在适用妨害法方面,太阳能和风能利用权有着强烈的相似性。妨害之诉的一项重要条件是风能利用权必须被认为是一项受保护的权利。[46] 这可能取决于风能利用权能否被认为是通风权的扩展,或者它是否是一项独立的新权利。通风权可以通过地役权合同实现。该权利起初是为了通风的目的而创设,而这与风力发电存在着根本区别。[47] 因此,风能利用权必须被认为是一项独立的新权利主张。我们需要采用类推的方法确定风能利用权能否被认为是一项受保护的利益。一个近似的类比是采光权,该权利仅在其构成一项地役权时才受保护。在普通法上,这一权利常常基于时效性采光权原则而产生,该权利承认了一项基于时效的、经过 20 年连续不受干扰地使用而产生的采光地役权。[48] 在这些判例法渊源中暗含了这样一个事实,即,如果不存在采光地役权,那么采光权就不是妨害法所保护的一项利益。因此,这一类推表明,风能利用权并非一项受保护的利益。

　　其他可能的类推同样不利于风能利用者。例如,如果把风能利用权比作以维多利亚公园比赛和娱乐场地有限公司诉泰勒(*Victoria Park Racing and Recreation Grounds Co Ltd v Taylor*)一案[49]为基础的隐私权主张,那么这一权利将被视为不受保护的利益。风

---

[45] 关于这一问题的较早讨论,请参见下列文献:A. Bradbrook, "The Access of Wind to Wind Generators" (1984) AMPLA Yearbook 433。

[46] See and cf *Victoria Park Racing and Recreation Grounds Co Ltd v Taylor* (1937) 58 CLR 479; *Freeman v Shoalhaven Shire Council* [1980] 2 NSWLR 826; *Wentworth v Woollahra Municipal Council* (1982) 56 ALJR 745.

[47] See eg *Cable v Bryant* [1908] 1 Ch 259; *Wong v Beaumont Property Trust Ltd* (1965) 1 QB 173.

[48] *Aldred's case* (1610) 9 Co Rep 57b; 77 ER 816; *Delohery v Permanent Trustee Co of New South Wales* (1904) 1 CLR 283. 澳大利亚所有的州和地区已经通过立法废除了习惯法上的采光地役权。

[49] (1937) 58 CLR 479.

能利用权可以被比作不受干扰的风景欣赏权利主张[50]或者不受干扰的电视和无线电信号权利主张。[51] 这些权利都已被普通法法院认为是不受保护的利益。

即使风能利用权是一项不受保护的利益这一结论在以后被认为是错误的,仍有其他原因可以解释为什么风能利用者不能依赖于私人妨害法。其中一个原因是,因风道被阻碍而对其邻居提起妨害之诉的风能利用者可能会遇到这样的反驳,那就是他们正在对土地进行特别敏感或者不同寻常的使用。风力发电机是相当敏感的,为了获得有效率的运行,它们要求风的自由流动不受妨碍。同样它们也是不同寻常的,因为它们仅被很小比例的人口使用。[52] 另一个原因在于,对阻碍风道负有责任的邻居在很多情况下能够主张他或她仅是在对土地进行一般的或者合理的使用。尽管作为一项普遍原则,用其进行辩护将会是不成功的[53],但是在不作为领域其将会取得成功。[54] 例如,在自然生长的树木阻挡了风吹向原告风力发电机的通道的情况下,可以主张不作为。"自然使用"(有时被称为"给予和索取"规则)的情形似乎足够包括建筑物或者树木阻挡风道的情形。因为建筑物的建造和树木的种植既是农村地区也是城市地区对土地进行的一般使用。

最后的可能性在于,法院主动地创设一种被称为"风能利用权"的新财产权,并且通过创设新的、事实上的关于所有权不可废

---

[50] Aldred's case (1610) 9 Co Rep 57b, 77 ER 816; *Palmer v Board of Land and Works* (1875) 1 VLR (E) 80; *Harris v De Pinna* (1885) 33 Ch D 238; *Chastey v Ackland* (1895) 11 TLR 460.

[51] *Bridlington Relay Ltd v Yorkshire Electricity Board* [1965] 1 Ch 436. Cf *Nor-Video Services Ltd v Ontario Hydro* (1978) 84 DLR (3d) 221.

[52] R. Lornell and D. Schaller, *Small Power Production and Wind Energy: Regulatory Actions Under PURPA*, Report SERI/SP-635-794 (1982).

[53] *Lester-Travers v City of Frankston* [1970] VR 2; *St Helen's Smelting Co v Tipping* (1865) 11 HLC 642 at 650; 11 ER 1483 at 1486.

[54] *Bamford v Turnley* (1862) 3 B&S 66 at 83—4, 122 ER 27 at 33; *Kraemers v A-G (Tasmania)* [1966] Tas SR 113.

除性的例外来对其进行保护。在很多法域这种例外通常由立法机关以制定法集中规定。[55] 这种方法将毫无疑问地被许多评论者视为对司法创造性的一种大胆的甚至可能太过极端的展现。然而，在这一领域存在着支持这种方法的先例。尽管法院在创设新的财产权方面往往表现的较为滞后，而且某些较为谨慎的法院甚至已经宣布不再创设任何新的财产权益[56]，但是，前已讨论，最近的一些案例（如普拉诉麦雷蒂一案）却与此不同。[57] 早在 1918 年的联邦诉维多利亚州土地权利登记局（*Commonwealth v Registrar of Titles for Victoria*）一案[58]中，澳大利亚高等法院就采用了一种更具想象力的方法来创设新的财产权。在该案中，格里菲斯（Griffith）首席法官指出：[59]

> 在讨论的过程中，我提到了几个可能的新型地役权。例如，飞机穿过供役地上空以到达着陆地点的地役权或者地役，电流通过悬挂的电线穿过其上空的地役权或者地役，来自日光计站点的光的自由通过地役权或者地役，那么，为什么不能就太阳光线设置地役权呢？

另外，美国的一些法域已经创设了新的太阳能权利，将之作为财产性利益[60]。因此，这一提议并没不像最初看起来那样似乎有些极端。还存在这样的先例，即法院主动创设关于所有权不可废

---

[55] Real Property Act 1886（South Australia）s 69；Land Title Act 1994（Queensland）s 184；Real Property Act 1900（New South Wales）s 42；Transfer of Land Act 1958（Victoria）s 42；Transfer of Land Act 1893（Western Australia）s 68；Land Titles Act 1980（Tasmania），s 40；Land Titles Act 1925（Australian Capital Territory）；Land Title Act（Northern Territory）.

[56] See eg *Phipps v Pears* [1965] 1 QB 76 at 82—3.

[57] Above n 30. See also *Attorney-General of Southern Nigeria v John Holt & Co Ltd* [1915] AC 599；*City Developments Pty Ltd v Registrar General（NT）*[2001] NTCA 7；*Clos Farming Estates v Easton* [2002] NSWCA 389.

[58] (1918) 24 CLR 348.

[59] ibid at 354.

[60] NM Stat Ann ss 47-3-4；Wyo Stat ss 34-22-101-106.

除性的例外,以增加已有制定法所列举的例外。澳大利亚的例证则包括优先性立法[61]和对人权[62]。

3. 地热能

地热能可以被描述为地球的热能。[63] 它不仅分布在蒸汽型和熔岩型的矿藏之中,而且也存在于地下热水型和干热岩型的矿藏之中。[64] 后两种类型的地热资源在全世界均有广泛分布。

在每一法域,需要解决的主要问题是地热资源的所有权。在立法没有明确规定的情况下,该问题将通过普通法得到解决。在国家/州所有的土地上开发地热资源并不会出现这一问题,因为按照任何法律分析其所有权均由国家/州享有。然而,在私有土地上,这一事项将关系重大。在这种情况下,其所有权既可能由私人以其非限嗣继承财产权来进行主张,也可能由国家/州以其对矿产资源和地下水资源所享有的权利来进行主张。

地热能具有混合的属性,并且能够被归类于矿产资源、天然气、地下水或者它们的任意混合。它在普通法上的财产权将取决于哪一种类别被认为恰当。对于这一点,立法上充满矛盾。例如,美国的一些州宣布其为"矿产资源",因而属于矿产资源分配制度的客体;一些州则宣布其为"水资源",因而属于地下水资源分配制

---

[61] See eg *South-Eastern Drainage Board (SA) v Savings Bank of South Australia* (1939) 62 CLR 603; *Attorney-General (NT) v Minister for Aboriginal Affairs* (1990) 90 ALR 59; *Miller v Minister for Mines* (1963) AC 484.

[62] See eg *Bahr v Nicolay (No 2)* (1988) 164 CLR 604; *Mercantile Mutual Life Insurance Co Ltd v Gosper* (1991) 25 NSWLR 32; *Say-Dee Pty Ltd v Farah Constructions Pty Ltd* (2005) NSWCA 309. 这一领域在下列文献中得到了探讨: Bradbrook, MacCallum and Moore (above n 5) at (4.350) ff; J. Tooher, "Muddying the Torrens Waters with the Chancellor's Foot" (1993) 1 Australian Property L J 1; A. Moore, "Equity, Restitution and In Personam Claims under the Torrens System: Part Two" (1999) 73 ALJ 712。

[63] S. Sato and T. Crocker, "Property Rights to Geothermal Resources" (1977) 6 Ecology L Q 247 at 250.

[64] 热干岩开发涉及通过钻孔把冷水注入地下,冷水遇地下热干岩变为过热蒸汽并在地表以蒸汽形式释放出来。

度的客体;还有一些州则宣布其为自成一类的资源。有些判例法则将地热资源作为一种"天然气资源"。[65]

不同的分类方法是由于地热资源与其他各种自然资源和矿藏之间有很多共同点。针对矿产资源建立的勘探开发和生产机制,同样可以适用于地热资源。与矿产资源一样,地热资源同样构成了一种热能量源,并且在其存续期间内可能是有限的。关于最后一点常常存有争议,而对于单独储藏能否得到再次补充或者对于补充比例目前所知甚少。现有证据表明,在大多数情况下存在着某种程度的补充,但是补充的比例将不能够无限期地支撑持续的生产。在深层地下水资源和低温地热资源之间以及在石油和天然气资源与高温地热资源之间,它们在开采技术、钻井和生产方面存在着一定的相似性。

然而,尽管存在相似之处,通过深入分析则可以发现地热资源与矿产资源、天然气和地下水资源之间的类比将不能成立。地热资源与地下水资源之间存在本质上的差别。因为从本质上讲,是其热能而非液体成分构成了这一资源。地热资源与矿产资源、石油和天然气资源之间也存在着本质上的差别,因为后者必须经过燃烧或者加工才能产生热能,而前者本身就是一种热能,并不需要加工。另一因素在于,矿产资源、石油和天然气资源可以被直接利用,而地热资源则必须通过携带热能到达地表的气流或者水流才能对其进行间接开采。

如果发现地热资源并非矿产资源也不是天然气或者地下水,那么它将被归于自成一类的资源。这一决定将会对该资源的所有权产生怎样的影响呢?"谁拥有土地,谁就拥有土地的无限上空和直至地心的一切",这一古老格言表明,地热资源将会仅仅因为其位于上覆土地所有者拥有的土地之下而归属于土地所有者。

---

[65] *Reich v Commisssioner of Internal Revenue* (1972) 454 F 2d 1157.

关于对这一格言的广泛应用是否代表了普通法的现状,存在着相当大的疑问。不幸的是,与该格言有关的案例很少涉及地下资源和物质的所有权。现有这类案例表明该格言只具有有限的适用范围。在铁路专员诉总估价师(*Commissioner of Railway v Valuer-General*)一案[66]中,枢密院指出在之前的案例中并不存在关于"土地"意味着从地球中心直到其上的整个空间的权威性宣告:这一原则太绝对、不科学而且不实际,从而不会对普通法的思维具有吸引力。然而,对于自己已有的确定地下资源所有权的规则,法院并没有新的替代规则。当前的情况似乎是,土地所有者对于接近地表的地下资源具有有限的权利。[67] 这一观点得到了这类案例的支持,即宣告进入底土开采煤层和地下岩洞构成对土地所有者的侵害的案例。[68]

由于有关该格言在地下资源方面运用的案例比较罕见,在当前的情况下,法院可以通过研究该格言在上层空间所有权方面的运用而采用类推的方法把相关的判例适用于正在讨论的问题。这些判例表明,该格言仅具有有限的适用范围。在伯恩斯坦诉空中景观公司(*Lord Bernstein of Leigh v Skyviews and General Ltd*)一案[69]中,被告飞越了原告的土地,而且基于将照片卖给原告的意图而对土地进行了航拍。原告基于其主张的对土地上空具有不受限制的所有权而对被告提起了妨害之诉,但是并未成功。格里菲斯法官否定了这一主张,即,土地所有者的权利可以延伸至无限高度,并且指出对于土地上空的权利应该限于这样一种高度,即,为普通地使用和享受土地及其之上的建筑物所必需的高度。[70] 在格雷厄姆

---

[66] (1974) AC 328 at 351-2.
[67] See *Corbett v Hill* (1870) LR 9 Eq 671.
[68] *Bulli Coal Mining Co v Osborne* (1899) AC 351; *Edwards v Sims* (1929) 24 SW 2d 619. See also *Elwes v Brigg Gas Co* (1886) 33 Ch D 562.
[69] (1978) QB 479.
[70] ibid at 488.

第 19 章　普通法在促进财产领域可持续能源发展中的作用　　**541**

诉莫里斯有限责任公司(*Graham v K. D. Morris & Sons Pty Ltd*)一案[71]中,在北风刮起时,一台起重机的吊臂数次侵犯了相邻财产的上空。在这些情况下,起重机的吊臂位于邻居房顶上方 20 米处。基于这些事实,坎贝尔(W. B. Campbell)法官认为这构成了对土地的侵犯,并且指出原告胜诉是因为被告侵犯了原告对土地进行适当使用和享受所需要的土地的上层空间。法官指出,因为吊臂悬挂于财产上方会给其市场价值带来消极影响,对财产的适当使用和享受造成了不利影响。基于此,判决指出如果对上层空间的侵犯并不会对土地的使用或者享受造成不利影响,那么就不存在非法侵害。

　　后面的几个判例支持了这样一个观点,即,对空间的私人所有权并不延伸至超出能够被合理地维持在占有者控制范围内的高度,而这似乎代表了当前的法律。这与之前的电报公司诉索尔福德监督员(*Electric Telegraph Co v Salford Overseers*)一案[72]的判决相一致。在该案中,法院以原告是否对受影响的上层空间拥有排他性的占有为基础作出了判决。

　　结合之前有关前述格言在地下资源所有权方面的适用的讨论,这一结论表明,前述格言仅在距离土地之上或之下的一定范围内适用,而且以土地所有者的排他性占有作为衡量标准。对于土地所有者权利的限制,很难明确一个精确的高度或者深度。在矿产资源和能源权利领域,土地所有者权利范围的具体深度可能随着开发深层地下资源技术能力的提高而增加,尽管并不存在支持这一观点的直接判例。

　　就地热资源而言,对于"如果存在开采该资源的技术,那么位于地壳深处的这一资源的所有权将会被赋予地表土地的所有者"这一准则是存有争议的。另一方面,尚不存在宣告土地所有者为这一深层地下资源所有者的判例。本人支持后一种观点,因为该

---

[71]　(1974) 1 Qd R 1.

[72]　(1855) 11 Exch 181.

观点更好地反映了相关判例的现状。

如果这一观点是正确的,那么,由此可以断定地热资源是一种无主物(res nullius),而且将由第一个对其进行占有的人所有。[73] 在不存在关于地热资源的制定法制度的情况下,获取规则将会允许地表土地所有者最大限度地开采这一资源,而不考虑其开发行为是否会导致从相邻土地获取资源的情况。[74]

总之,如果把地热资源看做是自成一类的资源,那么关于地热资源的所有权将会存在两种可能的替代性结论:第一,"谁拥有土地谁就拥有土地的无限上空和直至地心的一切"这一格言把地热资源的所有权赋予上覆土地的所有者;第二,地热资源将会成为无主物并且仅在其被占有时才会产生所有权。然而,实际情况是,即使地热资源是一种无主物,在两种情形下,有效的结果看起来通常是一样的:对该资源的获取权只能被上覆土地所有者或者得到上覆土地所有者同意而进入上覆土地的开发者所取得。因此,对地热资源的排他性控制,如果不是在法律上,那么也是在实际效果上与所有权是等同的。

(三)清洁燃料技术

近年来,为了应对能否减轻化石能源带来的污染这一问题,很多工业工艺得到了开发。这一关切主要是由关于气候变化的争论以及减排需求引起的,而大部分的碳排放来自化石能源的燃烧。由于煤产生了最多的碳排放,它成为最主要的关切事项。就这一

---

[73] ibid at 4.
[74] M. Crommelin, "The Legal Character of Resource Titles" (1998) 17 Australian Mining and Petroleum L J 57.

点而言,影响财产权的主要事项在于新出现的碳捕获与碳封存技术。[75] 该技术被定义为:"由把二氧化碳从与工业和能源有关的排放源中分离出来,然后将其运往储存地点以及使之长期与大气相隔离的技术组成的工艺"。[76] 这一工艺包括把化石能源燃烧产生的碳重新注入地质条件稳定的地下储存地点。这一技术受到了欧洲国家、澳大利亚、美国等国家政府的大力支持,而且在这些地区已经进行了很多试点项目。[77] 这背后的激励因素在于:在未来一定时间里保持发电对煤的使用,因为煤是储量最多的化石能源。

在欧洲和澳大利亚,与碳封存技术有关的关注点是近海存储问题。为了促进碳捕获与碳封存技术的发展,通过对《防止倾倒废物及其他物质污染海洋的公约 1996 年议定书》的数次修正,有关国际公法已经发生了改变。[78] 这些修正的目的在于把碳捕获与碳

---

[75] 关于碳捕获与碳封存技术法律事项的讨论,请参见下列文献:R. Ashcroft, "Carbon Capture and Storage: A Need for Re-Conceiving Property Interests and Resource Management in the Australian Legal System" (2008) LawAsia J 48; N. Bankes and M. Roggenkamp, "Legal Aspects of Carbon Capture and Storage" in *Beyond the Carbon Economy: Energy Law in Transition* (D. Zillman, C. Redgwell, Y. Omorogbe and L. Barrera-Hernandez, eds, 2008) at 344 ff; J. Moore, "The Potential Law of On-Shore Geological Storage of CO2 Captured from Coalfired Power Plants" (2007) 28 EnergyL J 443; A. Warburton et al, "Geosequestration Law in Australia" in *Climate Law in Australia* (T. Bonyhady and P. Christoff, eds, 2007) 142; J. Fahey and R. Lyster, "Geosequestration in Australia: Existing and Proposed Regulatory Mechanisms" (2007) 4 J European Env & Planning Law 378。

[76] International Panel on Climate Change (IPCC), *Special Report on Carbon Capture and Storage* (2005) 3.

[77] 请参见 2007 年 9 月联合国经济和社会事务专家组会议关于碳捕获和碳封存以及可持续发展的报告,available at www.un.org/esa/dsd/dsd_aofw_ene/ene_egm0907_presentations.shtml。

[78] (1997) 36 ILM 1.

封存技术排除在"倾倒"的法律定义之外以避免该议定书的适用。[79] 澳大利亚已经通过了新的立法,即 2006 年联邦《近海石油和温室气体储存法》。这一法律为碳捕获与碳封存技术创设了一项法律管理制度。该法采用与近海石油储藏勘探和开发类似的管理模式,重申了位于联邦水域的海床的所有权和管理权由政府享有,并且以温室气体评价许可证、温室气体储存地租赁证、温室气体注入许可证以及温室气体搜寻权的形式创设了新的财产权利。这些权利完全以制定法为基础,而没有任何普通法上的因素。

在陆上碳捕获与碳封存技术方面存在着不同的财产问题。再次指出,专门针对碳捕获与碳封存技术的立法可以解决这一问题。这一现象发生在澳大利亚的三个州。这三个州已经宣布地下储层及其所储存的二氧化碳归皇室所有。[80] 在普通法背景下,当不存在此类立法时,我们必须考虑私人公司和/或政府对地下存储区域所各自享有的权利。

为了解决这一问题,我们需要在每一种情况下了解碳捕获与碳封存技术下的处置是注入含水层还是地下天然气或煤层。[81] 当注入含水层时,这一问题将通过参照主流的水法制度予以解决,而在大多数国家水法制度均是以制定法为基础的。当注入煤、石油或者天然气层时,有关这些资源的立法可能在某些情况下明确规定了在储层利用方面的所有权归属。由于绝大多数情况下,立法规定石油资源由国家/州所有,因此可以推断出储层的所有权将自动适用这一规定。然而,在其他情况下,立法可能未就储层的所有

---

[79] See A. Weeks, "Subseabed Carbon Sequestration as a Climate Mitigation for the Eastern United States: A Preliminary Assessment of Technology and Law" (2007) 12 Ocean and Coastal L J 245; R. Purdy and I. Havercroft, "Carbon Capture and Storage: Developments Under European Union and International Law" (2007) 4 J European Env & Planning Law 3.

[80] Petroleum Act 2000 (South Australia) ss 5, 10; Greenhouse Gas Geological Sequestration Act 2008 (Victoria) ss 14, 16; Greenhouse Gas Storage Act 2009 (Queensland) s 27.

[81] See Bankes and Roggenkamp, above n 75, 352 ff.

权作出明确规定,但正是在这种情况下,普通法的作用才得以发挥。

同地热资源一样,讨论的起点仍然是这一普通法格言:"谁拥有土地,谁就拥有土地的无限上空和直至地心的一切"。[82] 之前在地热资源背景下所作的分析表明,对于地下洞穴和地下资源,土地所有者的权利主张仅延伸距离土地之上或之下的有限范围,并且以土地所有者的排他性占有作为衡量标准。[83] 对于土地所有者权利的限制,很难明确一个精确的高度或者深度。在矿产资源和能源权利领域,土地所有者权利范围的具体深度可能随着开发深层地下资源技术能力的提高而增加,尽管并不存在支持这一观点的直接判例。

同地热资源一样,对于"如果存在开发储层的技术,那么该格言将会使得所有位于地下深处的资源的所有权被赋予地表土地的所有者"这一观点,存有争议。另一方面,尚不存在宣告土地所有者为这一地下深处储层所有者的判例。本人倾向于限制地表土地所有者所有权的观点,因为这一观点更好地反映了相关判例的现状。因此,在普通法上,储存地点的所有权将由国家/州所有。国家/州所承担的唯一义务将是就与存储有关的工业工序对土地造成的任何干扰或者损失向地表土地所有者进行赔偿。

然而,应当指出的是,关于前述格言适用的案例在很大程度上取决于地表土地所有者能够合理开发的土地深度。这些案例在时间上早于当前任何关于碳捕获与碳封存技术的问题。因此,法院在此后的判决中可能(尽管并不必然)扩展属于地表土地所有者的地下资源的深度,从而把新的技术上的可能性考虑其中。

一个更深层的未解决的问题是:我们是否要需要为了法律上的目的而必须把土地中的洞穴与其中注入的气体进行区分以确定

---

[82] See above nn 66—71 and accompanying text.

[83] Above nn 72—74 and accompanying text.

财产权。正如阿什克罗夫特(Ashcroft)所讨论的那样[84],这种不确定性是由枢密院在鲍里斯诉加拿大太平洋铁路公司(*Borys v Canadian Pacific Railway Co*)一案[85]中表达的关于前述格言能否适用于易逃逸资源所引起的。尽管在大多数普通法法域,天然气由国家/州所有,这一立法被有争议地限制适用于处于自然状态的天然气,而且没有扩展诸如碳捕获与碳封存技术下的碳这种被"转化"过的气体。

这两个方面的法律上的不确定性着实令人不安。因为它们将会影响对陆上碳捕获与碳封存技术进行投资的积极性。需要通过判例法或者制定法来对此进行澄清。

四、法院的作用

本章主要探讨了在推动与可持续能源发展有关的法律发展方面,法院所能够利用的可能选择。也许,法院介入这一领域的最大优势在于,与立法机关相比,法院似乎更重视在新的背景下应用财产法规则,而且更有能力确保这些规则得到正确适用。很多议员并未接受法律训练;尽管他们有法律顾问,但是财产法是一个内容复杂的、更适合司法机关进行解释和适用的法律推理和原则的领域。

法院介入的第二个主要优势在于,议会因担心在选举上不受欢迎或受到抵制而不对重要的社会问题采取行动。关于该问题的一个例证是澳大利亚原住民所有权问题。对于这一问题,在经历了多年的政治上的犹豫不决和不作为以后,高等法院才通过马伯诉昆士兰州(第2号)一案[86]判决,建立了一项新的法律制度。

最后一个优势是,与制定法相比,在解决争议方面,普通法能

---

[84]　Ashcroft (above n 75) at 54 ff.
[85]　(1953) AC 217.
[86]　(1992) 175 CLR 1.

第 19 章 普通法在促进财产领域可持续能源发展中的作用 547

够提供更为微妙的解决方法。制定法要求议会的法律顾问和议员提前确定可能出现的所有争议以及解决这些争议的适当方法。换句话说,所要求的是一个能够预测未来的水晶球。相比之下,普通法可以由法院根据呈现在其面前的事实,针对个案进行解释。尽管受先例约束,法院仍然拥有相当大的灵活性并能够以各种理由区别或者拒绝适用以前的判例。即使在严格依据法律条文作出司法决定的情况下,仍然存在着相当大的灵活性。[87] 这种根据对具体事实的了解作出的当场判决,提高了公平解决争议的可能性。

然而,尽管普通法法域中的法院有权在不与制定法相冲突的前提下,创制新的财产权规则,但是,我们必须认识到在促进可持续能源发展方面,法院所能取得的实际效果存在重大的局限。下面列举了其中的一些主要局限性:

(1) 法院创造新法的权力受到立法机关所具有的、随时制定能够推翻法院判决的制定法这一能力的制约。因此,法院不能以不能获得议会支持的方式行事。

(2) 法院本身并不能启动诉讼程序,只能在相关案件被提交给法院时才能就某一问题作出行动。因此,法院必须等案件被提请裁决,而这是一个随机和偶然的过程。在没有制定法的领域,对于希望法官将会通过作出有利于自己的判决来创造新的先例的人来说,提起诉讼是一项非常危险的经济冒险。因为通常败诉一方会被要求支付对方当事人的各项费用,所以在提起诉讼方面,当事人会面临相当大的经济风险。在这一方面,当涉及可再生能源或者能源效率的事项通常不包含数额巨大的争议钱款时,潜在的诉讼当事人将会因高昂的诉讼成本而不愿提起诉讼。

(3) 潜在的当事人还会进一步受到这样一种事实的阻碍,即,在普通法法域,法院的判决将会受到至少一次并且经常是两次或以上上诉权的挑战。

---

[87] See generally J. Gava, "A Study in Judging: Sir Owen Dixon and McDonald v Dennys Lascelles" (2009) 32 Australian Bar Review 77.

（4）不存在法官用来协调对新问题的观点和行动的方法。有些法官可能毫无疑问地把可持续能源发展视为比其他问题更为重要的问题。因此，对于当事人来说，他们提起的诉讼被分配给哪个法官来审判是一个概率问题，而这将会在很大程度上决定案件的处理结果。

（5）关于可再生能源技术开发的一个主要问题是立法上的障碍，而这些障碍中的大部分出现在当前对可持续能源的关注之前，并且是在为实现其他目标的背景下制定的。把它们适用于可再生能源技术往往是偶然的并且不是立法机关有意为之的。[88] 在这一背景下，法院就缺乏进行干预的能力，因此法院的权力受到了极大限制。

五、结论

在促进可持续能源发展方面，尽管立法机关具有主要作用，本章已经表明，法院在这一方面具有重要的补充作用。前面讨论了财产法措施的应用将不仅促进支持可持续能源的技术和产品的生产和使用，而且将会给使用此种技术和产品的主体所具有的权利提供法律上的明确性和确定性。如同在能源领域经常发生的那样，法律上的明确性是进行大规模投资的前提条件。投资则是实现可持续能源发展的关键因素。

本章同样展现了财产法在能源和自然资源领域所具有的潜在作用。财产法能够被用于解决很多现代社会问题，而非仅是一个由古老的概念和原则构成的行将消亡的领域。我们必须记住财产

---

[88] 关于这类法律障碍的例证和讨论，请参见下列文献：A. Bradbrook and A. Wawryk, "Energy, Sustainable Development and Motor Fuels: Legal Barriers to the Use of Ethanol" (1999) 16 EPLJ 196; D. Taubenfeld and H. Taubenfeld, "Wind Energy: Legal Issues and Legal Barriers" (1977) 31 Southwestern L J 1053; L. Coit, *Wind Energy: Legal Issues and Institutional Barriers* (1979).

第 19 章 普通法在促进财产领域可持续能源发展中的作用

法是很多重要的且仍处于发展中的法律领域的基础,例如知识产权、税收和家庭财产领域。

应当注意的是,尽管本章集中讨论了在促进可持续能源发展方面,法院所能够发挥的积极作用,但是仍存在普通法对这一促进设置障碍的可能性。大部分的潜在问题存在于侵权领域[89],在这一领域,由于过失或者根据赖兰兹诉弗莱彻(*Rylands v Fletcher*)一案[90]判决所确立的严格责任规则,风能或太阳能利用者可能会对给邻居或者行人造成的损害承担赔偿责任。更为严重的关切是,对可能造成的损害(例如桨叶飞落、火灾、建筑物倒塌、电视信号干扰、闪光以及审美损害等)承担妨害法上的责任。[91] 因此,就此而言,普通法是一柄"双刃剑"。

总之,即使可持续能源发展领域的主要改革是由立法机关而不是法院承担的,这并不会消除对司法机关就促进可持续发展的需要进行根本性重新评估的需求。由于法院有权通过其解释影响任何立法的实际效果,可以认为,司法态度的变化是实现可持续能源发展的关键因素之一。正如一位法律评论家所解释的那样:

> 法律对社会需求的充分回应取决于法官重新评价对新问题的旧回答以及接受社会现实的意愿。只有通过根据严酷的社会现实对已经建立的修辞进行重新审视的司法意愿以及司法对必要改进的接受,才能真正实现重要的变革。[92]

---

[89] A. Bradbrook, "The Tortious Liability of the User of a Solar Energy System" (1983) 14 Melbourne U L Rev 151; A. Bradbrook, "The Liability of the User of a Wind Generator in Tort for Personal Injuries" (1986) 15 Melbourne U L Rev 249.

[90] (1868) LR 3 HL 330.

[91] L. Coit, *Wind Energy: Legal Issues and Institutional Barriers* (1979); A. Bradbrook, "Nuisance and the Right of Solar Access" (1983) 15 U Western Australia L Rev 148; A. Bradbrook, "Liability in Nuisance for the Operation of Wind Generators" (1984) 1 EPLJ 128.

[92] D. Loeb, "The Low Income Tenant in California: A Study in Frustration" (1970) 21 Hastings L J 287 at 315—16.

第20章

治理公共资源：水资源中的环境市场和财产

李·戈登*

摘要：同以财产为基础的自然资源监管工具的兴起相呼应，在很多原先保持着传统法律监管形式的领域，环境市场主义的方法已经占据了支配地位。在这些趋势中较为显著的是限额和交易制度的发展，这些制度将财产权作为实现公共池资源（如水资源）以及正在日益形成的新资源（如温室气体减排额度）监管"效率"的特殊工具。采用财产权被认为是构建预防"公地悲剧"制度的努力。本章主要通过对公共池资源领域新的财产权形式兴起的探讨，对这一观点进行研究。然后，对水法领域内水资源财产权以及以市场为基础的机制的出现进行一项案例研究。本章重点研究澳大利亚，尽管也将之与其他法域进行了一些比较。最后，本章分析水资源领域利用财产权和市场交易的经验，进而指出了财产权、限额以及交易制度可能给公共池资源治理带来的一些更为广泛的机遇和挑战。

关键词：财产权，公共池资源，水财产权，水，澳大利亚，水交

---

* 李·戈登（Lee Godden），墨尔本大学（澳大利亚）法学教授；Email: l.godden@unimelb.edu.au。

作者在此感谢澳大利亚研究理事会研究基金第 86558 号探索项目"回应气候变化：澳大利亚的环境法和监管框架"的研究支持。感谢墨尔本法学院法律资源中心提供的帮助，以及鲍尔（M. Power）提供的编辑协助。

第20章　治理公共资源:水资源中的环境市场和财产

易,交易工具

　　对"财产"的简短法律定义的最为机械的维护者显然认为,"财产"是指某种如同原子和团块这种具有实质性的事物。但是,每一位优秀的律师和经济学家都知道,"财产"并不是一件"事物",而只不过是这样一种口头宣告,即,一些社会成员的某些传统权力和特权将受到严格的保护,使其免受其他人的侵害。[1]

一、作为公共资源治理的财产权

　　同以财产为基础的自然资源监管工具的兴起相呼应,在很多原先保持着传统法律监管形式的领域,环境市场主义的方法已经占据了支配地位。在这些趋势中较为显著的是限额和交易制度的发展,这些制度将财产权作为实现公共池资源(如水资源)以及正在日益形成的新资源(如温室气体减排额度)监管"效率"特殊工具。采用财产权被认为是构建预防"公地悲剧"的制度的努力。本章主要通过对公共池资源领域新的财产权形式兴起的探讨,对这一观点进行研究。然后,对水法领域内水资源财产权以及以市场为基础的机制的出现进行一项案例研究。本章重点研究澳大利亚,尽管将之与其他法域进行了一些比较分析。最后,本章分析水资源领域利用财产权和市场交易的经验,进而指出了财产权、限额以及交易制度可能给公共池资源治理带来的一些更为广泛的机遇和挑战。

---

[1] G. Hardin, "Foreword" in *Should Trees Have Standing*: *Towards Legal Rights for Natural Objects* (C. Stone, ed, 1974) i at xii.

二、财产权：改变着环境和自然资源管理的模式

近几十年来，新自由主义或者以市场为基础的环境和自然资源管理形式的出现，掩盖了这样一个事实，即，在全球很多地区，财产权早已构成自然界法律和管理的基础。这些财产权可能属于正式的私有财产制度或者技术上较不正式的自然资源权属和利用习惯制度。实际上，存在很多层次和不同形式的财产权：从私有财产到国有财产，再到公共财产和任何"准所有权"。[2] 大多数国家的法律制度都部分法律体系拥有界定个人和/或群体与所占有和利用的土地、水和域以及其他所占和利用的资源之间关系的核心规则体系和规范性制度。关于环境的性质以及人类对环境的关系的假定，往往被从获取和管理的多种层次的角度，在法律规则中予以概念化，而这些层次则被认为是"财产"的标志。在大多数现代西方民主国家，这些规则在历史上以私有财产保护为中心。环境和自然资源仅仅作为向个人对土地所享有经济利益提供法律保护的伴生物，得到了间接保护。

传统财产法方法的基础是这样一种普遍理念，即，如果某一事物被认定为是财产，那么财产所有者将会在很大程度上享有一种不受限制的使用和管理该事物（无论是土地还是自然资源）的权利。有一句著名的财产法格言指出，一个人对其财产享有唯一的、任意的支配权。从历史上看，这种说法是不准确的；而且，就现代而言，对于财产所有权所赋予的对土地和资源的法律上的控制，设定了严格的限定条件。[3] 然而，财产和对财产的任意使用之间存

---

[2] R. Connor and S. Dovers, "Property Rights Instruments: Transformative Policy Options" in *Property Rights and Responsibilities: Current Australian Thinking* (Land and Water Australia, 2002) 119 at 122.

[3] For a discussion see A. Gardner, R. Bartlett and J. Gray, *Water Resources Law* (2009) 542—3.

在一种很强的联系。人类学家的观点为财产权和自然资源的使用以及交易过程提供了一种不同的视角。他们阐明了法律、规范基础以及制度实践之间相互关系,这种关系调和着财产与配置、分配以及使用制度,个人和群体为了获得战略性优势或者社会地位而据之进行协商。通过这种方式,财产概念成了与既定社会和语言环境密切联系的"厚重"语言和文化建构。[4]

对财产权的重新评估已经试图再次聚焦于财产法的有关基础问题及其规范性功能。[5] 鉴于现在更加强调土地导向的财产权制度的背景基础,对与财产权密切的环境方面的关注已经得到了加强。在实现长期可持续性方面,与更加"目标导向"的环境立法相比,与过错规则(如在过失/妨害情形下为保护财产权而规定的民事诉讼)相联系的以私有财产为核心的监管模式被认为缺乏效率。20世纪后半叶以来,关于环境保护和自然资源整体性的重要性的认识越来越被广泛接受。[6]

对于制定宽泛的环境法律机制以及20世纪70年代开始出现的自然资源一体化管理,生态思想的兴起发挥了重要的推动作用。[7] 环境保护在国际层面的发展与其在大多数西方国家的发展有相似之处。从那时起,大多数法域实施了一种综合性的立法和制度框架。通常而言,这一框架包含了政府参与,而政府参与主要是通过环境主管部门实现的,但是该框架对包括市场主管机关在内的其他政府部门也规定了土地和水资源管理方面的重要责任制度。可持续发展已经作为体现监管目标的主要指导原则取得了突

---

[4] *Changing Properties of Property* (F. von Benda-Beckman, K. von Benda-Beckman, and M. G. Wiber, eds, 2006).

[5] J. W. Singer, *Entitlement: The Paradoxes of Property* (2000); J. W. Singer, "The Social Origins of Property" (1993) 6(2) Can J L Juris 217.

[6] T. O'Riordan, *Environmentalism* (2nd edn, 1981) ix.

[7] D. Fisher, "The Impact of International Law upon the Australian Environmental Legal System" (1999) 16 EPLJ 372.

出的地位。[8] 可持续发展这一占据支配地位的理念所包含的适应性管理策略，对于自然资源管理有强大的吸引力，而现行的自然资源管理安排能够得到调整和改进。作为在给定的时间点界定和保护权利的重要制度，传统意义上的财产权相对于适应性管理方法而言是违反常理的。对于确定作为"新一波"财产权监管的市场环境主义能否实现可持续性的成果而言，自然资源管理中安全与某些权利之间紧张关系以及持续监督和调整的需要仍然十分重要。[9]

最近，在主流经济话语之下，环境和自然资源监管的特征已经发生了转变。现阶段，环境和自然资源监管以逐渐占据优势甚至是支配地位的市场机制和放松管制方法为特征。[10] 这些视角给原先占据支配地位的"生态学"话语提供了一种时而具有竞争性时而具有一致性的方法，而原先的生态学话语则把西方科学知识优先作为环境和自然资源治理、管理结构和制度的基础。

（一）市场环境主义

市场环境主义代表着监管、结构、经济、社会、文化和制度改变的一种综合反映，在过去的20年里已经承担起越来越重要的自然资源管理和环境保护角色。[11] 这些由全球性和地方性因素共同塑造的影响，已经在众多国家的公共池资源和环境与自然资源管理模式相互联系的很多方面发挥了重塑作用。

当前，财产权模式作为环境和自然资源法律的一项越来越可

---

[8] J. Peel, "Ecologically Sustainable Development: More than Mere Lip Service?" (2008) 12 Australasian Journal of Natural Resources Law and Policy 1.

[9] A. Pye, "Water Trading Along the Murray: A South Australian Perspective" (2006) 23 EPLJ 131 at 144; cf K. Casey, "Water Entitlements: Across the Property Spectrum" (2008) 27 Australasian Res and Env L J 294 at 301.

[10] P. Kinrade, "Towards Ecologically Sustainable Development: The Role and Shortcomings of Markets" in *Markets, the State, and the Environment: Towards Integration* (R. Eckersley, ed, 1995) 86 at 86.

[11] R. Eckersley, "Markets, the State and the Environment: An Overview" in Eckersley, ed, ibid, 1 at 7.

行的基础受到提倡,尽管其复兴的形式在很多方面与原来的财产权模式有所不同。因此,目前存在广泛的、可以用来管理环境和自然资源的法律和监管手段以及方法。在这一可能范围的一端是自由市场环境主义者,他们主张那些引起和承受环境退化的主体之间的交易能够达到这样一个结果,即,环境方面的负外部性被内部化并且对政府监管仅有有限的需求;这种主张的前提是与环境和自然资源有关的财产权得到清晰界定并且受到责任规则的保护。[12] 同样,在自然资源中引入可交易的权利被认为能够使资源被最有效率和最有价值的使用者所利用。

通过这种方式,监管权力得以从国家转移给市场。通常而言,以市场为基础的模型的原动力与这样一种观点相一致,即,环境问题和自然资源退化是资源中的财产权没有得到良好界定或者环境成本和外部性没有得到充分计算的结果。

1. 市场机制的优点

尽管20世纪80年代以来一直存在关于市场工具优点的争议,近年来向以市场为基础的模式进行转变的提倡者已经取得了很大成功。[13] 在一些具体的环境领域(如温室气体减排领域),以市场为基础的方法已经非常普遍。[14] 从广泛意义上说,倾向于以市场为基础模式的主张通常认为这种模式具有更低的成本和更高的效率。有观点认为,通过资源的市场价格或者财产制度而不是由政府根据立法上的标准和惩罚措施进行直接的干预,作为监管机制的市场工具能够强化向符合环保要求发展的积极的社会行为。[15]

---

[12] See, eg, T. L. Anderson and D. Leal, *Free Market Environmentalism* (2000).

[13] See, eg, B. A. Ackerman and R. B. Stewart, "Reforming Environmental Law" (1985) 37 Stan L Rev 1333.

[14] See M. Passero, "The Nature of the Right or Interest Created by a Market for Forest Carbon" (2008) 2 Carbon and Climate L Rev 248 at 249.

[15] N. Gunningham, "Bringing the 'R' Word Back In: Regulation, Environment Protection and NRM", An Academy of the Social Sciences Policy Roundtable Canberra, 4 August 2009 (copy on file with author).

这些工具被认为缺乏规范性,不过在如何实现遵从方面具有灵活性。[16] 这种模式的提倡者同样认为,由于对有效率的资源利用提供了经济激励,这些方法具有推动更优环保效果的潜力。[17]

相反,其他评论家指出,从历史上看,在个人对环境和自然资源退化的影响可以很容易地识别和量化的情况下,财产权面对的是相对有限的相互关系。面对日益扩散的复杂的环境问题和自然资源退化,由于难以确定谁对资源退化负责以及在何种程度上负责,私人在财产权基础上进行交易的交易成本很可能会高得让交易无法进行。通常而言,这种现象被认为是以财产为基础的市场机制在处理"第三方影响"(包括代际公平的关切事项)时的失灵。[18] 在这种"市场失灵"的情况下,政府实施监管干预可能更为合适,而且实际上,这种干预因实现更广泛的公共利益的需要而具有必要性。

尽管政府拥有范围广泛的监管工具,作为一种治理模式,以财产为基础的方法在环境和自然资源领域已经展现了强劲的复苏势头。在很大程度上,这次复苏依赖市场环境主义所包含的这样一种理论,即,最好让私有财产所有者管理他们控制之下的环境保护成果,因为这样做有利于他们的长远利益。[19] 一项类似的"明智"利用的假设存在于很多自然资源法律制度中,例如渔业权的行政管理制度。在这一制度中,很多个人持有允许他们捕获某一物种总许可渔获量中的一定比例。[20] 在每一种情形中,"配置"是治理过程和个人"权利"相互作用的结果。由于政府的控制和监督通常

---

[16] For discussion see Ackerman and Stewart (above n 13).

[17] See K. Casey, "Water Entitlements: Across the Property Spectrum" (2008) 27 Australasian Res and Env L J 294 at 301.

[18] 关于生态上的可持续发展以及代际公平的讨论,请参见下列文献:*Walker v Minister for Planning* (2007) 157 Local Government Environment Reports Australia 124, 147—55。

[19] D. Fitzpatrick, "Evolution and Chaos in Property Rights Systems: The Third World Tragedy of Contested Access" (2006) 115 Yale L J 996 at 1006.

[20] R. O'Connor and B. McNamara, "Individual Transferable Quotas and Property Rights" in The *Politics of Fishing* (T. Gray, ed, 1998) 81.

存在不同层次,即使在市场环境主义之下也几乎没有任何制度中的财产权是完全"独立的"。[21]

2. 重新设计财产权

相对于普通法中的援引物理特征的财产概念而言,市场环境主义的一个明显潮流是澄清财产权的新维度的意愿。这些新兴财产权与物理因素之间并不存在直接联系,即使这些"权利"可能被宣称为深化了环境和自然资源的可持续性。例如,水权的交易要求抛开土地导向的财产定义,对以财产为基础的手段进行重新设计。从历史上讲,在普通法制度中,水使用权通常被表述为河岸权,[22]而且被作为土地所有权的伴生物受到法律的调整。构成新市场监管模式基础的公共池资源领域新兴财产权,通常意味着这样一种独特的事物,即,在很大程度上不依赖于土地所有权而存在的,能够被监管的事物。然而,虽然这一治理模式预示着可交易的资源权利与土地所有权的分离,但是在实践层面,这种独立性时常仍然是违反现实的。

一般而言,新兴的财产"权利"是通过制定法创设的,即使这些制定法可能使用派生于传统财产法模式的术语。[23] 因此,为了在一种现有法律制度中实施以市场为基础的战略,通过立法(尽管时常与私法形式,例如合同,结合在一起)创设了公共池资源中的新财产,例如水权、生物多样性信用额度、碳信用额度以及生态系统"服务"。[24]

因此,当前市场环境主义下的财产利用模式所具有的不同之处在于,"财产权"与"土地"或者地点之间的联系更加脆弱。实际上,新兴财产权形式的本质在于这些权利十分缺乏与土地的明确关联,更加具备进行自由转让和交易的能力。鉴于财产权曾经意

---

[21] *Yanner v Eaton* (1999) 201 CLR 351 (HCA).
[22] D. Fisher,"Markets, Water Rights and Sustainable Development"(2006) 23 EPLJ 100.
[23] 请参见本书第 4 章。
[24] 关于这方面的一个早期事例,可参见新南威尔士州林业权的创设;Conveyancing Act 1916 (NSW) Pt 6 Div 4。

味着对地点的依附,公共池资源领域(例如水、生物多样性和被封存碳)内的新兴财产权的优点在于它们能够发挥等量价值的功能。新的社会、经济和政治要求催生了环境和自然资源管理的新形式。随着旧的财产权制度和法律为了反映这些新要求而被重塑,这些价值同交换和交易有关,而不是与土地或地点有关。这些新的管理形式同交换形式以及合同形式的监管有关。埃奇沃思认为,"……由有特性的个体化的和有差别的商品和服务所导致的消费者的个人选择,而不是标准化的、划一的商品和服务的国家统一供应,[已经成为]公共政策和社会组织的核心原则"。[25] 在这一背景下,市场环境主义举例阐释了"新财产"的一种监管机制,这一机制能够解释水法中从国家供应到市场交易的作为公共政策立场的转变。

(二)公共池资源——财产是必要的吗?

尽管这些新规范性议程围绕着正在形成的资源财产制度和体制,[26] 但是在绝大多数情况下,财产和自然资源制度是社会治理结构这一观点仅得到了有限的认可。[27] 传统经济模型的确承认,而且实际上假定"关系";但是,它们通常关注个人之间简化了的、交换和交易性的关系以及经济组织的形式。从经济的视角上看,"个人对资产的财产权包括对这些资产进行消费、转让以及从中获得收入的权利或者权力。从资产中获得收入以及转让资产,就要求进行交换;交换是权利的相互让与"。[28]

在全球化和经济监管占据重要地位的当代背景下,互换性特征已经变得至关重要,因为它使资源能够被转让并且最终使之成为交易的对象。[29] 换句话说,它能够使得财产权在市场中运行。

---

[25] B. Edgeworth, *Law, Modernity, PostModernity: Legal Change in the Contracting State* (2003) 136.
[26] ibid.
[27] cf Fitzpatrick (above n 19) at 1009.
[28] Y. Barzel, *Economic Analysis of Property Rights* (1989) 2.
[29] Edgeworth (above n 25) at 135—6.

尽管许多古典经济模型在用效率参数对私有财产进行识别时对这一因素进行了特别强调,但是,这一因素经常被律师在对财产进行概念化时所掩盖,被多种理论分析所隐藏。[30] 一些模式,如科斯提出的私人财产社会成本理论的模式,[31]隐含着对允许交换的市场或者至少是对某种形式的组织能力的要求。因此,治理公共池资源的市场环境主义模式中的财产权,通常是默示法律规则和准法律规则的一种混合,这些规则构成一种基于市场交换的一种"所有权"形式。[32]

1. 向私有财产的演变?

实际上,在"所有权"和市场交换观念强有力地相互联结的推动之下,具有影响力的财产理论通常把向私有财产演变和正式的资源管理制度看做是几乎不可避免的。[33] 在法律领域,有人认为是德姆塞茨提出了这样一种观点,即,在私人所有权的收益大于与之有关的成本的情形下,提高资源的价值将会促成财产权的建立。[34] 根据采用这一成本—收益公式的财产法演化模型,在将要获得源自资源租金的收益(也就是源于土地和资源利用的收益)大于将外部性问题内部化以及执行成本的情况下,财产权将会从"原始汤"[35]中产生。德姆塞茨的理论认为,当一项资源十分丰富的时候,免费获取制度将会占主导地位,几乎不需要"所有权"。有观点认为所有权是财产权的最高形式,[36]尽管,举例而言,在大多数

---

[30] C. Rose, "The Moral Subject of Property" (2007) 48 WMLR 1899 at 1895.

[31] R. Coase, "The Problem of Social Cost" (1960) 3 J L & Econ 1.

[32] P. Mennell and J. Dwyer, 'Reunifying Property' (2002) 46 St L U L J 599 at 602.

[33] M. Trebilcock and P. Veel, "Property Rights and Development: the Contingent Case for Formalization" (2007) University of Toronto, Faculty of Law Research Paper No 10, 55, 69—71.

[34] See discussion by Fitzpatrick (above n 19) at 998.

[35] See Rose (above n 30).

[36] H. Demsetz, "Toward a Theory of Property Rights" (1967) 57 Am Econ Rev 347, H. Demsetz, "Toward a Theory of Property Rights II: The Competition Between Private and Collective Ownership" (2002) 31 JLS 653.

普通法制度中,所有权本身并不是一项具体的权利,而是被认为是一束权利。[37] 随着资源的日益稀缺(因此价值也日益增加),对资源的争夺导致了对所有权的鼓动,这种鼓动或者由"自利"(也就是效用最大化)的个人通过物理或者技术手段而推动,或者通过与其他权利主张者之间的讨价还价而出现。然而,正如费希尔所指出的,考虑到没有一个简单且宽泛的财产制度能够适合各种资源的物理属性和技术要求,因而需要对在公共池资源的情境中使用"财产"意味着什么进行阐释。[38] 费希尔有针对性地深入思考了各种获取、使用和管理权利之间的区别,而所有这些权利都可能适合作为环境和资源治理领域中的"财产"。[39]

此外,这些演化财产理论的高度盖然性特征正在为人们所认识,而且"与德姆塞茨式的公式相反,财产权既不必然在其收益超过成本时产生,也不是约束条件下自愿参与者成本最小化决策的自然结果"。[40] 然而,直到最近,在环境和资源背景下发展的财产权理论业已经常采用成本—收益公式来解释财产权的产生。在其得到广泛采用的模型中,科斯把这一演化框架作为解决外部性带来的社会成本问题的方案;外部性尤其与环境和自然资源退化的问题具有相关性。外部性主要包括土地使用和资源开发带来的不利或者消极效用。在工业和城镇社会,污染是一个经典的外部性问题。科斯认为在不存在交易成本的情况下,受外部性影响的主体将会和土地或者资源的使用者进行交易以获得赔偿,或者使土地或资源的利用发生改变。在这些因素的推动下,土地或资源可能被转让并且最终掌握在最重视其价值的当事人的手中。[41] 这里的假定是,"所有者"将会有效地监督土地和资源的利用,将那些没

---

[37] See J. Watson-Hamilton and N. Bankes, in this volume.

[38] D. Fisher, "Rights of Property in Water: Confusion or Clarity" (2004) 21 EPLJ 200 at 203.

[39] ibid.

[40] Fitzpatrick (above n 19) at 1000.

[41] Coase (above n 31), as discussed in Fitzpatrick (above n 19) at 1006.

有获取权和/或用益物权的主体排除在外,并且承担周围使用者带来的消极效用。

这一假定取决于这样一个隐含的观点,即,缺乏私人财产权将会消除呈现此种"效率"的激励,从而最终导致资源浪费。[42] 这一方案所提出的"公地悲剧"影响的局限性和不严密性已经引起了激烈争论。[43]

2. 对效率概念的批评

在普通法系国家,很多法理分析已经对在法律和经济学的范式中构建作为一种伦理规范的"效率"观念进行批评。主要的批评是,作为总体财富最大化策略的一个组件,效率并不充分考虑分配差距问题。[44] 此外,许多与社会成本理论有关的公共池资源模型后来被证实很难在一系列的实际情况下实施,尤其是在政府监管薄弱的情况下。[45] 尽管如此,在国际和国家的政策背景中,私有财产同有效率的资源配置和利用之间的所声称的因果关系仍然具有很强的说服力,而且已经在很多国家和各种情形中重新出现。[46]

3. 财产权和效率

采用科斯的社会成本模型作为市场环境主义中多个方面的基础理论,连同财产法的演变模型,进一步加强了已经认识到的下列两者之间的脱节,即,公共池资源的浪费以及作为增加社会净效用

---

[42] D. Lueck, "Contracting into the Commons" in *The Political Economy of Customs and Culture*; *Informal Solutions to the Commons Problem* (T. Anderson and R. Simmons, eds, 1993) 43 at 43.

[43] 哈丁在他的原始论文中主张进行公开的集中监管。这是受诸如理查德·波斯纳这些将有关的正式财产权与预防公地悲剧相结合的理论家的影响。See, eg, R. Posner, *Economic Analysis of Law* (1983).

[44] See, eg, R. Dworkin, "Why Efficiency?" (1980) 8 Hof L Rev 563; D. Kennedy and F. Michelman, "Are Property and Contract Efficient?" (1980) 8 Hof L Rev 711.

[45] Trebilcock and Veel (above n 33) at 10.

[46] 关于具有代表性的一个事例,请见下列文献:B. H. Thompson Jr, "Tragically difficult: the obstacles to governing the commons" (2000) 30 EL 241。

适当手段的私有财产的精打细算。[47] 已经出现了一种更进一步的推断,把资源开发效率和可持续性的结果联系起来。例如,在澳大利亚,受国家竞争政策改革的推动,可持续性的概念已经简化为等同于"明智利用"的措施;这些措施派生于资源经济学的框架。[48] 相反,一些更地方化的富有洞察力实证研究[49]表明,公共财产治理仍然是非常可行的。

在这一点上,奥斯特罗姆的研究为各式各样的权利提供了一个更为微妙的概念,包括可能适用于公共池资源的财产权。通过大量地援引实证数据,她的分析对仅凭正式的私有财产制度就能够为公共池资源提供有效治理这一观点提出了挑战。[50] 对公共池资源(如渔业资源)的具体分析证明,操作规则之间的一种复杂相互作用调整着日常活动;例如,对渔业资源的利用与从公共池中获取资源的能力之间的复杂相互作用。操作规则和权利之间存在差别。规则被定义为"要求、禁止或者允许一个人实施特定行为的、得到普遍同意的并且能够强制实施的规范"[51],而且这些"权利"能够与从被授权的使用者到资源的"所有者"这一范围内的主体联结起来。

奥斯特罗姆在公共池资源治理方面具有高度影响力的著作强调了下列两者之间的区别,即,操作层面的权利(也就是捕鱼)与位于集体选择水平的更高层次的权利。集体选择权利被认为是最重

---

[47] R. Barnes, *Property Rights and Natural Resources* (2009) 63.

[48] 关于资源财产演变过程中经济理论的影响的一项详细讨论,请见下列文献: A. Scott, "Property Rights and Property Wrongs" (1983) 16 Can J Econ 555 and A. Scott, *The Evolution of Resource Property Rights* (2008)。

[49] Hardin (above n 1).

[50] E. Ostrom, *Governing the Commons: The Evolution of Institutions for Collective Action* (1990).

[51] E. Schlager and E. Ostrom, "Property-Rights Regimes and Coastal Fisheries: An Empirical Analysis" in *The Political Economy of Customs and Culture: Informal Solutions to the Commons Problem* (T. L. Anderson and R. T. Simmons, eds, 1993) 13 at 15.

要的,因为"设计未来操作水平权利的权力使得集体选择权利如此有力"。[52] 奥斯特罗姆的方法为确定财产的正式法律模式提供了一些有价值的对应点。特别是,她的实证分析为集体行动规则提供了丰富的来源。她认为,有效的公共池资源治理既包含正式法律规则的制定,也包含社会和文化领域中非正式规范的形成。她的这一洞见尤其与采用以财产为基础的工具进行环境资源监管活动相关。[53] 一般来说,主流的监管工具在吸收多样的社会和文化价值方面非常粗略。此外,当财产和交易制度促成资源的物理运动时,与市场交换有关的结构性变化和集体影响通常难以得到充分理解。[54]

进一步而言,正式的财产制度所产生的交易成本仍然是一项棘手问题。交易成本与获取资源租金、权利的保护和强制实施以及任何财产的最终转让有关。在对法律制度中的财产权予以强制实施时所产生的交易成本(即使是采用如同郊区篱笆那样普通手段所产生的)是高昂的和耗时的;这常常是很多财产和交易制度评估所忽略的一项因素。[55] 此外,正如很多实证研究所承认的,在缺乏直接的人身强制时,强制实施财产权及其必然结果(排他性)将取决于规范性的公共"强制"或者界定财产权并保障其管理的国家制度体系。[56]

在国家制度和行政管理体系领域,非正式规则与正式规则以及法令和实践之间的机械区别,已经随着政府采用的一系列监管工具以及环境和自然资源领域治理行为模式的改变而变得模糊。

---

[52] ibid.
[53] C. Ferreyra, "Imagined Communities, Contested Watersheds and Water Governance" (2008) 24 Journal of Rural Studies 304.
[54] L. Godden, "Water Law Reform in Australia and South Africa: Sustainability, Efficiency and Social Justice" (2005) 17 JEL 182.
[55] M. Omura, "Property Rights and Natural Resource Management Incentives: Do Transferability and Formality Matter?" (2008) 90 Am J Ag Econ 1143 at 1151.
[56] Fitzpatrick (above n 19) at 1000.

因此，尽管有人强烈倡议将"新"市场环境主义财产权框架用于公共池资源的治理，但是这类工具通常被作为一种更为宽泛的监管策略的一部分而实施。[57] 可以说，在确定公共池资源的长期可持续成果时，让监管工具与"权利"相结合，而不是任何监管手段或工具的可行性，被视为有效治理中最为紧迫的问题。[58] 然而，向一系列治理模式的转变同样给政府带来了挑战。多重性战略和工具的采用，存在导致政策目标过于分散以至于缺乏效率的危险。

因此，尽管存在监管上的模糊和实践，经济导向分析的很多信徒继续把环境和公共池资源退化问题视为适合用以市场工具为基础的单一路径进行解决。这一问题"解决方案"的主张基于这样一种观点，即，在市场中环境资产缺乏一个价值，一种能够通过财产权表现出来的价值。为了给对这些观点进行的上述评价提供实证背景，下面将探讨，作为解决公共池资源治理问题的一种方案，水市场和水交易制度所带来的躁动。

三、市场工具：作为公共池资源的水资源中的交易

在一些国家，对能够转让或者交易的水"财产"的鼓吹已经出现了很多年，尽管这些模式随着市场环境主义的出现而变得日益正式化。水资源转让意味着新的单位水量的获取或者现存权利的重新配置；[59] 但是，使用"转让"这一术语强调了这样一项前提，

---

[57] B. Morgan and K. Yeung, *An Introduction to Law and Regulation: Text and Materials* (2007) 3.

[58] C. Biesaga, "Water Markets: No Substitute for Effective Governance", paper delivered to "Systemic and adaptive water governance": Reconfiguring Institutions for social learning and more effective water managing? 5 December 2008, The University of Melbourne (copy on file with author).

[59] A. D. Tarlock, "Water Transfers: A Means to Achieve Sustainable Water Use" in *Fresh Water and International Economic Law* (E. Brown Weiss, L. Boisson De Chazournes and N. Benasconi-Osterwalder, eds, 2005) 35 at 37.

即,这种转让要求对水资源进行重新配置。[60] 前文已经把新财产形式促使资源流动的能力作为其显著特征。可转让性是广泛地摒弃这一模式的一部分,即,不断开发新水源以满足新出现的经济社会需求。可转让性是水资源领域中新型财产的一个重要方面。尽管大多数水转让涉及的距离较短,但是水资源离开原来的地点本身就可能破坏业已建立的社会和经济模式,[61]引起水资源利用冲突,还会给生态系统的长期存在能力带来威胁。在特定的情况下,这种转让可能成为通过水市场进行结构变革的显性或者隐性政治议程的组成部分。[62]

起初,正是那些由于气候因素而出现水资源短缺的国家规定了水财产和水交易制度。因此,诸如澳大利亚[63]、美国西部各州[64]和南非(在较小程度上)[65]以及中南美洲的一些国家已经在水资源立法中建立了水交易制度。[66] 然而,鉴于不同法域在如何界定水权、财产和交易方面存在着广泛的多样性,因此必须对这样

---

[60] Fisher (above n 38).

[61] Godden (above n 54) at 192.

[62] Productivity Commission, *Water Rights Arrangements in Australia and Overseas* (2003).

[63] See Water Act 2007 (Cth) ss 97—99; Water Management Act 2000 (NSW) s 71Q; Water Act 1989 (Vic) ss 62, 33S—33Z, 46—46A; Water Act 2000 (Qld) Part 6; Water Act 1992 (NT) s 22B(5)(c); Natural Resources Management Act 2004 (SA) Ch 7, Pt 3; Water Management Act 1999 (Tas) s 60, Pt 6 Div 4; Rights in Water and Irrigation Act 1914 (WA) s 5C(1), Sch 1 cl1, ss 29(1)(a), 31(1), 34; Water Resources Act 2007 (ACT) s 26.

[64] Arizona Revised Statutes §§ 45—172, 45-1001-1063; Arkansas Code Annotated § 15-22-304; California Water Code §§ 109, 2100, 1610; Idaho Code Statute Annotated § 42-222; Indiana Code § 13-2-9-8; Kansas Statutes Annotated (Water Appropriation Act 1945) § 82a—701(g); Kentucky Revised Statutes § 151.150(1); Montana Code Annotated (Water Use Act 1973) § 85-2-102; Nevada Revised Statutes § 533—345; Annotated Statutes of New Mexico § 72-5-22 & 23.

[65] National Water Act 1998 s 25.

[66] See, eg, the Chilean Water Code 1981, the Peruvian Water Resources Law 2009 and the Mexican National Water Law 2002.

的建议保持注意,即,任何此类模式都将导致可以完全转让的水财产和交易制度的建立。

实际上,正如霍奇森(Hodgson)的分析所揭示的,尽管存在对水资源领域采用正式的"财产"权以避免"有破坏性的经济后果"[67]的关切事项,财产权的正式化可能并不总是伴随着可以完全交换和转让的水资源权利。[68] 然而,霍奇森的分析强化了这样一种观点的普遍性,即,正式的财产权是避免"公地悲剧"(或者用市场环境主义的术语"有破坏性的经济后果")所必需的一项步骤。

对完全可以交换的水权的鼓吹通常产生于市场被视为重新配置水资源最有效率(和最经济)的安排这一情形下。明显的是,通过行政或者制度性的方法重新分配水权是可能的。理论上讲,政府可以削减或者重新分配水权。然而,在市场环境主义的背景下,政府对水资源配置进行明确的再分配被认为政治上不受欢迎和经济上缺乏效率,这尤其出现在政府面临着为了再分配而取得水权时应当就此进行赔偿的宪法性要求的情况下。

根据把水从低价值的利用转移到高价值的利用这一普通的经济效率观点,塔洛克(Tarlock)认别了美国实施水市场的一些驱动因素。[69] 分散的、不拥有国家权力的团体支持部门利益(如城市供水需求),发展到干扰已有的协调用水需求的制度能力。塔洛克指出了20世纪80年代中叶反对建设新水库的主流环保团体所采用的水市场哲学对于这一转变的重要性。与此同时,联邦水事政策向更为成熟的管理和财政模式的转变,也促成了对水市场的接受能力的增强。新的和旧的利益相关者要求"在构成很多[水资源]配置冲突特征的多边谈判程序中……"享有一席之地。[70] 尽管众多利益的汇集推动了水市场的建立,但是仍然存在两个关键的障碍。第一,尽管

---

[67] Productivity Commission (above n 62) at 24.
[68] ibid at 5—6.
[69] ibid at 38—9.
[70] ibid at 40.

水市场在理论上是完善的,但是法律和制度的障碍将会导致过高的交易成本。第二,水转让是"不道德的",因为它使得水资源商品化并且清除了其中所蕴含的公共价值观。"很多社区反对被剥夺水资源和随之而来的政治经济权力以及生存能力的损失"。[71]

这些支持和反对水市场的因素代表了更为普遍意义上的对市场环境主义的争论。认识到这些关于水财产的相互抵触的评价,本章将转而研究澳大利亚,因为澳大利亚是在围绕明确的效率目标进行的水资源治理中采用以市场为基础的路径的典范。澳大利亚的水交易事例提供了一个最为深刻的、能够用于探究以财产为基础的公共池资源总量控制和交易制度可行性的案例分析。

四、澳大利亚的市场机制和水交易

因强化支撑其实施的经济理论,以市场为基础的环境和自然资源管理措施引人注目。[72] 直到最近10年左右,在澳大利亚法律中,市场工具理论得到的更多的是讨论而不是使用。近年来,结合总量控制和交易制度,财产工具得到了日益广泛的利用;但是,考虑到澳大利亚联邦和各州政府对这类方法所作的总体政策承诺,对市场机制的使用要少于预期。在联邦层面上,自从2007年澳大利亚对其气候变化政策进行重新定位以来,联邦政府已经发布了关于碳污染减排计划的立法草案,这一计划的预计实施日期为2011年。[73]

---

[71] ibid at 41.

[72] S. Bell and J. Quiggin, "The Limits of Markets: The Politics of Water Management in Rural Australia" (2008) 17 Environmental Politics 712.

[73] Carbon Pollution Reduction Scheme Bill 2009 (Cth); Australian Climate Change Regulatory Authority Bill 2009 (Cth); Carbon Pollution Reduction Scheme(Consequential Amendments) Bill 2009 (Cth); Carbon Pollution Reduction Scheme (Charges-General) Bill 2009 (Cth); Carbon Pollution Reduction Scheme (Charges-Excise) Bill 2009 (Cth); Carbon Pollution Reduction Scheme (Charges-Customs) Bill 2009 (Cth).

另外，澳大利亚的州政府已经通过立法把林木中的碳权利与林木生长的土地进行了分离，[74] 从而为碳抵消交易铺平了道路。[75] 这些举措建立在一些支持市场工具的立法发展的基础之上，而且包括一些试点交易计划（如亨特河盐度交易计划）。目前出现了很多关于生态系统服务交易的提议。这些提议涉及生物多样性保护、洪涝干旱灾害减轻计划或者稳定气候的各个方面。[76] 由于过去并没有在市场的基础上对这些服务进行过交易，对它们的供应进行监管被视为要求在生态系统或其特定组成部分中创设财产权。

然而，迄今为止，澳大利亚运行的最为全面的实施财产权/总量控制和交易计划制度是墨累—达令流域的水交易计划。[77] 即便如此，"澳大利亚的水市场展现了发展上的曲折性和性质上的一些不确定性。"[78]

五、墨累—达令流域的水市场

2004年澳大利亚政府间理事会达成的《国家水资源行动计

---

[74] See Carbon Rights Legislation Amendment Act 1998 (NSW), amending Pt 6 Div 4 of the Conveyancing Act 1919 (NSW); Forestry Rights (Amendment) Act 2000 (Vic), amending the Forestry Rights Act 1996 (Vic); Forest Property Act 2000 (SA) s 3A; Forestry and Land Title Act 2001 (Qld), inserting Pt 6B into the Forestry Act 1959 (Qld); Forestry Rights Registration Act 1990 (Tas); Carbon Rights Act 2003 (WA).

[75] A. Thompson and R. Campbell-Watt, "Carbon Rights-Development of the Legal Framework for a Trading Market" (2004) 2 NELR 31.

[76] 关于一项此类提议，请见下列文献：J. Agius, "Biodiversity Credits: Creating Missing Markets for Biodiversity" (2001) 18 EPLJ 481。

[77] A. Pye, "Water Trading Along the Murray: A South Australian Perspective" (2006) 23 EPLJ 131.

[78] Gardner, Bartlett and Gray (above n 3) at 566.

划》[79]依据国家水法改革议程[80]和旨在解决墨累—达令流域紧迫的公地悲剧的国家竞争政策,使得有利于水交易的政策趋势浮现出来。[81] 市场环境主义构成其基本理论依据,正如派伊(Pye)所指出的那样:"……水事改革最初是由经济理性主义推动和支撑的。然而,这些改革实施的推迟则是因为,即使是不断推动市场理论发展的人也不得不承认市场和改进的效率并不会带来所希望的环境后果……"[82]

在过去的 30 年里,澳大利亚水法改革中最具争议性的因素一直都是水权从土地所有权中的分离。[83] 这些法律变革有效地建立了针对能够成为交易对象的财产权的制度。[84] 费希尔指出:"……在可交易水权的背景下……在广泛交易的可能性出现之前,需要把财产权安排正式地落实到位。"[85]这些用于在水资源中构建财产的制度安排标志着澳大利亚对作为一种公共池资源的水资源进行治理的重大转变。同时,存在这样一种认识,即,环境本身也需要一项水"权利",这项权利通常被称为环境流量或者环境用水预留。[86] 水法改革得到了政府间协议以及对实施水法改革的州辖区进行经济激励的精心安排,其中经济激励主要依赖市场因

---

[79] Council of Australian Governments, *Intergovernmental Agreement on a National Water Initiative* (2004) (National Water Initiative).

[80] See Attachment A to the Communique, Council of Australian Governments' Meeting, Hobart, 25 February 1994, available at ⟨http://www.coag.gov.au⟩.

[81] Productivity Commission, *Water Resources and Waste Disposal* (1992).

[82] Pye (above n 77) at 146.

[83] J. McKay and H. Bjornlund, "Recent Australian Market Mechanisms as a Component of an Environmental Policy" in *Land and Water Australia* (above n 2) 137 at 138.

[84] D. Fisher, *Implementing the National Water Initiative: A Generic Set of Arrangements for Managing Interests in Water* (2006) 1, available at ⟨http://eprints.qut.edu.au/6355/⟩.

[85] Fisher (above n 38) at 200.

[86] See, eg, Water Act 1989 (Vic) s 4A.

素[87]这样一种为《国家水资源行动计划》所强化的方法。《国家水资源行动计划》的一项关键目标是"一个可以兼容的以市场、监管和规划为基础的城乡地下和地表水资源利用管理制度,并且该制度能够使得经济、社会和环境成果最优化"。[88]

澳大利亚 2007 年《水法》的颁布为流域内水资源规划和交易提供了一项宏观上的管辖权。然而,水资源规划和交易的大部分具体实施事宜仍然由州政府负责,因为州政府在传统上对水资源管理负有主要责任。一般而言,水资源规划是通过对可消耗水资源池中份额确定以及有关水资源配置和交易的规则,来"确保生态成果"和"资源安全成果"。[89]

在墨累—达令流域并不存在一个统一的全国性水市场。"相反,市场主要是在各州、集水区、水资源系统和区域内部运作,尽管这种情况似乎正发生着缓慢的改变。州际水市场正在逐步形成。"[90]在墨累—达令流域实施水交易制度的核心一直在于水财产权的形成,[91]这主要是通过附属法规创设流域内的一个最大取水量来解决历史造成的过度配置水平问题,所制定的应对稀缺资源的政府管理制度的结果。

墨累—达令流域过去的行政管理制度和实践导致了绝大多数集水区内水资源的过度配置。在整个 20 世纪,一个关于多层次水资源工具的复杂制度结构得到了发展,以满足水资源的消耗性需求。持续的水资源供应压力导致了很多集水区内各个层次的消耗性用水权利超出了环境承载能力。[92] 其结果是,墨累—达令流域

---

[87] Fisher (above n 38).

[88] National Water Initiative (above n 79) at 23.

[89] ibid at 37.

[90] Gardner, Bartlett and Gray (above n 3) at 556.

[91] M. Bond and D Farrier, "Transferable Water Allocations-Property Rights or Shining Mirage" (1996) 13 EPLJ 215.

[92] A. Gardner, and K Bowmer, "Environmental Water Allocations and their Governance", in *Managing Water for Australia: the Social and Institutional Challenges* (K. Hussey and S. Dovers, eds, 2007) 48 at 50.

大部分地区的自然系统出现了严重退化,而且很多地区面临着生态崩溃的威胁——这是一个正在发生的悲剧。此外,不同的用水户对于稀缺的水资源的利用存在着激烈的冲突和竞争,其中灌溉农业(目前它占据了最大的用水资源份额)和主要的城市面临着不确定的未来。

在持续缺水、降水水平剧烈变化的气候变化情境下,[93]连同与之相伴的墨累—达令流域内主要蓄水工程来水量的巨大变化(特别是,在流域南部的水位下降到了极低水平)加剧了上述情形。[94]法律和监管结构为消耗性用水和环境用水需求之间提供一种可持续平衡的能力,对于墨累—达令流域的长期可持续性来说至关重要。因此,这些情形下的水交易制度实施为财产权和水交易制度能否同时实现效率和环境的可持续性提供了试金石。

墨累—达令流域内不同管辖区域实施水交易制度的进程存在着巨大的差异,即使有协议规定"……在2007年之前建立可以相互兼容的制度和监管安排从而为州内和州际水交易提供支持,并且管理相互之间在权利可靠性、供应损耗、供应源限制、不同制度间的交易以及总量限制要求等方面的差异"。[95] 这些措施旨在减少塔洛克所指出的阻碍市场方法有效实施的交易成本。然而,水交易并不能免于监管的约束。它们是市场和州监管或者法规相结合模式的例证。例如,《国家水资源行动计划》中规定的"关于交易规则的原则"允许以水交易不符合相关的水资源规划为由拒绝此项交易,并且规定了"水交易不得导致超过可持续性水资源量的结果"。[96]

---

[93] R. Jones et al, *Future impacts of climate variability, climate change and land use change on water resources in the Murray Darling Basin: Overview and Draft Program of Research* (2002).

[94] ibid.

[95] National Water Initiative (above n 79) at 60.

[96] ibid at Sch G, 4—5.

(一) 为支持水交易而进行的分类改革

在实施几乎完全复制《国家水资源行动计划》目标的水资源治理制度方面，维多利亚州是最为先进的一个州。该州是环境市场运行以及总量限制和交易制度可持续实施方面具有指导性的一个例子。20世纪80年代维多利亚州水资源管理安排发生的重大修改，导致了1989年《水法》的产生。[97] 然而，最为关键的步骤是通过转向分配给水资源主管机关的正式的批量水权而对消耗性用水权进行明晰和保护。[98] 这一做法确保了主管机关有法定权利取水并且可以把水出售给个体消费者（例如城市消费者和灌溉者）。这样就为法定的、受监管的水市场奠定了基础。这些权利是政府创设可以用于交易的私人水权的基础。在既存权利框架之外进行的调整还提供了相对有限的环境用水配置。[99]

维多利亚州最近的一轮改革实施了针对个人水权的用来支持环境保护的措施以及水交易和定价计划。[100] 2005年《水（资源管理）法》规定了支持水交易的措施。这些措施包括水资源注册和水交易设施登记、承认环境用水的法律地位（可以包括为环境的可持续性而购买/交易的水资源）以及水资源长期可持续性的评价等，而且所有这些措施都是在严峻的气候变化的背景下采用的。

2006年的水法修正案包含了更为具体的分类改革措施，其中就包括1989年《水法》第6A条。该条把既有的个人水权（主要是

---

[97] P. Tan, "Irrigators Come First: Conversion of Existing Allocations to Bulk Entitlements in the Goulburn and Murray Catchments, Victoria" (2001) 18 EPLJ 154 at 154—5.

[98] J. Pigram and B. Hopper, (eds), *Transferability of Water Entitlements: Proceedings of an International Seminar and Workshop* (1990).

[99] A. Foerster, "Victoria's New 'Environmental Water Reserve': What's in a Name?" (2007) 11 Australasian Journal of Natural Resources Law and Policy 145.

[100] Government of Victoria, *Securing our Water Future Together: Victorian Government White Paper* (2004).

那些支持灌溉用水的权利)的转化划分为水资源份额、用水许可以及供水服务这几个阶段。水资源份额是一种新的权利形式,它是某一集水区或者蓄水工程可用水资源量的一个比例份额。既有的水权将会逐步纳入到分类框架之下。因此,法律上的水资源配置是一个以相关水系统的可用水资源量为基础的份额,并且这些份额将会累积到一个最大值。水资源份额在很多方面都等同于"财产权",但是它们的法律特征使得对于它们是否直接等同于普通法上"以土地为基础"的财产权存有疑问。[101] 这些水资源份额的准确法律地位将会在接下来的几个月中得到检验;届时,澳大利亚高等法院将决定把现有地下水权利转化为一种水资源份额是否构成可以获得赔偿的财产征收。[102]

尽管存在限制,水资源份额仍然可以自由交易。目前,仅有10%的水资源份额可以独立于土地所有权而持有。根据1989年《水法》第33F条,部长可以基于申请或者销售合同授予一项水资源份额,[103]但受某些限制条件的约束。[104] 与交易有关的主要条款在该法第3A章第5节。第33S条为水交易提供了支撑,因为该条允许水资源份额的"所有者"把该份额转让给其他人("所有者"可以是财产共同所有者)。该法还规定了对未来权利的一种转让以及基于一种暂时基础(如在一个灌溉季节)的水资源转让。

水交易需要多个监管部门的批准,其中很多部门都具有环境保护的职能,例如关于盐度管理的限制就是如此。向水位不断上升的地区转让仍然受到严格监管。供水费用被附加到水资源份额之中,用以收回水利基础设施的成本。[105] 缴纳给主管机关的费用

---

[101] 费希尔最初认为,此类权利应该被视为行政安排。see above n 38.
[102] Transcript of Proceedings, *ICM Agriculture Pty Ltd v Commonwealth* (High Court of Australia, French CJ, Gummow, Hayne, Heydon, Crennan, Kiefel and Bell JJ, 24—27 August 2009).
[103] See Water Act 1989 (Vic) s 33G.
[104] See Water Act 1989 (Vic) s 33JK.
[105] See generally Water Act 1989 (Vic) Part 3 Div 9.

是一项水资源份额需要承担的收费。此外,一项分类水资源份额并不能单独存在,因为它要求水资源份额持有者必须拥有一项用水许可证。[106] 许可证中包含了标准的用水条件。在很多方面,水资源份额模式和水许可似乎类似于以土地为基础的财产权,例如与开发/使用许可有关的权利。

这一分类要求新的管理层次,包括这样一项综合性的水资源登记制度,即,用以支撑"……监测和报告有关水资源权利、配置和利用的记录和信息"的制度。[107] 无论是作为个人财产还是公司资产的组成部分,水资源份额构成了为一般财产所接受的一个部分。尽管水权已经在实践的意义上符合了这一法律分类的要求,更为重要的问题是这种财产权在何种程度上实现了交易的功能以及强化了效率和可持续性。

(二) 跨管辖区和集水区的水交易

在墨累—达令流域,不同管辖区之间和不同集水区之间的水交易是可能的,但是州际水交易受各州政府之间所达成的具体协议的约束。这些协议涉及墨累—达令流域"最大取水量"以及州际取水协议的要求。[108] 州际水交易协议引起了政治上的争议并且在经历了开始于1914年的漫长而艰苦的过程之后才得以敲定。《墨累—达令流域协议》的内容被作为联邦《水法》的附录1。《墨累—达令流域协议》对各州可以从该水系中"抽取"的水量以及对盐度水平和流向下游南澳大利亚流量的维持性检查进行监管。在联邦层次上,《水法》要求交易监管者的实质性参与,部长根据澳大利亚竞争和消费者委员会的建议起草交易规则。[109]

符合环境市场化核心原则的广泛而深远的变化已经融入澳大

---

[106] 根据维多利亚州1989年《水法》第64J条,无许可证而使用水资源份额是一项犯罪行为。
[107] Water Act 1989 (Vic) s 84.
[108] 这一事项目前还受一项新的联邦水事立法2007年《水法》的调整。
[109] Water Act 2007 (Cth) Pt 4.

利亚的水法和监管之中。水资源财产已经就位并且正处于活跃的交易之中;但是,哪些是实现水资源可持续性的成果呢?仍需讨论的重点是,水交易如何才能与总量控制和交易制度中的"总量控制"要求共同发挥作用。这一问题一直以来甚至比把水资源份额作为一种水财产形式的分类改革过程更让人担忧。

如上所述,到目前为止,从主要的立法和组织框架的角度来看,水治理安排一直主要是以州政府为基础进行的。之前,仅有有限的联邦层次的协调以及通过墨累—达令部长理事会以及相关的政治协议对相互竞争的各州利益进行协调的尝试。包括采用市场工具和水交易在内的改革都以渐进变化为特征。[110] 20世纪90年代墨累—达令流域"总量控制"制度的实施是对流域内取水进行限制的一项尝试,这一限制对有关州的政府具有约束力。这也是对在水资源配置和管理方面相互竞争的地区利益进行协商的过程中所遇到的困难的例证。[111] 墨累—达令流域取水限制在1994年实施,水资源配置被"限定"在了当时的水资源开发水平上,而这一水平当时已经被认为是一种严重的过度配置了。尽管存在上述不足,水交易以及相关的水资源治理制度仍然被认为是以一项最大取水额制度为核心的,即,旨在通过水交易鼓励水资源可持续利用的制度。

然而,尽管存在创设水资源财产和水交易的宽泛的制度和法律结构,康奈尔(Connell)指出:"在建立有效的可以保护(水资源)免遭持续的退化和减少的制度性程序方面,(墨累—达令流域)内的各州政府是不成功的"。[112] 实际上,墨累—达令流域内各州未能就更加可持续水平的取水取达成一致,是促成2007年一项联邦

---

[110] For discussion S. Clark, "The Murray-Darling Basin: Divided Power, Co-Operative Solutions?" (2003) 22 ARELJ 67, and D. Connell, *Water Politics in the Murray-Darling Basin* (2007).

[111] D. Connell, "Contrasting Approaches to Water Management in the Murray-Darling Basin" (2007) 14 Australasian J of Env Man 6 at 9—12.

[112] ibid at 25.

水资源计划和相应立法的主要推动因素。这一联邦立法还试图调解典型的上下游用水户之间的冲突，而且代表了实施一项可持续性取水限额的另外一项尝试。然而，目前尚不清楚的是，这一更严格的限额在一般水资源规划的一套规则之外予以实施。2007年《水法》明确禁止对水"权利"的强制性征收[113]，相反，联邦政府将依靠一种自愿卖方模式来获得构成环境用水权利的水权。

总之，在给予个人一些灵活性来解决水供应和需求问题，尤其是在近年来极端气候变化引起的水资源稀缺的背景下，以及在促进水资源由低价值利用向高价值利用转移方面，水市场已经相当成功。[114] 相比之下，水交易在解决过度配置的核心问题方面却并不那么成功。这表明，在任何总量控制和交易制度之中，财产权交易（也就是再配置）在面临虚弱的且未得到良好实施的"总量控制"的情况下并不能取得有意义的成果。因此，水资源中的财产并不能依靠其本身来实现长期的可持续性。在整个流域目前广泛存在的水市场"市场失灵"中，这一老生常谈的问题表现得最为明显。在面临该流域很多生态系统存在紧迫的崩溃威胁的情况下，联邦政府已经承诺花费数十亿美元"回购"水资源用于环境保护目的。实际上，一些评论者目前建议将不得不建立一项分流制度，因为只有墨累—达令流域的部分生态系统能够得到拯救。早在2009年，联邦政府有关部长承认，由于到达墨累河河口水量的急剧减少，临近河口的《拉姆萨尔公约》湿地很可能会不可挽回地"消失"。

水市场和水交易的政治敏感性可以通过下述事实进行评估，即，2009年南澳大利亚州政府决定在高等法院就维多利亚州政府对向集水区外转让水（权）的水交易设定的限制发起法律挑战。[115] 维多利亚州基于可持续性的目标，对于任何向灌区外转让水（权）

---

[113] Water Act 2007（Cth）s 255.
[114] Biesaga（above n 58）.
[115] M. Pelly and G. Lower "States join High Court fight on water buyback", The Australian, 17 August 2009.

的水交易设置了4%的年度限额,并且设定了10%的交易总量限额。由于这一事件,到2010年这一4%的年度限额将被提高到6%并且在2014年废除。然而,南澳大利亚州已经迫使联邦政府采用财政性措施促使维多利亚州解除这一限制。这一事例清晰地表明了使用水交易"解决"环境问题所带来的问题,并且凸显了看似非常棘手的水资源利用冲突。尽管南澳大利亚州坚持要求增加来自维多利亚的流量以阻止墨累河河口生态系统的衰退,维多利亚州仍然维持了防止河水盐度升高的控制措施。

(三)对当前水交易的评价

澳大利亚20年来的水法改革在范围上一直非常雄心勃勃。这一改革规定了创新性措施,推动倚重于采用以市场为基础的工具和水资源财产的重大结构性变革。从新兴财产权形式的角度来看,水法改革已经具有深远影响。改革的目标是,"在比原来更为广泛的区域内",促进"具有不同特征(包括供水安全差异)的"水量获取权交易。[116] 然而,有人批评指出,构成其基础的这一假定并未被证明是可行的,即,市场一旦建立,基本上可以自我维持。此外,随着更加综合的水交易和制度实施的推进,已经出现了重大的困难。[117] 这些困难包括调和通过交易进行配置的效率与水法改革"完成当前所有过度配置或者过度利用的水系统向有利于环保的可持续取水水平恢复"这一要求之间的紧张关系。[118] 协调水资源管理的私人效率目标与公共可持续发展目标之间存在的固有问题,在应对澳大利亚联邦制度带来的复杂性时,变得更加严重。

最后,这些新的财产形式显然是制定法的产物,就如同那些存在于一种拥有广泛政府监管的联合监管和"干预"领域中的财产权

---

[116] D. Connell, S. Dovers and R. Quenton Grafton, "A Critical Analysis of the National Water Initiative" (2005) 10(1) Australasian J of Nat Res 81 at 94—5.

[117] ibid.

[118] National Water Initiative (above n 79) at [23] (iv).

形式一样;尽管它们之间存在重大差别。原有的水资源监管形式以更为直接的管理规则以及针对竞争性利益冲突的缺乏连续性的政策协调为特征,产生了一系列特殊的监管难题。在确定为确保环境和社会目标的实现以及有效的监管水交易所必需的政府干预市场的程度和性质时,市场环境主义又带来了一系列新的监管难题。考虑到这些挑战,无论采用何种特定的监管工具,澳大利亚水资源管理的经济、政治和社会交易成本将会继续增加。[119] 因此,尽管市场机制和新形式的财产权将会继续在澳大利亚"公共池"水资源的治理中发挥重要作用,它们不大可能为稀缺的水资源所带来的长期根深蒂固的管理问题提供一种唯一的灵丹妙药。实际上,影响整体监管效率的因素有很多,例如不同管辖区域之间的冲突、资金不充分、强有力的利益相关者对政治议程的影响,它们都是普遍的挑战。这些挑战对市场机制影响将与对更为传统观的监管路径的影响一样多。[120] 另外,市场工具尤其是可交易财产制度的成功,似乎取决于对长期存在的冲突进行协调的联邦监管措施的有效水平和严格水平。在这一背景下,对市场工具的狂热可能需要冷却一下,正如利斯特(Lyster)所评论的那样:

> ……在积极奔向市场之前,澳大利亚的决策者们需要确保他们确信所交易的服务获得了适当的评估和计量。他们需要考虑自然资源市场是否需要监管以获得生态上可持续的成果。尽管这种监管与自由市场主义经济学家对这一市场的看法相悖。[121]

---

[119] Connell et al (above n 116) at 86.
[120] Eckersley (above n 11).
[121] R. Lyster, "(De)regulating the Rural Environment" (2002) 19 EPLJ 34 at 57.

六、总量控制和交易制度的启示

从澳大利亚墨累—达令流域水资源财产和交易制度的事例分析可以清楚地看到,市场环境主义下的公共池资源财产权制度与传统的财产观念存在着本质上的差别;后者通常和与土地相关的制度之间存在联系。作为综合性(尽管仍未完全实施)的总量控制和交易制度,水交易制度的经验有助于对公共池资源中其他新型的财产形式的理解。虽然水交易制度中的经验也许并不能直接移植到与可交易的许可有关的所有情形中(如排放交易制度),但是,对公共池资源治理的不同总量控制和交易路径进行一些比较,可以发现它们之间存在十足的相似性。

总量控制和交易制度中的这类财产权寓于隐性的结构变革范式之中;至少,对于这一点要有清醒的认识。政府并没有缺席这些社会和经济变革;仅仅是在保持一定距离的情况下进行操作。同传统模式一样,这些新的财产概念仍然牢牢地根植于社会及关联的背景之中,而且也同样对影响权利配置和分配问题的利益相关者权力结构开放。[122] 此外,正如塔洛克所指出的,由于直接征收水权被视为没有效率(即,政府在这一情况下是"最小成本"导向的),政府通常选择以市场为基础的环境改革来重新配置水权。然而,水交易的经验已经表明:随着资源严重退化的出现,公共支出势在必行,水交易制度的成本最小替代方案存在严重问题。虽然政府创设财产和市场表面上是为了避免公地悲剧,但是当市场失灵需要政府干预之时,这种做法就可能使政府本身因要价太高而不能成为有效的机构。排放交易制度同样基于通过刺激技术创新来实现最低成本结构变革的理念,但是,澳大利亚的水交易制度表明:

---

[122] 根据拟议的《澳大利亚碳污染减排方案》,外向型产业可能获得优惠的许可配额。这方面的影响可以证明这一点。

尽管单一的结构调整是可行的,不过综合性的变革却难以实现。[123]保留监管方式的多样性以实现广泛的结构重整似乎是必要的。

然而,对墨累—达令流域水资源财产的案例研究带来的最为重要的启示也许是仅靠财产权并不能解决资源利用和公共池资源管理中根深蒂固的问题。这一结论向大量把财产权作为公共池资源治理灵丹妙药的观点提出了挑战。本研究接受这样的观点:财产对于防止公地悲剧是必不可少的,但是对其是否充分可以不必考虑。要想避免公地悲剧,财产、资源权利的交易和转让必须和切实可行的"总量控制"相结合。毕竟,哈丁(Hardin)的目的是为强有力的治理提供方法,而不必然是为了私有财产。哈丁充分意识到了财产作为有效治理工具的局限性,正如他所指出的:"但是,每一位优秀的律师和经济学家都知道,'财产'并不是一件'事物',而只不过是这样一种口头宣告,即,一些社会成员的某些传统权力和特权将受到严格的保护,使其免受其他人的侵害。"[124]从这一角度来看,值得指出的是,在本章的写作过程中,一系列以墨累—达令流域水资源利用中的传统权力和特权为基础的权利主张,正在受到澳大利亚高等法院的严格保护。灌溉者寻求保护其水资源财产免受政府侵害。他们宣称:财产作为一项民法"权利"具有古老的不可侵犯性;无论共享水资源承担了怎样引人注目的公共利益,政府都不能对其进行剥夺,甚至也许不能对其进行"调整"。[125] 相反,下游州宣称对水资源中的新财产享有权利,而且对水交易带来的水资源的可替代性也享有权利,而水交易使得下游水资源转化

---

[123] N. Durrant, "Legal Issues in Biosequestration: Carbon Sinks, Carbon Rights and Carbon Trading" (2008) 31 UNSWLJ 906.

[124] Hardin (above n 1).

[125] Transcript of Proceedings, *ICM Agriculture Pty Ltd v Commonwealth* (High Court of Australia, French CJ, Gummow, Hayne, Heydon, Crennan, Kiefel and Bell JJ, 24—27 August 2009).

为另一种形式的水分享。[126] 也许,我们可以对哈丁的论述进行修改,从而建议:律师可以告诉经济学家的是,自然资源中的财产制度能够产生的冲突与它所解决的冲突一样多。市场环境主义为公共池资源的治理和"分享"提供了创新性的方法,但是财产却给它带来了一个漫长而又充满争议的历史。

---

[126] 南澳大利亚州总理迈克·瑞恩(Mike Rann)已经公开承诺将向高法院提起诉讼;他认为,维多利亚州对水交易设定的总量限额是违宪的;see Mike Rann, "High Court Challenge to Victoria's 10 per cent Cap" (Press Release, 29 April 2009)。然而,尽管预计该项诉讼将会在7月底提起,但是该州尚未采取任何法律行动;这显然与两州之间为达成一项协议而取得的外交进展有关;see Michael Pelly and Gavin Lower, "States Join High Court Fight on Water Buyback", The Australian Online (National), 17 August 2009。

第 21 章

财产权在生物固碳中的重要性

阿拉斯泰尔·卢卡斯[*]

摘要：本章研究财产权在合理的生物固碳法律制度设计中的作用。本章旨在对允许创设能够被纳入碳抵消交易体系的生物固碳权利制度进行探究。在已有范围更为广泛的初步研究的基础上，本章主要探讨两个事项：(1) 界定有关碳封存潜力和被封存碳的基本法律权利；和 (2) 为被封存碳构建一种财产权制度。本研究将在一个特殊的背景中进行——实际上是一项案例研究——也就是，在加拿大阿尔伯塔省私有和公有（或者"王室"）土地的背景中进行。

关键词：财产权，生物固碳，阿尔伯塔，财产法，环境法，碳抵消制度

一、导言

对于通过农业用地和林地的生物固碳抵消碳排放并将其作为

---

[*] 阿拉斯泰尔·卢卡斯（Alastair Lucas），卡尔加里大学（加拿大）法学院院长、教授；email：a. lucas@ucalgary.ca。
　中文译文对一些注释的内容做了简化处理。——译者注。

履行温室气体减排承诺国家对策的一部分,《京都议定书》[1]项下的国际气候变化机制提供了广阔的空间。然而,用于碳封存的陆上碳汇能力是有限的;而且无论怎样做,结果并不是把被封存碳从碳循环中去除,而仅是对碳在生物圈和大气层之间进行重新分配。因此,通过土地利用的变化进行碳封存是一种过渡性措施,而不是一种减少能源消耗带来的碳排放的最终措施。然而,一些国家已经建立或者正在建立不同的碳抵消机制,这些机制依赖于减排量和抵消量的市场交易。本章以加拿大为研究重点,因为在加拿大阿尔伯塔省有一部立法,在其联邦层面则有一项正在制定的框架。在这些框架之下,私有土地上的生物碳抵消很可能需要通过以使用封存能力为目的的私人租赁合同来构建。为了使这些交易可行和有效,碳封存权利的属性和所有权必须合理有效。如果这些权利是具有明确特征的财产权,那么碳封存交易的当事人将能够使用捍卫和保护财产权利的法律原则和立法。如果存在重大的不确定性,那么就需要通过立法予以明确。

  本章研究财产权在合理的生物固碳法律制度设计中的作用。本章旨在对允许创设能够被纳入碳抵消交易体系的生物固碳权利制度进行探究。在已有范围更为广泛的初步研究的基础上,本章主要探讨两个事项[2]:(1)界定有关碳封存潜力和被封存碳的基本法律权利;和(2)为被封存碳构建一种财产权制度。本研究将在一个特殊的背景中进行——实际上是一项案例研究——也就是,在加拿大阿尔伯塔省私有和公有(或者"王室")土地的背景中

---

[1] United Nations Framework Convention on Climate Change (9 May 1992, 1771 UNTS 165) 7 (accession by Canada 4 December 1992, entered into force 21 March 1994).

[2] S. Kennett and A. Lucas, "Transaction Costs and Other Issues for Carbon Sequestration on Agricultural Land: Defining the Legal and Policy Agenda" (2004) 14 J Environmental Law & Practice 47 at 48; S. Kennett, A. Kwasniak and A. Lucas, "Property Rights and the Legal Framework for Carbon Sequestration on Agricultural Land" (2005—2006) 37 Ottawa L Rev 178.

进行。

首先，这些问题将被置于更为广泛的国际、国家和省的背景之下。本章将就《京都议定书》的相关条款、制定中的联邦碳抵消额度机制以及当前据以创设碳抵消及其交易的省级立法进行讨论。然后，在没有立法确定这些财产权的法律特征的情况下，对于碳封存潜力和被封存碳的所有权以及在各种土地权利碎片化状态下谁将拥有这些涉碳财产权的问题，本章将会进行探讨。基于对普通法将如何评判碳封存权利所有权的考量，本章的其他部分将研究着这样一种财产权制度的特征，即，最能够支撑可以产生有价值抵消额度的碳封存交易的财产权制度。

二、生物固碳——碳抵消制度

通过一系列谈判，《京都议定书》缔约方意识到并且确定了该议定书项下"土地使用、土地使用的变化和林业"活动所适合的方法。《京都议定书》第3条第4款就耕作用地和放牧土地的管理以及植被恢复作出了规定：

> ［缔约方应当决定哪些］与农业土壤和土地利用变化以及林业类各种温室气体源的排放和各种汇的清除方面变化有关的人类引起的其他活动，应当列入附件一所列缔约方的分配数量中或从中减去……此项决定应当适用于第二个及以后的承诺期。缔约方可在其第一个承诺期内对人类引起的这些其他活动选择适用此项决定，但是这些活动必须自1990年以来已经进行。（着重线为引者所加）

最终，在《马拉喀什协定》[3]中，缔约方同意仅把这些活动连同森林管理活动计入2008年至2012年的第一个承诺期。加拿大

---

[3] 这在2005年蒙特利尔召开的第一次缔约方会议上得到了确认；〈www.unfccc.int/resource/docs/cop7/13a02.pdf〉。

是一个有力的支持者。但是,随后的研究带来了这样的疑问,即,由于林火以及山松甲虫的破坏,加拿大所管理的森林事实上可能是一个净碳排放源。最后,加拿大决定不把这些生物碳汇纳入其《京都议定书》的承诺。[4] 但是,即使生物固碳活动并未被用于实现《京都议定书》的目标,它们却与实现加拿大的国家目标(在2006年排放水平上到2020年削减20%,2050年削减60%)有关。[5]

加拿大联邦层次的回应只是一系列政策文件,缺乏关于碳抵消方面的立法。最近的一份政策文件《大气排放监管框架》把碳抵消规定为:"发生于受监管活动之外的温室气体减排"。[6]

气候变化制度中"受监管的活动"是指工业温室气体排放,而制定法会对它设置排放"上限"。联邦层面的制度为遵守这些上限提供了方法,包括:减少排放、向技术基金提供赞助、在上限之下减少排放以及购买(在碳排放交易市场上)其他主体和不受监管的活动创造的排放额度。

不受监管的碳抵消种类是生物固碳发挥作用的地方。生物碳抵消额将会由受监管的排放者根据其排放上限义务来购买和使用。这种碳抵消必须在这样一种减排之外进行,即,没有监管制度或其他政府计划的情况下也将会发生的减排之外。只有在减排能够被量化和核查的情况下,才能授予碳抵消额度。

与此同时,通过行使以省有财产、民法权利和公共自然资源管理为基础的宪法性权利[7],阿尔伯塔省已经建立了生物固碳制度。

---

[4] See Canadian Forest Service, *Is Canada's Forest a Sink or a Carbon Source?*, Science-Policy Notes (October 2007): ⟨www.cfs.nrcan.gc.ca/⟩.

[5] Environment Canada, *Turning the Corner: An action plan to reduce greenhouse gases and air pollution* (April 2007): ⟨www.ecoaction.gc.ca/⟩.

[6] Environment Canada, *Regulatory Framework for Air Emissions* (2007), Catalogue No: En84-53/2007: ⟨www.ec.gc.ca/⟩.

[7] N. Bankes and A. Lucas, "Kyoto, Constitutional Law and Alberta's Proposals" (2004) 42 Alberta L Rev 355.

这一制度建立在政府—产业工作组对农业碳封存潜力进行的一项清查和评估基础之上。[8] 该工作组认为,尽管每年封存 500 万吨是可能的,但是土壤的碳吸收能力将在 6 年或者 7 年以后逐渐下降。

2003 年《气候变化和排放管理法》反映了这一工作成果。然而,生物固碳在其中仅受到了有限的关注。该法对"碳汇"进行了确认,其中把"汇"定义为:

> 通过自然过程从大气中清除或者捕获气体的一项环境要素,包括但不限于植物和土壤。[9]

2003 年《气候变化和排放管理法》规定"对汇的权利是一种财产权"。[10] 它授权省级内阁就"排放抵消额、信用额度和汇的权利"制定附属法规,其中包括可以被"创设、获得、分配、交换、交易、出售、使用、改变以及取消"这些权利的方式和条件。[11]

这项法律的总体框架及其主要的附属法规为排放大户(每年超过 10 万吨)设定了排放强度限制,同时还建立了碳抵消交易制度并将之作为遵从机制的一项关键因素。这一制度包括农业碳抵消,而农业碳抵消则是众多复杂量化方法的主题。这些量化方法用于确保碳抵消额是真实的而且是可以证明、可以量化和可以衡量的;而且,从所涉行动在进行之初并无法律要求的意义上,这一额度还应当是额外的。

现行省级层次和计划中联邦层次的碳抵消交易制度旨在激励私人行动者(包括企业部门)创建碳抵消项目(包括生物固碳项目)。在这两种框架下,私人行动者还要创建为普遍交易排放额度所必需的市场。

---

[8] Climate Change Central, *A Basis for Greenhouse Gas Trading in Agriculture*, Discussion Paper C3-01(a) (2002).
[9] Climate Change and Emissions Management Act, SA 2003 c-16.7, s 1(e)(i).
[10] Ibid, s 5.9.
[11] Ibid, s 5.

三、财产权

从本质上讲,这两种框架都依赖于激励私人行动者使用或者获取用于从事碳封存活动的财产。因此,确定谁拥有这些财产至关重要。就私有土地而言,这一问题将由一般财产法决定,而一般财产法可能已经由制定法进行了修改。就公共财产(国家拥有的财产)而言,需要对相关立法和为进行开发而把公有土地及其资源分配给私人当事人的授权文件进行分析。在这两种情况下,最为重要的问题涉及这些权利的所有权以及为创造能够进行交易的碳抵消额所要求的权力。

(一)碳封存潜力和被封存碳的所有权

为了明确权利并且减少创设政府认定的碳抵消额产生的交易成本,决策者需要解决所有权问题。在加拿大,这一问题的应对以这一假设为基础,即,农业碳抵消额由与土地所有者就碳封存和封存潜力的出售事宜达成协议的项目集合者创造。[12] 这一政府视角纯粹是工具性的——如何构建最有效果和最有效率的碳抵消交易制度?

当土地所有者提出所有权问题时也就带来了财产权问题。他们想知道自己出售的是什么。他们的关切是自己能否以及如何从计划中的碳抵消制度受益。因此,他们从财产着眼,想知道在自己与土地上利益的其他所有者或者潜在所有者之间的关系上,自己能否把被封存碳和碳封存潜力作为自己财产权利的一部分而享有。其他所有者和潜在所有者包括私人当事人和公共实体。

下面将讨论后一个问题,即,土地所有者的所有权问题。这一

---

[12] Kennett and Lucas (above n 2) at 48.

问题分为两部分:第一,除了立法规定以外,土地碳封存潜力和被封存碳的法律特征是什么;以及,第二,谁拥有这些权利。[13]

(二) 碎片化的所有权

作为权利束的普通法上的财产概念为一块特定土地的各种权利的所有权分割提供了可能。生物固碳如何才能适应这一概念呢?一个重要的观点是生物固碳可能有两种财产权成分:(1) 土地的"封存潜力",即土地和植被吸收和保存大气中的碳的能力,和(2) 被封存碳,即土壤和植被实际上保存的碳。前者是土地的潜在产品和价值;后者是土地的已有贡献或者产品。土地上其他产品的最终价值的实现需要进行移除,而碳封存的本质价值却在于保存。

对于农业土地尤其是耕作土地或者放牧土地而言,土壤是主要的碳库。对用于林业的树木繁茂的土地而言,碳存储的介质是包括根系在内的植被。这里的法律问题是:谁拥有碳存储以及使得这一碳存储实现的碳封存潜力的法律权利?

明确所有权对任何生物固碳行动计划而言都非常重要。它确认了权利的初始所有权(生物固碳权利认定和交易制度运行的初始状态),[14]并且为购买者对其获得物的权利和适销性提供了合理保障。对于碳汇政策和碳抵消交易制度的完整性和目标而言,清晰的所有权也很重要。没有清晰的所有权,重复计算的以碳汇为基础的抵消额可能会损害碳抵消交易制度的运行。[15] 当然,就像地表土地的购买者那样,这些购买者将不得不履行注意义务,并且可能需要依靠土地登记制度[16]来确保其所有权。如果有潜在的生物碳抵消额的购买者,那么所有权缺陷的风险必须是

---

[13] Kennett, Kwasniak and Lucas (above n 2).
[14] I. Liepa, *Greenhouse Gas Offsets*: *An Introduction to Core Elements of an Offset Rule* (2002) s 3.0, App A, 〈www.climatechangecentral.com/〉.
[15] ibid.
[16] As under the Alberta Land Titles Act, R.S.A. 2000, c. L-4(ALTA).

可控的。

正如农业或者林业用地被分配用于耕作、放牧、伐木等,对于可出售的生物固碳权利可能存在不同种类的所有者。[17] 区别在于,前面的那些权利及其交易非常易于理解,而生物固碳和碳封存潜力则较为新颖。

罗森鲍姆(Rosenbaum)、舍尼(Schoene)和马库瓦尔(Mekouar)为生物固碳权利列出了多种可能性。他们指出的第一种可能性是土地所有者(绝对所有者)拥有碳封存潜力和被封存碳,因此这些权利可以:

(1) 不是独立的财产权,而是相关财产权(如地役权或者限制性合同)的客体;

(2) 是独立的不动产权利而且属于一种已经得到法律承认的财产权(如利益取得权);[18] 或者

(3) 是动产或者是不动产之外另一种类的财产权。[19]

第二种可能性是碳封存潜力和被封存碳是"公共物品",或者(1)像空气那样不能成为所有权客体,或者(2)由国家或者层次次于国家的政府实体所有。

下文将对第一种可能性(土地所有者拥有碳封存潜力和被封存碳)及其可能的法律特征进行讨论。它是不是土地绝对所有权的一部分?[20] 更确切地说,它是一种地表权利还是一种矿产权利?

---

[17] Emission Reduction Trading Protocol Team, *A Basis for Greenhouse Gas Trading in Agriculture* (2002) 10,⟨www.climatechangecentral.com/⟩.

[18] 进入另一个人的土地并从该土地上清除一些东西的权利;E. Burn and J. Cartwright, eds, *Cheshire and Burn's Modern Law of Real Property* (17th edn, 2006) 640 [Cheshire and Burn]。

[19] K. Rosenbaum, D. Schoene, and A. Mekouar, *Climate Change and the Forest Sector*: *Possible National and Subnational Legislation* (2004) 32—3:⟨ftp://ftp.fao.org/⟩.

[20] 该权利已经被认为具有"永久性"的特征;R. Megarry and W. Wade, *The Law of Real Property* (6th edn, C. Harpum, M. Grant and S. Bridge, 2000) 64 [Megarry and Wade]。

或者是一种动产？然后，本章将讨论第二种可能性（它是不是一种公共物品）。

1. 是否是绝对所有权的一部分

从财产法的角度，"土地所有者的权利上至天空、下达地心"这一格言表达了一位土地所有者所享有的法律权益，即，一种绝对所有权（除非另有限制）。[21] 因此，绝对所有权财产包括土壤和在其中生长的任何物质以及蕴藏的矿产资源。绝对所有权为实现土地潜力提供了多种途径，包括种植作物、放养动物、修建建筑物和构筑物、移走矿产资源和有机物。当然，这些利用应该服从制定法的规划和其他监管限制。这些利用（包括种植、耕种或者土地利用管理）与影响碳封存所需要的土壤和植被管理之间，尤其是与植树和免耕农业之间，存在令人信服的一致性。[22]

2. 地表和矿产权利

碳封存和被封存碳的权利的另一可能的法律特征是作为一种矿产权利。[23] 这些权利是得到公认的财产权利，它们源于绝对土地所有者对直至地心的物质享有的推定性所有权。

矿物财产能够从地表财产中分离出来，并且这种分离是常见的；分离或者在国家进行初始授权之时就已存在，或者是绝对所有者在出售财产时进行保留的结果。关于矿藏和矿产并非确定的术

---

[21] Ibid, 56—7 [footnotes omitted]; Cheshire and Burn, above n 18, 173. 然而，应当注意的是，这一格言不是被毫无限制地应用于大气空间，并且已经被描述为对法院而言的"一个有用的出发点"，但是这一格言只不过是具有有限效力的一种生动且"虚构的表达"; see B. Ziff, *Principles of Property Law* (4th edn, 2006) 82。

[22] 在法尔芧斯伯爵诉托马斯（*Earl of Falmouth v Thomas* (1832) (1824—34) All ER Rep 357）一案中，法院认为，对于农作物、工作收益、劳动以及被纳入到土地中的物质所享有的权利与土地不可分离，并且是土地中的利益。很多法院已经发现，土壤的收益（例如树木、草料、矿、矿物、泥炭或者土壤本身）是该不动产的一部分，并且是土地中的利益。土地绝对所有权的所有者可以单独地转让移除这些利益的每项权利——这是一种"利益取得权"; see Cheshire and Burn (above n 18) at 640-2。

[23] ibid, at 174.

语并且被推定在其最广泛的意义上使用的司法声明,强化了生物固碳权利被纳入这些矿藏和矿产的可能性。[24] 然而,所有的事情最终都取决于当事人对授权文件的意图。类似的所有权争议(如加拿大西部省份分离的石油和天然气财产)的经验表明,法院倾向于个案裁决的方法,并且着眼于当事人在他们选择使用的法律工具中所体现的意图。[25] 因此,法律问题被认为是解释问题,而不是更为普遍的所有权原则问题。正如加拿大最高法院在安德森诉阿莫科加拿大石油和天然气公司(*Anderson v Amoco Canada Oil and Gas*)一案[26]中所指出的,"本案并不需要对宽泛的所有权理论问题作出决定"。[27]

3. 动产

碳封存权利能否是动产或者土地之外的某一独立种类的权利? 如果可以,那么将会存在生物碳抵消额的所有者不能利用土地登记制度带来的各种困难,以及由于以地质碳封存为基础的碳抵消被作为不动产权利而带来的可能的不确定性。

试图通过运用普通法上的不动产与动产之间的区别来回答这个问题是有问题的。从表面上看,如果与土地不同,动产并不固定也不确定,那么答案似乎是明显的。但是,普通法上的不动产与动产之间的区别是复杂的——最初主要是以程序规则为基础,而且处于演化之中。最初作为合同权利并且被认为是动产的租赁,后来被认为是土地中的财产——"准不动产"。[28]

碳封存的权利也可以由合同创设,而且碳封存潜力的理念给这些权利赋予了无形物的特点。但是长期以来,无形利益。例如

---

[24] *Attorney General v Earl of Lonsdale* (1827) [1824—34] All ER Rep 666, 57 ER 518 (Ch); B. Jones and N. Bankes (eds), Canadian Oil and Gas (2nd edn, 1993) para 3.112.

[25] See *Borys v CPR Co* (1953) AC 217, (1953) 2 DLR 65 (PC).

[26] [2004] 3 SCR 3, 241 DLR (4th) 193.

[27] ibid, para 36.

[28] Megarry and Wade (above n 20) at para 3-009.

土地收益权(包括石油和天然气租约)和地役权,都被视作财产权。生物固碳权利的本质并不在于移除土地的产品;相反,在于维持和加强土地碳封存的功能。但是与移除产品一样,其本质在于控制,使得封存质量和土地潜力能够以让权利持有者获得利益的方式得到管理。因此,碳封存潜力和被封存碳的权利至少与土地用益权存在相似之处。

在任何情况下,生物固碳权利都与土地的物理特性有关。特定土地上的碳封存是确定的、固定的并且是永久的(尽管会发生变化);所有这些特征都是使得不动产区别于动产的特征。[29] 因此,生物固碳权利似乎并不能被认为是动产。

4. 是否是一种公共物品

这里的问题并不在于碳封存潜力和被封存碳是否在非分割性和非排他性的经济意义上是一种"公共物品"。实际上,这一问题涉及两种可能性:(1) 它是不是由政府享有所有权的公共财产[30],和(2) 它是不是可以由公众或者大部分公众使用或者在某种意义上所有的公共财产或者"非财产"[31]? 后一个问题与环境资源或者媒介(例如空气)具有相似性。[32] 类似地,在普通法中,流动的水能够被分配和使用(而且这些权利被承认为财产权),但是不能被所有。

但是,生物固碳权利似乎并不属于其中的任何一个种类。如果它们是政府所有的公共财产,那么政府的权利主张必须基于原始授权中的保留,或许基于制定法上的征收。不大可能发现政府已经通过上述方式对于这些权利进行了主张的证据。如果将之作为公共财产的话,就会立即产生与主张碳封存权利的私人土地所

---

[29] Ziff (above n 21) at 69.

[30] 对于私人土地上的碳封存潜力和被封存碳的政府所有权提出权利要求所产生的法律和政策问题,不在本章的讨论范围之内。

[31] Ziff (above n 21) at 7.

[32] See, eg, International Institute for Sustainable Development, *On the Great Plains: Use of Common Property*: ⟨www.iisd.org/⟩.

有者之间争议的可能性。后一种可能性能够产生地表所有者的排他性权利[33]而且指向"直至地心的"所有权;[34]这一权利(至少是关于大气空间的权利)已经得到了司法确认。[35] 最后,考虑到在温室气体减排机制中,这些权利及其功能的新颖性和不确定性的属性,以及法律对个人自治的注重和对土地绝对所有权的清晰性和安全性的强调,[36]"公共物品"理论不大可能占上风。

5. 关于所有权的结论

这一简要的财产权法分析表明,在没有立法的情况下,法院似乎不可能把碳封存潜力和被封存碳作为新的财产权或者从土地绝对所有权中分离出来的权利。这些权利可能被认为是不动产而非动产。矿产权利的法律特征和财产授权文件的解释原则几乎没有为这些权利是矿产权利提供任何支撑。一些因素(包括碳与土壤和植被的物理联系以及法律对空气采取不同于地下权利的处理方式)表明,抛开专门立法或者协议不谈,生物固碳权利通常是地表土地所有者的财产而不是公有或者公共财产。

(三) 支撑碳抵消制度的财产权

对普通法上的财产权的分析表明,为可交易的碳封存权利提供的制定法碳抵消制度并不能被简单地建立在普通法权利的基础之上。关于生物固碳权利的制定法定义有必要清楚地把碳封存权利从土地所有者内容广泛的绝对所有权中分离出来。同时,在设计立法时必须考虑普通法上的财产种类,因为它们对于解释界定

---

[33] 关于水权的讨论,请参见下列文献:Australian Commonwealth Department of Agriculture, Fisheries and Forestry, *An Effective System of Defining Water Titles* (Research Report) (ACIL Tasman in association with Freehills) 17—19,〈www.lwa.gov.au/〉。

[34] Megarry and Wade (above n 20) at 56—7.

[35] 尽管几乎没有关于私人地下权利的案件。Ziff(注释21)84。

[36] Ibid, at 90.

新财产权的立法而言是重要的资料。但是正如班克斯已经指出的[37]，这一财产权分析并未直接分析碳封存潜力和被封存碳的权利主张能够依赖的财产权的功能性因素，这些因素将会为可交易的碳封存权利提供支撑。因此，肯尼特（Kennett）等人继续分析任何碳封存交易都具备的关键因素。他们认为有6项财产权制度特征[38]是支撑碳封存交易所必需的。这些特征包括：

1. 可交易的碳封存权利从土地所有权中的分离

碳封存交易的当事人应该能够自由地转让与特定土地有关的碳权利中的法律利益，尤其是碳封存潜力、碳汇、被封存碳以及与碳汇有关的效用。目标是消除前面讨论的普通法财产利益种类以及财产和不可转让的动产（如租约和许可）之间的区别所引起的不确定性。这是必要的，因为碳封存常常是对土地的第二性利用，而对这种利用的要求要少于对土地绝对所有权的要求。

2. 碳封存权利的直接界定

碳封存交易的当事人应该能够确定他们享有的作为交易对象的并且与碳资产直接相关的利益是什么。这不同于通过援引土地所有者的义务（如免耕或少耕种植，或者停止清除植被）所进行的间接界定。在后一种情形中，被封存碳或者碳封存服务的购买者享有的法律权利将会限于监督或者管理土地利用活动。这会导致碳封存活动所产生的生物碳抵消额的可交易性和所有权处于不确定之中。

3. 当事人确定碳封存权利影响的灵活性

这里存在两个角度。一是，考虑到可能的碳封存交易的广泛范围，当事人对于精确地确定他们之间的合同关系条款的需要。一个关键因素是生物固碳的暂时性，以及当事人对其关系条款及其所蕴含风险进行具体规定和限制的需要。另一个是政府和国际社会的角度，它聚焦于通过促进标准"租赁"协议的采用以及确保

---

[37] 与卡尔加里大学法学院班克斯教授之间的私人通信。
[38] Kennett, Kwasniak and Lucas (above n 2) at 187—94.

国际性文件下碳排放额度认证的一致性来最大限度地减少交易成本的需要。

4."随土地转移"的碳封存权利

长期封存碳的需要并不必然与土地所有者的利益相一致,后者可能出现土地利用方式的改变以及对土地的处分。如果使用合同性工具,一个明显的问题是合同的相对性,即,第三人并不会受合同上土地利用限制和合同义务的约束。

一项解决方案是构建随土地转移的并且约束之后购买者的碳封存利益。这样,碳封存权利和特定土地的直接联系得以维持。在这种情况下,如果碳封存利益可以登记在制定法的土地登记系统之下,那么这将会给其带来进一步的保护。这种做法提供了公示,因而便于核查。

5. 冲突的利益

碳封存交易财产制度应该在最大程度上避免碳封存权利与其他法律利益之间的冲突。冲突可能出现在希望出售碳封存权利的农场主或者牧场主(主要所有者)与同一土地上放牧利益或者可能的保育地役权的持有者之间。主要所有者能否独立地采取行动?如果碳封存能力由于放牧或者保育利益持有者的活动而加强,他们能否拥有增加的碳封存权利?

对这一问题的一个回应是,在地表权利与矿产权利所有权之间争议以及关于矿产权利区分所有权之间的争议的情形中,存在解决这类问题的模型。基本的财产和合同法以及司法程序能够解决这些争议。但是,这可能会成本巨大并且消耗时间,因而增加风险和相应的交易成本。

例如,法律规定可以给予碳封存权利以优先权,并而为遭受损失的利益持有者提供赔偿。一项制定法制度能够包括提供公示的公共登记制度,以及协商碳封存协议时的权利维持条款。

6. 法律上的不确定性和交易成本

肯尼特(Kennett)等人指出了交易成本因素给争端解决方案带

来的潜在高成本。其他因素存在于上面讨论的关键制度特征之中。这些因素突出下列事宜的重要性，即，明确界定碳封存权利的法律种类，以及为创设和转让碳资产中的法律利益提供相对而言较为简单的机制。明显的是，不能孤立地研究碳封存财产权制度，而是必须要把它与碳抵消交易制度中更为广泛的因素结合起来进行观察。

必须要强调公平和有效的纠纷解决方案的重要性。人们已经注意到，关于解决财产所有权（碳封存活动的客体）纠纷的一种机制（理想上的一种设计出来的机制）是生物固碳法律制度的一项重要特征；这一机制是碳抵消额度存在的基础。[39] 一种争议解决机制将有利于解决其他一些类型的纠纷。[40] 一些纠纷主要涉及联邦和省级计划实施的登记和认证制度。另外的一系列争议则与不履行作为碳抵消额度基础的碳清除义务有关。

在缺乏具体立法的情况下，对于根据碳抵消立法就通过生物固碳产生的碳清除额作出的登记和证明决定而受影响的申请人或者其他人，普通法上的程序正义原则可供他们使用。[41] 例如，如果通过租约把碳封存权利转移给碳集合者，那么后者将会成为碳封存项目登记、认证以及碳抵消额发放的申请人。同土地上其他法律利益的持有者一样，根据公平原则，申请人将会享有被合理地告知将要作出的决定的权利、为了对一项申请引起的问题作出回应而获得"公平听证"的权利、获得公正并独立的决策者的权利，以及在某些情况下要求解释决策理由的权利。

---

[39] Climate Change Central, *Proceedings of Carbon Offsets Workshop* (3 July 2008): 〈www.carbonoffsetsolutions.ca/〉.

[40] See A. Lucas and O. Daudu, *Disputes and Dispute Resolution in the Offsets System* (March 2006), BIOCAP Canada Research Integration Synthesis Paper: 〈www.biocap.ca〉.

[41] 根据司法的功能性标准（包括决定权力的性质，决策者和受影响者之间的关系，以及对受该决定制约的其他人产生带来的影响）来看，似乎是已经符合了程序正义的要求。Lucas and Daudu, ibid.

司法构建的功能性标准包括决定的相对正式性,制定法制度的性质(包括是否规定了上诉权),决定对相对人的重要性以及决策者的程序性选择。功能性标准意味着,受登记决定直接影响的人应该至少有机会作出书面陈述以及获得作出决定的简要书面理由。[42] 可能给那些受影响的人带来更大经济和人身影响的认证和遵从决定,将需要更大的程序性权利,包括进行口头听证的机会(取决于具体情况)。

有关事项包括项目所有权、拟议项目是否在碳抵消制度的范围内、碳清除额是否可以量化以及能否在登记的期间内实现、是否存在真实的环境收益、碳清除额是否是额外的(超出监管要求的)、减排额能否被核实以及是否存在对减排额的重复计算。另外的一系列事项关系到这类遵从决定,例如要求项目发起人替换缺乏支撑的碳抵消额(发放碳抵消额以后的信息或者事件造成的)。

受影响的当事人可能把宣称的程序不公平以及关于碳抵消立法授权范围的事项提交法院进行司法审查。尽管法官相当尊重决策者的专业知识,但是法院很可能会处理和决定它们认为属于制定法解释或者法律授权基本范围的法律事项。

这一重要的潜在交易成本风险可以通过建立不诉诸法院的专门的内部上诉程序来减轻。另外,可以建立合意性纠纷解决程序(如调解协商程序)以避免内部上诉程序所产生的时间消耗和成本。

肯尼特等人用下述标准总结了这一对支撑生物碳封存交易所需要的财产权制度的特征进行的评估:
- 碳封存权利应该是独立的法律权利,区别于可以自由转让的实施碳封存活动的土地的所有权。
- 与依靠仅创设与土地利用有关的权利和义务的间接机制相

---

[42] *Baker v Canada* (*Minister of Citizenship and Immigration*) (1999) 2 SCR 817.

反,碳封存权利应该直接被界定为关于对土地利用管理产生影响的碳资产(也就是碳封存潜力、碳汇、被封存碳和以碳汇为基础的碳排放抵消额)的法律权利。

- 对于确定各自与土地利用有关的权利和义务的性质和范围,碳封存交易的当事人应该有相当大的灵活性。
- 碳封存权利以及与土地利用有关的相关义务应该"随着土地而转移",约束后来的购买者而且允许碳封存交易当事人转让各自在碳资产中的权利。
- 关于碳封存权利的实体性界定和相关的程序性机制的设计,应该减少与其他财产利益以及相关土地利用之间的重叠和冲突风险。
- 关于这一财产权制度的实体和程序部分以及更广泛的农业土地碳封存法律制度的设计,应该减少法律的不确定性以及其他交易成本源。[43]

四、所有权的不确定性——处置的事例

(一)阿尔伯塔省公共土地法

1. 立法

2000年《公共土地法》规定,部长可以授予"为了放牧牲畜"目的的放牧租约。[44] 这并未考虑耕种或者土地管理。租约可以转让,但是需要经过部长的同意。如果转让遭到拒绝(但是该法或其附属法规并未规定同意的条件),那么租约就会被取消或者收回。[45] 这一制度还考虑到了较短期间的处置:既有长达1年的放

---

[43] Kennett, Kwasniak and Lucas (above n 2) at 194.
[44] Public Lands Act RSA 2000 c P-40, s 102(1).
[45] ibid, s 110.

牧许可,也有长达10年的放牧许可证。[46]

对于该法律或其附属法规没有特别规定的用途,该法同样规定了"其他处置"这一条款。[47] 其中包括开发许可;通过开发许可,作为使之成为潜在的农业租约的一项步骤,可以对公共土地的农业潜力进行调查。该法包括一项专门的放牧租约评估程序。[48] 但是,该法并未提及碳封存。

2008年12月,阿尔伯塔省公布了《土地利用框架》。[49] 该框架旨在开发和实施:

>……一种能够有效地平衡相互竞争的经济、环境和社会需求的土地利用制度。[50]

在关于"私人土地管理工具"的规定中,该框架只是附带地提及了碳封存。[51] 它对于公共土地上的碳封存和碳封存潜力并未提及,尽管碳封存潜力在其他政策文件中得到了承认。

关于2003年《气候变化和排放管理法》和2007年《特定气体排放者附属法规》项下的碳抵消额创设,一份"指导文件"就王室土地上的碳封存项目作出了详细规定。[52] 不过,该文件是在标题为"所有权"的部分就此作出明确规定的,[53] 该部分列举了能够出现所有权问题的情形的事例。具体规定如下:

>温室气体减排额和清除额的法律所有权,必须根据阿尔

---

[46] ibid, Div 4.
[47] ibid, s 123.
[48] ibid, s 34(1).
[49] Government of Alberta, Department of Sustainable Resources, *Alberta Land-Use Framework*, December 2008, online:〈www.landuse.alberta.ca/〉.
[50] ibid, 6.
[51] ibid, 34.
[52] Alberta Environment, *Offset Credit Project Guidance Document under the Specified Gas Emitters Regulation*（February 2008）,〈www.assembly.ab.ca/〉.
[53] ibid, 4.

伯塔省的法律制度,通过合同或其他法律性协议予以设立。[54]

从2001年开始,阿尔伯塔省农业和森林部门中的碳封存活动得到了关注。气候变化中心是一家公私合作机构,它负责对土地管理措施增加土壤碳吸收和保存能力的潜力进行清查、计量和核实。[55] 项目组开发了模型并开展试点项目,包括在该省梅蒂斯人定居土地上的一项计划。这促成该省为低耕或者免耕农业项目制定了综合的量化方案,以保证预计减排额的可靠性。[56]

然而,气候变化中心的研究结论是,尽管碳封存是可行的,但是碳封存潜力则是一种不断下降的土地功能。而且,在实现这一潜力的诸多关键性制约因素中,该研究指出了碳汇所有权的不确定性这一因素。[57] 缺乏有效的纠纷解决机制也是一个制约因素。[58] 在修改《气候变化和排放管理法》时,继续强调了农业碳封存潜力,但是并没有解决所有权方面的问题。

2. 评价

可以看出,在回应上述六项标准方面,这一农业碳封存制度并没有突破性进展。首先,在农业碳抵消额得到认证后,就原则上允许碳封存的自由交易。然而,所有权的不确定性仍然可能损害碳抵消额的可靠性,而且也因此损害了其价值。对碳封存权利进行直接界定仍然是一个尚未解决的问题。这首先要依靠对《公共土地法》以及根据该法发放的租约或者其他处置文件的解释,来确定生物固碳权利是否被包含在这些处置之中。其次是租约中能够用于为了创设碳抵消额的对于被封存碳和碳封存潜力权利进行出售

---

[54] ibid.
[55] Climate Change Central (above n 8).
[56] Quantification Protocol for Tillage Management System (2008) 〈www.environment.alberta.ca/〉, and Additional Guidance for the Interpretation of the Tillage Protocol Management System (2008).
[57] Climate Change Central (above n 8).
[58] ibid, 8—10.

的条款。这些条款并未在关于碳抵消认证的立法或者指导文件中得到专门规定,甚至根本提及。

碳封存交易的当事人的确享有确定关于他们之间合同关系条款的灵活性。但是,这一问题的另一方面,也就是通过标准化来降低交易成本,政府目前仍未明确解决。在阿尔伯塔省,碳封存权利一经创设是否会随土地转移也尚不明确。同样,处理冲突性权利的明确机制不是或未成为这一制度的组成部分。关于公平和有效的纠纷解决的需要,得到了承认;不过,这也只是停留在气候变化中心工作组参加者关于选择方案的讨论之中。其结果是,法律上的不确定性和高于必要交易成本的可能性依然存在。

(二)新的立法

可以通过新的法律或立法修正案来解决已经发现并得到确认的所有权问题。碳封存权利可以通过《公共土地法》予以界定,并在租约或者其他公共土地配置文件中得到处理。应该制定或者修正建立碳抵消交易制度的立法以为碳封存潜力和被封存碳的权利提供标准的租约。这些租约需要具有足够的灵活性,使得当事人能够明确分配风险。应该规定这些碳封存权利随着相关土地的转移而转移。这一新的立法应该建立一种纠纷解决制度(很可能以调解协商的形式)来解决所有权争议以及在生物碳抵消额的量化和认证过程中出现的其他问题。

五、结语

碳封存潜力和被封存碳正在作为新的财产利益而形成。它是创设碳抵消额的基础性财产权,这种财产权可以用于实现国际和国内温室气体减排目标。

尽管分析碳封存潜力和被封存碳的权利的法律特征具有一定的价值,尤其是有助于结合国内财产法制度下的类似权利,提高对这些碳封存权利法律性质的理解。但是，核心问题并不是这种权利的法律特征，而是怎样从功能性的角度建构财产权从而最有效地支撑一种可以交易的碳抵消权利。需要应对的因素包括把可交易的碳封存权利从土地所有权中分离出来、对碳封存权利进行直接界定、当事人确定碳封存权利影响的灵活性、碳封存权利随土地转移，以及有效的争端解决。

第22章

印度森林部门的社群财产权和资源保育

拉梵雅·拉贾马尼[*]

摘要：通过对2006年《表列部落和其他传统森林定居者(森林权承认)法》进行的案例研究，本章探讨对社群财产权进行法律上正式承认的起源、可能性以及局限性。本章追溯这一法律的来龙去脉，同时还探讨给予社群财产权以法律上的正式承认，对自然资源保护带来的影响。通过这一案例研究，本章还探究社群财产权理念及其理论基础以及国际人权原则对社群财产权的承认。

关键词：社群财产权，财产法，印度，森林保育

由于对国家或者其他主体可能享有法律权利的资源的依赖，自然资源依赖型社群非常容易失去他们的土地、获取资源的机会以及生活手段。社群财产权往往包含着数项权利，其中包括所有权、使用权和转让权。这些权利的权威性源自其所产生和运行的当地社群。这些社群认为对自然资源领域社群财产权进行法律上的正式承认是最佳方式。但是，在大多数国家，对这一方式仍然存

---

[*] 拉梵雅·拉贾马尼(Lavanya Rajamani)，新德里政策研究中心(印度)教授；Email: lavanya. rajamani@ cprindia. org。

对于以及生存和尊严运动的香卡·戈帕拉克里希南(Shankar Gopalakrishnan)提供的启发性对话、十分有用的资料和无数的指引，作者谨致谢忱。

中文译文对一些注释的内容做了简化处理。——译者注。

在争议。出于历史上的种种原因,只有极少数国家对社群财产权提供了法律上的正式承认。然而,最近的事例是充满争议和来之不易的 2006 年印度《表列部落和其他传统森林定居者(森林权承认)法》(下称 2006 年《森林权法》)。[1] 该法承认,对于森林生态系统的存在和持续而言,表列部落和其他传统森林定居者不可或缺,而且,无论是殖民地时期还是独立后的印度,在国家森林整合中均未充分承认这些社群对其祖传土地和生境享有的权利。[2] 因此,该法试图通过赋予在森林中世代居住的定居者以森林权利和森林土地占有权来纠正这一历史上的错误。[3]

通过对 2006 年《表列部落和其他传统森林定居者(森林权承认)法》进行的案例研究,本章研究对社群财产权进行法律上的正式承认所具有的起源、可能性以及局限性。本章追溯这一法律的来龙去脉,探讨给予社群财产权法律上的正式承认对自然资源保护带来的影响。通过这一案例研究,本章还对社群财产权理念及其理论基础以及国际人权原则对社群财产权的承认进行研究。

一、丛林之法

以印度为背景的吉卜林(Kipling)的《森林之书》一书展现了一幅生动景象:苍翠繁茂的森林里遍布着众多有着非凡魅力的动物群落、蜿蜒爬行的蟒蛇和跳跃漫游的猴子。它早已被由"科学林业"、商业种植园、单一物种保护项目、大规模采矿以及对森林定居者的强制驱逐所主导的现实所取代。系统性的和不计后果的商业开发(因殖民遭遇而加剧,并且被作为印度生态史上的转折点[4])

---

[1] Scheduled Tribes and Other Traditional Forest Dwellers (Recognition of Forest Rights) Act 2006, available at 〈http://www.forestrights.nic.in/doc/Act.pdf〉.
[2] Preamble, Forest Rights Act 2006.
[3] ibid.
[4] M. Gadgil and R. Guha, *This Fissured Land: An Ecological History of India* (1992) 116.

已经导致印度的森林覆盖率从 2000 年之前的约 85%[5]降低到现在的 20.6%。[6] 即使这仅有的 20.6% 代表的也是林木覆盖率而不是自然森林覆盖率,因为这一数据把种植园、果园、甘蔗田等类似区域包括在内。[7]

即便如此,这些退化的印度森林目前是而且一直是数百万表列部落和其他森林定居者的家园。[8] 表列部落中的 8400 万人口约占印度总人口的 8.2%。[9] 其中的很多人把自己作为印度原住民(*Adivasis*);这是一个指代土著或者原始居民的北印度语术语。[10] 印度原住民是国际公认的印度原始居民,[11]而且 60.1% 的印度林地位于 187 个印度原住民地区。[12] 印度原住民处于最贫困和最弱势的印度人群体之中。[13] 在印度原住民之中,仅有 23.8% 的人口受过教育,49.5% 的人口生活在贫困线下,28.9% 的人口无

---

[5] M. Poffenberger and C. Singh, "Communities and the State: Re-establishing the Balance in Indian Forest Policy" in *Village Voices*, *Forest Choices* (M. Poffenberger and B. McGean, eds, 1996) 56 at 57.

[6] 其中,1.6% 是高郁闭林,10.1% 是中郁闭林,8.8% 是稀疏林。See Executive Summary, Forest Survey of India, *State of Forests Report*, 2005, available at 〈http://www.fsi.nic.in/〉.

[7] 据统计,在国家记录的森林区域中至少有 12.4% 的区域没有森林覆盖。See the website of the Campaign for Survival and Dignity, available at 〈http://www.forestrightsact.org〉.

[8] "表列部落"这一术语是指根据 1950 年《印度宪法》第 342 条公布的部落。

[9] Statistics drawn from the Census of India, Government of India, 2001, available at 〈http://www.censusindia.gov.in/〉.

[10] B. Bhukya, "The Mapping of the Adivasi Social: Colonial Anthropology and Adivasis" (2008) 43 Economic and Political Weekly 103.

[11] Minority Rights Group International, *World Directory of Minorities and Indigenous Peoples-India: Adivasis* (2008), available at 〈http://www.unhcr.org/〉.

[12] Forest Survey of India, *State of Forests Report*, 2005.

[13] See R. Guha, "Adivasis, Naxalites and Indian Democracy" (2007) 42 Economic and Political Weekly 3305. 该文章认为,整体而言,在印度民主化进程中,印度原住民得到的最少,失去的最多。See also M. Shah, "First You Push Them In Then You Throw Them Out" (2005) 40 Economic and Political Weekly 4895.

法获得医疗护理,43.2%的人口不能获得安全的饮用水,[14]而且62.9%的人口没有土地。[15] 印度原住民的困境是长达数个世纪的国家主导的剥夺的结果,而2006年《林权法》则试图对这一剥夺进行回应和救济。

(一)殖民遭遇的遗物:对物的支配(dominion)和对人的统治(imperium)

尽管自由主义者试图在世界历史上给殖民主义和帝国事业加上负疚的脚注,但是殖民主义却给被殖民的世界留下了影响深远的遗物,而这尤其表现在调整自然资源获取和利用的法律方面。造成这一难以消除的遗物的原因主要有两个。第一,殖民主义的中心任务是征服非欧洲人口,目的在于建立和维持政治和经济上的优势。为了实现这一目标,殖民者采用了集权式的法律和统治制度,而且其中很多制度被后殖民社会所继承。第二,殖民法律旨在获得对自然资源的控制以及促进自然资源的开发,而不是限制开发,而这是另一个为后殖民社会所继承的带有目的性的设计特征。法律以殖民企业为中心并且与之沆瀣一气;而且,殖民者通过留下他们的法律,为新生的国家提供了使得征服和人的边缘化恒久存在的工具。这些法律促进了"对物的支配",而莫里斯·科恩这位财产权理论家则指出,这"同样也是对我们人类同胞的统治"。[16]

印度森林法提供了一个适当的例子。通过圈占森林,殖民法律建立了对物的支配;通过离间森林定居者,殖民法律则建立了对人的统治。他们也藉此把森林从生物资源系统转化为商品。[17] 正

---

[14] A. Maharatna, *Demographic Perspectives on India's Tribes* (2005) ch 2.
[15] Ministry of Rural Development, Government of India, *Report of the Expert Group on Prevention of Alienation of Tribal Land and its Restoration* (2004), available at ⟨http://www.rural.nic.in/⟩.
[16] M. Cohen, "Property and Sovereignty" (1927) 13 Corn L R 8 at 13.
[17] 请参见汉密尔顿和班克斯在本书第2章中关于商品化的讨论。

如古哈(Guha)所指出的,对于森林的传统利用有赖于"道德经济学的规定",而殖民主义的科学林业依靠的却是"关于利润的政治经济学"。[18]

英国殖民主义林业的商业需求是为了满足造船和铁路建设的需要而产生的木材需求,它带来了自然资源利用密集程度的不断增加以及管理和控制方式的引人注目的变化。巴登-鲍威尔(B. H. Baden-Powell)认为"东方的主权者"有权按自己的意愿处置森林和荒地,这一权利可以转让给他们的英国继承者。[19] 受巴登-鲍威尔观点的鼓舞,早期的森林法旨在建立对森林的完全的国家控制。[20] 1878年《印度森林法》把原先农民和农村人口享有自由权利的森林转化为赋予其特定"特殊优待"的集中管理的国家森林。[21] 这一法律允许国家扩大森林的商业开发,但却同时限制当地居民的生活利用。[22]

殖民政府清楚地认识到,他们扩张统治的土地从属于已经长期存在的习惯权利。在1878年《森林法》起草之时,马德拉斯市税务委员会对提出了反对意见。该委员会的理由是:"在整个马德拉斯管辖区几乎不存在位于某一村庄之外的一座森林,并且委员会直至最近都不能确定国家对某一座森林主张过任何财产权,除非

---

[18] R. Guha and M. Gadgil, "State Forestry and Conflict in British India" (1989) 123 Past, Present and Future 141 at 172.

[19] ibid.

[20] B. H. Baden-Powell and J. S. Gamble (eds), *Report of the Proceedings of the Forest Conference 1873—75* (1875) cited in R. Guha, "Dietrich Brandis and Indian Forestry" in *Village Voices, Forest Choices* (M. Poffenberger and B. McGean, eds, 1996) 86, 93.

[21] See K. Sivaramakrishnan, "Colonialism and Forestry in India: Imagining the Past in Present Politics" (1995) 37 Comparative Studies in Society and History 3, 14. 文章强调了巴登-鲍威尔的贡献。巴登-鲍威尔认为,村民们并没有因为习惯而获得法律上的权利,因为他们是在没有任何明确授权或者许可的情况下使用森林;因此,所有的习惯性使用仅仅是特殊的优待。

[22] R. Guha, "The Prehistory of Community Forestry in India" (2001) 6 Environmental History 213 at 216.

对于柚木、檀香木、豆蔻和类似木材收取的特许税费能够被认为是财产权主张。所有的森林无一例外地从属于部落或者社群的权利范围;这些权利从远古时期就已存在,而且如同它们为农村居民所必需一样,这些权利也同样难以界定……[在马德拉斯]森林是并且一直都是公共财产……"[23]

对于一些国家(如印度)而言,殖民遭遇带来了西方个人权利和私人财产的自由主义传统。在这些国家,存在着一系列多样且相互包容的资源利用技术者(狩猎和采集者、迁移耕作者、游牧民、生活和经济作物农场工作者和种植者)以及财产关系(私人的、公共的、社团或者国家管理的)。[24] 宽泛地讲,在印度的森林部门,从文化传统上固定下来的关于资源获取、利用和管理的社群财产权制度已经运行了很多世纪。在没有可以用来观察这些制度的工具的情况下,"教化"当地居民的帝国主义使命以及为建造船舶、铁路和类似项目而获得自然资源并控制其获取的"需要",促使殖民者把他们的排他性财产观念纳入到当地的制度之中。只有两种财产权获得了承认、受到尊重并以制裁为保障,这就是私人和政府的财产权。其他所有的财产权形式都被认为是无效率的,而且会导致过度开发;因此,它们受到了严格控制。

取代 1878 年《森林法》的 1927 年印度《森林法》进一步巩固了国家对森林的支配权以及对森林定居者的统治权。该法允许国家把森林或者荒地宣布为保留林,[25] 并且通过这种方法清除该森林上既存的个人或者公共权利。[26] 1927 年印度《森林法》规定了对森林及其产品的获取权利,但是将这类权利作为森林管理官员根

---

[23] Remarks by the Board of Revenue, Madras, 5 August 1871, in Proceedings No 43—142, March 1878, Legislative Department, National Archives of India, New Delhi.

[24] Above n 18 at 141.

[25] Indian Forest Act 1927, s 3.

[26] ibid, s 9.

据相关规定通过自由裁量而给予的"特殊优待"。[27] 该法规定了保护林和村庄林的分类。保护林可以从国家享有专有权利的任何土地中划定出来,但前提是已经对私有权利进行了调查并且在一份处理协议中得到记录。[28] 村庄林是指国家分配给村庄的森林,[29] 但是关于保留林的规定适用于这类森林。[30]

  国家的支配和统治方法具有两个方面的深远影响。一个是物质方面的影响——从对资源基础的利用和滥用的角度,另一个是社会方面的影响——从其在森林定居者中引起分化、抗议和冲突的角度。与他人共同在社群中持有土地的文化和社会权利的地位下降,导致了作为文化而确定的组织有序的社群财产权制度转变为一项免费获取制度。通过探索免费获取制度与公共财产制度之间的差异,研究非洲和亚洲社群财产权制度的学者们已经对"公地悲剧"[31]理论提出了质疑。[32] 公共财产制度拥有一项强有力的具有内部约束力的规范和责任体系,而免费获取制度则不具备;因为免费获取制度下过度开发的成本被外部化。因此,通过降低公共财产制度的地位,国家把过度开发的成本外部化;但是,这同时降低了当地居民保护自然资源的积极性。有人认为,公共财产制度获得了免费获取制度中导致资源破坏的特征。[33]

  国家支配和统治方法同样导致了系统化的和持续的对印度原住民和其他森林定居者的从其土地上的驱逐,否定了他们对生存

---

[27] ibid, s 10. 特别是第 10 条第 5 款规定的如下:"在任何情形下,都应当把迁移农业活动认为是一种特殊优待,并且它应当是所在邦政府管理、限制和废除的对象"。
[28] Ibid, s 29.
[29] ibid, s 28(1).
[30] ibid, s 28(3).
[31] G. Hardin, "The Tragedy of the Commons" (1968) 162 Science 1243.
[32] See generally B. McCay and J. Acheson, *The Question of the Commons: The Culture and Ecology of Communal Resources* (1987).
[33] 有趣的是,这一观点是在森林(*Forest*)一案中由助理森林部长向印度最高法院提交的声明中提出的。请参见下列文献:P. Prabhu, "The Right to Live with Dignity" (2006) 552 Seminar 14。

手段的获取,而且将他们的经济社会和文化活动予以犯罪化。然而,虽然这些活动中有很多都是围绕着森林开展的,但是他们在这些森林中的出现本身却被认为是非法的。尽管存在对某些既存权利进行"处理"的程序,大部分未受教育的农民发现很难证明自己的习惯权利,尤其当他们面对的是一个怀有敌意并且常常不称职的森林官僚机构的时候。不用说这一问题引发了从严重反抗到消极的不遵守法律等各式各样的抵制和冲突,印度林业的历史一直是强烈的社会冲突的历史。[34]

(二) 现代印度的森林法和治理:集中化决策

印度宪法的起草者们把森林置于各邦的立法事项之中,[35]而且各邦的森林管理部门继续执行1927年《森林法》。各邦为整合森林以及纳入土邦进行着持续的努力,与之相伴的则是森林定居者与他们的权利不断分离。在很多情况下,邦所有权的宣告既没有伴随着对既存权利的调查或者处理,也没有伴随着土地划界;这就使得这些土地上的财产权相当模糊不清。[36]

为了回应对森林退化日益增强的关注,1976年《宪法(第42宪法修正案)法》把森林从邦立法事项列表转移到联邦和邦共同立法事项列表,并因而授予联邦议会对森林的立法权。[37] 这带来了1980年《森林保育法》的制定,该法要求各邦在取消保留林以及把森林土地转变为非森林土地之前,必须获得中央政府的事先批

---

[34] Above n 22 at 216.

[35] 1950年《印度宪法》第246条。该条在附录7中创建了3个列表:联邦列表、邦列表以及联邦和邦共同列表,这3个列表分别列举了联邦议会、邦立法机构以及它们共同拥有立法权的领域。

[36] M. Sarin, "Who is encroaching on whose land?" (2002) 519 Seminar 69.

[37] The Constitution (Forty-Second Amendment) Act, 1976, available at ⟨http://indiacode.nic.in/⟩.

准。[38] 这就有效地冻结了印度 1/5 土地上的合法土地利用,[39] 也因此冻结了这一领域中引人注目的不公平问题。

1980 年《森林保育法》把印度有关森林利用基本问题的决策集中化。这一决策权的范围存在明显的问题。无论是 1927 年《森林法》还是 1980 年《森林保育法》都没有对"森林"进行界定。印度最高法院[40]提供了一个"词典"意义上的定义,并且把 1980 年《森林保育法》的适用范围扩展到"不论其所有权性质以及类别如何的所有森林"。[41] 这样一来,最高法院把大量的土地纳入到邦的管辖权限之中,而这些土地原来发挥着不同的生态和生计功能,其中有很多土地曾经是公共、私有或者有争议的土地。

最高法院在森林管理领域的作用值得深入探讨。[42] 在 *TN Godavarman Thirumlkpad v Union of India and Ors* 这一有关对大片森林管理不善的案件[43]中,最高法院让自己承担了保护所有印度的森林和野生生物的任务。自 1996 年以来,最高法院发布了大量意义深远的法令,特别包括如下法令:未经最高法院明确同意不得

---

[38] Forest Conservation Act 1980 s 2, available at ⟨http://www.envfor.nic.in/⟩.
[39] Campaign for Survival and Dignity, *Endangered Symbiosis: Evictions and India's Forest Communities* (2004) ch 1.
[40] 需要解释的是,在早期的判例法放开诉讼资格以后,印度的公益诉讼管辖权呈现出与其他管辖权截然不同的独特景象。公益诉讼具有以下特征:协同性方法、程序灵活、受司法监督的过渡性命令以及具有前瞻性的救济方式。公益诉讼通常涉及大量的当事人以及利益相关者、法庭之友以及事实发现/专家/监督/政策发展委员会。一旦一项事宜引起了最高法院的注意,最高法院往往会立刻采取措施应对这一问题,并且同时启动调查和政策制定程序。这一过程可能会持续数年甚至数十年的时间,但是最高法院在此期间将会持续地监督行政活动并确保其命令得到遵从。在一些环境公益诉讼中,最高法院已经在 20 年内办发布了超过 200 项命令。更不用说存在与这一管辖权假定有关的大量关切,其中的一些关切在如下文献中得到了提及:L. Rajamani, "Public Interest Environmental Litigation in India: Exploring Issues of Access, Participation, Equity, Effectiveness and Sustainability" (2007) 16 JEL 1.
[41] *TN Godavarman Thirumulkpad v Union of India and Ors* (1997) 2 SCC 267.
[42] Above n 36; see also above n 39.
[43] 1995 年第 202 号令状申请书以及其中的大量命令。

取消对任何森林、国家公园或者野生动物保护区的保育；在国家公园或者野生动物保护区内不得从事任何非林业活动，即使已经取得了1980年《森林保育法》所规定的事先批准。最高法院还颁布了关于从东北地区7个邦输出砍伐树木和木材以及在查谟和克什米尔邦、喜马偕尔邦、北方邦山区以及西孟加拉邦的任何森林中砍伐树木的全面禁令。[44] 为了监督自己大量法令的遵从情况以及为其提供建议，最高法院命令组建了一个中央赋权委员会。该委员会是一家准司法机构，有权查阅和获取提交给最高法院的报告和声明、传唤政府官员、调取证据以及审核因执行法院命令而引起的投诉。[45]

这种司法决策和治理存在诸多方面的问题；但是在森林定居者权利领域，这种司法扩张的一个突出特征已经显现出来。公益诉讼，正如它在印度发展的那样，为法官的价值偏好发挥作用提供了大量空间。最高法院被认为是由城市中产阶级的知识分子组成。因此，最高法院被认为更有可能接受与其处于同一阶层的其他人、某些社会和价值偏好（例如，更倾向于对清洁环境享有的权利而非对生计享有的权利），以及某些论证模式而非其他模式（更倾向于技术性论证模式而不是社会性论证模式）。或许，最高法院的原意可能是善良的；它对森林权利问题所采取的方法证明了这一观点。为了保育森林——出于"环境"方面的原因并且采用科学的把居民从国家公园中驱逐出去的手段——最高法院践踏了森林定居者所享有的私有和社群财产权利。"法庭之友"提交的非正式申请文件表明，最高法院要求各邦对清除侵入行为所需要的措施向其提交报告，并且说明为清除侵入行为已经采取的措施。[46] 尽

---

[44] *TN Godavarman Thirumulkpad v Union of India and Ors* (1997) 2 SCC 267.

[45] 中央赋权委员会由印度最高法院根据2002年4月9日法令设立；该法令在审理第202/95和171/96号令状请愿书一案签发。Notification, Gazette of India Extraordinary, Ministry of Environment and Forests, 18 September 2002。目前，中央赋权委员会由三位森林工作者和两位野生动物保育者组成。

[46] Ministry of Environment and Forests Notification, 3 May 2002.

管最高法院的这一命令并未要求采用驱逐措施,但环境和森林部根据这一命令向各州颁布了在 2002 年 9 月 30 日之前立刻驱逐"所有对森林土地的非法侵入者"的指令。[47] 这一总括性的指令导致了大量被报道为野蛮的把印度原住民赶出森林的驱逐。正是这种野蛮驱逐的泛滥以及对它的反应为最终导致 2006 年《森林权法》的运动提供了直接动力。[48]

二、2006 年《森林权法》:承认权利和管理民主化

尽管承认和解决印度原住民森林土地财产权的尝试时有发生,但是 2006 年《森林权法》却是第一个为纠正森林定居者所承受的、与其土地有关的历史性错误的综合性立法努力。[49] 这部法律在制定以及实施过程中都遭遇了激烈反对。[50]

有些人认为:把森林中以及森林周边的定居点合法化,将会使得原本就已处于开发项目、采矿以及农业活动所带来的压力之下的森林生态系统和逐渐消失的野生动物面临更加巨大的压力;因

---

[47] J. Dreze, *Tribal Evictions from Forest Land* (2005), available at ⟨http://pmindia. gov. in/⟩; see also S. Joshi, "Deep in the Woods" in *Down to Earth* (15 January 2003) available at ⟨www. downtoearth. org. in⟩.

[48] 这一运动由生存和尊严运动领导;它是一个草根组织的联盟而且该运动席卷了 10 个邦。See their website available at ⟨http://forestrightsact.org⟩.

[49] 1988 年《国家森林政策》承认一系列森林土地上的部落权利。1990 年表列民族和表列部落委员提交了一份详细阐述了关于邦和森林定居者之间财产权争议解决框架方案的报告。请参见 1990 年 5 月 28 日向印度总统提交的《表列种姓和表列部落专员的报告(1987—89)》。随后,环境与森林部发布了 6 项通知。这些通知包含了处理下列事项的指南:对于森林土地的侵入和权利主张争议、涉及森林土地的地契/租约/授权的争议以及森林村庄向行政村庄的转化;Ministry of Environment and Forests Circulars, 18 September 1990。同样存在其他类似的保护表列部落的努力,尤其是 1996 年《村务委员会(表列区域扩展)法》,该法授予原住民社区管理他们的自然资源的权利。

[50] See generally M. Rangarajan, "Fire in the Forest" (2005) 40 Economic and Political Weekly 4888.

此,当前的需要是保育和扩大资源基础,而不是使之面临进一步的人类干预。[51] 一些人警告:"如果生效,这部法律将会成为印度独立以来最大的生态灾难,并且成为被设计成确保后代不能看到任何森林和野生动物的法律的例证"。[52] 基于类似的逻辑,野生动物保护论者把这部法律讥讽为"一个赐予恩惠和取得强大的获得选票能力的新奇工具",并且该法预示了"资源保育的终结"。[53]

其他人则主张,为在森林中定居的社群提供永久的利益将会加强而不是削弱资源保育制度。[54] 他们还认为,对这部法律的反对源自一种"精英的意识形态,这一意识形态服务于殖民主义和内部殖民主义建构的正当性之证成,其中包括无主物原则、违背法治原则而专制地取得资源、国家对资源的垄断以及殖民国家对其臣民固有的不信任"。[55] 这部法律是一个争夺的战场;这可以以下述事实展现出来:有9个与之相关的案件正在由最高法院审理。[56]

---

[51] Editorial, "The Problem", Forests and Tribals Symposium (2005) 552 Seminar 12; See also U. K. Karanth and P. Bhargav, "Defragmenting Nature", Forests and Tribals Symposium, (2005) 552 Seminar 59.

[52] P. V. Jayakrishnan, "Is there a Need for this Bill?" Forests and Tribals Symposium (2005) 552 Seminar 23.

[53] H. Dang, "The End of Conservation", Forests and Tribals Symposium (2005) 552 Seminar 50; see also V. Thapar, "The Tribal Bill, Moving beyond Tigers", *The Indian Express*, 21 October 2005.

[54] P. Prabhu, "The Right to Live with Dignity", Forests and Tribals Symposium, (2005) 552 Seminar 14.

[55] ibid.

[56] *Bombay Natural History Society and Ors v Union of India and Ors*, Writ Petition 50/2008; and *Wildlife First and Ors v Union of India and Ors*, Writ Petition 109/2008.

而且很多高等法院[57]认为该法和/或其项下的法令违宪。

(一) 承认社群财产权

《森林权法》保障了森林定居者对于森林土地的财产权。这些权利确保了个人和/或公共的使用权,其中包括如下权利:[58]

- 土地权利 例如,拥有或者定居于森林土地的权利,对于原始部落和前农业文明时期社群的居住地和聚居地享有的公共使用权,对于有争议土地所享有的权利,以及,在非法驱逐的情况下在原地或者其他土地上恢复原有生活的权利。

- 获取、采集和利用的权利 例如,类似家庭使用特许权那样的公共权利,所有权,采集、利用和处理林副产品的权利,集体使用权或者诸如捕鱼、放牧的权利,以及,游牧社群传统的季节性资源获取权。

- 习惯权利 根据传统或习惯法而确认的权利,或者习惯上享有的传统权利,但是这些权利不得妨碍对野生动物的保护。

- 保护权利 例如,以习惯性方式保护自然资源的权利。

- 知识产权 例如,对与生物多样性有关的知识产权所享有的公共权利。

有关这部法律的争议的大部分源自对被认为是国家遗产的土地之上的这些财产权的性质、适用环境和范围的关切。参加公开

---

[57] JV Sharma and Ors v Union of India and Ors, Writ Petition 21479/2007 (Andhra Pradesh High Court), Sevanivrutta Vana Karmachari Sangh v Union of India and Ors, PIL 21/2008 (Bombay High Court), V Sambasivam v Union of India and Ors Writ Petition 4533/2008, TNS Murugadoss Theerthapathi v Union of India and Ors, Writ Petition 533/2008 (Madras High Court, Madurai Bench), Retired Forest Officers Association v Union of India and Ors, Writ Petition 1392/2008 (Karnataka High Court), Retired Forest Officers Association v Union of India and Ors, Writ Petition 4933/2008 (Orissa High Court), and Ramesh Jauhri v Union of India and Ors, Writ Petition 10301/2008 (Madhya Pradesh High Court, Jabalpur Bench). For updates on these cases see ⟨www.forestrightsact.org⟩.

[58] Forest Rights Act 2006 s 3.

争辩的人带来了自己的财产权观念,这些观念主要派生于对财产的西式理解。然而,正如可提出证据加以证明的,这些观念正是《森林权法》所要摒除的。

一项财产权,在其最简单的意义上,是一种对某一特定财产采取特殊行动的权利。[59] 主流的概念论者的观点认为,财产由一束权利构成,包括获取权、收回权、管理权、排他权以及转让权。[60] 在这一观点中,很多学者认为排他权是某一事物被视为财产的关键性标志。[61] 这些权利常常依靠法律来保护。这种概念主义的分析主要与处于私法上的个人权利有关。

相反,《森林权法》虽然也承认了权利束,但是认为这些权利源自社群,而且一直由社群予以实施。与林副产品以及源于水体中的鱼类有关的获取权、使用权和采集权就是这样的例子。这些权利的权威是从其运行的社群中获得的,而不是从这些社群所在的邦获得的。[62] 法律在这里并不具备建构性作用。这些权利并不是由法律创设或构建的;相反,它们早于法律,但是却由其后的法律予以承认、尊重和保护。

然而,对于这种社群财产权,特定社群的成员资格至关重要。对于《森林权法》而言,成员资格取决于该个人或者社群是否在森林中居住,以及依靠森林或者森林土地满足其善意的生计需要。[63] 如果他们属于表列部落,那么,这两个条件便得到满足;但是,如果他们不属于表列部落,那么,他们就必须证明在 2005 年 12 月 13 日之前他们就已经在该地区居住了三代(每代被确定为 25 年)。[64]

---

[59] J. Commons, *Legal Foundations of Capitalism* (1968).
[60] 请参见本书第 2 章及其参考文献。
[61] T. Merrill, "Property and the Right to Exclude" (1998) 77 Neb L Rev 730.
[62] See generally D. Barstow Magraw and L. Baker, "Globalization, Communities and Human Rights: Community-Based Property Rights and Prior Informed Consent" (2007) 35 Den JILP 413.
[63] Forest Rights Act 2006 s 2(c), (o).
[64] ibid, s 2(o), and Explanation.

在主张森林权时,除了通常的书面证据之外,也可以提交"长者的陈述"。[65] 在确定这一社群成员资格的时候,在法律没有明确规定的地方,存在相当大的不确定性。第一,尚不清楚是否两个条件需要同时满足抑或是仅满足一个条件就足够了。第二,对于原本居住的要求,有人认为,这一要求将会排除大多数的正当申请人,他们依靠森林为生但却生活在技术上被界定为森林土地的边缘。[66] 第三,"善意的生计需要"这一术语尚未得到明确规定,这带来了例如这样的问题,即,林副产品能否出售,以及如果可以,能够出售多少和能够以什么样的目的出售。[67]

《森林权法》承认,权利束既能够单独享有,也能够与他人共同享有。有些权利(如先占土地的权利)包含了排他权(西方财产权理论学者认为它是一项关键性的权利);但是,其他的权利(如对于林副产品所享有的权利)并不包含排他权,该权利由国家保留。此外,这部法律明确规定其所承认和创设的权利可以继承但不得转让。这一禁止与这些财产权利以社群为基础的性质相一致。[68] 因为正是在特定社群的成员资格带来了这些财产权利,这就决定了这些权利不能超出社群的范围。这一禁止也与这样一种理念相符,即,之所以承认和保护这些财产权利,是因为传统的森林定居者是"森林生态系统的存在和持续"不可或缺的因素。[69] 由此推测,其他人将不是不可或缺的因素。

《森林权法》所规定的权利并不是绝对的。在重要的国家野生

---

[65] Scheduled Tribes and Other Traditional Forest Dwellers (Recognition of Forest Rights) Rules 2007, available at 〈http://tribal.nic.in/〉, Rule 13(i).

[66] See O. Springate-Baginski et al, *Indian Forests Rights Act 2006: Commoning Enclosures*, *Institutions for Pro-Poor Growth Working Paper* (2008).

[67] 2007年《表列部落和其他传统森林定居者(森林权认认)规则》对"善意的生计需要"进行了定义。但是,这一定义也限制了其对来源于亲自耕作的产品的适用。请参见2007年《表列部落和其他传统森林定居者(森林权承认)规则》第2条第2款。

[68] Forest Rights Act 2006 s 4(4).

[69] Forest Rights Act 2006, Preamble.

动物公园和保护区，森林定居者的出现和活动很可能给野生动物带来不可逆转的损害，因而，森林定居者和野生动物的共存并不是一个选项。在这些地区，《森林权法》允许为野生动物划定不能受到侵犯的区域。然而，该法规定了为森林定居者提供安置措施，以及事前获得村民大会(gram sabha)"自由且知情的同意"的保障条款。[70]

（二）森林管理的民主化

在《森林权法》所确认的权利束中，一项有趣的权利是：保护、更新、保育或者管理所有他们原先一直以传统方式进行保护的社群森林资源的权利。[71] 印度的森林保育一直以这样的一种理念为前提，即，国家(无论是由森林管理部门、发挥决策作用时的最高法院，还是中央赋权委员会代表)是公共物品的唯一主宰者，而科学林业则是解决保育困境的答案。在确认传统的森林定居者保护和管理森林资源的权利的同时，这部法律让传统的森林社群有权参与到森林资源的管理之中。有些学者认为，这些规定对于"被圈占土地的重新公共化"的努力具有重要意义。[72]

同理，《森林权法》还赋予了森林权持有者以及村民大会保护野生动物、森林和生物多样性以及保护居住地免受"任何形式的影响其历史文化遗产的破坏性活动损害"的权利。[73] 尽管没有关于获得村民大会事先知情同意的明确要求，但是可以认为这一权利赋予了森林社群质询和废除把森林土地转变为非森林土地的政府

---

[70] ibid, s 4(2).
[71] ibid, 3(1)(i).
[72] Above n 66.
[73] Forest Rights Act 2006 s 5; see generally M. Gadgil, "Empowering Gram Sabhas to Manage Biodiversity: The Science Agenda" (2007) 42 Economic and Political Weekly 2067.

决策的权利。这是森林社群拥有的一项重要权力。[74] 值得指出的是，印度拥有最高森林覆盖率的三个邦（奥里萨邦、贾坎德邦以及恰蒂斯加尔邦）同时也拥有最大的煤炭储量，而且仅印度煤炭公司会在接下来7至8年的时间里把5万公顷的森林土地转化为煤矿开采用地。[75] 森林社群则可能够使这种煤矿开采终止。显而易见的是，即使没有关于获得森林社群同意的明确要求，它们仍被认为是被赋予了这种权力。为了执行这部法律，环境和森林部最近致信各邦，强调在森林土地上的所有非森林项目都需要获得村民大会的许可。[76]

（三）与国际法一致

无论是承认社群财产权还是自然资源管理（尤其与同原住民土地相关的自然资源管理）民主化的努力，都与国际法中出现的趋势相一致。大量国际法律文件承认：为了与享受自己文化的权利相一致，[77] 原住民对其传统上所有、占有或者使用的土地，享有个人的或者集体的所有权。[78]

一些国际人权机构已经寻求保护这些权利。在伯纳德·沃米

---

[74] See generally M. Gadgil, "Let Our Rightful Forests Flourish, National Centre for Advocacy Studies", Working Paper Series No 27, November 2008。作者认为，赋予森林社区保护权对于加强森林保育具有巨大的潜在意义。

[75] P. Ghosh, "Local Administration to Clear Forest Projects" *Mint*, 4 August 2009; see also N. Sethi, "Gram sabha nod must for mining proposals" *Times of India*, 4 August 2009.

[76] Ministry of Environment and Forests Advisory to the States on the Forest Rights Act, 30 July 2009, F. No. 11-9/1998-FC, available at 〈http://www.envfor.nic.in/〉.

[77] 例见，《公民权利和政治权利国际公约》第27条。

[78] 例见，《国际劳工组织关于独立国家境内土著和部族人民的第169号公约》第14条，《联合国土著人民权利宣言》序言及第26条，《消除一切形式种族歧视国际公约》第5条，《美洲土著人民权利宣言（草案）》，以及消除种族歧视委员会《第23号一般建议》第5条。《第23号一般建议》第5条呼吁各国承认并保护原住民拥有、开发、管理和利用他们的土地、领地以及资源的权利。

纳亚卡酋长和卢比肯湖印第安国族诉加拿大（*Chief Bernard Omi-nayak and Lubicon Lake Band v Canada*）一案[79]和萨拉等诉芬兰（*Sara et al v Finland*）一案[80]中，联合国人权委员会认为，原住民受保护的享受自己文化的权利受到了在其土地之上所进行的伐木和工业活动的威胁。在阿瓦斯丁尼（*Awas Tingni*）一案[81]判决中，美洲人权法院强调了土地对于原住民的重要性。法院指出："仅仅因为其存在这一事实，原住民就有权利在他们的领地上自由生活；必须认识到原住民与其土地之间的密切联系，并且要把这种联系理解为原住民文化、精神生活、完整性以及经济上生存的根本基

---

[79] Communication No 167/1984，CCPR/C/38/D/167/1984。这一请愿由卢比肯湖区部落（生活在加拿大阿尔伯塔省的一个原住民部落）领导人提起。为停止在其主张拥有传统权利的土地上进行的工业化开发，这一部落已经提起了多项诉讼。政府提出的和解协议遭到拒绝。该请愿宣称，对于该部落自决权和追求经济社会发展权的侵害，违反了《公民权利和政治权利国际公约》第1条至第3条的规定。据称，这种开发威胁了原住民的生存。联合国人权委员会认为：相关开发违反了《公民权利和政治权利国际公约》第27条的规定；但是，加拿大就改正这一情况提出的方案是可以接受的。

[80] Communication No 431/1990，UN Doc CCPR/C/50/D/431/1990（1994）。这一案件由芬兰的萨米人（拉普兰德地区的驯鹿牧民）提起。他们反对《荒野法》的通过。该法扩大了对拉普兰德地区荒野区域的国家所有权。萨米人认为这一地区的采伐和开发活动使得放养驯鹿变得不再可能，并且他们所享有的《公民权利和政治权利国际公约》第27条规定的权利受到了侵害。联合国人权委员会认为萨米人应该向国内法院提起诉讼，但是该委员会要求芬兰在国内法院审理终结前必须停止开发活动。

[81] *Case of the Mayagna（Sumo）Indigenous Community of Awas Tingni*，Judgment（2001）Inter-Am Ct HR（Ser C）No 79. 美洲人权法院认为，由于《尼加拉瓜宪法》在概括性条款中承认原住民对他们的土地享有的权利，把本案中社区的土地授权给伐木公司就侵犯了这些权利。法院命令尼加拉瓜正式承认阿瓦斯丁尼社区的土地权利，并且不再采取任何损害该社区在这些土地上的利益的行动。See also *Community of San Mateo de Huanchor and its members v Peru*（2004）Case 504/03，Report No 69/04，Inter-Am CHR，OEA/Ser. L/V/II. 122 Doc 5 rev 1 at 487. 这一案件解决秘鲁圣马特奥地区的矿业污染所带来的环境和健康影响，并且涉及人身安全权、财产权、儿童权利、公平审判和司法保护的权利以及经济社会文化发展的权利。

础"。[82] 法院认识到,土地权并不仅仅是占有和生产问题,而是一个与原住民文化和精神遗产保护相互密切交织的问题。[83] 在之后的判决中,美洲人权法院确认了因失去财产而要求恢复原状以及获得替代土地的权利。[84] 除了保护原住民的其他权利之外,非洲人权委员会也试图保护原住民的财产权。[85]

《森林权法》承认非法驱逐情况下的土地权利、恢复原状权以及获得替代土地的权利。[86] 正如前文已经讨论的,该法还规定了森林管理的参与权。然而,该法并没有规定森林社群能够对森林资源进行管理的具体程度。如果邦政府决定把采矿权授予印度煤矿公司,那么森林社群有什么样的救济措施呢?他们有权保护这些资源,而且环境和森林部已经把该法律解释为要求在把森林土地转化为非森林土地时事先取得村民大会的同意。[87] 就此而言,至少根据环境和森林部的解释,各邦有义务获得森林社群的同意。这一义务并不仅仅是进行协商的义务,而且这也与国际法的发展趋势一致。

除了规定与原住民就在其土地上的开发计划进行协商的义务的国际法律文件以外,[88] 美洲人权法院最近审理的撒拉玛卡人

---

[82] *Awas Tingni*, above n 81, at para 150.

[83] ibid.

[84] *Yakye Axa Indigenous Community v Paraguay* (2005) Inter-Am Ct HR (Ser C) No 125; see also *Sawhoyamaxa Indigenous Community v Paraguay* (2006) Inter-Am Ct HR (Ser C) No 146 and *Case of Moiwana Village v Suriname* (2005) Inter-Am Ct HR (ser C) No 124 at 54—5.

[85] *Decision of the African Commission on Human and People's Rights, Communication 155/96*, The Social and Economic Rights Action Center and the Center for Economic and Social Rights/Nigeria, (2002) ACHPR/COMM/A004/1. 委员会认为,除了其他权利之外,尼日利亚参与以及未能终止奥戈尼地区石油泄漏和水污染带来的环境破坏,侵犯了奥戈尼人民的生存权、健康权和财产权。

[86] Forest Rights Act 2006 s 3.

[87] See above n 76.

[88] 例见,1989 年《国际劳工组织关于独立国家境内土著和部族人民的第 169 号公约》第 15 条,2007 年《联合国土著人民权利宣言》第 32 条。

(Saramaka People)一案[89]非常具有启发性。法院认为,国家有义务就影响原住民土地的开发计划与后者进行协商,而且在"大规模开发或者投资项目"的情形下,不仅要求国家进行协商还要求其取得受影响社群"自由的、事先的且知情的同意"。[90] 在决定国家就资源利用事宜是负有协商义务还是取得同意义务时,法院指出,判断的标准在于这些资源是否与"该社群的生存密切相关"。[91]

(四)森林权、民主管理与气候变化监管

气候变化是国际监管中的一个新兴领域,而且给森林权和森林管理带来了相当大的影响。对于原住民社群而言,气候变化的影响很可能从根本上改变他们的生活方式,影响一系列受国际法保护的权利,尤其是享受他们的文化利益的权利,[92]以及自由处置自然资源的权利。[93] 注定命途多舛的向美洲国家间人权委员会提交请愿书的因纽特人强调了这些权利主张。[94] 另外,气候变化谈判议程[95]中的用于"减少发展中国家毁林及森林退化造成的碳排

---

[89] *Saramaka People v Suriname* (2007) Inter-Am Ct HR (Ser C) No 172.
[90] ibid at para 134.
[91] ibid at para 122.
[92] 《世界人权宣言》第 27 条,《经济社会文化权利国际公约》第 15 条,《美洲人权公约》第 13 条。
[93] 《公民权利和政治权利国际公约》第 1 条,《经济社会文化权利国际公约》第 1 条。
[94] 在 2005 年提交给美洲国家间人权委员会的请愿书中,因纽特人主张因美国的作为和不作为所引起的气候变化侵犯了他们的基本人权,特别是享受文化利益权、财产权、健康权、生命权、环境完整性权、安全权、获得基本生活资料权、居住权、迁居权以及家园不受侵犯的权利。
[95] Para 1(b)(iii) Decision 1/CP. 13, *Bali Action Plan*, in FCCC/CP/2007/6/Add. 1 (14 March 2008).

放"的政策和措施也有可能侵害原住民的权利。[96] 虽然《森林权法》所倾向的分散化的权利本位路径与国际法的趋势相一致,但是这尚未影响气候谈判中印度在减少发展中国家毁林及森林退化造成的碳排放问题上的立场。

近来,印度一直非常强调其在从事减少发展中国家毁林及森林退化造成的碳排放活动中所具有的潜力。[97] 印度认为,尽管减少毁林和森林退化能够储存碳,但是森林的保育和可持续管理却增加了碳汇。储存碳和增加碳汇要采取相似的财政激励措施。[98] 虽然从表面上看这一立场是合理的,但是需要指出的是,以自然森林为代价增加种植园的面积也可能带来碳汇的净增加(这可能是正在印度发生的事情),[99] 但是这与自然森林保育并不是一回事。目前,印度主张下述关于森林的定义:"从郁闭度的角度,森林应该包括自然森林和工业化的/短轮伐期的种植园,或者如果技术上可行的话,从另一个角度,一个以单位面积最低默认生物量/碳存量

---

[96] 据报道,在 2008 年 12 月于波兹南举办的《联合国气候变化框架公约》第 14 次缔约方会议上,美国、加拿大、新西兰和澳大利亚从关于减少毁林及森林退化造成的碳排放的文本中删除了有关原住民权利的内容。请参见下列文献:D. Adam, "Indigenous Rights Row threatens Rainforest Protection Plan" *The Guardian*, 9 December 2008。

[97] "India's Forest and Tree Cover: Contribution as a Carbon Sink", Ministry of Environment and Forests, Government of India, 10 August 2009. 文件指出,印度的森林足以抵消其 11.4% 的碳排放。

[98] J. Kishwan, Director General, Indian Council of Forestry Research and Education, REDD Presentation: India, Accra, 22 August 2008.

[99] 根据 1980 年《森林保育法》及其《规则》,如果经中央政府许可把森林土地转为非森林用途,那么使用者必须支付在其他土地上进行"补偿造林"的款项。在 2002 年 *Godavarman* 一案中,最高法院把这些款项连同用于支付被破坏森林的"净现值"的款项存入到一个中央专项基金。该基金由补偿造林管理和计划局进行管理。目前,补偿造林管理和计划局拥有其中 25 亿美元的资金。这一做法是具有启发性的;这是因为,一方面存入补偿造林管理和计划局基金的款项表明了大量森林土地用途转化获得了许可,另一方面补偿造林被认为足以应对这种转化。

为基础的对于森林的定义。"[100] 以这种单一维度的方法看待森林虽然忠实于"科学林业"的方法以及印度森林管理部门的历史遗产,但是误解了森林保育事业。不能简单地把森林保育等同于植树。除了培育生物多样性以外,森林还为森林定居者提供了维持生活的生态系统服务(如林副产品、放牧地、水体等),所有这些服务将会随种植园的建设而消失。

在承担起草2012年以后气候协定任务的政府间谈判期间,在其提交的文件序言中,印度仅对意识到"社群的努力"以及"在采取减少森林退化带来的碳排放的行动之时应该考虑当地社群和原住民社群的需要"做了一个简短的提及。[101] 尽管有《森林权法》的规定,印度似乎并不愿意正视森林社群在森林退化问题上减少碳排放努力中的参与作用。印度在文件中并未提及减少发展中国家毁林及森林退化造成的碳排放项目对于"事先知情同意"的需要。[102]

三、结语

通过对2006年印度《森林权法》进行的这一案例研究,本章尝试探讨给予社群财产权法律上正式承认的起源、可能性以及局限

---

[100] 关于印度对《联合国气候变化框架公约》项下减少发展中国家毁林及森林退化造成的碳排放问题的观点,请参见下列文献:Views on issues related to further steps under the Convention related to reducing emissions from deforestation in developing countries: approaches to stimulate action, Submissions from Parties, FCCC/SBSTA/2007/MISC.14/Add.2 (14 November 2007).

[101] Submission by the Government of India on reducing emissions from deforestation in developing countries: approaches to stimulate action, Ideas and proposals on the elements contained in para 1 of the Bali Action Plan, Submissions from Parties, FCCC/AWGLCA/2009/MISC.4 (Part I), at 112 (May 2009).

[102] 除其他国家之外,墨西哥、玻利维亚和图瓦卢支持原住民社群积极参与关于减少毁林及森林退化造成的碳排放的决策以及分享由此可能产生的收益。请参见下列文献:Issues relating to indigenous people and local communities for the development and application of methodologies, Submissions from Parties, FCCC/SBSTA/2009/MISC.1/Add.1 (17 April 2009).

性。由于《森林权法》承认并且授予森林定居者以社群财产权、追求森林管理的民主化,这部法律标志着对印度林业法殖民主义遗物的一项重大摒除。然而,考虑到《森林权法》的出台充满争议,该法的实施程度以及构成该法基础的而且促使该法诞生的根本性的理念转变,将在何种程度上影响关于森林的管理和协商仍然有待观察。